Das schöne Unendliche

Ulrich Tadday

Das schöne Unendliche

Ästhetik, Kritik, Geschichte
der romantischen Musikanschauung

Verlag J. B. Metzler
Stuttgart · Weimar

Gedruckt mit Unterstützung
der Deutschen Forschungsgemeinschaft.

Die Wiedergabe der Notenzitate erfolgt
mit freundlicher Genehmigung der Verlage
G. Henle, München (S. 239–248) und
Breitkopf & Härtel, Wiesbaden (S. 249–255),
bei denen das Copyright liegt.

Die Deutsche Bibliothek – CIP-Einheitsaufnahme

Tadday, Ulrich:
Das schöne Unendliche : Ästhetik, Kritik, Geschichte
der romantischen Musikanschauung / Ulrich Tadday
Stuttgart ; Weimar : Metzler, 1999
ISBN 3-476-01664-1

Gedruckt auf chlorfrei gebleichtem, säurefreiem und alterungsbeständigem Papier

ISBN 3-476-01664-1

Dieses Werk einschließlich aller seiner Teile ist urheberrechtlich geschützt. Jede Verwertung außerhalb der engen Grenzen des Urheberrechtsgesetzes ist ohne die Zustimmung des Verlages unzulässig und strafbar. Das gilt insbesondere für Vervielfältigungen, Übersetzungen, Mikroverfilmungen und die Einspeicherung und Verarbeitung in elektronischen Systemen.

© 1999 J. B. Metzlersche Verlagsbuchhandlung
und Carl Ernst Poeschel Verlag GmbH in Stuttgart
Einbandgestaltung: Willy Löffelhardt
Satz: HGT Michalek, Essen
Druck und Bindung: Franz Spiegel Buch GmbH, Ulm
Printed in Germany

J. B. Metzler Verlag Stuttgart · Weimar

Inhalt

Einleitung:
Zwischen Empfindung und Reflexion ... 1

1. Kapitel:
Von romantischen Geschichten, Rittern, Mädchen und Abenteuern ... 5

2. Kapitel:
So ersetzt die Phantasie vieles durch die Romantik des Ortes ... 13

3. Kapitel:
Eine besondere Epoche in der Kunstgeschichte ... 49

4. Kapitel:
Ein vollkommener Tonroman – Töne sind höhere Worte ... 101

5. Kapitel:
Das Zeitalter beginnt die Romantik zu hassen ... 163

6. Kapitel:
Qual und Marter dieser musikalischen Übergangsperiode ... 203

Anhang I:
Schumanns Gebrauch der Worte „romantisch" und „Romantik" ... 219

Anhang II:
Noten ... 239

Primärliteratur ... 257

Sekundärliteratur ... 295

Abbildungsverzeichnis ... 321

Notenverzeichnis ... 321

Register ... 323

Einleitung

Zwischen Empfindung und Reflexion

Eine Diskursgeschichte der „Romantik" in der Musikanschauung des 19. Jahrhunderts müßte, der konventionellen Vorstellung von der „romantischen" Musikanschauung entsprechend, eigentlich mit einer Betrachtung der Schriften Wilhelm Heinrich Wackenroders und Ludwig Tiecks sowie E. T. A. Hoffmanns beginnen. Der Begriff läßt sich aber weder in den „Herzensergießungen eines kunstliebenden Klosterbruders" (1797) noch in den „Phantasien über die Kunst, für Freunde der Kunst" (1799) nachweisen. Die frühen zeitgenössischen Rezensionen sparen den Begriff ebenfalls aus.[1] Selbst Friedrich Schlegel, der bedeutendste Philosoph der „Frühromantik", benutzt ihn nicht, um die „Herzensergießungen" zu charakterisieren: In einem Brief an seinen Bruder August Wilhelm lobt er an Wackenroder „die Art der schönen Sentimental.[ität]", findet ihn „einfach und musikalisch" – aber anscheinend nicht „romantisch".[2] Dagegen scheint E. T. A. Hoffmanns berühmte Rezension zu Beethovens 5. Symphonie (1810) einen nahezu idealen Ausgangspunkt zu bieten. E. T. A. Hoffmann bezeichnet Beethoven nicht nur als einen „rein romantischen (...) Komponisten, dessen Musik „die Hebel des Schauers, der Furcht, des Entsetzens, des Schmerzes" bewegt und „jene unendliche Sehnsucht" erweckt, „die das Wesen der Romantik ist", sondern er stilisiert die reine Instrumentalmusik an sich zur „romantischsten aller Künste" und nennt sie fast „allein *rein* romantisch".[3] Wenn die Diskursanalyse der musikalischen „Romantik" trotzdem nicht mit der Rezension E. T. A. Hoffmanns beginnt, dann geschieht dies aus zwei guten Gründen: Zum ersten scheint es sehr unwahrscheinlich, daß die Rede vom „Romantischen" in der Musik in solch emphatischem Ton anhebt, wie ihn E. T. A. Hoffmann anschlägt. Christoph E. Hänggi hat seinerseits darüber berechtigte Zweifel angemeldet und am Beispiel der Schriften G. L. P. Sievers gezeigt, daß E. T. A. Hoffmann weder der „alleinige Stifter einer romantischen Musikästhetik" ist, noch die „Geburtsstunde derselben erst ums Jahr 1810" geschlagen hat.[4] Es gilt deshalb mit Hänggi die Frage nach den geschichtlichen Voraussetzungen der „romantischen" Musikanschauung und den Wurzeln ihrer Sprache und Begrifflichkeit erneut zu stellen. Zum zweiten hat E. T. A. Hoffmanns ästhetische Verabsolutierung der reinen Instrumentalmusik die Musikgeschichtsschreibung in eine Sackgasse geführt: E. T. A. Hoffmanns „Überzeugung, daß Instrumentalmusik gerade dadurch, daß sie begriffs-, objekt- und zwecklos ist, das Wesen der Musik rein und ungetrübt ausspricht", wurde Ende der siebziger Jahre von Carl Dahlhaus zur „tragenden Idee des klassisch-romantischen Zeitalters in der Musikästhetik" erklärt.⁵ Die „Idee der absoluten Musik" als einer „von Texten, Programmen und Funktionen »losgelösten« Instrumentalmusik" wurde durch Dahlhaus aber nicht nur zum leitenden ästhetischen Paradigma der sogenannten „romantischen" Kunstmetaphysik des 19. Jahrhunderts,⁶ sondern auch zum wissenschaftlichen Paradigma einer ganzen Generation von (westdeutschen) Musikforschern. So unterschiedlich die Ansichten über den Begriff des „Romantischen" ausfallen, so einheitlich stimmen sie in der Überzeugung überein, daß die „romantische" Musikästhetik eine Ästhetik der „absoluten Musik" gewesen sei. Die „Idee der absoluten Musik" erscheint als conditio sine qua non einer „romantischen" Musikanschauung, die es als solche nie gegeben hat. Die einseitig am Paradigma der „absoluten Musik" ausgerichteten Veröffentlichungen zur „romantischen" Musik und Musikästhetik leiden mehr oder weniger unter einer theoretischen Voraussetzung, welche die Komplexität der „romantischen" Musikanschauung auf ein einziges Moment reduziert. Im 19. Jahrhundert wurde jedoch ein wesentlich differenzierterer Diskurs über „romantische" Musik geführt, dessen historische und philosophische Dimension es wieder zu entdecken gilt.

Welche Bedeutungsvielfalt die Rede über „romantische" Musik im 19. Jahrhundert besessen und welchen Bedeutungsverlust sie im 20. Jahrhundert erlitten hat, wird deutlich, wenn man untersucht, wie Robert Schumann den „Romantik"-Begriff gebraucht hat: In den veröffentlichten Haushalt- und Tagebüchern, Briefen, gesammelten Schriften und verstreuten Texten sowie in den unveröffentlichten Briefen und Aufzeichnungen verwendet Schumann den Begriff etwa einhundert Mal.⁷ Kein anderer Komponist des 19. Jahrhunderts – von Beethoven bis Mahler – hat den Begriff so oft benutzt wie er. Dennoch blieben viele seiner Äußerungen zur „Romantik" bislang unberücksichtigt, weil sie sich nicht hauptsächlich auf Musik, sondern scheinbar nebensächlich auf Literatur, Landschaft und Liebe beziehen. Gerade in diesen Nebenbedeutungen liegen aber die diskursgeschichtlichen Voraussetzungen zum Verständnis der „romantischen" Musikanschauung und zwar nicht nur Robert Schumanns, sondern des gesamten 19. Jahrhunderts.

Die Rede vom „Romantischen" erscheint in literarischer, malerischer und landschaftlicher Hinsicht schon sehr alt, in musikalischer Hinsicht dagegen noch vergleichsweise jung. Während sich das Wort „romantick" in England bereits 1650 im Untertitel von Thomas Baylys Erzählung „Herba Parietis: or, the wall-flower ... being a history which is partly true, partly romantick, morally divine ..." nachweisen läßt,⁸ wird das Adjektiv „romantisch" in Deutschland wahrscheinlich erst 1792/93 von Wilhelm Heinse in einer Kritik zu Jommellis Oper „Il Vologeso" in einen musikalischen Zusammenhang gebracht:

„Der schwarz ausgeschlagene Trauersaal, wohin hernach Krone und Scepter verdeckt gebracht wird, und Lucius Verus auf dem Throne sitzt; entweder Tod oder Reich und Scepter mit ihm:

gibt eine herrliche Verzierung; und macht überhaupt das Ganze äußerst romantisch und reizend für die Einbildungskraft. Ich kenne von Metastasio nichts so glänzendes im Ganzen".⁹

Zwischen dem „Ursprung" des Wortes in England und dessen musikalischer Verwendung in Deutschland liegen also beinahe eineinhalb Jahrhunderte. Während dieser Zeit hat der Begriff vier basale Bedeutungen angenommen, die im Anschluß an die grundlegenden Studien von Richard Ullmann und Helene Gotthard, Helmut Prang, Hans Eichner, Raymond Immerwahr, Ernst Behler, Karl Heinz Bohrer und Manfred Frank u.a. als trivialliterarische, landschaftsästhetische, geschichts- und literarphilosophische bezeichnet und am Beispiel Robert Schumanns für die Musikanschauung des 19. Jahrhunderts beschrieben werden.¹⁰ Begriffs-, rezeptions- und diskursgeschichtlich wird die „romantische" Musikanschauung er- und begründet als eine Ästhetik, die die Produktion und Rezeption von Musik als einen kritisch-reflexiven Prozeß begreift und der Kontingenz ästhetischer Erfahrung in der Moderne einen „poetisch" performativen Ausdruck verleiht. Die ästhetische Modernität und Aktualität der „romantischen" Musikanschauung wird bis auf den heutigen Tag bestritten von einer Kritik, die die „Romantik" zunächst als „subjektivistisch" stigmatisierte, dann historisierte und verkehrterweise idealisierte. So steht die „romantische" Musikanschauung nicht nur „zwischen Empfindung u. Reflexion",¹¹ wovon Robert Schumanns Tagebuch 1831 spricht, sondern auch in der „Tradition ihrer Verhinderung",¹² mit der dieses Buch bricht.

Anmerkungen zur Einleitung

1. Abgedruckt in: Wilhelm Heinrich Wackenroder, Sämtliche Werke und Briefe, Historisch-kritische Ausgabe, Hrsg. v. Silvio Vietta und Richard Littlejohns, 2 Bde., Bd. 1, Heidelberg: Carl Winter, 1991, S. 412–437.
2. Friedrich Schlegel, Die Periode des Athenäums, 25. Juli 1797 – Ende August 1799, Kritische Friedrich-Schlegel-Ausgabe, Bd. 24, Dritte Abteilung, Briefe von und an Friedrich und Dorothea Schlegel, Hrsg. v. Raymond Immerwahr, Paderborn, München, Wien: Schöningh, Zürich: Thomas, 1985, S. 121.
3. E. T. A. Hoffmann, „Beethoven, 5. Symphonie", In: *Allgemeine musikalische Zeitung*, 12 (1810), Sp. 630–642 und 652–659. – E. T. A. Hoffmann, „Beethoven, C moll-Sinfonie", In: Dichtungen und Schriften sowie Briefe und Tagebücher, Gesamtausgabe, Hrsg. v. Walther Harich, 15 Bde., Bd. 12: Die Schriften über Musik, Weimar: Lichtenstein, 1924, S. 128 ff. – E. T. A. Hoffmann, Schriften zur Musik, Aufsätze und Rezensionen, Hrsg. v. Friedrich Schnapp, München: Winkler, 1977, S. 34 ff.
4. Christoph E. Hänggi, G. L. P. Sievers (1775–1830) und seine Schriften, Eine Geschichte der romantischen Musikästhetik, Bern [u.a.]: Lang, 1993, S. 15 ff.
5. Carl Dahlhaus, Die Idee der absoluten Musik, 2. Auflage, Kassel: Bärenreiter, 1987, S. 13 u. 8.
6. Carl Dahlhaus, Die Idee der absoluten Musik, S. 9.
7. Zur Quellenlage und zum Stand der Schumannforschung s. Bodo Bischoff, Monument für Beethoven, Die Entwicklung der Beethoven-Rezeption Robert Schumanns, Köln-Rheinkassel: Dohr, 1994, S. 16–20.
8. Zit. n. Fernand Baldensperger, „»Romantique,« ses analogues et ses équivalents: tableau synoptique de 1650 à 1810", In: *Harvard Studies and Notes in Philology and Literature.* 14 (1937), S. 16.
9. Wilhelm Heinse, Sämtliche Werke, Hrsg. v. K. Schmüddekopf, 10 Bde., Bd. 8: V. Aus Düsseldorf. 1792–1793, Leipzig, 1902–1910, S. 481.
10. Richard Ullmann und Helene Gotthard, Geschichte des Begriffes »Romantisch« in Deutschland: Vom ersten Aufkommen des Wortes bis ins dritte Jahrzehnt des 19. Jahrhunderts, Berlin, 1927. – Helmut Prang (Hg.), Begriffsbestimmung der Romantik, Darmstadt: Wissenschaftliche Buchgesellschaft, 1968. – Hans Eichner (Hg.), »Romantic« and its Cognates, The European History of a word, Manchester: Manchester University Press, 1972. – Raymond Immerwahr, Romantisch, Genese und Tradition einer Denkform, Frankfurt a. M.: Athenäum, 1972. – Die zahlreichen Veröffentlichungen Ernst Behlers und Manfred Franks werden im Verzeichnis der Sekundärliteratur gesondert ausgewiesen.
11. Robert Schumann, Tagebücher, Bd. I, 1827–1838, Hrsg. v. Georg Eismann, Leipzig: Deutscher Verlag für Musik, 1971, Basel und Frankfurt a. M.: Stroemfeld/Roter Stern, o.J., S. 335.
12. Karl Heinz Bohrer, „Die Modernität der Romantik, Zur Tradition ihrer Verhinderung", In: *Merkur*, 42 (1988), S. 177–197.

1. Kapitel

Von romantischen Geschichten, Rittern, Mädchen und Abenteuern

Die älteste, trivialliterarische Bedeutung des Wortes „romantisch" begegnet uns in den „Gesammelten Schriften" Schumanns zweimal. Zum ersten Mal 1836 in einer Kritik der „Phantasie und Variat. Werk 15" von Heinrich Elkamp:

„... Nie aber dachte ich lebhafter an jene Donauweibchenstücke, die man als Kind auf den Theatern mit so freudigen Schauern sieht, an jene Szenen, wo der neugierige Schildknappe gern hinter die Schliche seines Rittermannes kommen möchte und schon durchs Schlüsselloch alle romantischen Herrlichkeiten genießend von unsichtbaren Händen greulich zerbläut, auf die grüne Wiese zurückgeschickt wird, wo er wiederum hüten muß das Roß seines edlen Herrn. Wer dunkel komponiert, wird auch dunkle Rezensionen verstehen ...
Und wenn nun der Vorhang über dem romantischen Spuk herabgefallen war und die bekannten Nachbarskinder überall vorguckten und man so sicher und fest dazwischen saß, so war's nur wenig von dem Wohlbehagen verschieden, das nach den obigen Variationen die des Herrn F. H. Chwatal in mir erweckten, ..." [66][1]

Zum zweiten Mal 1838 in einer Besprechung von Franz Schuberts „Großem Duo für das Pianoforte zu vier Händen, Werk 140":[2]

„... Schubert wird so immer der Liebling der ersteren [der Jugend] bleiben; er zeigt, was sie will, ein überströmendes Herz, kühne Gedanken, rasche Tat; erzählt ihr, was sie am meisten liebt, von romantischen Geschichten, Rittern, Mädchen und Abenteuern; auch Witz und Humor mischt er bei, aber nicht so viel, daß dadurch die weichere Grundstimmung getrübt würde ..." [74]

Die in den Kritiken wachgerufenen Erinnerungen zeigen, auf welch unprätentiöse Art und Weise Schumann dem „Romantischen" in der eigenen Kindheit und Jugend begegnet ist. Neben den „Donauweibchenstücken" und Zauberopern, die im Zwickauer Gewandhaus aufgeführt wurden,[3] werden es vor allem die Bücher der väterlichen Verlagsbuchhandlung gewesen sein, die Schumanns Phantasie angeregt haben. Unter den dutzenden Romanen, die der literarisch ambitionierte Schumann in früher Jugend verschlungen hat, dürften sich wohl möglich auch einige aus der Feder des Vaters befunden haben. Friedrich August Gottlieb Schumann (1773–1826), „ein höchst tätiger und geistreicher Mann, der sich namentlich durch Einführung der ausländischen Klassiker in Taschenbuchausgaben, durch die zu ihrer Zeit viel gelesenen »Erinnerungsblätter«, durch eine Menge wichtiger kaufmännischer Werke, wie noch kurz vor seinem Tode durch Übersetzungen mehrer Byron'scher Werke bekannt gemacht hat",[4] übersetzte nicht nur Werke Walter Scotts, sondern veröffentlichte in jungen Jahren auch mehrere Romane, deren Titel so „romantisch" wie trivial klingen: „Ritterscenen und Mönchsmährchen" (1794/1795), „Junker Kurt von Krötensteins geheimnisreiche und verliebte Heldenfahrt. Ein Spiegel für Ritter- und Geisterromane" (um 1800) und nicht zuletzt „Romantische Kopien ... Ritter Gerhard und seine Getreue enthaltend" (1802). Die „Ritter-, Räuber- und Schauerromantik"[5] wurde Robert Schumann also vom eigenen Vater gleich mit in die Wiege gelegt und mit ihr die älteste Bedeutung des Begriffs:

„Der erste Beleg für das Adjektiv im Englischen findet sich im Jahre 1650; dieses Jahr kann daher als Ursprungsdatum der Bezeichnung in den neueren europäischen Sprachen betrachtet werden, obwohl ein mittellateinisches *romanticus* in einem Manuskript aus dem 15. Jahrhundert vorkommt. *Romantic* und andere adjektivistische Formen wie *romance*, *romancicall* und *romancy*, die zunächst gleichbedeutend mit jenem gebraucht wurden, leiten sich alle vom englischen Hauptwort *romant* oder *romaunt* ab, das seinerseits dem Französischen entlehnt war: »Im Altfranzösischen bedeutet *romant*, *roman* den 'höfischen Versroman', dem Sinne nach: Volksbuch«".[6]

Das Adjektiv „romantisch", das in Deutschland erst um 1700 allgemein gebräuchlich wurde, bezeichnete also zunächst diejenigen Dichtungen des Mittelalters und der Renaissance, die in „romanischer" Sprache geschrieben waren:

„Das deutsche Eigenschaftswort »romantisch« bezog sich noch im 18. Jahrhundert in einer seiner Bedeutungen auf diese Sprachen und war insofern synonym mit dem heutigen „romanisch", das damals nur selten verwendet wurde. Schlegel nannte z.B. das Altfranzösische eine »romantische« Sprache."[7]

Infolgedessen wurden dann spätestens seit Mitte des 17. Jahrhunderts auch jene Romane „romantisch" genannt, welche die abenteuerlichen, exotischen und leidenschaftlichen, märchenhaften, phantastischen und wunderbaren Dichtungen des Mittelalters frei nachahmten und trivialisierten. Es ist vor allem Raymond Immerwahrs Verdienst, darauf hingewiesen zu haben, „daß die Bezeichnung *romantisch* von Anfang an mit der anregenden Wirkung, die Ritter- und Räuberromane auf die Imagination ihrer Leser ausübten, verbunden war" und „sich niemals von ihren populären Wurzeln" gelöst hat:[8]

„Es war nämlich die Unterhaltungsliteratur, die vom 13. bis zum 17. Jh. für den Massenbedarf verfertigt wurde, auf die man zuerst die Bezeichnung romantisch angewandt hat. Die Trivialliteratur hat aber auch während und nach der Romantik Nebenbedeutungen des Wortes *romantisch* geliefert und steuert sie heute noch bei".[9]

„Romantische Kopien" von Ritterromanen wie sie Schumanns Vater anfertigte, verdanken ihre Entstehung also nicht nur dem wiedererwachten Interesse am Mittelalter im ausgehenden 18. Jahrhundert. Literaturgeschichtlich betrachtet stehen diese nämlich in einer Jahrhunderte alten Tradition, die Robert Schumann bereits als Gymnasiast auf sehr hohem Niveau reflektiert hat, wie der folgende Eintrag aus dem „Protokoll" des 1825 von Robert Schumann und zehn weiteren Mitschülern gegründeten „Litterarischen Vereins" beweist:

„Vier u. zwanzigste Sitzung.

Am 20sten April 1827.
Ueber altdeutsche Litteratur von Fr. Schlegel.
Schumann Vorsitzender."[10]

Bei diesem Werk handelt es sich wahrscheinlich um Friedrich Schlegels „Geschichte der alten und neuen Literatur", die seit 1815 im Druck vorlag und 1822 in die beiden ersten Bände der „sämmtlichen Werke" übernommen wurde. In der „siebenten" und „achten Vorlesung" seiner Literaturgeschichte kommt Schlegel ausführlich auf die historischen Ursprünge des Ritterromans zu sprechen. Durch Schlegel, der 1804 selber eine „Sammlung romantischer Dichtungen des Mittelalters" herausgegeben hatte, wird Schumann wahrscheinlich erfahren haben, daß sich „die große Menge romantischer Dichtungen" im Großen und Ganzen auf die „drei Hauptkreise der Poesie des Mittelalters" verteilt:[11] „Diese drei Fabelkreise, der von den Nibelungen, der von Karl dem Großen, und der von der Tafelrunde, sind die vorzüglichsten Gegenstände der Poesie im Mittelalter gewesen; unzählige andere Dichtungen schlossen sich an jene, wie an ihren Mittelpunkt und Kern an."[12]

Schlegels Ausführungen über die bedeutendsten ritterlich-höfischen Versepen des hohen Mittelalters, über Chrestien de Troyes' „Perceval" oder Gottfried von Straßburgs „Tristan und Isolt", und deren spätere Nachahmungen, die Garci Rodríguez (oder Ordóñez) de Montalvos' Ritterroman „Amadis de Gaula" (vor 1492 entstanden, 1508 erschienen) hervorgerufen hat, werden Schumann bewußt gemacht haben, wie weit sich die Ritterromane der Goethe-Zeit,[13] angefangen bei Leonhard Wächters „Männerschwur und Weibertreu" bis zu den „Romantischen Kopien" seines eigenen Vaters, von den „romantischen" Originalen entfernt hatten: „In den dazwischenliegenden Jahrhunderten hatte nämlich die Druckerpresse den Ritter- und Abenteuerroman in ein »Massenmedium« verwandelt, das für jeden zu erwerben war, der lesen gelernt hatte und einen bescheidenen Preis zahlen konnte."[14]

Über den trivial-„romantischen" Ritterroman des späten 18. Jahrhunderts veröffentlichte Robert Schumanns Vater in der „Changeanten Mappe" eine selbstironische Satire, die den Titel „Selbstgeständnisse eines elenden Skribenten" trägt. 1796 schrieb August Schumann unter dem Pseudonym Gabriel Stein über die „Wiederentdeckung des Ritters durch den Bürger":[15]

„Die Messe war noch nicht zu Ende; so klagte mein ehrlicher Verleger über den schlechten Abgang meines Buches. Ich konnte mir den Grund leicht erklären; mein Buch war keine Rittergeschichte.
Das Publikum darf nur winken. Schriftsteller sind meistentheils allezeit fertige Diener. Einem Kraftgenie ist das gleichviel, ob er seine Werke im Geiste des Jahrhunderts, in dem er schreibt, oder in dem, das lange verflossen ist, abfaßt. Gebildete, d.i. modische Worte sind ja leicht mit ritterlichen, d.i. rauhen, harten, unbiegsamen, vertauscht. Wer einmahl vom Schreiben lebt,

dem ist es einerlei, ob er Helden, Drachen und Ungeheuer der Vorzeit, oder Stutzer, Kraftmädchen und Freudenmädchen seines Jahrhunderts schildert. Ich fand den Satz probat. Ich schrieb einen Roman aus dem vierzehnten Jahrhundert, und siehe, ungeachtet aller deutschen Bibliotheken, jenaischen Literaturzeitungen, und ungeachtet aller kleinen Winkelrezensenten, machte mein Buch Epoche! Das Publikum hat auch seine Capricen ...
Wer es versteht, ein altes Chronikblatt in einen Ritterroman umzutaufen, der stirbt heut zu Tage nicht des Hungers, und versteht sich schier besser, als die lästigen Uebersetzerheerschaaren bei ihrem zwei Thaler Tagelohn ...
Nur eins droht uns den Umsturz, und dies eine ist Revolution des Geschmacks; ich fürchte, ich fürchte, das sich unsere guten Damen mit der Zeit blaß und müde mit ihren kraftvollen Rittern und Drachen, und unsere marklosen Herren mit den Dirnen und Nymphen, ringen werden; erschöpft wird das ganze romantische Mittelalter sein, und der Spekulationsgeist unserer Genie's wird unstet nach anderen Gegenständen herumschweifen ...
Die Messe ist vor der Thür; und ich habe nicht viel Zeit zu plaudern, so lange man noch Ritterromane liest und die Werke unserer langsamen Köpfe bei Seite wirft."[16]

Vor dieser Folie nimmt es nicht wunder, daß der ebenso triviale wie phantastisch poetische Ritterroman von Anfang an als wohlfeile Massenware an den Pranger der Kritik gestellt worden ist und sein „romantisches" Markenzeichen in moralischen Mißkredit geriet. Bereits am Ende des 17. Jahrhunderts wandte sich der Schweizer Theologe Heidegger in den

„»Mythoscopia Romantica oder Discours von den so benannten Romans« (Zürich 1698) ... gegen die »eitelen Romantischen Belustigungen«, »die Oehl zu dem Feuer unserer Begierden schütten«, und empfiehlt das »begirrliche Lesen des Buches der Wahrheit der heiligen Schrift«, »wann sonst die Romantische und alle andere Zeitvertriebe das Gemüth rechtschaffen anstincken«".[17]

Obwohl die deutsche Literatur nach Auffassung vieler Kritiker „in dem romantischen Fach ... nichts als platte und lahme Ritterromane" zu bieten hatte,[18] verrät Robert Schumanns trivialliterarischer Gebrauch des Begriffes bezeichnenderweise keine pejorative Konnotation. Dies verwundert umso mehr, als er sich selbst 1838 nicht scheute, Franz Schuberts Sonate C-Dur op. post. 140 (D 812) mit dem Genre „romantischer" Unterhaltungsliteratur in Verbindung zu bringen. Daß Robert Schumann den trivialliterarischen „Romantik"-Begriff „naiv" gebrauchte, kann vor dem Hintergrund seiner literarischen Sozialisation ausgeschlossen werden. Seine „romantischen" Ritter-Reminiszenzen[19] reflektieren vielmehr den „sentimentalen" Charakter „moderner Musik, ... wo das Gefühl herrscht, und zwar nicht ein sinnliches, sondern das geistige".[20] Wie Friedrich Schlegel sucht und findet er deshalb „das Romantische, bei den ältern Modernen, bei Shakespeare, Cervantes, in der italienischen Poesie, in jenem Zeitalter der Ritter, der Liebe und der Märchen, aus welchem die Sache und das Wort selbst herstammt."[21]

Anmerkungen zu Kapitel 1

1 Die in eckige Klammern gesetzten Ziffern beziehen sich auf den Anhang I, der Schumanns Gebrauch der Worte „romantisch" und „Romantik" tabellarisch auflistet.

2 S. Marie Luise Maintz, Franz Schubert in der Rezeption Robert Schumanns, Studien zur Ästhetik und Instrumentalmusik, Kassel [u.a.]: Bärenreiter, 1995.

3 In den „selbstbiographischen Aufzeichnungen" zählt Schumann einige Stücke auf, die er während seiner „Theaterpassion [1823–27]" gesehen hat, darunter auch Ferdinand Kauers „Das Donauweibchen", s. Georg Eismann, Robert Schumann, Ein Quellenwerk über sein Leben und Schaffen, 2 Bde., Bd. 1., Leipzig: Breitkopf & Härtel, 1956, S. 18.

4 Robert Schumann, „Aus der Lebensskizze von 1840, eingereicht an die Universität Jena bei Erwerbung des Doktordiploms", In: Georg Eismann, Robert Schumann, Ein Quellenwerk über sein Leben und Schaffen, 2 Bde., Bd. 1., S. 15.

5 Johann Wilhelm Appell, Die Ritter-, Räuber- und Schauerromantik, Zur Geschichte der deutschen Unterhaltungs-Literatur, Leipzig: Engelmann, 1859, Reprint: Leipzig, 1967.

6 Raymond Immerwahr, Romantisch, Genese und Tradition einer Denkform, Frankfurt a. M.: Athenäum, 1972, S. 12 f.

7 Hans Eichner (Hg.), Friedrich Schlegel, Über Goethes Meister, Gespräch über die Poesie, Paderborn [u.a.]: Schöningh, 1985, S. 33 f., faßt zusammen:
„»Romantisch« war ein Modewort, das schon damals ein großes und verwirrendes Spektrum von Konnotationen aufwies. Die folgenden sind die bedeutendsten:
(1) Im Mittelalter bezeichneten die Ausdrücke *romans* im Provenzalischen, *romance* im Altfranzösischen und *romanzo* im Italienischen die Volkssprachen im Unterschied vom Lateinischen. Das deutsche Eigenschaftswort »romantisch« bezog sich noch im achtzehnten Jahrhundert in einer seiner Bedeutungen auf die Sprachen und war insofern synonym mit dem heutigen »romanisch«, das damals nur selten verwendet wurde. Schlegel nannte z.B. das Altfranzösische eine »romantische« Sprache.
(2) Schon im zwölften Jahrhundert bezogen sich *romans, romanzo* u.s.w. nicht nur auf die Volkssprachen, sondern auch auf in diesen verfaßte Dichtungen. Im deutschen Eigenschaftswort »romantisch«, das erst rund um 1700 in Umlauf kam, war dieser Sprachgebrauch aufbewahrt, gewann aber im Lauf des achtzehnten Jahrhunderts eine chronologische Konnotation. »Romantische Poesie« bezeichnete also zunächst die romanische Literatur des Mittelalters und der Renaissance, konnte aber auch auf nicht romanische Literatur des Zeitraums angewandt werden.
(3) Da die in den Vulgärsprachen geschriebenen Dichtungen sich nicht der reimlosen klassischen Versmaße bedienten, sondern gereimt waren, bezeichnete man gelegentlich die neuen, gereimten Formen als »romantisch«.
(4) »Romantisch« und die entsprechenden Eigenschaftswörter in den anderen europäischen Sprachen bezeichneten bald auch all das Abenteuerliche, Phantastische, Märchenhafte, Wunderbare oder Exotische, das man überall in Romanen, Romanzos, Romances usw. antraf, aber nicht in der Wirklichkeit. In diesem Sinne verwendet z.B. Johnson das Wort, wenn er den Verfasser eines Buches über Abessinien dafür lobt, »Romantic Absurdities and Incredible Fictions« vermieden und sich an die Wahrheit gehalten zu haben.
(5) Es galt im achtzehnten Jahrhundert und gilt noch heute als Gemeinplatz, daß die Liebe in der Moderne, und zwar sowohl im Leben als auch in der Literatur, eine größere Rolle spiele als in der Antike. Damit mag es seine Richtigkeit haben oder auch nicht. Jedenfalls steht fest, daß die Liebe in der im Sinne von oben (2) »romantischen« Literatur wie auch in den Romanen der Neuzeit eine so enorme Rolle spielt, daß das Wort »Roman« im

18. Jahrhundert u. a. einfach »Liebesgeschichte« bedeutete und dieser Sprachgebrauch auch auf das Eigenschaftswort »romantisch« abfärbte."

8 Raymond Immerwahr, Romantisch, Genese und Tradition einer Denkform, Frankfurt a. M.: Athenäum, 1972, S. 12 f.

9 Raymond Immerwahr, Romantisch, Genese und Tradition einer Denkform, S. 9.

10 Martin Schoppe, „Schumanns *Litterarischer Verein*", In: Robert Schumann und die Dichter, Ein Musiker als Leser, Katalog zur Ausstellung des Heinrich-Heine-Instituts in Verbindung mit dem Robert-Schumann-Haus in Zwickau und der Robert-Schumann-Forschungsstelle e.V. in Düsseldorf, Bearbeitet von Bernhard R. Appel und Inge Hermstrüwer, Düsseldorf: Droste, 1991, S. 30.

11 Friedrich Schlegel, Geschichte der alten und neuen Literatur, Hrsg. v. Hans Eichner, Kritische Friedrich-Schlegel-Ausgabe, Bd. 6, Erste Abteilung, Kritische Neuausgabe, München, Paderborn, Wien: Schöningh, Zürich: Thomas, 1961, S. 197.

12 Friedrich Schlegel, Geschichte der alten und neuen Literatur, S. 192. – In der nachgelassenen „Geschichte der europäischen Literatur" (1803/04), die Robert Schumann nicht gekannt haben konnte, schreibt Schlegel in einem Aufsatz über „Die altdeutsche Literatur": „Unter der Herrschaft der schwäbischen Kaiser war in Deutschland die Zeit der eigentümlichen Blüte der romantischen Poesie, wenn man diese nicht historisch, sondern nach ihrem wesentlichen Begriffe nimmt", s. Friedrich Schlegel, Wissenschaft der europäischen Literatur, Vorlesungen, Aufsätze und Fragmente aus der Zeit von 1795–1804, Hrsg. v. Ernst Behler, Kritische Friedrich-Schlegel-Ausgabe, Bd. 11, Zweite Abteilung, Schriften aus dem Nachlaß, München, Paderborn, Wien: Schöningh, Zürich: Thomas, 1958, S. 181.

13 *Carl Müller-Fraureuth, Die Ritter- und Räuberromane, Halle, 1894, Reprint: Hildesheim:* Olms, 1965. – Holger Dainat, Abaelino, Rinaldini und Konsorten, Zur Geschichte der Räuberromane in Deutschland, Tübingen: Niemeyer, 1996.

14 Raymond Immerwahr, Romantisch, Genese und Tradition einer Denkform, S. 13.

15 Sabine Pritzkuleit, Die Wiederentdeckung des Ritters durch den Bürger, Chivalry in englischen Geschichtswerken und Romanen, 1770–1830, Trier: Wissenschaftlicher Verlag Trier, 1991.

16 „Selbstgeständnisse eines elenden Skribenten", In: Die changeante Mappe, Enthaltend antike und moderne Zeichnungen, Hrsg. v. Gabriel Stein [Pseud. für Friedrich August Gottlieb Schumann], Teil 1, Berlin und Leipzig: Nicolai, 1796, S. 165 ff.

17 Richard Ullmann und Helene Gotthard, Geschichte des Begriffs »Romantisch« in Deutschland, Vom ersten Aufkommen des Wortes bis ins dritte Jahrzehnt des neunzehnten Jahrhunderts, Berlin, 1927, Reprint: Nendeln/Liechtenstein, 1967, S. 16.

18 J. G. Mensel, Leitfaden zur Geschichte der Gelehrsamkeit, Leipzig, 1800, S. 1150, Zit. n. Fernand Baldensperger, „»Romantique,« ses analogues et ses équivalents: tableau synoptique de 1650 à 1810", In: *Harvard Studies and Notes in Philology and Literature*, 14 (1937), S. 95.

19 „S. Brief an Mendelssohn v. 18.11.1845, In: Robert Schumanns Briefe, Neue Folge, Hrsg. v. F. Gustav Jansen, Zweite vermehrte und verbesserte Auflage, Leipzig: Breitkopf & Härtel, 1904, S. 255, Nr. 284: „Ich meinte aber damit und mit dem »Eichendorff« das in D moll …; wie aus einer alten Chronik schien mir's zu kommen, wenn die »Spielleute« zum Turnier blasen und die Ritter nicht erscheinen wollen und die Musiker nun ungeduldig werden …"

[20] Friedrich Schlegel, Charakteristiken und Kritiken I (1796–1801), Gespräch über die Poesie, Brief über den Roman, Hrsg. v. Hans Eichner, Kritische Friedrich-Schlegel-Ausgabe, Bd. 2, Erste Abteilung, Kritische Neuausgabe, München, Paderborn, Wien: Schöningh, Zürich: Thomas, 1967, S. 333.

[21] Friedrich Schlegel, Charakteristiken und Kritiken I (1796–1801), Gespräch über die Poesie, Brief über den Roman, S. 335.

2. Kapitel

So ersetzt die Phantasie vieles durch die Romantik des Ortes

Zwei der frühesten Erwähnungen des Wortes „romantisch", die von Robert Schumann überliefert sind, stammen aus dem Jahr 1828. Sie beziehen sich auf Kompositionen von Franz Schubert, auf dessen „Variationen über ein Thema aus der Oper »Marie« von Hérold" op. 82,1, D 908 und auf dessen vierhändige „Polonaisen" op. 61, D 824 bzw. op. 75, D 599.[1] Während Schumann die „Variationen" als das „vollendetste romantische Gemälde" [2] anschaut, metaphorisiert er die „Polonaisen" im humoristischen Stil Jean Pauls als „lauter aufbrechende Gewitterstürme mit romantischen Regenbogen über feierlich-schlum[m]ernde Welten" [3]. Diese „romantische" Poetisierung der Werke Schuberts scheint in doppelter Hinsicht bedeutungsvoll: Zum einen, weil Schumann die „Variationen" und „Polonaisen" Schuberts nicht musikästhetisch, sondern landschaftsästhetisch veranschaulicht. Zum anderen, weil Schumann dies zu einem zentralen Zeitpunkt tut, nämlich 1828, als er Schuberts Musik für sich entdeckt. Warum die Entdeckung Schuberts eine „romantische" war, erläutert Schumann 1846 am Beispiel des Trios seines Klavierquartetts c-Moll op. V rückblickend in seinem Tagebuch:[2]

„Sehr gut erinnere ich mich einer Stelle in einer meiner Compositionen (1828), von der ich mir sagte, sie sei romantisch, wo (mir) ein vom der alten Musik(charakter) abweichender Geist sich mir eröffnete, ein neues poetisches Leben sich mir zu erschließen schien (es war das Trio eines Scherzo eines Clavierquartettes)." [11]

In ähnlicher Weise wie Schumann den „von der alten Musik abweichenden Geist" bzw. das „neue poetische Leben" der Musik Schuberts „romantisiert", hat (vermutlich) Adolph Bernhard Marx Beethovens „25 Schottische Lieder" op. 108 in der *Berliner Allgemeinen Musikalischen Zeitung* 1822 charakterisiert: „No. 2, H. 1. »Der Abend« ist ein im Akkompagnement stiller, ruhender Abend, der sich in Schottlands ernste Thäler der romantischen Tweed feierlich herabsenkt. Die Singstimme haucht klagend ihre Trauer aus."[3] Unabhängig davon, ob die landschaftsästhetische Poetisierung der Kompositionen Beethovens und Schuberts durch deren Titel motiviert ist oder nicht, kolportieren Schumann und Marx ein „romantisches" Klischee, das schon seit etwa 1750 fest etabliert ist. In musikalischer Hinsicht wirkte die landschaftsästhetische Bedeutung des Wortes „romantisch" noch relativ neu und unverbraucht, während sie in literarischer Hinsicht eher alt und verbraucht erschien.[4]

Die „romantische" Landschaft wurde bereits in den 60er Jahren des 17. Jahrhunderts von englischen Schriftstellern entdeckt und beschrieben. Die landschaftsästhetische Bedeutung des „Romantik"-Begriffs ist also beinahe so alt wie die trivialliterarische. Erstere wurde im Laufe der Geschichte durch viele Nebenbedeutungen erweitert, weil Ansichten von „romantischen" Landschaften bzw. über „romantische" Landschaften grundsätzlich vom subjektiven Standpunkt und der individuellen Perspektive des jeweiligen Betrachters abhängig sind:

„Die auffallendsten Erscheinungen in der Geschichte der Bezeichnung romantic sind erstens ihre frühe Ausdehnung über die Literatur hinaus auf die Landschaft, zweitens der besonders schnelle Zuwachs neuer Nebenbedeutungen mit Bezug auf die Landschaft."[5]

Bildlich gesprochen wurden im 17. und 18. Jahrhundert vier „romantische" Landschaftsansichten entworfen, die im folgenden kurz skizziert werden:

(1) Anfänglich wurden diejenigen Landschaften „romantisch" genannt, welche Ritter- und Abenteuerromane ihren Lesern vor Augen stellten. Auf diesen ursprünglichen Gebrauch des landschaftsästhetischen „Romantik"-Begriffes bezieht sich beispielsweise noch Johann Christoph Adelungs Definition von 1808: „Romantisch ..., welches ... von Roman abstammt, aber nur in engerer Bedeutung von vorzüglich angenehmen und gleichsam bezaubernden Gegenden üblich ist, so wie sie in den Romanen und Ritterbüchern beschrieben werden."[6]

(2) Den größten Einfluß auf die Entwicklung des landschaftsästhetischen „Romantik"-Begriffs sollte aber die Reise- und Entdeckungsliteratur nehmen:

„Im Laufe des 18. Jahrhunderts trugen diese beiden einander sehr nahestehenden Genres am meisten zur Fortentwicklung der Begriffsinhalte des Wortes romantisch bei. Sie umfassen Beschreibungen von Reisen in europäische Länder, besonders der nordenglischen Seenlandschaft, nach Schottland, Irland, Wales, den Alpen, Italien, Spanien und Südfrankreich und nach fernen Kontinenten ebenso wie Berichte von Entdeckungsreisen zur See, vor allem nach den Inseln des Pazifik."[7]

Zwar fesseln Daniel Defoes „Robinson Crusoe" und die Berichte über Kapitän Cooks Reisen die Phantasie junger Leser bis auf den heutigen Tag, doch die Schilderungen weniger bekannter Autoren wie Thomas Maurice[8], James Bruce[9] und James Rennel[10] haben den landschaftsästhetischen „Romantik"-Begriff wesentlich nachhaltiger geprägt.[11] Einen besonders eindrucksvollen Beleg poetischer Landschaftsschilderung beinhalten beispielsweise Rennels Erinnerungen an die Landschaft Kaschmirs „Memoirs of a Map of Hindostan, or the Mogul Empire" (1788):

„... only light showers fall there: these however ... feed some thousands of cascades, which are precipitated into the valley, from every part of the stupendous and romantic bulwark that encircles it. The soil is the richest that can be conceived ... A vast number of streams and rivers ... bring their tribute to the Chelum, ... in which we recognize the Hydaspes of Alexander ... Many small lakes are spread over the surface, and some of them contain floating islands. In a word, the scenery is beautyful picturesque; and a part of the romantic circle of mountains, makes up a portion of every landscape. The pardonable superstition of the sequestered inhabitants, has multiplied the places of worship of Mahadeo, of Beschan, and of Brama. All Cashmere is holy land; and miraculous fountains abound."[12]

(3) Relativ unabhängig vom Medium der Ritter- und Reiseliteratur wurde der landschaftsästhetische „Romantik"-Begriff in der zweiten Hälfte des 18. Jahrhunderts um eine „malerische" bzw. „pittoreske" Bedeutung erweitert: „Just as *romantic* means Nature seen through a literary medium, so *picturesque* was used to describe scenes that were like pictures, and were seen through the medium of ... painting."[13] Das „Pittoreske" der italienischen Landschaftsmalerei Claude Lorrains, Nicolaus und Gaspard Poussins und Salvator Rosas wurde von Horace Walpole und Arthur Young mit der belebten Natur verglichen und mit „romantischem" Vokabular beschrieben.[14] In Youngs „A six Month's Tour through the North of England" (1770) wird das „Malerische" nicht nur mit dem „Romantischen", sondern auch mit dem „Erhabenen" synonym gebraucht.[15] Während die drei Begrifflichkeiten in der populären Literatur des späten 18. Jahrhunderts beinahe bedeutungsgleich verwendet wurden, differenzierten Burke, Kant und Schiller den Begriff des „Erhabenen" aus.[16] Dem Beispiel der philosophischen Ästhetik folgte die „frühromantische" Kunsttheorie aber nicht. Der programmatische Aufsatz „Die Gemählde" (1799), den Caroline und August Wilhelm Schlegel im Anschluß an einen gemeinsamen Besuch der Dresdner Gemäldegalerien im *Athenaeum* veröffentlichten, enthält eher traditionell „romantisierende" Schilderungen, die an die ältere Sichtweise Walpoles erinnern,[17] dessen „Historische, literarische und unterhaltende Schriften" – die „Anecdotes of Painting" enthaltend – nur ein Jahr später in der Übersetzung von Schlegel erschienen. Caroline Schlegels Beschreibung von Salvator Rosas „Landschaft mit drei Männern" illustriert die diskursive Verwandtschaft des „Malerischen" mit dem „Erhabenen" und „Romantischen" sehr anschaulich:

„Ich sah drey Landschaften neben einander, von Salvator Rosa, Claude Lorrain und Ruisdael. Die erste ist eine beschränkte Gegend von Bäumen, Wasser und Gestein. Keine hohen Felsen: rechter Hand nur lehnt sich eine bewachsne Masse von Stein sanft hinauf; durch das mittlere Gesträuch hin wird eine Andeutung in die Ferne sichtbar. Mehr rechts vertieft sich das Wasser in die Büsche hinein; ein großer Stein tritt von der linken Seite (nämlich des Zuschauers, nicht des Bildes; so werde ich die Ausdrücke rechts und links in dem folgenden immer gebrauchen) hell hervor. Auf diesem stehn und sitzen in Gespräch begriffen drey Männer, wahrhaft sprechende Figuren. Aber gleichsam wie die erste Gestalt auf dem Bilde zeichnet sich vor den Bäumen zur Linken ein starker unbelaubter Stamm aus. Er strebt wie ein herrschendes Wesen in die Höhe und Breite, man glaubt beseelte Kraft in ihm wirken zu sehen, und die Männer unter seinen Aesten stehn wie seine Diener da. Die Farben ihrer Kleidung stimmen mit denen des Stammes und den hellen Partien des Gesteins überein; sie gehn ins gelbliche und graue, so daß das Schönste und Charakteristische des Bildes wie erleuchtet aussieht. Alles ist auch hier des Geistes voll, alles ist rege. Die Bäume haben kein ruhiges Laub, die Luft scheint es zu zerreißen, und in lang hinstrebende Parthien zu theilen. Doch tobt kein Ungestüm an diesem einsamen Orte; das stille Blau des Himmels blickt hinter den grauen Wolken hervor, und die Bewegung, die ich erblickte, ist erhabnes Leben, nicht wildes Gemüth. Auf andern

Landschaften kann man sich vielleicht abgesonderter in die Oede verlieren: hast Du Dich hier einheimisch gemacht, so bist Du in der Gesellschaft einer begeisterten Seele. Es ist, als führten die wunderbaren menschlichen Gestalten zur näheren Gemeinschaft mit ihr: die romantische Stellung und Tracht, wiewohl diese nur einfache Landleute oder Bewohner des Wildnis ankündigt, der Ort wo sie sich bereden, alles das macht die bedeutendste Gegenwart. Nicht der Zufall hat sie versammelt, sie sind eins mit dem Ganzen, und vollenden den bestimmten Ausdruck, den selbst der oberflächliche Beobachter nicht verkennen wird. Wen auch Landschaftstücke sonst gleichgültig ließen, auf den würde dieses noch die Wirkung eines historischen Gemähldes machen können, wie die Musik wenigstens zu irgend einem großen Text."[18]

Diese landschaftsästhetische Ansicht faßte August Wilhelm Schlegel dann in einen theoretischen Rahmen, der den Blick des Betrachters über die Grenzen der Malerei hinaus auf die Musik lenkt:

„Nach unserer allgemeinen Ansicht vom Verhältniß der alten und neueren Kunst werden wir auch in der Musik keine gegen die andre herabzusetzen, sondern die Bedeutung ihres Gegensatzes zu verstehen suchen; und da würde sich vielleicht bey näherer Erörterung finden, daß das Vorwaltende in der alten Musik eben das war, was in den übrigen Künsten: das plastische, rein classische, streng begränzende; in der neueren hingegen das pittoreske, romantische oder wie man es nennen will."[19]

(4) Im zweiten Viertel des 18. Jahrhunderts fand der landschaftsästhetische „Romantik"-Begriff einen praktischen Ausdruck im Stil des englischen Gartens, der sich gegenüber dem geometrisch gezirkelten französischen Gartenstil etablierte, indem er den malerisch landschaftlichen Charakter chinesischer Gartenanlagen kopierte und die Ideale italienischer Landschaftsmalerei des 17. Jahrhunderts naturalisierte. Die Natürlichkeit und Freiheit des englischen Gartenstils wurden ästhetisch in Thomas Whatley's „Observations on modern Gardening" (1770), William Chambers' „A Dissertation on Oriental Gardening" (1772) und Joseph Heely's „Letters on the Beauties of Hagley, Envil, and the Leasowes" (1777) reflektiert. So unterschiedlich Theoretiker und Kritiker die Elemente englischer Gartenkunst, das „Natürliche", „Malerische", „Erhabene", „Romantische" usw. auch beurteilten, so einig waren sie sich darüber, daß nur die „lyrische Unordnung der Natur die Einbildungskraft zu ergreifen mag".[20] Es ist Christian Cajus Lorenz Hirschfelds Verdienst, die wichtigsten Werke der englischen aber auch französischen Gartenästhetik zusammengefaßt zu haben. Innovativ erschien Hirschfelds fünfbändige „Theorie der Gartenkunst" (1779 bis 1785) deshalb auch weniger in ästhetischer als in begrifflich systematischer Hinsicht. Die „romantische" Landschaft, neben der „heiteren", „melancholischen", „feierlichen" oder „erhabenen", eine der vier Hauptarten von Landschaften, die Gärten kultivieren können, definierte Hirschfeld im unmittelbaren Anschluß an Whatley's Schilderung der Landschaft von Dovedale in den „Observations on modern Gardening":

„Das *Romantische* oder *Bezaubernde* in der Landschaft entspringt aus dem Außerordentlichen und Seltsamen der Formen, der Gegenstellungen, und der Verbindungen ... Aber außer dem, was hier die Form bewirkt, wird auch durch starke und auffallende Entgegenstellungen und kühne überraschende Zusammensetzungen das Romantische erzeugt ... Die Wirkungen des

Romantischen sind Verwunderung, Überraschung, angenehmes Staunen und Versinken in sich selbst."[21]

In dieser Form kann das „Romantische" als Ganzes oder als Teil (Felsen, Fluß, Grotte etc.) einer Landschaft bzw. als Emblem eines Gartens (Ruine, Tempel, Laube etc.) wahrgenommen werden. Die „romantischen" Szenarien, die die Theoretiker des englischen Landschaftsgartens im einzelnen entwarfen, dürfen allerdings nicht als theoretische Anleitungen zum praktischen Gartenbau mißverstanden werden, denn sie „antizipieren Literatur und literaturkritische Ästhetik der eigentlichen romantischen Bewegung, die gegen Ende des achtzehnten Jahrhunderts mit Wackenroder, Tieck, den Schlegels, Novalis, Wordsworth, Coleridge und Chateaubriand anhebt":[22]

„Die erste romantische Ästhetik – die Untersuchung der Szenerie, die ihren Höhepunkt in der Gartenbautheorie Whatelys und Hirschfelds fand – und die folgende Ästhetik der literarischen Romantik haben den gleichen Ursprung, wenn sie sich auch nicht in direkter Linie davon herleiten. Beide sind das Ergebnis einer langen Entwicklung von Nebenbedeutungen und Assoziationen des Wortes *romantisch*, die mit dem imaginativen und emotionalen Erlebnis der spätmittelalterlichen Romane beginnt und fortgeführt wird im Erlebnis pittoresker Landschaftsmalerei und der Freude an natürlicher Landschaft, wie sie sich in Reisebeschreibungen, Memoiren und Dichtungen finden."[23]

Sowohl die trivialliterarische als auch die landschaftsästhetische Bedeutung des „Romantik"-Begriffs wurden ursprünglich in England geprägt. Während erstere bereits Ende des 17. Jahrhunderts über die Schweiz in den deutschen Sprachraum gelangte, erreichte letztere in den 60er und 70er Jahren des 18. Jahrhunderts zuerst den Norden Deutschlands. Hier waren es vor allem die Werke Christoph Martin Wielands, Heinrich Wilhelm Gerstenbergs, Johann Gottfried Herders und Wilhelm Heinses, die in verschiedener Hinsicht für eine Verbreitung des „Romantik"-Begriffs sorgten.[24] Die deutschen Dichter veränderten den Begriff seiner landschaftsästhetischen Bedeutung nach zwar nicht mehr substantiell, doch sie erweiterten ihn graduell: Sie steigerten das „Malerische" der „romantischen" Landschaft ins „Musikalische". Es sollen deshalb diejenigen Autoren, welche die vermeintliche Vorstellung von der „romantischen" Musikästhetik nachhaltig geprägt haben, etwas ausführlicher zur Sprache kommen: Wilhelm Heinrich Wackenroder, Ludwig Tieck, E. T. A. Hoffmann und Jean Paul.

Spektakulär und unspektakulär zugleich gebrauchte Wackenroder das Wort „romantisch" nicht im kunst- oder musikästhetischen, sondern ausschließlich im landschaftsästhetischen Sinn. Wackenroder bemüht den Begriff weder in den „Herzensergießungen eines kunstliebenden Klosterbruders" (1797), noch in den „Phantasien über die Kunst, für Freunde der Kunst" (1799). Lediglich in den Reisebriefen an die Eltern von 1793 gewährt er einige „romantische Aussichten" auf die Fränkische Schweiz. Die Schilderung des Wiesenttales bei Streitberg und der Burgruine Neideck besitzt einen besonderen Reiz, weil sie dem Klischee der „romantischen" Landschaft gleichzeitig entspricht und widerspricht:

„Leider werde ich immer mehr überzeugt, daß es unmöglich ist, durch Worte einem andern die getreue Darstellung einer Gegend mitzutheilen, wie man sie beym eigenen Anblick, u zum Theil auch noch nachher hat. Wenn ich auch genau aufzähle, was die Schönheit einer Aussicht ausmachte, Bäume u Felsen, oder Wasser u Wiesen; wenn ich auch die Beschaffenheit, die Lage u Entfernung aller dieser einzelnen Gegenstände bestimme; so kann ich doch nie die Idee von der individuellen Gegend lebhaft erwecken, die ich dem andern vor die Augen bringen will. Ich kann durchaus nicht die Höhe jenes Berges, die Breite dieses Wassers, die mannigfaltig gestalteten u gefärbten Baumparthien, in Ihre Einbildung übertragen; Maaß u Zahl geben Begriffe, nicht sinnliche Vorstellungen, u vieles kann ich auch nicht einmal durch Maaß u Zahl ausdrücken. Das Charakteristische, das Kolorit der Gegend erräth der andre nie; er kann nichts als sich aus denselben Ingredienzen, eine neue Gegend zusammensetzen, die dem Wirklichen wovon sie ein Bild seyn soll, oft sehr unähnlich seyn mag. / Die sinnlichen Schönheiten fürs Auge, können nur durchs Auge, im Original der Natur, oder in Nachahmungen des Pinsels, vollkommen empfunden werden. – Doch ich schwatze zuviel, da ich Ihnen bloß sagen wollte, daß ich Ihnen unmöglich ein treues Gemählde von der Folge einzelner Romantischer Aussichten, die wir diesen Vormittag u auf der ganzen Reise hatten, geben kann. Doch werde ich thun, so viel ich kann.
Um Streitberg ist eine der schönsten Gegenden, die wir auf der ganzen Reise gesehen haben. Das Dorf liegt am Eingange eines Thales, das sich in mäßiger Breite zwischen bewaldeten Felsen, aus denen aber viele nackte Blöcke u Pfeiler hervorragen, in manchen Krümmungen durchwindet. Durch das Thal schlängelt sich die Wisent, von kleinen Büschen eingefaßt, u von frischen Wiesen umgeben. Der kleine Fluß ist merkwürdig, weil er die größten u wohlschmeckendsten Forellen giebt, die man hier beständig haben kann. An dem äußersten Ende eines bewaldeten Berges, der ins Thal vorspringt, wo es eine Ecke bildet, thürmen sich, auf einer Grundlage von nakten Felsen, die großen Ruinen der Burg Neidek, mit einem hohen Thurme, pyramidalisch in die Höhe. Ich habe nicht größere u schönere Ruinen gesehen. Wir drängten uns durch die Felsenstücke u die dichte Waldung, die die Abhänge des Berges *einnimmt*, hinauf, u bewunderten die großen Trümmer. Der Burggraben war verwachsen; einige Wände standen noch auf wenigen Steinen. Das Mauerwerk ist bey diesen Schlössern meist v. Felsenstücken, u durch einen sehr festen Kalk zusammengekittet, doch zuweilen durch Zeit u Luft sehr mürbe gemacht; meistentheils aber noch felsenfest. – –"[25]

Der junge Ludwig Tieck verwendet den landschaftsästhetischen „Romantik"-Begriff nicht nur häufiger, sondern auch poetischer als Wackenroder. Während dieser ein „treues Gemählde von der Folge einzelner Romantischer Aussichten" sprachlich quasi nachzuzeichnen versucht, entwirft jener vom Reichardtschen Gut Giebichenstein gleich ein Stimmungsgemälde im „romantischen" Stil. 1792 schreibt Tieck seinem Freund Wackenroder:

„Es war am 3ten Juni, (der Geburtstag der Reichardtinn) vielleicht bist Du ausgegangen gewesen und erinnerst Dich, daß es ein göttlicher Abend war, der Mond schien so hell, die Luft war so heiter und war der Himmel so blau. Ich begleitete mechanisch meine Gefährten bis zum Thor und kehrte dann um, ohne von ihnen eben bemerckt zu werden und ohne ein Wort zu sprechen. Ich forderte von der Natur Ersatz für die verlorenen Stunden und erhielt ihn, ich war wirklich einmahl glücklich. Ich ging neben Gärten hin, wo mich der balsamische Duft von tausend Blumen umfing, die Lichter erloschen nach und nach in den Häusern, die Hunde bellten mir allenthalben nach, ich ging vor einer Wassermühle vorbei, deren schäumender Wasserfall wie Flammen in dem Strahl des Mondes fluthete, alles war so schön, so abentheuerlich. Ich sezte mich oft nieder, die schönen Gegenden zu übersehen. Die Saale glänzte vor mir wie ein grosser See, tausend kleine Sterne zitterten auf der ungewissen Oberfläche, ein leichter goldner Nebel ruhte über die ganze Gegend, die Wogen der Saale tönten in der einsamen Nacht wie die Schritte eines Wanderers, bald wie Harfentöne, bald wie das Rudern eines Schiffes. O wie oft dacht' ich an Dich, wie oft wünscht' ich Dich an meine Seite. Endlich stieg ich auf die Felsen, die schönste Gegend bei Giebichenstein, wie alles romantisch vor mir lag, mir war, als lebt' ich in der fernsten Vergangenheit, die Ruinen des Ritterschlosses blickten so ernsthaft nach mir hin, die Felsen gegen über, die Felsen über mir, die wankenden Bäume, das Hundebellen, alles war so schauerlich, alles stimmte die Phantasie so rein, so hoch. Oft saß ich halb im Traum, halb wachend, mit einem Auge süsse Träume sehend, mit dem andern in die schöne Gegend blickend."[26]

Die Gegenüberstellung beider Briefstellen verdeutlicht einen wesentlichen Unterschied zwischen Wackenroders und Tiecks landschaftsästhetischem „Romantik"-Begriff: Wackenroder sieht in der „romantischen" Landschaft das Malerische, Tieck dagegen hört in ihr das Musikalische. In den Augen Tiecks kann eine Landschaft im Betrachter die gleichen Gefühle erzeugen wie eine Musik im Hörer. Indem Tieck von der sogenannten Historienmalerei absieht und Landschaften musikalisch betrachtet und beschreibt, bringt er „süße Bilder vor die Seele" seiner Leser.[27] Im Fragment gebliebenen Roman „Franz Sternbalds Wanderungen" (1798), der eigentlich „unter dem Namen des Verfassers der Herzensergießungen eines kunstliebenden Klosterbruders erscheinen sollte",[28] malt Tieck Landschaften in musikalischen Farben aus, verleiht Seelengemälden ein musikalisches Kolorit. Gegenüber einem alten Einsiedler gelangt der Maler Franz zu der grundsätzlichen Überzeugung:

„»Ich glaube es einzusehn, wie Ihr über die Landschaften denkt, und mich dünkt, Ihr habt recht. Denn was soll ich mit allen Zweigen und Blättern? mit dieser genauen Kopie der Gräser und Blumen? Nicht diese Pflanzen, nicht die Berge will ich abschreiben, sondern mein Gemüt, meine Stimmungen, die mich gerade in diesem Momente regiert, diese will ich mir selber festhalten und den übrigen Verständigen mitteilen.«"[29]

Und in einem Gespräch über allegorische Historienmalerei stellt Franz fest:

„»...Eine gute Landschaft kann etwas Wunderbares ausdrücken, so daß die Einsamkeit gerade eine vortreffliche Wirkung tut: auch können so mancherlei Empfindungen erregt werden, daß sich eine Vorschrift darüber wohl schwerlich in so allgemeine Worte fassen läßt. Es können selten die Figuren sein, die die Teilnahme erregen, die es beleben, wer sie bloß dazu braucht, scheint mir von seiner Kunst wenig begriffen zu haben, aber sie können vielleicht jenes Spiel der Ideen, jene Musik mit erregen helfen, die alle Kunstwerke zu geheimnisvollen Wunderwerken macht. Aber denke dir eine Waldgegend, die sich im Hintergrunde öffnet und die Durchsicht in eine Wiese läßt, die Sonne steigt herauf, und ganz in der Ferne wirst du ein kleines ländliches Haus gewahr, mit rotem, freundlichen Dache, das gegen das Grün der Büsche lebhaft absticht, so erregt schon diese Einsamkeit ohne alle lebendige Gestalten eine wehmütige, unbegreifliche Empfindung in dir.«"[30]

Dieselbe landschaftsästhetische Ansicht vertritt Tieck hinsichtlich des „englischen" Gartens, dessen Gestaltungsprinzipien in der Einleitung des „Phantasus" (1812) dialogisch entwickelt werden:

„Das Schöne und Rührende ist es, welches Hügel, Baumgruppen, kleine Flüsse, Wasserfälle und Seen erregen können, ein schwärmendes musikalisches Gefühl, welches ziemlich deutlich den Künstler, welcher den Garten anlegen will, bewegen muß, und welches im Beschauen eben so widertönt."[31]

E. T. A. Hoffmanns „romantische" Landschaftsschilderungen fallen dagegen eher „malerisch" als „musikalisch" aus. Passagen wie im Vorwort zum Roman „Die Elexiere des Teufels" (1815/1816) sind eher selten:

„Die Sonne steht glutrot auf dem Gebirge, der Abendwind erhebt sich, überall Leben und Bewegung. Flüsternd und rauschend gehen wunderbare Stimmen durch Baum und Gebüsch: als würden sie steigend und steigend zu Gesang und Orgelklang, so tönt es von ferne herüber."[32]

In der Beurteilung der „romantischen" Gartenkunst stimmen Hoffmann und Tieck wiederum völlig überein. Beide beklagen den „seltenen Sinn für das Romantische",[33] monieren den manierierten „Sinn für Natur, denn nicht allein diese regelmäßigen Gärten, die dem jetzigen Geschmacke zuwider sind, bekehrt man zum Romantischen, sondern auch wahrhaft romantische Wildnisse werden verfolgt, und zu Regel und Verfassung der neuen Gartenkunst erzogen".[34] Eine direkte Anspielung auf E. T. A. Hoffmanns landschaftsästhetischen „Romantik"-Begriff enthält Robert Schumanns Kritik des Klavierkonzertes op. 18 von Wilhelm Taubert aus dem Jahre 1836:

„Allegro, E-dur, 6/8 Takt, Hörnerklänge von weitem, – wen zieht's dabei nicht gleich hinaus in die Ferne und tief hinein in die grünen Wälder! Wer Jägers Lust und Leben (wie etwa Hoffmann einzig genug in den »Teufelselexieren« malt) in der Musik kennen lernen will, findet's hier und von der Romantik nicht mehr als ein paar sehnsüchtige blaßblaue Streifen unten am Waldesfluß. Was Dunkleres aber über dem Andante schweben möchte, ist nicht etwa Schmerz über diese oder jene bürgerliche Begebenheit, sondern recht liebe allgemeine Wehmut, wie sie uns zur Dämmerung in das Herz einschleichen will." [60]

Sollte Taubert sowohl Schumanns Kritik als auch Hoffmanns „Elexiere des Teufels" gelesen haben, müßte ihm der Irrtum Schumanns aufgefallen sein: Denn in Hoffmanns Roman weiß der Förster wenig von des „Jägers Lust und Leben" zu berichten, vielmehr erzählt er die teuflische „Geschichte von dem seltsamen Mönch", eine schaurig dunkle Doppelgängerepisode, die zu dem klassizistischen Klavierkonzert Tauberts gar nicht paßt.[35] Vermutlich hat Schumann, der die „Teufelselexiere" um 1831 gelesen hat, hier falsch aus dem Gedächtnis zitiert.

Daß die Werke Jean Pauls für Robert Schumanns landschaftsästhetischen „Romantik"-Begriff eine besondere Bedeutung besitzen, braucht wohl kaum betont zu werden. „Romantische" Landschafts- und Gartenszenen gehören zu den festen, unlösbaren Bestandteilen der humoristisch-sentimentalen Romane Jean Pauls. Der „Titan" (1800–1803) könnte den Untertitel „Ein Parkroman" tragen, spielt ein großer Teil des Lebens und der Liebe seines Helden Albano im idyllischen Park „Lilar", der viele Elemente des englischen Gartens (Flötental, Arkadien und Tartarus, Schneckenberg, Donnerhäuschen, Rosenlaube, Brücken, Altar etc.) in sich vereint:

„Lilar ist nicht, wie so viele Fürstengärten, ein herausgerissenes Blatt aus Hirschfeld – ein toter Landschafts-Figurant und Vexier- und Miniaturpark – ein schon an jedem Hofe aufgesetztes und aufgegriffenes Schaugericht von Ruinen, Wildnissen und Waldhäusern: sondern Lilar ist das Naturspiel und bukolische Gedicht der romantischen und zuweilen gaukelhaften Phantasie des alten Fürsten. Wir kommen bald insgesamt hinter dem Helden hinein, aber nur ins *Elysium*; der *Tartarus* ist etwas ganz anders und Lilars zweiter Teil. Die Absonderung der Kontraste lob' ich noch mehr wie alles; ich wollte schon längst in einen bessern Garten gehen, als die gewöhnlichen chamäleontischen sind, wo man Sina und Italien, Lust- und Gebeinhaus, Einsiedelei und Palast, Armut und Reichtum (wie in den Städten und Herzen der Inhaber) auf *einem* Teller reicht und wo man den Tag und die Nacht ohne Aurora, ohne Mitteltinte nebeneinander aufstellt. Lilar hingegen, wo das Elysium seinen frohen Namen durch verknüpfte Lustlager und Lusthaine rechtfertigt, wie der Tartarus seinen düstern durch einsame überhüllte Schrecken, das ist mir recht aus der Brust gehoben. –
Aber wo geht jetzt unser Jüngling mit seinen Träumen? – Noch auf der romantischen einleitenden Straße nach Lilar, eigentlich dem ersten Gartenwege desselben. Er wanderte auf einer belaubten Straße, die sanft auf Hügel mit offnen Baumgärten und in gelbblühende Gründe stieg und die wie der Rhein sich bald durch grüne Felsen voll Efeu drängte, bald fliehende lachende Ufer hinter den Zweigen auftat. Jetzt wurden die weißen Bänke unter Jesminstauden und die weißen Landhäuser vielfältiger, er kam näher, und die Nachtigallen und Kanarienvögel (1) Lilars streiften schon hierher, wie Land ansagende Vögel ..."[36]

Von „romantischen" Gärten und Landschaften erzählen auch die anderen Romane Jean Pauls, die „Unsichtbare Loge" (1793) vom „Stillen Land" mit den künstlichen Seen von Scheerau, der „Hesperus" (1795) vom „Maiental" mit dem „Garten des Endes" und der „Blumenhöhle". Im „Siebenkäs" (1796/1797) verewigte Jean Paul die Parkanlagen und Lustschlösser seines Wohnortes Bayreuth, die Erimitage und Fantaisie. Dem jungen Robert Schumann wurden die Landschaftsschilderungen Jean Pauls u.a. in den „Juniusabenden und Julytagen" zum literarischen Vorbild.[37]
Unabhängig davon gebührt Jean Paul ein doppeltes Interesse, weil er die „romantische" Landschaft nicht nur praktisch ins Werk setzte, sondern auch theoretisch reflektierte. Im Paragraphen § 22 der „Vorschule der Ästhetik" (1804) heißt es vom „Wesen der romantischen Dichtkunst ...":

„Fragen wir doch lieber das Gefühl, warum es z.B. sogar eine Gegend romantisch nennt. Eine Statue schließt durch ihre enge und scharfe Umschreibung jedes Romantische aus; die Malerei nähert sich schon durch Menschen-Gruppierungen ihm mehr und erreicht es ohne Menschen in Landschaften, z.B. von Claude. Ein holländischer Garten erscheint nur als Widerruf jedes Romantischen, aber ein englischer, der sich in die unbestimmte Landschaft ausdehnt, kann uns mit einer romantischen Gegend umspielen, d.h. mit dem Hintergrunde einer ins Schöne frei gelaßnen Phantasie ... Es ist in allen diesen Beispielen nicht das *Erhabene*, das, wie gedacht, so leicht ins Romantische verfließt, sondern das *Weite*, welches bezeichnet. Das Romantische ist das Schöne ohne Begrenzung, oder das *schöne* Unendliche, so wie es ein erhabenes gibt."[38]

Diese Definition des „Romantischen" im allgemeinen und der „romantischen" Landschaft im besonderen erfährt im Paragraphen § 80 über die „Poetische Landschaftsmalerei" eine wichtige Ergänzung. Landschaften, die von außen betrachtet „romantisch" erscheinen, sind von innen gesehen „musikalisch". Die äußerlich „unbestimmte Landschaft" korrespondiert innerlich mit dem „unaussprechlichen Gefühl" des Betrachters:

„Die Landschaften der Alten sind mehr plastisch; die Neuern mehr musikalisch, oder, was am besten ist, beides. Goethens beide Landschaften im Werther werden als ein Doppelstern und Doppelchor durch alle Zeiten glänzen und klingen. Es gibt Gefühle der Menschenbrust, welche unaussprechlich bleiben, bis man die ganze körperliche Nachbarschaft der Natur, worin sie wie Düfte entstanden, als Wörter zu ihrer Beschreibung gebrauht; und so findet man es in Goethe, Jacobi und Herder. Auch Heinse und Tieck, jener mehr plastisch, dieser mehr musikalisch, griffen so in die unzähligen Saiten der Welt hinein und rührten gerade diejenigen an, welche ihr Herz austönen."[39]

Zehn Jahre zuvor, in einem Aufsatz „Über Matthisons Gedichte" (1794), hatte Friedrich Schiller die musikalische Landschaft schon in ähnlicher Weise als „Darstellung des Empfindungsvermögens" definiert:

„Es gibt zweierlei Wege, auf denen die unbeseelte Natur ein Symbol der menschlichen werden kann: entweder als Darstellung von Empfindungen oder als Darstellung von Ideen. Zwar sind Empfindungen, ihrem Inhalte nach, keiner Darstellung fähig; aber ihrer Form nach sind sie es allerdings, und es existiert wirklich eine allgemein beliebte und wirksame Kunst, die kein anderes Objekt hat als eben diese Form der Empfindungen. Diese Kunst ist die Musik, und insofern also die Landschaftmalerei und Landschaftpoesie musikalisch wirkt, ist sie Darstellung des Empfindungsvermögens, mithin Nachahmung menschlicher Natur."[40]

Im Winter 1801/1802 übersetzte August Wilhelm Schlegel die Landschaft, die „das Gemüth zu unbestimmten Fantasieen anregt, und in eine unnennbare Sehnsucht verstrickt", in den Berliner „Vorlesungen über schöne Literatur und Kunst" ins Musikalische:

„Wenn die Mahlerey, je nachdem sie den Geist bey der ruhigen Betrachtung eines umgränzten Gegenstandes fixirt, oder das Gemüth zu unbestimmten Fantasieen anregt, und in eine unnennbare Sehnsucht verstrickt, sich entweder der Plastik oder der Musik annähert, so kann man die Landschaft ihren musikalischen Teil nennen."[41]

Später, in der „Kleinen Nachschule zur ästhetischen Vorschule" (1825), distanzierte sich Jean Paul von dieser Auffassung, indem er zwischen den „romantischen" Qualitäten der Malerei und Musik stärker differenzierte:

„Jede Dichtart hat unter den Körpern ihre Ebenbilder, die uns anregen. So ist z.B. die Musik romantische Poesie durch das Ohr. Diese als das Schöne ohne Begrenzung wird weniger von dem Auge vorgespielt, dessen Grenzen sich nicht so unbestimmbar wie die eines sterbenden Tons verlieren. Keine Farbe ist so romantisch als ein Ton, schon weil man nur bei dem Sterben des letztern, nicht der erstern gegenwärtig ist, und weil ein Ton nie allein, sondern immer dreifaltig tönt, gleichsam Romantik der Zukunft und der Vergangenheit mit der Gegenwart verschmelzend. Daher ruft unter den geschlagnen Instrumenten die Glocke am meisten die romantischen Geister herbei, weil ihr Ton am längsten lebt und stirbt; dann kommt die

Harmonika unter den gestrichnen, und darauf unter den geblasenen das Waldhorn und die Orgel; und bei dieser wieder ziehen uns die Töne des Pedals tiefer ins romantische Abendreich hinein als die Töne des Diskants.
Dem Auge erscheint das Schöne ohne Begrenzung am meisten als Mondschein, dieses wunderbare, weder dem Erhabnen, noch dem Schönen verwandte Geisterlicht, das uns mit schmerzlicher Sehnsucht durchdringt, gleichsam die Morgendämmerung einer Ewigkeit, die auf der Erde niemals aufgehen kann. So ist ferner die Abendröte romantisch, das Morgenrot aber erhaben oder schön, und beide sind Fahnen der Zukunft; aber jene verkündigt eine fernste, diese eine nächste. So ist eine grenzenlose grüne Ebene romantisch wie ein fernes Gebirg; ein nahes aber und die Wüste sind erhaben.
Das Reich des Romantischen teilt sich eigentlich in das Morgenreich des Auges und in das Abendreich des Ohrs und gleicht darin seinem Verwandten, dem Traum."[42]

Mit seiner Definition der „romantisch" entgrenzten Landschaft, die sich dem Betrachter als „das Schöne ohne Begrenzung" darstellt, nähert sich Jean Paul der Position Novalis',[43] der im „allgemeinen Brouillon" verallgemeinernd bestimmt: „So wird alles in der Entfernung Poësie – Poëm. Actio in distans. Ferne Berge, ferne Menschen, ferne Begebenheiten etc. alles wird romantisch, quod idem est – daher ergiebt sich unsre Urpoëtische Natur. Poësie der Nacht und der Dämmerung."[44] Bei Jean Paul bleibt die entgrenzte „romantische" Landschaft definitiv auf das „*schöne* Unendliche" bezogen. Nach der „Maxime" und „Reflexion" Johann Wolfgang Goethes entspringt sie dagegen einem „stillen Gefühl des Erhabenen": „Das sogenannte Romantische einer Gegend ist ein stilles Gefühl des Erhabenen unter der Form der Vergangenheit oder, was gleich lautet, der Einsamkeit, Abwesenheit, Abgeschiedenheit."[45] Die meisten Landschaftsschilderungen der englischen und deutschen Literatur lassen das „Romantische" aber erst durch den Kontrast des „Schönen" mit dem „Erhabenen" entstehen. Mal wird das „Schöne" durch die gewaltigen Gefühle des „Erhabenen" erschüttert, mal das „Erhabene" durch die milden Stimmungen des „Schönen" besänftigt. Dieser Auffassung von der „gemischten Empfindung" trägt beispielsweise Johann August Eberhards Definition im „Handbuch der Aesthetik" (1803) Rechnung:

„Das Romantische ist also überhaupt in der Natur, wie in der Kunst, das mit Lieblichkeit gemischte Große; und in der Kunst insonderheit das Große des modernen Ideals, durch Lieblichkeit gemildert.
Dieser Begriff des Romantischen läßt sich, wie ich glaube, durch den Sprachgebrauch vollkommen rechtfertigen. Wir nennen eine Gegend, deren große Parthieen durch den milden Mondschein einer schönen Sommernacht beleuchtet ist, eine romantische Scene. Eine rauhe Gebirgskette kann durch ihre wilde und imposante Größe erhaben seyn; es müssen aber erst lieblichere Umgebungen sich dazumischen, wenn sie romantisch werden soll ...
Es ist also der Charakter des ungewöhnlichen Großen und selbst des Abentheuerlichen, durch Lieblichkeit verschönert, welcher das Wesen des Romantischen ausmacht ..."[46]

Eberhards Ausführung über das „Romantische" wäre beliebig austauschbar, wenn sie nicht von Heinrich Christoph Koch in das „Kurzgefaßte Handwörterbuch der Musik für praktische Tonkünstler und für Dilettanten" (1807) wortwörtlich übernommen worden wäre:

„Romantisch. Das Romantische bestehet aus einer Mischung des Großen, oder auch des Abentheuerlichen mit dem Sanften und Lieblichen. »Wir nennen eine Gegend, sagt Eberhard, deren grosse Parthieen durch den milden Mondschein einer schönen Sommernacht beleuchtet sind, eine romantische Scene. Eine rauhe Gebirgskette kann durch ihre wilde und imposante Größe erhaben seyn; es müssen aber erst lieblichere Umgebungen sich dazu mischen, wenn sie romantisch werden soll. – Es ist also der Charakter des ungewöhnlichen Großen und selbst des Abentheuerlichen, durch Lieblichkeit verschönert, welcher das Wesen des Romantischen ausmacht."[47]

Kochs „Romantik"-Artikel erscheint musikästhetisch belanglos, beinahe bedeutungslos, er ist diskursgeschichtlich aber durchaus bedeutungsvoll. Das „Kurzgefaßte Handwörterbuch der Musik" nahm als erstes deutsches Musiklexikon das Stichwort „Romantisch" auf. Damit unternahm Koch als erster den Versuch, die Rede über „romantische" Musik lexikographisch zu institutionalisieren, d.h. aufzuschreiben und zu regeln. Der Einwand, Koch habe das „Romantische" musikästhetisch nicht auf den Begriff bringen können und deshalb die populärste Bedeutung des Begriffes zitiert, um das Wesen des „Romantischen" wenigstens landschaftsästhetisch zu veranschaulichen, trifft – wenn überhaupt – nur bedingt zu. Vielleicht verrät der Artikel eine gewisse Verlegenheit Kochs, weil es der Logik der Leser überlassen bleibt, in Analogie vom „Romantischen" in der Landschaft auf das „Romantische" in der Musik zu schließen. Die Leser aber versetzte Koch damit gewiß nicht in Verlegenheit: Erstens war man es seit dem 17. Jahrhundert gewohnt, Musik in den „bildlichen Analogien" der Figurenlehre und Affektenästhetik zu hören.[48] Zweitens darf die eine oder andere Vertonung und Variation des Themas „Natur und Musik" aus der Oper und Instrumentalmusik des 18. Jahrhunderts als bekannt vorausgesetzt werden.[49] Die Reihe musikalischer Naturschilderungen reicht von Antonio Vivaldis „Le quattro Stagioni" (1725) über Justin Heinrich Knechts „Le Portrait musical de la Nature" (1784) bis zu Ludwig van Beethovens „Pastorale" (1807/1808). Drittens währte der jahrzehnte alte musikästhetische Streit „Über die Musikalische Malerei" (Johann Jakob Engel, 1780) noch zu Anfang des 19. Jahrhunderts.[50] Um sich nicht dem Vorwurf der „Tonmalerei" auszusetzen, sah sich Beethoven bekanntlich genötigt, anläßlich der Uraufführung der „Pastorale" die Erklärung „mehr Ausdruck der Empfindung als Malerei" auf dem Programmzettel abdrucken zu lassen.[51] Haydns „Schöpfung" hatte sich zuvor wiederholt dieser Kritik ausgesetzt.[52] Viertens wurde das „Romantische" in der Musik bereits vor Koch über das „Malerische" und „Landschaftliche" veranschaulicht. So rühmte Carl Friedrich Zelter im vierten Jahrgang der Leipziger *Allgemeinen musikalischen Zeitung* von 1801/1802 Haydns „Schöpfung" mit einer Formulierung, die von Jean Paul stammen könnte:

„Diesen hier entwickelten Elementargeist haben bis jezt alle Haydnschen Werke, mehr oder weniger, offenbart und das Resultat desselben ist: dass alle Haydnschen Insrumentalkompositionen eine ganz neue, von ihm allein erschaffene Art romantischer Gemählde für das Ohr sind, die sich eben so wenig in Worte und Begriffe übersetzen lassen, als Verstand und Empfindung ihren angenehmen Eindrücken widerstehn können."[53]

Zur gleichen Zeit verbildlichte Franz Christoph Horn das „romantische" Wesen der Oper mit den in Klammern gesetzten Worten:

„Die wahre Oper ist durchaus romantisch. Sie lässt das blühendste, harmonische Leben im üppigen Schwunge leicht an uns vorbeygleiten und von dem Wohllaut zarter Musik gehoben, sprechen uns die schönsten Momente jenes Lebens mit höherer Klarheit an, als es je in einem blossen Drama wird geschehen können. Ich muss gestehen, dass ich die Oper, als solche, (...) für die erhabenste Frucht des modernen Geistes halte ...
Der Charakter der Oper sey Freyheit nach allen Seiten hin ... Die Handlung ruhe nie, denn in der Romantik ist die Schönheit – zwar nicht im Kampfe, der bey ihr unmöglich seyn muss, aber gleichsam – im Siegen. – (Der Mond am heitern Himmel ist schön; bricht er aber durch Gewölk und Nebel siegend hervor, so nennen wir den Anblick romantisch)."[54]

Fünftens hatte Ludwig Tieck die „romantische Traumlandschaft" in seinen Dichtungen insbesondere im Roman „Franz Sternbalds Wanderungen" musikalisiert.[55] Sechstens war die „Verknüpfung von Musik und Landschaft ein Topos der kunsttheoretischen Literatur des 18. Jahrhunderts".[56] Vergleiche zwischen Landschaft und Musik finden sich bereits in Christian Ludwig von Hagedorns „Betrachtungen über die Mahlerey" von 1762 oder in Karl Ludwig Fernows Aufsatz „Über die Landschaftsmalerei" von 1806.[57] Und siebtens hatten Friedrich Schiller, August Wilhelm Schlegel und Jean Paul die musikalische Landschaft philosophisch schon längst nobilitiert.

Mit der gleichen Selbstverständlichkeit wie Heinrich Koch von der „romantischen" Landschaft auf die „romantische" Musik schließt, benutzt Robert Schumann den „Romantik"-Begriff, um musikalische Eindrücke landschaftlich zu versinnbildlichen. Für Schumann ist die „romantische" Landschaft weniger ein „plastischer" als ein humoristischer „Reflex des Seelenzustandes des Musikers, eine Art Materialisation der musikalischen und poetischen Emotion in Formen und Farben."[58]

In den Briefen und Tagebüchern Robert Schumanns ist schon sehr früh von „romantischen" Landschaften die Rede, vom Rhein [1; 12], vom Rigi und dem Vierwaldstättersee [4] und später vom Thüringer Wald [10]. Auch Clara Schumann bedient sich des Begriffes im Briefwechsel mit ihrem Mann und im „Ehetagebuch", um das „Romantische" der Sächsischen Schweiz [8], von Marienburg in Ostpreußen [9], der Wasserspiele von Versailles [26] oder des Schlosses St. Germain [27] zu bezeichnen. Wie sehr die Reisebeschreibungen der Schumanns dem „klassischen" Klischee der „romantischen" Landschaft entsprechen, soll an zwei Beispielen veranschaulicht werden.

(1) Als Robert Schumann im Mai 1829 von Leipzig nach Heidelberg reiste, um dort für zwei Semester „die berühmtesten deutschen Juristen, Thibaut, Mittermayer u.a.m. hören zu können",[59] nahm er die Gelegenheit wahr, Willibald Alexis, Pseudonym für Wilhelm Häring (1798–1871),[60] von Frankfurt über Mainz nach Koblenz zu begleiten. Während Alexis von Koblenz nach Paris

weiterreiste, kehrte Schumann auf gleichem Weg nach Mainz zurück und erreichte am 21. Mai 1829 Heidelberg. Über seinen Abstecher zum Rhein berichtet Schumann seiner Mutter:

„Nach diesem ziemlich prosaischen Abstecher, sieh' mich auf die Wasserdiligence steigen, um nach Coblenz zu fahren. Döring in Frankfurt hatte mir ein schönes Panorama des Rheins geschenkt, so daß ich mich im bloßen Kopfe, die Cigarre im Munde, das Panorama in den Händen und die Lorgnette vor den Augen auf dem Verdecke sitzend recht gut ausnahm. Kein Gott kann Dir die Gegenden mit ihren romantischen kühnen Vesten und Burgen beschreiben; drum spar' ich mir die Namen der Uferstädte und Rheinschlösser, an denen ich schnell, wie im Traume vorüberflog." [12]

In seinen Tagebuchnotizen über die Reise „nach d. Rhein u. Heidelberg 1829" hat Schumann die „Namen der Uferstädte und Rheinschlösser" im einzelnen festgehalten:

„Sonntags d. 17ten May: ... – St. Lorch sehr romantisch – ...
Boppard sehr romantisch – große Biegung des Rheins – ich einsam auf dem Verdecke – Schloß Liebenek – die herrlichste Poesie von Rh.[ein] Braubach mit d. Marksburg – die untergehende Sonne u. der Mond hinter der Burg – Silber- und Goldwellen im Osten u. Westen – ..." [1]

Um Schumann gerecht werden zu können, muß zwischen seiner Rolle als Rheintourist und „Rheinromantiker" unterschieden werden. Als Rheintourist erinnert er uns an die reichen Söhne englischer Adeliger, die seit dem 17. Jahrhundert über Frankreich oder Deutschland rheinaufwärts nach Italien reisen. Die sogenannte „Grand Tour" bildete den krönenden Abschluß der Erziehung englischer Aristokraten. Mitte des 18. Jahrhunderts, auf dem Weg ins „klassische" Land entdeckten die Engländer den „romantischen" Rhein. In den nachfolgenden Jahrzehnten überfluteten tausende von Touristen die „malerische" Rheinlandschaft und ihre „romantischen" Requisiten. Ermöglicht wurde dieser Massentourismus durch den Einsatz moderner Verkehrsmittel: 1816 fuhr der erste Dampfer, die „Prinz von Oranien", von London nach Köln, 1824 das erste Dampfschiff, die „Seeländer", bis nach Bacharach. Bis dahin bestand für Rheinreisende die Möglichkeit, den unbequemen Weg mit der Kutsche bzw. die langwierige Fahrt mit einem Frachtschiff zu umgehen, indem sie wie Schumann eine „Wasserdiligence" benutzten, eine Schnelljacht, die eigens für den Personenverkehr geschaffen worden war. 1827 richtete dann die „Preußisch-Rheinische Dampfschiffahrtsgesellschaft", deren Dienste Schumann auf dem Rückweg in Anspruch nahm,[61] den ersten regelmäßigen Personenlinienverkehr zwischen Köln und Mainz ein:

„Im ersten Jahr des Linienverkehrs wurden über 18000 Passagiere befördert, im folgenden Jahr hatte sich diese Zahl schon verdoppelt. Bemerkenswert ist dabei die Tatsache, daß bereits 1829 die Hälfte aller Passagiere Engländer waren, also mehr als 16000 Touristen englischer Herkunft in diesem Jahr das Rheintal bereisten und die klassische Mittelrhein-Strecke zwischen Köln und Mainz absolvierten."[62]

Abb. 1: James Baker Pyne, „Ansicht von Boppard am Rhein" (1858)

Ins Handgepäck eines jeden Rheinreisenden gehörten poetische wie praktische Reiseführer, Byrons „Childe Harold's Pilgrimage" (1816/1818) oder Bulwers „Pilgrims of the Rhine" (1834) ebenso wie der berühmte „Schreiber Guide" (1812/1818) oder der erste „Baedecker" (1835).[63] Robert Schumann hatte vom Legationsrat Döring wahrscheinlich das erste Leporello-Rheinpanorama (1825) des Frankfurter Kupferstechers Friedrich Wilhelm Delkeskamp geschenkt bekommen, das den Abschnitt von Köln bis Mainz aus der Vogelperspektive abbildet und die „romantischen" Orte am Rande beschreibt.

„Romantik" ist ein Phänomen der europäischen Geistesgeschichte, der Rhein ein Problem der deutsch-französischen Nationalgeschichte, die „Rheinromantik" eine Errungenschaft der englischen Kulturgeschichte:

„Das Kuriosum dieser Neigung der Engländer für den Rhein ist ja, daß sie lange vor der romantischen Bewegung in Deutschland nachweisbar ist, daß die Engländer den Rhein ent-

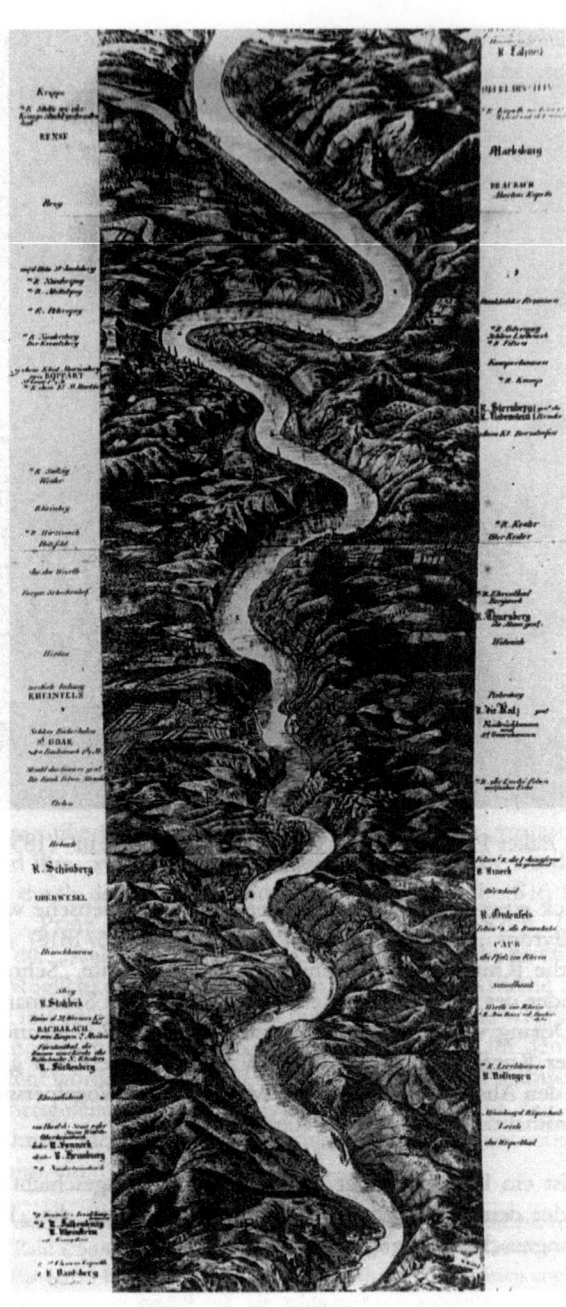

Abb. 2: Friedrich Wilhelm Delkeskamp, „Panorama des Rheins" (1825)

Abb. 3: Friedrich Wilhelm Delkeskamp, „Braubach und die Marxburg" (1829)

Abb. 4: Friedrich Wilhelm Delkeskamp, „Boppard Stromabwärts" (1829)

deckten, bevor die Deutschen seine Landschaft und Geschichte romantisch verklärten, bevor Deutsche patriotisch zu empfinden begannen."[64]

Zwischen der frühen englischen und der späteren deutschen „Rheinromantik" bestehen beträchtliche Unterschiede.[65] Die englische „Rheinromantik" zeugt von einer mehr äußerlichen Betrachtungsweise. Die englischen Touristen, Literaten und Künstler des 18. und 19. Jahrhunderts waren vornehmlich „auf der Suche nach der pittoresken Schönheit",[66] die sie in der „malerischen" Rheinlandschaft fanden. Ihr Interesse galt den rheinischen Burgen und „romantischen" Ruinen, die sie in eine „gothic mood" versetzten: In dieser „Verbindung pittoresker und romantischer Betrachtungsweise der Landschaft einerseits und schauerromantischer Gefühle für die Rheinruinen und ihre Legenden andererseits entsteht die englische Rheinromantik".[67] Die deutsche „Rheinromantik" zeugt dagegen mehr von einer innerlichen Betrachtungsweise. Sie entstand weitgehend unabhängig von der englischen, „nämlich am Beginn des 19. Jahrhunderts, genauer 1802 mit der Rheinwanderung von Clemens Brentano und Achim von Arnim und mit den aus demselben Jahr stammenden Bemerkungen von Friedrich Schlegel über den Rhein".[68] Die englische „Rheinromantik" gibt sich „primär prosaisch, pittoresk und schauerromantisch", „während die deutsche Rheinromantik viel mehr poetisch und märchenhaft ist und »pittoreske« Aspekte zugunsten der unendlichen Landschaft aufgibt".[69] Dieser Unterschied wird am Beispiel Schumanns sehr deutlich. Schumanns Interesse gilt nicht so sehr den „romantischen kühnen Vesten und Burgen", deren prosaische Aufzählung im Brief an die Mutter ausgespart bleibt, um „die herrlichste Poesie von Rh.[ein]" nicht zu zerstören. Sein Interesse gilt um so mehr der eigenen Person, der „romantischen" Figur, die sich im Brief an die Mutter „im bloßen Kopfe, die Cigarre im Munde, das Panorama in den Händen und die Lorgnette vor den Augen auf dem Verdecke sitzend recht gut ausnahm." Schumann benutzt die „romantische" Rheinlandschaft als Kulisse zur ästhetischen Selbstdarstellung, als Bühnenbild zur Inszenierung ästhetischer Subjektivität. Er sieht sich selbst „einsam auf dem Verdecke" sitzend und die „romantische" Landschaft trägt seine Stimmung wie der Rhein das Schiff auf dem er fährt: Die „romantische" Rheinlandschaft – „die herrlichste Poesie von Rh.[ein] Braubach mit d. Marksburg – die untergehende Sonne und der Mond hinter der Burg – Silber- und Goldwellen im Osten und Westen ..." – die „romantische" Rheinlandschaft wird für ihn zum symbolischen Stimmungsträger, von ihm zur Seelenlandschaft verklärt. Schumanns Rheinlandschaft ist also nicht im pittoresken und schaurigen Sinne „romantisch" etwa wie Schwarzburg, das er 1845 auf der Reise zum Beethovenfest in Bonn „schön romantisch, aber unheimlich – schön für den Mahler ..." [10] nannte. Schumanns Rheinlandschaft ist im poetischen Sinne „romantisch" – schön für den Tondichter.[70]

(2) Der landschaftsästhetische Hintergrund der „romantischen" Musikanschauung des 19. Jahrhunderts darf durch ein zweites, beziehungsreiches Beispiel

kurz beleuchtet werden. Vom 1. bis zum 9. Juli 1841 unternahm das Ehepaar Schumann seine erste gemeinsame Reise, die von Leipzig über Dresden in die Sächsische Schweiz führte.[71] Clara und Robert Schumann haben den Verlauf ihrer „Hochzeitsreise" durch das felsige Elbsandsteingebirge im gemeinsamen „Ehetagebuch" ausführlich festgehalten. Über den „Lichtenhainer Wasserfall" am Fuße des „Neuen Wildensteins" auf dem sich der „Kuhstall", ein 11 m hohes, 17 m breites und 24 m tiefes Felsentor befindet, das einen wunderbaren Blick in die Täler und Wälder des „Kleinen Zschand" und auf die „Affensteine" eröffnet, schreibt Clara:

„July 1841 ... *Bastei* ... Amselgrund ... Der Wasserfall machte mir viel Vergnügen, später aber der beim Kuhstall noch mehr, denn er ist großartiger und noch romantischer gelegen. Hier blieben wir lange sitzen, indem ein Wasserfall vom Himmel herab kam, der freilich der großartigste war. Das hatte ich mir gewünscht, gerade in diesem Grunde – etwas Donner und Blitz hätte ich wohl auch noch gemocht. –" [8]

Clara Schumanns Sichtweise ist zwar eine pittoreske, doch ihre „Sehnsucht nach der [Sächsischen] Schweiz" war eine „romantische".[72] Die „romantischen" Reize der Sächsischen Schweiz wußte schon der Prediger Wilhelm Leberecht Götzinger in seiner „Geschichte und Beschreibung des Chursächsischen Amts Hohnstein mit Lohmen ..." (1786) zu schätzen:

„Fünf und Zwanzigster Abschnitt. Merkwürdigkeiten der Gegend ...
Unsere hohe Gegend ist überhaupt uneben und bergig, und das macht sie so angenehm. Das Auge wird hier nicht durch das ewige Einerlei einer flachen Gegend, wo man auch nicht einen Hügel gewahr werden kann, ermüdet, sondern wo ich mich hinwende, sehe ich Abwechselungen. Bald wandelt man auf einer Ebene, die mit einem Kranz von nahen Bergen, Hügeln und schwarzen Wäldern eingeschlossen ist; bald sieht man von einer Anhöhe lange und schöne Dörfer, auf einem bunten Teppiche von Feldern, Wiesen und Büschen, vor sich liegen; bald kann sich das Auge an einer ganzen Landschaft von vielen Meilen von dem Gipfel eines hohen Berges ergötzen; bald kann man in einsamen Thälern, zwischen nackenden Felsenwänden unter dem sanften Germurmel eines Baches, die Natur in einer andern Gestalt bewundern. Man nennt daher unser Gegend mit Recht eine romantische Gegend, die einen Platz in den dichterischen Schilderungen von Sächsischen Gegenden verdiente."[73]

Dieser Meinung muß auch der Freiheitsdichter Theodor Körner gewesen sein, der der „romantischen Gegend" in der Erzählung „Die Reise nach Schandau" (1810) den entsprechenden Ausdruck verlieh:

„Ich war schon eine Stunde auf dem Kuhstall, war schon alle Teile dieser herrlichen Riesenhöhle durchkrochen und hatte mich an dem kühnen Schwung ergötzt, mit dem hier die Natur der Romantik entgegenfliegt ..."[74]

Die Sächsische Schweiz sollte aber nicht von Dichtern, sondern von Malern entdeckt werden. Als erster hat der 1766 an die Dresdner Kunstakademie berufene Landschaftsmaler Adrian Zingg aus St. Gallen in der Schweiz die noch unerschlossene Felsenlandschaft des Elbsandsteingebirges erwandert und gezeichnet.[75] Zinggs Schüler Conrad Gessner schrieb seinem Vater Salomon 1784: „Diese gebirgig-waldigte Gegend ist ein Paradies für Landschaftsmaler; jeder Tritt ist romantisch ..."⁷⁶ Der berühmteste Maler der Sächsischen Schweiz war Caspar David Friedrich. Nach Friedrichs Maxime soll der Maler „nicht nur malen, was er vor sich sieht, sondern auch, was er in sich sieht. Sieht er aber nichts in sich, so unterlasse er auch zu malen, was er vor sich sieht."⁷⁷ Bilder wie die „Felsenschlucht" oder „Der Wanderer über dem Nebelmeer" sind deshalb nicht als Abbilder, sondern als Sinnbilder zu verstehen. Im Mai 1818 wanderte Friedrich mit seiner Frau und seinen Freunden Friedrich Gotthelf Kummer und Carl Gustav Carus durch die Sächsische Schweiz. Der königlich-sächsische Hof- und Leibarzt, Naturforscher und Maler Carl Gustav Carus (1789–1869) erweckt in diesem Zusammenhang Interesse, weil er in in den Dresdner Jahren 1844–1850 zum engeren Gesellschaftskreis der Schumanns gehörte und Robert Schumann ärztlich beraten hat.⁷⁸ Clara Wieck trat bereits im Alter von neun Jahren im Hause Carus' auf. In seinen „Lebenserinnerungen" (1865/66) äußert sich Carus über das Wunderkind:

„Nach ganz anderer Seite interessierte mich ferner in jenen Tagen ein neues Phänomen, welches zum Teil auch Natur-, zum Teil aber doch Geistesphänomen genannt werden mußte, es war die junge neunjährige Pianistin Klara Wieck aus Leipzig, später als Klara Schumann mit Recht zu großem musikalischen Ruhme gelangt. Durch unsern Krägen war sie mit ihrem Vater bei uns eingeführt worden, und wir hörten sie schon damals mit Bewunderung und inniger Teilnahme. Dies feine neunjährige Mädchen spielt die schwersten Sachen von Weber, Beethoven und Bach mit einer Zartheit und Reinheit des Ausdrucks, daß ich mich kaum erinnere, Ähnliches gehört zu haben. Dabei komponiert sie artig, ist übrigens ganz Kind, und am vergnügtesten bei den Kinderspielen und unter andern Kindern; sitzt sie aber am Flügel, so scheint sie sofort ein anderes Wesen und beherrscht ihr Instrument mit größter Sicherheit und Zierlichkeit. Sie hat mir zu vielfältigen Beobachtungen Veranlassung gegeben."⁷⁹

In den mehrere hundert Seiten umfassenden „Lebenserinnerung" fallen die Namen vieler Komponisten, über Robert Schumann verliert der in musicis konservative Carus bezeichnenderweise kein Wort. Wahrscheinlich hat sich Carus aus persönlichen Gründen über Schumanns Musik ausgeschwiegen. Vermutlich wäre sein Urteil über Schumann ähnlich ablehnend ausgefallen wie seine Kritik an Wagner:

„»Der ›Tannhäuser‹ von Wagner ist eigentümlich und neu und in der reichen Ausstattung wohl ein tüchtiges Werk zu nennen – aber bei allem ist es ein Stück der *Tendenz* – einer *romantischen Tendenz* –, und die Musik würde Sie gerade zur Verzweiflung bringen, denn es bleibt im Grunde unverkennbar und aufs höchste eine Art romantisches Rokoko«".⁸⁰

Kunstgeschichtliche Bedeutung erlangte Carus weniger durch seine Landschaftsgemälde – darunter etwa fünfzehn Ölgemälde über die Sächsische Schweiz – als durch seine „Neun Briefe über Landschaftsmalerei, geschrieben in den Jahren 1815–1824" (1831): „Die Bedeutung dieser Briefe ist für die Landschaftsmalerei der Romantik immer wieder betont und wohl auch insofern etwas überschätzt worden, als man aus ihnen die Landschaftsauffassung und Malweise

Caspar David Friedrichs und anderer zeitgenössischer Künstler zu erklären suchte. Tatsächlich verdeutlichen die Briefe eher die Kunstprinzipien, nach denen Carus selbst seine Landschaften gestaltet hat."[81] Ob Schumann Carus' „Briefe über die Landschaftsmalerei" gelesen hat, läßt sich leider nicht feststellen. Als Leser des *Morgenblattes für gebildete Stände* hat er allerdings Ludwig Schorns Rezension im Kunstblatt von 1835 zur Kenntnis genommen.[82] Schorn zitiert Carus' künstlerische Grundanschauung, wonach die Landschaftsmalerei der „Darstellung einer gewissen Stimmung des Gemüthslebens (Sinn) durch die Nachbildung einer entsprechenden Stimmung des Naturlebens (Wahrheit)" dient.[83] Diese Ansicht wird Schumann ebenso wenig fremd gewesen sein, wie das eine oder andere Gemälde von Carus selbst.[84]

Die Schumanns teilten ihre Liebe zur Sächsischen Schweiz noch mit einem anderen, berühmten Maler, nämlich mit Adrian Ludwig Richter (1803–1884). Richter erhielt seinen ersten Zeichenunterricht bei seinem Patenonkel Adrian Zingg und bei seinem Vater Carl August Richter. Beide Lehrer öffneten ihrem Schüler die Augen für die Schönheiten der Sächsischen Schweiz. 1820 veröffentlichten Vater und Sohn Richter „Mahlerische An- und Aussichten von Dresden und der nächsten Umgebung", 1823 erschien die erste selbständige Arbeit Ludwig Richters das „Taschenbuch für den Besuch der Sächsischen Schweiz", der weitere Landschaftsveduten folgten.[85] 1836 wurde Ludwig Richter als Nachfolger seines Vaters zum Professor für Landschaftsmalerei an die Dresdener Kunstakademie berufen. Ende der vierziger Jahre wurde Ludwig Richter von Robert Schumann gebeten, die Titelblätter für das „Album für die Jugend" op. 68 und für das „Lieder-Album für die Jugend" op. 79 zu gestalten.[86] Richter willigte ein, und Schumann erteilte Richters Sohn Heinrich im Gegenzug von November 1848 bis August 1849 Kompositionsunterricht. Über die Begegnung mit Schumann berichtet Heinrich Richter in den „Ergänzenden Nachträgen zu Ludwig Richters Selbstbiographie":

„In nähere Verbindung kam Richter mit Robert Schumann. Der nach seiner Verheiratung mit der Pianistin Clara Wieck von 1844 bis 1850 in Dresden lebende Componist besuchte ihn eines Tages und bat um Ausführung eines Titelblattes zu den Clavierstücken seines Jugendalbums. Richter erwiderte den Besuch, um sich nach Schumann's Wunsch von dessen Gattin diejenigen Sätze vorspielen zu lassen, welche er durch Vignetten erläutert wünschte. Während des Claviervortrages seiner Frau saß der Componist mit gesenktem Haupt und halbgeschlossenen Augenlidern an ihrer Seite und flüsterte vor Anfang jedes neuen Stückes dessen Ueberschrift und einige sie erklärende Bemerkungen ..."[87]

Richter stand der Musik Schumanns allerdings nicht unkritisch gegenüber. Zum einen hatte er allgemeine Vorbehalte gegenüber der Musik der „neuromantischen" Schule: „Die Frucht der neuen romantischen Musik ist eine gereizte, trübe oder irgend krankhafte Aufregung, die der classischen - Beruhigung oder ruhige Erhebung in der Schönheit."[88] Zum anderen teilte er besondere Bedenken gegenüber der formalen Musiksprache Schumanns: „Mir scheint, Schumann achtet bei seinen Compositionen zu wenig auf die Form und sieht nur auf den Ausdruck. K. meinte, er gleiche darin am meisten der Düsseldorfer Malerschule. Bei allem Geist und Leben in seinen Sachen mangle der Styl. – Es scheint mir etwas wahres daran ..."[89] Vor dem musikästhetischen aber auch dem politischen Hintergrund der 1848er Revolution liegt die Vermutung nahe, daß Richter vor allem die „biedermeierlichen Züge" von Schumanns „Jugend-Alben" op. 68 und 79 geschätzt haben wird.[90]

Trotz aller kritischen Vorbehalte zählte Ludwig Richter in Dresden zum engsten Freundeskreis der Schumanns, „der in einem gemietheten Lokale regelmäßig einmal wöchentlich sich vereinigte" und sich vornehmlich aus Malern und Dichtern zusammensetzte.[91] Robert Schumann unterrichtete Mendelssohn über die wöchentlichen Zusammenkünfte am 18. November 1845 brieflich: „Wir kommen jetzt nämlich alle Woche einmal zusammen – Bendemann, Rietschel, Hübner, Wagner, Hiller, Reinick – da findet sich denn immer allerhand zum Erzählen oder Vorlesen und es geht recht rege dabei her".[92] Ob Richter mit Schumann „in ein langes Kunstgespräch zwischen Musik und Landschaftsmalerei" geriet wie „bei Gelegenheit eines Künstlerfestes auf der Brühl'schen Terasse" mit Richard Wagner, ist eher unwahrscheinlich, aber nicht auszuschließen.[93] Die zu vernachlässigende Frage, ob Schumann Richters Stiche über die Sächsische Schweiz gekannt hat oder nicht, muß ebenfalls unbeantwortet bleiben. Wesentlich ist, daß Schumanns persönliches Verhältnis zu so renommierten Malern wie Ludwig Richter, Julius Hübner, Eduard Bendemann oder Wilhelm Schadow über das Erlebnis einer „romantischen" Kunstlandschaft hinausgeht und ein grundsätzliches ästhetisches Interesse an der Malerei verrät. Nach Bernhard R. Appel kann Schumanns Beziehung zur Malerei im allgemeinen und zur Dresdner Akademie und Düsseldorfer Malerschule im besonderen nicht hoch genug eingeschätzt werden: „Freundschaftliche Beziehungen zu zahlreichen Malerpersönlichkeiten, denen wir auch einige Porträts von Clara und Robert Schumann zu verdanken haben, förderten und prägten Schumanns kunsttheoretische und ästhetische Reflexionen".[94]

Die wechselseitige Erhellung der Künste, von Musik und Malerei hat Robert Schumann bekanntlich schon zu einem frühen Zeitpunkt in „Meister Raros, Florestans und Eusebius' Denk- und Dichtbüchlein" (~1833) reflektiert:

„Der gebildete Musiker wird an einer Raffaelschen Madonna mit gleichem Nutzen studieren können wie der Maler an einer Mozartschen Sinfonie. Noch mehr: dem Bildhauer wird jeder Schauspieler zur ruhigen Statue, diesem die Werke jenes zu lebendigen Gestalten; dem Maler wird das Gedicht zum Bild, der Musiker setzt die Gemälde in Töne um.   E."[95]

Vor allem der unmittelbar darauf folgende Aphorismus: „Die Ästhetik der einen Kunst ist die der andern; nur das Material ist verschieden. Fl." wird von vielen Forschern im Sinne des 116. Athenäum-Fragmentes von Friedrich Schlegel interpretiert.[96] Der philosophischen Interpretation der „romantischen" Musikanschauung Robert Schumanns sind aber Grenzen gesetzt: Zum einen fehlen die Belege, um Schumanns Musikanschauung vor der Folie der „frühromantischen" Ästhetik überzeugend darstellen zu können.[97] Zum anderen steht Schumanns „romantische" Musikanschauung in einer populärästhetischen Tradition, die weniger mit der „frühromantischen" Ästhetik an sich als mit deren Voraussetzungen zu tun hat.[98] Aus diesen Gründen muß man sich davor hüten, Robert Schumanns „Romantik"-Begriff philosophisch zu überhöhen. Insbesondere wäre es verfehlt, Schumanns landschaftsästhetischen „Romantik"-Begriff theoretisch durch eine abstrakte „Philosophie der unendlichen Landschaft" zu strapazieren.[99] Denn Schumanns „Anschauung der unendlichen Landschaft" ist nicht nur „begründet in der allgemeinen romantischen Intention, das Transzendente (in der Form des Punktes, des Alls, des Ganzen) ästhetisch zu fixieren",[100] sondern auch in der Absicht, das Fixierte (in der Form des musikalischen Kunstwerks) durch die Rezeption wieder ästhetisch zu transzendieren. Warum Schumann den „romantischen" Unsagbarkeitstopos durch einen „poetischen" Rezeptionsmodus übersetzt wissen will,[101] erklärt er in einer Kritik zu Stephen Hellers „Drei Impromptus für das Pianoforte" von 1837:

„Dennoch fühlt man aber noch etwas im Hintergrund stehen, beim Erfassen seiner Kompositionen, ein eigenes anziehendes Zwielicht, mehr morgenrötlich, das einen die übrigens festen Gestalten in einem fremdartigen Schein sehen läßt; man kann so etwas niemals durch Worte scharf bezeichnen, durch ein Bild schon eher, und so möchte ich jenen geistigen Schein den Ringen vergleichen, die man im Morgenschauer an gewissen Tagen um die Schattenbilder mancher Köpfe bemerken will." [70]

Schumann benutzt Bilder, um dem ästhetischen Gehalt, der poetischen Idee „romantischer" Musik auf sprachlicher Ebene Ausdruck verleihen zu können. Man könnte diese ästhetische Potenzierung mit Walter Benjamin als „unendliche Reflexion" oder mit Winfried Menninghaus als „Unendliche Verdoppelung" im Sinne der philosophischen „Frühromantik" interpretieren.[102] Hatte Friedrich Schlegel im 116. Athenäumsfragment programmatisch nicht bestimmt, daß die „progressive Universalpoesie"

„... am meisten zwischen dem Dargestellten und dem Darstellenden, frei von allem realen und idealen Interesse auf den Flügeln der poetischen Reflexion in der Mitte schweben, diese Reflexion immer wieder potenzieren und wie in einer Reihe von Spiegeln vervielfachen [kann] ... Andre Dichtarten sind fertig, und können nun vollständig zergliedert werden. Die romantische Dichtart ist noch im Werden; ja das ist ihr eigentliches Wesen, daß sie ewig nur werden, nie vollendet sein kann. Sie kann durch keine Theorie erschöpft werden, und nur eine divinatorische Kritik dürfte es wagen, ihr Ideal charakterisieren zu wollen. Sie allein ist unendlich, wie sie allein frei ist, und das als ihr erstes Gesetz anerkennt, daß die Willkür des Dichters kein Gesetz über sich leide ..."[103]

Von Fr. Schlegels Programm der „progressiven Universalpoesie" von 1798, die Schumann nicht gekannt hat, ließe sich scheinbar leicht eine Brücke zu Jean Pauls „Vorschule der Ästhetik" von 1804 schlagen, die Schumann gekannt hat.

Jean Pauls Definition „Über die Poesie überhaupt" scheint derjenigen Schlegels sehr ähnlich zu sein:

„Das Wesen der dichterischen Darstellung ist wie alles Leben nur durch eine zweite darzustellen; mit Farben kann man nicht das Licht abmalen, das sie selber erst entstehen lässet. Sogar bloße Gleichnisse können oft mehr als Worterklärungen aussagen ... Wenigstens würde in Bildern sich das verwandte Leben besser spiegeln als in toten Begriffen – nur aber für jeden anders, denn nichts bringt die Eigentümlichkeit der Menschen mehr zur Sprache als die Wirkung, welche die Dichtung auf sie macht ..."[104]

Doch liegt zwischen Fr. Schlegels „unendlichem" und Jean Pauls „poetischem" Reflexionsbegriff ein philosophischer Abgrund, der sich nicht, oder zumindest nicht so leicht überbrücken läßt, wie man annehmen könnte. Auf der einen Seite hat Schlegel zwar die Nähe seines Denkens zu Jean Paul bekundet. So nahm er Jean Pauls „Grotesken und Bekenntnisse", die angeblich „keine Romane, sondern ein buntes Allerlei von kränklichem Witz" seien, im „Brief über den Roman" als „die einzigen romantischen Erzeugnisse unsers unromantischen Zeitalters" vor der konservativen Kritik in Schutz.[105] Auf der anderen Seite hat er sich aber von Jean Pauls „falschen Tendenzen" deutlich distanziert wie im 421. Athenäumsfragment, wo er Jean Paul einen Autor nennt, „der die Anfangsgründe der Kunst nicht in der Gewalt hat".[106] Was Schlegel am „Siebenkäs" im konkreten tadelt, sind seine

„bleiernen Arabesken im Nürnberger Styl. Hier ist die an Armut grenzende Monotonie seiner Fantasie und seines Geistes am auffallendsten: aber hier ist auch seine anziehende Schwerfälligkeit zu Hause, und seine pikante Geschmacklosigkeit, an der nur das zu tadeln ist, daß er nicht um sie zu wissen scheint. Seine Madonna ist eine empfindsame Küstersfrau, und Christus erscheint wie ein aufgeklärter Kandidat. Je moralischer seine poetischen Rembrandts sind, desto mittelmäßiger und gemeiner; je komischer, je näher dem Bessern; je dithyrambischer und je kleinstädtischer, desto göttlicher: denn seine Ansicht des Kleinstädtischen ist vorzüglich gottesstädtisch".[107]

Hinter dieser Jeanpauliade verbirgt sich Schlegels Kritik an der „realistischen" Tendenz Jean Pauls, das Große humoristisch zu verkleinern, zu individualisieren. Jean Pauls „falsche Tendenz" zum Wirklichen, seine ästhetische Depotenzierung des Absoluten hat Schlegel in den „Fragmenten zur Litteratur und Poesie" wohl auf die kürzeste Formel gebracht:

„Richters φ [Philosophie] ist $\frac{S}{o}$ [absolute Sentimentalität] + Emp.[irik] dann auch $\frac{F}{o}$ [absolute Fantasie] nur in andrer Richtung; nähml[ich] Hineintragung des $\frac{S}{o}$ [absoluten Sentimentalität] in ein wirkliches – $\frac{F}{o}$ [negativ absolut Fantastisches], in d.[ie] gemeinsten Verhältnisse; also wahres – $\frac{F}{o}$ [negatives absolut Fantastisches], wozu + $\frac{F}{o}$ [positives absolut Fantastisches] gehört. – Im Richter d[ie] Magister Deutschheit sehr gut dargestellt und auch geäußert. –"[108]

Umgekehrt sah Jean Paul Schlegels progressive Reflexionspoesie, die ihrer Tendenz zum Absoluten durch eine „romantische" Ironie unendlichen Ausdruck verleiht, als einen unpoetischen Modus ästhetischer Potenzierung an. In der „Vorschule der Ästhetik" kritisiert er das „ironische" Verfahren, welches in Ludwig Tiecks „Franz Sternbalds Wanderungen" und Schlegels „Lucinde" zur Anwendung kam, als eine „herzlose Besonnenheit, welche heimlich nur an sich denkt und stets einen Maler malt; welche das *Objektiv*-Glas am Auge hält, das *Okular*-Glas aber gegen das Objekt und dadurch dieses ins Unendliche zurückstellet."[109] Gegen dieses verkehrte Verfahren der Reflexion, die das Absolute zwar nicht aus den Augen verliert, doch von der Wirklichkeit abrückt anstelle es von der Wirklichkeit einzuholen, setzt Jean Paul eine höhere und höchste Besonnenheit, „welche wieder durch einen heiligen Geist der Liebe, aber einer göttlichen allumfassenden getrieben, objektiv wird."[110] Jean Paul hält die „unendliche Reflexion" der „romantischen Ironie" für einen defizienten Modus der Erkenntnis:

„Jean Pauls Kritik an der Frühromantik, die sich in der 2. Auflage der »Vorschule« noch verstärkt, geht gerade davon aus, daß sie poetische Luftgebilde ohne Stoff aus der Lebenswirklichkeit produzierte. Sie seien »Poetiker«, ja »poetische Nihilisten«. Statt der »schönen Nachmahmung« der Wirklichkeit, der gegenseitigen Durchdringung von Stoff und Form, die die wahre Poesie verlangt, entstehen diese nihilistischen Luftgebilde aus der selbstreflexiven Potenzierung poetischer Formen, so wie das »Wirtshaus zum Wirtshaus« in »Flegeljahre« das Wirtshaus auf seinem Wirtshausschild bis ins Unendliche spiegelt. In der Polemik gegen die poetischen Nihilisten in den ersten Programmen der »Vorschule« betont Jean Paul den Charakter des Genies, des Urhebers wahrer Poesie, als Schöpfer und seines Werkes als Schöpfung, als einer in sich lebendigen, aber aus der Wirklichkeit sublimierten Welt. Jean Paul unterstreicht zwar den Kunstcharakter des literarischen Werkes, zumal gegen die poetischen Materialisten; aber er unterstreicht gegen die poetischen Nihilisten die Notwendigkeit der Wirklichkeitselemente in der Kunst – und der Wirklichkeitserfahrung des Autors."[111]

Die Differenzierung zwischen dem Schlegelschen „Ironie"-Begriff und dem Jean Paulschen „Humor"-Begriff als reflexive Formen ästhetischer Potenzierung oder aber auch Depotenzierung, die im vierten Kapitel noch weiter begründet wird, will auf eine generelle Gefahr aufmerksam machen, der man in der musikwissenschaftlichen „Romantik"-Forschung auf Schritt und Tritt begegnet: Mangels philologischer Beweise verschmelzen die „Frühromantiker" zu einer philosophischen Masse. Man wird den „frühromantischen" Philosophen im einzelnen nicht habhaft und bemächtigt sich der „frühromantischen" Philosophie im allgemeinen. Die philologischen Details werden deshalb hier am Beispiel der „romantischen" Musikanschauung Robert Schumanns aufgeführt, weil die philosophischen, wie später gezeigt werden soll, nicht ohne die philologischen zu haben sind. –

Poetische Bilder erfüllen für den Musikkritiker Schumann zweifellos einen philosophischen Sinn, den man leicht verfehlen kann, wenn man die Positionen Schlegels und Jean Pauls wohlmöglich unter Berufung auf den „Zeitgeist" einfach indentifiziert. Denn es macht keinen so geringen Unterschied, ob man

Schumanns Kritik von Franz Schuberts C-dur-Sinfonie die Ästhetik Friedrich Schlegels oder Jean Pauls als Folie unterlegt:

„Oft, wenn ich es [Wien] von den Gebirgshöhen betrachtete, kam mir's im Sinn, wie nach jener fernen Alpenreihe wohl manchmal Beethovens Auge unstät hinübergeschweift, wie Mozart träumerisch oft den Lauf der Donau, die überall in Busch und Wald zu verschwimmen scheint, verfolgt haben mag und Vater Haydn wohl oft den Stephansturm sich beschaut, den Kopf schüttelnd über so schwindlige Höhe. Die Bilder der Donau, des Stephansturms und des fernen Alpengebirgs zusammengedrängt und mit einem leisen katholischen Weihrauchduft überzogen, und man hat eines von Wien, und steht nun vollends die reizende Landschaft lebendig vor uns, so werden wohl auch Saiten rege, die sonst nimmer in uns angeklungen haben würden. Bei der Sinfonie von Schubert, dem hellen, blühenden, romantischen Leben darin, taucht mir heute die Stadt deutlicher als je wieder auf, wird es mir wieder recht klar, wie gerade in dieser Umgebung solche Werke geboren werden können. Ich will nicht versuchen, der Sinfonie eine Folie zu geben, die verschiedenen Lebensalter wählen zu verschieden in ihren Text- und Bildunterlagen ... Aber daß die Außenwelt, wie sie heute strahlt, morgen dunkelt, oft hineingreift in das Innere des Dichters und Musikers, das wolle man nur auch glauben, und daß in dieser Sinfonie mehr als bloßer schöner Gesang, mehr als bloßes Leid und Freud, wie es die Musik schon hundertfältig ausgesprochen, verborgen liegt, ja daß sie uns in eine Region führt, wo wir vorher gewesen zu sein uns nirgends erinnern können, dies zuzugeben, höre man solche Sinfonie. Hier ist, außer meisterlicher musikalischer Technik der Komposition, noch Leben in allen Fasern, Kolorit bis in die feinste Abstufung, Bedeutung überall, schärfster Ausdruck des Einzelnen, und über das Ganze endlich eine Romantik ausgegossen, wie man sie schon anderswoher an Franz Schubert kennt. Und diese himmlische Länge der Sinfonie, wie ein dicker Roman in vier Bänden etwa von Jean Paul, der auch niemals endigen kann und aus den besten Gründen zwar, um den Leser hinterher nachschaffen zu lassen ...; man fühlt überall, der Komponist war seiner Geschichte Meister, und der Zusammenhang wird dir mit der Zeit wohl auch klar werden. Diesen Eindruck der Sicherheit gibt gleich die prunkhaft romantische Einleitung, obwohl hier noch alles geheimnisvoll verhüllt scheint." [88]

Diese Kritik enthält Schumanns „romantische" Musikanschauung in nuce. Sie verdeutlicht, daß Schumann „Text- und Bildunterlagen" zur Musik als poetische, nicht aber als programmatische Notwendigkeiten der ästhetischen Rezeption verstanden wissen will. Denn die poetische Rezeption ist der „romantischen" Komposition notwendigerweise inhärent. Sie ist dem Werk eingeschrieben, „um auch den Leser hinterher nachschaffen zu lassen". (Hier kommt Schumann Schlegels Begriff der „unendlichen Reflexion" sehr nahe.) Nur eine Poetisierung, die landschaftsästhetische „Romantisierung" der C-Dur Sinfonie kann „das Innere des Dichters und Musikers" Schubert in angemessener Art und Weise anschaulich und verständlich machen. Schumanns landschaftsästhetische „Romantisierungen" von Musik [1; 2; 3; 4; 8; 9; 10; 12; 18; 23; 26; 27; 33; 36; 51; 52; 56; 60; 61; 63; 66; 70; 76; 82; 83; 84; 87; 88] schildern somit keine Affekte, „bloßes Leid und Freud, wie es die Musik schon hundertfältig ausgesprochen" hat. Vielmehr verleihen sie musikalisch „seltenen Seelenzuständen",[112] die „uns in eine Region führen, wo wir vorher gewesen zu sein uns nirgends erinnern können", einen subjektiven bildlichen Ausdruck. Dieser verbildlicht das „Romantische" der Komposition als „das Schöne ohne Begränzung, oder das schöne

Unendliche" – um in den Worten Jean Pauls zu sprechen –, um das „romantische Leben" des musikalischen Werks, das immer einen Bezug zur „Außenwelt" bewahrt, auch in Worten annähernd fassen zu können. Durch die bildliche Reflexion versucht Schumann dem Unaussprechlichen der Musik im positiven habhaft zu werden. Dabei ist er sich der Subjektivität und Relativität seines Verfahrens insofern bewußt, als er darauf verzichtet, „der Sinfonie eine Folie zu geben, die verschiedenen Lebensalter wählen zu verschieden in ihren Text- und Bildunterlagen". Aber er setzt das im Schlegelschen Sinn notwendige Scheitern seines Versuches weder indirekt um, um dem Leser den unbestimmten „romantischen" Charakter der Komposition in der Kritik allegorisch vorzuführen. Noch versucht er die „romantische" Ironie, welche Sinn erschafft und zugleich vernichtet, direkt in der Komposition nachzuweisen. Vor dieser Radikalität der „unendlichen" Reflexion Schlegels, welche Jean Paul „nihilistisch" nennt, scheut Schumann in letzter Konsequenz zurück, – er deutet sie lediglich an und beschränkt sich auf die Poetisierung, d.h. Idealisierung der „romantisch" sublimierten Wirklichkeit des Werks. Dazu benutzt Schumann die traditionelle Bildersprache der „romantischen" Landschaftsästhetik – sogar Vergleiche zum englischen Landschaftsgarten [33; 63] – und deren konventionelle Metaphorik. So wie Schumann das „anziehende Zwielicht" der Impromptus Stephen Hellers [70], das „romantische Clair-obscur" der Etüden Ferdinand Hillers [52] oder den „romantischen Regenbogen" der Polonaisen Franz Schuberts [3] humoristisch reflektiert,[113] hat Franz Brendel die Klavierkompositionen Robert Schumanns noch 1860 als „romantische" Seelenlandschaften musikgeschichtlich rezipiert:

„– In den Phantasiestücken möchte ich zwei Nummern besonders hervorheben, die eine führt die Ueberschrift: »Am Abend«, die zweite »In der Nacht«. Jene erste bringt uns ein seliges Geniessen, Frühlingsluft und Blüthenduft, vor die Anschauung; die zweite, ein gewaltiges Nachtstück, spukhafte, schauerliche Bilder, beängstetes Traumwachen, der vorigen Nummer entgegengesetzte Seelenzustände. Schumann's Compositionen sind häufig landschaftlichen Gemälden, in welchen der Vordergrund in scharfbegrenzten, klaren Umrissen hervortritt, der Hintergrund dagegen verschwimmt, und in eine unbegrenzte Perspektive sich verliert, einer von Nebeln verschleierten Landschaft zu vergleichen, aus der nur hier und da ein Gegenstand sonnenbeleuchtet hervortritt. So enthalten die Compositionen gewisse klare Hauptstellen, dann andere, welche gar nicht klar hervortreten sollen und nur als Hintergrund zu dienen die Bestimmung haben; einzelne Stellen sind durch Sonnenblicke erleuchtete Puncte, andere verlieren sich in verschwimmenden Umrissen. Dieser inneren Eigenthümlichkeit entspricht die äussere, dass Schumann sehr mit aufgehobenem Pedal zu spielen liebte, um die Harmonien öfters nicht ganz deutlich hervortreten zu lassen und der ausführende Künstler darf daher bei diesen Compositionen weniger den scharf ausgeprägten sinnlichen Ton des Pianofortevirtuosen geltend machen, sondern muss, der bezeichneten Eigenthümlichkeit gemäss, mehr Zartheit und etwas Verwischtes im Anschlag, was freilich beim öffentlichen Vortrag minder berücksichtigt werden kann, zu erreichen suchen. Alles dies ist vorzugsweise bei der letztgenannten Composition zu bemerken. –"[114]

Brendels Interpretation der beiden „Phantasiestücke" op. 12 kommt derjenigen Schumanns so verblüffend nahe, daß man sich des Eindrucks nicht erwehren kann, Brendel sei vom Komponisten höchst persönlich ins Bild gesetzt worden.[115] Vor allem aber widerlegt sie Carl Dahlhaus' These, daß

„die Musikästhetik der Romantik – die Ästhetik Wilhelm Heinrich Wackenroders, Ludwig Tiecks, E. T. A. Hoffmanns und Arthur Schopenhauers – im wesentlichen gerade keine Gefühlsästhetik im Sinne des trivialen Romantikbegriffs, sondern eine Metaphysik der »reinen, absoluten Tonkunst«"

gewesen sei.[116] Die Musikanschauung der „Romantik" war im wesentlichen gerade keine „von Texten, Programmen und Funktionen »losgelöste«" Ästhetik der „reinen, absoluten" Instrumentalmusik wie sie seit Hanslick immer wieder propagiert worden ist. Sie war auch keine „verrottete Gefühlsästhetik",[117] und sie war schon gar nicht trivial. Die „romantische" Musikanschauung des frühen und mittleren 19. Jahrhunderts wurzelt in der Gefühlsästhetik im Sinne des populären „Romantik"-Begriffs und sie wächst zugleich darüber hinaus.

Anmerkungen zu Kapitel 2

1. S. Marie Luise Maintz, Franz Schubert in der Rezeption Robert Schumanns, Studien zur Ästhetik und Instrumentalmusik, Kassel [u.a.]: Bärenreiter, 1995, S. 20 ff.
2. Robert Schumann, Quartett c-Moll für Pianoforte, Violino, Viola und Violoncello (1829), Nach den autographen Haupt- und Nebenquellen mit einem kritischen Bericht und einer Einführung vorgelegt von Wolfgang Boetticher, Erstveröffentlichung, Wilhelmshaven: Heinrichshofen, 1979. – Vgl. Hans Kohlhase, Die Kammermusik Robert Schumanns, Stilistische Untersuchungen, 3 Bde., Bd. 2, Hamburg: Wagner, 1979, S. 1–25. – Reinhold Brinkmann, „Wirkungen Beethovens in der Kammermusik", In: Beiträge zu Beethovens Kammermusik, Symposion Bonn 1984, Hrsg. v. Sieghard Brandenburg und Helmut Loos, München: Henle, 1987, S. 86. – Bodo Bischoff, Monument für Beethoven, Die Entwicklung der Beethoven-Rezeption Robert Schumanns, Köln-Rheinkassel: Dohr, 1994, S. 83. – S. Marie Luise Maintz, Franz Schubert in der Rezeption Robert Schumanns, S. 28, 30, 36 und 308.
3. Zit. n. Ludwig van Beethoven, Die Werke im Spiegel seiner Zeit, Gesammelte Konzertberichte und Rezensionen bis 1830, Hrsg. v. Stefan Kunze, Laaber: Laaber, 1987, S. 350.
4. Diese alte Tradition erklärt u.a. auch, warum der Topos der „romantischen" Landschaft bereits in den siebziger Jahren des 19. Jahrhunderts wissenschaftlich erforscht werden konnte: Ludwig Friedländer, Ueber die Entstehung und Entwicklung des Gefühls für das Romantische in der Natur, Leipzig: Hirzel, 1873.
5. Raymond Immerwahr, Romantisch, Genese und Tradition einer Denkform, Frankfurt a. M.: Athenäum, 1972, S. 14.
6. Johann Christoph Adelung, Grammatisch-kritisches Wörterbuch der Hochdeutschen Mundart mit beständiger Vergleichung der übrigen Mundarten, besonders des Oberdeutschen, 4 Bde., Bd. 3, 2. vermehrte und verbesserte Ausgabe, Leipzig: Breitkopf & Härtel, 1798, Sp. 1155. Der vollständige Wortlaut der Definition ist auch in landschaftsästhetischer Hinsicht interessant: „Romantisch, -er, -re, adj. et adv. aus dem Franz. romantesque, welches gleichfalls von Roman abstammt, aber nur in engerer Bedeutung von vorzüglich angenehmen und gleichsam bezaubernden Gegenden üblich ist, so wie sie in den Romanen und Ritterbüchern beschrieben werden. Die Stadt liegt sehr romantisch auf einem Felsen über der See. Eine romantische Gegend. Der romantische Styl, in der Mahlerey, die Vorstellung einer Gegend mit Ruinen. Es haben einige dafür romanhaft gebraucht, welches aber wegen seiner Zweydeutigkeit zu diesem Begriffe unbequem ist." Vgl. die Auflagen von 1774 und 1808, die die Definition wortgetreu wiedergeben.
7. Raymond Immerwahr, Romantisch, Genese und Tradition einer Denkform, S. 22.
8. Thomas Maurice, The History of Hindostan, London, 1795 und 1798.
9. James Bruce, Travels to discover the Source of the Nile in the Years 1768–1773, Edinburgh, 1790.
10. James Rennel, Memoir of a map of Hindoostan, or the Mogul's empire, London, 1788.
11. S. Raymond Immerwahr, Romantisch, Genese und Tradition einer Denkform, S. 23 f.
12. Zit. n. Raymond Immerwahr, Romantisch, Genese und Tradition einer Denkform, S. 24.
13. Logan Pearsall Smith, „Four romantic words", In: Logan Pearsall Smith, Words and Idioms, Boston/N.Y., 1925, S. 82.
14. S. Raymond Immerwahr, Romantisch, Genese und Tradition einer Denkform, S. 29 ff.
15. S. Raymond Immerwahr, Romantisch, Genese und Tradition einer Denkform, S. 35.

16 María Isabel Peña Aguado, Ästhetik des Erhabenen, Burke, Kant, Adorno, Lyotard, Wien: Passagen, 1994.
17 Diana Behler, „Carl Gustav Carus: Briefe über Landschaftsmalerei und die frühromantische Theorie", In: *Athenäum, Jahrbuch für Romantik*, 3 (1993), S. 115 ff.
18 August Wilhelm Schlegel, „II. Die Gemählde. Gespräch.", In: *Athenaeum, Eine Zeitschrift von August Wilhelm Schlegel und Friedrich Schlegel*, Bd. 2, Stk. 1, Berlin, 1799, S. 56 ff.
19 August Wilhelm Schlegel, Vorlesungen über schöne Literatur und Kunst, Kritische Ausgabe der Vorlesungen, Bd. 1, Hrsg. v. Ernst Behler in Zusammenarbeit mit Frank Jolles, Paderborn, München, Wien, Zürich, 1989, S. 367.
20 Artikel „Gartenkunst", In: Ignaz Jeitteles, Aesthetisches Lexikon, Wien, 1839, S. 299.
21 Christian Cajus Lorenz Hirschfeld, Theorie der Gartenkunst, 5 Bde., Bd. 1, Leipzig, 1779–1785, S. 214.
22 Raymond Immerwahr, Romantisch, Genese und Tradition einer Denkform, Frankfurt a. M.: Athenäum, 1972, S. 68.
23 Raymond Immerwahr, Romantisch, Genese und Tradition einer Denkform, S. 68 f.
24 S. Raymond Immerwahr, Romantisch, Genese und Tradition einer Denkform, S. 79–112. – Raymond Immerwahr, „The Word »Romantisch« and its History", In: The Romantic Period in Germany, Hrsg. v. Siegbert Prawer, London, 1970, S. 34–63.
25 Reisebericht Wackenroders an die Eltern, 2.–3. Juni 1793, Reise vom 17.–28. Mai in die Fränkische Schweiz, in den Frankenwald und ins Fichtelgebirge, In: Wilhelm Heinrich Wakkenroder, Sämtliche Werke und Briefe, Historisch-kritische Ausgabe, Hrsg. v. Silvio Vietta und Richard Littlejohns, 2 Bde., Bd. 2, Heidelberg: Winter, 1991, S. 157 f., vgl. S. 176 u. 218.
26 Tieck an Wackenroder, Halle, 12. Juni 1792, In: Wilhelm Heinrich Wackenroder, Sämtliche Werke und Briefe, Bd. 2, S. 51.
27 Ludwig Tieck, Franz Sternbalds Wanderungen, Eine altdeutsche Geschichte, Studienausgabe, Hrsg. v. Alfred Anger, Stuttgart: Reclam, 1966, S. 170.
28 Ludwig Tieck, Franz Sternbalds Wanderungen, Eine altdeutsche Geschichte, S. 191.
29 Ludwig Tieck, Franz Sternbalds Wanderungen, Eine altdeutsche Geschichte, S. 258.
30 Ludwig Tieck, Franz Sternbalds Wanderungen, Eine altdeutsche Geschichte, S. 282.
31 Ludwig Tieck, Schriften, Phantasus, Hrsg. v. Manfred Frank, 12 Bde., Bd. 6, Frankfurt a. M.: Deutscher Klassiker Verlag, 1985, S. 108.
32 E. T. A. Hoffmann, Die Elexiere des Teufels, Poetische Werke, 12 Bde., Bd. 2, Berlin: de Gruyter, 1958, S. 1.
33 E. T. A. Hoffmann, Die Elexiere des Teufels, Poetische Werke, S. 129.
34 Ludwig Tieck, Schriften, Phantasus, S. 54.
35 E. T. A. Hoffmann, Die Elexiere des Teufels, Poetische Werke, S. 115 ff.
36 Jean Paul, Titan, Werke in 3 Bde., Bd. 2, Hrsg. v. Norbert Miller, München: Hanser, 1969, S. 197 f.
37 Frauke Otto, Robert Schumann als Jean Paul-Leser, Frankfurt a. M.: Haag und Herchen, 1984, S. 170 f.
38 Jean Paul, Vorschule der Ästhetik, Hrsg. v. Norbert Miller, München: Hanser, 1974, S. 87 f.
39 Jean Paul, Vorschule der Ästhetik, S. 290 f.
40 Friedrich Schiller, „Über Matthisons Gedichte", In: *Allgemeine Literatur-Zeitung*, Nr. 298/299, 11. und 12. September 1794, Zit. n. Schillers Werke, Nationalausgabe, Bd. 22:

Vermischte Schriften, Hrsg. v. Herbert Meyer, Weimar: Böhlaus Nachfolger, 1958, S. 271 f. – S. die Schillerinterpretation von Charles Rosen, „Landscape and music", In: Charles Rosen, The Romantic Generation, Cambridge, Massachusetts: Harvard University Press, 1995, S. 124 ff. – Rosens Buch enthält ein quasi monographisches Kapitel „Mountains and Song Cycles", das dem Verhältnis von Musik und Landschaft insbesondere bei Franz Schubert und Robert Schumann gewidmet ist, S. 116–236.

[41] August Wilhelm Schlegel, Vorlesungen über schöne Literatur und Kunst, Kritische Ausgabe der Vorlesungen, Bd. 1, Hrsg. v. Ernst Behler in Zusammenarbeit mit Frank Jolles, Paderborn, München, Wien, Zürich, 1989, S. 338.

[42] Jean Paul, Vorschule der Ästhetik, Kleine Nachschule zur ästhetischen Vorschule, Hrsg. v. Norbert Miller, München: Hanser, 2. Auflage, 1974, 466 f.

[43] Berthold Hoeckner, „Schumann and Romantic Distance", In: *Journal of the American Musicological Society*, 50 (1997) 1, S. 55–132.

[44] Novalis, Werke, Tagebücher und Briefe Friedrich Hardenbergs, 3 Bde., Bd. 2: Das philosophisch-theoretische Werk, Allgemeines Brouillon, Hrsg. v. Hans-Joachim Mähl, München und Wien: Hanser, 1978, S. 536 f.

[45] Johann Wolfgang Goethe, Maximen und Reflexionen, Goethes Werke, 14 Bde., Bd. XII, Hrsg. v. Werner Weber und Joachim Schrimpf, 5. Auflage, Hamburg: Wegner, 1963, S. 488, Nr. 868.

[46] Johann August Eberhard, Handbuch der Aesthetik für gebildete Leser aus allen Ständen in Briefen, 4 Tle., 2. Tl., Halle: Hemmerde und Schwetschke, 1803, S. 416 f.

[47] Heinrich Christoph Koch, Kurzgefaßte Handwörterbuch der Musik für praktische Tonkünstler und für Dilettanten, Leipzig: Hartknoch, 1807, S. 300.

[48] Albrecht D. Stoll, Figur und Affekt, Zur höfischen Musik und zur bürgerlichen Musiktheorie der Epoche Richelieu, Tutzing: Schneider, 2. Auflage, 1981, S. 45 ff.

[49] Hubert Unverricht, Hörbare Vorbilder in der Instrumentalmusik bis 1750, Untersuchungen zur Vorgeschichte der Programmusik, Univ. Diss., Berlin, 1954. – Tibor Kneif, „Die Idee der Natur in der Musikgeschichte", In: *Archiv für Musikwissenschaft*, 28 (1971) 4, S. 302–314. – Claus Bockmaier, Entfesselte Natur in der Musik des achtzehnten Jahrhunderts, Tutzing: Schneider, 1992. – Peter Schleuning, Die Sprache der Natur, Natur in der Musik des 18. Jahrhunderts, Stuttgart und Weimar: Metzler, 1997.

[50] Johann Jakob Engel, Ueber die musikalische Malerei, Berlin: Voß, 1780. – S. Arno Forchert, Studien zum Musikverständnis im frühen 19. Jahrhundert, Voraussetzungen und Aspekte der zeitgenössischen Deutung instrumentaler Musikwerke, Habilitationsschrift, Berlin, 1966.

[51] Martin Geck, Von Beethoven bis Mahler, Die Musik des Deutschen Idealismus, Stuttgart und Weimar: Metzler, 1993, S. 44 ff.

[52] Ulrich Tadday, Die Anfänge des Musikfeuilletons, Der kommunikative Gebrauchswert musikalischer Bildung um 1800, Stuttgart und Weimar: Metzler, 1993, S. 166 ff.

[53] Carl Friedrich Zelter, „Recension", In: *Allgemeine musikalische Zeitung*, 4 (1802), Sp. 389.

[54] Franz Christoph Horn, „Abhandlung. Musikalische Fragmente", In: *Allgemeine musikalische Zeitung*, 4 (1802), Sp. 452 ff.

[55] Gerburg Garmann, Die Traumlandschaften Ludwig Tiecks, Traumreise und Individuationsprozeß aus romantischer Perspektive, Opladen: Westdeutscher Verlag, 1989, S. 22 ff.

[56] Elisabeth Décultot, „Das Frühromantische Thema der musikalischen Landschaft bei Philipp Otto Runge und Ludwig Tieck" In: *Athenäum, Jahrbuch für Romantik*, 5 (1995), S. 214 f.

57 Christian Ludwig von Hagedorn, Betrachtungen über die Mahlerey, 2 Bde., Bd. 1, Leipzig, 1762, S. 343. – Karl Ludwig Fernow, „Über die Landschaftsmalerei", In: Römische Studien, 2 Bde., Bd. 2, Zürich, 1806, S. 21 f.
58 Marcel Brion, Robert Schumann und die Welt der Romantik, übersetzt von Hans Kühner, Erlenbach-Zürich und Stuttgart: Rentsch, 1955, S. 124.
59 Robert Schumann, Jugendbriefe, Nach den Originalen mittgetheilt von Clara Schumann, Leipzig: Breitkopf & Härtel, 1885, S. 30.
60 Zum Dichter der „romantischen" Ritterromane „Der Roland von Berlin" (1840) und „Der falsche Woldemar" (1842) s. Lynne Tatlock, „Der zweischichtige Gehalt zweier Mittelalterlicher Romane des Willibald Alexis", In: Das Weiterleben des Mittelalters in der deutschen Literatur, Hrsg. v. James F. Poag und Gerhild Scholz, Königstein/Ts.: Athenäum, 1983, S. 106 ff.
61 Robert Schumann, Jugendbriefe, S. 58: „Mittwochs den 20sten Mai, früh Punkt 6 Uhr stand ich denn ganz stolz und wohlbehalten auf dem Dampfboote Friedrich Wilhelm ... Die Einrichtung des Dampfbootes ist wahrhaft fürstlich im Innern; der Wirrwarr auf dem Verdecke machte mir noch mehr Spaß und könnt' ich zeichnen, so hätt' es eine hübsche Gruppe gegeben, wie hier zwei alte Krieger auf ihren Tornistern liegen und schlafen, dort zwei feine Studenten auf und abgehen, hier zwei Damen sich halb todt lachen wollen, dort rothgekleidete Matrosen das Feuer anschüren, dort ein Maler mit der Brille die Gegenden abreißt, hier ein Engländer wüthende Gesichter schneidet und die Vatermörder über die Ohren zerrt, dort ein Koch mit seiner weißen Mütze und rohen Beefsteaks in der Hand vor lauter Geschäften nicht weiß wo aus und wo hin, hier ich selber sitze und Gedichte mache, nebenbei beobachte, dort ein galanter Marqueur gesprungen kömmt und mir ein Glas Rüdesheimer bringt ..."
62 Irene Haberland, „Auf der Suche nach der pittoresken Schönheit, Englische Künstler am Rhein im 19. Jahrhundert", In: Klaus Honnef/Klaus Weschenfelder/Irene Haberland (Hg.), Vom Zauber des Rheins ergriffen ... Zur Entdeckung der Rheinlandschaft, München: Klinkhardt & Biermann, 1992, S. 42.
63 Gisela Dischner, Ursprünge der Rheinromantik in England, Zur Geschichte der romantischen Ästhetik, Frankfurt a. M.: Klostermann, 1972, S. 249, 271 und 281.
64 Horst-Johs Tümmers, Rheinromantik, Romantik und Reisen am Rhein, Köln, 1968, S. 62.
65 Gisela Dischner, Ursprünge der Rheinromantik in England.
66 Irene Haberland, „Auf der Suche nach der pittoresken Schönheit, Englische Künstler am Rhein im 19. Jahrhundert", S. 41–58.
67 Gisela Dischner, Ursprünge der Rheinromantik in England, S. 201 f.
68 Gisela Dischner, Ursprünge der Rheinromantik in England, S. 3.
69 Gisela Dischner, Ursprünge der Rheinromantik in England, S. 82.
70 Charles Rosen, „Landscape an the double time scale", In: Charles Rosen, The Romantic Generation, Cambridge, Massachusetts: Harvard University Press, 1995, S. 135 ff.
71 Die Reiseroute lautet: Leipzig – Dresden – Pillnitz – Vom Uttewalder Grund zu Fuß auf die Bastei – Amselgrund – Amselfall (Schweizerhütte) – Rathewalde – mit dem Wagen nach dem Hohnstein – über Waltersdorf, Porschdorf nach Bad Schandau – Besteigung des Kuhstalls – Bad Schandau – Festung Königstein – Dresden – Freiberg – Dresden – Leipzig.
72 Robert Schumann, Tagebücher, Bd. II, 1836–1854, Tagebuch 12 – Ehetagebuch I (Robert und Clara Schumann), 12.09.1840–08.07.1841, Hrsg. v. Gerd Nauhaus, Leipzig: Deutscher Verlag für Musik, 1987, Basel und Frankfurt a. M.: Stroemfeld/Roter Stern, o.J., S. 171.

73 M. Wilhelm Leberecht Götzinger, Geschichte und Beschreibung des Chursächsischen Amts Hohnstein mit Lohmen, insbesondere der unter dieses Amt gehörigen Stadt Sebnitz, Fryberg: Craz, 1786, S. 459.

74 Theodor Körner, Die Reise nach Schandau, Eine Erzählung in Briefen, o.O., 1810, S. 315.

75 Walter Bachmann, "Adrian Zingg, der Maler und Entdecker sächsischer Landschaftsschönheit", In: *Denkmalpflege, Heimatschutz, Naturschutz*, Dresden, 1936, S. 8–21.

76 Salomon Gessners Briefwechsel mit seinem Sohne Conrad während dem Aufenthalt des Letzteren in Dresden ... Bern und Zürich, 1801 S. 40 ff., Zit. n. Karl-Ludwig Hoch, Caspar David Friedrich in der Sächsischen Schweiz, Skizzen, Motive, Bilder, Dresden und Basel: Verlag der Kunst, 1995, S. 12.

77 Zit. n. Sigrid Hinz, Caspar David Friedrich in Briefen und Bekenntnissen, 2 Bde., Bd. 2, Berlin, 1974, S. 125.

78 S. Robert Schumann, Tagebücher, Bd. III, Teil 1, Haushaltbücher, 1837–1847, Hrsg. v. Gerd Nauhaus, Leipzig: Deutscher Verlag für Musik, 1982, Basel und Frankfurt a. M.: Stroemfeld/Roter Stern, o.J., S. 398 und 404.

79 Carl Gustav Carus, Lebenserinnerungen und Denkwürdigkeiten, Nach der zweibändigen Originalausgabe von 1865/1866 neu hrsg. v. Elmar Jansen, Bd. 1, Weimar: Kiepenheuer, 1966, S. 502 f.

80 Carl Gustav Carus, Lebenserinnerungen und Denkwürdigkeiten, Bd. 2, S.140.

81 Marianne Prause, Carl Gustav Carus, Leben und Werk, Berlin: Deutscher Verlag für Kunstwissenschaft, 1968, S. 45. – Diana Behler, "Carl Gustav Carus: Briefe über Landschaftsmalerei und die frühromantische Theorie", In: *Athenäum, Jahrbuch für Romantik*, 3 (1993), S. 107–139.

82 Leander Hotaki, Robert Schumanns Mottosammlung, Übertragung, Kommentar, Einführung, Freiburg i. Br.: Rombach, 1998.

83 Ludwig Schorn, "Kunstliteratur", In: *Kunstblatt* (1835), Nr. 101 f.

84 Schumann hat nachweislich mehrere Male die Dresdner Gemäldegalerie bzw. Kunstausstellung besucht. Ferner darf angenommen werden, daß Schumann Carus' Bilder privat gesehen haben könnte.

85 Hans Joachim Neidhardt, Ludwig Richter, Leipzig: Seemann, 1991, S. 76 ff.

86 Arnfried Edler, Robert Schumann und seine Zeit, Laaber: Laaber, 1982, S. 189 ff.

87 Ludwig Richter, Lebenserinnerungen eines deutschen Malers, Selbstbiographie nebst Tagebuchniederschriften und Briefen, 12. Auflage, Hrsg. v. Heinrich Richter, Frankfurt a. M.: Alt, 1905, S. 6.

88 Ludwig Richter, Lebenserinnerungen eines deutschen Malers, S. 4 f.

89 Ludwig Richter, Lebenserinnerungen eines deutschen Malers, S. 5.

90 Arnfried Edler, Robert Schumann und seine Zeit, S. 190.

91 Ludwig Richter, Lebenserinnerungen eines deutschen Malers, S. 345.

92 Zit. n. Bernhard R. Appel, "Robert Schumann und die Malerei", In: Schumann und die Düsseldorfer Malerschule, Ausstellung vom 1.–19. Juni 1988 im David-Hansemann-Haus, Poststraße 5, Düsseldorf, im Rahmen des 3. Schumann-Festes, Hrsg. v. Robert-Schumann-Gesellschaft e.V., 1988, S. 9.

93 Ludwig Richter, Lebenserinnerungen eines deutschen Malers, S. 2.

94 Bernhard R. Appel, "Robert Schumann und die Malerei", S. 9.

95 Robert Schumann, "Aus Meister Raros, Florestans und Eusebius' Denk und Dichtbüchlein", In: Gesammelte Schriften über Musik und Musiker von Robert Schumann, Hrsg. v.

Martin Kreisig, 5. Aufl., 2 Bde., Bd. 1, Leipzig: Breitkopf & Härtel, 1914, S. 26. – S. Robert Schumann, Tagebücher, Bd. II, 1836–1854, Hrsg. v. Gerd Nauhaus, Leipzig: Deutscher Verlag für Musik, 1987, Basel und Frankfurt a. M.: Stroemfeld/Roter Stern, o.J., S. 398 und 548, Anm. 705. – In der Leipziger Wohnung Schumanns hing eine Reproduktion von Raffaels „Sixtinischer Madonna" an der Wand.

96 Friedrich Schlegel, „116. Athenäums-Fragmente", In: Friedrich Schlegel, Charakteristiken und Kritiken I (1796–1801), Fragmente, Hrsg. v. Hans Eichner, Kritische Friedrich-Schlegel-Ausgabe, Bd. 2, Erste Abteilung, Kritische Neuausgabe, München, Paderborn, Wien: Schöningh, Zürich: Thomas, 1967, S. 182.

97 Peter Rummenhöller, Romantik in der Musik, Analysen, Portraits, Reflexionen, Kassel [u.a.]: Bärenreiter, dtv, 1989. – Manfred Frank, Einführung in die frühromantische Ästhetik, Vorlesungen, Frankfurt a. M.: Suhrkamp, 1989

98 Raimund Belgardt, Romantische Poesie, Begriff und Bedeutung bei Friedrich Schlegel, The Hague und Paris: Mouton, 1969.

99 Helmut Rehder, Die Philosophie der unendlichen Landschaft, Ein Beitrag zur Geschichte der romantischen Weltanschauung, Halle/Saale: Niemyer, 1932.

100 Helmut Rehder, Die Philosophie der unendlichen Landschaft, S. 220.

101 Zur Aporie des Unsagbarkeitstopos s. Christine Lubkoll, Mythos Musik, Poetische Entwürfe des Musikalischen in der Literatur um 1800, Freiburg i. B.: Rombach, 1995.

102 Walter Benjamin, Der Begriff der Kunstkritik in der deutschen Romantik, Frankfurt a. M., [1920] 1973. – Winfried Menninghaus, Unendliche Verdoppelung, Die frühromantische Grundlegung der Kunsttheorie im Begriff absoluter Selbstreflexion, Frankfurt a. M., 1987.

103 Friedrich Schlegel, „116. Athenäums-Fragment", In: Friedrich Schlegel, Charakteristiken und Kritiken I (1796–1801), S. 182 f.

104 Jean Paul, Vorschule der Ästhetik, Hrsg. v. Norbert Miller, München: Hanser, 1974, S. 30.

105 Friedrich Schlegel, „Brief über den Roman", In: Friedrich Schlegel, Charakteristiken und Kritiken I (1796–1801), S. 329 f.

106 Friedrich Schlegel, „421. Athenäums-Fragment", In: Friedrich Schlegel, Charakteristiken und Kritiken I (1796–1801), S. 246.

107 Friedrich Schlegel, „421. Athenäums-Fragment", S. 247.

108 Friedrich Schlegel, Fragmente zur Poesie und Litteratur, Hrsg. v. Hans Eichner, Kritische Friedrich-Schlegel-Ausgabe, Bd. 16, Zweite Abteilung, Schriften aus dem Nachlaß, München, Paderborn, Wien: Schöningh, Zürich: Thomas, 1981, S. 156, [828]. – Zu Jean Pauls „Humor" und „Sentimentalität" s. Friedrich Schlegel, „Brief über den Roman", Charakteristiken und Kritiken I (1796–1801), S. 329–334.

109 Jean Paul, Vorschule der Ästhetik, S. 72.

110 Jean Paul, Vorschule der Ästhetik, S. 72.

111 Wulf Köpke, „Jean Pauls Begriff des Kunstwerks im Kontext der zeitgenössischen Ästhetik", In: Revolution und Autonomie, Deutsche Autonomieästhetik im Zeitalter der Französischen Revolution, Ein Symposium, Hrsg. v. Wolfgang Wittkowski, Tübingen: Niemeyer, 1990, S. 149. – Zur detaillierten Analyse des „Reiterstücks" in den „Flegeljahren" s. Ephrem Holdener, „Das »Reiterstück« und sein philosophischer Schlüssel", In: Ephrem Holdener, Jean Paul und die Frühromantik, Potenzierung und Parodie in den »Flegeljahren«, Zürich und Paris: Thesis-Verlag, 1993, S. 19–46.

112 Robert Schumann, „Dritter Quartettmorgen", In: Gesammelte Schriften über Musik und Musiker von Robert Schumann, Hrsg. v. Martin Kreisig, 2 Bde., Bd. 1, 5. Auflage, mit den

durchgesehenen Nachträgen und Erläuterungen zur 4. Auflage und weiteren, Leipzig: Breitkopf & Härtel, 1914, S. 343.

[113] Der „Regenbogen der Seele, wenn die Sonne leuchtet u. die Himmelsthräne doch niederthaut" (Robert Schumann, Tagebücher, Bd. I, 1827–1838, Hrsg. v. Georg Eismann, Leipzig: Deutscher Verlag für Musik, 1971, Basel und Frankfurt a. M.: Stroemfeld/Roter Stern, o.J., S. 126) erscheint bei Schumann als Metapher des „romantischen" Humors.

[114] Franz Brendel, Geschichte der Musik in Italien, Deutschland und Frankreich, Von den ersten christlichen Zeiten bis auf die Gegenwart, 22 Vorlesungen, Leipzig: Matthes, 3. Auflage, 1860, S. 508 f.

[115] Zu Schumanns Interpretation des Stücks „In der Nacht" s. Kapitel 4, S. 140 ff.

[116] Carl Dahlhaus, „Musik und Aufklärung", In: Die Musik des 18. Jahrhunderts, Hrsg. v. Carl Dahlhaus, Laaber: Laaber, 1985, S. 9.

[117] Eduard Hanslick, Vom Musikalisch-Schönen, Ein Beitrag zur Revision der Ästhetik in der Tonkunst, Vorwort zur 1. Auflage von 1854, 2 Tle., Teil 1, Historisch-kritische Ausgabe, Hrsg. v. Dietmar Strauß, Mainz [u.a.]: Schott, 1990, S. 9.

3. Kapitel

Eine besondere Epoche in der Kunstgeschichte

Wenn Schumann Franz Schubert „von romantischen Geschichten, Rittern, Mädchen und Abenteuern" [74] erzählen läßt und Julius Benedicts fehlende „poetische Auffassung" durch „die Romantik des Ortes, aus dem uns so alte Jahrhunderte anreden" [56], ersetzt, dann gebraucht er den „Romantik"-Begriff nicht nur in einem trivialliterarischen oder landschaftsästhetischen, sondern auch in einem kulturhistorischen Sinn. Sowohl der phantastische Abenteuer- und Ritterroman als auch die Kathedrale Notre Dame zu Paris werden von Schumann als kulturgeschichtliche Zeugen eines Zeitalters zitiert, das spätestens seit der Mitte des 18. Jahrhunderts „romantisch" heißt: das Mittelalter.

Schumanns Äußerungen zum Mittelalter, zur „Romantik des Altertums, wie sie uns kräftig in den gotischen Tempelwerken von Bach, Händel, Gluck anschaut" [57], gelten der Musikforschung gemeinhin als Beleg für die These, daß die „Romantik" das Mittelalter wiederentdeckt habe. Diese These mit all ihren musikgeschichtlichen und geschichtsphilosophischen Implikationen liegt beispielsweise Alfred Einsteins Buch über „Die Romantik in der Musik" (1950) zugrunde:

„Ein ganz neuer Charakterzug der musikalischen Romantik, wie der Romantik im allgemeinen, ist jedoch die Tatsache, daß sie überhaupt eine Relation zur Vergangenheit pflegte. Frühere schöpferische Epochen hatten solche Relation nicht gekannt, auf keinem Gebiete ...
Die Romantik entdeckt die Kunst Tallis', Byrds, Palestrinas und seiner Epoche aufs neue. Es ist dieselbe Bewegung, die in England die präraffaelitische Malerschule, in Deutschland die nach Rom pilgernden und Madonnen malenden »Nazarener« zeitigt, die gotische Dome und Paläste im Tudorstil neu erstehen läßt. Hinter diesem Aufleben einer entlegenen Vergangenheit steht die sentimentale Vorliebe für alles Mittelalterliche, Ferne und Zarte; und – vor allem auf dem Feld der deutschen Kirchenmusik – der Protest gegen die angeblich weltliche Messenkunst der drei Wiener Meister, auf protestantischer Seite der Protest gegen die flache und rationalistische Ausschmückung des Gottesdienstes ...
Im Gefolge dieser romantisierenden Wiederbelebung erwuchs eine neue Wissenschaft: die Musikforschung. Es ist die Zeit, da der Wiener R. G. Kiesewetter seine »Geschichte der europäisch-abendländischen Musik« (1834) und seine »Schicksale und Beschaffenheit des weltlichen Gesanges« (1841); der Preuße Carl von Winterfeld seinen »Johannes Gabrieli« (1834) und seine Geschichte des evangelischen Kirchengesanges (1843 ff.) schreibt und der Belgier Fétis seine Forschungen beginnt ... Es ist die objektive Forschung und zugleich subjektive Sehnsucht; es ist Romantik."[1]

Vierzig Jahre später argumentiert Peter Rummenhöller, sein Buch über die „Romantik in der Musik" (1989) mit einer Kritik an Einsteins Buch beschließend, noch auf der Grundlage derselben These:

„Vor Zeiten, wohl unendlich fern, muß die Welt einmal eine universale harmonische Einheit gewesen sein, ein goldenes Zeitalter, in dem es keine Trennung, keine Grenzen gab, weder zwischen Menschen, noch zwischen Mensch und Natur, noch zwischen den Künsten.
Eine zutiefst romantische Vorstellung, bewußter oder unbewußter Ausgangspunkt jeglicher Spielart romantischer Weltanschauung und Schöpferkraft – romantisch schon deshalb, weil sie die Merkmale des Irrationalen, Unrealistischen hat: sie ist bar jeder Nachprüfbarkeit, Wahrscheinlichkeit und Erfahrbarkeit ...
Im Leben der Menschheit schlägt sich dieser Kult der Frühe als Sehnsucht nach immer fernerer Vergangenheit nieder, eine Sehnsucht, die – objektiviert – Geschichtsbewußtsein und Geschichtsschreibung hervorgebracht hat. In der Musik ist dieser romantische Historismus wohlbekannt ... Bei der romantischen Auseinandersetzung um die wahre Kirchenmusik, bei Hoffmanns eigenen Kompositionen und Mendelssohns Nazarenertum, bei der Entdeckung der A-capella-Musik des 16. Jahrhunderts ist dies Gegenstand unserer Darstellung.
Aber die Vergangenheitssehnsucht blieb auch dabei nicht stehen. Das Mittelalter wird für die Romantik zu einer Epoche universalistischer, christlicher und heiler Welt, wie es z.B. Novalis (Friedrich von Hardenberg, 1772–1801) in seiner Schrift »Die Christenheit oder Europa« postulierte ... Vom Mittelalter schließlich springt der romantische Kult der Frühe zur grauen, noch nicht historischen Vorzeit. Das damals sogenannte klassische Altertum war zu sehr noch präsentes Bildungsgut, zudem von der verhaßten rationalistischen Aufklärung besetzt, als daß es für die Romantik von Reiz gewesen wäre".[2]

Vordergründig gesehen zeichnet sich in der Musikforschung ein beständiges Bild vom „romantischen" Mittelalter ab; hintergründig betrachtet setzt sich dieses Bild, wie Werner Keil bemerkt, aber aus unbeständigen Bestandteilen zusammen:

„Die Musikforschung der letzten Jahrzehnte hat sehr intensiv das erstaunlich modern anmutende Verständnis der frühromantischen Schriftsteller für die Musik ihrer Zeit, insbesondere die Instrumentalmusik, untersucht; von der »Metaphysik der Instrumentalmusik« und der »Idee der absoluten Musik« ist da die Rede. Die retroperspektive Haltung der Romantik und ihre nostalgische Verklärung des Vergangenen, greifbar in der Liebe zur alten Kirchenmusik, zum alten Volkslied und zu den alten neapolitanischen Opern, ist von der jüngeren Forschung dagegen eher vernachlässigt worden."[3]

Der musikwissenschaftliche Forschungsstand einerseits und eine Fülle von Fakten andererseits machen eine „Revision der so resistenten These der Romantikforschung, die Entdeckung des Mittelalters sei eine genuine Leistung der Romantik, und zwar in der Wende gegen die Aufklärung und nicht als deren Folge", erforderlich.[4] Dabei soll, trotz der Kritik Silvio Viettas, am Mittelalterbegriff aus der ersten Hälfte des 19. Jahrhunderts festgehalten werden, weil es sich um einen diskursgeschichtlichen Begriff handelt, der durch den „Renaissance"-Begriff aus der zweiten Hälfte des 19. Jahrhunderts nicht ersetzt werden kann.[5]

Das Mittelalter wurde nicht durch die „Romantik" wiederentdeckt. Vielmehr setzt die „Romantisierung" des Mittelalters dessen Entdeckung voraus. Werner Krauss stellte schon 1965 fest, daß „die moderne Beschäftigung mit dem Mittelalter ... weder das Erzeugnis einer »präromantischen« Geisteshaltung noch der romantischen Rückzugsbewegung zu einer idealisierten Vergangenheit" ist.[6] Die historiographischen Voraussetzungen der „romantischen" Poetisierung des

Mittelalters reichen Uwe Neddermeyer zufolge bis in das 15. Jahrhundert zurück.[7] Das Geschichtsmodell nicht nur der „Romantik" – die „historia tripartita" – wurde ebenfalls im 15. Jahrhundert entworfen.[8] Eine entfernte Verwandtschaft zwischen dem „humanistischen" und dem „romantischen" Geschichtsmodell wurde von Walter Wiora zwar festgestellt, doch geschichtlich nicht genealogisiert:

„Demgemäß besteht das in ihr [der „Romantik"] herrschende Geschichtsbild, wie die Geschichtsbilder anderer Renaissancebestrebungen, aus drei Perioden: der »alten schönen Zeit«, dem Niedergang und der herbeizuführenden Wiedergeburt. Dieses Formschema wird freilich anders erfüllt als etwa im Humanismus. Die drei Perioden sind nicht: Antike, barbarisches Mittelalter und Erneuerung im Anschluß an die Antike, sondern: 1. »Hochpoetische Zeiten», wie das Mittelalter, mit Wunderschätzen »romantischer« Kunst und religiöser Innerlichkeit; 2. die »gnadenlose Zeit« prosaischer Vernüchterung und antichristlicher Sinnentleerung des Lebens; 3. Die »Rückkehr zum Besseren« als »Repoetisierung«, wie Wilhelm Schlegel es ausdrückt."[9]

So stehen sich ein „barbarisch" erniedrigtes und ein „romantisch" erhöhtes Mittelalterbild historisch unvermittelt gegenüber, als ob ein Wandel des Mittelalterbildes – „historisch als Prozeß fortschreitender Positivierung des Mittelalters" zu beschreiben – gar nicht stattgefunden hätte.[10]

Das „romantische" Mittelalterbild als Ergebnis einer diskursgeschichtlichen Entwicklung zu begreifen, bedeutet, sich von dem weit verbreiteten Vorurteil zu verabschieden, die „Aufklärung" habe das Mittelalter nur negativ, die Antike nur positiv bewertet. Burkart Steinwachs hat im Anschluß an die grundlegende Untersuchung von Jürgen Voss erklärt,[11] daß die „Romantisierung" des Mittelalters „nur vor dem Horizont einer intensiven Mittelalterforschung der französischen Aufklärung möglich" gewesen ist. Gleiches läßt sich mit Uwe Neddermeyer von der deutschen Historiographie der Aufklärung behaupten.[12] Die Tatsache,

„daß spätestens mit der Mitte des 18. Jahrhunderts in allen Wissensgebieten, wenn auch in unterschiedlicher quantitativer und qualitativer Bedeutung, die mittelalterliche Welt, im besonderen die des 13. Jahrhunderts, als gegenüber der Antike gleichberechtigter Forschungsgegenstand erschlossen war,"[13]

ist für die Musikforschung insofern von Bedeutung, als das Geschichtsbewußtsein der „Aufklärung" und der „Romantik" nicht nur antithetisch zu begreifen ist: Die „Romantik" kann nicht bloß als bedingter irrationalistischer, reaktionärer Reflex auf die rationalistische, vermeintlich fortschrittliche „Aufklärung" verstanden werden. Daß die Musikforschung an dieser Antithese nach wie vor festhält, liegt an ihrem besonderen Interesse, das den Schriften Wackenroders und Tiecks gilt. Den sogenannten Gründungsurkunden der „romantischen" Musikästhetik, den „Herzensergießungen eines kunstliebenden Klosterbruders" (1797) und den „Phantasien über die Kunst, für Freunde der Kunst" (1799), liegen „gegenaufklärerische Konzeptionen" zugrunde, weil Wackenroder und Tieck „der kranken, mechanischen, entzweiten, rationalistischen, prosaischen, kalten und ungläubigen Gegenwart eine gesunde, organische, geordnete, poetische, künstlerische, innige und gläubige Vorzeit entgegen[setzten]".[14] Zwischen zwei Welten, zwischen der idealen Welt der Musik und der realen Welt des Lebens spielt sich auch „das merkwürdige musikalische Leben des Tonkünstlers Joseph Berglinger" ab.[15] Hans Heinrich Eggebrecht hat Wackenroders gegenaufklärerische Kunstkonzeption als „Zwei-Welten-Modell" beschrieben und als „Grundprinzip des romantischen Musikdenkens" aufgestellt.[16] Diskursgeschichtlich gesehen repräsentiert Wackenroder „das Prinzip des romantischen Denkens über Musik" aber nicht.[17] Wackenroder besitzt nur ein zweidimensionales Geschichtsbild mit einer sentimentalen Perspektive, die von der Gegenwart in die Vergangenheit reicht. Die „romantische" Musikanschauung des frühen 19. Jahrhunderts zeitigt dagegen ein dreidimensionales Geschichtsbild, das von der Gegenwart über die Vergangenheit eine neue Perspektive für die Zukunft eröffnen will.

Im Gegensatz zu Hans Heinrich Eggebrecht, der „Romantik nicht epochal auf einige Jahrzehnte begrenzt, sondern im Welt-Gegenwelt-Denken das romantische Prinzip des 19. Jahrhunderts zu erblicken sucht",[18] spricht Peter Rummenhöller, die „Romantik in der Musik" auf die um 1810 geborenen Komponisten Felix Mendelssohn Bartholdy (1809), Robert Schumann (1810), Frederik Chopin (1810) und Franz Liszt (1811) eingrenzend, von den

„drei Säulen romantischen Denkens, Fühlens und künstlerischen Gestaltens: die Sehnsucht, die sich nach rückwärts in die Vergangenheit richtet, als Eingedenken; das Leiden, das dem Ungenügen an der ungeliebten Gegenwart Ausdruck verleiht, als negative Vergegenwärtigung; und die Utopie als die Hoffnung, in ferner Zukunft das goldene Zeitalter wieder zu erreichen, Erlösung zu erlangen, als Verheißung."[19]

Dem „Zwei-Welten-Modell" Eggebrechts steht sozusagen das „Drei-Welten-Modell" Rummenhöllers gegenüber. Als musikästhetischen Kronzeugen hätte Rummenhöller Robert Schumann aufrufen können, der „Zur Eröffnung des Jahrganges 1835" der *Neuen Zeitschrift für Musik* erklärte:

„In der kurzen Zeit unseres Wirkens haben wir mancherlei Erfahrungen gemacht. Unsere Gesinnung war vorweg festgestellt. Sie ist einfach, und diese: die alte Zeit und ihre Werke anzuerkennen, darauf aufmerksam zu machen, wie nur an so reinem Quelle neue Kunstschönheiten gekräftigt werden können – sodann, die letzte Vergangenheit als eine unkünstlerische zu bekämpfen, für die nur das Hochgesteigerte des Mechanischen einigen Ersatz gewährt habe – endlich eine junge, dichterische Zukunft vorzubereiten, beschleunigen zu helfen."[20]

Dieses Schumann Zitat wird in der Schumann Forschung meistens nicht in der frühen Fassung von 1835, sondern in der späteren von 1854 angeführt, die den von Robert Schumann herausgegebenen „Gesammelten Schriften über Musik und Musiker" zugrunde liegt:[21]

„In der kurzen Zeit unseres Wirkens haben wir mancherlei Erfahrungen gemacht. Unsere Gesinnung war vorweg festgestellt. Sie ist einfach, und diese: an die alte Zeit und ihre Werke mit allem Nachdruck zu erinnern, darauf aufmerksam zu machen, wie nur an so reinem Quelle neue Kunstschönheiten gekräftigt werden können – sodann, die letzte Vergangenheit, die nur auf Steigerung äußerlicher Virtuosität ausging, als eine unkünstlerische zu bekämpfen, – endlich eine neue poetische Zeit vorzubereiten, beschleunigen zu helfen."[22]

Früh- und Spätfassung weichen in zwei wesentlichen Punkten voneinander ab: Zum einen fehlt der Frühfassung die Emphase der Vergangenheit, deren Werke Schumann zwar „anerkannt" wissen will, aber noch nicht „mit allem Nachdruck zu erinnern" wünscht. In der Spätfassung setzt sich der ältere, erfahrenere Schumann entschieden für die Rezeption der „alten Zeit", d.h. der Werke J. S. Bachs und Beethovens ein. Zum anderen spricht Schumann in der Frühfassung nicht von „einer neuen poetischen Zeit", sondern von „einer jungen, dichterischen Zukunft", obwohl beide Bezeichnungen zu diesem Zeitpunkt synonym erscheinen, wie Schumanns Brief an Keferstein vom 8. Juli 1834 belegt: „Wir wissen nicht, wie weit Sie die Zeitung kennen; sonst würden Sie über die Tendenz, welche die ältere Zeit anerkennen, die nächst vergangene als eine bekämpfen, die kommende als eine neue poetische vorbereiten und beschleunigen helfen soll, kaum in Zweifel sein."[23] Schumann scheint den Ausdruck „eine junge, dichterische Zukunft" durch den Ausdruck „eine neue poetische Zeit" während der Redaktion der „Gesammelten Schriften über Musik und Musiker" in den Jahren 1852/1853 bewußt ersetzt zu haben, da der in Frage stehende Begriff seit der Veröffentlichung von Richard Wagners Schrift „Das Kunstwerk der Zukunft" (1850) zum Schlagwort der Wagnerianer wie Anti-Wagnerianer geworden war.[24] Spätestens seit diesem Zeitpunkt der ästhetischen Sprachregelung war der Begriff „Zukunft" durch eine Bedeutung besetzt, die Schumann ganz gewiß nicht teilte, wie der Brief an Strackerjan vom 24. Juli 1853 deutlich macht:

„Der Ausdruck »Kunstwerk der Zukunft« ist eigentlich ein Widerspruch in adjecto; denn wollten wir lauter »Zukunftskunstwerke« machen, so wäre es mit der Gegenwart ganz aus. Das beste »Zukunftswerk« ist eben das Meisterwerk."[25]

Wie wenig Schumann von Wagners „Zukunftsmusik" wissen wollte, gibt er auch im Brief an Richard Pohl vom 6. Februar 1854 unmißverständlich zu erkennen:

„Daß Sie der Hoplit waren, das wußte ich gar nicht. Denn ich harmoniere nicht sonderlich mit seinem und seiner Parthey Liszt-Wagnerschen Enthusiasmus. Was sie für Zukunftsmusiker halten, das halt' ich für Gegenwartsmusiker, und was Sie für Vergangenheitsmusiker (Bach, Händel, Beethoven), das scheinen mir die besten Zukunftsmusiker. Geistige Schönheit in schönster Form kann ich nie für einen »überwundenen Standpunkt« halten. Hat diese denn R. Wagner? Und wofür denn die genialen Leistungen Liszts – wo stecken sie? Vielleicht in seinem Pulte? Will er vielleicht die Zukunft abwarten weil er fürchtet, man versteh' ihn jetzt nicht? Ich kann nicht mit diesem Lisztschen Enthusiasmus harmonieren."[26]

Indem Schumann noch 1854 „eine neue poetische Zeit" prophezeit, widerspricht er nicht nur den Anhängern der „Fortschrittspartei", sondern auch einer Interpretation von Musikgeschichte, deren formale geschichtsphilosophische Voraussetzungen er wiederum mit Pohl u.a. teilt. Sowohl Robert Schumann als auch Richard Pohl interpretieren die Geschichte der Musik auf der Grundlage einer geschichtsphilosophischen Ästhetik, welche die Geschichte der Kunst „im Medium der Geschichtsphilosophie" unter „Verwendung zweier zentraler Zeitkategorien: eben der »neuen Zeit« und zweitens des »Fortschritts«" teleologisch reflektiert.[27] Vor der formalen Folie der Geschichtsphilosophie konnte der musikalische „Fortschritt" in den fünfziger Jahren des 19. Jahrhunderts von den Wagnerianern proklamiert werden, obwohl ihn Schumann schon in den dreißiger Jahren für sich reklamiert hatte. Der musikalische „Fortschritt" wird von Richard Pohl und Franz Brendel auf der einen Seite und von Robert Schumann auf der anderen – hie Wagner, da Brahms – zwar inhaltlich unterschiedlich bestimmt, doch methodisch gleichartig gerechtfertigt. Der formale Widerspruch der geschichtsphilosophischen Musikästhetik des 19. Jahrhunderts wird seitens der Wagnerianer dann erst zu einem inhaltlichen, wenn Brendel beispielsweise den „Fortschritt" in der Musik geschichtsphilosophisch mit und gegen Hegel zu begründen versucht,[28] während der Geschichtsphilosoph Hegel die Kunst längst durch „die Vernunft in der Geschichte" überlistet hat.[29]

Die geschichtsphilosophische Tragweite der „romantischen" Musikanschauung um Schumann wird im Gegensatz zur „realistischen" Musikanschauung um Wagner von der Musikforschung entweder nicht wahrgenommen oder nicht ernstgenommen. Im ersten Fall, wie z.B. bei Eggebrecht, hat die „Romantik" keine Zukunft, weil sie vor der Gegenwart in die Vergangenheit flüchtet. Im zweiten Fall, wie z.B. bei Rummenhöller, leidet die „Romantik" an der Gegenwart und sehnt sich nach der Vergangenheit, dem „goldenen Zeitalter", das sie in ferner Zukunft wieder zu erreichen hofft.[30] In beiden Fällen erscheint das Geschichtsbild der „romantischen" Musikanschauung reaktionär und regressiv: Die „Romantik" als eine im geschichtlichen Grunde zutiefst fortschrittsfeindliche Reaktion auf die Aufklärung und die französische Revolution zu interpretieren, steht in einer über einhundert Jahre alten (literatur-)wissenschaftlichen Tradition, mit der erst in den achtziger Jahren des 20. Jahrhunderts gebrochen wurde.[31] Während Manfred Frank und Karl Heinz Bohrer die Philosophie und Mythologie der „Frühromantik" vor ihrer Rezeptionsgeschichte gerettet haben,[32] ist es vor allem Ernst Behlers Verdienst, die Rezeptionsgeschichte der Geschichtsphilosophie für die „Frühromantik" aufgearbeitet zu haben.[33] Behler revidiert die These von der antirevolutionären Reaktion der „Romantik" auf die Aufklärung und zeigt, wie das prärevolutionäre Fortschrittsdenken der „Aufklärung" im postrevolutionären Perfektibilitätsdenken der „Frühromantik" ästhetisch reflektiert, kritisch radikalisiert und geschichtsphilosophisch reformiert wird. Darin erweist Behler das Geschichtsbewußtsein der „Frühromantik" als entschieden modern. Nach Behler stehen „Aufklärung" und „Romantik" in einer geschichtsphilosophischen Tradition: Die aus der „Aufklärung" stammende Idee der Perfektibilität wird in der „frühromantischen" Ästhetik als unendliche reflektiert und in der Kunst aufgehoben, nicht aufgegeben.[34] Die ästhetische Transformation der politischen Revolution findet ihren programmatischen Ausdruck in Friedrich Schlegels 116. Athenäumsfragement über die „progressive Universalpoesie":

„... Andre Dichtarten sind fertig, und können nun vollständig zergliedert werden. Die romantische Dichtart ist noch im Werden; ja das ist ihr eigentliches Wesen, daß sie ewig nur werden, nie vollendet sein kann. Sie kann durch keine Theorie erschöpft werden, und nur eine divinatorische Kritik dürfte es wagen, ihr Ideal charakterisieren zu wollen."[35]

Die politische Potentialität der Idee der unendlichen Perfektibilität wurde von den Kritikern der „Romantik" von Anfang an bestritten. Für Hegel war „*die Perfektibilität beinahe etwas so Bestimmungsloses als die Veränderlichkeit überhaupt; sie ist ohne Zweck und Ziel: das Bessere, das Vollkommenere, worauf sie gehen soll, ist ein ganz Unbestimmtes.*"[36] Während Hegel die Idee der unendlichen Perfektibilität bereits zu Anfang des 19. Jahrhunderts mehr nihilistisch als idealistisch erschien,[37] kritisierte Carl Schmitt die „Politische Romantik" noch zu Anfang des 20. Jahrhunderts als ebenso subjektivistisch wie occasionalistisch:

„Romantik ist subjektivierter Occasionalismus, d.h. im Romantischen behandelt das romantische Subjekt die Welt als Anlaß und Gelegenheit seiner romantischen Produktivität ...
Im Romantischen wird alles zum »Anfang eines unendlichen Romans«. Diese auf Novalis zurückgehende, den sprachlichen Sinn des Wortes wieder zur Geltung bringende Formulierung bezeichnet am besten die spezifisch romantische Beziehung zur Welt. Dabei braucht wohl nicht besonders ausgeführt zu werden, daß statt eines Romans oder Märchens auch ein lyrisches Gedicht oder ein Musikstück, ein Gespräch oder ein Tagebuch, ein Brief, eine kunstkritische oder rednerische Leistung, oder schließlich auch eine romantisch empfundene, bloße Stimmung die occasionelle Haltung des Subjekts beweisen kann.
Nur in einer individualistisch aufgelösten Gesellschaft konnte das ästhetisch produzierende Subjekt das geistige Zentrum in sich selbst verlegen, nur in einer bürgerlichen Welt, die das Individuum im Geistigen isoliert, es an sich selbst verweist und ihm die ganze Last aufbürdet, die sonst in einer sozialen Ordnung in verschiedenen Funktionen hierarchisch verteilt war."[38]

Die Idee der unendlichen Perfektibilität, die dem Verdikt des ästhetizistischen Nihilismus und subjektivistischen Occasionalismus zum Opfer fiel, wurde am reinsten von Friedrich Schlegel ausgedrückt: „Die Kunst ist unendlich perfektibel und ein absolutes Maximum ist in ihrer steten Entwicklung nicht möglich: aber doch ein bedingtes *relatives Maximum*, ein unübersteigliches *fixes Proximum*."[39] Auch Novalis' Schrift „Die Christenheit oder Europa" (1800) ist, wie Ludwig Marcuse bereits Anfang der fünfziger Jahre unseres Jahrhunderts in einem Essay über die „reaktionäre und progressive Romantik" geltend gemacht hat, der Idee der unendlichen Perfektibilität verpflichtet gewesen:

„Man hat das mißverstanden und Novalis interpretiert: als wolle er die Weltgeschichte zurückdrehen. Er aber schrieb, deutlich genug: »Fortschreitende, immer mehr sich vergrößernde Evolutionen sind der Stoff der Geschichte.« Er pries die Protestanten und tadelte nur ihre reaktionärste Tat: »Die Religion irreligiöserweise in Staatsgrenzen eingeschlossen« zu haben. Es ist nicht der Geist des Protestantismus, den er attackierte, sondern sein Ungeist. Es ist auch nicht der Geist der Aufklärung, gegen den er schrieb, sondern ihr Ungeist. Novalis gehört in jene erhabene Reihe von Aufklärern, die im neunzehnten und zwanzigsten Jahrhundert die »Aufklärer« aufklärten. Dieses kritisch-progressive Element der berüchtigten Essays ist fast immer übersehen worden."[40]

Die „romantische" Perfektibilitätsidee wurde von August Wilhelm Schlegel im ersten Teil der Berliner „Vorlesungen über schöne Literatur und Kunst" (1801–1802) in eine allgemeinverständliche Form gebracht. Seine Ausführungen zur Geschichtsphilosophie der Kunst fallen so lapidar aus, daß sie nicht umständlich paraphrasiert, sondern der Einfachheit halber zitiert werden können:

„Die Foderung demnach worauf der ganze Werth der Geschichte beruht, ist die eines unendlichen Fortschritts im Menschengeschlechte; und ihr Gegenstand ist nur das, worin ein solcher Statt findet. Folglich ist alle Bildungsgeschichte der Menschheit zu dem was für sie Zweck an sich ist, dem sittlich guten, dem wahren und schönen; und ihre Hauptarten sind: politische Geschichte, welche die Ausbildung der Staaten des Völkervereins zeigt, wovon die sittliche Existenz des geselligen Menschen abhängt; Geschichte der Wissenschaft, besonders der Philosophie, und Geschichte der Kunst ...
Gegenstand der Geschichte, haben wir gesagt, kann nur dasjenige seyn, worin ein unendlicher Fortschritt Statt findet. Jede einzelne Kunsterscheinung müßte also in einer unbestimmbar weiten Entfernung von der höchsten Vollkommenheit vorgestellt werden; und doch nennen wir nur das ein ächtes Kunstwerk, was in sich vollendet ist: was nicht vortrefflich, hat in der schönen Kunst gar keinen Werth. Die ganze Kunstgeschichte würde also aus Erscheinungen zusammengesetzt seyn, denen im Gebiete ächter Kunst eigentlich kein Platz gebührte. Wie läßt sich nun dieser Widerspruch ausgleichen? Die Kunst erscheint überall an ein nationales und locales Element gebunden, also unter Beschränkungen. Der ewig rege Kunstgeist bildet sich immer von neuem aus dem Stoffe jedes Zeitalters, aus jeder bestimmten Umgebung gleichsam einen Körper an, organisirt sich eine Gestalt. Je nachdem nun dieser Stoff widerstrebender, oder tauglicher und bildsamer ist, wird auch die äußre Organisation der Kunst gröber oder zarter ausfallen, und es wird ihm mehr oder weniger gelingen, sich darin frey zu bewegen, und sich mit aller Fülle, Energie, Leichtigkeit und Evidenz zu offenbaren. Dies ist es, was man mit dem Ausspruche meynt, ein Volk, ein Zeitalter sey poetischer als das andere. Der Mangel kann freylich bis zur gänzlichen Negation gehen: und eine solche Prosa in den Gesinnungen, Ansichten, Sitten, Einrichtungen etc. kann in einer bestimmten Nationalität so fixirt seyn, daß sie ohne eine ganz neue Ordnung der Dinge nicht aufzuheben ist, und daß so lange wahre Poesie und Kunst unmöglich bleiben. – Sonst aber muß ein jedes Kunstwerk aus seinem Standpunkte betrachtet werden; es braucht nicht ein absolutes höchstes zu erreichen, es ist vollendet, wenn es ein Höchstes in seiner Art, seiner Sphäre, seiner Welt ist; und so erklärt sich, wie es zugleich ein Glied in einer unendlichen Reihe von Fortschritten, und dennoch an und für sich befriedigend und selbständig seyn kann ...
Man will bemerkt haben, daß die Menschen von Genie zuweilen in Menge gleichzeitig erschienen, gleichsam als wären sie wie eine göttliche Gesellschaft nach vorgängiger Verabredung auf die Erde herabkommen, und daß sie dann wieder auf Jahrhunderte verschwunden seyn. Wie dem auch sey, die Zufälligkeit und Seltenheit des Genie`s darf uns nicht verzagen lassen, als ob manches große in der Kunst, was wir uns bis jetzt bloß als ausführbar denken, vielleicht nie werde ausgeführt werden, weil der Mann dazu in aller Folge der Zeiten nicht geboren werden möchte. Wir dürfen uns nur zu dem höheren unstreitig wahren Gesichtspunkt erheben, wo alle individuellen Genien nur als einzelne Seiten und Erscheinungen von dem Einen großen Genius der Menschheit zu betrachten sind, der nicht untergehen kann, und sich wie Phönix aus seiner Asche immer schöner und herrlicher wieder gebiert. Eben dieser Genius ist es auch, der das Poetische im Leben hervorbringt, was sich nicht selbst im Kunstwerke concentrirt, aber auf

den Charakter von Kunstwerken Einfluß hat, von der rohesten Mythologie an bis zur gebildetsten Sitte; alle die mannichfaltigen Phänomene, wo die Menschheit in Masse zu dichten scheint. Wenn dieses Poetische auch in langen Zeitaltern fast gänzlich verschwindet, darf man darum doch nicht die Hoffnung aufgeben, es wieder aufblühen zu sehen. Die Kunstgeschichte soll keine Elegie auf verlohrne und unwiederbringliche goldne Zeitalter seyn. Eine solche vollendete Harmonie des Lebens und der Kunst wie in der Griechischen Welt statt fand, und die von einer Seite unendlich über unserm jetzigen Zustande ist, wird man zwar in derselben Art nie wiederkommen sehen. Allein jene schöne Periode fiel in die Jugend, ja zum Theil in die Kindheit der Welt, wo sich die Menschheit noch nicht recht auf sich besonnen hatte. Aber wenn einmal ein solches Zusammentreffen auf andre Weise, weit mehr mit Absicht und Bewußtseyn wieder erlangt wird, so kann man zuverläßig voraus sagen, daß es etwas weit größeres und dauernderes seyn wird als die Hellische Blüthezeit. Wie sehr uns auch die Barbarey und Unpoesie mancher Zeitalter, und vielleicht unsers eignen, abstoßen mag: wer kann wissen, ob nicht der Genius alle diese abweichenden tausendfachen Formen und Gestaltungen der Menschheit selbst, zu einem großen Kunstwerke verarbeitet und ordnet, worin auch die Dissonanzen ihre Stelle finden müssen? Wie in allem der unendliche Fortschritt gefodert wird, so steht sogar zu erwarten, daß er in dieser allgemeinen Metempsychose in immer höhere und mehr geläuterte Organisationen übergehen und zuletzt sich in aetherischer Verklärung darstellen wird."[41]

Die Ausführungen August Wilhelm Schlegels lassen keinen Zweifel daran, daß die Geschichte der Kunst nicht zyklisch, sondern teleologisch zu verstehen sei. Denn A. W. Schlegel systematisiert die Perioden der Kunstgeschichte nicht im zyklischen Sinn der Dekadenztheorie, sondern im teleologischen Sinn der Perfektibilitätstheorie. Die Ablösung der Dekadenztheorie durch die Perfektibilitätstheorie fand erst an der Wende vom 18. zum 19. Jahrhundert statt, sie setzte aber schon am Anfang des 18. Jahrhunderts mit dem Ende der „Querelle des Anciens et des Modernes" ein. In der „Querelle des Anciens et des Modernes", die durch Charles Perraults vierbändige „Parallèle des Anciens et des Modernes" (1688–1697) ihren Namen erhalten hat, herrschte eine zyklische Geschichtsauffassung vor. Sowohl die Verehrer des Antiken als auch die Verfechter des Modernen interpretierten die Geschichte nach dem Schema von Blüte und Verfall:

„Für die *Anciens* steht die Vollendung, das von der Antike verwirklichte Vorbild, *am Anfang* der Geschichte; sie kann nur durch Nachahmung wieder erreicht, paradoxerweise sogar überboten, aber auch wieder verloren werden, wie der Untergang des »ewigen Roms« lehrt. Die Nachahmung der Antike ist darum für die *Anciens* mehr nur als eine erste Forderung ihrer Poetik: in diesem Prinzip bekundet sich ein epochales Selbstbewußtsein, das in derselben zyklischperiodischen Geschichtsauffassung gründet, die für den Humanismus der Renaissance charakteristisch ist und sich unter anderem Vorzeichen auch noch bei den *Modernes* findet.
Für die *Modernes* steht die Vollendung, die im Zeitalter Ludwig XIV. erreichte Blüte der Künste und Wissenschaften, *am Ende* einer welthistorischen Entwicklung, die weder von Fontenelle, noch Perrault als eine stetig fortschreitende Bewegung gedacht wird, weil sie durch die dunklen Jahrhunderte – *les siècles barbares qui ont suivi celui d'Auguste et précédé celui-ci* (...) – völlig unterbrochen war. Für die *Anciens* wie für die *Modernes* ragen aus dem Gang der Weltgeschichte nur zwei erleuchtete Gipfel, das Augusteische und das eigene Zeitalter, hervor; die dazwischenliegenden Zeiten erscheinen nurmehr als Intervall in der periodischen Bewegung von Abstieg und Wiederanstieg."[42]

Die Idee der Perfektibilität war zwar schon bei den „Modernen" im Keim enthalten, doch sie konnte sich noch nicht entfalten. Sie fiel auf einen Boden, der erst im Laufe des 18. Jahrhunderts durch die Geschichtsphilosophie und Ästhetik fruchtbar wurde. Die geschichtsphilosophische Ästhetik der „Romantik" ist historisch an zwei Voraussetzungen geknüpft: Zum einen setzt sie voraus, daß Geschichte als Universalgeschichte reflektiert wird, d.h. die Geschichtsphilosophie von Giambattista Vico[43] bis Friedrich Theodor Vischer[44] abstrahiert von den Geschichten auf die Geschichte.[45] Zum anderen setzt sie voraus, daß die Theorie der schönen Künste epistemologisch als Ästhetik formuliert wird, d.h. seit Alexander Baumgarten[46] extrahiert die philosophische Ästhetik aus den Künsten die Kunst. Auf Grund dieser Voraussetzungen gelangte die Idee der Perfektibilität über die Geschichtsphilosophie später in die Ästhetik als in die Naturwissenschaft und Technologie: „Während Turgot und Concordet als die wichtigsten Vertreter der Perfektibilität in den Naturwissenschaften, der Technologie und den sozialen Bereichen erschienen", so Behler, „waren die Romantiker die ersten Befürworter der Perfektibilität in der Literatur."[47]

Freilich besitzt die geschichtsphilosophische Ästhetik der „Romantik" in Deutschland auch eine Vorgeschichte, die vor allem von Johann Gottfried Herder und Friedrich Schiller geschrieben worden ist.
Herder, der Voltaires „Philosophie de l'histoire" (1765) genau gelesen hat, nimmt gegenüber dem Fortschrittsgedanken der „Aufklärung" eine ambivalente Haltung ein: Auf der einen Seite erteilt er der orthodoxen Fortschrittsgläubigkeit seines Zeitalters in der Bückeburger Schrift „Auch eine Philosophie der Geschichte zur Bildung der Menschheit" (1774) eine Absage, schließlich habe „jede Nation ... Ihren Mittelpunkt der Glückseligkeit in sich, wie jede Kugel ihren Schwerpunkt!"[48] Auf der anderen Seite zollt er dem Fortschrittsdenken der „Spätaufklärung" seinen Tribut und fordert in der achten Sammlung der „Briefe zur Beförderung der Humanität" (1796) „allenthalben das Gute zu erkennen, das nur im großen Gange der Zeiten und Völker fortschreitend bewirkt werden konnte."[49] Friedrich Schlegel hat Herders geschichtsphilosophischen Historismus in einer Rezension der „Humanitätsbriefe" kritisiert, dessen „Methode (...), jede Blume der Kunst, *ohne Würdigung*, nur nach Ort, Zeit und Art zu betrachten, würde am Ende auf kein andres Resultat führen, als daß alles sein müßte, was es ist und war."[50] Die gleiche geschichtsphilosophische Ambivalenz prägt Herders kulturhistorischen Begriff vom „romantischen" Mittelalter.[51] Herder erscheint das Mittelalter nicht mehr als Epoche des Verfalls, vielmehr in einer numinosen Aura, die „romantisch", „gotisch" oder „erhaben" wirkt. Hierin gleicht Herder nicht nur Wieland, sondern vor allem den englischen Dichtern Richard Hurd und Thomas Warton,[52] die Herders kulturhistorischen „Romantik"-Begriff nicht unwesentlich beeinflußt haben.
Schiller steht der „romantischen" Idee der unendlichen Perfektibilität weitaus näher als Herder. Bei Herder erscheint die Idee des Fortschritts historistisch re-

lativiert, bei Schiller hingegen ästhetisch idealisiert. Der Historiker und Dichter Schiller teilt mit den „Frühromantikern" die Erfahrung der französischen Revolution und den Glauben, gesellschaftliche Fortschritte nur auf dem Wege der Kunst machen zu können; zu Anfang der Abhandlung „Ueber die ästhetische Erziehung des Menschen in einer Reihe von Briefen" (1794/1795) stellt Schiller fest, „daß man, um jenes politische Problem in der Erfahrung zu lösen, durch das ästhetische den Weg nehmen muß, weil es die Schönheit ist, durch welche man zur Freyheit wandert".[53] Eine Beschreibung des Weges, den Schiller in seinen ästhetischen Schriften zunächst mit Kant und dann mit Fichte transzendentalphilosophisch beschreitet,[54] hat Schiller in der Abhandlung „Ueber naive und sentimentalische Dichtung" (1795/1796) gegeben:

„Dieser Weg, den die neuen Dichter gehen, ist übrigens derselbe, den der Mensch überhaupt wohl im Einzelnen als im Ganzen einschlagen muß. Die Natur macht ihn mit sich eins, die Kunst trennt und entzweyet ihn, durch das Ideal kehrt er zur Einheit zurück. Weil aber das Ideal ein unendliches ist, das er niemals erreicht, so kann der kultivirte Mensch in seiner Art niemals vollkommen werden, wie doch der natürliche Mensch es in der seinigen zu werden vermag."[55]

Diese Beschreibung führt insofern in die Irre, als Schiller seinen Weg an einem Ziel enden läßt, das unendlich weit entfernt ist und in Wirklichkeit niemals erreicht werden kann. Für Schiller führt der Weg durch das Ästhetische nur dem Scheine nach zum Ziel der Freiheit: „Schönheit ist Freiheit in der Erscheinung",[56] lautet die Definition „Aus den ästhetischen Vorlesungen" von 1792/1793. Die Kunst erscheint in der „klassischen" Konzeption Schillers als schöner Schein perfekt, obwohl ihr Ideal unendlich perfektibel ist. Friedrich Schlegel nannte Schiller deshalb einen „Anfänger der Transcendentalπ[poesie] und nur halber Transcendentalπ[poesie] die mit d[er] Identität endigen muß★. –"[57]

Während der unendliche Fortschritt im „klassischen" Kunstwerk symbolisch zum Stillstand kommt, wird er im „romantischen" Fragment allegorisch ins Werk gesetzt. Die ästhetische Antinomie des „Klassischen" als Symbol des Identischen und des „Romantischen" als Allegorie des Differenten hat August Wilhelm Schlegel im ersten Teil der Berliner „Vorlesungen über schöne Literatur und Kunst" (1801–1802) kunstgeschichtlich reflektiert:

„Höchst wesentlich ist für die Kunstgeschichte die Anerkennung des Gegensatzes zwischen dem modernen und antiken Geschmack. Man hat oft »besonders bey den Franzosen im Zeitalter Ludw.[igs] XIV.« über den Vorzug der Alten oder Neuern gestritten, allein man hat sie nur dem Grade nicht der Art nach verschieden geglaubt; und gewöhnlich verglich man nur solche Autoren mit den Alten, die sich ganz nach dem classischen Alterthum gebildet hatten und auf der Bahn desselben fortzugehen suchten. Daß die Werke welche eigentlich in der Geschichte der modernen Poesie Epoche machen, ihrer ganzen Richtung, ihrem wesentlichen Streben nach mit den Werken des Alterthums im Contraste stehn und dennoch als vortrefflich anerkannt werden müssen: diese Behauptung ist erst seit kurzem aufgestellt worden, und findet noch viele Gegner. Man hat den Charakter der antiken Poesie mit der Benennung classisch, den der modernen romantisch bezeichnet; wie ich in der Folge bey der Entwickelung dieser Begriffe zeigen werde, sehr treffend. Es ist eine große Entdeckung für die Kunstgeschichte daß dasjenige, was man bisher als die ganze Sphäre der Kunst betrachtete (indem man den Alten uneingeschränkte Aurorität zugestand) nur die eine Hälfte ist: das klassische Alterthum selbst kann dadurch weit besser verstanden werden als aus sich allein. Diese große allgemeine Antinomie des antiken und modernen Geschmacks (denn sie findet sich auch in den übrigen Künsten) welche die Geschichte aufstellt, ist nur der Theorie zu lösen vorbehalten, und wir sehen also hier wieder ihre innige wechselseitige Verknüpfung mit der Geschichte. Diejenigen, welche nach einer analytischen Philosophie alles auf todte Einförmigkeit zurückführen möchten, verzagen gleich, wenn sie hören, daß entgegengesetzte Dinge in gleicher Dignität stehen, gleiche Rechte haben sollen, und glauben sich in ein Chaos von Verwirrung zu verlieren. Wir aber, die wir es wissen, daß unser ganzes Daseyn auf dem Wechsel sich beständig lösender und erneuernder Widersprüche beruht, würden verwundert seyn, wenn es anders wäre. Wir können uns die Antinomien der Kunst unter Bildern der äußeren Körperwelt leicht anschaulich machen, deren Erscheinungen ja auch aus ähnlichen Widersprüchen hervorgehen. So kann man sich die antike Poesie als den einen Pol einer magnetischen Linie denken, die romantische als den andern, und der Historiker und Theoretiker, um beyder richtig zu betrachten, würde sich möglichst auf dem Indifferenzpunkte zu halten suchen müssen. Freylich wird unsere historische Kenntniß nie vollendet, es muß immer durch Divination ergänzt werden. Es könnte sich in der Folge offenbaren, daß das, was wir jetzt als den andern Pol betrachten, nur ein Übergang, ein Werden sey, (welcher Charakter sich sogar mit Wahrscheinlichkeit in der romantischen Poesie aufweisen läßt) und die Zukunft also erst das der antiken Poesie entsprechende und ihr entgengesetzte Ganze liefern werde."[58]

Daß die „große allgemeine Antinomie des antiken und modernen Geschmacks" nicht im zyklischen Sinne der „Querelle des Anciens et des Modernes" zu verstehen sei, stellt A. W. Schlegel gleich zu Anfang des Zitats klar. Das „Klassische" und „Romantische" liegen für A. W. Schlegel wie ungleiche „Pole" auf einer „magnetischen Linie", d.h. auf einer Zeitachse, die teleologisch ausgerichtet ist. Die „klassische" und „romantische" Poesie wirken wie zwei in zeitlicher Wechselwirkung stehende, diametral entgegengesetzte Anziehungskräfte; historisch differenziert stehen sie im zeitlichen Zusammenhang der unendlichen Perfektibilität. Die polaren Gegensätze des „Klassischen" und „Romantischen" wurden von A. W. Schlegel in die Ästhetik des frühen 19. Jahrhunderts als geschichtsphilosophische Kategorien eingeführt, – sie wurden als solche aber nicht verstanden. Die geschichtsphilosophische Bedeutung, die A. W. Schlegel dem „Klassischen" und „Romantischen" beigemessen hatte, scheint zu Anfang des 19. Jahrhunderts nicht wirklich begriffen worden zu sein. Zum einen wurde die Dichotomie im zyklischen Sinn der „Querelle des Ancien et des Modernes" nach dem einfachen Schema von Blüte und Verfall interpretiert. Vor diesem Hintergrund ist selbst noch das Goethe Wort: „Klassisch ist das Gesunde, romantisch das Kranke" zu sehen.[59] Zum anderen wurde die Antinomie von den Anhängern der Transzendental- und Identitätsphilosophie Friedrich Wilhelm Joseph Schellings ontologisiert und enthistorisiert.[60] Darauf weist Jean Paul, der sich ironischerweise selber des Begriffspaares bedient, in der „Vorschule der Ästhetik" von 1804 hin:

„Niemand klassifiziert so gern als der Mensch, besonders der deutsche. Ich werde mich im folgenden in angenommene Abteilungen fügen. Die breiteste ist die zwischen griechischer oder plastischer Poesie und zwischen neuer oder romantischer oder auch musikalischer ...
Und endlich (um den bösen Genius der Kunst zu nennen), sonst war die Poesie Gegenstand des Volkes, so wie das Volk Gegenstand der Poesie; jetzo singt man aus einer Studierstube in eine andere hinüber, das Interessanteste in beiden betreffend. Um parteiisch zu werden, müßte man jetzo nicht weiter dazusetzen. Aber wie viel gehet hier der Wahrheit noch zur Ründung ab! – Eigentlich ists schon unnütz, alle Völker – und noch dazu ihre Zeiten – und vollends die ewig wechselnden Farbenspiele ihrer Genien – d.h. ein großes, vielgegliedertes, ewig anders blühendes Leben an ein paar weite Allgemeinheiten (wie plastische und romantische Poesie, oder objektive und subjektive) gleichsam am Kreuze zweier Hölzer festzuheften; denn allerdings ist die Abteilung wahr und so wahr als die ähnliche der ganzen Natur in gerade und krumme Linien (die krumme als die unendliche ist die romantische Poesie), oder als die in Quantität und Qualität; so richtig als die, welche alle Musik in solche zerfällte, worin Harmonie, und in solche, worin Melodie vorklingt, oder kürzer ins simultane und ins sukzessive Übergewicht; so richtig als die polarisierenden leeren Klassifikationen der Schellingschen Ästhetiker; aber was ist aus dieser atomistischen Dürre für das dynamische Leben zu gewinnen?"[61]

Vielleicht hatte Jean Paul hier den Landshuter Philosophieprofessor Friedrich Ast im Visier, dessen „System der Kunstlehre" (1805) eine systematische „Ableitung der Kunstgattungen als der antiken und romantischen Kunst" enthält.[62] Noch kritischer als Jean Paul beurteilte Friedrich Bouterwek den ontologischen Gebrauch der Begriffe durch die spekulative Transzendentalphilosophie in seiner „Aesthetik" von 1806:

„Aber der alte Gegensatz, zwischen griechischem und orientalischem Geist und Styl erschöpft das Wesen der Kunst eben so wenig, als der neuere Gegensatz des Antiken und des Modernen, oder Griechischen und des Romantischen ...
Wenn aber deutsche Aesthetiker, die sich der allgemeinen Idee des Schönen bemächtigen wollen, mit dem Gegensatze des Griechischen und des Romantischen auszukommen glauben, tragen sie ihre beschränkte Abstraction in die Weltgeschichte des Schönen hinein, deuten dann aus dem griechischen und dem romantischen Style heraus, was weder griechisch, noch romantisch ist, und verwirren das Allgemeine mit dem Besonderen, das Nothwendige mit dem Zufälligen so, daß die Kunst selbst mit der Theorie zu Grunde gehen müßte, wenn sie nicht leicht und frei, wie ein Geist, durch alle dergleichen peinliche Gegensätze durchschlüpfte."[63]

Die Begriffe des „Klassischen" und „Romantischen" sollten erst wieder in Georg Wilhelm Friedrich Hegels „Vorlesungen über die Ästhetik" eine geschichtsphilosophische Tiefe gewinnen. Um die besondere Bedeutung des „Klassischen" und „Romantischen" in Hegels Ästhetik verstehen zu können, muß man den systematischen Ort aufzusuchen, den Hegel der Kunst im allgemeinen zuweist. Als Element seines philosophischen Systems wurden die „Vorlesungen über die Ästhetik" von Hegel in den zwanziger Jahren des 19. Jahrhunderts in Berlin gehalten und von seinem Schüler Heinrich Gustav Hotho Mitte der dreißiger Jahre veröffentlicht. In der „Ästhetik oder Philosophie der Kunst", wie Hegel seine Vorlesungen anzukündigen pflegte, wird die Erscheinung des absoluten Geistes auf dem Gebiete der Kunst geschichtsphilosophisch auf drei Ebenen geordnet und in drei Teilen dargestellt: Im ersten Teil reflektiert Hegel „Die Idee des Kunstschönen oder das Ideal", im zweiten Teil die „Entwicklung des Ideals zu den besonderen Formen des Kunstschönen" und im dritten Teil das „System der einzelnen Künste". Hegels Ausführungen zur Musik stehen im dritten Teil der Ästhetik, wo die Musik als Mittelpunkt der romantischen Künste verortet wird. Die geschichtsphilosophischen Grundlagen der romantischen Künste, also der Malerei, Musik und Poesie, werden von Hegel im zweiten Teil der Ästhetik geschaffen, wo die romantische Kunstform als Endpunkt der geschichtlichen Entwicklung des Ideals erscheint. Die Kunst, in ihren geschichtlichen Formen als symbolische, klassische und romantische bestimmt, markiert als solche den Anfangspunkt der weltgeschichtlichen Entwicklung des absoluten Geistes, die Hegel in der Einleitung zum ersten Teil der Ästhetik behandelt. Folglich steht die Musik als romantische Kunst im systematischen Zusammenhang der Hegelschen Ästhetik am Ende des Anfangs der Geschichte des absoluten Geistes. Hegels These vom Ende der Kunst, seine Kritik der Romantik im allgemeinen und seine Anschauung der Musik im besonderen können nur im Zusammenhang seiner idealistischen Systemphilosophie begriffen und verständlich gemacht werden. Wenn die systematischen Grundlagen der Hegelschen Ästhetik an dieser Stelle nicht stillschweigend vorausgesetzt, sondern etwas ausführlicher zur Sprache gebracht werden, dann geschieht dies aus zwei rezeptionsgeschichtlichen Gründen: Zum einen spielt Hegels Ästhetik und Kritik der Romantik schon in der Musikanschauung des frühen und mittleren 19. Jahrhunderts eine ebenso zweifelhafte wie bedeutende Rolle, die Hegels idealistischer Ästhetik kaum gerecht wird. Zum anderen werden Hegels Ausführungen zur Musik von der musikwissenschaftlichen „Romantik"-Forschung des 20. Jahrhunderts teilweise noch so mißverständlich in Anspruch genommen,[64] daß eine kurze Klärung ihrer systematischen Voraussetzungen nicht überflüssig zu sein scheint.

(1) Nach Hegel gelangt der Weltgeist in dialektischen Schritten, im Stufengang durch die Weltgeschichte zum Bewußtsein seiner selbst. Die drei Stufen, auf denen der Weltgeist emporsteigt, heißen: Kunst, Religion und Philosophie. Der Kunst kommt im Verhältnis zur Religion und Philosophie eine untergeordnete Stellung zu. Die **Kunst** als Form der sinnlichen Anschauung rangiert auf der untersten Stufe. Die **Religion** als Form der inneren Vorstellung und Subjektivität steht auf der mittleren Stufe. Die **Philosophie** überwindet die Objektivität der Kunst auf der einen Seite und die Subjektivität der Religion auf der anderen als reinste Form des Wissens im freien Denken des absoluten Geistes auf der höchsten Stufe:

„Die Unterschiede dieser Formen liegen im Begriff des absoluten Geistes selber. Der Geist als wahrer Geist ist an und für sich und dadurch kein der Gegenständlichkeit abstrakt-jenseitiges Wesen, sondern innerhalb derselben im endlichen Geiste die Erinnerung des Wesens aller Dinge: das Endliche in seiner Wesentlichkeit sich ergreifend und somit selber wesentlich und absolut. Die *erste* Form [die Kunst] nun dieses Erfassens ist ein *unmittelbares* und eben darum *sinnliches* Wissen, ein Wissen in Form und Gestalt des Sinnlichen und Objektiven selber, in welchem das Absolute zur Anschauung und Empfindung kommt. Die *zweite* Form [die Religion] sodann ist das *vorstellende* Bewußtsein, die *dritte* [die Philosophie] endlich das *freie Denken* des absoluten Geistes."65

(2) Der dialektische Gang der Weltgeschichte auf der Ebene erster Ordnung, differenziert die Kunstgeschichte auf der Ebene zweiter Ordnung, d.h. dem Bewußtseinsprozeß des absoluten Geistes im Allgemeinen der Geschichte, entspricht der Bewußtseinsprozeß des absoluten Geistes im Besonderen der Geschichte der Kunst:

„Denn der Geist, ehe er zum wahren Begriffe seines absoluten Wesens gelangt, hat einen in diesem Begriffe selbst begründeten Verlauf von Stufen durchzugehen, und diesem Verlaufe des Inhalts, den er sich gibt, entspricht ein unmittelbar damit zusammenhängender Verlauf von Gestaltungen der Kunst, in deren Form der Geist als künstlerischer sich das Bewußtsein von sich selber gibt."66

Die drei Formen der geistigen Durchdringung der Kunst reflektiert Hegel im zweiten Teil seiner Ästhetik als symbolische, klassische und romantische Kunstformen:

„Dies wäre im allgemeinen der Charakter der symbolischen, klassischen und romantischen Kunstform als der drei Verhältnisse der Idee zu ihrer Gestalt im Gebiete der Kunst. Sie bestehen im Erstreben, Erreichen und Überschreiten des Ideals der wahren Idee der Schönheit."67

Die symbolische, klassische und romantische Kunstform werden von Hegel als Stufengang des Geistes definiert. Der Gang des Geistes durch die Kunst, von der äußerlichen Objektivität in die innerliche Subjektivität, gelangt in den einzelnen Kunstformen stufenweise zum Ausdruck:

„In dieser Weise *sucht* die symbolische Kunst jene vollendete Einheit der inneren Bedeutung und äußeren Gestalt, welche die klassische in der Darstellung der substantiellen Individualität für die sinnliche Anschauung *findet* und die romantische in ihrer hervorragenden Geistigkeit *überschreitet*."68

Im folgenden werden die symbolische, klassische und romantische Kunstform in der Sprache des Philosophen Hegel graduell unterschieden: In der symbolischen Kunstform „*sucht* die Idee noch ihren echten Kunstausdruck, weil sie in sich selbst noch abstrakt und unbestimmt ist und deshalb auch die angemessene Erscheinung nicht an sich und in sich selber hat, sondern sich den ihr selbst äußeren Außendingen in der Natur und den menschlichen Begebenheiten gegenüber findet".69 Die symbolische Kunstform kommt in der orientalischen Geisteskultur Vorder- und Hinterasiens, Chinas, Indiens, Persiens und Ägyptens zum Ausdruck. In der klassischen Kunstform „hat die Kunst ihren eigenen Begriff insoweit erreicht, daß sie die Idee als geistige Individualität unmittelbar mit ihrer leiblichen Realität in so vollendeter Weise zusammenstimmen läßt, daß nun zuerst das äußerliche Dasein keine Selbständigkeit mehr gegen die Bedeutung, die es ausdrücken soll, bewahrt, und das Innere umgekehrt in seiner für die Anschauung herausgearbeiteten Gestalt nur sich selber zeigt und in ihr sich affirmativ auf sich bezieht".[70] Die klassische Kunstform findet in der griechischen Welt ihren vollendeten Ausdruck; in der Einheit von Inhalt und Form repräsentiert die klassische Kunst ihr eigentliches Ideal. Die romantische Kunstform löst diese „klassische Vereinigung der Innerlichkeit und äußeren Erscheinung auf und flieht aus derselben in sich selber zurück".[71] In der romantischen Kunstform des christlichen Mittelalters bemächtigt sich der Geist der inneren Subjektivität und absoluten Innerlichkeit, weshalb „für diese letzte Kunststufe die Schönheit des klassischen Ideals und deshalb die Schönheit in ihrer eigensten Gestalt und ihrem gemäßesten Inhalt kein Letztes mehr ist. Denn auf der Stufe der romantischen Kunst weiß der Geist, daß seine Wahrheit nicht darin besteht, sich in die Leiblichkeit zu versenken".[72]

Um die romantische Kunstform im allgemeinen zieht Hegel drei Kreise im besonderen: „Den *ersten* Kreis bildet das *Religiöse* als solches, in welchem die Erlösungsgeschichte, Christi Leben, Sterben und Auferstehen, den Mittelpunkt abgibt".[73] Die subjektive Innerlichkeit der romantisch religiösen Kunst steht in einem negativen Verhältnis zu der objektiven Äußerlichkeit ihrer materiellen Form. Grundsätzlich ist „die romantische Kunst von ihrem Beginn an mit dem Gegensatze behaftet, daß die in sich unendliche Subjektivität für sich sich selber unvereinbar mit dem äußerlichen Stoffe ist und unvereinigt bleiben soll. Dies selbständige Gegenüberstehen beider Seiten und die Zurückgezogenheit des Innern in sich macht selber den Inhalt des Romantischen aus".[74] Die gewonnene geistige Selbständigkeit des religiösen Bewußtseins „tritt sodann *zweitens* aus der Göttlichkeit des Geistes in sich sowie aus der Erhebung des endlichen Menschen zu Gott in die *Weltlichkeit* hinein".[75] Das romantisch religiöse Bewußtsein wirkt wieder auf die Welt des Rittertums zurück. Die ritterlichen Tugenden der Ehre, Liebe und Treue stellen für Hegel aber „nicht eigentlich sittliche Eigenschaften und Tugenden, sondern nur Formen der mit sich selber erfüllten romantischen Innerlichkeit des Subjekts" dar.[76] Die romantische Kunstform, die zuerst in religiösen und ritterlichen Kreisen dialektisch verkehrt, schlägt zuletzt in ästhetische Willkür um, weil sie die Selbständigkeit ihres subjektiven Charakters gegenüber der ganzen Welt behaupten will und sie durch den Humor ironisch zu unterwerfen versucht: „In diesem dritten Kreise der romantischen Kunstform sind deshalb die religiösen Stoffe und das Rittertum mit seinen aus dem Innern erzeugten hohen Anschauungen und Zwecken, denen in der Gegenwart und Wirklichkeit nichts unmittelbar entspricht, verschwunden. Was sich dagegen neu befriedigt, ist der Durst nach dieser Gegenwart und Wirklichkeit selbst, das Sichbegnügen mit dem, was da ist, die Zufriedenheit mit sich selbst, mit der Endlichkeit des Menschen und dem Endlichen, Partikulären, Porträtartigen überhaupt. Der Mensch will in seiner Gegenwart das Gegenwärtige selber, wenn auch mit Aufopferung der Schönheit und Idealität des Inhalts und der Erscheinung, in präsenter Lebendigkeit von der Kunst wiedergeschaffen als sein eigenes geistiges menschliches Werk vor sich sehen. –"[77]

(3) Die Dialektik der Weltgeschichte und Kunstgeschichte auf den Ebenen erster und zweiter Ordnung, differenziert die einzelnen Künste auf der Ebene dritter Ordnung, d.h. dem Bewußtseinsprozeß des absoluten Geistes im allgemeinen der Welt- und Kunstgeschichte entspricht der Bewußtseinsprozeß des absoluten Geistes in den besonderen Künsten.

Aus der symbolischen, klassischen und romantischen Kunstform leitet Hegel im dritten Teil seiner Ästhetik „Das System der einzelnen Künste" ab. Die romantischen Künste, welche zunehmend dem Prinzip der Subjektivität gehorchen, heißen in aufsteigender Reihenfolge: Malerei, Musik und Poesie. Während die Malerei „ihren Inhalt noch in den Formen der äußeren menschlichen Gestalt und der gesamten Naturgebilde überhaupt sichtbar" darstellt, hat sich die Poesie der äußerlichen Fesseln entledigt, weshalb „die Objektivität, der sie sich von neuem zukehrt, nicht mehr die *reale*, sondern eine bloß *vorgestellte* und für die innere Anschauung, Vorstellung und Empfindung gestaltete Äußerlichkeit sein" kann.[78] Die Musik haftet weder am Gegenständlichen wie die Malerei, noch entbehrt sie des Sinnlichen wie die Poesie. Sie bildet insofern den Mittelpunkt der romantischen Künste, als sie zwischen der Objektivität der Malerei und der Subjektivität der Poesie versteckt erklingt:

„In solcher Weise bildet die Musik, wie die Skulptur als das Zentrum zwischen Architektur und den Künsten der romantischen Subjektivität dasteht, den Mittelpunkt wiederum der romantischen Künste und macht den Durchgangspunkt zwischen der abstrakten räumlichen Sinnlichkeit der Malerei und der abstrakten Geistigkeit der Poesie."[79]

Die Musik „entspricht dem Inneren, das sich selbst seiner subjektiven Innerlichkeit nach als *Empfindung* erfaßt und jeden Gehalt, wie er in der inneren Bewegung des Herzens und Gemütes sich geltend macht, in der Bewegung der Töne ausdrückt".[80] Weil diese Innerlichkeit, die die Musik formell und abstrakt ausdrückt, weder malerisch dargestellt, noch dichterisch vorgestellt werden kann, bezeichnet Hegel sie als „unser ganz leeres Ich, das Selbst ohne weiteren Inhalt."[81]

Vor dem Hintergrund der Ästhetik wird deutlich, daß Hegel das „Klassische" und „Romantische" nicht als Antinomien verstanden hat. Das „Klassische" und „Romantische" stehen sich weder als unbedingte Gegensätze des „Alten" und „Neuen" gegenüber wie in der „Querelle des Anciens et Modernes", noch erscheinen sie als bedingte Gegensätze der unendlichen Perfektibilität der Kunst wie bei Friedrich und August Wilhelm Schlegel. Hegel bestimmt den Unterschied des „Klassischen" und „Romantischen" geschichtsphilosophisch als graduellen Fortschritt des absoluten Geistes auf dem Wege seiner Selbstverwirklichung. Dieser Weg beginnt in der Kunst, führt durch die Religion und endet in der Philosophie. Auf dem Weg durch die Kunst nimmt der Geist in seiner sinnlichen Erscheinung nacheinander drei Formen an, eine symbolische, eine klassische und eine romantische. In diesen Kunstformen zieht sich der absolute Geist vom Äußerlichen immer mehr ins Innerliche zurück. Während in der symbolischen Kunstform der Geist noch objektiven Zwängen gehorcht, wird er durch die romantische Kunstform in die subjektive Freiheit entlassen. In der klassischen Kunstform erhält der Geist vorübergehend einen angemessenen Ausdruck: In der Übereinstimmung von Inhalt und Form erscheint er in vollendeter Schönheit. Der absolute Geist als solcher ist aber frei und ungebunden. Die materielle Beschränkung, die ihm die Kunst auch in ihrer klassischen Form auferlegt, ist ihm unwesentlich. Der absolute Geist kann nur dann zu sich selbst kommen, wenn er durch die Kunst hindurch geht:

„Denn die Kunst hat noch in sich selbst eine Schranke und geht deshalb in höhere Formen des Bewußtseins über. Diese Beschränkung bestimmt denn auch die Stellung, welche wir jetzt in unserem heutigen Leben der Kunst anzuweisen gewohnt sind. Uns gilt die Kunst nicht mehr als die höchste Weise, in welcher die Wahrheit sich Existenz verschafft."[82]

Der Geist bleibt nicht auf der Stufe der klassischen Kunstform stehen, sondern schreitet auf dem Weg in die subjektive Innerlichkeit weiter fort. Die nächste Station auf seinem Weg in die Freiheit ist die romantische Kunstform. Diese erscheint auf der einen Seite als frühes Durchgangsstadium zur Religion und auf der anderen Seite als spätes Endstadium der Kunst:

„Wenn wir nun aber der Kunst einerseits diese hohe Stellung geben, so ist andererseits ebensosehr daran zu erinnern, daß die Kunst dennoch weder dem Inhalte noch der Form nach die höchste und absolute Weise sei, dem Geiste seine wahrhaften Interessen zum Bewußtsein zu bringen. Denn eben ihrer Form wegen ist die Kunst auch auf einen bestimmten Inhalt beschränkt. Nur ein gewisser Kreis und Stufe der Wahrheit ist fähig, im Elemente des Kunstwerks dargestellt zu werden ...
... vor allem erscheint der Geist unserer heutigen Welt, oder näher unserer Religion und unserer Vernunftbildung, als über die Stufe hinaus, auf welcher die Kunst die höchste Weise ausmacht, sich des Absoluten bewußt zu sein. Die eigentümliche Art der Kunstproduktion und ihrer Werke füllt unser höchstes Bedürfnis nicht mehr aus ...
Der Gedanke und die Reflexion hat die schöne Kunst überflügelt.
Die schönen Tage der griechischen Kunst wie die goldene Zeit des späteren Mittelalters sind vorüber ... Deshalb ist unsere Gegenwart ihrem allgemeinen Zustande nach der Kunst nicht günstig ...
In allen diesen Beziehungen ist und bleibt die Kunst nach der Seite ihrer höchsten Bestimmung für uns ein Vergangenes. Damit hat sie für uns auch die echte Wahrheit und Lebendigkeit verloren ...".[83]

Hegels These vom Ende der Kunst kulminiert insofern in seiner Kritik der Romantik,[84] als die Romantik und mit ihr die Musik mit dem Ende der Kunst zusammenfällt:

„Dadurch erhalten wir als Endpunkt des Romantischen überhaupt die Zufälligkeit des Äußeren wie des Inneren und ein Auseinanderfallen dieser Seiten, durch welches die Kunst sich selbst aufhebt und die Notwendigkeit für das Bewußtsein zeigt, sich höhere Formen, als die Kunst sie zu bieten imstande ist, für das Erfassen des Wahren zu erwerben."[85]

Wenn Hegel die Musik als „romantische" Kunst klassifiziert, bedeutet dies selbstverständlich nicht, daß seine „Auffassung von Musik ... erklärtermaßen eine romantische" ist.[86] Wer Hegel einen „romantischen" Musikästhetiker nennt, hat den Philosophen nicht verstanden. Daß Hegels These vom Ende der Kunst die Musik des frühen 19. Jahrhunderts ins Zentrum der „Romantik"-Kritik rückt, ist Felix Mendelssohn Bartholdy, der Hegels Vorlesungen zur Ästhetik im Wintersemester 1828/1829 an der Berliner Universität besuchte, nicht verborgen geblieben:

„Ich schimpfe. Aber nehmen Sie mir es nicht übel: es schickt sich wohl eigentlich nicht; ich hatte nur lange dergleichen nicht gelesen, und da machte es mich grimmig, daß das Unwesen immer noch so fortgeht, und der Philosoph, der behauptet, die Kunst sei nun aus, immer noch fortbehauptet, die Kunst sei aus, als ob die überhaupt aufhören könnte!"[87]

Hegels These vom Ende der Kunst stieß nicht nur bei Mendelssohn auf Ablehnung, sondern auch bei Hegels Schülern.[88] Christian Hermann Weisse und Amadeus Wendt veröffentlichten bereits vor der posthumen Veröffentlichung von Hegels „Vorlesungen über die Ästhetik" im Jahr 1835 „ihre" Ästhetiken, die die Kunst im Medium der Geschichte philosophisch zu retten versuchten. Christian Hermann Weisses „System der Ästhetik als Wissenschaft von der Idee der Schönheit" (1830) transzendiert die geschichtsphilosophische Dialektik Hegels, indem das „Klassische" und „Romantische" durch die Idee der Schönheit metaphysisch entwirklicht werden: Das „antike Ideal" (These) und das „romantische Ideal" (Antithese) werden von Weisse im „modernen Ideal" der Schönheit (Synthese) quasi theologisch aufgehoben:

„In diesem Sinne ist der Gegensatz des Antiken und des Romantischen die bestimmtere und inhaltreichere Form, unter welcher die in dem Begriffe der Schönheit überhaupt enthaltene Dialektik in den wirklichen und concreten schönen Gebilden im ausdrücklichen Bezug auf den Inhalt dieser Gebilde zum Dasein kommt, und alle früher von uns durchgegangenen Gegensätze jenes Begriffs, vor allen jener der nicht erhabenen und erhabenen Schönheit, erscheinen als eingegangen in diesen höhern Gegensatz und durch ihn umgestaltet."[89]

Noch tiefer als Weisses System liegt Amadeus Wendts Ästhetik „Ueber die Hauptperioden der schönen Kunst, oder die Kunst im Laufe der Weltgeschichte" (1831) im Schatten der geschichtsphilosophischen Ästhetik Hegels. Wendt, der musikalischen Welt durch seine Aufsätze in der *Allgemeinen musikalischen Zeitung* wohl bekannt, hatte weder die Idee, die „Kunst im Laufe der Weltgeschichte" zu interpretieren, noch die Begriffe, die Perioden der Kunstgeschichte als vorgriechische, griechische und germanische zu gliedern. Seinen geistigen Vater verrät Wendt dann im eigentlichen Sinne des Wortes, wenn er die Kunst als sinnliche und die Philosophie als geistige Seite der Religion ebenbürtig bestimmt:

„Wie ferner in der Kunst ursprünglich das Gefühl des Göttlichen veräußert, und somit dieses selbst zur anschaulichen Darstellung gebracht wird, so sucht ihre Schwester, die Wissenschaft, welche sich Philosophie nennt, das Göttliche und damit auch die Kunst selbst durch das Denken zum Selbstbewußtsein zu erheben. Erscheint es dort als Schönes in einem Besonderen und durch dasselbe, so wird es hier als Wahres erkannt und tritt von einer besonderen Anschauung oder Gestaltung unabhängig in seiner Allgemeinheit in das Bewußtsein ein. Beide stehen, obgleich die Kunst sich früher entwickelt als die Wissenschaft, und die Gefühle und Anschauungen der Religion zuerst in den anschaulichen Werken der Kunst niedergelegt werden, doch fortan in steter Berührung; – denn sie machen zwei der höchsten Seiten des Lebens aus, welches die Religion in ihrer Fülle unmittelbar trägt und nährt."[90]

Wendts Ästhetik ist im tiefsten Grunde eklektisch: Wendt implantiert Hegels Geschichtsphilosophie Schellings Organ der Kunst. Schelling hatte die Kunst im „System des transzendentalen Idealismus" (1800) als Medium der begrifflosen Erkenntnis, als „einzige und ewige Offenbarung" des Absoluten bestimmt.[91] Auch Wendt definiert die Kunst als ein Medium, „wodurch sich die Gottheit als schaffend und regierend in der Welt offenbart".[92] Doch relativiert er den erkenntnistheoretischen Absolutheitsanspruch der Kunst durch die Philosophie, die „das Göttliche und damit auch die Kunst selbst durch das Denken zum Selbstbewußtsein" erhebt.[93] Schellings frühromantische Transzendentalphilosophie und Hegels idealistische Geschichtsphilosophie werden von Wendt nicht nur geistig beliehen, sondern ihres Geistes beraubt.

Bei der allgemeinen Bestimmung des „Romantischen" folgt Wendt Hegel und teilweise auch Solger: Das „Romantische" prägt den Charakter der dritten Periode der Kunstgeschichte, die eine christliche ist. Durch das Christentum gelangt die Kunst zu äußerer Freiheit und innerer Subjektivität, weil es „das Gefühl ist, welches aus den Grenzen des Endlichen austrebend, die Sehnsucht nach dem Unendlichen und Vollkommenen ausdrückt".[94] Die Einschränkung, welche Wendt der Kunst widerfahren läßt, daß „die Wissenschaft in der christlichen Welt einen Vorzug und Vorsprung vor der schönen Kunst" habe,[95] bleibt aber im Unterschied zu Hegel folgenlos:

„Dies Alles nun geht in den Begriff des Romantischen ein. Historisch betrachtet ist nämlich die romantische Kunst die ursprüngliche Darstellung jenes ritterlichen Lebens als eines wirklichen, vergangenen, nach seiner freien Mannichfaltigkeit, beherrscht und geleitet durch die unsichtbaren Mächte der Religion, Liebe, Ehre, Tapferkeit und Treue; auf abgeleitete Weise ist sie aber die Darstellung des Lebens überhaupt in diesem Geiste. Das Romantische ist so in seinem allgemeinen Umfange, und gegenüber dem Antiken, das Schöne, dargestellt von dem Standpuncte der vorherrschenden Freiheit oder der sich erweiternden innern Welt; die Schönheit also entsprungen aus dem Streben, das Endliche und Unendliche im Bewußtsein zu vermitteln, und daher auf Kampf und thätigen Gegensatz gegründet, durch welchen die Versöhnung werden soll. So erklärt sich auch der freie Wechsel des Düstern und Heitern, des Ernstes und Scherzes, des Erhabenen und Anmuthigen, welcher der Geist, wie das Häßliche selbst, bewältigend in sich aufnimmt. Obwohl nun das Romantische darum keineswegs in einem bunten, sinnlosen Gewirr überraschender Erscheinungen, in einem zusammenhanglosen Wechsel des Bizarren besteht, wie die gemeine Ansicht wähnt, welche nur Ausartungen (dergleichen das oft so genannte Romanhafte) vor Augen hat; so findet es doch seine Einheit mehr im Geiste, als in dem Gegenstande der Darstellung, und es steht in sofern der objectiven Einfachheit, dem streng nothwendigen Zusammenhange der unbefangenen, antiken Darstellung gegenüber, wie die romantischen Ideale überhaupt sich von der Bestimmtheit des plastischen Ideals unterscheiden."96

Die besondere Bestimmung der Musik als „romantischste" Kunst erscheint bei Wendt in der Folge Hegels zunächst logisch. Was Hegel als sinnlich geistige Qualität des „Tons" beschreibt, handelt Wendt unter der Kategorie des „Klanges" ab. Wendt widerspricht sich und Hegel aber dann, wenn er nicht die selbständige Instrumentalmusik, sondern die unselbständige Vokalmusik, also die mittelalterliche Kirchenmusik vor allem Palestrinas als „romantische" Tonkunst typisiert:

„Fragen wir nun nach denjenigen Künsten, deren Herrschaft in der christlichen Zeit aus dem oben geschilderten Geiste, welcher das Grundprincip aller Kunst geworden, zu erklären ist, und die daher auch von der Kirche vornehmlich befördert worden sind, so ist es vor allen die Tonkunst, welche uns hier entgegentritt. Sie ist es nämlich, die, ohne Vorbild in der äußeren Natur, ein Reich der unsichtbaren, nur dem Geist zugänglichen Schönheit in dem Elemente der Zeit errichtet; sie, die das innere, durch Worte unaussprechliche Leben, das geistige Wehen der Natur und Menschenbrust mit der Tiefe und Fülle der Ahnung auszusprechen im Stande ist. Denn der Klang, welcher ihr zum Grunde liegt, ist nicht das Zeichen, sondern der unmittelbare Ausdruck alles Lebens, welches selbst ein unsichtbares ist in Natur und Geist, am reichsten aber quillt und strömt in den Gefühlen der Menschenbrust, die auch den Eindruck der Natur in sich aufnimmt. Die höhere Offenbarung des Geistes und der Liebe, welches die Menschheit durch das Christenthum theilhaftig ward, schloß eine Welt neuer, tieferer Gefühle auf; ihrer Verlautbarung war zuerst die Tonkunst gewidmet. Denn da das Bedürfniß nach Ausdruck in ihr seine unmittelbare Befriedigung fand, so gab sich der Mensch auch nun vorzüglich ihrer Pflege hin; er stieg in die Tiefe hinab, ordnete die Töne zu harmonischen Accorden und erbaute dann in ihnen jenes neue Reiche der Scheinheit, welches in der höchsten Vereinigung des Vielstimmigen die Seligkeit des Himmels vorbildet, weshalb auch die christliche Volksvorstellung den Himmel selbst mit Musik belebt.
Aber zu dieser Vollendung drang diese Kunst erst mit der reichern Entwickelung des Geistes im Laufe der Jahrhunderte durch. Denn wir dürfen wohl eine doppelte Art der Harmonie unterscheiden; eine einfachere, welche dem kindlich unentwickelten Gemüthsleben entspricht, und jene vielfachere, reichere, welche auf Verschiedenheit und Trennung der Töne beruht, und in welcher eine höhere Einheit durch die Macht des Geistes über die widerstrebenden Klänge gewonnen wird. Letztere erscheint erst am Schlusse des Mittelalters."97

Hegel hatte die Musik als „romantische Kunstform" idealtypisch aufgefaßt; von Wendt wird die Musik als „romantische" hingegen historisch eingefaßt. Die moderne Musik hat für Wendt ihren „alt-romantischen Charakter" verloren; die mittelalterliche Musik wurde durch das „bürgerliche und politische Leben der Völker" säkularisiert, wodurch „der Geist der eigentlich-romantischen Kunst des Mittelalters unterging."98 Schließlich sei die Musik dazu bestimmt, im Geiste fortzuschreiten. Deshalb ist die Kunst „nicht antik, nicht romantisch; sie war es einst, aber sie treibt, ein immer lebendiger Quell, zu immer neuen Erscheinungen fort, in welchen, was sie vordem war, als Element einer neuen Gestaltung erscheint."99 Die Frage, ob dieser geistige Fortschritt vom Gebiet der Kunst letztendlich nicht doch auf das der Philosophie führt, hatte Wendt schon zu Anfang seiner Ästhetik gestellt und beantwortet:

„Sollte es noch eine Periode der Kunst geben, so müßte sie gedacht werden als eine solche, in welcher beide Richtungen, die nämlich der Verkörperung und der Vergeistigung, im steten freien Wechsel sich verbinden, und der Kunstgeist allen Stoff, den früher die Kunst bearbeitet, im Lichte eines höhern Selbstbewußtseins erneuernd umbildete, – eine Periode, in welcher die Kunst offenbar in die Wissenschaft übergehen und sich verlieren würde."[100]

Hier schließt sich der Kreis, der Wendts Ästhetik in ihren Widersprüchen gefangen hält. Obwohl die Schrift „Ueber die Hauptperioden der schönen Kunst, oder die Kunst im Laufe der Weltgeschichte" keinen Anspruch auf Originalität erheben kann, wäre es falsch, Wendts vergeblichen Versuch, die Ästhetik Schellings und Hegels zu assimilieren, pauschal zu verurteilen. In seinem Bemühen, die idealistische Ästhetik zu korrigieren, gleicht er im gewissen Grad dem musikästhetischen Mittelsmann Christian Friedrich Michaelis, der Ende des 18. Jahrhunderts begonnen hatte, Kants Ästhetik zu revidieren.[101] So widersprüchlich Wendts Ästhetik auch wirkt, wirkungslos blieb sie nicht. Von seinen Zeitgenossen wurde Wendt durchaus ernstgenommen, zumal er in seine „Uebersicht der Geschichte der schönen Künste auch die Tonkunst aufgenommen [hat], was, wie bekannt, die meisten Verfasser ähnlicher Schriften nicht gethan haben".[102] Die Geschichte der Musik philosophisch und die Ästhetik der Musik historisch zu verstehen, erschien den meisten Musikhistorikern und -ästhetikern des frühen 19. Jahrhunderts noch neu. Es darf noch einmal daran erinnert werden, daß Hegels „Vorlesungen über die Ästhetik" erst 1835, also vier Jahre nach der Veröffentlichung von Wendts Ästhetik in gedruckter Form vorlagen. Die geschichtsphilosophischen Grundlagen der Ästhetik Wendts oder die der Weisses wurden wohl auch deshalb nur einer immanenten Kritik unterzogen, die über das Musikalische meistens nicht hinauskam. Erschwerend hinzukommt, daß eine systematische, philosophischen Ansprüchen genügende Kritik an sich nicht zu den Stärken der Musikästhetik des frühen 19. Jahrhunderts zählte. Man war entweder zu sehr Philosoph, um Musiker, oder zu sehr Musiker, um Philosoph sein zu können. Nicht ohne Grund konnte Friedrich Nietzsche noch 1888 im „Fall Wagner" die Frage stellen: „Hat man bemerkt, dass die Musik den Geist frei macht? dem Gedanken Flügel giebt? dass man um so mehr Philosoph wird, je mehr man Musiker wird? –"[103]

Bestimmungen des „Romantischen", wie Wendt oder Weisse sie vorgenommen hatten, gehörten zur philosophischen Masse, über die die Musikästhetik frei verfügte. Die musikästhetischen Definitionen des „Romantischen" gehorchen nicht dem Zwang der philosophischen Systeme. Sie sind eklektizistisch und beinahe beliebig austauschbar. In ihnen erscheint das „Romantische" in der Musik als Ausdruck des christlichen Geistes, der subjektiven Innerlichkeit; als solche unterscheidet sich die „romantische" Musik vom griechischen Geist der „klassischen" Kunst, die der objektiven Äußerlichkeit verpflichtet ist. In diesem Sinne werden das „Klassische" und „Romantische" von der Musikästhetik des 19. Jahrhunderts zwar als geschichtliche Gegensätze gesehen, doch diese Sichtweise bleibt vordergründig, weil der geschichtsphilosophische Hintergrund nicht mit betrachtet wird. Die Begriffe des „Klassischen" und „Romantischen" wurden durch die Musikästhetik des 19. Jahrhunderts als philosophische Allgemeinplätze besetzt, die von der „Querelle des Anciens et des Modernes" reserviert worden waren. Diese ursprüngliche Bedeutung des Antiken und Modernen wurde von der Musikästhetik des frühen 19. Jahrhunderts übernommen und durch die „frühromantische" und idealistische Ästhetik von Schlegel bis Hegel angereichert. Diskursgeschichtlich gesehen kann also von einer „romantischen" Musikästhetik im emphatischen Sinn nicht die Rede sein.

Das Grundmuster des geschichtlichen Gegensatzes „klassisch/romantisch" scheint in der Musikästhetik schon relativ früh, zu Anfang des 19. Jahrhunderts ausgeprägt. Christian Schreiber lieferte der Leipziger *Allgemeinen musikalischen Zeitung* bereits 1806 „Beyträge zu einer Ästhetik der Musik", die der modernen Musik einen „romantischen" Charakter attestieren:

„Uebrigens ging damals alle Musik mehr nach aussen. Ihre Stärke und Zartheit gründete sich auf das Gefühl der schönen und geniessenden Sinnlichkeit. Sie erstarb nicht in schmachtender Hingebung, oder in der Sehnsucht nach dem Unendlichen – sondern sie schien nur den Genuss des Daseyns erheben und veredeln zu wollen; oder sie erschütterte, wenn sie die Sprache des richtenden Schicksals war.
Einen ganz anderen Schwung nahm bekanntlich die Musik, als der übersinnliche, bilderreiche Orientalismus mit dem düster-erhabenen gothischen Geschmack im Abendlande sich vereinigte. So wie die sichtbaren Götter verschwanden und dem heiligen Unsichtbaren Tempel und Altäre errichtet wurden, neigte sich auch die Musik zu dem übersinnlichen und unbekannten Etwas hin, das die Herzen wunderbar ergreift, und eben wegen seiner geheimnissvollen Dunkelheit magisch und bedeutend wird. Jetzt ging die Musik nach innen. Sie ward jetzt romantische Kunst, sentimentale, dichtende Kunst, und diesen Charakter trägt sie noch. Sonst nur Sprache der sinnlichen Empfindung, schien sie jetzt eine Sprache der Geister geworden zu seyn. In den tiefen, erhabenen Orgeltönen, in den Klängen der Flöten und Posaunen, wehte ein Geist, der über das Leben hinaus in die Gefilde des Unendlichen trug.
Doch auch die sogenannte weltliche Musik bekam einen sentimentalen, oft romantischen Anstrich. Nicht an bestimmte Grenzen des Ausdrucks gebunden, ward sie ein Spiel, das eine Welt voll wunderbarer Ideen und süsser Gefühle im Menschen erweckte. Gern verweilte man mit ihr in den Zauberhallen entfernter Räume und Zeiten, träumte liebliche Hoffnungen mit ihr, und erhob sich durch sie zur schönsten Poesie des Lebens. – –"[104]

Christian Schreiber war wahrscheinlich der erste Musikschriftsteller, der das Wesen der Musik im allgemeinen „romantisch" bestimmte. Gemeinsam mit Franz Christoph Horn und Georg Ludwig Peter Sievers führt er die Reihe derjenigen Autoren an, die in den ersten Jahrgängen der *Allgemeinen musikalischen Zeitung* die Rede von der „romantischen" Musik publik machten.[105] Am Ende dieser Reihe – sozusagen als krönender Abschluß – steht E. T. A. Hoffmanns berühmte Besprechung der 5. Symphonie Beethovens von 1810. E. T. A. Hoffmanns allgemeine Bestimmung der „romantischen" Musik ist nicht originell. Sie ist stilistisch brillant, inhaltlich jedoch epigonal. E. T. A. Hoffmanns Mythisierung der Musik als einer „romantischen" Kunst, die „alle durch Begriffe bestimmbaren Gefühle zurückläßt, um sich dem Unaussprechlichen hinzugeben", wäre ohne ästhetische Gewährsmänner wie A. W. Schlegel und Schelling auf der philosophischen Seite und Michaelis und Schreiber auf der musikalischen weder möglich noch verständlich gewesen:

> „Wenn von der Musik als einer selbständigen Kunst die Rede ist, sollte immer nur die Instrumentalmusik gemeint sein, welche, jede Hülfe, jede Beimischung einer andern Kunst verschmähend, das eigentümliche, nur in ihr zu erkennende Wesen der Kunst rein ausspricht. Sie ist die romantischste aller Künste, – fast möchte man sagen, allein *rein* romantisch. – Orpheus' Lyra öffnete die Tore des Orkus. Die Musik schließt dem Menschen ein unbekanntes Reich auf; eine Welt, die nichts gemein hat mit der äußern Sinnenwelt, die ihn umgibt, und in der er alle durch Begriffe bestimmbaren Gefühle zurückläßt, um sich dem Unaussprechlichen hinzugeben. Wie wenig erkannten *die* Instrumentalkomponisten dies eigentümliche Wesen der Musik, welche versuchten, jene bestimmbaren Empfindungen, oder gar Begebenheiten darzustellen, und so die der Plastik geradezu entgegengesetzte Kunst plastisch zu behandeln!"[106]

Es ist nicht so wichtig, daß E. T. A. Hoffmann Schreibers Charakterisierung der „romantischen" Musik im allgemeinen als „Sprache der Geister", die die „Sehnsucht nach dem Unendlichen" ausdrückt, beinahe wortwörtlich übernommen hat. Wichtig ist, daß E. T. A. Hoffmann „jene unendliche Sehnsucht, die das Wesen der Romantik ist",[107] im Besonderen der Musik Beethovens verwirklicht sieht. Durch E. T. A. Hoffmann wird der musikalische Fortschritt, für den Beethovens Symphonien einstehen, zum ersten Mal in der Musikgeschichte als „romantischer" gerechtfertigt. Indem E. T. A. Hoffmann der 5. Symphonie Beethovens einen „romantischen" Charakter zuschreibt, versucht er die Kritiker des Komponisten zu entwaffnen, die „wie ästhetische Meßkünstler im Shakespeare oft über gänzlichen Mangel wahrer Einheit und inneren Zusammenhanges geklagt haben".[108] Daß Beethovens 5. Symphonie weder „bizarr", „barok" noch „wild" ist,[109] sieht E. T. A. Hoffmann nicht nur inhaltlich durch ihr urmusikalisches „romantisches" Wesen, sondern auch formal durch die „innere Struktur Beethovenscher Musik" garantiert: „Tief im Gemüte trägt Beethoven die Romantik der Musik, die er mit hoher Genialität und Besonnenheit in seinen Werken ausspricht."[110] Die musikalische Analyse, deren Umfang den Eindruck erweckt, daß E. T. A. Hoffmann der formalen Argumentation mehr Vertrauen schenkt als der inhaltlichen, soll die Kritiker Beethovens davon überzeugen, daß auch die 5. Symphonie dem Gesetz der „Einheit" gehorcht:

> „Beethoven hat die gewöhnliche Folge der Sätze in der Symphonie beibehalten; sie scheinen phantastisch aneinander gereiht zu sein, und das Ganze rauscht manchem vorüber, wie eine geniale Rhapsodie: aber das Gemüt jedes sinnigen Zuhörers wird gewiß von einem fortdauernden Gefühl, das eben jene unnennbare, ahnungsvolle Sehnsucht ist, tief und innig ergriffen und bis zum Schlußakkord darin erhalten; ... Außer der inneren Einrichtung der Instrumentierung etc. ist es vorzüglich die innige Verwandtschaft der einzelnen Themas unter-

einander, welche jene Einheit erzeugt, die des Zuhöhrers Gemüt in einer Stimmung festhält. In Haydnscher und Mozartscher Musik herrscht diese Einheit überall".[111]

Am Ende gelingt es E. T. A. Hoffmann nicht zu beweisen, daß sich in Beethovens 5. Symphonie die „Einheit" als Indifferenz des Unendlichen im Endlichen offenbart und im konkreten Werk zu erkennen gibt. Der Ausdruck des Unendlichen geht in der endlichen Form der Symphonie offenbar nicht restlos auf. Das Identische verschließt sich vor allem der begrifflich reflektierenden Sprache, die die musikalische Analyse E. T. A. Hoffmanns bemüht. In letzter Instanz macht E. T. A. Hoffmann deshalb das „Gefühl, das eben jene unnennbare, ahnungsvolle Sehnsucht ist", zum Garanten der „Einheit", die keine ist: Denn es ist nicht die Indifferenz, sondern die Differenz, die jene unendliche Sehnsucht nach dem Absoluten überhaupt erst erzeugt. Diese Differenz, die Beethoven ins Werk gesetzt hat und die E. T. A. Hoffmann gegenüber konservativen Kritikern zu kaschieren versucht, haben fortschrittliche Kritiker wie Ortlepp oder Schumann als „romantischen" Humor der Musik Beethovens beschrieben, – für den E. T. A. Hoffmann allerdings keine Worte findet.[112]

Die Ansicht, „dass alle Musik, wenn sie irgend diesen Namen verdient, romantischer Natur" sei,[113] und Beethoven „jenes Streben nach dem Unendlichen am meisten veranschaulicht" habe,[114] konnte August Kahlert in seinem Aufsatz „Ueber die Bedeutung des Romantischen", der 1834 in der *Cäcilia* erschien, bereits als bekannt voraussetzen. Grundsätzlich gesehen geht Kahlert in seiner Auffassung des „Romantischen" in der Musik nicht über E. T. A. Hoffmann hinaus:

„Es ist bekannt, wie die Musik sich mit der Ausbreitung christlicher Ideen zugleich entwickelt hat, wie die Musik diejenige Kunst war, worin sich der christliche Cultus zuerst entfaltete. Die Gewalt des musikalischen Geistes war aber auch ganz allein geeignet, die christlichen Ideen von Gott zu versinnlichen. Während im Alterthum diese Versinnlichung durch die Plastik geschah, indem die Gottheiten in vollendeter menschlicher Gestalt, menschliche Zustände annahmen, konnte in christlicher Zeit dies nur durch die Kunst geschehen, welche das Unendliche zur Aufgabe hat, eine Kunst, deren Element ein wechselndes, verschwebendes ist, also die Musik. Der Ton verhallt, wie das Seyn des Menschen. Das Bildwerk beharrt vor unserm Blick, und fesselt solcher Weise die irdische Gestalt. Das Tonwerk hat Nichts, was es nachahmen könnte; der Bildner kann nur sinnliche Erscheinungen, wenn er sie auch idealisirt, darstellen ...
Die christliche Kunst erzeugte solchergestalt nun die sogenannte romantische Kunst, die von so Vielen gänzlich missverstanden wird. Das Wesen der romantischen Kunst beruht in dem Streben des Menschen, über die Sphäre seiner Erkenntnis hinauszugehen, sie bestrebt sich, das Unerreichbare, was kein Verstand umfassen kann, anzudeuten, sie trägt also das Element der Ahnung in sich. Welche Kunst aber kann dies Element mehr hervortreten lassen, als die Tonkunst, da eben der Ton der vollständigste sinnliche Ausdruck für das Ahnungsgefühl ist? Dieser Kunstgeist auch schuf sich in der Malerkunst die Perspektive, das Helldunkel, schuf sich in jeder Kunst individuelle Mittel, die alle nur jenes eine Streben ausdrücken. Darum nun könnte man die romantische Kunst auch eine musikalische nennen, darum ist das innerste Wesen aller Tonkunst die Romantik."[115]

Obwohl Kahlert und E. T. A. Hoffmann in der allgemeinen Bestimmung des „Romantischen" übereinstimmen, unterscheiden sie sich in einem wesentlichen Punkt: E. T. A. Hoffmann hatte sich für den musikalischen Fortschritt, an dessen Spitze Beethovens 5. Symphonie stand, unbedingt eingesetzt und damit das „Romantische" mit dem Modernen bzw. Neuen in der Musik gleichgesetzt. (Wenn E. T. A. Hoffmann im Aufsatz über die „Alte und neue Kirchenmusik" (1814) „von der Musik, in der tiefsten Bedeutung ihres eigentümlichen Wesens, nämlich wenn sie als religiöser Kultus in das Leben tritt – von der Kirchenmusik" spricht,[116] dann ist dies kein Widerspruch, weil die katholische Kirchenmusik des Mittelalters vor allem Palestrinas dem allgemeinen Begriff nach der Urquell der „romantischen" Musik gewesen ist.) Für Kahlert hingegen geht die Gleichung „romantisch = modern" nur noch bedingt auf. Zwar hält er am Grundsatz,

> „dass Romantik das innere Wesen der Musik ist, die alle neuere Kunst von der antiken unterscheidet, dass endlich also in unseren Tagen jedes Kunstwerk, das den Namen eines solchen verdient, ein romantisches genannt werden muss, und so versteht sich jene Bezeichnung bei jedem ächten Kunstwerke unserer Zeit voraus",[117]

prinzipiell fest. Doch läßt er gleichzeitig den Einwand gelten, „dass aber in der That die Bezeichnung »romantisch« auf viele der neuesten Kunstwerke durchaus nicht passen wolle. – Leider ist das so."[118] Während der „romantische" Geist noch über den Werken Carl Maria von Webers, Ludwig Spohrs, Felix Mendelssohn Bartholdys und Karl Löwes schwebe, habe er Giacomo Meyerbeer verlassen. Konkret richtet sich Kahlerts Kritik gegen Meyerbeers Oper „Robert der Teufel", die der Komponist „eine romantische heisssen mußte, obgleich von romantischem Genius auch nicht die leiseste Spur darin zu finden ist."[119] Kahlert wendet sich gegen eine (französische) Musik, die ihm mit einem Wort zu materialistisch wirkt, die aber das „Romantische" als Prinzip des Fortschritts, mit gleichem Recht für sich in Anspruch nehmen kann wie eine (deutsche) Musik, die idealistischer klingt. Dem musikalischen Fortschritt wird jedoch durch Kahlert eine Grenze gesetzt, die das Geisterreich der „romantischen" Musik in zwei Hälften, in eine „gute" und in eine „schlechte" teilt. Die gute „Romantik" duldet einen gemäßigten Fortschritt, die schlechte fordert einen radikalen. Die Kritik, die Kahlert an der französischen „Neuromantik" noch verhältnismäßig leise äußert, wird durch konservative Kritiker vom Schlage Gustav Schillings lautstark verallgemeinert. Zunächst einmal schreibt Schilling Kahlerts Text zweimal ab: Schillings Lexikonartikel „Romantik und Romantisch", der in der „Encyclopädie der gesammten musikalischen Wissenschaften, oder Universal-Lexicon der Tonkunst" (1838) erschien,[120] deckt sich mit dem Paragraphen über „Das Romantische" im „Versuch einer Philosophie des Schönen in der Musik, oder Aesthetik der Tonkunst" (1838):

> „§. 120. Fortsetzung. o) Das Romantische. Die südlichen Länder der Römer, die eigentlichen Romanischen Länder (woher der Name Romantik und romantisch) besonders Italien, Spanien und Gallien, waren es, wo sich, nicht so klar und heiter wie in der alten Griechen-,

auch nicht so fest und entschlossen wie in der eigentlichen Römerwelt, zuerst ein höheres Gefühlsleben entwickelte, und jenes Gemisch von Empfindungen entstand, das, hervorgegangen aus Christen- und Ritterthum, aus den letzten Zuckungen des colossalen römischen Reichs, aus der Denkweise des rohen aber kräftigen Mittelalters, aus den theils durch die Kreuzfahrer vom Orient herübergetragenen, theils von den Saracenen, welche diese Länderstriche früher besassen, noch zurückgelassenen, abentheuerlichen, feurig schwärmenden Ideen, dem classischen Alterthume gegenüber gestellt, mit dem Namen des Romantischen bezeichnet wird, und als diese Empfindungen Wurzel gefasst hatten, sich auch in allen Gattungen von Kunstwerken ausprägte. Daher in alle diese südlichen Dichtungen, ..., die tiefe Empfindsamkeit als der Hauptton des Romantischen in Verbindung mit dem Wunderbaren sich bildete. Damit haben wir, fügen wir nur noch das kühnere Ideal hinzu, in welchem die neuere Zeit sich besonders gefällt, den ganzen Begriff der Romantik und des Romantischen, und wenn auch nur in relativer Weise noch, zugleich den Beweis, dass unter allen Künsten der Musen gerade die Musik es ist, welche vorherrschend die Gestaltung des Romantischen zur Aufgabe hat; ja man könnte sagen, wo Musik ist, da ist auch das Romantische, und Musik eben ist das Romantische; denn welche Kunst nimmt mehr und einziger ihre schönsten und eigenthümlichsten Stoffe aus der tiefsten Gefühlswelt herauf als die Tonkunst, und welche kleidet dieselben in ein idealeres Gewand auch als diese? – Idee und Materie sind hier gleich innig verbunden mit dem eigentlichen Wesen der Romantik, der Innigkeit der Empfindung, und dem kühneren Aufschwunge in eine ideale Welt ... Man missversteht das Wesen des Romantischen gänzlich, wenn man es anders erklärt, und unter romantischer Musik eine andere als die vollendete begreift, vielleicht eine besondere Gattung gar, wie die Franzosen."121

Dann aber holt Schilling zu einem Rundumschlag aus nicht nur gegen Meyerbeer, sondern gegen alle „französischen Romantiker, die aber auch in Deutschland schon ihre Partheigänger gefunden haben":122

„Tiefe Empfindsamkeit also und das kühne Ideal sind die Hauptzüge des Romantischen in der Musik, aber keinerlei Art von Materialismus. Nicht so jedoch ist das Wort zu verstehen, wenn man von einer Romantik redet, welche mehrere junge französische Tonkünstler jetzt geltend zu machen suchen, und die sich in eigener Fraction sogar unter dem Namen einer romantischen Schule gebildet hat. Hier ist es die Neuerung, die gegen die alte classische Regel ankämpft und eine wirklich eigene Gattung von Musik zu bilden strebt ... Romanticismus. Alles was bisher als Regel und Gesetz in der musikalischen Kunst gegolten hat, will diese neuere französische Romantik über den Haufen werfen, und in dem Masslosen und Unbegrenzten der Fantasie glaubt sie wahre Freiheit des Dichters zu sehen, und in kühner Regellosigkeit ihrer Gebilde eine höhere Regel des Geschmacks zu begründen. Ihre nächsten Anhänger sind besonders LISZT, BERLIOZ, AUBER, HALEVY, CHOPIN u.A."123

Schillings Ausführungen zum „Romantischen" in der Musik erscheinen im doppelten Sinn des Wortes widersprüchlich: Zum einen widerspricht Schilling dem „Romanticismus" derjenigen Komponisten, die das „Romantische" im allgemeinen als Prinzip der neuen Musik im besonderen geltend machen. Zum anderen widerspricht Schilling sich selber, indem er das Prinzip des „Romantischen" im Besonderen der neuen Musik eingeschränkt wissen will, das er im Allgemeinen der Geschichte zuvor ästhetisch selbst aufgestellt hat. Um diesen fundamentalen Widerspruch eleminieren zu können, sieht sich Schilling in der „Geschichte der

heutigen oder modernen Musik" (1841) genötigt, daß allgemeine Prinzip des
„Romantischen" aufzugeben:

„§. 8. Geschichtlich verschiedene Kunstformen. Solche im Laufe der historischen
Entwickelung der Musik sich gestaltete allgemein verschiedene Hauptgattungen von Kunstformen werden gewöhnlich, von unseren Aesthetikern und Geschichtsforschern wie der allgemeinen Kunstliebhaberei, drei angenommen: eine classische, eine romantische und eine moderne Kunstform. Nicht zu gedenken noch der Identität, in welcher hier das Wort classisch offenbar mit dem Worte und Begriffe antik gebraucht wird, bei welcher wir nachgehends Ursache haben werden, länger stehen zu bleiben, muß das Romantische in der Musik jedoch unzweifelhaft aus der Reihe historischer Hauptgestaltungen weichen, denn fühlt man, und neuerdings aus gewissen Gründen zwar mehr als je, sich auch geneigt, eine Art romantischer Kunstschule in eine frühere und längst verschollene Periode der allgemeinen Musikgeschichte zurück zu datiren, in jene Zeiten des Ritterthums nämlich und der Liebe und Sehnsucht in allen künstlerischen Gestaltungen, so beruht die Annahme einer solchen Schule zu gewissen in sich abgeschlossenen Zeiten, als einer für sich hinsichtlich des formellen Princips abgerundeten Periode, nach meiner Ansicht theilweise doch lediglich nur auf einem Irrthume in dem Begriffe des Romantischen überhaupt, wie theilweise auf einer kühnen oder irrigen Uebertragung der plastischen und sonst bildenden Kunstverhältnisse auf die allem plastischen Stoffe entrückten Musik, und endlich auch auf dem Verlangen, für die Bildung einer neueren und neuesten Kunstrichtung einen Namen und Boden zu haben, der jene gewissermaßen als eine eigene Schule, eine eigene Kunstperiode in sich abschließen oder ihre Gestaltungen auf irgend eine Weise entschuldigen könnte."[124]

Möglicherweise ist dies auch der Grund, warum August Gathys Definition der
„Romantik" im „Musikalischen Conservations-Lexikon" (1840) die „neuromantische" Schule erst gar nicht erwähnt:

„Romantik im weiteren Sinne ist diejenige Geistesrichtung, welche, hervorgegangen aus dem Christen- und Ritterthum und den mittelalterlichen Elementen überhaupt, in der modernen Zeit sich frei entwickelte zu schöpferischer Begeisterung des von höhern Ahnungen ergriffenen Gemüths, und, dem abgeschlossenen classischen Alterthume gegenüber, als Ausflug in das Uebersinnliche, Unendliche, sich in allen Gattungen von Schrift- und Kunstwerken ausprägte. Das Christenthum war der Wendepunkt, wo Plastik in Musik überschlug, weil nur auf Tönen die Seele sich empor zu schwingen vermochte zum Unendlichen, und Musik mithin, als Gegensatz zur Plastik, die das Unendliche herabzieht in irdische Begrenzung, sich mit der christlichen Idee entfalten mußte, deren Ausdruck eben kein künstlerischer Stoff tiefer und reiner in sich birgt, als der verschwebende geheimnisvolle Ton. Wo das Wort aufhört, beginnt das eigentliche Reich der Töne, und da, nach Jean Paul, das Romantische das Schöne ohne Begrenzung ist, oder das schöne Unendliche, so wie es ein erhabenes giebt: so nannte E. T. A. Hoffmann mit Recht die Instrumentalmusik die romantischste aller Künste."[125]

In F. A. Gelbckes Aufsatz „Classisch und Romantisch. Ein Beitrag zur Geschichtsforschung der Musik unserer Zeit", der 1841 in der 47. Nummer der *Neuen Zeitschrift für Musik*, der Schumann das Motto: „Jede Ansicht soll gehört werden" voranstellte, erschien, wird der Widerspruch des „Romantischen" im allgemeinen und besonderen nicht wirklich aufgehoben. Während Schilling das Problem löste, indem er auf den Begriff verzichtete, betreibt Gelbcke eine Art

Etikettenschwindel, weil er die Bezeichnung „neue romantische Schule" lediglich durch „moderne Schule" ersetzt:

„... denn eben weil die Romantik das eigentliche Wesen aller Musik ist, kann ich nicht zugeben, daß man die Richtung, die dieselbe in neuerer Zeit genommen hat, vorzugsweise mit dem Namen der Romantischen belegt ...
Wenn durch die christliche Religion das Individuum kraft der unmittelbaren Beziehung auf Gott zu höchster Bedeutung und eigenthümlichster Geltung gelangte – wenn ferner dieses Hervortreten des Individuums ein Hauptunterscheidungszeichen der aus der christlichen Religion hervorgegangenen romantischen Kunst ist (ihr Wesen also das Subject, wie das der classischen Kunst das Object) so ist die Musik dadurch, daß sie nur eine Sprache des Gefühls sein kann (welches doch das Subjective am Individuum ist), eine ächt romantische Kunst ...
Ich zeigte Dir bisher, daß das Hauptprinzip der Musik die Romantik sei, suchte darauf zu beweisen, daß die neueste Richtung sich eher von diesem Princip entferne, als sich ihm nähere, und schlage Dir nun vor, statt »neue romantische Schule« moderne Schule zu setzen und von diesem gewonnenen Standpuncte aus unsere Untersuchung weiter zu verfolgen."[126]

Julius Schladebach hat Gathys allgemeine Definition des „Romantischen" für das „Universallexikon der Tonkunst" (1856) wortwörtlich übernommen.[127] Schladebach, der von Eduard Bernsdorf (1861) nachgedruckt wurde,[128] geht darüber hinaus aber auch auf das Problem des „Romantischen" im allgemeinen und besonderen ein, das er einer äußerlichen Lösung zuführt:

„Eigentlich ist alle Tonkunst ihrem innersten Wesen nach romantisch, und wenn man in neuerer Zeit im Besonderern noch von einer romantischen Schule in der Musik spricht, so ist dies nur ein Gattungsbegriff, der sich zumeist nur auf Äußerliches, Formalistisches bezieht."[129]

Dieser Widerspruch zwischen der „romantischen" Musik im allgemeinen und der musikalischen „Romantik" im besonderen existierte allerdings nur für die Kritiker der „neuromantischen" Schule, für deren Anhänger freilich nicht. Durch letztere wird der musikalische Fortschritt, für den die Werke Robert Schumanns u.a. einstehen, zum zweiten Mal in der Musikgeschichte als „romantischer" gerechtfertigt. Für letztere verkörpert die neue Musik seit Beethoven „das eigentliche Zeitalter der Romantik", wie es im Artikel „Die »romantische« Musik, psychologisch – historisch betrachtet" aus der *Allgemeinen musikalischen Zeitung* von 1863 heißt:

„»Romantik« ist, wenn man aus den vielen missbräuchlichen Deutungen des Wortes den reinen Begriff destillirt, die Ahnung des Unendlichen, das sich in analogen, d.h. freien Formen zu Darstellung bringt. In der Kunst, die das Unendliche nicht als speculativen Begriff, sondern nur als konkrete Erscheinung verwerthen kann, fällt das Unendliche in das [sic] Bereich der Phantasie, des Glaubens, des Wunders, in die Nachtseite des Naturlebens und schafft sich hier Formen, die weder die Geschlossenheit der classischen Idealschönheit, noch den derben Realismus des Volksthümlichen an sich tragen. Frei und ausgeschwungen, ja selbst gesetzlos und willkürlich sein, ist ihr bis zu einem gewissen Grade Bedürfniss.
Der Begriff des Unendlichen macht nun aber die »Romantik« wesentlich zu einer Culturform des Christenthums: nur auf diesem Boden war sie überhaupt möglich, nur mit Bezugnahme hierauf ist sie zu begründen und zu verstehen.

> Das Christenthum ist die Offenbarung der göttlichen Liebe an die Welt, das Bewusstwerden des Unendlichen im Menschengeiste als des in der Welt und im Menschen selbst Gegenwärtigen ...
> Diese Idee ist eine zu hohe oder – wenn man will – eine zu tiefe, als dass sie von der noch unmündigen Menschheit gleich Anfangs hätte gefasst werden, sich gleich bei ihrem geschichtlichen Eintreten in die Welt hätte in ihrer ideelen Tiefe offenbaren können. Nur sehr langsam, nur im trägen Ablauf der Jahrhunderte, nur in vereinzelten Durchbrüchen und Erschütterungen der Weltgeschichte hat sie sich an's Licht des Bewusstseins gerungen und zur historischen Tatsache verdichtet ... Diese Idee des Subjectivismus ist die bewegende und schaffende Macht der Neuzeit, auch der modernen Kunst.
> Musikalisch gab sich diese Idee in Beethoven ihre geschichtliche Verkörperung ..."[130]

Die Werke Carl Maria von Webers, Heinrich Marschners, Franz Schuberts und Felix Mendelssohn Bartholdys stehen in der direkten Folge Beethovens:

> „Die Grösse der Beethoven'schen Gestaltenzeichnung, das Riesenhafte seiner Form schwindet bei diesen kleinern Meistern und es bleibt ihnen nur der freie, beflügelte Tongang, der weiche Schmelz der Cantilene. Dies ist die eigentliche Signatur der musikalischen Romantik, ihr Fortschritt über Beethoven hinaus."[131]

Schumann habe den „romantischen" Geist so verinnerlicht, daß „die phantastische Welt des Morgenlandes, des Ritterlebens und Mönchthums schon zur Ausnahme geworden" sei, „um sich freilich in »Paradies und Peri« noch einmal zu einem letzten grossen Abschied zusammenzufassen":

> „Die Romantik hört hiermit überhaupt auf, eine besondere Schule, eine Specialität für eine bestimmte Geschichtsepoche zu sein; sie legt das Zeit- und Localcolorit ab und wird wieder reine Musik, allverständliche Herzenssprache, die ihren substanziellen Inhalt, ihren Schwerpunkt wieder in der angestammten Unendlichkeit des Gefühlslebens hat. Bei diesem entschiedenen Zuge der modernen Musik nach Lebens- und Gefühlswahrheit ist das Zurückgreifen Rich. Wagner's in die Phantastik der mittelalterlichen Sage ein bedenkliches Experiment."[132]

So uneinig man sich in der ersten Hälfte des 19. Jahrhunderts darüber war, ob die „romantische Schule" ihren Namen zurecht verdient hat oder nicht, so einig war man sich in der zweiten Hälfte des 19. Jahrhunderts darüber, daß „die Romantik ... als Schule, als historische Phase der modernen Musik aufgehört" hatte zu existieren."[133] Im Streit um den musikalischen Fortschritt nach 1848 spielte die „Romantik" nur noch eine passive Rolle. Spätestens seit Wagner in diesen Streit aktiv eingriff, scheint der Untergang der „Romantik" mehr oder weniger besiegelt. Es nimmt deshalb wunder, wenn in der ersten Auflage von Hugo Riemanns „Musik-Lexikon" aus dem Jahr 1882 von der „Romantik" so anachronistisch die Rede ist:

> „Romantisch ist der Gegensatz zu klassisch, in der Bedeutung, welche letzteres Wort heute hat (mustergültig, Form und Inhalt im Gleichgewicht); das Überwuchern der Subjectivität, ein starkes Hervortreten des Gefühls, der Leidenschaft, Ungebundenheit der Phantasie sind Kennzeichen des Romantischen. Wie der Klassizismus der Poesie historisch aus der Versenkung in die (klassischen) Meisterwerke der Griechen und Römer hervorging, deren Formvollendung unsre Dichter sich anzueignen strebten, so entsprang die Romantik der Begeisterung für das

Mittelalter, das man von der Seite des Phantastischen, Abentheuerlichen und Schwärmerischen auffaßte ..."[134]

Diese allgemeine Bestimmung des „Romantischen" wurde selbst für die achte Auflage des Riemannschen „Musik-Lexikons" von 1916 im Wortlaut nur äußerst geringfügig abgeschwächt und gekürzt.[135] Das ästhetische Verdikt des „Romantischen" trifft jeden Komponisten, „der die gewordenen Kunstgesetze ignoriert und ganz frei aus sich heraus neue schafft,"[136] insbesondere aber die „Romantiker" C. M. v. Weber, Schubert, Spohr, Marschner und Schumann sowie die „Neuromantiker: Berlioz, Liszt, Wagner, die man indes wohl kaum mit Recht von den Romantikern der ersten Hälfte unsers Jahrhundert unterscheidet."[137] Blickt man von hier auf den Anfang des 19. Jahrhunderts zurück, so erkennt man, daß nicht die „Romantiker", sondern ihre Kritiker fortschrittsfeindlich waren, daß die Idee der unendlichen Perfektibilität in der Geschichte der „romantischen" Musikanschauung, die Geschichte eines unendlichen Mißverständnisses gewesen ist.

Robert Schumann hat den Streit über die „romantische" Musik im „Denk- und Dichtbüchlein" (~1833) provozierend präzise auf den Punkt gebracht: „Rezensenten ... Daß sich in der Musik, als romantisch an sich, eine besondere romantische Schule bilden könne, ist schwerlich zu glauben. – Fl." [49]. Tatsächlich fällt es schwer zu glauben, daß Schumann dieses Urteil der „Rezensenten" verkündet hat,[138] um sich vom Begriff der „romantischen Schule" kritisch zu distanzieren.[139] Schumann hat von der Logik und Geschichte des Begriffes hergesehen keinen Grund gehabt, die Ordnung des Diskurses auf den Kopf zu stellen. Warum hätte er die Davidsbündler [32] ausgerechnet in „Meister Raros, Florestans und Eusebius' Denk und Dichtbüchlein" an die Philister [46, 91] verraten sollen? Insgesamt gesehen geben Schumanns Äußerungen zur „romantischen Schule" [59, 72, 74, 76, 79 u.a.] Grund zu der Annahme, daß er die konservative „Kritik" an der „romantischen Schule" im „Denk- und Dichtbüchlein" ironisch kommentiert hat. Für diese Annahme sprechen insbesondere zwei Äußerungen Schumanns aus den Jahren 1835 und 1838. In der Kritik der „Etüden" von Ferdinand Hiller aus dem Jahre 1835 charakterisierte Schumann die „romantische Schule" als „eine neue noch nicht völlig entwickelte Schule, von der sich erwarten läßt, daß sie eine besondere Epoche in der Kunstgeschichte bezeichnen wird" [51]. In der Kritik des „Großen Duos für das Pianoforte zu vier Händen" von Franz Schubert aus dem Jahre 1838 erklärte Schumann rückblickend, daß „die neue sogenannte romantische Schule keineswegs aus der Luft herabgewachsen [ist]; es hat alles seinen guten Grund" [74]. Diese letzte Äußerungen steht im zeitlichen Kontext von zwei Aufsätzen, die während Schumanns Aufenthalt in Wien erschienen sind. Der eine stammt aus der Feder des Malers, Musikschriftstellers, Komponisten und Davidsbündlers Johann Peter Lyser und trägt den Titel „Robert Schumann und die romantische Schule in Leipzig. Aus dem Tagebuche eines alten Thomas-Schülers". Schumann hat Lysers Aufsatz, der im

Wiener *Humoristen* erschien, in seinem Tagebuch und in zwei Briefen – an Clara Wieck und an den stellvertretenden Redakteur der *Neuen Zeitschrift für Musik* Oswald Lorenz – ausdrücklich begrüßt.[140] Der andere wurde vom Redakteur der Leipziger *Allgemeinen musikalischen Zeitung* Gottfried Wilhelm Fink wohl nicht in die Welt gesetzt,[141] um Schumann in Wien zu nützen. Clara Wieck meinte Schumann über diesen Aufsatz brieflich in Kenntnis setzen zu müssen: „Fink hat im vorigen Blatt einen wüthenden Aufsatz über die neuromantische Schule geschrieben" [20]. Fink, der Schumanns Kompositionen seit der Gründung der *Neuen Zeitschrift für Musik* mit keinem Wort gewürdigt hatte, nahm drei Werke Chopins zum Anlaß einer vernichtenden Kritik an der „neu-romantischen Schule":

„Von besonderen Lehrsätzen derselben hat bis jetzt noch gar nichts sich vernehmen lassen: im Gegentheil ist es das Niederreissen aller Lehrsätze, nämlich mit dem Munde und in gedruckten Redensarten, wodurch man sich nebelnd und schwebelnd geltend zu machen sucht. Die Willkür ist ihre Angebetete. Diese bildet aber wohl Schwarmsekten und Kameraderien, nur keine Schulen, deren Gegenfüssler sie sind. Was ist also die musikalisch neuromantische Schule? Nichts anderes als ein leerer Ausdruck, der bereits zu einem Spitznamen geworden ist, dem Unordnung, Ueberspannung und Würgerei anklebt, als seien sie ihre Base, Schwester und Mutter ...
Gibt es also nach unserer Ueberzeugung in der That gar keine musikalisch neuromantische Schule, so gibt es doch *Neuromantiker*, die in einer vielbewegten, zum Theil übersättigten Zeit neue Richtungen in Kunst und Wissenschaft zu suchen aufgeregt wurden. Und diese verdammen wir nicht. Die Kunst muss vorwärts streben, wie die Wissenschaft, muss neue Wege suchen, wobei es freilich mehr Abwege, als fördernde gibt."[142]

Divide et impera: Die hinterhältige Taktik Finks, den „Neuromantiker" Chopin wohlwollend zu beurteilen, um die „neuromantische Schule", d.h. „seine Nachahmer, die unausstehlich sind",[143] mißbilligend zu verurteilen, war für Schumann leicht zu durchschauen. Daß Schumann bei aller Kritik, die er den französischen „Neuromantikern" Liszt und Berlioz selbst zu Teil werden ließ [70, 79, 80, 85, 86], Finks widersprüchliches Urteil angenommen bzw. vorweggenommen haben soll, ist schwerlich zu glauben und wohl auch nicht wahr.[144]

Für Schumann war die Rede von der „romantischen Schule" grundsätzlich mit der Hoffnung auf eine „neue dichterische Zukunft" bzw. auf eine „neue poetische Zeit" verknüpft. In der bereits erwähnten Kritik der „Etüden" Hillers verlieh Schumann dieser Hoffnung besonderen Ausdruck:

„Einen Zug der Beethovenschen Romantik, den man den provenzalischen nennen könnte, bildete Franz Schubert im eigensten Geist zur Virtuosität aus. Auf diese Basis stützt sich, ob bewußt oder unbewußt, eine neue noch nicht völlig entwickelte Schule, von der sich [da sie mit der Bildung und dem Geiste, der ihr wie allen Erscheinungen zu eigen ist, Mäßigung und Achtung vor dem Bestehenden verbindet,] erwarten läßt, daß sie eine besondere Epoche in der Kunstgeschichte bezeichnen wird.
Ferdinand Hiller gehört zu ihren Jüngern, zu ihren merkwürdigsten Einzelheiten [...].
Mit ihm zugleich schildere ich eine ganze Jugend, deren Bestimmung zu sein scheint, ein Zeit-

alter loszuketten, das noch mit tausend Ringen am alten Jahrhundert hängt. Mit der einen Hand arbeitet sie noch, die Kette loszumachen, mit der anderen deutet sie schon auf eine Zukunft hin, wo sie gebieten will einem neuen Reich, welches, wie Mahomets Erde, in wunderbar geflochtenen demanten Banden hängt und fremde, noch nie gesehene Dinge in seinem Schoß verbirgt, von denen uns schon der prophetische Geist Beethovens hier und da berichtete, und die der Jüngling Franz Schubert nacherzählte in seiner kindlichen, klugen, märchenhaften Weise. Denn wie es in der Dichtkunst Jean Paul war, der, nachdem er in die Erde gesenkt war, wie ein heilbringender Quell in Schachten fortströmte, bis ihn zwei Jünger, die ich nicht zu nennen brauche, wieder ans Sonnenlicht leiteten und begeistert, nur zu heftig verkündeten, »es beginne eine neue Zeit«, – so war es in der Musik Beethoven. Unsichtbar wirkte er wie eine Gottheit in einzelnen Geistern fort und gebot ihnen den Augenblick nicht zu versäumen, wo der Götzendienst, dem die Masse lange, leere Jahre sich hingegeben, gestürzt werden könne. Und er empfahl ihnen, den Kampf zu bestehen, nicht die sanfte glatte Sprache des Gedichts an, sondern die freie ungebundene Rede, mit der er selbst schon oft gesprochen, und die jungen Geister bedienten sich ihrer in neuen und tiefsinnigen Formeln.
Die Altweisen lächelten sehr und meinten wie der Riese in Albanos Traum: »Freunde, hier geht kein Wasserfall hinauf!« Die Jünglinge aber meinten: »Ei, wir haben Flügel!« – Einzelne im Volke hatten die junge Stimme vernommen und sprachen: „Hört, hört!" Dieser Augenblick steht jetzt in der Welt still [...]. – Florestan."[145]

Über Schumanns gegenwartskritischen „Romantik"-Begriff wurde anderorts ausführlich geschrieben.[146] Wesentlich erscheint mir, daß Schumanns „romantische" Musikanschauung generell der geschichtsphilosophischen Idee der unendlichen Perfektibilität verpflichtet ist: Schumanns geschichtsphilosophische Konstruktion des musikalischen Fortschritts beginnt in der Vergangenheit und weist über die Gegenwart in die Zukunft hinaus, sie ist als solche eine „romantische". Für Schumann, der „übrigens kein Anbeter des allzu Antiken" war [46], entspringt die moderne Musik der „Romantik des Altertums, wie sie uns kräftig aus den gotischen Tempelwerken von Bach, Händel und Gluck anschaut" [57]: „Das Tiefkombinatorische, Poetische und Humoristische der neueren Musik hat ihren Ursprung aber zumeist in Bach" [38]. Schumann findet die „antik-romantische Weise" [61] zu komponieren, noch in Ignaz Moscheles' Werken bewahrt. Vor allem aber entdeckt er sie im „provençalischen Ton" der Musik Beethovens und Schuberts wieder.[147] Wenn Schumann „die letzte Sinfonie von Beethoven (als Wendepunkt der klassischen zur romantischen Periode)" [31] bezeichnet, dann geschieht dies nicht im disjunktiven Sinne der „Querelle des Anciens et des Modernes", sondern im konjunktiven Sinne einer geschichtsphilosophischen Ästhetik, die Tradition und Fortschritt prozeßhaft zu vermitteln versucht. Diese Tradition des Fortschritts gilt es nach Schumann in der neuen „romantischen" Musik zu wahren. Diejenigen Tondichter und Kritiker, welche sich dem Fortschritt ad infinitum verpflichtet fühlen, nennt Schumann „Romantiker". Sie unterscheiden sich von denjenigen Komponisten und Rezensenten, die dem Fortschritt ablehnend oder gleichgültig gegenüberstehen [55]:

„Die Gegenwart wird durch ihre Parteien charakterisiert. Wie die politische kann man die musikalische in Liberale, Mittelmänner und Reaktionäre oder in Romantiker, Moderne und

Klassiker teilen. Auf der Rechten sitzen die Alten, die Kontrapunktler, die Antichromatiker, auf der Linken die Jünglinge, die phrygischen Mützen, die Formenverächter, die Genialitätsfrechen, unter denen die Beethovener als Klasse hervorstechen. Im Juste-Milieu schwankt jung wie alt vermischt. In ihm sind die meisten Erzeugnisse des Tages begriffen, die Geschöpfe des Augenblicks, von ihm erzeugt und wieder vernichtet" [58].

Allerdings erfahren die „Ultras der französischen Romantiker" [80] Schumanns ungeteilte Zustimmung nicht. Schumann kämpft nicht für einen radikalen Fortschritt, der seiner Meinung nach mit der Tradition des deutschen Idealismus[148] bricht, „von jenem groben hinkleksenden Materialismus, worin sich die französischen Neuromantiker gefallen" [70], will er wenig wissen. Schumann kämpft für einen gemäßigten Fortschritt, der sich mit der Tradition des deutschen Idealismus verbunden fühlt: „Die romantische Ader, die sich hier durchzieht, ist aber nicht eine, die, wie in Berlioz, Chopin u.a., der allgemeinen Bildung der Gegenwart weit vorauseilt, sondern eine mehr zurücklaufende" [57]. Diesen „romantischen" Fortschritt, dem die moderne Musik seit Bach, Beethoven und Schubert in zunehmendem Maße dient, begreift Schumann als einen unendlichen:

„Ich habe viel Bemerkungen in dieser Zeit gemacht; leider Gottes aber fast alle vergessen. Eine fällt mir ein:
»In« Eine Zeit, wo einmal jeder Nerve des Geistes, Gemüthes u. Verstands harmonisch ausgebildet wird, kann niemals kommen, so schön auch die Idee des Idealismus u. Molinaismus ist; daß e i n Volk irgend einmal eine Stufe erreicht, über die wir in der Vergangenheit aburthe[i]ln können, ist nicht undenkbar; dann muß aber auch unser eignes Streben in der Gegenwart gesunken seyn. Der Stillstand ist zwar absolut kein Rükgang, aber relativ, weil andere vorwärts gehen u. wir einstweilen stehen bleiben. Und doch muß [es] ein Höchstes, ein Maximum geben, aber daß sie e i n R a u m einschließt, ist undenkbar; denn mit dem höheren Menschen steigt das Streben u. Wünschen höher; aber in der Zeit bilden die Riesengeister der verschiedenen Zeitalter, jenes ungeheure, harmonische Ganze, welches der Menschengeist als seine eigne Gränze, als höchstes, als maximum, als Ideal, als letzten Gränzstein annehmen u. setzen kann. Der Mensch u. Glük u. Zufall pp. bleiben ewig dieselben; jetzt sinkt es, jetzt steigt es. – Vielleicht daß aber eine Zeit kommt, wie auch Krug voraussagt, wo der Mensch seine letzten u. größten Ziele erreicht, vielleicht daß er auf Luftschiffen die dünne Luft durchschneiden kann, u. daß er die Sterne, wie die neue Welt bereisen kann, vielleicht daß wir von Sternen zu Sternen fliegen u. schauen können, um was wir weinen; aber der Jahrtausende giebt es noch viele etc. Die Zeit pflegt langsam ihrer Kinder, die sie gebar u. der Mensch muß noch viel dulden u. viel weinen, ehe diese Minute kommt! – – – – – –"[149]

Es ist zwar möglich, einzelne Spuren im geschichtsphilosophischen Denken Schumanns zurückzuverfolgen, doch sie führen nicht zum erwünschten Ziel. Schumann hat die großen Philosophen nicht studiert. Er hat weder Schlegels noch Hegels Vorlesungen über die Ästhetik im Original gelesen: „Schumann beschäftigt sich hauptsächlich mit randständigen Philosophen, wie Platner, Jacobi, Grohmann und den Hegelianern Kahlert, Krüger und Hand, scheut sich jedoch vor einer direkten Auseinandersetzung mit Hegel selbst zurück."[150] Bernhard Meissner, der dem Musikgeschichtsbild Schumanns eine ausführliche Studie gewidmet hat,[151] hat die besondere Bedeutung der zweibändigen „Aesthetisch-historischen Einleitung in die Wissenschaft der Tonkunst" (1830) von Wilhelm Christian Müller herausgestellt.[152] Schumann hat Müllers Ästhetik wahrscheinlich 1834 gelesen und vom zweiten Band ein zwanzig Seiten langes Exzerpt angefertigt.[153] Bodo Bischoff hat am Beispiel Beethovens darauf hingewiesen, daß Müllers geschichtsphilosophische Ästhetik für Schumanns Musikanschauung nicht repräsentativ ist.[154] Denn Müller denkt den musikalischen Fortschritt nicht im Sinne der „romantischen" Perfektibilitätstheorie, sondern im Sinne der „klassizistischen" Dekadenztheorie. Im allgemeinen wird dies schon im Vorwort der Ästhetik deutlich, wenn Müller von der Absicht schreibt:

„Die Kunstfreunde hierin auf den geradesten Weg zu leiten, will ich die möglichst natürliche Entstehung der einfachsten, naturgemässen, der künstlich-antiken, und der durch alle Jahrhunderte herab entwickelten, modernen, jetzt zur Vollendung gesteigerten Musik und die wesentlichen Schönheiten in der Vielfältigkeit der Erscheinungen – aufzufinden versuchen."[155]

Im besonderen offenbart sich Müllers gebrochener Fortschrittsglaube, der mehr dem Alten als dem Neuen anhängt, dann in der Bewertung Beethovens:

„Nach den vorzüglichsten Erscheinungen im ersten Viertel des laufenden Jahrhunderts sind wir im Wesentlichen am Ende der musikalischen Entwicklung, am Kulminationspunkte oder im goldenen Zeitalter der musikalischen Kunst – schon gewesen; und gehen ins übergoldete, messingene Zeitalter über. Philosophische, ästhetisch-gebildete Beobachter meinen, dass selbst Beethoven in der Instrumental-, und sein Antagonist Rossini in der Sing-Musik durch Uebertreibung den Grund zu dem blendenden Scheine des Schwefelkieses und der blossen Uebergoldung des modernen Modegeschmacks gelegt haben."[156]

Es bedarf nicht des Hinweises darauf, daß Schumann der Ansicht Müllers, Mozart habe den höchsten Gipfel der Musikkunst erklommen, Beethoven habe ihren Zenith bereits überschritten, in seinen Schriften widersprochen hat: „Nach Mozart kam ein Beethoven; dem neuen Mozart wird ein neuer Beethoven folgen, ja er ist vielleicht schon geboren".[157] Zu ähnlichen Ergebnissen führt die Untersuchung von Schumanns Auseinandersetzung mit der „Geschichte der europäisch-abendländischen oder unserer heutigen Musik" (1834) von Raphael Georg Kiesewetter, jedoch mit einem wesentlichen Unterschied, den Bischoff gegenüber Meissner geltend gemacht hat:

„Während für Müller eine Weiterentwicklung der musikalischen Kunst nicht denkbar erscheint, ja der Höhepunkt bereits Anzeichen des Niederganges in sich birgt, entwirft Kiesewetter, auf die geistigen Kräfte folgender Komponistengenerationen setzend, ein positives Zukunftsszenario mit sich potentiell fortsetzendem künstlerischen Aufschwung."[158]

Kiesewetter teilt die kulturpessimistische Sichtweise Müllers nämlich nicht:

„Blicken wir nun auf die Jahrhunderte zurück, welche seit der Entstehung der harmonischen Kunst verflossen sind, so ist es erfreulich, zu sehen, wie die schönste der Künste, durch eine Reihe von Epochen, stufenweise, anscheinend langsam, doch mit sicherem Schritte, zu jener Vollkommenheit emporgestiegen ist, welche wir (wie ich meine, mit Recht) glauben erreicht

zu haben. Aber die Gränze dieser Kunst, welche nicht, wie die bildende, ihren Vorwurf und ihr Vorbild, zugleich aber auch ihre Schranke, in der Natur gegeben findet, sondern aus den unergründeten Tiefen des Gemüthes, aus dem Geiste einiger genialer Menschen, welche die Vorsehung in kürzeren oder längeren Zwischenräumen der Zeit geboren werden lässt, in neuer, früher ungekannter und ungeahnter Vollkommenheit in das Leben tritt – die Grenze der Tonkunst, sage ich, hat Niemand gemessen, und Frevel wäre es, die Producte unserer Zeit als das *non plus ultra* zu bezeichnen ...
Der Historiker, der es nur mit der Vergangenheit zu thun hat, kann sich der Beantwortung so verfänglicher Fragen schicklich entschlagen; eben ihm aber steht es zu, in Erinnerung zu bringen, dass die Klagen über den Verfall, ja über den Verlust der »guten alten Musik«, so weit die Urkunden zurück reichen, in jedem Zeitalter gehört worden sind, während doch zugleich jedes Zeitalter den höchsten Gipfel der Kunst erreicht zu haben glaubte. So war es in der Epoche eines Palestrina, Carissimi, Scarlatti, in jener der Neapolitaner; so zur Zeit Haydn's und Mozarts; die Producte unserer Zeit aber nennen wir wohl gar »classisch«. Darüber nun wird nach hundert Jahren die Geschichte Auskunft geben. Wir wollen indess für die schöne Kunst das Beste hoffen."159

Mit dieser teleologischen Sichtweise von Musikgeschichte konnte sich Schumann schon eher anfreunden.160 Doch wird die geschichtsphilosophische Dimension der „romantischen" Musikanschauung Schumanns auch durch Kiesewetter nicht erschöpft. Schumanns Bezüge zur geschichtsphilosophischen Ästhetik der „Romantik" sind vielfältig: Sie reichen von Herders „Ideen zur Philosophie der Geschichte der Menschheit" (1784–1791) bis hin zu Novalis' „Heinrich von Ofterdingen".161 Wer nach den genauen geschichtsphilosophischen Ursprüngen der „romantischen" Musikanschauung Robert Schumanns sucht, findet sich in einem literarischen Mikrokosmos wieder, der im wahrsten Sinne des Wortes erstaunlich ist. Franz Brendels Behauptung, daß Schumann „fortwährend mit Lecture beschäftigt, auf allen Wegen und Stegen sich mit Büchern schleppte, auf Spaziergängen und überall wo er allein war, poetische Werke las",162 scheint nicht übertrieben. Bernhard R. Appel bemerkt zum Leser Robert Schumann:

„Die Lektüreliste des Komponisten und seine darin zum Ausdruck kommenden Interessen weisen eine erstaunliche Breite auf, vor der das Gerede vom verträumt-versponnenen Romantiker verstummen muß. Die etwa 600 Titel umfassende (aber hinsichtlich des tatsächlich Gelesenen unvollständige) Literaturliste, die sich aus Schumanns Tagebüchern zusammenstellen läßt, reicht von Klassikern der Weltliteratur über zeitgenössische Belletristik, wissenschaftliche Abhandlungen, Fachzeitschriften bis hin zu biedermeierlichen Journalen und politischen Tageszeitungen."163

Das breite Spektrum der literarischen Rezeption Schumanns wird darüber hinaus durch die „Mottosammlung" und den „Dichtergarten" eindrucksvoll dokumentiert. Es ist das Verdienst Leander Hotakis, die „Mottosammlung" mit über 1200 literarischen Exzerpten Schumanns kritisch ediert und der Öffentlichkeit zugänglich gemacht zu haben. Hotakis Edition führt eindringlich vor Augen, daß Schumann nicht nur primäre Zitate, sondern auch sekundäre Gebrauchszitate in seine Schriften hat einfließen lassen. Schumann verfährt im gewissen Grad eklektisch und ist doch im höchsten Grad originell.

Anmerkungen zu Kapitel 3

1 Alfred Einstein, Music in the Romantic Era, New York: Norton, 1948, Deutsch: Die Romantik in der Musik, München: Lichtenstein, 1950, S. 63 f.
2 Peter Rummenhöller, Romantik in der Musik, Analysen, Portraits, Reflexionen, Kassel [u.a.]: Bärenreiter, dtv, 1989, S. 13 f.
3 Werner Keil, „Die Entdeckung Palestrinas in der Romantik", In: Romantik und Renaissance, Die Rezeption der italienischen Renaissance in der deutschen Romantik, Hrsg. v. Silvio Vietta, Stuttgart und Weimar: Metzler, 1994, S. 241.
4 Burkhart Steinwachs, „Der Wandel des Mittelalterbildes zwischen aufklärerisch-kulturkritischer Mediävistik und christlich-romantischer Poetisierung des Mittelalters", In: Burkhart Steinwachs, Epochenbewußtsein und Kunsterfahrung, Studien zur geschichtsphilosophischen Ästhetik an der Wende vom 18. zum 19. Jahrhundert in Frankreich und Deutschland, München: Fink, 1986, S. 112. – S. Markus Schwering, „Romantische Geschichtsauffassung – Mittelalterbild und Europagedanke", In: Romantik-Handbuch, Hrsg. v. Helmut Schanze, Stuttgart: Kröner, 1994, S. 545: „Unzutreffend ist auch – angesichts der Fülle von Dokumenten einer vorromantischen Rezeption – die Vorstellung, die Romantik habe das Mittelalter »wiederentdeckt«."
5 Silvio Vietta, „Romantik und Renaissance – Einleitung", In: Romantik und Renaissance, Die Rezeption der italienischen Renaissance in der deutschen Romantik, Hrsg. v. Silvio Vietta, Stuttgart und Weimar: Metzler, 1994, S. 1 f.: „Seltsam genug, daß nach der Geburt des Begriffs [»Renaissance« in Deutschland um 1860] gleichwohl die Romantikforschung beinahe stereotyp mit einem anderen Epochenbegriff weiterarbeitete: dem des *Mittelalters*. Schlagwortartig hatte schon Heinrich Heine in seiner polemischen Schrift »Die romantische Schule« von 1836 jene Epoche, der er doch so viel, nicht zuletzt seinen eigenen ironischen Umgang mit der Literatur- und Kulturgeschichte selbst, verdankte, auf die Formel reduziert, sie, die »Romantische Schule« in Deutschland, bedeute nicht viel anderes als »Wiedererweckung der Poesie des Mittelalters« und Verbreitung der »kristkatholischen Weltansicht«. Seitdem und bis in jüngste germanistische Publikationen durchzieht die Rede von der romantischen Idealisierung des Mittelalters die Romantikforschung und dies nicht nur im Zusammenhang mit Novalis' Rede über Europa im christlichen Mittelalter, sondern gerade auch in bezug auf jene Texte der Romantik, in denen Renaissancemaler wie Dürer, Raffael, Michelangelo, Leonardo behandelt werden. Die Wackenroder-Forschung liefert Beispiele dafür in Fülle und dies bis in die jüngste Zeit. Der undifferenzierte pauschale Begriff des Mittelalters stand somit lange Zeit der Aufarbeitung der differenzierten Beziehung der Romantik zur Epoche der Renaissance geradezu im Wege."
6 Werner Kraus, „Französische Aufklärung und deutsche Romantik", In: Werner Kraus, Perspektiven und Probleme, Zur französischen und deutschen Aufklärung und andere Aufsätze, Neuwied und Berlin: Luchterhand, 1965, S. 277.
7 Uwe Neddermeyer, Das Mittelalter in der deutschen Historiographie vom 15. bis zum 18. Jahrhundert, Geschichtsgliederung und Epochenverständnis in der frühen Neuzeit, Köln und Wien: Böhlau, 1988.
8 Hans Robert Jauss, Ästhetische Normen und geschichtliche Reflexion in der »Querelle des Ancien et Modernes«, München: Eidos, 1973, S. 65: „Schon im 15. Jahrhundert gliedert Lorenzo Ghiberti [Lorenzo Ghibertis Denkwürdigkeiten (I Commentari), Hrsg. und erläutert v. J. v. Schlosser, Berlin, 1912, S. 35] die Geschichte der Kunst in drei Abschnitte: Auf die mit Konstantin endende Antike folgt das Mittelalter; nach anfänglichen Bemühungen neuerer Griechen – gemeint ist der byzantinische Stil des 12. und 13. Jahrhunderts in

Italien – ist dann im Trecento wiederum eine Höhe der Kunst erreicht." – S. Uwe Neddermeyer, Das Mittelalter in der deutschen Historiographie vom 15. bis zum 18. Jahrhundert, Geschichtsgliederung und Epochenverständnis in der frühen Neuzeit, Köln und Wien: Böhlau, 1988, S. 101 ff. – Dieter Mertens, „Mittelalterbilder in der frühen Neuzeit", In: Die Deutschen und ihr Mittelalter, Themen und Funktionen moderner Geschichtsbilder vom Mittelalter, Hrsg. v. Gerd Althoff, Darmstadt: Wissenschaftliche Buchgesellschaft, 1992, S. 30 f.: „Dagegen handelt es sich bei der Trias der Großperioden Altertum-Mittelalter-Neuzeit, seit sie zur Gliederung der Universalgeschichte verwendet wurde, um formale, nicht um inhaltliche Bestimmungen. Sie bezeichnen nicht die Individualität von Zeitaltern, sondern markieren den zeitlichen Abstand vom Betrachter. Die Einteilung der Geschichte in diese drei Großperioden ist denn auch kein Produkt des späten 18. und 19. Jahrhunderts; sie ist übernommen, dann aber geläufig gemacht und in bezeichnender Weise verändert worden …
Die Einteilung der Geschichte des europäischen Kulturkreises, schließlich gar der Universalgeschichte in die drei großen Perioden Altertum-Mittelalter-Neuzeit ist eine Leistung der ersten drei frühneuzeitlichen Jahrhunderte. In der Zeit vom Humanismus bis zur Aufklärung wurde das Dreierschema entwickelt und schließlich im 18. Jahrhundert gegen andere, bis dahin vorherrschende Einteilungen der Geschichte durchgesetzt … Mit der allmählichen Ausbildung und Etablierung der Perioden-Trias in der Frühen Neuzeit und mit ihr der emphatischen Selbstdefinition der Neuzeit wurde das Mittelalter – unser heutiges Mittelalter – geschaffen".

9   Walter Wiora, „Die Musik im Weltbild der deutschen Romantik", In: Beiträge zur Geschichte der Musikanschauung im 19. Jahrhundert, Hrsg. v. Walter Wiora, Regensburg: Bosse, 1965, S. 19.

10 Burkhart Steinwachs, „Der Wandel des Mittelalterbildes zwischen aufklärerisch-kulturkritischer Mediävistik und christlich-romantischer Poetisierung des Mittelalters", In: Burkhart Steinwachs, Epochenbewußtsein und Kunsterfahrung, Studien zur geschichtsphilosophischen Ästhetik an der Wende vom 18. zum 19. Jahrhundert in Frankreich und Deutschland, München: Fink, 1986, S. 112 f.

11 Jürgen Voss, Das Mittelalterbild im historischen Denken Frankreichs, Untersuchungen zur Geschichte des Mittelalterbegriffs und der Mittelalterbewertung von der zweiten Hälfte des 16. Jahrhunderts bis zur Mitte des 19. Jahrhunderts, München, 1972.

12 Uwe Neddermeyer, Das Mittelalter in der deutschen Historiographie vom 15. bis zum 18. Jahrhundert.

13 Burkhart Steinwachs, „Der Wandel des Mittelalterbildes zwischen aufklärerisch-kulturkritischer Mediävistik und christlich-romantischer Poetisierung des Mittelalters", In: Burkhart Steinwachs, Epochenbewußtsein und Kunsterfahrung, S. 113.

14 Ernst Behler, „Gesellschaftskritische Motive in der romantischen Zuwendung zum Mittelalter", In: Das Weiterleben des Mittelalters in der deutschen Literatur, Hrsg. v. James F. Poag und Gerhild Scholz-Williams, Königstein/Ts: Athenäum, 1983, S. 51.

15 Wilhelm Heinrich Wackenroder, „Das merkwürdige musikalische Leben des Tonkünstlers Joseph Berglinger, In zwey Hauptstücken", In: Wilhelm Heinrich Wackenroder, Sämtliche Werke und Briefe, Historisch-kritische Ausgabe, Hrsg. v. Silvio Vietta und Richard Littlejohns, 2 Bde., Bd. 1, Heidelberg: Carl Winter, 1991, S. 130 ff.

16 Hans Heinrich Eggebrecht, Musik im Abendland, Prozesse und Stationen vom Mittelalter bis zur Gegenwart, Darmstadt: Wissenschaftliche Buchgesellschaft, 1991, S. 592 ff.

17 Hans Heinrich Eggebrecht, Musik im Abendland, S. 592.

[18] Hans Heinrich Eggebrecht, Musik im Abendland, Prozesse und Stationen vom Mittelalter bis zur Gegenwart, Darmstadt: Wissenschaftliche Buchgesellschaft, 1991, S. 612.

[19] Peter Rummenhöller, Romantik in der Musik, Analysen, Portraits, Reflexionen, Kassel [u.a.]: Bärenreiter, dtv, 1989, S. 13.

[20] Robert Schumann, „Zur Eröffnung des Jahrganges 1835", In: *Neue Zeitschrift für Musik*, 2 (1835), S. 3.

[21] Z.B. Gerhard Dietel, »Eine neue poetische Zeit«, Musikanschauung und stilistische Tendenzen im Klavierwerk Robert Schumanns, Kassel [u.a.]: Bärenreiter, 1989.

[22] Robert Schumann, „Zur Eröffnung des Jahrganges 1835", In: Robert Schumann, Gesammelte Schriften über Musik und Musiker, 2 Bde., Bd. 1, Hrsg. v. Gerd Nauhaus, Reprint der Ausgabe Leipzig 1854, Wiesbaden: Breitkopf & Härtel, 1985, S. 60. – Diese Fassung wurde von Kreisig mit Änderung der Interpunktion übernommen, s. Robert Schumann, „7. Zur Eröffnung des Jahrganges 1835", In: Gesammelte Schriften über Musik und Musiker von Robert Schumann, Hrsg. v. Martin Kreisig, 5. Aufl., 2 Bde., Bd. 1, Leipzig: Breitkopf & Härtel, 1914, S. 37 f.: „In der kurzen Zeit unseres Wirkens haben wir mancherlei Erfahrungen gemacht. Unsere Gesinnung war vorweg festgestellt. Sie ist einfach, und diese: an die alte Zeit und ihre Werke mit allem Nachdruck zu erinnern, darauf aufmerksam zu machen, wie nur an so reinem Quelle neue Kunstschönheiten gekräftigt werden können, – sodann die letzte Vergangenheit [die nur auf Steigerung äußerlicher Virtuosität ausging] als eine unkünstlerische zu bekämpfen, – endlich eine neue poetische Zeit vorzubereiten, beschleunigen zu helfen."

[23] Brief an Pastor Dr. Keferstein in Jena v. 08.07.1834, Robert Schumanns Briefe, Neue Folge, Hrsg. v. F. Gustav Jansen, Zweite vermehrte und verbesserte Auflage, Leipzig: Breitkopf & Härtel, 1904, S. 50, Nr. 42.

[24] S. Franz Brendel, „Die bisherige Sonderkunst und das Kunstwerk der Zukunft", In: *Neue Zeitschrift für Musik*, 38 (1853), S. 77 ff. – Hoplit [Pseud. Richard Pohl], „Betrachtungen über die Gegenwart und die Gesammtkunst der Zukunft", In: *Neue Zeitschrift für Musik*, 41 (1854), S. 25 ff.

[25] Brief an Strackerjan in Oldenburg v. 24.07.1853, In: Robert Schumanns Briefe, Neue Folge, S. 376, Nr. 436.

[26] Dieser Brief wurde zuerst veröffentlicht von F. G. Jansen, „Ein unbekannter Brief von Robert Schumann", In: *Die Musik*, 5 (1905/1906) 4, S. 110–112. – Siehe dazu Wolfgang Boetticher, „Das ungeschriebene Oratorium »Luther« von Robert Schumann und sein Textdichter Richard Pohl", In: Beiträge zur Geschichte des Oratoriums seit Händel, Festschrift Günther Massenkeil zum 60. Geburtstag, Hrsg. v. Rainer Cadenbach und Helmut Loos, Bonn: Voggenreiter, 1986, S. 297–307. – Letzter Nachdruck des Briefes in: Schumann and his World, Hrsg. v. R. Larry Todd, Princeton: University Press, 1994, S. 261 ff. – In seiner Schrift: Das Karlsruher Musikfest im October 1853, Leipzig: Hinze, 1853, hatte Richard Pohl Franz Liszt, der das Karlsruher Musikfest geleitet hatte, als „genialen Vorkämpfer der Musik der Neuzeit" (S. 7) gerühmt und Richard Wagners Opern „Tannhäuser" und „Lohengrin", die „Schumann auf dramatischen Gebiete weit überragen" (S. 55), als zukunftsweisend bezeichnet. Im Gegensatz zu Wagner sei Schumann „viel zu subjectiver Natur, um durch ein reflektiertes Schaffen erfolgreich werden zu können" (S. 53).

[27] Reinhart Kosellek, „Moderne Sozialgeschichte und historische Zeiten", In: Theorie der modernen Geschichtsschreibung, Hrsg. v. Pietro Rossi, Frankfurt a. M.: Suhrkamp, 1987, S. 178. – Zu den Grundlagen der geschichtsphilosophischen Ästhetik s. Peter Szondi, Poetik und Geschichtsphilosophie I, Antike und Moderne in der Ästhetik der Goethezeit, Hegels Lehre von der Dichtung, Hrsg. v. Senat Met und Hans-Hagen Hildebrandt, Frank-

furt a. M.: Suhrkamp, 1974. – Peter Szondi, Poetik und Geschichtsphilosophie II, Von der normativen zur spekulativen Gattungspoetik, Schellings Gattungspoetik, Hrsg. v. Wolfgang Fietkau, Frankfurt a. M.: Suhrkamp, 1974. – Reinhart Kosellek, „»Die Geschichte« als Geschichtsphilosophie", In: Geschichtliche Grundbegriffe, Historisches Lexikon zur politisch-sozialen Sprache in Deutschland, Hrsg. v. Otto Brunner, Werner Conze und Reinhart Kosellek, 7 Bde., Bd. 2, Stuttgart: Klett, 1975, S. 658 ff. – Dietrich Naumann, Literaturtheorie und Geschichtsphilosophie, Teil 1: Aufklärung, Romantik, Idealismus, Stuttgart: Metzler, 1979. – Burkhart Steinwachs, Epochenbewußtsein und Kunsterfahrung, Studien zur geschichtsphilosophischen Ästhetik an der Wende vom 18. zum 19. Jahrhundert in Frankreich und Deutschland, München: Fink, 1986.

28 Peter Ramroth, „Brendels Auseinandersetzung mit der Geschichtsphilosophie Hegels", In: Peter Ramroth, Robert Schumann und Richard Wagner im geschichtsphilosophischen Urteil von Franz Brendel, Frankfurt a. M. [u.a.]: Lang, 1990, S. 76 ff. – Carl Dahlhaus, „Musikkritik als Geschichtsphilosophie", In: Carl Dahlhaus, Die Musik des 19. Jahrhunderts, Wiesbaden: Athenaion, Laaber: Laaber, 1980, S. 208 ff. (Neues Handbuch der Musikwissenschaft; Bd. 6).

29 Georg Wilhelm Friedrich Hegel, Die Vernunft in der Geschichte, Hrsg. v. Johannes Hoffmeister, 5. Auflage, Hamburg: Meiner, 1955, S. 133: „Doch kann bei uns nicht wie bei den Griechen die Kunst die höchste Weise sein, in der das Wahre vorgestellt und gefaßt wird, und kann nur untergeordnete Stellung haben. Die Gestaltung, die nur durch die Kunst gegeben wird, hat für uns keine unbedingte Wahrheit, ist nicht die Form, in der das erscheine, was absolut ist. Die Gestaltung in der Kunst ist nur ein Endliches, ein dem unendlichen Inhalt, der dargestellt werden soll, Unangemessenes." – S. Georg Wilhelm Friedrich Hegel, „Begrenzung der Ästhetik und Widerlegung einiger Einwürfe gegen die Philosophie der Kunst", In: Vorlesungen über die Ästhetik I, Werke, 20 Bde., Bd. 13, Auf der Grundlage der Werke von 1832–1845 neu edierte Ausgabe, Hrsg. v. Eva Moldenhauer und Karl Markus Michel, Frankfurt a. M.: Suhrkamp, 1994, S. 13 ff. – S. Friedrich Rapp, „Die List der Vernunft", In: Friedrich Rapp, Fortschritt, Entwicklung und Sinngehalt einer philosophischen Idee, Darmstadt: Wissenschaftliche Buchgesellschaft, 1992, S. 192 ff.

30 Peter Rummenhöller, Romantik in der Musik, Analysen, Portraits, Reflexionen, Kassel [u. a.]: Bärenreiter, dtv, 1989, S. 18: „Nicht nur die Frühe und die Vergangenheit sind Ziel romantischer Sehnsucht; nicht nur ist die Gegenwart schmerzliche Erfahrung des Endlichen und Unzugänglichen sub specie der Unendlichkeit; der Romantiker kennt auch die Sehnsucht in die Zukunft. Sie erscheint als ersehnte Nicht-Wirklichkeit, als Utopie, die auf ein unendlich Ganzes, eine All-Einheit gerichtet ist. Es ist jener Gedanke an die in ferner Vergangenheit liegende universale Welteinheit, die – in der Gegenwart vermißt – im Kunstwerk als »Ganzheit« neu beschworen werden soll."

31 Reinhold Brinkmann, „Einleitende Überlegungen über Veränderungen im neuen Frühromantikbild", In: Die Aktualität der Frühromantik, Hrsg. v. Ernst Behler und Jochen Hörisch, Paderborn [u.a.]: Schöningh, 1987, S. 13 ff. – Der Aufsatz von Markus Schwering, „Romantische Geschichtsauffassung – Mittelalterbild und Europagedanke", In: Romantik-Handbuch, Hrsg. v. Helmut Schanze, Stuttgart: Kröner, 1994, S. 543, spiegelt den „Paradigmenwechsel" innerhalb der „Romantik"-Forschung in seiner Unentschiedenheit wider: „Mit dem spezifischen Zeitbewußtsein der Romantiker eng zusammen hängt die Übernahme und Aktualisierung der auch HERDER und SCHILLER (*Über naive und sentimentalische Dichtung* (1795/96)) geläufigen geschichtsphilosophischen Denkfigur einer »historia tripartita«, deren normative Implikationen in der Tat eine wissenschaftlich-objektivierende Geschichtsbetrachtung im Ansatz hintertreiben müssen: Am Anfang steht eine

paradiesische Existenzstufe der Menschheit, eine Zeit universeller Einheit und Harmonie aller Lebensbereiche, die je nachdem mit der Antike oder dem historischen Mittelalter identifiziert wird (...). Die Gegenwart erscheint demgegenüber als – freilich geschichtsnotwendiges – Durchgangsstadium der Zerissenheit und Entzweiung. Die Revolution kann im Rahmen dieses Schemas entweder als Höhepunkt eines Zeitalters der »vollendeten Sündhaftigkeit« (Fichte) oder als Umschlagspunkt, als »Incitament« (F. Schlegel) der dritten Periode erneuter Vollendung und eines neuen, Geschichte im eigentlichen Sinn quasi aufhebenden Friedens wirken. Die Europavisionen der Romantiker lassen sich als Konkretionen dieser Utopie eines wiederkehrenden goldenen Zeitalters begreifen. Zuweilen nimmt sie Züge einer chiliastischen Naherwartung an, vorherrschend aber ist der aus der Aufklärung übernommene Gedanke einer »unendlichen Perfektibilität«".

32 Manfred Frank, Der kommende Gott, Vorlesungen über die Neue Mythologie, Frankfurt a. M.: Suhrkamp, 1982. – Manfred Frank, Gott im Exil, Vorlesungen über die Neue Mythologie, Frankfurt a. M.: Suhrkamp, 1988. – Manfred Frank, Einführung in die frühromantische Ästhetik, Vorlesungen, Frankfurt a. M.: Suhrkamp, 1989. – Karl Heinz Bohrer (Hg.), Mythos und Moderne, Begriff und Bild einer Rekonstruktion, Frankfurt a. M., 1983. – Karl Heinz Bohrer, Die Kritik der Romantik, Der Verdacht der Philosophie gegen die literarische Moderne, Frankfurt a. M.: Suhrkamp, 1989.

33 Ernst Behler, Unendliche Perfektibilität, Europäische Romantik und Französische Revolution, Paderborn [u.a.]: Schöningh, 1989.

34 Cornelia Klinger, Flucht-Trost-Revolte, Die Moderne und ihre ästhetischen Gegenwelten, München, Wien: Hanser, 1995, S. 86: „Die spätere romantische Abkehr von der Revolution hat mit reaktionärer Gesinnung oder konservativer Haltung, also mit dem Wunsch nach Wiedereinsetzung der gestürzten Herrschaftsstrukturen oder mit dem Streben nach Bewahrung bzw. Fortschreibung des Status quo, ebensowenig zu tun wie die frühromantische Revolutionsbegeisterung mit Fortschrittsglauben und Modernitätsbejahung im landläufigen Sinne. An beiden Polen geht es um die Sehnsucht nach einer anderen, die Lebensverhältnisse in ihrer Gesamtheit umgestaltenden Wirklichkeit."

35 Friedrich Schlegel, „116. Athenäums-Fragment", In: Friedrich Schlegel, Charakteristiken und Kritiken I (1796–1801), Fragmente, Hrsg. v. Hans Eichner, Kritische Friedrich-Schlegel-Ausgabe, Bd. 2, Erste Abteilung, Kritische Neuausgabe, München, Paderborn, Wien: Schöningh, Zürich: Thomas, 1967, S. 183.

36 Georg Wilhelm Friedrich Hegel, „Der Gang der Weltgeschichte" In: Georg Wilhelm Friedrich Hegel, Die Vernunft in der Geschichte, Hrsg. v. Johannes Hoffmeister, 5. Auflage, Hamburg: Meiner, 1955, S. 149 f.

37 Otto Pöggeler, „Hegel und die Anfänge der Nihilismus-Diskussion", In: *Man and World*, (1970) Vol. 3, Nr. 3, S. 163 ff.

38 Carl Schmitt, Politische Romantik, 5. Auflage, unveränderter Nachdruck der 1925 erschienen 2. Auflage, Berlin: Duncker und Humblot, 1991, S. 23 ff.

39 Friedrich Schlegel, „Über das Studium der Griechischen Poesie", In: Friedrich Schlegel, Studien des klassischen Altertums, Hrsg. v. Ernst Behler, Kritische Friedrich-Schlegel-Ausgabe, Bd. 1, Erste Abteilung, Kritische Ausgabe, München, Paderborn, Wien: Schöningh, Zürich: Thomas, 1979, S. 288.

40 Ludwig Marcuse, „Reaktionäre und progressive Romantik", In: *A Journal Devoted to the Study of German Language and Literature*, Vol. XLIV, Nr. 1/1952, S. 195–201, Zit. n. Ludwig Marcuse, „Reaktionäre und progressive Romantik", In: Begriffsbestimmung der Romantik, Hrsg. v. Helmut Prang, Darmstadt: Wissenschaftliche Buchgesellschaft, 1968, S. 381.

41 August Wilhelm Schlegel, Vorlesungen über schöne Literatur und Kunst, Kritische Ausgabe der Vorlesungen, Bd. 1, Hrsg. v. Ernst Behler in Zusammenarbeit mit Frank Jolles, Paderborn, München, Wien, Zürich, 1989, S. 188 ff.

42 Hans Robert Jauss, Ästhetische Normen und geschichtliche Reflexion in der »Querelle des Ancien et Modernes«, München: Eidos, 1973, S. 27.

43 Giambattista Vico, Die neue Wissenschaft über die gemeinschaftliche Natur der Völker, Nach der Ausgabe von 1744, Übersetzt und eingeleitet von E. Auerbach, Berlin und Leipzig, 1925. – S. Burkhart Steinwachs, „Die Grundlegung des geschichtsphilosophischen Epochenbegriffs, Giambattista Vico, Die neue Wissenschaft über die gemeinschaftliche Natur der Völker (1721/1744)", In: Burkhart Steinwachs, Epochenbewußtsein und Kunsterfahrung, Studien zur geschichtsphilosophischen Ästhetik an der Wende vom 18. zum 19. Jahrhundert in Frankreich und Deutschland, München: Fink, 1986, S. 27 ff.

44 Friedrich Theodor Vischer, Ästhetik oder Wissenschaft des Schönen, 3 Bde., Stuttgart: Mäcken, 1846–1857. – S. Willi Oelmüller, Friedrich Theodor Vischer und das Problem der nachhegelschen Ästhetik, Stuttgart: Kohlhammer, 1959.

45 Reinhart Kosellek, „Die Herausbildung des modernen Geschichtsbegriffs", In: Geschichtliche Grundbegriffe, Historisches Lexikon zur politisch-sozialen Sprache in Deutschland, Hrsg. v. Otto Brunner, Werner Conze und Reinhart Kosellek, 8 Bde., Bd. 2, Stuttgart: Klett, 1975, S. 647 ff.

46 Alexander Baumgarten, Aesthetica, 2 Tle., Frankfurt a. O., 1750/1758.

47 Ernst Behler, Unendliche Perfektibilität, Europäische Romantik und Französische Revolution, Paderborn [u.a.]: Schöningh, 1989, S. 14.

48 Johann Gottfried Herder, Sämtliche Werke, Hrsg. v. Bernhard Suphan, 33 Bde., Bd. 5, Auch eine Philosophie der Geschichte zur Bildung der Menschheit, Beytrag zu vielen Beyträgen des Jahrhunderts, 1774, Nachdruck der Ausgabe Berlin 1891, Hildesheim: Olms, 1967, S. 509.

49 Johann Gottfried Herder, Sämtliche Werke, Hrsg. v. Bernhard Suphan, 33 Bde., Bd. 18, Briefe zur Beförderung der Humanität, 1796, Nachdruck der Ausgabe Berlin 1883, Hildesheim: Olms, 1967, S.137.

50 Friedrich Schlegel, „Herders Humanitätsbriefe, 7. und 8. Sammlung", In: Friedrich Schlegel, Charakteristiken und Kritiken I (1796–1801), Rezensionen, Hrsg. v. Hans Eichner, Kritische Friedrich-Schlegel-Ausgabe, Bd. 2, Erste Abteilung, Kritische Neuausgabe, München, Paderborn, Wien: Schöningh, Zürich: Thomas, 1967, S. 54.

51 Raymond Immerwahr, Romantisch, Genese und Tradition einer Denkform, Frankfurt a. M.: Athenäum, 1972, S. 88 ff.

52 Richard Hurd, Letters on Chivalry and Romance, London, 1759. – Thomas Warton, Observations on the Fairy Queen of Spencer, London, 1754. – S. Raymond Immerwahr, „Das Romantische als kulturhistorischer Begriff in England", In: Raymond Immerwahr, Romantisch, Genese und Tradition einer Denkform, S. 72 ff.

53 Friedrich Schiller, Ueber die ästhetische Erziehung des Menschen in einer Reihe von Briefen, In: Schillers Werke, Nationalausgabe, Bd. 20: Philosophische Schriften I, Hrsg. v. Benno von Wiese unter Mitwirkung von Helmut Koopmann, Weimar: Böhlaus Nachfolger, 1962, S. 312.

54 S. Peter Szondi, Poetik und Geschichtsphilosophie I, Antike und Moderne in der Ästhetik der Goethezeit, Hegels Lehre von der Dichtung, Hrsg. v. Senta Metz und Hans-Hagen Hildebrandt, Frankfurt a. M.: Suhrkamp, 1974, S. 149 ff. – Jürgen Bolten, Friedrich Schiller, Poesie, Reflexion und gesellschaftliche Selbstdeutung, München: Fink, 1985. – Helmut

Koopmann, „Schiller und das Ende der aufgeklärten Geschichtsphilosophie", In: Schiller heute, Hrsg. v. Hans-Jörg Knobloch und Helmut Koopmann, Tübingen: Stauffenburg, 1996, S. 11 ff.

55 Friedrich Schiller, Ueber naive und sentimentalische Dichtung, In: Schillers Werke, Nationalausgabe, Bd. 20: Philosophische Schriften I, Hrsg. v. Benno von Wiese unter Mitwirkung von Helmut Koopmann, Weimar: Böhlaus Nachfolger, 1962, S. 438.

56 Friedrich Schiller, Fragmente aus Schillers ästhetischen Vorlesungen, In: Schillers Werke, Nationalausgabe, Bd. 21: Philosophische Schriften II, Hrsg. v. Benno von Wiese unter Mitwirkung von Helmut Koopmann, Weimar: Böhlaus Nachfolger, 1963, S. 83.

57 Friedrich Schlegel, Fragmente zur Literatur und Poesie I, Hrsg. v. Hans Eichner, Kritische Friedrich-Schlegel-Ausgabe, Bd. 16, Zweite Abteilung, Schriften aus dem Nachlaß, München, Paderborn, Wien: Schöningh, Zürich: Thomas, 1981, S. 172, [V, Nr. 1050].

58 August Wilhelm Schlegel, Vorlesungen über schöne Literatur und Kunst, Kritische Ausgabe der Vorlesungen, Bd. 1, Hrsg. v. Ernst Behler in Zusammenarbeit mit Frank Jolles, Paderborn, München, Wien, Zürich, 1989, S. 195 f.

59 Johann Wolfgang Goethe, Maximen und Reflexionen, Goethes Werke, 14 Bde., Bd. XII, Hrsg. v. Werner Weber und Joachim Schrimpf, 5. Auflage, Hamburg: Wegner, 1963, S. 487, Nr. 863. – Eine Reflexion auf die Goethe Maxime findet sich selbst noch in einem Brief Gustav Mahlers an Arnold Berliner vom 10.7.1894, abgedruckt in: Gustav Mahler, Briefe, Neuausgabe erweitert und revidiert von Herta Blaukopf, Wien und Hamburg: Zsolnay, 1982, S. 114: „Eben lese ich, lieber Berliner, in Eckermann folgende Worte Goethes, welche ich Ihnen in Erinnerung an unsere damalige nächtliche Exkursion in die Aesthetik mitteilen muß.
Goethe »über die Bedeutung der Beziehung von classisch und romantisch, das Classische nenne ich das Gesunde, und das Romantische das Kranke. – Das meiste Neuere ist nicht romantisch, weil es neu, sondern weil es schwach, kränklich und krank ist, und das Alte ist nicht classisch, weil es alt, sondern weil es stark, frisch, froh und gesund ist. – Wenn wir nach solchen Qualitäten Classisches und Romantisches unterscheiden, so werden wir bald im Reinen sein.« Eckermanns Gespräche II. Teil, Seite 63 (Brockhaus 76). Die innere Berührung meiner Ausführung mit den Goethischen dürfte in die Augen fallen. – Jedenfalls etwas anderes als die nur Ekel erregende Platitude des Konversationslexikons. –"

60 Ernst Behler, Unendliche Perfektibilität, Europäische Romantik und Französische Revolution, Paderborn [u.a.]: Schöningh, 1989, S. 295 ff.

61 Jean Paul, Vorschule der Ästhetik, IV. Programm Über die griechische oder plastische Dichtkunst, § 16 Die Griechen, V. Programm Über die romantische Dichtkunst, § 21 Das Verhältnis der Griechen und der Neuern, Hrsg. v. Norbert Miller, Studienausgabe, München: Hanser, 1974, S. 67 und 85.

62 Friedrich Ast, „III. Ableitung der Kunstgattungen als der antiken und romantischen Kunst", In: Friedrich Ast, System der Kunstlehre oder Lehr- und Handbuch der Ästhetik zu Vorlesungen und zum Privatgebrauche entworfen, Leipzig: Hinrichs, 1805, S. 59 ff.

63 Friedrich Bouterwek, „Gegensatz der griechischen und romantischen Kunst", In: Friedrich Bouterwek, Aesthetik, 2 Tle., 2. Teil: Theorie der schönen Künste, Leipzig: Martini, 1806, S. 238 ff.

64 S. Peter Rummenhöller, Romantik in der Musik. Analysen, Portraits, Reflexionen, Kassel [u. a.]: Bärenreiter, dtv, 1989, S. 22 f. – Rummenhöllers Behauptung, Hegels Interpretation habe der Musik als einer „romantischen" Kunst die ästhetisch-philosophische Basis

gegeben, Hegel hätte der Musik die philosophische Würde der „romantischsten" Kunst verliehen, unterschlägt den geschichtsphilosophischen Überbau der Hegelschen Ästhetik.

65 Georg Wilhelm Friedrich Hegel, Vorlesungen über die Ästhetik I, In: Georg Wilhelm Friedrich Hegel, Werke, 20 Bde., Bd. 13, Auf der Grundlage der Werke von 1832–1845 neu edierte Ausgabe, Hrsg. v. Eva Moldenhauer und Karl Markus Michel, Frankfurt a. M.: Suhrkamp, 1994, S. 139.
66 Georg Wilhelm Friedrich Hegel, Vorlesungen über die Ästhetik I, S. 103.
67 Georg Wilhelm Friedrich Hegel, Vorlesungen über die Ästhetik I, S. 114.
68 Georg Wilhelm Friedrich Hegel, Vorlesungen über die Ästhetik I, S. 392.
69 Georg Wilhelm Friedrich Hegel, Vorlesungen über die Ästhetik I, S. 390.
70 Georg Wilhelm Friedrich Hegel, Vorlesungen über die Ästhetik I, S. 392.
71 Georg Wilhelm Friedrich Hegel, Vorlesungen über die Ästhetik I, S. 392.
72 Georg Wilhelm Friedrich Hegel, Vorlesungen über die Ästhetik II, In: Georg Wilhelm Friedrich Hegel, Werke, 20 Bde., Bd. 14, Auf der Grundlage der Werke von 1832–1845 neu edierte Ausgabe, Hrsg. v. Eva Moldenhauer und Karl Markus Michel, Frankfurt a. M.: Suhrkamp, 1995, S. 128 f.
73 Georg Wilhelm Friedrich Hegel, Vorlesungen über die Ästhetik II, S. 141.
74 Georg Wilhelm Friedrich Hegel, Vorlesungen über die Ästhetik II, S. 197.
75 Georg Wilhelm Friedrich Hegel, Vorlesungen über die Ästhetik II, S. 141.
76 Georg Wilhelm Friedrich Hegel, Vorlesungen über die Ästhetik II, S. 171.
77 Georg Wilhelm Friedrich Hegel, Vorlesungen über die Ästhetik II, S. 195 f.
78 Georg Wilhelm Friedrich Hegel, Vorlesungen über die Ästhetik III, In: Georg Wilhelm Friedrich Hegel, Werke, 20 Bde., Bd. 15, Auf der Grundlage der Werke von 1832–1845 neu edierte Ausgabe, Hrsg. v. Eva Moldenhauer und Karl Markus Michel, Frankfurt a. M.: Suhrkamp, 1996, S. 15 f.
79 Georg Wilhelm Friedrich Hegel, Vorlesungen über die Ästhetik I, S. 122.
80 Georg Wilhelm Friedrich Hegel, Vorlesungen über die Ästhetik III, S. 15.
81 Georg Wilhelm Friedrich Hegel, Vorlesungen über die Ästhetik III, S. 135.
82 Georg Wilhelm Friedrich Hegel, Vorlesungen über die Ästhetik I, S. 141.
83 Georg Wilhelm Friedrich Hegel, Vorlesungen über die Ästhetik I, S. 23 ff.
84 S. Bernhard Billeter, „Die Musik in Hegels Ästhetik", In: *Die Musikforschung*, 26 (1973) 3, S. 295–310. – Annemarie Gethmann-Siefert, „Hegels These vom Ende der Kunst und der »Klassizismus« der Ästhetik", In: *Hegel-Studien*, 19 (1984), S. 205–258. – Heinz Heimsoeth, „Hegels Philosophie der Musik", In: *Hegel-Studien*, 2 (1963), S. 161–201. – Jens Kulenkampff, „Musik bei Kant und Hegel", In: *Hegel-Studien*, 22 (1987), S. 143–163. – Günter Mayer, „Hegel und die Musik", In: *Beiträge zur Musikwissenschaft*, 13 (1971), S. 152–173. – Adolf Nowak, „Die Musik als romantische Kunst", In: Adolf Nowak, Hegels Musikästhetik, Regensburg: Bosse, 1971, S. 189–210. – Heinz Paetzhold, „Hegels Ästhetik und das Problem einer Philosophie der Wirklichkeit der Kunst", In: Heinz Paetzhold, Ästhetik des deutschen Idealismus, Zur Idee ästhetischer Rationalität bei Baumgarten, Schelling, Hegel und Schopenhauer, Wiesbaden: Steiner, 1983, S. 174–411. – Otto Pöggeler, Hegels Kritik der Romantik, Bonn: Bouvier, 1956.
85 Georg Wilhelm Friedrich Hegel, Vorlesungen über die Ästhetik II, S. 142.
86 Enrico Fubini, „Hegel: das unsichtbare Gefühl", In: Enrico Fubini, Geschichte der Musikästhetik, Von der Antike bis zur Gegenwart, Aus dem Italienischen von Sabina Kienlechner, Stuttgart, Weimar: Metzler: 1997, S. 217.

87 Felix Mendelssohn Bartholdy, „Brief an Wilhelm Taubert in Berlin, Luzern, den 27. August 1831", In: Briefe aus den Jahren 1830 bis 1847 von Felix Mendelssohn Bartholdy, Hrsg. v. Paul Mendelssohn Bartholdy, 2 Bde., Bd. 1: Reisebriefe aus den Jahren 1830 bis 1832 von Felix Mendelssohn Bartholdy, sechste Auflage, Leipzig: Mendelssohn, 1864, S. 273.
88 August Kahlert, System der Ästhetik, Leipzig: Breitkopf und Härtel, S. 13 und 367 f., der Hegels „dialektische Methode" zwar übernimmt, doch „auf ein gänzlich andres Ergebnis, als es Hegel erreichte", kommt, führt zu Hegel die übliche Entschuldigung an: „Unstreitig mehr mit systematischer Strenge und daher wirksamer ist bei der Redaction der Hegelschen Vorlesungen über Ästhetik, verfahren worden, denn Hegel selbst, – was Berücksichtigung verdient, – mit den inneren Gesetzen dieser Kunst nicht vertraut, hatte nur im Allgemeinen die richtige Stellung dieser Kunst, nämlich deren Bedeutung für die ganze Romantik, herausgefühlt."
89 Christian Hermann Weisse, System der Ästhetik als Wissenschaft von der Idee der Schönheit, 2 Tle., Teil 1, Leipzig, 1830, Nachdruck: Hildesheim Olms, 1966, S. 312.
90 Amadeus Wendt, Ueber die Hauptperioden der schönen Kunst, oder die Kunst im Laufe der Weltgeschichte, Leipzig: Barth, 1831, S. 7.
91 Friedrich Wilhelm Joseph Schelling, „System des transzendentalen Idealismus" (1800), In: Ausgewählte Werke, Hrsg. v. Karl Friedrich August Schelling, 8 Bde., Bd. 5: Schriften von 1799–1801, Unveränd. reprograf. Nachdr. d. Ausg. Stuttgart und Augsburg, Cotta, 1858 und 1859, Darmstadt: Wiss. Buchges., 1967, S. 618. – Manfred Frank, „»Intellektuale Anschauung«, Drei Stellungnahmen zu einem Deutungsversuch von Selbstbewußtsein: Kant, Fichte, Hölderlin/Novalis", In: Die Aktualität der Frühromantik, Hrsg. v. Ernst Behler und Jochen Hörisch, Paderborn [u.a.], 1987, S. 96–126.
92 Amadeus Wendt, Ueber die Hauptperioden der schönen Kunst, S. 6.
93 Amadeus Wendt, Ueber die Hauptperioden der schönen Kunst, S. 7.
94 Amadeus Wendt, Ueber die Hauptperioden der schönen Kunst, S. 137.
95 Amadeus Wendt, Ueber die Hauptperioden der schönen Kunst, S. 136.
96 Amadeus Wendt, Ueber die Hauptperioden der schönen Kunst, S. 151 f.
97 Amadeus Wendt, Ueber die Hauptperioden der schönen Kunst, S. 162 f.
98 Amadeus Wendt, Ueber die Hauptperioden der schönen Kunst, S. 201.
99 Amadeus Wendt, Ueber die Hauptperioden der schönen Kunst, S. 206.
100 Amadeus Wendt, Ueber die Hauptperioden der schönen Kunst, S. 12.
101 Christian Friedrich Michaelis, Ueber den Geist der Tonkunst mit Rücksicht auf Kants Kritik der ästhetischen Urteilskraft, Ein ästhetischer Versuch, 2 Bde., Leipzig: Schäfer, 1795 und 1800.
102 Rezension, „Ueber die Hauptperioden der schönen Kunst, oder die Kunst im Laufe der Weltgeschichte dargestellt von Amadeus Wendt, Hofrath und Prof. der Philosophie in Göttingen. Leipzig, 1831, bey Barth", In: *Allgemeine musikalische Zeitung*, 34 (1832), Sp. 169.
103 Friedrich Nietzsche, Der Fall Wagner, Kritische Studienausgabe, Hrsg. v. Giorgio Colli und Mazzino Montinari, 15 Bde., Bd. 6, München: dtv und Berlin/New York: de Gruyter, 1980, S. 14.
104 Christian Schreiber, „Beyträge zu einer Ästhetik der Musik", In: *Allgemeine musikalische Zeitung*, 8 (1806), Sp. 339 f.
105 S. Christoph E. Hänggi, „Das Entstehen einer romantischen Musikästhetik", In: Christoph E. Hänggi, G. L. P. Sievers (1775–1830) und seine Schriften, Eine Geschichte der romantischen Musikästhetik, Bern [u.a.]: Lang, 1993, S. 113 ff.

106 E. T. A. Hoffmann, „Beethoven, C moll-Sinfonie", In: Dichtungen und Schriften sowie Briefe und Tagebücher, Gesamtausgabe, Hrsg. v. Walther Harich, 15 Bde., Bd. 12: Die Schriften über Musik, Weimar: Lichtenstein, 1924, S. 128 f. – E. T. A. Hoffmann, Schriften zur Musik, Aufsätze und Rezensionen, Hrsg. v. Friedrich Schnapp, München: Winkler, o.J., S. 34.

107 E. T. A. Hoffmann, „Beethoven, C moll-Sinfonie", S. 131. – E. T. A. Hoffmann, Schriften zur Musik, Aufsätze und Rezensionen, S. 36.

108 E. T. A. Hoffmann, „Beethoven, C moll-Sinfonie", S. 132. – E. T. A. Hoffmann, Schriften zur Musik, Aufsätze und Rezensionen, S. 37.

109 Zur Terminologie der Beethovenkritik s. Ludwig van Beethoven, Die Werke im Spiegel seiner Zeit, Gesammelte Konzertberichte und Rezensionen bis 1830, Hrsg. v. Stefan Kunze, Laaber: Laaber, 1987.

110 E. T. A. Hoffmann, „Beethoven, C moll-Sinfonie", S. 132. – E. T. A. Hoffmann, Schriften zur Musik, Aufsätze und Rezensionen, S. 37.

111 E. T. A. Hoffmann, „Beethoven, C moll-Sinfonie", S. 148. – E. T. A. Hoffmann, Schriften zur Musik, Aufsätze und Rezensionen, S. 50.

112 E. T. A. Hoffmann, „Grande Sonate pour le Pianoforte à quatre mains comp. – par Fréd. Schneider, Oeuv. 29, à Leipzig, chez A. Kühnel", In: Dichtungen und Schriften sowie Briefe und Tagebücher, Gesamtausgabe, Hrsg. v. Walther Harich, 15 Bde., Bd. 12: Die Schriften über Musik, Weimar: Lichtenstein, 1924, S. 325 f. – E. T. A. Hoffmann, Schriften zur Musik, Aufsätze und Rezensionen, S. 197, schreibt 1814: „Von regem, blitzendem Aufflackern eines genialen Humors, wie etwa in Beethovenscher Musik, wo es in den eignen, überraschenden Modulationen, in dem originellen Thematisieren, so wie in den oft bis ins höchst Abenteuerliche und Bizarre herüberspielenden Figuren hervorleuchtet – ist in dem vorliegenden Werk nicht die Rede."

113 August Kahlert, „Ueber die Bedeutung des Romantischen", In: *Cäcilia, eine Zeitschrift für die musikalische Welt*, 16 (1834), S. 236.

114 August Kahlert, „Ueber die Bedeutung des Romantischen", S. 241.

115 August Kahlert, „Ueber die Bedeutung des Romantischen", S. 239 ff.

116 E. T. A. Hoffmann, „Alte und neue Kirchenmusik", In: Dichtungen und Schriften sowie Briefe und Tagebücher, Gesamtausgabe, Hrsg. v. Walther Harich, 15 Bde., Bd. 12: Die Schriften über Musik, Weimar: Lichtenstein, 1924, S. 28. – E. T. A. Hoffmann, Schriften zur Musik, Aufsätze und Rezensionen, S. 211.

117 August Kahlert, „Ueber die Bedeutung des Romantischen", S. 243.

118 August Kahlert, „Ueber die Bedeutung des Romantischen", S. 243.

119 August Kahlert, „Ueber die Bedeutung des Romantischen", S. 243.

120 Gustav Schilling, „Romantik und Romantisch", In: Encyclopädie der gesammten musikalischen Wissenschaften, oder Universal-Lexicon der Tonkunst, Bearbeitet u.a. von Gottfried Wilhelm Fink, Friederich J. K. de la Motte Fouqué, Georg Christoph Grosheim und dem Redacteur Gustav Schilling, 7 Bde., Bd. 6, Stuttgart: Köhler, 1838, S. 34 ff.

121 Gustav Schilling, Versuch einer Philosophie des Schönen in der Musik, oder Ästhetik der Tonkunst, Zugleich ein Supplement zu allen grösseren musikalischen Theorieen, und ein Hand- und Lesebuch für die Gebildeten aus allen Ständen zur Förderung eines guten Geschmacks in musikalischen Dingen, Mainz: Schott, 1838, S. 271 ff.

122 Gustav Schilling, Versuch einer Philosophie des Schönen in der Musik, S. 276.

123 Gustav Schilling, Versuch einer Philosophie des Schönen in der Musik, S. 275.

124 Gustav Schilling, Geschichte der heutigen oder modernen Musik, In Ihrem Zusammenhange mit der allgemeinen Welt- und Völkergeschichte, Karlsruhe: Gross, 1841, S. 13.

125 „Romantik", In: Musikalisches Conservations-Lexicon, Encyklopädie der gesamten Musik-Wissenschaft für Künstler, Kunstfreunde und Gebildete, Hrsg. v. August Gathy unter Mitwirkung von Ortlepp, J. Schmitt, Meyer, Zöllner u.a., Zweite Auflage, Hamburg: Niemeyer, 1840, S. 382.

126 F. A. Gelbcke, „Classisch und Romantisch, Ein Beitrag zur Geschichtsschreibung der Musik unserer Zeit", In: *Neue Zeitschrift für Musik*, 14 (1841), S. 187 ff.

127 Vgl. „Romantik, Romantisch", In: Universallexikon der Tonkunst, Hrsg. v. Julius Schladebach, Dresden: Schäfer, 1856, S. 367. – „Romantik", In: Musikalisches Conservations-Lexicon, S. 382.

128 „Romantik, Romantisch", In: Neues Universal-Lexikon der Tonkunst, Für Künstler, Kunstfreunde und alle Gebildeten, Hrsg. v. Eduard Bernsdorf unter Mitwirkung mehrer Musikgelehrten, Tonkünstler, Bd. 3, Offenbach: André, 1861, S. 366 f.

129 „Romantik, Romantisch", In: Universallexikon der Tonkunst, S. 367. – „Romantik, Romantisch", In: Neues Universal-Lexikon der Tonkunst, S. 367.

130 S., „Die »romantische« Musik, psychologisch-historisch betrachtet", In: *Allgemeine musikalische Zeitung*, Neue Folge, 1 (1863), Sp. 165.

131 S., „Die »romantische« Musik, psychologisch-historisch betrachtet", Sp. 168.

132 S., „Die »romantische« Musik, psychologisch-historisch betrachtet", Sp. 169.

133 S., „Die »romantische« Musik, psychologisch-historisch betrachtet", Sp. 169.

134 „Romantisch", In: Musik-Lexikon, Theorie und Geschichte der Musik, die Tonkünstler alter und neuer Zeit mit Angabe ihrer Werke, nebst einer vollständigen Instrumentenkunde, Hrsg. v. Hugo Riemann, 1. Auflage, Leipzig: Bibliographisches Institut, 1882, S. 777.

135 „Romantisch", In: Musik-Lexikon, Hrsg. v. Hugo Riemann, 8. vollständig umgearbeitete Auflage, Berlin: Hesse, 1916, S. 941 f.

136 „Romantisch", In: Musik-Lexikon, Hrsg. v. Hugo Riemann, 1. Auflage, 1882, S. 778.

137 „Romantisch", In: Musik-Lexikon, Hrsg. v. Hugo Riemann, 1. Auflage, 1882, S. 778.

138 Im Unterschied zur Bezeichnung „Kritiker" ist die Bezeichnung „Rezensent" für Schumann eindeutig negativ besetzt, „jener steht dem Künstler, dieser dem Handwerker näher", s. Robert Schumann, „6. Aus Meister Raros, Florestans und Eusebius' Denk- und Dichtbüchlein", In: Gesammelte Schriften über Musik und Musiker von Robert Schumann, Hrsg. v. Martin Kreisig, 2 Bde., Bd. 1, 5. Auflage, mit den durchgesehenen Nachträgen und Erläuterungen zur 4. Auflage und weiteren, Leipzig: Breitkopf & Härtel, 1914, S. 26. Im „Denk- und Dichtbüchlein" kommt dieser abwertende Gebrauch der Bezeichnung „Rezensent" gleich an mehreren Stellen zum Ausdruck.

139 Diese Auffassung herrscht in der Schumann Forschung vor; z.B. Winfried Seyfarth, Musikhistorische Untersuchungen zu Schumanns vokalsinfonischen Werken »Das Paradies und die Peri«, »Szenen aus Goethes Faust«, »Manfred« und »Der Rose Pilgerfahrt«, Ein Beitrag zur kritisch-schöpferischen Erbeaneignung, Diss. (A), Zwickau, 1979, S. 58. – Dietmar Hiller, „Schumanns Romantikauffassung und die Rolle der musikalischen Gattungen", In: Robert-Schumann-Tage 1984, 9. Wissenschaftliche Arbeitstagung zu Fragen der Schumann-Forschung in Zwickau, Hrsg. v. Rat des Bezirkes Karl-Marx-Stadt, Abteilung Kultur, o.O. und o.J., S. 14.

140 Johann Peter Lyser, „Robert Schumann und die romantische Schule in Leipzig, Aus dem Tagebuche eines alten Thomas-Schülers", In: *Der Humorist*, 2 (1838), S. 682 ff. – Schumann hat diesen Aufsatz gelesen und in seine Sammlung „Zeitungsstimmen", Bd. 1, Nr. 14 auf-

genommen. In sein Tagebuch, Robert Schumann, Tagebücher, Bd. II 1836–1854, Hrsg. v. Gerd Nauhaus, Leipzig: Deutscher Verlag für Musik, 1987, Basel und Frankfurt a. M.: Stroemfeld/Roter Stern, o.J., S. 76, vermerkte Schumann am 21.10.1838: „Gestern überraschte mich früh Fischhof mit e.[inem] Aufsatz von Lyser im Humoristen, der mich sehr erfreute u. mir hier viel nützt, obgleich er Manches Unrichtige enthält". – Im Brief an Clara Schumann vom 23.10.1838, In: Clara und Robert Schumann, Briefwechsel, Kritische Gesamtausgabe, Hrsg. v. Eva Weissweiler, III Bde., Bd. I., 1832–1838, Basel und Frankfurt a. M.: Stroemfeld/Roter Stern, 1984, S. 269 f., schreibt Schumann: „Ein Aufsatz von Lyser hat mir eigentlich hier viel genutzt und die neugierigen sprachseligen Wiener nun erst recht neugierig gemacht, obwohl Manches im Aufsatz ungeschickt ausgesprochen ist u. es beinahe den Anschein hat, als sei ich bei Nacht und Nebel entflohen. Doch wie dem auch sei, es hat mich, wie ich glaube, schnell in Aller Munde gebracht u. Alles will mich fantasiren hören pp. Da Ihr den Humoristen nicht leset, lege ich das Blatt bei. Gieb es dann Reutern, der es [mir] dann an meine Freunde in L. weiter geben kann, wenn er will." – Im Brief an Oswald Lorenz vom 27.10.1838, In: Robert Schumanns Briefe, Neue Folge, Hrsg. v. F. Gustav Jansen, Zweite vermehrte und verbesserte Auflage, Leipzig: Breitkopf & Härtel, 1904, S. 143, Nr. 144, schreibt Schumann dazu: „Lyser hat im »Humorist« etwas über mich geschrieben, aufmerksam und wohlwollend".

141 Gottfried Wilhelm Fink, „Die neu-romantische Schule", In: *Allgemeine Musikalische Zeitung*, 41 (1838), Sp. 665–668.

142 Gottfried Wilhelm Fink, „Die neu-romantische Schule", Sp. 665 f.

143 Gottfried Wilhelm Fink, „Die neu-romantische Schule", Sp. 668.

144 Hans-Peter Fricker, Die musikkritischen Schriften Robert Schumanns, Versuch eines literaturwissenschaftlichen Zugangs, Bern, Frankfurt a. M., New York: Lang, S. 167, bestätigt diese Ansicht: „Der Leser wird gezwungen, sich zu fragen, ob Florestan recht hat oder nicht. Wenn nicht seine eigenen Ueberlegungen, so werden ihn andere Stellen in den Schriften Schumanns zum Verständnis des Wortes »romantisch« darauf stossen, dass Florestan ihn hier durch Ironie herausfordert. –"

145 Robert Schumann, „Ferdinand Hiller. I.", In: Gesammelte Schriften über Musik und Musiker von Robert Schumann, Hrsg. v. Martin Kreisig, 2 Bde., Bd. 1, 5. Auflage, mit den durchgesehenen Nachträgen und Erläuterungen zur 4. Auflage und weiteren, Leipzig: Breitkopf & Härtel, 1914, S. 42 f. – Die in [ ] gesetzten bzw. ausgesparten Textstellen wurden von Robert Schumann bei der Herausgabe der Gesammelten Schriften gestrichen.

146 Die Literatur zu Schumanns gegenwartskritischem „Romantik"-Begriff ist Legion. Es darf deshalb an dieser Stelle auf das Literaturverzeichnis im Anhang der Arbeit verwiesen werden.

147 Bernhard R. Appel, „Robert Schumann und der provençalische Ton", In: Schumanns Werke – Text und Interpretation, 16 Studien, Hrsg. v. der Robert-Schumann-Gesellschaft Düsseldorf durch Akio Mayeda und Klaus Wolfgang Niemöller, Mainz [u.a.]: Schott, 1987, S. 167 f.: „1. Als Abbreviatur steht das *Provençalische* für die geschichts-philosophische Konstruktion ein, daß zu einem historisch nur ungenau bestimmten »mittelalterlichen«, eben »provençalischen« Zeitpunkt, Sprache und Musik zu einer höheren poetischen Einheit verschmolzen gewesen seien, einer Einheit, die angesichts der gegenwärtigen Spaltung in Dichtkunst und Musik, nur noch anhand starker Affinitäten zwischen beiden Schwesterkünsten erahnt werden könne".

148 S. Martin Geck, „Idealismus", In: Die Musik in Geschichte und Gegenwart, Allgemeine Enzyklopädie der Musik, begründet von Friedrich Blume, Zweite, neubearbeitete Ausgabe, Hrsg. v. Ludwig Finscher, 21 Bde., Sachteil, Bd. 4, Kassel [u.a.]: Bärenreiter, Stuttgart

und Weimar: Metzler, 1996, Sp. 509 f. – Martin Geck, Von Beethoven bis Mahler, Die Musik des deutschen Idealismus, Stuttgart und Weimar: Metzler, 1993.

149 Robert Schumann, „Hottentottiana, Zweites Heft, 27.8.–31.12.1828", In: Robert Schumann, Tagebücher, Bd. I., 1827–1838, Hrsg. v. Georg Eismann, Leipzig: Deutscher Verlag für Musik, 1971, Basel und Frankfurt a. M.: Stroemfeld/Roter Stern, o.J., S. 124 f.

150 Bernhard R. Appel, R. Schumanns Humoreske für Klavier op. 20, Zum musikalischen Humor in der ersten Hälfte des 19. Jahrhunderts unter besonderer Berücksichtigung des Formproblems, Saarbrücken, 1981, S. 168.

151 Bernhard Meissner, Geschichtsrezeption als Schaffenskorrelat, Studien zum Musikgeschichtsbild Robert Schumanns, Bern: Franke, 1985 (Neue Heidelberger Studien zur Musikwissenschaft; Bd. 11).

152 Wilhelm Christian Müller, Aesthetisch-historische Einleitung in die Wissenschaft der Tonkunst, Erster Theil, Versuch einer Aesthetik der Tonkunst im Zusammenhange mit den übrigen schönen Künsten nach geschichtlicher Entwicklung, Zweiter Theil, Übersicht einer Chronologie der Tonkunst mit Andeutungen allgemeiner Civilisation und Kultur-Entwicklung, Leipzig, 1830.

153 Robert Schumann, Geschichte der Musik (nach Müllers Ästhetik). RSchH, Sig.: 4871 V, 1 – A3.

154 Bodo Bischoff, Monument für Beethoven, Die Entwicklung der Beethoven-Rezeption Robert Schumanns, Köln-Rheinkassel: Dohr, 1994, S. 246 ff.

155 Wilhelm Christian Müller, Aesthetisch-historische Einleitung in die Wissenschaft der Tonkunst, 2 Tle., Erster Theil, S. XIII.

156 Wilhelm Christian Müller, Aesthetisch-historische Einleitung in die Wissenschaft der Tonkunst, 2 Tle., Zweiter Theil, S. 340.

157 Robert Schumann, „Trios für Pianoforte mit Begleitung", In: Robert Schumann, Gesammelte Schriften über Musik und Musiker von Robert Schumann, Hrsg. v. Martin Kreisig, 2 Bde., Bd. 1, 5. Auflage, mit den durchgesehenen Nachträgen und Erläuterungen zur 4. Auflage und weiteren, Leipzig: Breitkopf & Härtel, 1914, S. 501.

158 Bodo Bischoff, Monument für Beethoven, S. 252.

159 Raphael Georg Kiesewetter, Geschichte der europeisch-abendlaendischen oder unserer heutigen Musik, Darstellung ihres Ursprunges, ihres Wachsthumes und ihrer stufenweisen Entwicklung, Von dem ersten Jahrhundert des Christenthums bis auf unsre Zeit, 2. Auflage, Leipzig: Breitkopf & Härtel. 1846, S. 99 f.

160 Im sogenannten „Lektürebüchlein" notiert Schumann: „Musikalische Studien Jahr 1847. Kiesewetter's Geschichte d. Musik", Zit. n. Gerd Nauhaus, „Schumanns Lektürebüchlein", In: Robert Schumann und die Dichter, Ein Musiker als Leser, Katalog zur Ausstellung des Heinrich-Heine-Instituts in Verbindung mit dem Robert-Schumann-Haus in Zwickau und der Robert-Schumann-Forschungsstelle e.V. in Düsseldorf, bearbeitet von Bernhard R. Appel und Inge Hermstrüwer, Düsseldorf: Droste, 1991. S. 83. – Freilich steht Kiesewetter in der historiographischen Tradition der Aufklärung, worauf Bernhard Meier, „Zur Musikhistoriographie des 19. Jahrhunderts", In: Die Ausbreitung des Historismus über die Musik, Aufsätze und Diskussionen, Hrsg. v. Walter Wiora, Regensburg: Bosse, 1969, S. 176, hingewiesen hat: „Kiesewetters Geschichtsbild erweist sich gerade durch diese personalistische und auf absolute Harmonisierung verzichtende Betrachtungsweise als verwurzelt vor jener »denkwürdigen Durchdringung der Geisteswissenschaften mit dem idealistischen Weltbild« des frühen 19. Jahrhunderts, auf die Rothacker (a.a.O., passim, besonders 72 und 122 f.) als auf das bedeutsamste, vor allem durch Hegel bis heute nachwirkende Ereignis der

neueren Wissenschaftsgeschichte verweist. Weder gelegentliche Metaphern aus dem Bereiche pflanzlichen Lebens noch die, wie Schnabel, 1 IV 24, und E. Preußner, MGG I, Sp. 817 f., nachweisen, bereits der Aufklärung eigene positive Schätzung des Volkstümlichen (als des Gesund-Verständigen) können uns deshalb das Recht verleihen, Kiesewetters Geschichtsschreibung der Romantik zuzuweisen."

[161] Zu Herder s. Robert Schumann, Tagebücher, Bd. I., 1827–1838, Hrsg. v. Georg Eismann, Leipzig: Deutscher Verlag für Musik, 1971, Basel und Frankfurt a. M.: Stroemfeld/Roter Stern, o.J., S. 157. – Zu Novalis s. Leander Hotaki, Robert Schumanns Mottosammlung, Übertragung, Kommentar, Einführung, Freiburg i. Br.: Rombach, 1998.

[162] Franz Brendel, „R. Schumann' Biographie von J. W. v. Wasielewski, Zweite Besprechung", In: *Neue Zeitschrift für Musik*, 25 (1858), S. 139.

[163] Bernhard R. Appel, „Robert Schumann als Leser", In: Robert Schumann und die Dichter. Ein Musiker als Leser, Katalog zur Ausstellung des Heinrich-Heine-Instituts in Verbindung mit dem Robert-Schumann-Haus in Zwickau und der Robert-Schumann-Forschungsstelle e.V. in Düsseldorf, bearbeitet von Bernhard R. Appel und Inge Hermstrüwer, Düsseldorf: Droste, 1991. S. 13.

4. Kapitel

Ein vollkommener Tonroman –
Töne sind höhere Worte

Im Jahre 1827 versuchte Robert Schumann die Frage: „Warum erbittert uns Tadel in Sachen des Geschmakes mehr, als in andern Dingen?" in einem Schulaufsatz zu beantworten. Die These, daß ästhetische Geschmacksurteile keine Allgemeingültigkeit beanspruchen können, weil sie nicht objektiv, sondern subjektiv, „nicht Sache der Erkenntniß, sondern des individuellen Gefühles" seien, und „das Gefühl des Wohlgefallens in ä<e>sthetischen Erzeugnißen / zärter, als alles Andre, u. deshalb leichter zu ver=/wunden" sei,[1] begründete Schumann u.a. am Beispiel eines fiktiven Gespräches über Jean Pauls Roman „Titan":

„So sprach ich neulich, wenn es anders nicht zu gering=/fügig scheint, ein Beyspiel von mir selbst aufzustellen, / mit einem aufgeklärten Manne über den Titan des / Jean Paul: er verwarf ihn ganz: ich brach vor Schreken / zusammen: er meinte: es wären eine Menge von / Widersprüchen in diesem Romane: er führte welche / an: der Gang der Geschichte wäre ganz unnatürlich: / die Ansichten zu verworren, die Bilder u. Vergleiche / häufig verfehlt, die Charactere nicht nach der Wirk=/lichkeit gezeichnet und mangelhaft durchgeführt. Ich zeigte / ihm sodann das herrliche Sujet, das wir im Titan / finden, die allgemeine Tendenz, die Jean Paul so / einzig durchgeführt hätte: ich bewieß ihm, wie Albano / zur reinen Menschheit gebildet, wie er endlich zur / Einheit entgege<g>ngesetzter Bestimmung würde, in / so fern er zum Fürsten gebildet würde, zu welchem / Ziel er unbewußt gelangen soll: ich bewieß ihm, wie / der Schmerz, als das Element des romantischen / Schönen auf das tiefste empfunden u. unübertroffen / dargestellt sey, in so fern das Subject dennoch in sich / versöhnt bliebe u. ihn also durch die Macht seines / Gemüthes aufhebe: ich bewieß ihm weiter, wie die / Charaktere selbst die geringeren, auf die unüber=/trefflichste Weise durchgeführt seyen, der idealische [p.72] Albano, die schwärmerische Liane, die glühende Linda, d<ie>er / verabscheuungswürdige Roquairol: ich bewieß ihm endlich, / wie äußerst romantisch das Schiksal in den Personen des / Titan sey, indem sie das Verkehrte und Böse thun u. / hinterher die Schuld mit der Gewißheit wüßten, / die Collision der Umstände nicht haben wissen zu können, / so daß das Schiksal ihnen ferner die Nothwendigkeit / auferlegt, den eigenen Willen aufzuopfern, wo durch / (wie in Göthen's Wahlverwandtschaften) das Romantische / in seiner tiefsten Bedeutung enthüllt werde – doch ich / merke, daß ich mich zu sehr zu einer Abschweifung habe / hinreißen lassen – der aufgeklärte Mann sagte weiter / nichts, als: freylich, das ist Geschmackssache. Ich muß / aufrichtig gestehen, daß mich niemals etwas mehr geschmerzt / hat, als diese entgegengesetzte Meinung in der Beur=/theilung über ästhetische Gegenstände, obgleich sich jener / dennoch ebenso sehr für die Wahrheit seiner ausge=/sprochnen Gedanken, als ich für die meinige <> überzeugt / hielt u. jeder verharrend bey seiner Meinung sich / zurükzog." [101]

Daß die früheste Erwähnung des Wortes „romantisch", die bislang von Robert Schumann überliefert ist, eine literarkritische bzw. -ästhetische Bedeutung besitzt, die sich darüber hinaus auf einen Roman Jean Pauls bezieht, verwundert nicht. Das von Franz Liszt bereits 1855 gefällte Urteil, Schumann sei „zu gleicher Zeit ein bedeutender Musiker und doch auch ein gewiegter Schriftsteller" gewesen, dessen Bedeutung unerkannt bliebe, „wenn nicht zuvor die doppelte Tragweite seines öffentlichen Auftretens und seines auf die Kunst ausgeübten Einflusses, wenn er nicht als producierender Künstler und fühlender und begeisterter Mensch, sowie als denkender Schriftsteller und wissenschaftlich gebildeter Geist erkannt ist",[2] erfährt heute allgemeine Anerkennung. Der Musiker Schumann wird von der Forschung zunehmend als Dichter und Leser bedacht.[3] Schumanns literarischer Lebenslauf darf deshalb als weitgehend bekannt vorausgesetzt werden:

Als Sohn eines Schriftstellers, Übersetzers, Verlegers und Buchhändlers fand Schumann schon frühen Zugang zur väterlichen Privatbibliothek. Schumanns Schulfreund Emil Flechsig erinnert sich:

„Gelegenheit zur Literaturkenntnis gab es in Hülle und Fülle; das ganze Schumannsche Haus lag voll Klassiker, und wir durften uns die beschmutzten Exemplare aneignen.
... Ein besonderes Gaudium war es, als der alte August Schumann, der an seinem Jungen einen Narren gefressen, uns auch noch erlaubte, Sonntags Nachmittag in seiner sonst sorgfältig verschlossenen Privatbibliothek zu verweilen, in der er alle klassischen Schätze der Welt aufgespeichert hatte."[4]

August Schumann, der Vater „nährte den für alles Schöne empfänglichen Sinn des Sohnes mit klassischer Lektüre und zog ihn auch zur Mitarbeit an eigenen literarischen Arbeiten heran."[5] 1825 gründete der fünfzehnjährige Gymnasiast mit zehn Mitschülern einen „Literarischen Verein", dessen Satzung bestimmungsgemäß lautete:

„Ist es jedes gebildeten Menschen Pflicht, die Literatur seines Vaterlandes zu kennen, so ist es aber eben so die unsrige, die wir doch schon auf höhere Bildung Ansprüche machen wollen und müssen, die deutsche nicht zu vernachlässigen und mit allem Eifer zu streben, sie kennen zu lernen. Der Zweck dieses Vereins soll daher für uns Einweihung in die deutsche Litteratur ..." heißen.[6]

Schumanns erste schriftstellerische Versuche reichen bis in die Jugend- und Schulzeit zurück:

„Die dichterischen Erzeugnisse des jungen Schumann bestanden, wie die erhalten gebliebenen Jugendblätter zeigen, neben den schon erwähnten – zum Teil vortrefflich gelungenen metrischen Übersetzungen – aus lyrischen Gedichten, dramatischen Anläufen und Prosafragmenten, deren Manuskripte hier und da mit dem Pseudonym »Robert an der Mulde« und »Robert Alantus« versehen sind."[7]

Seine künstlerische Identität definierte der Sechzehnjährige im Tagebuch vom 24. Januar 1827 zunächst noch als eine dichterische:

„Was ich eigentlich bin, weiß ich selbst noch nicht klar: Phantasie, glaub' ich, hab' ich, und sie wird mir auch von keinem abgesprochen: tiefer Denker bin ich nicht; ich kann niemals logisch an dem Faden fortgehen, den ich vielleicht gut angeknüpft habe. Ob ich Dichter bin – denn werden kann man es nie – soll die Nachwelt entscheiden."[8]

In einem Tagebucheintrag vom 29. Juli 1828 hebt Schumann die im Geiste und Stile Jean Pauls gehaltene Erzählung „Juniusabende und Julytage" als sein „erstes Werk, mein wahrstes u. mein schönstes" hervor.[9] Für das weitere Verständnis der „romantischen" Musikanschauung Schumanns nicht unerheblich erscheint in diesem Zusammenhang die 1831 im Tagebuch festgehaltene „Idee zu einer poetischen Biographie Hoffmanns",[10] die leider ebensowenig verwirklicht wurde wie diejenige zu einer Biographie Felix Mendelssohn Bartholdys.[11] Außerhalb seiner Tagebücher, die wie viele seiner Briefe an Clara Schumann als Zeugnisse einer „authentischen" und „ästhetischen" Subjektivität,[12] also als literarische Texte zu lesen sind, führte Schumann ein noch unveröffentlichtes „Projektenbuch",[13] das über seine literarisch-musikalischen Pläne Auskunft gibt.[14] Als Musikschriftsteller und -kritiker sollte Schumann schon zu Lebzeiten eine überragende Bedeutung erlangen: Um „eine junge, dichterische Zukunft vorzubereiten, beschleunigen zu helfen",[15] gründete Schumann, „des Schneckenganges der alten musikalischen Kritik überdrüssig",[16] zusammen mit den Davidsbündlern Friedrich Wieck, Julius Knorr und Ludwig Schuncke 1834 die *Neue Leipziger Zeitschrift für Musik*, die er zehn Jahre lang „(aufrichtig gestanden) eigentlich ganz allein" herausgab und redigierte.[17] Von der „innigen Verwandtschaft der Poesie und Tonkunst" seit seiner Jugend zutiefst überzeugt,[18] kämpfte Schumann für eine „poetische" Musik-Kritik,[19] die dem „Begriff der Kunstkritik in der deutschen Romantik" in gewissem Maße verpflichtet ist.[20] 1844 gab Schumann die Redaktion der *Neuen Zeitschrift für Musik* ab und das Geschäft des Kritikers auf, um „ganz der Composition leben" zu können.[21] Schumann, dessen Kritikerkarriere mit der Entdeckung Chopins begann und mit derjenigen Brahms endete, war sich seiner Bedeutung als Musikschriftsteller bewußt. 1854 legte er seine „Gesammelten Schriften über Musik und Musiker" der Öffentlichkeit vor.[22] In der Einleitung, die Kontinuität seines Musikdenkens kommentierend, stellte er fest, daß „die meisten der darin ausgesprochenen Ansichten noch heute die seinigen [sind]. Was er hoffend und fürchtend über manche Kunsterscheinung geäußert, hat sich im Laufe der Zeit bewahrheitet."[23]

Der junge Robert Schumann erschloß sich die Welt zwar zunächst als Leser, nicht als Musiker, doch muß mit Joseph A. Kruse auf „die durch Schumanns Persönlichkeit von vornherein garantierte Unauflöslichkeit und Einheit seiner musikalisch-literarischen Begabung und ihrer Folgen" hingewiesen werden.[24] Schumanns Dichtungen dürfen musikalisch, seine Musik muß „poetisch", d.h. auch literarisch begriffen werden und dies nicht nur auf inhaltlicher, sondern auch auf formaler Ebene.[25] Schumanns Liebe zur Literatur hat ein Leben lang gehalten. Seine Vorliebe für Jean Paul, von dem er mehr Kontrapunkt gelernt hat als von seinem Musiklehrer,[26] ist hinlänglich bekannt:

„Doch sei gewarnt vor der populären Fixierung auf den genannten Lieblingsdichter Jean Paul. Die Lektüreliste des Komponisten und seine darin zum Ausdruck kommenden Interessen weisen eine erstaunliche Breite auf, vor der das Gerede vom verträumt-versponnenden Romantiker verstummen muß. Die etwa 600 Titel umfassende (aber hinsichtlich des tatsächlich Gelesenen unvollständige) Literaturliste, die sich aus Schumanns Tagebüchern zusammenstellen läßt, reicht von Klassikern der Weltliteratur über zeitgenössische Belletristik, wissenschaftliche Abhandlungen, Fachzeitschriften bis hin zu biedermeierlichen Journalen und politischen Tageszeitungen. Bringt man den literarischen Lesestoff in eine chronologische Ordnung, springt der teilweise *enzyklopädische* Zugriff auf die Literatur ins Auge: Es gibt Rezeptionsphasen zu Jean Paul, Heine, Byron, Rückert und Shakespeare, in denen sich Schumann nahezu ausschließlich in das Œuvre eines einzigen Autors lesend einspinnt."[27]

Schumanns Beziehung zur Literatur wird durch eine „Vielzahl handschriftlicher und gedruckter Quellen der unterschiedlichsten Provenienz, die zu sichten und zu überblicken schon einige Mühe bereiten dürfte", belegt.[28] Neben den Tage- und Haushaltbüchern gewährt das sogenannte „Lektürebüchlein" Aufschluß über die Bücher, die Schumann in den Jahren von 1845 bis 1852 gelesen hat.[29] Zu den beeindruckendsten Zeugnissen der literarischen Rezeption Schumanns zählt unzweifelhaft die „Mottosammlung".[30] Die Früchte seiner Lektüre trug Schumann in dem noch unveröffentlichten „Dichtergarten für Musik" zusammen, der ihn noch während der Düsseldorfer Zeit beschäftigte und Sentenzen über Musik von Goethe, Jean Paul, Shakespeare bis hin zu Platon, Homer und aus der Bibel in sich vereint.

Schumann hat weder die Philosophen des „absoluten Idealismus" noch der „Frühromantik" studiert.[31] Jedenfalls existieren keine Belege dafür, daß er sich mit der Philosophie Kants, Fichtes, Schellings, Friedrich und August Wilhelm Schlegels, Schopenhauers oder Hegels ernsthaft auseinandergesetzt hat. So handelt es sich beispielsweise bei den beiden Hegelzitaten aus dem Heft IV der „Mottosammlung", wie Leander Hotaki herausgefunden hat, um Gebrauchszitate, d.h. Schumann hat Hegel nicht primär, sondern sekundär nach Adolph Bernhard Marx' „Die alte Musiklehre im Streit mit unserer Zeit" (1841) zitiert.[32] Und der Eintrag im Haushaltbuch von 1842: „Dr. Krüger f. den ganzen »Hegel« 15. – ",[33] bezieht sich nicht auf den Kauf einer Hegelausgabe, sondern auf eine „specielle Honorarabrechnung",[34] die Schumann für den Bd. XVII der *Neuen Zeitschrift für Musik* vorgenommen hat:

„Schumann beschäftigt sich hauptsächlich mit randständigen Philosophen, wie Platner, Jacobi, Grohmann und den Hegelianern Kahlert, Krüger und Hand, scheut sich jedoch vor einer direkten Auseinandersetzung mit Hegel selbst zurück. Die Tatsache, daß Schumann 1842 um Rat fragt, auf welchem Weg man sich am besten der Ästhetik annähern könnte [Wolfgang Boetticher, Robert Schumann, Einführung in Persönlichkeit und Werk, Beiträge zur Erkenntniskritik der Musikgeschichte und Studien am Ausdrucksproblem des 19. Jahrhunderts, Berlin, 1941, S. 341], beweist zur Genüge, wie unsicher sich Schumann in diesem Bereich fühlte. Dennoch ist er über Sekundärliteratur von Hegel beeinflußt. Abgesehen von Krüger, Kahlert und Hand, deren Ästhetiken unter dem Einfluß Hegels entstanden, war Schumann mit der umfangreichen Hegelrezension Krügers vertraut, welche 1842 in der Neuen Zeitschrift [Eduard Krüger,

„Hegels Philosophie der Musik", In: *Neue Zeitschrift für Musik*, 17 (1842), S. 25–28, 29–32, 35–37, 39–40, 43–45, 53–56, 57–59, 63–64, 65–69] erschien."[35]

Bernhard R. Appel hat auch auf die Bedeutung des Philosophen und Dichters Friedrich Heinrich Jacobi für Schumann hingewiesen:

„Das musikalische Denken des jungen Schumann ist von einer ausgesprochenen Theoriefeindlichkeit geprägt, deren Wurzeln im Gefühlskult zu suchen sind. Das Primat des Gefühls vor dem Verstand geht auf Schumanns Lektüre des philosophischen Schriftstellers Friedrich Heinrich Jacobi (1743–1819) zurück, welcher dem »unmittelbaren Wissen« des Gefühls den Vorrang vor der verstandesmäßigen Erkenntnis einräumt. Von der intensiven Auseinandersetzung mit Jacobi zeugen viele Eintragungen in Schumanns Tagebüchern (TB. 504 führt die Belegstellen auf); auch in den Gesammelten Schriften wird Jacobis »philosophisches System« gerühmt."[36]

In seinen Vorlesungen über die „Anfänge der philosophischen Frühromantik" behandelt Manfred Frank Jacobi allerdings nicht als einen „randständigen Philosophen", sondern als einen der wichtigsten Wegbereiter der „Romantik", dessen kritische Auseinandersetzung mit der Philosophie Kants sich vor allem in den Frühschriften Schellings niedergeschlagen hat:

„Denn es war Jacobi, der zuerst jenen ›kräftigsten Idealismus‹ voraussah, der den Dualismus von an sich bestehenden Dingen und bloß subjektiven Empfindungen einfach abschaffen sollte. Und es war abermals Jacobi, durch der Gedanke eines ›Unmittelbaren‹ und ›Unbedingten‹ in die Spekulation Eingang fand, von dem gesagt werden konnte, es sei einer höheren Begründung weder fähig noch bedürftig …
Jacobi hat zuerst das gründesuchende und gründeliefernde Denken auf den wirkungsgeschichtlich (z.B. für Hegel) so bedeutsamen Namen ›Mittelbarkeit‹ getauft und gefolgert, daß, wenn überhaupt im System des Denkens ein Satz den Titel ›Wissen‹ beanspruchen könne, er auf einer ›un-mittelbaren‹ – also nicht durch einen anderen Satz vermittelten – Wahrheit aufruhen müsse. Diese unmittelbare Kenntnis des ›Un-bedingten‹ (also des durch nichts weiteres außer ihm selbst Bedingten) nannte er – wie Novalis – ›Gefühl‹. Das erste Fragment der Sammlung *Blütenstaub* (von 1797): »Wir suchen überall das Unbedingte, und finden immer nur Dinge« (…) enthält eine klare Anspielung auf Jacobi."[37]

Schumann, der in „Entzückung über den edlen, großen, menschlichen Philosophen" geriet,[38] hat nachweislich Jacobis Gedichte und die beiden Briefromane „Aus Eduard Allwills Papieren" (1775/1776) und „Woldemar" (1779) gelesen:

„In den Romanen, die vom Publikum enthusiastisch aufgenommen wurden, ja eine Weile Mode waren, ist wiederkehrendes und stehendes (manchmal ermüdendes) Thema der Sieg der unmittelbaren Gewißheiten des Herzens über die sogenannte reine Vernunft, der Überlegenheit der natürlichen Sittlichkeit gegenüber der öffentlichen Moralität, einer (allerdings arg vergeistigten) Sinnlichkeit gegenüber der blassen Abstraktion; gewarnt wird aber auch vor der Hysterie der empfindsamen Exzesse und der Selbsttäuschung von Personen über ihre wahren Gefühle."[39]

Eine unmittelbare Beschäftigung mit Jacobis philosophischen Schriften, vor allem mit dem Buch „Über die Lehre des Spinoza, in Briefen an Herrn Moses Mendelssohn" (1785), das „zu einer der entscheidenden Anregungen frühromantischen Philosophierens wurde",[40] ist von Schumann jedoch nicht überliefert. Von den tieferen Gründen der Philosophie Jacobis hat Schumann mittelbar über Jean Paul erfahren, der in der „Vorschule der Ästhetik" das unbewußte Gefühl im Anschluß an Jacobi bestimmt und das Spinoza Buch in einer Fußnote erwähnt.[41]

Noch weniger läßt sich über Schumanns Schlegelrezeption sagen: Zwar hat Schumann „Gedichte" von August Wilhelm und Friedrich Schlegel exzerpiert,[42] und Fr. Schlegels „Geschichte der alten und neuen Literatur" wahrscheinlich schon als Schüler gelesen, doch von Fr. Schlegels „frühromantischer" Ästhetik, geschweige denn von ihrer transzendentalpoetischen Begründung, ist bei Schumann nirgendwo die Rede. Ähnlich sieht es im Fall Novalis' aus: Zum einen sind aus Schumanns Bibliothek Novalis' „Schriften" in der Ausgabe von Friedrich Schlegel und Ludwig Tieck erhalten, deren dritter Teil fehlt.[43] Die in einem Band zusammengefaßten Teile eins und zwei weisen Anstreichungen auf, die aus Schumanns Feder stammen dürften. Teil eins enthält den Roman „Heinrich von Ofterdingen", Teil zwei die „Lehrlinge zu Saïs" sowie „Fragmente vermischten Inhalts" zur „Philosophie und Physik", „Ästhetik und Literatur", einige „Briefe", die „Hymnen an die Nacht" und einen „Anhang". Die Novalisexzerpte der „Mottosammlung" entnahm Schumann einer anderen, von Friedrich Raßmann zusammengestellten Anthologie, die im wesentlichen mit der Ausgabe von Schlegel und Tieck übereinstimmt.[44] Beide Ausgaben klammern das philosophisch-theoretische Werk von Novalis aus. Schumanns Beziehung zu den „frühromantischen" Philosophen beschränkt sich also auf Teile der dichterischen Werke von August Wilhelm und Friedrich Schlegel und Novalis. Eine Beschäftigung mit Wilhelm Heinrich Wackenroders „Phantasien über die Kunst, von einem kunstliebenden Klosterbruder" (1814) – um die wichtigste, von Ludwig Tieck besorgte Wackenroderedition des 19. Jahrhunderts zu zitieren – oder gar mit Arthur Schopenhauers „Die Welt als Wille und Vorstellung" (1819) oder mit Karl Wilhelm Ferdinand Solgers „Erwin. Vier Gespräche über das Schöne und die Kunst" (1815) und „Vorlesungen über Aesthetik" (1829) ist für Schumann nicht nachzuweisen. Tiefere, deutlich lesbare Spuren hat dagegen Jean Paul hinterlassen: Schon der Schulaufsatz „Warum erbittert uns Tadel in Sachen des Geschmakes mehr, als in andern Dingen?" von 1827 beinhaltet eine theoretische Reflexion des „Romantischen", die auf eine genaue Kenntnis von Jean Pauls „Vorschule der Ästhetik" schließen läßt.[45] Denn wenn Schumann schreibt, daß „der Schmerz, als das Element des romantischen / Schönen auf das tiefste empfunden u. unübertroffen / dargestellt sey, in so fern das Subject dennoch in sich / versöhnt bliebe u. ihn also durch die Macht seines / Gemüthes aufhebe" [101], dann bemüht er insofern Jean Pauls Begriff des „romantischen Humors", als der endliche Schmerz nur im unendlichen Kontrast zur Freude durch das Gemüt des Subjektes zu versöhnen ist.[46] Die unbestrittene Bedeutung Jean Pauls für die „romantische" Musikanschauung Schumanns wird auch durch einige Exzerpte aus der „Vorschule der Ästhetik" belegt, die in die „Mottosammlung" [96, 98,

99] aufgenommen wurden wie die „Definition des Romantischen [am rechten Rand der Seite] Das Romantische ist das Schöne ohne Begränzung, oder das schöne Unendliche, so wie es ein erhabenes giebt" [99]. Daß Schumanns „romantische" Musikanschauung durch Jean Pauls Definition nicht restlos erschöpft wird, versteht sich von selbst. Immerhin benutzte Schumann sie zweimal als Motto für die *Neue Zeitschrift für Musik*: Einmal als Motto für die Ausgabe vom 23. Januar 1835, deren Leitartikel sich mit der „romantischen" Oper im allgemeinen und mit Christian J. Lobes Oper „Die Fürstin von Grenada oder der Zauberblick" im besonderen befaßt. Ein anderes Mal als Motto für die Ausgabe vom 21. Juni 1841, die den Leitartikel „Classisch und Romantisch" von August Gelbcke fortsetzt. Im ersten Fall erfüllt Jean Pauls Definition die Funktion eines ergänzenden, im zweiten die eines kritischen Kommentars. Letztere fällt auch dem Motto der Ausgabe der *Neuen Zeitschrift für Musik* vom 7. April 1835 zu:

„Half nicht vielleicht der unbestimmte, romantische Charakter der Musik es mit erzeugen, daß gerade die nebeligen Niederlande viel früher große Komponisten bekamen, als das heitere, helle Italien, das lieber die Schärfe der Malerei erwählte, so wie aus demselben Grunde jene mehr in der unbestimmten Landschaft idealisirten u. die Welschen mehr in der bestimmten Menschengestalt" [98].

Ursprünglich handelt es sich bei diesem Zitat um eine Anmerkung zu dem Satz: „Die Hölle wurde mit Flammen gemalt, der Himmel höchstens durch Musik [Anmerkung] bestimmt, die selber wieder unbestimmtes Sehnen gibt", der im „§ 23 Quelle der romantischen Poesie" der „Vorschule der Ästhetik" steht.[47] Schumann, der der Programmusik distanziert gegenüberstand, setzt diese Anmerkung als Motto über eine Kritik zu „Ludwig Spohrs, Die Weihe der Töne. Charakteristisches Tongemälde in Form einer Symphonie etc.", um das überschwengliche Lob des Wiener Kritikers Seyfried zu relativieren, indem er auf den „unbestimmten romantischen Charakter der Musik" hinweist. Aufschlußreich ist auch der Kontext des folgenden Zitates aus der „Vorschule der Ästhetik", das Schumann dem „§ 2 Poetische Nihilisten" entnommen hat:

„Kommt vollends zur Schwäche der Lage die Schmeichelei des Wahns, u. kann der leere Jüngling seine angeborne Lyrik sich selber für eine höhere Romantik ausgeben, so wird er mit Versäumung aller Wirklichkeit (die eingeschränkte in ihm selber ausgenommen – sich immer weicher u. dünner ins gesetzlose Wüste verflattern u. wie die Atmosphäre wird er sich gerade in der höchsten Höhe ins kraft[-] und formlose Leere verlieren." [96]

Während Jean Paul seinen Vorwurf ursprünglich an die Adresse der Jenaer „Frühromantiker" richtete und Novalis als „Nachbarn der Nihilisten" beim Namen nennt,[48] setzt Schumann über das Exzerpt der „Mottosammlung" die Überschrift „<u>Zu Liszts Compositionen</u>" [96]. In der Ausgabe der *Neuen Zeitschrift für Musik* vom 6. April 1838 verwendet Schumann das Zitat jedoch in einem anderen Zusammenhang. Hier bezieht sich das Motto auf eine Allegorie über „Das Romantische" von I. F. E. Sobolewsky [Pseud. Feski], die mit folgenden Worten schließt:

„Adam erwachte. Sein Entzücken war in einen Traum zerronnen und nur wenige Augenblicke vermochte er die Erinnerung an ihn zu fesseln; so wollte es die Weisheit des Allgewaltigen. Nur zuweilen überkam ihn ein Gefühl, ein himmlisches Etwas, das alle seine Nerven erregte, das er und seine Nachkommen vergeblich zu erklären sich mühten. Innigere Melodieen erklingen dann in der Seele, die schönsten Gegenden, die je das Auge erblickt und schönere, die es nie gesehen, ziehen dann vorüber. Es ist, als könnte man mit Engelszungen seine Gefühle mittheilen! Und doch – spricht, musicirt oder malt man, es sind die bekannten Wörter, die alten Noten, die gewöhnlichen Farben. Aber ein Zauber umweht sie, ein Zauber, der oft nur in einer Beugung der Stimme, in einer melodischen oder harmonischen Wendung, in einem Pinselstriche zu liegen scheint; ein Zauber, den man vergeblich zu entziffern, vergeblich zu copiren trachtet: es ist das Romantische! –"[49]

Wahrscheinlich wollte Schumann mit dem Motto einer möglichen Fehlinterpretation vorbeugen, die Sobolewskys allegorischen Traum von einer „höheren Romantik" mit derjenigen „Schmeichelei des Wahns" verwechselt, welche Jean Paul als „poetischen Nihilismus" kritisiert hatte.[50] Vor einer ungerechtfertigten Nihilismuskritik meinte Schumann auch den „Romantiker" Stephen Heller in Schutz nehmen zu müssen:

„Ich bin des Wortes „Romantiker" von Herzen überdrüssig, obwohl ich es nicht zehnmal in meinem Leben ausgesprochen habe; und doch – wollte ich unsern jungen Seher kurz titulieren, so hieß' ich ihn einen, und welchen! Von jenem vagen, nihilistischen Unwesen aber, wohinter manche die Romantik suchen, ebenso wie von jenem groben hinkleckensenden Materialismus, worin sich die französischen Neuromantiker gefallen, weiß unser Komponist, dem Himmel sei Dank, nichts; im Gegenteil empfindet er meist natürlich, drückt sich klug und deutlich aus. Dennoch fühlt man aber noch etwas im Hintergrund stehen, beim Erfassen seiner Kompositionen, ein eigenes anziehendes Zwielicht, mehr morgenrötlich, das einen die übrigens festen Gestalten in einem fremdartigen Schein sehen läßt; man kann so etwas niemals durch Worte scharf bezeichnen, durch ein Bild schon eher, und so möchte ich jenen geistigen Schein den Ringen vergleichen, die man im Morgenschauer an gewissen Tagen um die Schattenbilder mancher Köpfe bemerken will. Im übrigen hat er gar nichts Übermenschliches als eine fühlende Seele in einem lebendigen Körper. Dabei führt er aber auch fein und sorgsam aus; seine Formen sind neu, phantastisch und frei; er hat keine Angst um das Fertigwerden, was immer ein Zeichen, daß viel da ist. Florestan." [70]

Schumanns Abgrenzung der „romantischen" „Drei Impromptus für das Pianoforte von Stephan Heller" gegenüber „jenem vagen, nihilistischen Unwesen aber, wohinter manche die Romantik suchen, ebenso wie von jenem groben hinkleckensenden Materialismus, worin sich die französischen Neuromantiker gefallen", d.h. gegenüber Liszt auf der einen Seite und Meyerbeer auf der anderen, führt direkt ins Zentrum der Poetik Jean Pauls. Im „I. Programm Über die Poesie überhaupt" der „Vorschule der Ästhetik" hatte Jean Paul das Wesen der Poesie zunächst ex negativo definiert:

„Will man aber eine wörtliche kurze: so ist die alte aristotelische, welche das Wesen der Poesie in einer schönen (geistigen) Nachahmung der Natur bestehen lässet, darum verneinend die beste, weil sie zwei Extreme ausschließt, nämlich den poetischen Nihilismus und den Materialismus. Bejahend wird sie erst durch nähere Bestimmung, was eine *schöne* oder *geistige* Nachahmung eigentlich sei."[51]

Von philosophischer Seite her gesehen schließt sich Jean Paul im „§ 2 Poetische Nihilisten" der Fichtekritik Friedrich Heinrich Jacobis an. Dieser hatte dem transzendentalen Idealismus Fichtes vor- bzw. entgegengehalten, daß „Alles, überhaupt, Erkennendes und Erkanntes, lösete sich vor dem Erkenntnisvermögen in ein gehaltloses Einbilden von Einbildungen, *objektiv* rein in Nichts auf".[52] Auf literarischer Seite überträgt Jean Paul Jacobis Nihilismuskritik auf die Reflexionspoesie der Jenaer „Frühromantiker", vor allem auf Friedrich Schlegel, Ludwig Tieck und Novalis.[53] Letzteren stellt Jean Paul die „poetischen Materialisten" gegenüber, die dem prosaischen „Grundsatz der bloßen Natur-Nachäffung" anhängen.[54] Denn der „Grundsatz, die Natur treu zu kopieren", wie ihn die rationalistische Regelpoetik vertritt, hat für Jean Paul „kaum einen Sinn. Da es nämlich unmöglich ist, ihre Individualität durch irgendein Nachbild zu erschöpfen".[55] Im Gegensatz zur prosaischen fordert Jean Paul die poetische Nachahmung einer höheren, d.h. subjektiv sublimierten Wirklichkeit: „Wenn in dieser das Abbild mehr als das Urbild enthält, ja sogar das Widerspiel gewährt – z.B. ein gedichtetes Leiden Lust –: so entsteht dies, weil eine doppelte Natur zugleich nachgeahmt wird, die äußere und die innere, beide ihre Wechselspiegel."[56] Diese poetische Auffassung der Natur hat Schumann der Mutter auf seiner Italienreise von Bern aus am 31. August 1829 in einer „etwas gelehrten Abhandlung" zu erklären versucht:

„Das Dichterauge ist das schönste und reichste; ich nehme nicht die Objekte, wie sie sind, sondern eben, wie ich sie subjektiv in mir auffasse und so lebt man leichter und freier; z.B. ich habe seit vier Tagen hundeschlechtes Wetter gehabt und der Himmel verhüllte mir seine Alpen und seine Gletscher recht bitter und zürnend – je beschränkter die Welt von außen ist, desto größer wächst sie durch die Phantasie im Innern, und so malt ich mir denn alle finstern Alpen vielleicht schöner und höher aus."[57]

Die „Phantasie im Innern" des wirklichen Dichters wird dann, wie Jean Paul sagt, „die begrenzte Natur mit der Unendlichkeit der Idee umgeben und jene wie auf einer Himmelfahrt in dieser verschwinden lassen."[58] Die Endlichkeit der Natur im ganzen, nicht im einzelnen und die Unendlichkeit der Idee werden wie „das unbehülfliche Leben mit dem ätherischen Sinn" in der „humoristischen Subjektivität" des Genies wechselseitig vernichtet und versöhnt:[59]

„Wie die ernste Romantik, so ist auch die komische – im Gegensatz der klassischen Objektivität – die Regentin der Subjektivität. Denn wenn das Komische im verwechselnden Kontraste der subjektiven und objektiven Maxime besteht; so kann ich, da nach dem Obigen die objektive eine verlangte Unendlichkeit sein soll, diese nicht *außer* mir gedenken und setzen, sondern nur in mir, wo ich ihr die subjektive unterlege. Folglich setz' ich mich selber in diesen Zwiespalt – aber nicht etwa an eine fremde Stelle, wie bei der Komödie geschieht – und zerteile mein Ich in den endlichen und unendlichen Faktor und lasse aus jenem diesen kommen."[60]

Nur die besonnene Phantasie des Genies kann jene „humoristische Totalität" erzeugen, die Jean Paul als den „humour oder das romantisch Komische" definierte:

„Der Humor, als das umgekehrte Erhabene, vernichtet nicht das Einzelne, sondern das Endliche durch den Kontrast mit der Idee ... er erniedrigt das Große, aber – ungleich der Parodie – um ihm das Kleine, und er erhöht das Kleine, aber – ungleich der Ironie – um ihm das Große an die Seite zu setzen und so beide zu vernichten, weil vor der Unendlichkeit alles gleich ist und nichts."[61]

Bernhard Appel hat den Begriff des „romantischen Humors" an einem Beispiel[62] Jean Pauls recht anschaulich gemacht:

„Jean Paul bestimmt den Humor als romantische Brechung des Komischen. Zur Erläuterung des Komischen dient eine Episode aus Cervantes Schelmenroman »Don Quichote«.
»Wenn Sancho eine Nacht hindurch sich über einem seichten Graben in der Schwebe erhielt, weil er voraussetzte, ein Abgrund gaffe unter ihm: so ist bei dieser Voraussetzung seine Anstrengung recht verständig; und er wäre [gerade] erst toll, wenn er die Zerschmetterung wagte.«[63]
Zunächst besteht ein »objektiver Kontrast« im Mißverhältnis zwischen Sanchos Intention und der Realität. Die Anschauung des »objektiven Kontrastes«, die vom Subjekt geleistet wird, nennt Jean Paul den »sinnlichen Kontrast«, welcher den Rezipienten jener Episode deren »unendliche Ungereimtheit« erkennen läßt. Aus dem »objektiven« und dem »sinnlichen Kontrast« resultiert ein dritter Widerspruch, der »subjektive Kontrast«: der Leser »leiht« sein durch den »sinnlichen Kontrast« gewonnenes besseres Wissen der komischen Figur, indem er es als potentielle Handlungsfreiheit innerhalb des »objektiven Kontrastes« unterschiebt (S. 114).
Das daraus entstehende Lachen erweist sich als vertrackter Mechanismus. Einerseits identifiziert sich der Leser mit dem Belachten, distanziert sich jedoch gleichzeitig von ihm, weil er, der Leser, seine Einsicht in die Handlungsmöglichkeiten auf die lächerliche Figur projiziert. Das komische ist demnach nicht dem Objekt, sondern dem erkennenden Subjekt innewohnend (S. 110). Ebenso ist der Gegenpol des Komischen, das Erhabene, nicht in einer objektiven Faktizität begründet, sondern entsteht als Gefühl im Subjekt, dessen Phantasie eine im Endlichen bedingte Sinneswahrnehmung ins Unendliche verlängert. Das Unendliche eröffnet sich dem romantischen Dichter (...) in seiner Subjektivität. »Wir haben die romantische Poesie im Gegensatz zur plastischen [gemeint ist die Dichtung der Antike] die Unendlichkeit des Subjekts zum Spielraum gegeben, worin die Objekten-Welt wie in einem Mondlicht ihre Grenzen verliert. Wie soll aber das Komische romantisch werden, da es bloß im Kontrastieren des Endlichen mit dem Endlichen besteht und keine Unendlichkeit zulassen kann?« (124) Unterschiebt oder »leiht« man den »subjektiven Kontrast« des Endlichen der Unendlichkeit als einen »objektiven Kontrast«, so daß statt des »Erhabenen als eines angewandten Unendlichen« nunmehr »ein auf das Unendliche angewandte Endliches« entsteht, so erhält man den Humor (S. 124 f). Dieser Humor, als das »romantische Komische«, ist das »umgekehrt Erhabene«, welches nicht Einzelnes des Endlichen, sondern die Gesamtheit des Endlichen durch den Kontrast mit der Idee vernichtet, denn vor der Unendlichkeit erscheint alles, das Große wie das Kleine, gleich nichtig (S. 125)."[64]

Mit dieser Definition des „romantischen Welt-Humors" scheint sich Jean Paul nach eigenem Bekunden in unmittelbarer Nähe zu Friedrich Schlegel zu befinden: „Wenn Schlegel mit Recht behauptet", befindet Jean Paul in Bezug auf Schlegels „Brief über den Roman,[65] „daß das Romantische nicht eine Gattung der Poesie, sondern diese selber sein müsse: so gilt dasselbe noch mehr vom Komischen; nämlich alles muß romantisch, d.h. humoristisch werden." Das „Romantische" als das „*schöne* Unendliche" oder die „Unendlichkeit des Subjekts" ist der humoristischen Poesie insofern inwendig,[66] als es durch das Endliche der subjektiv sublimierten Wirklichkeit vernichtet wird, denn „dem Erheben der Niedrigen geht leider das Erniedrigen der Höheren zu Seite."[67] Diese angenommene Nähe des Jean Paulschen „Humors" zur Schlegelschen „Ironie" ließe sich durch ein Fragment Novalis' bekräftigen:

„Humor ist eine willkührlich angenommene Manier. Das Willkührliche ist das Pikante daran: Humor ist Resultat einer freyen Vermischung des Bedingten und Unbedingten. Durch Humor wird das eigenthümlich Bedingte offenbar interessant, und erhält objektiven Werth. Wo Fantasie und Urtheilskraft sich berühren entsteht Witz; Wo sich Vernunft und Willkühr paaren, Humor. Persifflage gehört zum Humor, ist aber um einen Grad geringer: es ist nicht mehr rein artistisch, und viel beschränkter. Was Fr. Schlegel als Ironie karakterisirt, ist mein Bedünken nach nichts anders als die Folge, der Karakter der Besonnenheit, der wahrhaften Gegenwart des Geistes. Schlegels Ironie scheint mir ächter Humor zu seyn. Mehrere Namen sind einer Idee vortheilhaft."[68]

Doch der „romantische Humor" Jean Pauls besitzt eine ausgesprochen sentimentale „Sinnlichkeit",[69] die Schumann durchaus bewußt war. In seiner Fragment gebliebenen Ästhetik „Die Tonwelt" von 1828 schreibt er:

„So ist die höchste Potenz der Genialität die ästhetisch-schöne Verbindung des Sentimentalen u. Humoristischen, wie wir es oft im Jean Paul, manchmal in Göthe u. selten in Hoffmann, meistens bey Beethoven, Schubert, auch bey Moscheles finden.
Geniale müßen im gleichen Grade Gefühls u. Verstandesmenschen seyn; sie greifen mit dem Gemüthe in die Verstandeswelt ein, um zu schmüken u. umgekehrt, denken, wenn sie empfinden u. empfinden, wenn sie denken."[70]

Eben diese sinnlich sentimentale Qualität des „romantischen Humors" geht der „romantischen Ironie" Schlegels ab,[71] die sich nicht als „komische Individuation" verstehen läßt.[72] Der Jean Paulsche „Humor" will aber gerade deshalb als ein „Regulativ" zur Schlegelschen „Ironie" verstanden werden,[73] indem das Subjekt die „romantische" Tendenz auf das „Absolute" vom erhabenen Standpunkte aus umkehrt. Der „romantischen Poesie" „gleicht dem Vogel Merops, welcher zwar dem Himmel den Schwanz zukehrt, aber doch in dieser Richtung in den Himmel auffliegt".[74] Friedrich Schlegel, dessen Bedenken von Ludwig Tieck geteilt wurden,[75] scheint von Jean Pauls dichterischen und philosophischen Ausführungen „Über die humoristische Dichtkunst", trotz anerkennender Kritik, generell nicht viel gehalten zu haben: „Wo Friedrich Richter zu denken scheint, parodirt er doch eigentlich nur die Gedanken andrer. –"[76] Seiner Ansicht nach ist Richters „*Humor* ... absolutirter, falsch tendenzirter romantischer Witz. –"[77] Trotz dieser Unterschiede, die für das historische Verständnis der „romantischen" Musikanschauung in der ersten Hälfte des 19. Jahrhunderts bedeutend sind, soll noch einmal mit Manfred Frank auf eine grundlegende Übereinstimmung im ästheschen Denken der „Frühromantiker" Friedrich Schlegel, Novalis, Ludwig Tieck aber auch Jean Paul hingewiesen werden, die sich im grundsätzlichen Zweifel an der Philosophie des absoluten Idealismus äußert. Sowohl Jean Paul als auch Friedrich Schlegel gehen in ihrer Ästhetik von Friedrich Heinrich Jacobi aus, der als erster einer idealistischen Philosophie widersprach, die eine Erkenntnis des „Absoluten" entweder wie Fichte mit dem Satz vom „absoluten Ich" oder wie Hegel in der geschichtsphilosophischen Dialektik vom „absoluten Weltgeist" von einem obersten Grundsatz aus für denkbar möglich hielt. Diesen philosophischen Zweifel, den Novalis im ersten Blüthenstaub-Fragment mit den Worten: „Wir suchen überall das Unbedingte, und finden immer nur Dinge" auf den Punkt brachte,[78] gilt es festzuhalten, um „der Eigenständigkeit des frühromantischen Ansatzes gegenüber demjenigen, der sich dann in einen absoluten Idealismus entfaltete",[79] im allgemeinen als auch der „romantischen" Musikanschauung Robert Schumanns im besonderen gerecht werden zu können. In einem Brief an seinen Studienfreund Wilhelm Götte vom 2. Oktober 1828 bekennt Schumann:

„An eine allgemeine Volksbildung ist nicht zu denken: so schön auch das System des Idealismus und Molinaism ist; o es müßte eine schöne Zeit sein, wenn der Mensch einmal ruhig und befriedigt auf seinen Räthseln schlummern könnte; aber eben gerade dieses ewige Streben im Menschen, diese große, gewaltige E i n s e i t i g k e i t, möchte ich es nennen, ist es, die das ermattete Leben wieder aufrichtet – und dieses Unruhig – und Unbefriedigt – Seyn (Jahnsche Schreibart!!) im Streben nach einem Ideal a priori, nach einem Höchsten, nach einem unübersteiglichen Maximum, ist der unendliche Reiz, der noch an das erbärmliche Leben fesselt. In dem R a u m e können wir uns das große vollendete Gemälde der Menschheit kaum denken: aber in der Z e i t reichen sich die titanischen Riesengeister die Hände zur Bildung des Höchsten, und zum Riesenbau der vollendeten Schöpfung, freilich lauf' ich hier Gefahr über diesen unendlich reizenden Gegenstand noch einige Bogen voll zu schmieren, befürchtet' ich nicht unnöthiges Porto, weil in jetzigen Zeiten selbst Gedanken Accise, Zoll etc. zahlen müssen, wenigstens die geschriebenen, oder realisirten."[80]

Schumanns Auffassung des „romantischen Humors" bleibt von dieser philosophischen Kontroverse insofern unberührt, als er Schlegels Theorie der „romantischen Ironie" nicht rezipiert hat.[81] Arnfried Edler hat darauf hingewiesen, daß Schumann im übrigen dem „ironischen" Prinzip in der Musik ablehnend gegenüberstand.[82] Zwar nahm Schumann Hector Berlioz' „Sinfonie Fantastique" 1835 öffentlich in Schutz:

„Wollte man gegen die ganze Richtung des Zeitgeistes, der ein Dies irae als Burleske duldet, ankämpfen, so müßte man wiederholen, was seit langen Jahren gegen Byron, Heine, Victor Hugo, Grabbe und ähnliche geschrieben und geredet worden. Die Poesie hat sich auf einige Augenblicke in der Ewigkeit die Maske der Ironie vorgebunden, um ihr Schmerzensgesicht nicht sehen zu lassen; vielleicht, daß die freundliche Hand [eines Genius] sie einmal abbinden wird."[83]

Doch diese öffentliche Stellung- oder Parteinahme, kann nicht über Schumanns distanziertes Verhältnis zu den französischen Neuromantikern [79, 80, 85, 86, 104] hinwegtäuschen, denen das fehlt, was zu den Grundbedingungen des „Humors" zählt, nämlich, „was man schon in keinem französischen Wörterbuch findet, das Gemüt" [80]. Den ironischen Sarkasmus bzw. „Heinismus",[84] den Schumann aus dem Divertissement „L'aimble Roué" seines ehemaligen Kompositionslehrer Heinrich Dorn 1836 heraushörte, lehnte Schumann ab: „Schleicht sich aber schon Ironie in unsere Kunst, so ist wahrhaft zu befürchten, sie stehe ihrem Ende wirklich so nahe, als manche vermuten, wenn anders kleine lustige Kometen das größere Sonnensystem aus seiner Ordnung zu bringen vermöchten."[85]

Schumanns Verständnis des „romantischen Humors", von der unversöhnlichen Negativität der „Ironie" weit entfernt, war im wesentlichen durch die Lektüre Jean Pauls bestimmt. In einem Brief an Simonin de Sire vom 15. März 1839 hatte Schumann das Wesen des „Humors" als eine „glückliche Verschmelzung von Gemüthlich und Witzig" bestimmt.[86] Den ästhetischen Hintergrund dieser Definition hat Bernhard Appel in seiner Dissertation von 1981, die eine ebenso grundlegende wie gründliche „Theorie des Humors in der Musik" des früheren 19. Jahrhunderts enthält,[87] im einzelnen ausgeleuchtet. Appel konnte in etwa gleich lautende Bestimmungen in Franz Fickers „Ästhetik oder Lehre vom Schönen in der Kunst in ihrem ganzen Umfange" (1830) und in Ferdinand Hands „Ästhetik der Tonkunst" (1837) nachweisen.[88] Schumann könnte sich die Definition aber auch von Carl Julius Weber (1767–1832) geliehen haben, dessen zwölfbändige Kulturphilosophie „Dymocritos oder hinterlassende Papiere eines lachenden Philosophen" (1832–1840) ebenfalls eine Theorie des „Humors" enthält, die Schumann möglicherweise gekannt haben könnte.[89] Weber, der den in der „Vorschule der Ästhetik" entwickelten „Humor"-Begriff Jean Pauls als „verworren und dunkel" kritisiert,[90] obwohl sein eigener keinen Anspruch auf Originalität erheben kann, definiert: „Witz, Laune und Gemüthlichkeit diese Drei sind Eins beim echten Humoristen. Letzteres Wort kam erst zu meiner Zeit in Gang, abgeleitet von Gemüth, dem animus der Alten."[91] Während der kalkulierende „Witz" das verstandesmäßig reflektierende Element des „Humors" bezeichnet, verkörpern die „Laune" und die „Gemüthlichkeit" als äußerliches und innerliches Element den eigentlichen Sitz des „Humors" in der Seele des Subjekts. Webers Definition macht einmal mehr verständlich, warum Schumann das „Tiefcombinatorische, Poetische und Humoristische" als „romantische" Qualitäten der „neueren Musik" aufzählt [38]: Das „Tiefkombinatorische" steht für die Reflexion, das „Poetische" im emphatischen Sinn für das Gefühl, beides bedingt den „Humor". Von dieser Ergänzung bleiben Bernhard Appels Ausführungen zu Jean Pauls Theorie des „Humors" und dessen Übernahme durch die Musikästhetik im allgemeinen und durch Schumann im besonderen selbstverständlich unberührt.

Wenn im folgenden auf die Arbeit Bernhard Appels verwiesen werden darf, so sollen einige Anmerkungen allgemeiner Art dennoch nicht fehlen: Der „Humor" war die einzige, wenn auch zentrale ästhetische Kategorie, die von der Musikästhetik des 19. Jahrhunderts als „romantische" erkannt worden ist. Die eigentliche Adaption des „romantischen" „Humor"-Begriffs durch die Musikästhetik beginnt bekanntlich mit der Beethovenrezeption im frühen 19. Jahrhundert.[92] Die zeitgenössische Apostrophierung Beethovens als „musikalischer Jean Paul", auf die Elisabeth Eleonore Bauer unlängst noch einmal hingewiesen hat,[93] bezeugt die Bedeutung, die dem Jean Paulschen „Humor"-Begriff im musikästhetischen Diskurs zukommt. Bernhard Appel hat deutlich gemacht, daß „die Übernahme des Humorbegriffs durch die Musikästhetik bereits in Jean Pauls Vorschule vorbereitet" worden ist.[94] Dort findet die Gleichung von der „romantischen = humoristischen = musikalischen" Poesie im Unbewußten des Genies ihre Prämisse, die im „unbestimmten romantischen Charakter der Musik" sinnfällig wird.[95] Die Musik verleiht – um in den Worten Schumanns zu sprechen – „seltenen Seelenzuständen" einen unmittelbaren Ausdruck,[96] die die Dichtung nur mittelbar verbalisieren kann. Ihre Unbestimmtheit ist also nicht in einem selbstbezüglichen Sinne „absolut". Denn die Unbestimmtheit der Musik drückt die Idee der Unendlichkeit in ihrer „romantischen" Form subjektiv aus, so wie sie das Genie in sich findet. Das subjektiv aufgefaßte „schöne Unendliche" bildet den „innern Stoff – gleichsam angeborne unwillkürliche Poesie, um welche die Form nicht die Folie, sondern nur die Fassung legt."[97] Diesen „Instinkt des Genies oder genialen Stoff", den Jean Paul im § 14 der „Vorschule der Ästhetik" beschreibt, meint Schumann, wenn er seiner geliebten Clara Wieck die wahre Bedeutung des „Romantischen" in der Musik am Beispiel einiger „Kinderszenen" op. 15 auseinandersetzen will:

Liebe Klara, eine Bemerkung erlaubst Du mir wohl: Du spielst oft denen, die noch gar *nichts von mir kennen*, den Carneval vor – wären dazu die Phantasiestücke nicht beßer? Im Carneval hebt immer ein Stück das andere auf, was nicht Alle vertragen können; in den Phantasiestücken kann man sich aber recht behaglich ausbreiten – doch thue nur wie Du willst! Ich denke mir manchmal, was Du als Mädchen selbst bist, achtest Du an der Musik vielleicht zu wenig, nähmlich das Trauliche, Einfach Liebenswürdige, Ungekünstelte. Du willst am liebsten Sturm und Blitz gleich und immer nur Alles neu und nie dagewesen. Es gibt auch alte und ewige Zustände und Stimmungen, die uns beherrschen. Das Romantische liegt aber nicht in den Figuren oder Formen; es wird ohnehin darin sein, ist der Komponist nur überhaupt ein Dichter. Am Clavier und mit einigen Kinderscenen wollte ich Dir dies Alles noch beßer beweisen." [23]

Während die Idee des „Romantischen" in den „Kinderszenen" op. 15 und „Phantasiestücken" op. 12 für Schumann ungetrübter in Erscheinung tritt, erscheint sie im „Carneval" op. 9 humoristisch gebrochen. Dort „hebt immer ein Stück das andere auf", die Idee des Unendlichen erklingt in einem vernichtenden Kontrast zum Endlichen, „was nicht Alle vertragen können". Die gleiche verwirrende Wirkung des „romantischen Humors" hatte Schumann auf einer „Soirée im Salon de M. Wieck" wahrgenommen: „Die Papillons schienen mir die Gesellschaft nicht au fait gesetzt zu haben – denn sie sah(en) sich auffällig an u. konnte die raschen Wechsel nicht fassen".[98] Die Papillons op. 2 schienen Schumann selbst dem „poetischen Nihilismus" nahe, der „vielleicht etwas Kritisches, aber gewiß nicht Künstlerisches" hat, wie er im Tagebuch vom am 9. Juni 1832 selbstkritisch zugibt:

„Und wer verlangt vom Zuhörer, wenn ihm ein Stük zum erstenmal vorgetragen wird, daß er es zergliedert bis in's Mechanische oder Harmonische? bey den Papillons könnte man vielleicht eine Ausnahme machen, da der Wechsel zu rasch, die Farben zu bunt sind und der Zuhörer noch die vorige Seite im Kopfe hat, während der Spieler bald fertig ist. Dieses Sich-selbst-vernichten der Papillons hat vielleicht etwas Kritisches, aber gewiß nichts Künstlerisches. Man mag zwischen einzelnen ein Glas Champagner einschieben."[99]

Seinem musikalischen Ursprung nach führte Schumann den „romantischen Humor", den er aus den „späteren Arbeiten Beethovens" [91] und aus „Schuberts letzten Kompositionen" [74] kennt und in dem Preisquartett von Julius Schapler [91] wie überhaupt in der „neueren Musik" Mendelssohns, Bennetts, Chopins, Hillers [38] oder Hellers [87] wiedererkennt, auf die Musik Bachs zurück:

„Mozart und Haydn kannten Bach nur seiten- und stellenweise, und es ist gar nicht abzusehen, wie Bach, wenn sie ihn in seiner Größe gekannt, auf ihre Produktivität gewirkt haben würde. Das Tiefcombinatorische, Poetische und Humoristische der neueren Musik hat ihren Ursprung aber zumeist in Bach: Mendelssohn, Bennett, Chopin, Hiller, die gesammten sogenannten Romantiker (die Deutschen mein' ich immer) stehen in ihrer Musik Bach'en weit näher als Mozart, wie diese denn sämmtlich auch Bach auf das Gründlichste kennen, wie ich selbst im Grund tagtäglich vor diesem Hohen beichte, mich durch ihn zu reinigen und stärken trachte ... Bach'en ist meiner Ueberzeugung überhaupt nicht beizukommen; er ist incommensurabel." [38]

Mit dieser musikhistorischen Bestimmung des „Humors" geht Schumann zwar weit über Jean Paul hinaus. Doch in der „Vorschule der Ästhetik" konnte Johann Friedrich Reichardt, der Mozart, Beethoven und Haydn in der Berlinischen musikalischen Zeitung von 1808 als „drei echte Humoristen" getauft hatte,[100] bereits lesen:

„Etwas von der Keckheit des vernichtenden Humors Ähnliches, gleichsam einen Ausdruck der Weltverachtung kann man bei mancher Musik, z.B. der Haydnschen, vernehmen, welche ganze Tonreihen durch eine fremde vernichtet und zwischen Pianissimo und Fortissimo, Presto und Andante wechselnd stürmt."[101]

Der Einfluß Jean Pauls ist im musikästhetischen Schrifttum des 19. Jahrhunderts im positiven wie negativen Sinne allgegenwärtig. In diesem Zusammenhang sei es erlaubt, mit Bernhard Appel exemplarisch auf Ernst Ortlepp hinzuweisen, der mit Schumann gut bekannt war und die Jean Paulsche Rede vom „romantischen Welt Humor" sehr eindringlich zu übersetzen wußte:

„Ach, daß ich doch einmal in meinem Leben Mut hätte, Beethovens unendliches Genie tiefer zu ergründen! Ich habe mir zwar meine Ideen gebildet; aber ich möchte sie noch erweitern. Wenn Hoffmann meint, Beethoven bewege vorzugsweise die Hebel des Schauders, des Entsetzens und des Schmerzes, so zeichnet er meines Erachtens die Eigenthümlichkeit des hohen Meisters zu einseitig. Auch diejenigen, die ihn als den Künstler der Dissonanzen betrachten, tappen an seinem äußeren Wesen hin, ohne in die Tiefen desselben hinabzudringen. Näher tritt

Hoffmann, wo er ihm Romantik zuschreibt. Doch auch dieser Begriff ist nicht hinreichend, um seine Art zu charakterisiren, und nur der Humor nämlich in jener tiefen idealen Bedeutung, wo das Wort ebensowohl die tausend Variationen des Schmerzes als der Freude in sich begreift, und wo selbst Ahnungen, Träume und Wahnsinn ihre wunderbare und geheimnisvolle Rolle spielen. Es zieht uns ein mächtiger Drang in die Regionen des Ungeheuern, Unheimlichen, Uebersinnlichen und Unendlichen hinaus, und das führt zu dem romantischen Welt=Humor, einem Mysterium für den Ungeweihten, doch denen verständlich, die tiefer eindrangen in Tiecks und Jean Pauls wunderbare Schöpfungen. Aus diesem sind Beethovens Werke entsprungen."[102]

Während der „Humor" zum zentralen Begriff der „romantischen" Musikanschauung in der ersten Hälfte des 19. Jahrhunderts auf- bzw. abgewertet wurde, wurde die philosophisch-ästhetische Bedeutung des „Fragments", der „Ironie", des „Witzes" und der „Allegorie" so gut wie gar nicht wahrgenommen.[103] Dies liegt zum einen daran, daß Schlegels Theorie der „romantischen Ironie" als solche nicht geschlossen formuliert vorliegt, sie ist notwendigerweise „fragmentarisch" und war als solche bedauerlicherweise noch nicht im vollen Umfang publiziert; in ihrer ganzen philosophischen Tragweite wurde sie erst durch die neuere „Romantik"-Forschung, vor allem durch die Arbeiten Manfred Franks erschlossen. Das dunkle Kapitel der musikästhetischen „Romantik"-Rezeption des 19. Jahrhunderts läßt sich leider auch nicht durch die Tatsache erhellen, daß die „Frühromantiker" die Musik als erkenntnistheoretisches Paradigma, als „Musikalisches Ideen-Instrument" benutzt haben.[104] Im Gegenteil, das philosophische Interesse der historischen Musikästhetik an der „Frühromantik" erscheint zu dem der „frühromantischen" Philosophen an der Musik verhältnisweise wie die Nacht zum Licht. Erschwerend hinzu kommt ein generelles Problem, das die Übertragung von literarästhetischen Kategorien auch von „romantischen" auf die Musik in sich birgt. Die Interpretation insbesondere von Instrumentalmusik unter der Voraussetzung von literarphilosophischen Kategorien bereitet bekanntlich Schwierigkeiten, die sich beim „Ironie"-Begriff besonders bemerkbar machen. Im Zweifelsfall sollte man es mit Schumann halten, der in seinem Tagebuch mit Theodor Mundt empfiehlt: „Gerade von der Musik könnten Philosophen lernen, das es möglich ist, auch mit der anscheinenden Miene des tändelnden Jugendleichtsinns die tiefsten Dinge von der Welt zu sagen".[105]

So nahe Schumanns „romantische" Musikanschauung der „frühromantischen" Ästhetik auch steht, so weit wie möglich sollten die unterschiedlichen Ansätze Friedrich Schlegels, Novalis' oder Jean Pauls auseinandergehalten werden. Schumanns Musik ist weder durch den bloßen Bezug auf den „romantischen" Zeitgeist, noch durch die Aufzählung „romantischer" Autoren, deren Namen wie aus der Büchse der Pandora ausgeschüttet werden, beizukommen.[106] Schumann selbst geht mit gutem Beispiel voran, da er zwischen den „Frühromantikern", die für ihn eine besondere Bedeutung besaßen, differenziert: „Wenn ich Beethovensche Musick höre, so ists, als läse mir jemand Jean Paul vor; Schubert gleicht mehr Novalis, Spohr ist der Leibhaftige Ernst Schulze oder der Carl Dolci der

Musick,"[107] Schließlich würde niemand auf die umgekehrte Idee verfallen, einen der genannten Literaten oder Philosophen durch die Musik Beethovens, Schuberts und Spohrs erklären zu wollen, ohne einen Unterschied zu machen, es sei denn, um die phantastische Fülle eines genialen Geistes annähernd anzudeuten, wie es Schumann im Falle Schuberts getan hat: „Schubert ist Jean Paul, Novalis u. Hoffmann in Tönen ausgedrückt".[108] Schumann ist Jean Paul, Novalis und E. T. A. Hoffmann und gleichzeitig immer mehr.[109] Schumann ist weniger Friedrich Schlegel, Tieck und Solger und gleichzeitig mehr. Dieses „mehr" oder „weniger" an Originalität beanspruchte Schumann für sich, als er Clara Wieck am 26. Januar 1839 recht eindringlich bat:

„Dann noch eine Bitte (ich halte einmal Vorlesungen) nenne mich bei Leibe nicht mehr Jean Paul den IIten, oder Beethoven den IIten; da könnte ich Dich eine Secunde lang wirklich haßen; ich will zehnmal weniger sein als Andere, aber *für mich etwas*; bitte nenne mich nicht mehr pp pp!"[110]

Es sollte nicht vergessen werden, daß Schumann als aufmerksamer Leser des *Morgenblattes für gebildete Stände* und dessen Beilagen *Kunst- und Literaturblatt* philosophisch verstreute Einsichten aus der Lektüre von Zeitschriften, nicht nur musikalischen, schöpfte.[111] Vor allem aber besitzt Schumanns „romantische" Musikanschauung neben der literarphilosophischen, eine trivialliterarische, landschaftsästhetische und kultur- bzw. geschichtsphilosophische Dimension, die von der Musikforschung bislang nicht erkundet wurde, weil sie zu abgelegen bzw. zu unterlegen erschien. Für die „romantische" Musikanschauung gilt einmal mehr, was Raymond Immerwahr für die literarische „Romantik"-Forschung festgestellt hat:

„Die deutschen Romantiker ersetzten nicht einfach eine vage, allgemein gebräuchliche Vorstellung durch einen äußerst vielschichtigen Begriff, sondern sie behielten die volkstümliche Vorstellung bei, entwickelten deren Implikationen weiter und verschmolzen diese mit dem bereits bestehenden kulturgeschichtlichen Begriff."[112]

So schwingt bei Schumann die trivialliterarische Bedeutung des „Romantischen" im Sinne des Imaginären, Wunderbaren und Abenteuerlichen immer mit, wenn er von seiner Liebe zu Clara Wieck [22, 28, 29] oder von den Davidsbündlern spricht. Wenn Schumann in sein „Leipziger Lebensbuch" von 1831 beispielsweise schreibt:

„Von heute an will ich meinen Freunden schönere, passendere Namen geben. Ich tauf' Euch daher folgendermaßen: Wieck zum Meister Raro – Clara [Wieck] zur Cilia – Christel zur Charitas – Lühe zum Rentmeister Juvenal – Dorn zum Musikdirector – Semmel zum Justitiar Abrecher – Glock zur medicinischen alten Muse – Rent zum Studiosus Varinas – Rascher zum Student Fust – Probst zum alten Maestro – Flechsig zum Jüngling Echomein –
Sechs Einsylbige und fünf Zweysilbige Freunde!
Tretet denn näher u. betragt Euch schön romantisch!" [6]

und Heinrich Dorn fünf Jahre später brieflich mitteilt, daß

„der Davidsbund nur ein geistiger romantischer [ist], wie Sie längst gemerkt haben. Mozart war ein eben so großer Bündler, als es jetzt Berlioz ist, Sie es sind, ohne gerade durch Diplom dazu ernannt zu sein. Florestan und Euseb ist meine Doppelnatur, die ich wie Raro gern zum Mann verschmelzen möchte. Das andere darüber steht in der Zeitung", [32]

dann treibt er dem Spiel ein Spiel wie Christoph Martin Wieland im Vorbericht des „Hexamerons", behauptend, die Handschrift gäbe Erzählungen von sechs wirklichen Personen wieder, „deren wahre Namen hinter romantische versteckt" seien."[113] Die „romantische" Maskierung war auch Friedrich Nicolai nicht fremd, der Herder am 30. Dezember 1766 folgenden Vorschlag zur Güte des gemeinsamen Briefwechsels machte: „Noch romantischer wird die Aussicht (…), wenn die Korrespondenz zwischen Personen geführt wird, die sich selbst nicht einmal dem Namen nach kennen".[114] Mit dem Davidsbund versuchte Schumann „die soziale Isolierung des Künstlers" zu überwinden,[115] verfolgte Schumann ein kunstkritisches Prinzip,[116] „»Wahrheit und Dichtung« in humoristischer Weise verbindend".[117] Hinter Schumanns Davidsbund steckt aber auch die harmlose Idee, Neugierde zu wecken bei den Lesern der *Neuen Zeitschrift für Musik*. Letzteres schließt ersteres nicht aus, aber es bedingt es.

Es liegt nicht in meiner Absicht, Schumanns „romantische" Musikanschauung durch Banalitäten zu trivialisieren. Vielmehr versuche ich, die „romantische" Musikanschauung in ihrer Komplexität zu verstehen und nicht einseitig auf die „Idee der absoluten Musik" zu reduzieren. Carl Dahlhaus hat das Wesen der „romantischen" Musikästhetik durch den Begriff der „absoluten Musik" bestimmt, der „die tragende Idee des klassisch-romantischen Zeitalters in der Musikästhetik gewesen sei",[118] und sich dabei vor allem auf Wackenroder und Tieck, E. T. A. Hoffmann und Schopenhauer berufen. Unter der „Idee der absoluten Musik" versteht Dahlhaus die „von Funktionen, Texten und schließlich sogar Affekten »losgelöste« Musik",[119] „die um 1800 als Theorie der Symphonie entstanden war: der Idee, die Musik sei gerade dadurch, daß sie sich vom Anschaulichen und schließlich sogar von Affekten »loslöst«, Offenbarung des »Absoluten«."[120] Als musikästhetisches „Paradigma" und gattungsgeschichtlicher Inbegriff des „Absoluten" sei die reine, unbestimmte „absolute Musik" von der Programmusik und der Oper zu unterscheiden, „die ihre metaphysische Würde" antasten.[121] Aus diesem Grund werden beispielsweise die Programmusik und die Oper von der Betrachtung der „romantischen" Musikanschauung meistens ausgeschlossen.[122]

Dahlhaus' These von der „Idee der absoluten Musik" *scheint* sich auch durch Schumanns Äußerungen zum „Romantischen" in der Musik belegen zu lassen. Schumann hat seine Anschauung des „Romantischen" weder an der Programmusik, der er distanziert gegenüberstand, noch an der Oper, die ihm Schwierigkeiten bereitete,[123] verdeutlicht. Der gattungsgeschichtliche Kontext, in dem Schumann das Wort „romantisch" gebraucht, ist fast ausschließlich durch die Instrumentalmusik bestimmt. Innerhalb der Vokalmusik wendet Schumann die

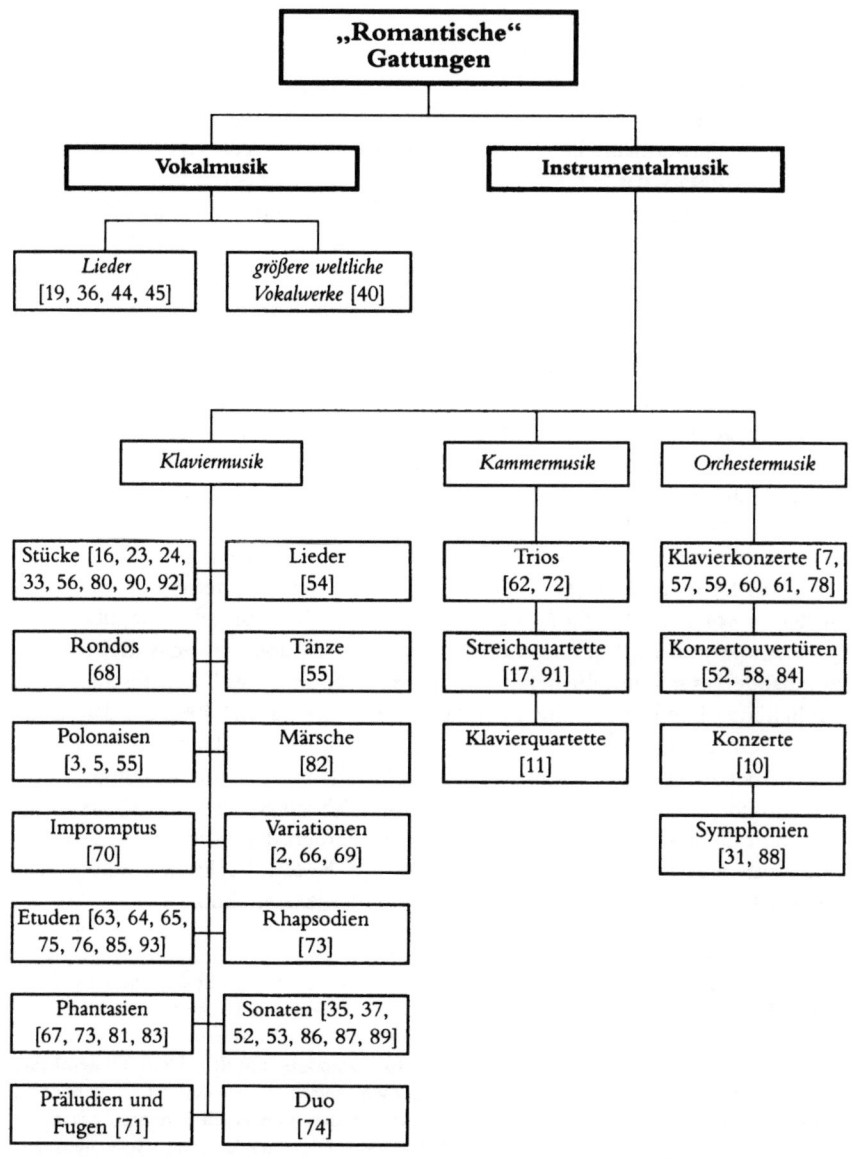

Abb. 5: Schumanns Gebrauch der Worte „romantisch" und „Romantik" im Kontext musikalischer Gattungen

Bezeichnung „romantisch" vornehmlich auf das Lied an.[124] Gegenüber Clara Wieck bekennt er im Brief vom 22. Mai 1840: „Der Eichendorf'sche Cyklus ist wohl mein aller Romantischstes und es steht viel von Dir darin, von meiner lieben theuren Braut" [45]. Dieses Bekenntnis beschränkt sich aber ebensowenig auf den „außermusikalischen" Stoff, die Gedichte des „Liederkreises" op. 39, wie das Eingeständnis, das Schumann 1847 zur Verteidigung der „übereilten" Berliner Aufführung von „Das Paradies und die Peri" op. 50 Franz Brendel gegenüber macht:[125] „So hat denn die Composition auf viele Einzelne wohl gewirkt – die Romantik, der orientalische Charakter war nicht ganz zu zerstören; im Ganzen ist sie aber nicht in ihrer Totalwirkung verstanden worden" [40].[126] Das „Romantische" des „Liederkreises" oder der „Peri" läßt sich nicht so leicht auseinanderdividieren wie die Musik und der Text der „romantischen" Oper, genauer gesagt, der Zauberoper, wo das „Romantische" des Sujets der Musik mehr äußerlich als innerlich ist.[127] Möglicherweise liegt hierin der Grund, warum Schumann es tunlichst vermieden hat, von der Oper als „romantischer" zu sprechen.[128] Die Rede von der „romantischen" Oper war Schumann wahrscheinlich zu mißverständlich. Um ein mögliches Mißverständnis über das „Romantische" in der Oper von vornherein auszuschließen, setzte Schumann über die Kritik zu Christian Lobes großer Oper „Die Fürstin von Grenada oder der Zauberblick" in der *Neuen Zeitschrift für Musik* vom 23. Januar 1835 unmißverständlich zwei Mottos, die Jean Pauls „Vorschule der Ästhetik" entnommen sind: Bei dem ersten handelt es sich um die bereits bekannte „Definition des Romantischen ... als das Schöne ohne Begränzung, oder das schöne Unendliche" [99]; bei dem zweiten um ein Zitat, das Schumann dem „§ 25 Beispiele der Romantik" entnahm, das er aber nicht in die „Mottosammlung" aufnahm: „Nichts ist seltner als die romantische Blume. Wenn die Griechen die schönen Künste eine Musik nannten: so ist die Romantik die Sphärenmusik. Sie fordert das Ganze eines Menschen und zwar in zärtester Bildung, die Blüthen der feinsten höchsten Zweige" [95]. Beide Mottos erhalten durch die Kritik einen konkreten Sinn:

„Die Hinneigung der deutschen Oper unsrer Zeit zum Romantischen ist überwiegend. Wenn die Schönheit in der Sphäre der Kunst das ist, was das Licht in der Natur, so repräsentirt das Romantische in der allgemeinsten Bedeutung die Wärme. In dieser Beziehung ist jede gute Oper romantisch. In Verbindung mit dem Dramatischen haben wir die Romantik im engern Sinne aufzufassen: Einwirkung des Uebersinnlichen, Unendlichen auf unser Leben, Darstellung einer heimlich schleichenden, unbegreiflich höhern Macht, im Hintergrund das Christenthum und die höchste Moral. Diese Tendenz war schwer festzuhalten; man ging weiter, aber abwärts zu einer symbolisch verkörperten Darstellung der Geister, man zog die überirdischen Wesen in die Menschenwelt hinein zu gegenseitigem Kampf. Endlich verliert sich das erste Ziel ganz, man holt die Mährchen und Wunder hinzu, stellt Feen und Geister und Menschenkinder im bunten Conflict neben einander und läßt der Fantasie die Zügel; so bildete sich die Zauberoper, die in der Kindheit der Oper die größte Rolle spielte, auch späterhin wieder auftauchte, aber verschwistert mit der Geschichte und Mythe."[129]

Während die „romantische" Oper nach der Auffassung des Rezensenten auf ihrer höchsten Stufe durch Mozarts „Don Juan" und auf ihrer mittleren durch Webers „Freischütz" repräsentiert wird, bildet Mozarts „Zauberflöte" bereits den Übergang zu ihrer untersten Stufe, auf der Lobes „Fürstin von Grenada" zu stehen kommt. Daß auch Schumann von solchen „ästhetischen Fehlgriffen" generell nichts gehalten hat,[130] geht aus seiner Besprechung der „Etüden" Ferdinand Hillers deutlich hervor:

„denn er hüte sich vor dem nächsten Schritt, über den hinaus Gnomen und Kobolde zu wirtschaften anfangen, und denke an die Ouvertüren zum »Sommernachtstraum« und zu den »Hebriden« (die sich etwa wie Shakespeare und Ossian zueinander verhalten), in welchen der romantische Geist in solchem Maße schwebt, daß man die materiellen Mittel, die Werkzeuge, welche er braucht, gänzlich vergißt. Dennoch bewegt sich Hiller im Abenteuerlichen und Feenhaften, wenn auch nicht so poetisch fein wie Mendelssohn, doch immer sehr glücklich, und die 2., 17., 22., 23. Studie gehören, wie zu den gelungenen in der ganzen Sammlung, zu dem Besten überhaupt, was seit der F-moll-Sonate von Beethoven und anderem von Franz Schubert, welche dieses Wunderreich zuerst erschlossen zu haben scheinen, geschrieben worden ist" [52].

Schumanns Mißtrauen gegenüber dem faulen Zauber einer Musik, die sich „romantisch" nennt, obwohl sie nicht „poetisch" ist, wendet sich gegen den falschen „Gebrauch des Wunderbaren" wie ihn Jean Paul im § 5 der „Vorschule der Ästhetik" beschrieben hat. Wie Schumann geißelt Jean Paul die „materiellen Mittel", die dazu dienen, das wahre Wunderbare „zu entzaubern und aufzulösen in Prose."[131] Denn „alles wahre Wunderbare", so bestimmt Jean Paul zu Anfang des Paragraphen, „ist für sich poetisch".[132] Schumanns vermeintliches Desinteresse an der „romantischen" Oper leitet sich also nicht vom Paradigma der „absoluten Musik", sondern vom Primat des „Poetischen" her. Und dies ist ein wesentlicher Unterschied, den es festzustellen gilt. Denn das Prinzip des „Poetischen" läßt das „Romantische" als eine Qualität erscheinen, die sowohl der Oper als auch der Instrumentalmusik zufallen kann. Vice versa kann die „poetische" Qualität des „Romantischen" nicht nur der Instrumentalmusik, sondern auch der Oper, die ich hier stellvertretend für alle „relative", d.h. wort-, text- oder programmgebundene Musik nenne, zu eigen sein. Zwischen dem „Romantischen" in der Instrumentalmusik und in der Oper wurde im musikästhetischen Diskurs des frühen 19. Jahrhunderts ein gradueller, nicht aber ein substantieller Unterschied gemacht.[133] Für die Ausschließlichkeit, mit der das „Romantische" für die sogenannte „absolute Musik" in Anspruch genommen wird, scheint zwar E. T. A. Hoffmann zu sprechen, der in der berühmten Beethovenrezension von 1810 forderte, „wenn von der Musik als einer selbständigen Kunst die Rede ist, sollte immer nur die Instrumentalmusik gemeint sein", sie sei „die romantischste aller Künste – fast möchte man sagen, allein *rein* romantisch".[134] Doch gleichzeitig konnte E. T. A. Hoffmann, ohne sich selbst zu widersprechen, im Dialog „Der Dichter und der Komponist" von 1813 „die romantische Oper als die einzig wahrhafte"[135] definieren und anschließend in der Rezension über „Den Opern-

Almanach des Hrn. von Kotzebue" in der *Allgemeinen musikalischen Zeitung* vom 2. November 1814 festschreiben,

„dass nur aus wahrhaft poetischem Stoff sich die wahre Oper erzeugt, dass aber ferner, kann dieser sich auch auf verschiedene Weise formen und ins Leben treten, doch die Romantik das eigentlichste Gebiet der Oper ist. In der romantischen Oper kommt es nun freylich darauf an, die wunderbaren Erscheinungen des Geisterreichs so mit der Kraft der poetischen Wahrheit ins Leben zu führen, dass wir willig daran glauben, und sich, indem die Einwirkungen höherer Naturen sichtbarlich geschieht, vor unsern Augen ein romantisches Seyn erschliesst, in dem auch die Sprache höher potenzirt, oder vielmehr jenem fernen Reiche entnommen, d.h. Musik, Gesang ist, ja wo selbst Handlung und Situation, in mächtigen Klängen und Tönen schwebend, uns gewaltiger ergreift und hinreisst. Auf diese Art entspringt nun, wie es eben das unerläßliche Bedingnis der wahren Oper ist, die Musik unmittelbar nothwendig aus der Dichtung selbst. – Fasse ich nun diese, gewiss richtige Ansicht der romantischen Oper, so wie das, was späterhin über die komische Oper, insbesondere wo das Abenteuerliche, Phantastische in das gewöhnliche Leben schreitet, und aus dem Widerspruch sich der wahre Scherz erzeugt, gesagt wird, recht im Gemüte auf: so wird es mir ganz deutlich, was die Opern des Hrn. v. K. gleich von Grund aus verdirbt.
Ich bemerke nämlich in dem ursprünglichen Stoff, theils die gänzliche Abwesenheit aller Poesie, theils, wie z.B. im Pervonte, ein sichtliches, oder vielmehr fühlbares Bemühen, jede Anregung irgend einer poetischen Idee zu vernichten."[136]

Daß das „Romantische" in der Musikanschauung des frühen 19. Jahrhunderts vom Paradigma des „Poetischen" und nicht vom Paradigma der „absoluten Musik" her begriffen wurde, um in den Worten Carl Dahlhaus zu sprechen, läßt sich über E. T. A. Hoffmann hinaus durch den zeitgenössischen Diskurs über die „romantische" Oper hinreichend belegen:[137]

1802 hatte Franz Christoph Horn in der *Allgemeinen musikalischen Zeitung* die „wahre Oper" als „erhabenste Frucht des modernen Geistes" „romantisch" genannt.[138] 1804 sah Christian August Heinrich Clodius im „Entwurf einer systematischen Poetik" die willkürliche Verbindung von Sprache und Musik einzig und allein durch das „Romantische" in der Oper gerechtfertigt.[139] 1805 verfaßte Christian Schreiber für den Berliner *Freimüthigen* einen Aufsatz unter dem Titel „Ueber die Oper", in dem er, die Poetik Clodius' mit derjenigen Jean Pauls verbindend, schrieb: „Die Oper darf nur romantisch seyn, wenn sie poetisch werden soll".[140] Im gleichen Jahr erblickte Friedrich Ast im „System der Kunstlehre" in der Oper bereits „die reale Einheit aller Künste, so wie die Poesie die ideale Einheit aller Künste ist".[141] Schließlich wäre noch mit Christoph E. Hänggi auf die zahlreichen Publikationen G. L. P. Sievers hinzuweisen, unter denen den „Schauspieler-Studien" von 1813 für die Ästhetik der Oper eine besondere Bedeutung zukommt.[142] All diese Beispiele widerlegen Carl Dahlhaus' Behauptung, die besagt,

„daß Musik einzig als absolute, in sich selbst begründete Instrumentalmusik »das eigentümliche, nur in ihr zu erkennende Wesen der Kunst rein ausspricht«, besagt, daß die ästhetische Autonomie zu den Bedingungen ihres Kunstcharakters im emphatischen Sinne des Wortes gehört.

Musik, die einen »Außenhalt« braucht, ist in ihrer ästhetischen Substanz geschmälert und fällt, als »funktionale Musik«, unter Trivialitätsverdacht. Sowohl in der Kirchenmusik als auch in der Oper ist also der ins Extrem getriebene Kunstanspruch, ..., durch eine zumindest partielle Entfremdung der Musik von ihrem »eigentümlichen Wesen« gefährdet."[143]

Die Beispiele belegen darüber hinaus, daß die Anschauung des „Romantischen" in der Musik zunächst an der Oper und dann erst an der Instrumentalmusik entwickelt wurde. Zumindest kann nicht im ausschließlichen Sinne von einem „romantischen" Paradigma der „absoluten Musik" die Rede sein. Plausibler scheint eher die Annahme, daß die trivial- und literarästhetische Kategorie des „Romantischen" von der Oper auf die Instrumentalmusik übertragen worden ist: Die „romantische" Oper besitzt nicht nur ein „poetisches" Sujet, sie vereint nicht nur die einzelnen Künste zu einem „poetischen" Ganzen, sondern sie verlangt von der Musik die Potenzierung einer „poetischen Idee", die im Text ihren sprachlichen und auf der Bühne ihren szenischen Ausdruck findet. Das Paradigma der „romantischen" Oper erklärt, warum Wackenroder und Tieck ihre „romantische" Musikanschauung u.a. am Beispiel der Werke Johann Friedrich Reichardts auseinandersetzen konnten. Carl Dahlhaus selbst hat darauf hingewiesen, daß Tieck „in dem Aufsatz »Symphonien« – ohne den Komponisten zu nennen – Johann Friedrich Reichardts »Macbeth«-Ouvertüre (oder »Symphonie«)" schildert.[144] Damit wird verständlich, wieso nach E. T. A. Hoffmann „das Höchste in der Instrumentalmusik – gleichsam die Oper der Instrumente geworden ist".[145]

Der Diskurs über die „romantische" Oper zeigt, daß sich die „romantische" Musikanschauung des 19. Jahrhunderts nicht einseitig auf den Begriff der „absoluten Musik" bringen läßt. Daß es sich bei der „Idee der absoluten Musik" um eine ideengeschichtliche Konstruktion handelt, die nicht nur wegen ihrer verqueren Begrifflichkeit musikästhetisch und -historisch wenig tragfähig ist,[146] möchte ich am Beispiel dreier Begriffe: (1) dem der „Aporie"', (2) der „Autonomie" bzw. des „Metaphysischen" und (3) des „Poetischen" beweisen, die für das Verständnis der „romantischen" Musikanschauung des frühen 19. Jahrhunderts von zentraler Bedeutung sind. Dabei bediene ich mich weniger der ideengeschichtlichen, als der diskursgeschichtlichen Methode, die die Begriffs- und Rezeptionsgeschichte des „Romantischen" stärker berücksichtigt, ohne die Philosophiegeschichte zu vernachlässigen.

(1) Die Aporie, „daß die Musik, und zwar als gegenstands- und begriffslose Instrumentalmusik, eine Sprache »über« der Sprache sei",[147] ist Carl Dahlhaus zufolge für die „romantische" Musikanschauung konstitutiv: „Die romantische Musikästhetik ist aus dem dichterischen Unsagbarkeits-Topos hervorgegangen: Musik drückt aus, was Worte nicht einmal zu stammeln vermögen."[148] Zunächst wäre mit Carl Dahlhaus festzustellen, daß der „romantische" Unsagbarkeitstopos nicht im Sinne einer formalistischen Musikästhetik zu verstehen ist, die darunter die reine Selbstbezüglichkeit der Instrumentalmusik versteht. Die „romantische"

Musikanschauung Wackenroders und Tiecks postuliert keine „autopoietische", sondern eine „poetische" Autonomie der Musik, deren metaphysischer Horizont in Eduard Hanslicks Schrift „Vom Musikalisch-Schönen" (1854) aus der Sichtweite geriet.[149] Dann aber wäre gegen Carl Dahlhaus einzuwenden, daß die „romantische" Musikanschauung gerade nicht im „Gegensatz zur Gefühlsästhetik" entwickelt worden ist.[150] Dahlhaus Behauptung, daß die „romantische" Musikanschauung „von der Gefühlsästhetik, mit der sie immer wieder verwechselt wurde, mindestens ebenso weit entfernt wie von dem Hanslickschen Formalismus" gewesen sei,[151] da sie „dem geselligen Gefühlskult die metaphysische Ahnung, die dem Einsamen in selbst- und weltvergessener musikalischer Kontemplation zuteil wird, entgegengesetzt" habe,[152] beraubt der „romantischen" Musikanschauung ihr historisches Erbe, anstatt es zu verwalten. Hans Heinrich Eggebrecht hatte bereits in den fünfziger Jahren die Erbangelegenheiten der Gefühlsästhetik der Sturm und Drangzeit gewissermaßen für die „romantische" Nachwelt geregelt, indem er auf die „empfindsamen" Anteile des „romantischen" Unsagbarkeitstopos' hinwies.[153] So befand beispielsweise der konservative Johann Nikolaus Forkel über den Sprachcharakter der Musik in der *Musikalisch Kritischen Bibliothek* (1778): Die Musik

„ist zwar eine Sprache, aber die Sprache der Empfindungen und nicht der Begriffe ... und sie fängt erst da an, eigentliche Sprache der unendlichen Grade von Empfindungen zu werden, wo andere Sprachen nicht mehr hinreichen und wo ihr Vermögen sich auszudrücken ein Ende hat."[154]

Und in der „Vorrede" zur „Allgemeinen Geschichte der Musik" (1788) bezeichnet Forkel selbst, nicht erst sein Rezensent Carl Philipp Emanuell Bach,[155] sein musikhistorisches Vorhaben, „ohne unbescheiden zu sein, wenigstens als Versuch einer Metaphysik der Tonkunst."[156] Im sympathetischen Sinn der empfindsamen Gefühlsästhetik läßt Wilhelm Heinse im Roman „Hildegard von Hohenthal" Lockmanns Gespräch mit Hildegard über das Wesen der Instrumentalmusik mit folgenden Worten enden: „Die Musik herrscht vorzüglich, wo sie ausdrückt, was die Sprache nicht vermag, oder wo die Sprache zu augenblicklich ist."[157] Auch Wackenroder versteht die Musik als eine Art Metasprache der Empfindungen und der Seele,[158] wenn er „Die Wunder der Tonkunst" zu beschreiben versucht:

„Zu dieser Aufbewahrung der Gefühle sind nun verschiedene schöne Empfindungen gemacht worden, und so sind alle schönen Künste entstanden. Die Musik aber halte ich für die wunderbarste dieser Empfindungen, weil sie menschliche Gefühle auf eine übermenschliche Art schildert, weil sie uns alle Bewegungen unsers Gemüths unkörperlich, in goldne Wolken luftiger Harmonieen eingekleidet, über unserm Haupte zeigt, – weil sie eine Sprache redet, die wir im ordentlichen Leben nicht kennen, die wir gelernt haben, wir wissen nicht wo? und wie? und die man allein für die Sprache der Engel halten möchte.
Sie ist die einzige Kunst, welche die mannigfaltigsten und widersprechensten Bewegungen unsres Gemüths auf dieselben schönen Harmonieen zurückführt, die mit Freud' und Leid', mit Verzweiflung und Verehrung in gleichen harmonischen Tönen spielt. Daher ist sie es auch, die

uns die ächte Heiterkeit der Seele einflößt, welche das schönste Kleinod ist, das der Mensch erlangen kann".[159]

Erst Ludwig Tieck sollte in den „Phantasien über die Kunst, für Freunde der Kunst" (1799) über den „empfindsamen" Unsagbarkeitstopos einen größeren Schritt hinausgehen, indem er den „empfindsamen" Ausdruck der Musik „poetisch" potenziert bzw. die „poetische" Autonomie der Musik gegenüber ihrer „empfindsamen" Sympathetik stärker emanzipiert.[160] Nach Tieck enthüllen „Symphonien" „in räthselhafter Sprache das Räthselhafteste, sie hängen zwar von keinen Gesetzen der Wahrscheinlichkeit ab, sie brauchen sich an keine Geschichte und an keine Charakter zu schließen, sie bleiben in ihrer rein-poetischen Welt."[161] Wenn Tieck die „poetische" Autonomie der Instrumentalmusik gegenüber der „empfindsamen" Gefühls- und „rationalistischen" Affektenästhetik betont, die besagt, „daß alle menschliche Musik nur Leidenschaften andeuten und ausdrücken soll",[162] dann bedeutet dies freilich nicht, daß die Instrumentalmusik weder Inhalt noch Ausdruck besitzt. Im Aufsatz „Die Töne" schreibt Tieck, Musik sei

„Seelenton einer Sprache, die die Himmelsgeister reden, die die Allmacht unbegreiflich in Erz und Holz und Saiten hineingelegt hat, daß wir hier den verborgenen Funken des Klanges suchen und herausschlagen. Die Kunstmeister offenbaren und verkündigen ihren Geist nun auf die geheimnißvollste Weise auf diesen Instrumenten, ohne daß sie es wissen redet die klingende, beseelte Instrumentenwelt die alte Sprache, die unser Geist auch ehemals verstand und künftig sich wieder darin einlernen wird, und nun horcht unsre ganze innigste Seele, mit allen Erinnerungen, mit allen Lebenskräften darauf hin, sie weiß recht gut, was es ist, das dort in holdseligster Anmuth ihr entgegenkömmt, aber irrdisch und körperlich befangen, sucht sie mit Gedanken und Worten, mit diesen gröberen Organen, diese feineren, reineren Gedanken aufzubewahren und festzuhalten, und auf diese Weise kann es ihr freylich nicht gelingen."[163]

Tiecks vermeintlich widersprüchliche Auffassung von der Instrumentalmusik als einer „poetischen" Seelensprache, die sich selbst und den Menschen genügt, die dem Menschen eigen und fremd zugleich ist, scheint derjenigen Novalis', zu entsprechen, welcher im „Allgemeinen Brouillon" den „unbestimmten" und „bestimmten" Charakter der musikalischen Sprache folgendermaßen schildert:

„Über die allg[emeie]n *Sprache* der Musik. Der Geist wird frey, *unbestimmt* angeregt – das thut ihm wohl – das dünkt ihm so bekannt, so vaterländisch – er ist auf diese kurzen Augenblicke in seiner indischen Heymat. Alles Liebe – und Gute, Zukunft und Vergangenheit regt sich in ihm – Hoffnung und Sehnsucht. / Ver[such] *bestimmt* durch die Musik zu sprechen. Unsre Sprache – sie war zu Anfang viel musicalischer und hat sich nur nach gerade so prosaisirt – so *enttönt*. Es ist jezt mehr *Schallen* geworden – *Laut*, wenn man dieses schöne Wort so erniedrigen will. Sie muß wieder *Gesang* werden. Die *Consonanten* verwandeln den *Ton* in *Schall*."[164]

Robert Schumann hat dieses Novalisfragment für die „Mottosammlung" exzerpiert und gleich zweimal für die *Neue Zeitschrift für Musik* verwendet:

„Die Musik redet eine allgemeine Sprache, durch welche der Geist frei unbestimmt angeregt wird; dies thut ihm so wohl, so bekannt, so vaterländisch, er ist auf diese kurzen Augenblicke in seiner Heimath. Alles Liebe u. Gute, Zukunft u. Vergangenheit regt sich in ihm, Hoffnung und Sehnsucht. Unsre Sprache war zu Anfang viel musikalischer, sie hat sich nur nach u. nach so prosairt, so enttönt; sie ist jezt mehr Schall geworden, Laut, wenn man dieses schöne Wort erniedrigen will; sie muß wieder Gesang werden. Die Consonanten verwandeln den Ton in Schall. N.[ovalis]"[165]

Außerdem hat Schumann das Fragment in verkürzter, leicht veränderter Form in „Meister Raros, Florestans und Eusebius' Denk- und Dichtbüchlein" aufgenommen: „Musik *redet* die allgemeinste Sprache, durch welche die Seele frei, *unbestimmt* angeregt wird; aber sie fühlt sich in ihrer Heimat. –"[166] Selbstverständlich war Schumann ebensowenig wie Tieck oder Novalis der Meinung, daß die Musik nur eine immanent formale Sprache spräche. In einem Brief an Friedrich Ritzhaupt vom 14. August 1832 bekennt Schumann, „daß für mich die Musik noch immer die Sprache, in der man sich mit dem Jenseits unterhalten kann".[167] Den „Musikpuritanern" gab Schumann im „Denk- und Dichtbüchlein" deshalb deutlich zu verstehen: „Das wäre eine kleine Kunst, die nur klänge und keine Sprache noch Zeichen für Seelenzustände hätte! Fl."[168] Schumanns Auffassung von den „poetischen Seelenzuständen", die die Musik zur Sprache bringt, reicht über die „rationalistische" Affektenlehre und „empfindsame" Gefühlsästhetik des 18. Jahrhunderts weit, sehr weit hinaus. Doch sie wäre ohne die Vorgeschichte des „romantischen" Unsagbarkeitstopos' nicht verständlich. Die Rede von der „Idee der absoluten Musik", die von einem „»Paradigmenwechsel«, einer Verkehrung der ästhetischen Grundvorstellungen ins Gegenteil" ausgeht,[169] anstatt ihren geschichtlichen Wandel zu beschreiben, die die Diskontinuität und Kontinuität eines musikhistorischen und -ästhetischen Diskurses nicht prozessual zu erklären versucht, trägt weniger zum Verständnis der „romantischen" Musikanschauung bei, als man gemeinhin glaubt. Wo es Trennendes gibt, dies wurde bei der Betrachtung des trivialliterarischen, landschaftsästhetischen und geschichtsphilosophischen „Romantik"-Begriffs ersichtlich, gibt es auch Verbindendes.

Für das Verständnis des „romantischen" Unsagbarkeitstopos' wesentlich ist, daß die „poetische" Autonomie der Musik seit ihrem ersten Auftreten als potenzierte Paradoxie reflektiert wurde: Der Widerspruch, daß die Musik das sprachlich Unsagbare in ihrer Sprache sagt, wird wiederum im Medium der Sprache, d.h. im Medium der Dichtung – bewußt oder unbewußt – „poetisch" reflektiert. Barbara Naumann hat die „Aporien des musikalischen Ausdrucks" am Beispiel von Wackenroders „Herzensergießungen eines kunstliebenden Klosterbruders" als „eine ästhetische Täuschung, als »aesthetic fallacy«" analysiert, die „die scheinbare Bewältigung des Ausdrucksproblems künstlerischer Subjektivität im sprachlichen Medium vorgibt, um letztlich damit nur umso nachhaltiger, wenn auch implizit, auf die Grundsätzlichkeit des Problems auch in der Poesie hinzuweisen."[170] Christine Lubkoll hat die Aporie des „romantischen" Unsagbarkeitstopos' in Anlehnung an Claude Lévi-Strauss[171] und Hans Blumenberg[172] unter den Begriff des „Mythos" als „Bewältigungsform einer unlösbaren poetologischen Aporie:

des Versuchs, Grenzen des Sagbaren sprachlich zu überschreiten bzw. das Vergebliche dieser Anstrengung poetisch zu überspielen",[173] gefaßt. Im Unterschied zu Dahlhaus interpretiert Lubkoll die „poetische" Rede von der „absoluten Musik" nicht als leitendes musikästhetisches Paradigma des 19. Jahrhunderts, sondern als „metaphysische Spekulation über Musik als Zeichensystem",[174] die „im Dienste einer umfassenden poetologischen Selbstreflexion" steht.[175] Die „Idee der absoluten Musik" erscheint bei Lubkoll also nicht mehr wie bei Dahlhaus als Metaphysik, sondern als Metaphysikkritik, die die erkenntnistheoretischen Aporien der Subjektphilosophie am Beispiel der reinen Instrumentalmusik thematisiert. Die Aporien der musikalischen Ausdrucksästhetik, die die Musik einerseits als Sprache betrachtet und andererseits jenseits der Sprache anzusiedeln und mythisch zu bewältigen versucht,[176] untersuchte Lubkoll anhand der Texte von Wilhelm Heinrich Wackenroder, Joseph Görres, Heinrich von Kleist und E. T. A. Hoffmann. Am Beispiel von Wackenroders „Herzensergießungen eines kunstliebenden Klosterbruders" zeigt Lubkoll, wie Berglinger am Widerspruch zwischen einer vollkommenen Musiksprache und einer unvollkommenen Welt zugrunde geht: „Die Unlösbarkeit dieses Widerspruchs führte Berglinger dorthin, wo das musikalische Imaginäre seinen Anfangs- und Endpunkt hatte: in den Tod, der alle Zeichen auslöscht."[177] Die Aporie der „Idee der absoluten Musik" entrückt Berglinger zu einer metaphysischen Utopie. In Brentanos Novelle „Der Sänger" überbrückt die Musik die unüberbrückbare Kluft zwischen Leben und Tod. Den Verlust seiner Geliebten, der Schwester Antonie, bewältigt der „Sänger" im Medium der Musik: „Während Brentano in der Erzählung *Der Sänger* die Vision einer dynamischen, schwebenden, zwischen den Polen oszillierenden musikalischen Poetik entwirft, wird dieses Modell in der Posse *BOGS, der Uhrmacher* einer Gegenprobe unterzogen und radikal umgekehrt."[178] In der „BOGS"-Satire verliert die Musik allmählich ihre Sprache: Die bürgerliche Phantasie der „absoluten Musik" wird gesellschaftskritisch als mythische Phantasmagorie entlarvt. Durch eine immanente Reflexion der Musik als Zeichen- und Schriftsystem unterwirft Heinrich von Kleist den Unsagbarkeitstopos einer vernichtenden Kritik. In der Novelle „Die heilige Cäcilie oder die Gewalt der Musik" wird die „Idee der absoluten Musik" als unmittelbarer – wie bei Wackenroder – oder mittelbarer – wie bei Brentano – Ausdruck des Unsagbaren ad absurdum geführt. In der „Kreisleriana" E. T. A. Hoffmanns schließlich erscheinen die Aporien des „romantischen" Unsagbarkeitstopos' summiert aber auch modifiziert: Denn „die Struktur, die der Bearbeitung des Themas zugrunde liegt, ist selbst die des Mythos".[179] Der literarische Mythos von der „Idee der absoluten Musik" wird zur mythischen Literatur über Musik. –

(2) Die Autonomie der Musik und ihre sprachliche Funktion, ihre Selbst- und Fremdbezüglichkeit, ihre formale Immanenz und ausdrückliche Transzendenz bestimmen nach Dahlhaus das „romantische" Wesen der „absoluten Musik" – das ein widersprüchliches wäre, wenn der Begriff der absoluten Musik tatsächlich

„die tragende Idee des klassisch-romantischen Zeitalters in der Musikästhetik gewesen" sein sollte.[180] Nach Dahlhaus „dient der Doppelsinn des Wortes »absolut« dazu, in der Tradition der romantischen Metaphysik eine Symphonik, die musikalisch autonom und absolut ist, gerade wegen ihrer »Losgelöstheit« als Ausdruck des »Absoluten« zu charakterisieren":[181]

„Gerade als autonome, absolute Musik, losgelöst von der »Bedingtheit« durch Texte, Funktionen und Affekte, erreicht die Kunst metaphysische Würde als Ausdruck des »Unendlichen«. Die »eigentliche« romantische Musikästhetik ist eine Metaphysik der Instrumentalmusik."[182]

Die „Musikalische Logik" und der „metaphysische Sprachcharakter" erscheinen als zwei Seiten einer „Idee der absoluten Musik",[183] deren wechselseitiger Widerspruch von Dahlhaus weniger gelöst als verfestigt wurde, obwohl deren Aporie bereits von ihren „Erfindern" als musikästhetischer Mythos literarisch reflektiert worden ist. Fragwürdig erscheint die „Idee der absoluten Musik" aber nicht nur in ihrem wechselseitigen Widerspruch, sondern auch in ihrem jeweiligen Verständnis von „Autonomie" auf der einen und „Metaphysik" auf der anderen Seite.

Den Begriff der „Autonomie" wendet Dahlhaus weniger auf die funktionale Ausdifferenzierung der Kunst als gesellschaftliches Teilsystem im soziologischen Sinne an, als daß er ihn im ästhetischen Sinne auf die „Geschlossenheit der Form"[184] und die „thematisch-motivische Arbeit"[185] des Kunstwerks bezieht. So verstanden wird die „romantische" Musikanschauung auf eine emphatische Ästhetik des Kunstwerks, insbesondere auf deren Modelle „Symphonie" und „Streichquartett", festgelegt und verengt. Unter dieser Voraussetzung geraten die Oper oder die Programmusik von vornherein unter „Trivialitätsverdacht", wenn sie nicht gar als „trivialromantisch" diskriminiert werden.

Nun lassen sich zum einen grundsätzliche Zweifel an diesem Autonomiebegriff anmelden, auf die Dahlhaus mit Hinweis auf den „metaphysischen Sprachcharakter" der „absoluten Musik" abwehrend reagiert hat.[186] Daß diese Zweifel nicht in einer formalistischen Verwechslung der „absoluten Musik" gründen, haben so namhafte Musikforscher wie Walter Wiora,[187] Hans Heinrich Eggebrecht,[188] Arno Forchert,[189] Constantin Floros[190] oder Martin Geck[191] ausführlich begründet. Ein Verweis auf die grundlegende Literatur zum Thema muß an dieser Stelle genügen.[192] Zusammenfassend ließe sich vielleicht noch einmal feststellen, daß die Musikanschauung des frühen 19. Jahrhunderts – nicht nur die „romantische" – ihr Verständnis der reinen Instrumentalmusik vom Begriff der „poetischen Idee" herleitet, der sich nicht in einen esoterischen Metaphysikbegriff verflüchtigt. Dies läßt sich sowohl durch die Briefe und Schriften „großer" Komponisten wie Schumann und durch die musikästhetische Literatur als auch durch rezeptionsgeschichtliche Quellen zur „Romantik"-Kritik belegen. Gerade diejenigen Werke, welche am wenigsten „autonom" und am meisten „heteronom" erschienen, wurden von der Kritik als „romantische" diffamiert. Das beste Beispiel dafür liefert die zeitgenössische Kritik zu Berlioz' „Sinfonie

Fantastique". Indem Carl Dahlhaus die „romantische" Musikanschauung mit der Autonomieästhetik identifiziert, steht er der formalistischen Musikästhetik näher, als er selber denkt bzw. zugibt.

Zum anderen bestehen berechtigte Zweifel an dem Metaphysikbegriff, den Dahlhaus für die „absolute Musik" und damit für die „romantische" Musikanschauung reklamiert. Diese Zweifel entstehen, wenn man sich die Namen der Autoren vergegenwärtigt, die Dahlhaus anführt, um die „romantische Metaphysik" aus der „Idee der absoluten Musik" heraus zu begründen: Karl Philipp Moritz, Johann Gottfried Herder, Friedrich Schleiermacher, Wilhelm Heinrich Wackenroder, Ludwig Tieck, E. T. A. Hoffmann, Arthur Schopenhauer, Christian Hermann Weisse und Eduard Hanslick werden von Dahlhaus als Ideenlieferanten der „romantischen Kunstreligion" namentlich identifiziert. Es würde zu weit führen, den unterschiedlichen Metaphysikbegriffen der genannten Autoren im einzelnen nachzugehen. Daß Dahlhaus ausgerechnet den Hegelianer Hermann Christian „Weisse, eine Randfigur der Philosophiegeschichte," zum „eigentlichen Apostel einer Kunstreligion, die um die Idee einer »reinen« Kunst kreise",[193] stilisiert, obwohl Weisses Ästhetik mit der „romantischen" denkbar wenig gemeinsam hat, sollte allerdings stutzig machen. Wenn Weisses metaphysische Anschauung des „Absoluten", die sich in der formal autonomen, „absoluten Musik" manifestiert, gegebenermaßen eine „romantische" ist, dann fragt man sich, warum die „romantische" Musikanschauung Schumanns bis ins späte 19. Jahrhundert hinein immer wieder kritisiert worden ist.[194] Manfred Frank hat dieses rezeptionsgeschichtliche Argument im allgemeinen schon gegenüber der „älteren Romantikforschung" geltend gemacht:

„Die Romantik ist oft als so harmonietrunken und ins Absolute verliebt dargestellt worden, daß man in der vulgären Wirkungsgeschichte gar nicht mehr sieht, wodurch sie sich den Zorn der Klassizisten Goethe, Schiller und Hegel, des frommen Christen Kierkegaard oder des biederen Realisten Rudolf Haym zugezogen hat."[195]

Dieses rezeptionsgeschichtliche Argument trifft im besonderen auch auf Schumann zu, der sich Zeit seines Lebens des Vorwurfs des „Romantischen" erwehren mußte, den beispielsweise der Breslauer Korrespondent der *Allgemeinen musikalischen Zeitung*, Johann Theodor Mosewius, 1839 erhoben hatte:

„Wie entfernt auch seine [Dreyschocks] Kompositionen von denen der neuesten Schule stehen mögen, so zeichnen sie sich doch durch Ruhe, Klarheit und Ebenmass aus ... Die echten Klavierspieler sind der Meinung, ich verstände nichts vom Klavierspiel, vorzüglich, wenn es romantisch ist. Dafür danke ich dem Genius der Kunst, der mir das Wohlbehagen an dieser Teufelsromantik der neuesten Zeit verschloss, in der man bei musikalischen Fantasieen, welche ein so romantischer Jünger auf dem Klavier schlägt, an grosse Säle mit blühenden Mandelbäumen und nach Belieben an Cypressenhaine erinnert werden soll, wo blinkende Kronleuchter in tausend Farben spielen, bunte Vögel seltsamer Art und Gestalt herumfliegen, Wohlgerüche duften und im Hintergrunde glühende Gletscher sich neigen. – ... Wenn er fest auf dem betretenen Wege fortschreitet, wird die Welt später mehr von ihm hören, als daß er einer der tüchtigsten Klaviervirtuosen ist; und da solche Erscheinungen niemals einzeln auftreten, wenn die Zeit sie gereift hat, so werden wir ähnlich Tüchtige folgen sehen und die Qual und Marter dieser musikalischen Übergangsperiode wird ein Ende nehmen."[196]

Mosewius' klassizistische Kritik bemüht gerade diejenigen Argumente gegen die „Romantik", welche Dahlhaus zur Wesensbestimmung der „absoluten Musik" für die „Romantik" anführt: die „Autonomie" des Werks in seiner formalen „Geschlossenheit" und – ironisierend – die „Autonomie" des musikalischen Ausdrucks gegenüber der „poetischen" Phantasie. In seiner Replik geht Schumann zwar nicht im einzelnen auf diese Vorwürfe ein, doch seine Antwort fiel auch so deutlich genug aus:

„Wo stecken nur die Teufelsromantiker? Der alte gute Musikdirektor Mosewius in Breslau erklärt sich plötzlich als ihren entschiedensten Gegner; auch die Allgem. Musik. Zeitung wittert deren immer. Wo stecken sie aber nur? Sind es vielleicht Mendelssohn, Chopin, Bennett, Hiller, Henselt, Taubert? Was haben die alten Herren gegen diese einzuwenden? Gelten ihnen Vanhal, Pleyel, oder Herz und Hünten mehr? Hat man aber jene und andere nicht gemeint, so drücke man sich doch deutlicher aus. Spricht man endlich gar von einer »Qual und Marter dieser musikalischen Übergangsperiode«, so gibt es Dankbare und Weitsichtige genug, die anderer Meinung. Man höre doch auf, alles durcheinander zu mengen und wegen dessen, was in den Kompositionen der deutsch-französischen Schule, wie in Berlioz, Liszt usw. tadelnswert erscheinen mag, das Streben der deutschen Komponisten zu verdächtigen. Behagt euch aber auch dieses nicht, so gebt uns doch selbst Werke, ihr alten Herren, – Werke, Werke!" [79]

Vom Standpunkte der „absoluten Musik" hergesehen müßte die „idealistische" bzw. „klassizistische" Kritik und ihre „romantische" Replik eigentlich ungerechtfertigt bzw. unverständlich erscheinen.[197] Der „Idee, Musik sei gerade dadurch, daß sie sich vom Anschaulichen und schließlich vom Affektiven »loslöst«, Offenbarung des »Absoluten«",[198] wurde seitens der „idealistischen", ja selbst seitens der „formalistischen" Ästhetik nicht widersprochen, sondern vielmehr entsprochen. Daß zwischen der „idealistischen" und „romantischen" Musikanschauung aber ein wesentlicher Unterschied bestehen muß, kann angesichts der vernichtenden „Romantik"-Kritik, welche die Schumannrezeption des 19. Jahrhunderts zeitigt, nicht geleugnet werden. Dieser Unterschied, welcher in den erkenntnistheoretischen Implikationen des jeweiligen Metaphysikbegriffs liegt, wird in Dahlhaus' Ästhetik von der „Idee der absoluten Musik" nivelliert, weil sie zwischen „dem Ausdruck oder der Ahnung des »Absoluten«" in der Musik nicht grundlegend unterscheidet.[199] Die „idealistische" und „romantische" Ästhetik werden von Dahlhaus quasi in eins gesetzt, genauer gesagt, die „romantische" wird als „idealistische" identifiziert. Dies geschieht auch im Fall der geschichtsphilosophischen Grundlagen von E. T. A. Hoffmanns und Jean Pauls Ästhetik, die Dahlhaus in Friedrich Wilhelm Joseph Schellings „Philosophie der Kunst" wiederzuerkennen meint:

„Das kategoriale Grundmuster, das bei E. T. A. Hoffmann einer Theorie der Instrumentalmusik und bei Jean Paul einer Charakteristik der »neueren Poesie« zugrundeliegt, erscheint 1802 in Schellings »Philosophie der Kunst« in einer Ausprägung als Musikästhetik aus dem Geiste der Identitätsphilosophie."[200]

Nun ist Schellings „Philosophie der Kunst", die den Erkenntnisanspruch der Kunst zugunsten der Philosophie zurücknimmt, ebensowenig eine „romantische" Ästhetik,[201] wie Jean Pauls geschichtsphilosophische Genealogie der „romantischen Poesie" mit den „polarisierenden leeren Klassifikationen der Schellingschen Ästhetiker" verwechselt werden will.[202] Schellings „Philosophie der Kunst" ist vielmehr dazu geeignet, den Unterschied zwischen der „romantischen" und „idealistischen" Ästhetik im Anschluß an Manfred Frank zu bestimmen:

„Diese (...) Beobachtungen geben Anlaß zu einer Rechtfertigung einer Verwendung des Prädikats »romantisch« in Abgrenzung von »idealistisch«. Ich nenne »romantisch« die Philosophie, in der die Spekulation auf den Anspruch verzichtet, das Absolute durch Reflexion zu erreichen – und diesen Mangel durchs Medium der Kunst supplementiert. In *diesem* Sinne gehört Hölderlins Werk zur Romantik, auch Schellings Ästhetik etwa bis zum *System des transzendentalen Idealismus*, nicht aber seine *Philosophie der Kunst*, schon gar nicht Hegels *Vorlesungen über Ästhetik*. Letztere sind Werke des absoluten Idealismus, in denen der Reflexion zugetraut wird, über die höchsten Belange des Daseins in einer nicht bloß künstlerischen, sondern begrifflichen Sprache sich zu erklären."[203]

Manfred Franks Bestimmung der „romantischen" Philosophie, „in der die Spekulation auf den Anspruch verzichtet, das Absolute durch Reflexion zu erreichen – und diesen Mangel durchs Medium der Kunst supplementiert", darf nicht im „idealistischen" Sinne mißverstanden werden.[204] Denn die „romantische" Ästhetik und Kunst beansprucht die philosophische Erkenntnis bzw. Nicht-Erkenntnis des „Absoluten" nur teilweise, d.h. in einem gewissen Grade zu „supplementieren", d.h. zu ergänzen, während die „idealistische" die vollständige Darstellung des Absoluten in der Kunst hypostasiert sieht. Die „romantische" Kunst nähert sich dem „Absoluten" auf dem „unendlichen" Wege der ästhetischen Reflexion, ohne es jemals zu erreichen. Die „idealistische" Ästhetik glaubt an die unmittelbare „Offenbarung des Absoluten" in der Kunst und Philosophie. In der „romantischen" Kunst wird das „Absolute" allegorisch reflektiert, in der „idealistischen" symbolisch repräsentiert. Notwendigerweise erscheint die Form des „romantischen" Kunstwerks „fragmentarisch"[205] und „arabesk",[206] „phantastisch" und „sentimental",[207] „ironisch" oder „humoristisch" gebrochen und „poetisch" reflexiv. Die Form des „idealistischen" Kunstwerks läßt die „Idee des Absoluten" dagegen sinnlich erscheinen, sie ist „stimmig", „organisch", „autonom" oder wie auch immer die entsprechenden Prädikate heißen mögen. Wenn nach Dahlhaus also gerade die autonome „Geschlossenheit der Form" den metaphysischen Ausdruck der „absoluten Musik" garantiert, der durch die „poetische" Phantasie und Reflexion nicht gesteigert, sondern gefährdet wird, dann argumentiert er auf der philosophischen Grundlage der „idealistischen" Autonomieästhetik, nicht auf derjenigen der „romantischen" Reflexionspoesie.

(3) Das „Poetische" wird von Carl Dahlhaus als „gemeinsame Substanz sämtlicher Künste" einerseits anerkannt,[208] andererseits wird die „poetische" Reflexi-

on, die sich in Allegorien über die Musik ausspricht, von Dahlhaus als „poetisierende« Hermeneutik der Romantik" zwar nicht aberkannt, doch als „Überschuß" der „absoluten Musik" mehr oder weniger vom Konto der „romantischen" Musikanschauung abgebucht.[209] Die „poetische" Reflexion erscheint am Rand der „romantischen" Musikanschauung, obwohl sie in deren Zentrum steht. Durch diese Verortung der „poetischen" Reflexion siedelt Dahlhaus die „Idee der absoluten Musik" auf dem Boden der Philosophie Schopenhauers an: „Solche einzelne Bilder des Menschenlebens, der allgemeinen Sprache der Musik untergelegt, sind nie mit durchgängiger Notwendigkeit ihr verbunden, oder entsprechend; sondern sie stehen zu ihr nur im Verhältnis eines beliebigen Beispiels zu einem allgemeinen Begriff".[210] Aufgrund dieser erkenntnistheoretischen Voraussetzung befinden sich selbst die „Kronzeugen" der „romantischen" Musikanschauung Wackenroder und Tieck in einem performativen Widerspruch, den Dahlhaus als Aporie der „absoluten Musik" nicht zu lösen vermag. Zum Ausdruck gelangt die Aporie der „absoluten Musik" zum Beispiel, wenn Wackenroder seinem Freund Tieck zwei Arten der musikalischen Rezeption brieflich auseinandersetzt:

„Wenn ich in ein Konzert gehe, find' ich, daß ich immer auf zweyerley Art die Musik genieße. Nur die eine Art des Genußes ist die wahre: sie besteht in der aufmerksamsten Beobachtung der Töne u ihrer Fortschreitung; in der völligen Hingebung der Seele in diesen / fortreißenden Strohm von Empfindungen; in der Entfernung und Abgezogenheit von jedem störenden Gedanken und von allen fremdartigen sinnlichen Eindrücken. Dieses geizige Einschlürfen der Töne, ist mit einer gewissen Anstrengung verbunden, die man nicht allzulange aushält, Eben daher glaub' ich behaupten zu können, daß man höchstens eine Stunde lang Musik mit Theilnehmung zu empfinden vermöge, und daß daher Konzerte u Opern u Operetten, das Maaß der Natur überschreiten. Die andre Art wie die Musik mich ergötzt, ist gar kein wahrer Genuß derselben, kein passives Aufnehmen des Eindrucks der Töne, sondern eine gewisse Thätigkeit des Geistes, die durch die Musik angeregt und erhalten wird. Dann höre ich nicht mehr die Empfindung die in dem Stücke herrscht, sondern meine Gedanken und Phantasieen werden gleichsam auf den Wellen des Gesanges entführt, und verlieren sich oft in entfernte Schlupfwinkel. Es ist sonderbar, daß ich, in diese Stimmung versetzt, auch am beßten über Musik als Aesthetiker nachdenken kann, wenn ich Musik höre: es scheint, als rissen sich da von den Empfindungen die das Tonstück einflößt, allgemeine Ideen los, die sich mir dann schnell u deutlich vor die Seele stellen."[211]

Wackenroders Hörertypologie stellt der „analytischen" nicht etwa die „emotionale" Rezeptionsweise entgegen, sondern erkennt die „aufmerksame Beobachtung der Töne u ihrer Fortschreitung" als „völlige Hingebung der Seele" an.[212] Wie man sich diesen „poetischen" Rezeptionsmodus konkret vorzustellen hat, illustrierte Wackenroder im ersten Teil der Erzählung über „Das merkwürdige musikalische Leben des Tonkünstlers Joseph Berglinger":

„Wenn Joseph in einem großen Concerte war, so setzte er sich, ohne auf die glänzende Versammlung der Zuhörer zu blicken, in einen Winkel, und hörte mit eben der Andacht zu, als wenn er in der Kirche wäre, – eben so still und unbeweglich, und mit so vor sich auf den Boden sehenden Augen. Der geringste Ton entschlüpfte ihm nicht, und er war von der angespannten Aufmerksamkeit am Ende ganz schlaff und ermüdet. Seine ewig bewegliche Seele war ganz ein Spiel der Töne; – es war als wenn sie losgebunden vom Körper wäre und freyer umherzitterte, oder auch als wäre sein Körper mit zur Seele geworden, – so frey und leicht ward sein ganzes Wesen von den schönen Harmonieen umschlungen, und die feinsten Falten und Biegungen der Töne drückten sich in seiner weichen Seele ab. – Bey fröhlichen und entzückenden vollstimmigen Symphonieen, die er vorzüglich liebte, kam es ihm gar oftmals vor, als säh' er ein munteres Chor von Jünglingen und Mädchen auf einer heitern Wiese tanzen, wie sie vor- und rückwärts hüpften, und wie einzelne Paare zuweilen in Pantomimen zu einander sprachen, und sich dann wieder unter den frohen Haufen mischten. Manche Stellen in der Musik waren ihm so klar und eindringlich, daß die Töne ihm Worte zu seyn schienen. Ein andermal wieder wirkten die Töne eine wunderbare Mischung von Fröhlichkeit und Traurigkeit in seinem Herzen, so daß Lächeln und Weinen ihm gleich nahe war; eine Empfindung, die uns auf unserm Wege durch das Leben so oft begegnet, und die keine Kunst geschickter ist auszudrücken, als die Musik. Und mit welchem Entzücken und Erstaunen hörte er ein solches Tonstück an, das mit einer muntern und heitern Melodie, wie ein Bach, anhebt, aber sich nach und nach unvermerkt und wunderbar in immer trüberen Windungen fortschleppt, und endlich in heftig-lautes Schluchzen ausbricht, oder wie durch wilde Klippen mit ängstigendem Getöse daherrauscht. – Alle diese mannigfaltigen Empfindungen nun drängten in seiner Seele immer entsprechende sinnliche Bilder und neue Gedanken hervor: – eine wunderbare Gabe der Musik, – welche Kunst wohl überhaupt um so mächtiger auf uns wirkt, und alle Kräfte unsers Wesens um so allgemeiner in Aufruhr setzt, je dunkler und geheimnißvoller ihre Sprache ist. –"[213]

Auch Ludwig Tieck bediente sich der traditionellen Metaphorik des landschaftsästhetischen „Romantik"-Begriffs, um die „poetische" Rezeption der „autonomen" Musik zu versinnbildlichen:

„Diese Symphonien können ein so buntes, mannigfaltiges, verworrenes und schön entwickeltes Drama darstellen, wie es uns der Dichter nimmermehr geben kann; denn sie enthüllen in räthselhaftester Sprache des Räthselhafteste, sie hängen von keinen Gesetzen der Wahrscheinlichkeit ab, sie brauchen sich an keine Geschichte und an keine Charakter zu schließen, sie bleiben in ihrer rein-poetischen Welt. Dadurch vermeiden sie alle Mittel, uns hinzureißen, uns zu entzücken, die Sache ist vom Anfange bis zum Ende ihr Gegenstand: der Zweck selbst ist in jedem Momente gegenwärtig, und beginnt und endigt das Kunstwerk.
Und dennoch schwimmen in den Tönen oft so individuell-anschauliche Bilder, so daß uns diese Kunst, möcht' ich sagen, durch Auge und Ohr zu gleicher Zeit gefangen nimmt. Oft siehst Du Syrenen auf dem holden Meeresspiegel schwimmen, die mit den süßesten Tönen zu Dir hinsingen; dann wandelst Du wieder durch einen schönen, sonnglänzenden Wald, durch dunkle Grotten, die mit abentheuerlichen Bildern ausgeschmückt sind; unterirrdische Gewässer klingen in Dein Ohr, seltsame Lichter gehen an Dir vorüber.
Ich erinnere mich noch keines solchen Genusses, als den mir die Musik neulich auf einer Reise gewährte. Ich ging in das Schauspiel, und Macbeth sollte gegeben werden. Ein berühmter Tonkünstler hatte zu diesem herrlichen Trauerspiele eine eigne Symphonie gedichtet, die mich so entzückte und berauschte, daß ich die großen Eindrücke aus meinem Gemüthe immer noch nicht entfernen kann. Ich kann nicht beschreiben, wie wunderbar allegorisch dieses große Tonstück mir schien, und doch voll höchst individueller Bilder, wie denn die wahre, höchste Allegorie wohl wieder eben durch sich selbst die kalte Allgemeinheit verliert, die wir nur bey den Dichtern antreffen, die ihrer Kunst nicht gewachsen sind. Ich sah in der Musik die trübe nebelichte Haide, in der sich im Dämmerlichte verworrene Hexenzirkel durch einander schlingen und die Wolken immer dichter und giftiger zur Erde herniederziehn. Entsetzliche Stimmen

rufen und drohn durch die Einsamkeit, und wie Gespenster zittert es durch all' die Verworrenheit hindurch, eine lachende, gräßliche Schadenfreude zeigt sich in der Ferne ..."[214]

Vor der Folie der „Idee des absoluten Musik", die das metaphysische Wesen der „romantischen" Musik durch die „Autonomie" des Werks bestimmt, müssen die Allegoresen Wackenroders und Tiecks höchst widersprüchlich erscheinen. Sie bringen Carl Dahlhaus zumindest in die Verlegenheit, einen „Zwiespalt" zwischen der „»vorromantischen« Musikästhetik ... und der romantischen" einräumen zu müssen: „Noch bei Ludwig Tieck reicht, kaum anders als bei Moritz und Jean Paul, der Zwiespalt zwischen der »vorromantischen« Musikästhetik, an die er anknüpft, und der romantischen, auf die er zielt, bis in einzelne Texte hinein."[215] Dieses Eingeständnis macht Dahlhaus zwar hinsichtlich der „poetischen" Ausdeutung von Reichardts Ouvertüre zu „Macbeth", doch nicht hinsichtlich der allgemeinen Vorbemerkung, die Tieck seiner beispielhaften Allegorese vorausgeschickt hat:

„Dagegen ist in der Ästhetik der Symphonie, die der Schilderung der »Macbeth«-Ouvertüre vorausgeht, von »effekttollem« Gebaren nichts zu spüren. Die Theorie ist vielmehr ungetrübt romantisch ... Gerade als autonome, absolute Musik, losgelöst von der »Bedingtheit« durch Texte, Funktionen und Affekte, erreicht die Kunst metaphysische Würde als Ausdruck des »Unendlichen«. Die »eigentliche« romantische Musikästhetik ist eine Metaphysik der Instrumentalmusik."[216]

Dahlhaus versucht also die „Idee der absoluten Musik" vor dem „poetischen" Verständnis der „romantischen" Musikanschauung zu retten, indem er den „Zwiespalt" zwischen der „Autonomie" und dem „Poetischen", das die „metaphysische Würde" des Werks vor allem durch den Ausdruck von gefühlsmäßigen „Affekten" antastet, einseitig auflöst: Die „Autonomie" gerät zum eigentlichen Garanten der „absoluten Musik", nicht das „Poetische" und schon gar nicht dessen reflexive Funktion.
Da sich aber das „Poetische" nicht aus dem Reich der „absoluten Musik", dessen erste Regenten Wackenroder und Tieck waren, verbannen läßt, wird es von Dahlhaus in das Reich der „absoluten Musik" aufgenommen, solange es seine enggesteckten Grenzen nicht in Richtung der Programmmusik usw. überschreitet:

„Im Bereich des musikalisch Poetischen war – ohne das die Idee der absoluten Musik, einer von Funktionen, Texten und fest umrissenen Affekten und Charakteren losgelösten und zur »Ahnung des Unendlichen« sich erhebenden Musik, dadurch verletzt oder gefährdet worden wäre – durchaus Platz für Stimmungen und sogar für Andeutungen von Sujets, sofern, wie etwa in Mendelssohns Melusine-Ouvertüre, die Schumann im Geiste romantischer Vorstellungen von »Poesie« rezensierte, die musikalische Darstellung aus dem »Reich des Wunderbaren«, in dem E. T. A. Hoffmann die absolute Musik angesiedelt hatte, nicht heraustrat, also es vermied, durch Pedanterie des Geschichtenerzählens, des Charakterisierens oder der Tonmalerei ins »Prosaische«, den Gegensatz zum »Poetischen«, zu verfallen."[217]

Dahlhaus beruft sich in seiner Argumentation, die das „Poetische" auf die Seite der „absoluten Musik" zu schlagen versucht, auf Schumann. Dagegen wäre mit Constantin Floros einzuwenden, daß Schumann kein

„prinzipieller Gegner jeder Art von Programmusik war", sondern daß sich „seine Zurückhaltung gegenüber der Programmusik Berliozscher Richtung ... auf drei Gründe zurückführen [läßt], die in der bisherigen Diskussion – wie es scheint – nicht (bzw. nicht genügend) beachtet wurden."[218]

Als ersten Grund führt Floros Schumanns Überzeugung an, „daß ausführliche Programme von Übel seien, weil sie die Phantasie des Hörers von vornherein in feste Bahnen lenken und ihr keinen Raum für freie Entfaltung lassen".[219] Als zweiten Grund nennt Floros „Schumanns Abneigung speziell gegen das Programm der *Symphonie fantastique*"; als dritten „Schumanns Anschauung, daß der Künstler das Recht und die Pflicht habe, Anlaß und Vorgang seines Schaffens vor der Öffentlichkeit zu verschließen."[220] Daß Schumann Einschränkungen gegenüber der Progamusik gemacht hat, wird von Floros nicht bestritten, es wäre aber falsch, Schumanns differenzierte Distanzierung von der Programmusik als einseitiges Bekenntnis zur „absoluten Musik" auszulegen. Floros weist auch darauf hin, daß

„Schumanns Äußerungen über Zweck und Berechtigung der Überschriften ... nicht widersprüchlich [sind], vielmehr lassen sie ein differenziertes Denken erkennen. Überschriften, die seiner Auffassung nach von der Sache her gerechtfertigt waren, hielt er für zulässig oder für erforderlich. Aus einigen wenigen Äußerungen Schumanns geht allerdings hervor, daß er manchmal Bedenken grundsätzlicher Art hatte. Er befürchtete, daß Überschriften die Phantasie des Hörers doch einschränken, und ließ sich manchmal von dem Gedanken leiten, daß der gebildete Musiker Überschriften nicht benötigte, da er ihm zutraute, den Charakter der Musik und das vom Komponisten Gemeinte auch ohne sie erraten und verstehen zu können(!)."[221]

Nicht zuletzt wäre gegen die Vereinnahmung Schumanns für die „absolute Musik", mit Schumann folgender Einwand gegen die „absolute Musik" geltend zu machen, den Schumann in seiner Kritik über die „Sinfonie von H. Berlioz" (1835) angebracht hat:

„Was überhaupt die schwierige Frage, wieweit die Instrumentalmusik in Darstellung von Gedanken und Begebenheiten gehen dürfe, anlangt, so sehen wir hier viele zu ängstlich. Man irrt sich gewiß, wenn man glaubt, die Komponisten legten sich Feder und Papier in der elenden Absicht zurecht, dies oder jenes auszudrücken, zu schildern, zu malen. Doch schlage man zufällige Einflüsse und Eindrücke von außen nicht zu gering an. Unbewußt neben der musikalischen Phantasie wirkt oft eine Idee fort, neben dem Ohre das Auge, und dieses, das immer tätige Organ, hält dann mitten unter den Klängen und Tönen gewisse Umrisse fest, die sich mit der vorrückenden Musik zu deutlichen Gestalten verdichten und ausbilden können. Je mehr nun der Musik verwandte Elemente die mit den Tönen erzeugten Gedanken oder Gebilde in sich tragen, von je poetischerem oder plastischerem Ausdrucke wird die Komposition sein, – und je phantastischer oder schärfer der Musiker überhaupt auffaßt, um so mehr wird sein Werk erheben oder ergreifen. Warum könnte nicht einen Beethoven inmitten seiner Phantasien der Gedanke an Unsterblichkeit überfallen? Warum nicht das Andenken eines großen gefallenen

Helden ihn zu einem Werke begeistern? Warum nicht einen anderen die Erinnerung an eine selig verlebte Zeit? Oder wollen wir undankbar sein gegen Shakespeare, daß er aus der Brust eines jungen Tondichters ein seiner würdiges Werk hervorrief, – undankbar gegen die Natur und leugnen, daß wir von ihrer Schönheit und Erhabenheit zu unseren Werken borgten? Italien, die Alpen, das Bild des Meeres, eine Frühlingsdämmerung – hätte uns die Musik noch nichts von allem diesem erzählt? Ja selbst kleinere, speziellere Bilder können der Musik einen so reizend festen Charakter verleihen, daß man überrascht wird, wie sie solche Züge auszudrücken vermag. So erzählte mir ein Komponist, daß sich ihm während des Niederschreibens unaufhörlich das Bild eines Schmetterlings, der auf einem Blatte im Bache mit fortschwimmt, aufgedrungen; dies hatte dem kleinen Stück die Zartheit und die Naivität gegeben, wie es nur irgend das Bild in der Wirklichkeit besitzen mag. In dieser feinen Genremalerei war namentlich Franz Schubert ein Meister, und ich kann nicht unterlassen, aus meiner Erfahrung anzuführen, wie mir einstmals während eines Schubertschen Marsches der Freund, mit dem ich ihn spielte, auf meine Frage, ob er nicht ganz eigene Gestalten vor sich sähe, zur Antwort gab: »Wahrhaftig, ich befand mich in Sevilla, aber vor mehr als hundert Jahren, mitten unter auf und ab spazierenden Dons und Donnen, mit Schleppkleid, Schnabelschuhen, Spitzdegen« usw. Merkwürdigerweise waren wir in unseren Visionen bis auf die Stadt einig. Wolle mir keiner der Leser das geringe Beispiel wegstreichen!

Ob nun in dem Programme zur Berliozschen Sinfonie viele poetische Momente liegen, lassen wir dahingestellt. Die Hauptsache bleibt, ob die Musik mit oder ohne Text und Erläuterung an sich etwas ist, und vorzüglich, ob ihr Geist inwohnt."[222]

Dahlhaus' These von der „Idee der absoluten Musik", insbesondere die Behauptung, „die Theorie des »Musikalisch-Poetischen«, ist, bei Tieck wie später bei Schumann, eine Ästhetik der absoluten Musik,"[223] läßt sich am leichtesten durch Schumann selbst widerlegen. Meine Absicht ist es, im Anschluß an Barbara Naumann und Christine Lubkoll zu plausibilisieren, daß die „Aporie des musikalischen Ausdrucks" bzw. der „Mythos Musik" eine „Aporie" bzw. ein „Mythos" der „Idee der absoluten Musik" und nicht der „romantischen" Musikanschauung ist. Bevor ich das „Poetische" als zentrale Kategorie der ästhetischen Reflexion für die „romantische" Musikanschauung theoretisch zu begründen versuche, möchte ich das „poetische" Verfahren und Verständnis Schumanns zunächst an einem praktischen Beispiel, an der Klavierkomposition „In der Nacht" aus den „Phantasiestücken" op. 12 von 1837 verdeutlichen.[224]

Zunächst wäre festzustellen, daß Schumann den „Phantasiestücken" op. 12 insgesamt dreimal das Prädikat „romantisch" verliehen hat. Aus dem Brief an Clara Wieck vom 26. Januar 1839 geht erstens hervor, daß Schumann den „romantischen" Charakter der „Phantasiestücke" op. 12, in denen „man sich aber recht behaglich ausbreiten" kann [23], von demjenigen des „Carnevals" op. 9, wo ein Stück das andere aufhebt, unterschieden hat. Ihrem Ausdruckscharakter nach stehen die „Phantasiestücke" op. 12 den „Kinderszenen" op. 15 näher. Einen weiteren Aufschluß gewährt Schumanns Brief an die Widmungsträgerin der „Phantasiestücke" op. 12, an die junge englische Pianistin Anna Robena Laidlaw vom 19. August 1837:

„Die Zeit Ihres Aufenthaltes hier wird mir stets eine recht schöne Erinnerung bleiben, und daß dies wahr ist, was ich schreibe, werden Sie noch klarer in acht Phantasiestücken für Pianoforte finden, die bald erscheinen und Ihren Namen an der Stirne tragen. Um Erlaubnis einer Dedicace habe ich zwar nicht besonders angefragt; aber sie gehören Ihnen – und das ganze Rosenthal mit romantischem Zubehör steht in der Musik." [33]

Schumanns Anspielung auf „das ganze Rosenthal mit romantischem Zubehör" ist im Sinne des landschaftsästhetischen „Romantik"-Begriffs zu verstehen. Das Leipziger Rosenthal war ursprünglich kein Rosengarten, wie es der Name suggeriert, sondern, folgt man Johann Jacob Vogels Erklärung im „Leipzigischen Chronicon" von 1714, es erhielt „den Namen von anmuthigen, schattichten und lustigen Spatziergängen, gleich wie anderweit lustige und annehmliche Oerter den Namen des Paradieses führen, oder wie die Weinberge zu Jena, diesseits des Saalestromes, wegen der Anmutigkeit, die Rosenberge heißen."[225] Schumann hat seine Ausflüge und Spaziergänge, die er alleine oder zusammen mit Clara Wieck, mit Verwandten, Freunden und Bekannten ins Rosenthal und zu Kintschys „Schweizerhütte", einem Gartenlokal am Gohliser Weg unternommen hat, in seinen Tagebüchern häufig erwähnt. Das Rosental, ein Waldstück, das zwischen Elster und Pleiße vor dem Rannischen Tor in Richtung Gohlis lag, wo sich heute der Leipziger Zoo befindet, wurde bereits 1318 das erste Mal urkundlich erwähnt und befand sich solange im Besitz der sächsischen Landesherren, bis Kurfürst Johann Georg II. den Rat der Stadt Leipzig 1663 zum Kauf des Terrains nötigte. 1694 sollte August der Starke den Kaufvertrag anfechten, um das Rosenthal nach dem Entwurf des Ingenieuroffiziers Major Johann Christoph Naumann in einen französischen Barockgarten verwandeln zu können, in dessen Mittelpunkt das königliche Lustschloß plaziert werden sollte. Der Rat der Stadt Leipzig mußte dem Begehren August des Starken insofern entsprechen, als er den Entwurf Naumanns teilweise umsetzte und 1707/1708 dreizehn Schneisen, genauer gesagt strahlenförmige Alleen durch den Wald schlagen ließ, den Bau des Lustschlosses aber zu verhindern wußte. Nachdem zunehmend Klagen über den Verfall der Alleen und Stege durch die Bürger der Stadt Leipzig laut wurden,[226] nahm sich der Stadtrat 1834 der Sache an und beschloß, unter Berücksichtigung der schlechten Finanzlage etwas für das Rosenthal zu tun, zuvor aber eine Sachverständigenkommission aus Vertretern der Forstdeputation und Mitgliedern der Stadtverordnung zu bilden. 1836 lagen der Kommission vier Pläne zur Verschönerung des Rosenthals vor, darunter derjenige des Leipziger Kunstgärtners Rudolph Siebeck, welcher die Umgestaltung des Rosenthals im Stile eines englischen Landschaftsparks vorsah. Aus dem Plenarprotokoll des Ratskollegiums vom 8. Februar 1837 geht hervor,[227] daß man im wesentlichen dem Siebeckschen Plane folgen wollte, und mit der Linierung und Anlegung der Wege noch im gleichen Jahr begann. Obwohl sich die Anlage und der Zustand des Rosenthals zum Zeitpunkt des gemeinsamen Spazierganges von Robert Schumann und Anna Robena Laidlaw, die am 2. Juli 1837 eine Matinee im Gewandhaus gab, relativ gut rekonstruieren läßt, bleibt unklar, was Schumann mit dem „romanti-

Abb. 6: Rudolph Siebeck, „Plan zur Umgestaltung des Leipziger Rosenthals" (1835)

Abb. 7: Carl Gustav Carus, „Flußlandschaft im Rosenthal bei Leipzig im Mondschein" (1838/1840)

schen Zubehör" des Rosenthals gemeint hat, das in der Musik der „seligen Phantasiestücke" steht,[228] die Anfang Juli entstanden. Um eine „prosaische" Anspielung auf „romantische" Embleme der englischen Gartenarchitektur kann es sich jedenfalls nicht handeln, da künstliche Grotten, Friedhöfe oder Kapellen im Rosenthal niemals zu finden und zu Schumanns Zeiten längst aus der Mode waren. Vermutlich ist mit dem „romantischen Zubehör" eine einfache Laube oder eine jener „Ruhebänke" gemeint, die Rudolph Siebeck in seinem Plan aufgestellt hatte, um Fußgängern „angenehme, erheiternde, überraschende Aussichten auf umliegende Dörfer, Schlößer, Baumgruppen und andere Wege durch Unterbrechung der Bäume" zu gewähren,[229] die „malerische" oder „romantische" Stimmungen im Gemüt erzeugen sollten, welche Schumann möglicherweise musikalisch und begrifflich reflektiert. Eine solche „romantische" Aussicht bietet beispielsweise eines der drei Rosenthal-Bilder, die Carl Gustav Carus gemalt hat: die „Flußlandschaft im Rosental bei Leipzig im Mondschein" (um 1838/1840).[230]

Carus, der in unmittelbarer Nähe des Rosenthals aufgewachsen war, notierte nach einem Besuch Leipzigs in sein Tagebuch vom 19. April 1858:

„Als ich gestern im klarsten feinsten Frühlingsmorgen unter manchen wissenschaftlichen Gesprächen mit Victor Carus durch das Rosental wanderte, war meine Seele still für sich freudig versenkt im Schauen dieses Waldes, wo die feingeriefte Rinde alter knorriger Eichen in ihrem grünlichen Anfluge feuchter Waldesluft und in ihrer vor blauem Himmel schön aufstrebenden Verästung den anmutigsten Kontrast bildete zu den jüngern Stämmen und dem jugendlichen Grün frisch knospender Sträucher! – Alles, was mich schon in jungen Jahren hier so oft festgehalten hatte, es wirkte mit neuem Zauber auf mich, ja ich darf sagen, bewußtvoller und reiner als damals."[231]

Ob Schumann Carus' Ansichten des Rosenthals geteilt hat, wissen wir nicht. Carus' Bilder vermitteln uns aber vielleicht eine Vorstellung von der „poetischen Idee", auf die Schumann mit einem Fingerzeig gegenüber der Widmungsträgerin der „Phantasiestücke" op. 12 hingedeutet hat.

Die dritte „romantische" Anspielung, die Schumann wiederum gegenüber Clara Wieck macht, bezieht sich nicht auf die „Phantasiestücke" op. 12 im allgemeinen, sondern auf das Stück „In der Nacht" im besonderen. Sie ist nicht landschaftsästhetischen, sondern literarhistorischen Ursprungs und ungleich intimer. Im Brief vom 21. April 1838 schreibt Schumann an Clara Wieck:

(Robert): „Sonnabend am 21sten ... Von Krägen hab ich eben einen Brief – er schreibt mir viel Schönes über die Phantasiestücke und schwärmt ordentlich nach seiner Art darin – die »Nacht« wäre »groß und schön« schreibt er und sein Liebstes; mir beinahe auch. Später als ich fertig war, hab ich zu meiner Freude die Geschichte von »Hero und Leander« darin gefunden. Du kennst sie wohl. Leander schwimmt alle Nächte durch das Meer zu seiner Geliebten, die auf dem Leuchtthurm wartet, mit brennender Fackel ihm den Weg zeigt. Es ist eine alte schöne romantische Sage. Spiel ich die »Nacht« so kann ich dies Bild nicht vergessen – erst wie er sich in's Meer stürzt – sie ruft – er antwortet – er durch die Wellen glücklich an's Land – nun die Cantilene, wo sie sich in Armen haben – dann, wie er wieder fort muß, sich nicht trennen kann – bis die Nacht wieder alles in Dunkel einhüllt – Freilich denke ich mir da die Hero genau wie Dich und säßest Du auf einem Leuchtthurm, ich würde wohl auch schwimmen lernen noch. Sage mir doch, ob auch Dir dies Bild zur Musik paßt." [16]

Aufgrund der hervorragenden altsprachlichen Kenntnisse Schumanns ist es nicht auszuschließen, daß er den Mythos von „Hero und Leander" bereits in jungen Jahren im griechischen Original kennengelernt hat.[232] Die Sage von Hero, Priesterin der Aphrodite in Sestos, Geliebte des Leander aus Abydos, der gegen den Willen seiner Eltern jede Nacht beim Licht von Heros Lampe über den Hellespont schwamm, bis er in der Sturmnacht, als die Lampe erlosch, im Meer ertrank und Hero sich beim Anblick des angespülten Leichnams verzweifelt von ihrem Turm stürzte, wurde hauptsächlich durch das kleine Epos „Hero und Leandros" des Musaios (5. bis 6. Jh. n. Chr.) und durch zwei Briefe aus den „Heroiden" des Ovid überliefert. Der Stoff diente als Vorlage für zahlreiche Gemälde von Rubens bis Turner, Opern von Pistochi bis Bailas, Gedichte und Dramen. Das bekannteste deutsche Gedicht stammt von Friedrich Schiller „Hero und Leander" (1801), das bekannteste deutsche Drama von Franz Grillparzer „Des Meeres und der Liebe Wellen" (1831). Letzteres wird Schumann zum Zeitpunkt seiner verbrieften Interpretation von „In der Nacht" nicht gekannt haben, da es zwar schon 1831 in Wien uraufgeführt wurde, doch erst 1840 im Druck erschien.

Der biographische Hintergrund von Schumanns „poetischer" Deutung des „Phantasiestücks" op, 12, Nr. 5 „In der Nacht", das die Vortragsbezeichnung „Mit Leidenschaft" trägt, ist in der von Friedrich Wieck 1836 erzwungenen „Trennung" von Clara Wieck und Robert Schumann zu sehen, die bis zum Sommer 1837 währte, indem Friedrich Wieck Schumann u.a. Hausverbot erteilte und ihm jeglichen, d.h. auch brieflichen Kontakt zu seiner Tochter untersagte. Im Brief vom 3. Januar 1838 blickte Schumann auf „ein schweres wichtiges Jahr dießes 1837" zurück als „die dunkelste Zeit, wo ich gar nichts von Dir wußte und Dich mit Gewalt vergeßen wollte, war ohngefähr jetzt vor einem Jahr bis Februar."[233] Schillers Verse: „Doch der Väter feindlich Zürnen / Trennte das verbundne Paar, / Und die süße Frucht der Liebe / Hieng am Abgrund der Gefahr" und „Falsch ist das Geschlecht der Menschen, / Grausam ist des Vaters Herz, / Aber du bist mild und gütig, / Und dich rührt der Liebe Schmerz",[234] waren Schumann also aus eigener Erfahrung nur allzu gut bekannt. Erschwerend hinzu kommt, daß sein Schmerz und seine Trauer durch den Tod der Mutter am 4. Februar 1836 noch vertieft wurden.

Schumanns „poetische" Deutung von „In der Nacht" ist insofern besonders interessant, als die „romantische Sage" mit ihrer biographischen Bedeutung von Schumann aus der musikalischen Form, die als erweiterte dreiteilige Liedform unspezifisch bleibt, herausgehört wurde. Das „poetische" Verfahren Schumanns wird durch die strukturelle Koppelung der allegorischen Interpretation an die musikalische Komposition vor dem Vorwurf völliger Beliebigkeit, wie ihn Eduard Hanslick 1854 in polemischer Weise formulierte,[235] geschützt. In seinem Brief an Clara Wieck gliedert Schumann die Geschichte von „Hero und Leander" in einzelne Teile, die sich den vier Abschnitten der Komposition folgendermaßen zuordnen lassen:[236]

1. „erst wie er sich in's Meer stürzt – sie ruft – er antwortet – er durch die Wellen glücklich an's Land"   Takt   1– 68
2. „nun die Cantilene, wo sie sich in Armen haben"   Takt 69–108
3. „dann, wie er wieder fort muß, sich nicht trennen kann"   Takt 108–143
4. „bis die Nacht wieder alles in Dunkel einhüllt"   Takt 143–223

Die strukturelle Koppelung der allegorischen Interpretation an die musikalische Komposition setzt sich auf der motivisch-thematischen Ebene fort: Des Meeres Wellen, in die sich Leander stürzt, reißen den Hörer durch die Figur eines aufwärtsgebrochenen Tonikamollakkordes und abwärtsgebrochenen, verkürzten Dominantseptnonenakkordes, die eine kleine „Seufzersekunde" (f – e) lang miteinander verbunden werden, von Takt 1 an mit fort. Wie sehr Schumann diese Begleitfigur seelisch und kompositorisch bewegt haben muß, beweist das zweite

„Albumblatt" in h-Moll aus den „Bunten Blättern" op. 99, das 1838 komponiert, aber erst später veröffentlicht wurde und „des Meeres und der Liebe Wellen" – um in den Worten Grillparzers zu sprechen – noch einmal zu Gehör bringt.[237] Des weiteren sind „In der Nacht" die Rufe Heros (Takt 10–12) und die Antworten Leanders (Takt 18–22), von denen Schumann spricht, nicht zu überhören. Daß Leander „sich nicht trennen kann", wird nach der „Cantilene" in der Varianttonart F-Dur durch den komplizierten harmonischen Prozeß (Takt 108–143) sinnfällig, der zur Haupttonart f-Moll überleitet, – „bis die Nacht wieder alles in Dunkel einhüllt".

Schumanns Interpretation des „Phantasiestücks" op. 12, Nr. 5 bleibt am Ende offen, denn die „romantische" Liebesgeschichte von „Hero und Leander" nimmt im Gegensatz zur Komposition „In der Nacht" ein tragisches Ende, das Schumann im Brief an Clara Wieck wohlwissentlich verschweigt oder aber verdrängt hat. Seinen „Humor" hat Schumann jedenfalls nicht verloren, wenn er angesichts der eigenen deprimierenden Lebenslage schreibt: „Freilich denke ich mir da die Hero genau wie Dich und säßest Du auf einem Leuchtthurm, ich würde wohl auch schwimmen lernen noch. Sage mir doch, ob auch Dir dies Bild zur Musik paßt" [16]. Psychologisch gesehen fordert Schumanns Frage eine verneinende Antwort geradezu heraus, die das drohende katastrophale Ende einer „romantischen" Liebe abwendet, indem sie Hoffnung auf ein gutes Ende macht. Von Clara Wieck ist zwar keine Antwort überliefert, doch ein Lied unter dem Titel „Am Strande" nach einem Gedicht des schottischen Nationaldichters Robert Burns,[238] auf das jüngst Barbara Meier hingewiesen hat.[239] Schumann hatte den Text seiner Frau Anfang Oktober 1840 „zu componiren" gegeben, wie dem gemeinsamen Ehetagebuch zu entnehmen ist.[240] Nach anfänglichen Schwierigkeiten kam Clara Schumann dem Wunsch ihres Mannes nach und schuf eines ihrer schönsten Lieder, das Sie „ihrem innigstgeliebten Robert" zusammen mit den Vertonungen „Ihr Bildnis" und „Volkslied" „<u>in tiefster Bescheidenheit</u> ... zu Weihnachten 1840" widmete.[241]

Die an Clara Wieck gerichtete Frage Schumanns: „Sage mir doch, ob auch Dir dies Bild zur Musik paßt", verdient jedoch nicht nur eine biographische, sondern vor allem eine ästhetische Antwort. Schumanns Frage besitzt nämlich eine appellative Funktion, die nur durch die ästhetische Reflexion der Musik erfüllt werden kann. Es geht Schumann im tiefsten Grunde seiner „romantischen" Musikanschauung nicht so sehr um die Frage, ob die eine oder andere „poetische" Reflexion mehr oder weniger passend erscheint oder nicht, sondern vielmehr darum, daß die Musik als Produkt der kompositorischen Phantasie und Reflexion der Interpretation, d.h. der Aufführung und Auslegung bedürftig ist. Denn die „poetische Idee" einer Musik kann weder durch die Komposition, noch durch ihre Interpretation(en) vollständig ausgedrückt werden. Mit anderen Worten, Komposition und Interpretation stehen in einem Reflexionsprozeß, der durch die „poetische Idee" bedingt wird. In diesem Sinne ist das „poetische" Verfahren der „romantischen" Musikanschauung nicht äußerlich, sondern wesentlich. Wenn von einer „absoluten Musik" im „romantischen" Sinn die Rede sein kann, dann nur, wenn man das „Poetische", das die Musik ausdrücken soll, eben nicht in der autonomen Form sucht, wo man es nicht finden kann, weil es durch diese vernichtet wurde, sondern in der „poetischen" Reflexion, die durch die Form angeregt wird. Das „Poetische" einer Musik wird nicht in der Form der Komposition eingeschlossen, sondern die kompositorische Form wir durch das „Poetische" aufgebrochen. „Absolut" im „romantischen" Sinne erscheint nur diejenige Musik, welche die bestimmte Form unbestimmt läßt: die „romantische" Form durchzieht ein „humoristischer" Bruch, aus dem eine unendliche Sinnlücke bzw. Sinnfülle klafft, die sich „poetisieren", aber nicht begrifflich, weder philosophisch noch analytisch, reflektieren läßt. Aus diesem Grund gestand Schumann,

„daß wir die für die höchste Kritik halten, die durch sich selbst einen Eindruck hinterläßt, dem gleich, den das anregende Original hervorbringt. [Anmerkung Schumanns: In diesem Sinne könnte Jean Paul zum Verständnis einer Beethovenschen Sinfonie oder Phantasie durch ein poetisches Gegenstück möglich mehr beitragen (selbst ohne nur von der Phantasie oder Sinfonie zu reden) als dies die Dutzend-Kunstrichter, die Leitern an den Koloß legen und ihn gut nach Ellen messen.] Dies ist freilich leichter gesagt als gethan und würde einen nur höhern Gegendichter verlangen."[242]

Den Vorwurf, daß die Kritik der „poetischen Seite der Musik zum Schaden der wissenschaftlichen" würde,[243] entkräftete Schumann 1839 in einer Rezension von Hector Berlioz' *Waverley*-Ouvertüre allerdings nicht mit einem erkenntnistheoretischen, sondern mit einem rezeptionstheoretischen Argument:

„Ein leichtes wär' es mir, die Ouvertüre zu schildern, sei's auf poetische Weise durch Abdruck der Bilder, die sie in mir mannigfaltig angeregt, sei's durch Zergliederung des Mechanismus im Werke. Beide Arten, Musik zu verdeutlichen, haben etwas, die erste wenigstens den Mangel an Trockenheit, für sich, in die die zweite wohl oder übel fällt." [244]

Der Literaturwissenschaftler Hans-Peter Fricker hat diesen rezeptionstheoretischen Vorteil der „poetischen" Musikkritik, die „vorfindbare musikalische Gehalte in erfundene Vorgänge, Geschehnisse, Handlungen, Zustände, Bilder" übersetzt,[245] genauer herausgearbeitet:

„Indem Schumann musikalische Vorgänge in konkrete Bilder übersetzt, macht er Musik für uns anschaubar. Er erschliesst sie nicht nur dem Gehör, sondern in seiner Sprache auch dem Gesicht. Gerade ihrer Konkretheit verdanken die Bilder ihre Stimmung. Musik wird nicht nur anschaulich; sie wird, auf einer neuen Ebene, nochmals fühlbar."[246]

Eine Komposition „poetisch" zu kritisieren, hieß für Schumann also nicht, die Bedeutung von Musik in vage Stimmungsbilder zu verflüchtigen oder auf ein Programm eindeutig festzulegen. Mit der „poetischen" Reflexion in und über Musik unternahm Schumann zwei notwendigerweise aufeinanderfolgende

Schritte auf einem Weg, den die Philosophen der „Frühromantik" zuerst als „unendlichen" beschritten hatten.

Anmerkungen zu Kapitel 4

1 Kristin R. M. Krahe, „Robert Schumanns Schulaufsatz: »Warum erbittert uns Tadel in Sachen des Geschmakes mehr, als in andern Dingen?«", In: Robert Schumann und die Dichter, Ein Musiker als Leser, Katalog zur Ausstellung des Heinrich-Heine-Institutes in Verbindung mit dem Robert-Schumann-Haus in Zwickau und der Robert-Schumann-Forschungsstelle e.V. in Düsseldorf, Bearbeitet von Bernhard. R. Appel und Inge Hermstrüwer, Düsseldorf: Droste, 1991, S. 36 und 38. – S. Robert Schumann, Tagebücher, Bd. I. 1827–1838, Hrsg. v. Georg Eismann, Leipzig: Deutscher Verlag für Musik, 1971, Basel und Frankfurt a. M.: Stroemfeld/Roter Stern, o.J., S. 85.

2 Franz Liszt, „Robert Schumann", In: *Neue Zeitschrift für Musik*, 42 (1855), S. 137. – Franz Liszt, „Robert Schumann", In: Gesammelte Schriften, Hrsg. v. Lina Ramann, Übers. v. La Mara/Lina Ramann. 6 Bde., Bd. 4, Aus den Annalen des Fortschritts, Konzert- und kammermusikalische Essays, Leipzig: Breitkopf & Härtel, 1882, S. 114 f.

3 Stellvertretend darf an dieser Stelle hingewiesen werden auf: Joseph A. Kruse, „Robert Schumann als Dichter", In: Robert Schumann, Universalgeist der Romantik, Beiträge zu seiner Persönlichkeit und seinem Werk, Hrsg. v. Julius Alf und Joseph A. Kruse, Düsseldorf: Droste, 1981, S. 40–61. – Robert Schumann und die Dichter, Ein Musiker als Leser, Katalog zur Ausstellung des Heinrich-Heine-Instituts in Verbindung mit dem Robert-Schumann-Haus in Zwickau und der Robert-Schumann-Forschungsstelle e.V. in Düsseldorf bearbeitet von Bernhard R. Appel und Inge Hermstrüwer, Düsseldorf: Droste, 1991.

4 Robert Eismann, Robert Schumann, Ein Quellenwerk über sein Leben und Schaffen, 2 Bde., Bd. 1: Briefe, Aufzeichnungen, Dokumente, Mit zahlreichen Erstveröffentlichungen, Leipzig: Breitkopf & Härtel, 1956, S. 16.

5 „Vorbericht des Herausgebers", In: Gesammelte Schriften über Musik und Musiker von Robert Schumann, Hrsg. v. Martin Kreisig, 2 Bde., Bd. 1, 5. Auflage, mit den durchgesehenen Nachträgen und Erläuterungen zur 4. Auflage und weiteren, Leipzig: Breitkopf & Härtel, 1914, S. IX.

6 Martin Schoppe, „Schumanns *Litterarischer Verein*", In: Robert Schumann und die Dichter, Ein Musiker als Leser, S. 21.

7 „Vorbericht des Herausgebers", In: Gesammelte Schriften über Musik und Musiker von Robert Schumann, Hrsg. v. Martin Kreisig, 2 Bde., Bd. 1, S. XII.

8 Robert Schumann, Tagebücher, Bd. I, 1827–1838, S. 30.

9 Robert Schumann, Tagebücher, Bd. I, 1827–1838, S. 98.

10 Robert Schumann, Tagebücher, Bd. I, 1827–1838, S. 336.

11 Robert Schumann, „Aufzeichnungen über Mendelssohn, Mit Anmerkungen von Heinz Klaus Metzger und Rainer Riehn", In: Felix Mendelssohn Bartholdy, Musik-Konzepte, Hrsg. v. Heinz-Klaus Metzger und Rainer Riehn, Heft 14/15, München: text + kritik, 1980, S. 97–122.

12 Karl Heinz Bohrer, Der romantische Brief, Die Entstehung ästhetischer Subjektivität, München, Wien, 1987.

13 Robert Schumann, Projektenbuch, RSchH, Sig.: 4871 VII C, 8 A – 3.

14 S. „Vorbericht des Herausgebers", In: Gesammelte Schriften über Musik und Musiker von Robert Schumann, S. XIX.

15 Robert Schumann, „Zur Eröffnung des Jahrganges 1835", In: *Neue Zeitschrift für Musik*, 2 (1835) 1, S. 3.

16 Robert Schumann, „Zum neuen Jahr 1839", In: Gesammelte Schriften über Musik und Musiker von Robert Schumann, Hrsg. v. Martin Kreisig, 2 Bde., Bd. 1, 5. Auflage, mit den durchgesehenen Nachträgen und Erläuterungen zur 4. Auflage und weiteren, Leipzig: Breitkopf & Härtel, 1914, S. 383.

17 Robert Schumann, Jugendbriefe, Nach den Originalen mittgetheilt von Clara Schumann, Leipzig: Breitkopf & Härtel, 1885, S. 240.

18 Robert Schumann, „Über die innige Verwandtschaft der Poesie und Tonkunst", In: Gesammelte Schriften über Musik und Musiker von Robert Schumann, Hrsg. v. Martin Kreisig, 2 Bde., Bd. 2, S. 173 ff.

19 Die Schreibweise „poetische Musik-Kritik" soll verdeutlichen, daß „poetische Musik" und „poetische Kritik" zusammen gedacht werden müssen, sich einander bedingen.

20 Walter Benjamin, Der Begriff der Kunstkritik in der deutschen Romantik, Frankfurt a. M., [1920] 1973.

21 Brief an Verhulst v. 05.06.1844, In: Robert Schumanns Briefe, Neue Folge, Hrsg. v. F. Gustav Jansen, Zweite vermehrte und verbesserte Auflage, Leipzig: Breitkopf & Härtel, 1904, S. 241, Nr. 268.

22 Robert Schumann, Gesammelte Schriften über Musik und Musiker, Bd. I–IV, Reprint der Ausgabe von 1854, mit einem Nachwort von Gerd Nauhaus und einem Register von Ingeborg Singer, Wiesbaden, 1985.

23 Robert Schumann, „Einleitendes", In: Gesammelte Schriften über Musik und Musiker von Robert Schumann, Hrsg. v. Martin Kreisig, 2 Bde., Bd. 1, S. 1. – S. Brief an Strackerjan v. 17.01.1854, In: Robert Schumanns Briefe, Neue Folge, S. 390 f., Nr. 458: „Es macht mir Freude zu bemerken, daß ich in der langen Zeit, seit über zwanzig Jahren, von den damals ausgesprochene Ansichten, fast gar nicht abgewichen bin." – S. Brief an Richard Pohl v. 06.02.1854, In: *Die Musik*, 5 (1905/1906) 4, S. 110–112: „Noch eins: ich habe, so lang ich öffentlich schrieb, es für meine heilige Pflicht gehalten, jedes Wort, das ich aussprach, auf das strengste zu prüfen. Ich habe jetzt auch die freudige Genugtuung, bei der neuen A u s - g a b e   m e i n e r   S c h r i f t e n fast alles unverändert stehen lassen zu können."

24 Joseph A. Kruse, „Robert Schumann als Dichter", In: Robert Schumann, Universalgeist der Romantik, Beiträge zu seiner Perönlichkeit und seinem Werk, Hrsg. v. Julius Alf und Joseph A. Kruse, Düsseldorf: Droste, 1981, S. 42.

25 Zum Wechselverhältnis von Dichtung und Musik s. die in Vorbereitung befindliche Dissertation von Ulrike Kranefeld, „Der nachschaffende Hörer, Aspekte musikalischer Rezeption im Schaffen Robert Schumann".

26 Brief an Simonin de Sire v. 15.03.1839, In: Robert Schumanns Briefe, Neue Folge, S. 149 f., Nr. 150.

27 Bernhard R. Appel, „Robert Schumann als Leser", In: Robert Schumann und die Dichter, Ein Musiker als Leser, Katalog zur Ausstellung des Heinrich-Heine-Instituts in Verbindung mit dem Robert-Schumann-Haus in Zwickau und der Robert-Schumann-Forschungsstelle e.V. in Düsseldorf bearbeitet von Bernhard R. Appel und Inge Hermstrüwer, Düsseldorf: Droste, 1991, S. 13.

28 Gerd Nauhaus, „Schumanns *Lektürebüchlein*", In: Robert Schumann und die Dichter, Ein Musiker als Leser, Katalog zur Ausstellung des Heinrich-Heine-Instituts in Verbindung mit dem Robert-Schumann-Haus in Zwickau und der Robert-Schumann-Forschungsstelle e.V. in Düsseldorf bearbeitet von Bernhard R. Appel und Inge Hermstrüwer, Düsseldorf: Droste, 1991, S. 50.

29 Gerd Nauhaus, „Schumanns *Lektürebüchlein*", S. 50–87.

30 Leander Hotaki, Robert Schumanns Mottosammlung, Übertragung, Kommentar, Einführung, Freiburg i. Br.: Rombach, 1998.
31 Mit dieser Unterscheidung, die für die spätere Argumentation von Bedeutung sein wird, folge ich Manfred Frank, »Unendliche Annäherung«, Die Anfänge der philosophischen Frühromantik, Frankfurt a. M.: Suhrkamp, 1997, S. 27: „Zwar gehört die Gruppe von Texten, die spätere Forscher unter dem Titel der »philosophischen Frühromantik« behandelt haben, mit in den mächtigen Strom der von Kant angestoßenen und im spekulativen Idealismus gipfelnden Denkbewegung. Dennoch war es falsch, sie unter die Etikette (...) des »absoluten« Idealismus zu bringen. Sie gehörte gar nicht zum Idealismus *sensu stricto*. Wenn »Idealismus«, grob gefaßt, der Name für die Überzeugung ist, daß die Grundgegebenheiten unserer Wirklichkeit geistige (eben ideele) Entitäten sind oder auf solche zurückgeführt werden können, dann war die Frühromantik nicht einfach dem idealistischen Hauptstrom zuzurechnen."
32 S. Leander Hotaki, Robert Schumanns Mottosammlung, S. 289, 292 u. 294.
33 Robert Schumann, Tagebücher, Bd. III, Haushaltbücher Teil I 1837–1847, Hrsg. v. Gerd Nauhaus, Leipzig: Deutscher Verlag für Musik, 1982, Basel und Frankfurt a. M.: Stroemfeld/Roter Stern, o.J., S. 312.
34 Robert Schumann, Tagebücher, Bd. III, Haushaltbücher Teil I 1837–1847, S. 292 und 312.
35 Bernhard Appel, R. Schumanns Humoreske für Klavier op. 20, Zum musikalischen Humor in der ersten Hälfte des 19. Jahrhunderts unter besonderer Berücksichtigung des Formproblems, Phil. Diss. Saarbücken, 1981, S. 168 f.
36 Bernhard Appel, R. Schumanns Humoreske für Klavier op. 20, S. 35.
37 Manfred Frank, »Unendliche Annäherung«, S. 65 f. und S. 78. – S. Manfred Frank, Einführung in die frühromantische Ästhetik, Vorlesungen, Frankfurt a. M.: Suhrkamp, 1989, S. 242 ff.
38 Robert Schumann, Tagebücher, Bd. I, 1827–1838, Hrsg. v. Georg Eismann, Leipzig: Deutscher Verlag für Musik, 1971, Basel und Frankfurt a. M.: Stroemfeld/Roter Stern, o.J., S. 200.
39 Manfred Frank, »Unendliche Annäherung«, S. 74.
40 Manfred Frank, »Unendliche Annäherung«, S. 77.
41 Jean Paul, Vorschule der Ästhetik, Hrsg. v. Norbert Miller, München: Hanser, 1974, S. 60 ff.
42 S. Leander Hotaki, Robert Schumanns Mottosammlung, S. 206 ff.
43 Novalis, Schriften, Hrsg. v. Ludwig Tieck und Friedrich Schlegel, 2 Bde., 5. Auflage, Berlin [1. Auflage 1802] 1837. – RSchH, Sig.: 6088/C1/A4. – (Novalis, Schriften, Hrsg. v. Ludwig Tieck und Eduard von Bülow, Dritter Theil, Berlin, 1846 = Bd. 3, fehlt). S. Leander Hotaki, Robert Schumanns Mottosammlung, Übertragung, Kommentar, Einführung, Freiburg i. Br.: Rombach, 1998, S. 195 f.
44 Novalis, Poesien, 2 Teile, Heidelberg, 1827 (Poetische Anthologie oder Blumenlese aus den Klassikern der Deutschen, Hrsg. v. Friedrich Raßmann, Bde. 78–79). – S. Leander Hotaki, Robert Schumanns Mottosammlung, S. 196 f.
45 Die „Vorschule der Ästhetik" ist Teil von Schumanns 60-bändiger Jean Paul Ausgabe von Reimer, die sich im Besitz des Robert-Schumann-Hauses in Zwickau befindet: Jean Paul, Sämtliche Werke, XLI, Neunte Lieferung, Bde. 1–3, Berlin, 1827, Archiv Nr. Sch 6079, 17–A4/C1 und Sch 6079, 18–A4/C1. Schumanns Anstreichungen und handschriftliche Bemerkungen bezeugen seine Lektüre.

46 Jean Paul, Vorschule der Ästhetik, Hrsg. v. Norbert Miller, München: Hanser, 1974, S. 125. – S. Bernhard Appel, R. Schumanns Humoreske für Klavier op. 20, Zum musikalischen Humor in der ersten Hälfte des 19. Jahrhunderts unter besonderer Berücksichtigung des Formproblems, Phil. Diss. Saarbücken, 1981, S. 83 ff.
47 Jean Paul, Vorschule der Ästhetik, S. 94.
48 Jean Paul, Vorschule der Ästhetik, S. 33.
49 I. F. E. Sobolewsky, „Das Romantische", In: *Neue Zeitschrift für Musik*, 8 (1838), S. 110.
50 Jean Paul, Vorschule der Ästhetik, S. 30.
51 Jean Paul, Vorschule der Ästhetik, S. 30.
52 Zit. n. Manfred Frank, »Unendliche Annäherung«, Die Anfänge der philosophischen Frühromantik, Frankfurt a. M.: Suhrkamp, 1997, S. 77 f.
53 Manfred Frank hat die komplexe Vor-Geschichte der „frühromantischen" Ästhetik in seinem Buch: »Unendliche Annäherung«, ausführlich dargestellt.
54 Jean Paul, Vorschule der Ästhetik, S. 37.
55 Jean Paul, Vorschule der Ästhetik, S. 34.
56 Jean Paul, Vorschule der Ästhetik, S. 43.
57 Robert Schumann Jugendbriefe, Nach den Originalen mitgetheilt von Clara Schumann, Leipzig: Breitkopf und Härtel, 1885, S. 71 f.
58 Jean Paul, Vorschule der Ästhetik, S. 43.
59 Jean Paul, Vorschule der Ästhetik, S. 67.
60 Jean Paul, Vorschule der Ästhetik, S. 132.
61 Jean Paul, Vorschule der Ästhetik, S. 125.
62 Das von Jean Paul angeführte Beispiel kommt in dieser Form allerdings nicht in Cervantes „Don Quixote" vor. S. Anmerkung von Norber Miller in: Jean Paul, Vorschule der Ästhetik, S. 530.
63 Jean Paul, Vorschule der Ästhetik, S. 110.
64 Bernhard Appel, R. Schumanns Humoreske für Klavier op. 20, S. 91 f. – Die von Appel in Klammern gesetzten Seitenzahlen beziehen sich auf die Ausgabe der „Vorschule der Ästhetik", die auch hier zitiert wird.
65 Friedrich Schlegel, „Brief über den Roman, In: Friedrich Schlegel, Charakteristiken und Kritiken I (1796–1801), Hrsg. v. Hans Eichner, Kritische Friedrich-Schlegel-Ausgabe, Bd. 2, Erste Abteilung, Kritische Neuausgabe, München, Paderborn, Wien: Schöningh, Zürich: Thomas, 1967, S. 335: „Nur mit dem Unterschiede, daß das Romantische nicht sowohl eine Gattung ist als ein Element der Poesie, das mehr oder minder herrschen und zurücktreten, aber nie ganz fehlen darf. Es muß Ihnen nach meiner Ansicht einleuchtend sein, daß und warum ich fodre, alle Poesie solle romantisch sein; den Roman aber, insofern er eine besondre Gattung sein will, verabscheue."
66 Jean Paul, Vorschule der Ästhetik, S. 88 u. 124.
67 Jean Paul, Vorschule der Ästhetik, S. 147.
68 Novalis, Werke, Tagebücher und Briefe Friedrich Hardenbergs, 3 Bde., Bd. 2, Das philosophisch-theoretische Werk, Hrsg. v. Hans-Joachim Mähl, München und Wien: Hanser, 1978, S. 239 ff., Nr. 29. – Kritisch bemerkt Novalis zu Jean Paul im 281. Fragment des „Allgemeinen Brouillon": „PSYCH[OLOGIE] (AESTHETIK). Karakter der Geschwätzigkeit. Geschwätzigkeit des Humors – Tristr[am] Shandy. Jean Paul.", In: Novalis, Werke, Tagebücher und Briefe Friedrich Hardenbergs, 3 Bde., Bd. 2, Das philosophisch-theoretische Werk, S. 524.

69 Jean Paul, Vorschule der Ästhetik, Hrsg. v. Norbert Miller, München: Hanser, 1974, S. 139 ff.
70 Robert Schumann, „Tonwelt", In: Frauke Otto, Robert Schumann als Jean Paul Leser, Frankfurt a. M.: Haag und Herchen, 1984, S. 112 f.
71 Friedrich Schlegel, „Brief über den Roman, In: Friedrich Schlegel, Charakteristiken und Kritiken I (1796–1801), Hrsg. v. Hans Eichner, Kritische Friedrich-Schlegel-Ausgabe, Bd. 2, Erste Abteilung, Kritische Neuausgabe, München, Paderborn, Wien: Schöningh, Zürich: Thomas, 1967, S. 333 f.: „Sie tadelten Jean Paul auch, mit einer fast wegwerfenden Art, daß er sentimental sei.
Wollten die Götter, er wäre es in dem Sinne wie ich das Wort nehme, und es seinem Ursprunge und seiner Natur nach glaube nehmen zu müssen. Denn nach meiner Ansicht und nach meinem Sprachgebrauch ist eben das romantisch, was uns einen sentimentalen Stoff in einer fantastischen Form darstellt ...
Was ist denn nun dieses Sentimentale? Das was uns anspricht, wo das Gefühl herrscht, und zwar nicht ein sinnliches, sondern das geistige. Die Quelle und Seele aller dieser Regungen ist die Liebe, und der Geist der Liebe muß in der romantischen Poesie überall unsichtbar sichtbar schweben; das soll jene Definition sagen."
72 Jean Paul, Vorschule der Ästhetik, S. 140.
73 Jochen Schmidt, „Jean Paul, der Plenipotentiar der Phantasie oder: Das Genie als Koboldblüte", In: Jochen Schmidt, Die Geschichte des Genie-Gedankens in der deutschen Literatur, Philosophie und Politik 1750–1945, Bd. 1: Von der Aufklärung bis zum Idealismus, Darmstadt: Wissenschaftliche Buchgesellschaft, 1985, S. 433: „Wenn er [Jean Paul] also gegen die Wirklichkeitsverachtung der poetischen Nihilisten zu Felde zieht, die feste Verankerung der Dichtung in der Lebenserfahrung und in der konkreten Beobachtung der Realität fordert, wenn er Gestalten wie Roquairol und Schoppe das Ruinöse einer zwanghaften Ich-Verfallenheit und Welt-Entfremdung darstellt, in der »Clavis Fichteana« vor der tragischen Vereinsamung als der Folge des existentiell gewordenen idealistischen Subjektivismus warnt und den aus seiner idealen Höhe nur noch satirisch auf die Welt herabschauenden Luftschiffer Gianozzo abstürzen läßt, dann reagiert er auf die Gefahren der eigenen Geistesverfassung. Indem er Schlegel oder Fichte sagt, meint er sich selbst. Die »Jubilate-Vorlesung« in der »Vorschule der Ästhetik« macht dies offenkundig. Erst aus der Wahrnehmung der eigenen Verfassung kommt der »klassische« Gegenentwurf. Er ist sekundär und hat die Funktion eines Regulativs. Weil sich aber der genialisch-»poetische Nihilismus« der Phantasie immer von neuem entlädt und strukturell den Vorrang behauptet, entsteht das Vexierbild einer kaleidoskopisch verwirrenden geistigen Welt: einer Welt der Romantik, die mit sich selbst im Kampfe liegt."
74 Jean Paul, Vorschule der Ästhetik, S. 129.
75 Ludwig Tieck, Erinnerungen aus dem Leben des Dichters nach dessen mündlichen und schriftlichen Mittheilungen, Hrsg. v. Rudolf Köpke, 2 Bde., Bd. 2, Leipzig: Brockhaus, 1855, S. 236 f.: „Das vieldeutige Wort Humor können wir nicht entbehren, da wir es nicht zu übersetzen wissen. Seit der Zeit wo es aufkam, hat es seine Bedeutung ganz geändert. Ben Jonson gebrauchte es zuerst, um damit die besondere und eigenthümliche Art und Weise Jemandes, sein eigenstes Wesen, zu bezeichnen. Mitunter ist es auch was wir wo[h]l Laune nennen. Im Humor paaren sich Spaß und Ernst miteinander, wie z.B. bei Sterne. Aber man kann fragen, ob Jean Paul in der That ein Humorist sei, da sich sein Spaß mit der Sentimentalität verbindet". – Vgl. dagegen die Kritik des Hegelianers Christian Hermann Weisse, System der Ästhetik als Wissenschaft von der Idee der Schönheit, 2 Bde., Bd. 2, Leipzig, 1830, S. 289: „Die subjective Seite der Romantik ist daher vorzugweise die

Sentimentalität der Sehnsucht nach dem Unendlichen; – auch hier noch tritt in dem Schaffen selbst entschieden die negative Thätigkeit des Humors hervor, aber der Gegenstand seiner Sehnsucht ist nicht mehr die das Princip der Gestaltung ausmachende Schönheit der Naivität, sondern jenes Göttliche, was nur in seinem Gegensatz und seiner Wechselthätigkeit mit den vorausgesetzten endlichen Gestalten die süchtige Erscheinung der Schönheit erzeugt. Darum schwebt dasjenige, was hier für das wirklich Schöne gilt, gleichsam in der Luft zwischen dem Endlichen und dem Göttlichen; die einzelne Gestalt aber giebt sich ausdrücklich für das, was sie in Wahrheit ist, für den unvollendeten und unselbständigen Anfang zur Schönheit, oder, (was in diesem Zusammenhang gleichviel ist) für ihr Ende und caput mortuum; während die antike Götter- und Heroengestalt sich auf naive Weise für den lebendigen Körper und Geist selbst gegeben hatte."

76 Friedrich Schlegel, Fragmente zur Poesie und Literatur, Hrsg. v. Hans Eichner, Kritische Friedrich-Schlegel-Ausgabe, Bd. 16, Zweite Abteilung, Schriften aus dem Nachlaß, München, Paderborn, Wien: Schöningh, Zürich: Thomas, 1981, S. 169, [1019].

77 Friedrich Schlegel, Fragmente zur Poesie und Literatur, S. 127, [516].

78 Novalis, Werke, Tagebücher und Briefe Friedrich Hardenbergs, 3 Bde., Bd. 2, Das philosophisch-theoretische Werk, Hrsg. v. Hans-Joachim Mähl, München und Wien: Hanser, 1978, S. 229.

79 Manfred Frank, »Unendliche Annäherung«, Die Anfänge der philosophischen Frühromantik, Frankfurt a. M.: Suhrkamp, 1997, S. 20.

80 Robert Schumann, Jugendbriefe, Nach den Originalen mittgetheilt von Clara Schumann, Leipzig: Breitkopf & Härtel, 1885, S. 34 f.

81 Eine Interpretation des „Carnevals" op. 2, der „Davidsbündlertänze" op. 6, der „Papillons" op. 9 , der „Arabeske" op. 18 oder beispielsweise der „Nachtstücke" op. 23, wie sie zuletzt von Christine Moraal versucht wurde, läßt sich unter den philosophischen Voraussetzungen der „romantischen Ironie" historisch nicht rechtfertigen, was nicht bedeutet, daß sie völlig unmöglich wäre. Doch die philosophische Differenzierung setzt einer solchen Interpretation Grenzen, die entweder nur unter Mißachtung der Musik oder der Philosophie überschritten werden können.

82 Arnfried Edler, Robert Schumann und seine Zeit, Laaber: Laaber, 1982, S. 71 ff. – Zur Kritik der „gottlosen Ironie" in Berlioz' „Sinfonie Fantastique" s. Constantin Floros, „Literarische Ideen in der Musik des 19. Jahrhunderts", In: *Hamburger Jahrbuch für Musikwissenschaft*, 2 (1977). S. 45.

83 Robert Schumann, „Sinfonie von H. Berlioz", In: Gesammelte Schriften über Musik und Musiker von Robert Schumann, Hrsg. v. Martin Kreisig, 2 Bde., Bd. 1, 5. Auflage, mit den durchgesehenen Nachträgen und Erläuterungen zur 4. Auflage und weiteren, Leipzig: Breitkopf & Härtel, 1914, S. 85.

84 Schumanns Distanzierung läßt die Interpretation der „Dichterliebe" op. 48 (1840) von Martin Geck, Von Beethoven bis Mahler, Die Musik des deutschen Idealismus, Stuttgart u. Weimar: Metzler, 1993, S. 188 ff. problematisch erscheinen. Zum einen fragt sich, ob Schumann seine Vorbehalte gegenüber dem „Heinismus" in der Vertonung des „Liederkreises" aufgegeben, oder ob er den zynischen Zug von Heines „Ironie" in der Musik „humoristisch" zu versöhnen versucht hat. Zum anderen scheint mir die Anwendung des Schlegelschen „Ironie"-Begriffs auf Schumanns Heinevertonungen in zweifacher Hinsicht fragwürdig, einerseits weil Schumann von Schlegels „romantischer Ironie" keinen Begriff hatte, andererseits weil sich Heine in der „Romantischen Schule" (1835), In: Heinrich Heine Säkuläraugabe Werke, Briefwechsel, Lebenszeugnisse 27 Bde., Bd. 8: Über Deutschland 1833–1836, Aufsätze über Kunst und Philosophie, Berarbeitet v. Renate

Francke, Hrsg. v. den Nationalen Forschungs- und Gedenkstätten der klassischen deutschen Literatur in Weimar und dem Centre National de la Recherche Scientifique in Paris, Berlin: Akademie-Verlag und Paris: Editions du CNRS, 1972. S. 62 , nicht nur vonAugust Wilhelm und Friedrich Schlegels, sondern auch von Ludwig Tiecks „romantischer Ironie" deutlich distanziert hat: „Außer Goethe ist es Cervantes, welchen Herr Tieck am meisten nachgeahmt. Die humoristische Ironie, ich könnte auch sagen, den ironischen Humor dieser beiden modernen Dichter, verbreitet auch ihren Duft in den Novellen aus Herrn Tiecks dritter Manier: Ironie und Humor sind da so verschmolzen, daß sie ein und dasselbe zu sein scheinen. Von dieser humoristischen Ironie ist bei uns viel die Rede, die Goethesche Kunstschule preist sie als eine besondere Herrlichkeit ihres Meisters, und sie spielt jetzt eine große Rolle in der deutschen Literatur. Aber sie ist nur ein Zeichen unserer politischen Unfreiheit ...".

85 Robert Schumann, „H. Dorn, »L'aimable Roué«, Divertissement (C-majeur) oe. 17", In: Gesammelte Schriften über Musik und Musiker von Robert Schumann, Hrsg. v. Martin Kreisig, 2 Bde., Bd. 1, 5. Auflage, mit den durchgesehenen Nachträgen und Erläuterungen zur 4. Auflage und weiteren, Leipzig: Breitkopf & Härtel, 1914, S. 185.

86 Brief an Simonin de Sire v. 15.03.1839, In: Robert Schumanns Briefe, Neue Folge, Hrsg. v. F. Gustav Jansen, Zweite vermehrte und verbesserte Auflage, Leipzig: Breitkopf & Härtel, 1904, S. 148, Nr. 150.

87 Bernhard Appel, R. Schumanns Humoreske für Klavier op. 20, Zum musikalischen Humor in der ersten Hälfte des 19. Jahrhunderts unter besonderer Berücksichtigung des Formproblems, Phil. Diss. Saarbücken, 1981, S. 83–207.

88 Bernhard Appel, R. Schumanns Humoreske für Klavier op. 20, S. 171 ff.

89 Carl Julius Weber, Dymocritos oder hinterlassende Papiere eines lachenden Philosophen, 12 Bde., Bd. 2, Stuttgart, 1832–1840, S. 59–75. – Schumanns Weber Lektüre läßt sich anhand der „Mottosammlung" allerdings nicht nachweisen.

90 Carl Julius Weber, Dymocritos oder hinterlassende Papiere eines lachenden Philosophen, S. 65.

91 Carl Julius Weber, Dymocritos oder hinterlassende Papiere eines lachenden Philosophen, S. 74.

92 S. Bodo Bischoff, Monument für Beethoven, Die Entwicklung der Beethoven-Rezeption Robert Schumanns, Köln-Rheinkassel: Dohr, 1994.

93 Elisabeth Eleonore Bauer, „Beethoven – unser musikalischer Jean Paul, Anmerkungen zu einer Analogie", In: Beethoven, Analecta Varia, München, 1987, S. 83–105. (Musikkonzepte; 56). – Elisabeth Eleonore Bauer, Wie Beethoven auf den Sockel kam, Die Entstehung eines musikalischen Mythos, Stuttgart: Metzler, 1992.

94 Bernhard Appel, R. Schumanns Humoreske für Klavier op. 20, S. 95.

95 Jean Paul, Vorschule der Ästhetik, Hrsg. v. Norbert Miller, München: Hanser, 1974, S. 94.

96 Robert Schumann, „Dritter Quartettmorgen", In: Gesammelte Schriften über Musik und Musiker von Robert Schumann, Hrsg. v. Martin Kreisig, 2 Bde., Bd. 1, S. 343.

97 Jean Paul, Vorschule der Ästhetik, S. 63.

98 Robert Schumann, Tagebücher, Bd. I, 1827–1838, Hrsg. v. Georg Eismann, Leipzig: Deutscher Verlag für Musik, 1971, Basel und Frankfurt a. M.: Stroemfeld/Roter Stern, o.J., S. 399.

99 Robert Schumann, Tagebücher, Bd. I, 1827–1838, S. 407.

100 Zit. n. Johann Friedrich Reichardt, Briefe, Die Musik betreffend, Hrsg. v. G. Herre und W. Siegmund-Schultze, Leipzig: Reclam jun., 1976, S. 273.

[101] Jean Paul, Vorschule der Ästhetik, Hrsg. v. Norbert Miller, München: Hanser, 1974, S. 132.

[102] Ernst Ortlepp, „Beethovens A-Dur-Symphonie, Aus den Briefen eines Unglücklichen", In: Großes Instrumental- und Vokal-Concert, Eine musikalische Anthologie, Hrsg. v. Ernst Ortlepp, 10 Bde., Bd. 10, Stuttgart: Köhler, 1841, S. 67 f.

[103] Erwähnung findet der „Ironie"-Begriff z.B. bei: August Kahlert, System der Aesthetik, Leipzig: Breitkopf und Härtel, 1846, S. 191 f. – Mit welcher Naivität die Musikästhetik des 19. Jahrhunderts dem „Ironie"-Begriff in der Regel begegnete, kann man an folgendem Artikel ablesen: Max Schasler, „Die Ironie in der Musik, Ein Beitrag zur Aesthetik der Musik", In: *Neue Zeitschrift für Musik*, 77 (1881), S. 385 ff., 397 ff., 405 ff.

[104] Barbara Naumann, Musikalisches Ideen-Instrument, Das Musikalische in Poetik und Sprachtheorie der Frühromantik, Stuttgart: Metzler, 1990.

[105] Robert Schumann, Tagebücher, Bd. I, 1827–1838, Hrsg. v. Georg Eismann, Leipzig: Deutscher Verlag für Musik, 1971, Basel und Frankfurt a. M.: Stroemfeld/Roter Stern, o.J., S. 414. – Theodor Mundt, „Musik und Philosophie, Zeitgemäße Betrachtungen", In: *Blätter für literarische Unterhaltung*, 7 (1832), S. 1025 ff., 1029 ff.

[106] Um diese Kritik nicht überheblich und ungerechtfertigt erscheinen zu lassen, muß auf den Anfang des sonst immer noch lesenswerten Aufsatzes von Walter Gieseler, „Schumanns frühe Klavierwerke im Spiegel der literarischen Romantik", In: Robert Schumann, Universalgeist der Romantik, Beiträge zu seiner Persönlichkeit und seinem Werk, Hrsg. v. Julius Alf und Joseph A. Kruse, Düsseldorf: Droste, 1981, S. 62, wieder abgedruckt in: Musik im Kopf, Hrsg. v. Walter Gieseler, Regensburg: Bosse, 1993, S. 101, beispielsweise hingewiesen werden: „Wenn das Wort Romantik im Vollsinn treffen sollte, dann könnte wahrscheinlich nur Robert Schumann allein als wirklicher Romantiker unter den Komponisten gelten. Wird die literarische Romantik in ihren besten Zeugnissen immer wieder auf die Namen Wackenroder, Tieck, Novalis, Friedrich Schlegel, Hoffmann, Eichendorff und Brentano zurückgeführt, dann gehört Schumann zu ihren besten Kennern, vornehmlich aber zu den Kennern des von der Romantischen Bewegung her eher als Außenseiter einzuordnenden Jean Paul."

[107] Robert Schumann, Tagebücher, Bd. I, 1827–1838, S. 97.

[108] Robert Schumann, Tagebücher, Bd. I, 1827–1838, S. 111.

[109] Während die Bedeutung Jean Pauls und E. T. A. Hoffmanns für Schumanns Musikdenken relativ gut erschlossen ist, steht eine grundlegende Untersuchung von Schumanns Novalisrezeption noch aus.

[110] Robert Schumann, Brief an Clara Wieck v. 26.01.1839, In: Clara Schumann und Robert Schumann, Briefwechsel, Kritische Gesamtausgabe, Hrsg. v. Eva Weissweiler, III Bde., Bd. II, 1839, Basel und Frankfurt a. M.: Stroemfeld/Roter Stern, 1987, S. 368.

[111] Schumanns intensives Zeitungsstudium bezeugen die Eintragungen der Tagebücher und vor allem die Exzerpte der „Mottosammlung".

[112] Raymond Immerwahr, Romantisch, Genese und Tradition einer Denkform, Frankfurt a. M.: Athenäum, 1972, S. 144.

[113] Zit. n. Richard Ullmann und Helene Gotthard, Geschichte des Begriffs »Romantisch« in Deutschland, Vom ersten Aufkommen des Wortes bis ins dritte Jahrzehnt des neunzehnten Jahrhunderts, Berlin, 1927, S. 25.

[114] Zit. n. Richard Ullmann und Helene Gotthard, Geschichte des Begriffs »Romantisch« in Deutschland, S. 22.

115 Barbara Meier, Robert Schumann, Reinbek: Rowohlt, 1995, S. 43. – Bernhard Appel, „Schumanns Davidsbund, Geistes und sozialgeschichtliche Voraussetzungen einer romantischen Idee, In: *Archiv für Musikwissenschaft*, 38 (1981), S. 1–23.

116 Arnfried Edler, Robert Schumann und seine Zeit, Laaber: Laaber, 1982, S. 77 ff.

117 Robert Schumann, „Einleitendes", In: Gesammelte Schriften über Musik und Musiker von Robert Schumann, Hrsg. v. Martin Kreisig, 2 Bde., Bd. 1, 5. Auflage, mit den durchgesehenen Nachträgen und Erläuterungen zur 4. Auflage und weiteren, Leipzig: Breitkopf & Härtel, 1914, S. 2.

118 Carl Dahlhaus, Die Idee der absoluten Musik, 2. Auflage, Kassel: Bärenreiter, 1987.

119 Carl Dahlhaus, Die Idee der absoluten Musik, S. 19.

120 Carl Dahlhaus, Die Idee der absoluten Musik, S. 23.

121 Carl Dahlhaus, Die Idee der absoluten Musik, S. 73.

122 Peter, Rummenhöller, Romantik in der Musik, Analysen, Portraits, Reflexionen, Kassel [u.a.]: Bärenreiter, dtv, 1989, S. 10 f. und 214 f.

123 Arnfried Edler, „Schwierigkeiten mit der Romantischen Oper", In: Arnfried Edler, Robert Schumann und seine Zeit, Laaber: Laaber, 1982, S. 239 ff.

124 S. Martin Geck, „Romantik im Lied", In: Martin Geck, Von Beethoven bis Mahler, Die Musik des deutschen Idealismus, Stuttgart-Weimar: Metzler, 1993, S. 175–198. – Serge Gut, Aspects du lied romantique allemand, Paris: Actes Sud, 1994.

125 Brief an Dr. Franz Brendel in Leipzig v. 20.02.1847, In: Robert Schumanns Briefe, Neue Folge, Hrsg. v. F. Gustav Jansen, Zweite vermehrte und verbesserte Auflage, Leipzig: Breitkopf & Härtel, 1904, S. 266 f., Nr. 298. – Schumann versuchte in Erwartung der bevorstehenden Leipziger Aufführung die Vorwürfe Ludwig Rellstabs, der den „Mangel an Recitativen und die fortlaufende Aneinanderreihung der Musikstücke" kritisiert hatte, als „formellen Fortschritt" zu entkräften.

126 In der zweiten Auflage der Vorschule der Ästhetik von 1813 sah sich Jean Paul durch die Kritik genötigt, das „Wesen der romantischen Dichtkunst, Verschiedenheiten der südlichen und der nordischen" im § 22 historisch zu differenzieren. Jean Paul, Vorschule der Ästhetik, Hrsg. v. Norbert Miller, München: Hanser, 1974, S. 90: „Die *orientalische* Poesie ist weniger der griechischen als der romantischen durch die Vorliebe für das Erhabne und das Lyrische und durch ihr Unvermögen in Drama und Charakteristik und am meisten durch die orientalische Denk- und Fühlart verwandt. Nämlich ein Gefühl der irdischen Nichtigkeit des Schattengewimmels in unserer Nacht, Schatten, welche nicht unter einer Sonne, sondern wie unter Mond und Sternen geworfen werden, und denen das kärgliche Licht selber ähnlich ist, ein Gefühl, als würde der Lebenstag unter einer ganzen Sonnenfinsternis voll Schauer und Nachtgefühl gelebt – ähnlich jenen Finsternissen, wo der Mond die ganze Sonne verschlingt, und er selber mit einem strahlenden Ringe vor ihr steht – diese Denk- und Fühlart, welche Herder, der größte Abzeichner des Orients, dem Norden so nahe vorgemalt, mußte sich der romantischen Dichtkunst auf einem Wege nähern, auf welchem das verschwisterte Christentum sie ganz erreichte und ausformte." – S. Arnfried Edler, „Ein neues Genre für den Konzertsaal", In: Arnfried Edler, Robert Schumann und seine Zeit, S. 234.

127 Zur Kontroverse um den ästhetischen Wert der Zauberoper s. „Alcidor, Zauberoper von Théaulon, komponiert von Spontini", In: *Berliner Allgemeine musikalische Zeitung*, 2 (1825), S. 187 f. und 194 ff.

128 So schreibt Hermann Hirschbach, „Gedanken über die deutsche Oper", In: *Neue Zeitschrift für Musik*, 9 (1838), S. 100: „Die romantische Oper. Die Zeit der Spukgeschichten und

Teufeleien ist, wie gesagt, vorüber; was sie annehmlich machte, war die allgemeine damalige Gemüthsstimmung und eine Begabtheit wie Weber's. Die es ihm haben nachthun wollen, schadeten nur der Sache selbst, die doch an sich zur Abwechselung und der Mannigfaltigkeit halber, ganz gut ist. Doch kann diese Art Oper nicht die gewöhnliche werden, sondern darf nur ergötzliche Ausnahme sein." – Schumann fordert in Abgrenzung zur italienischen und französischen dezidiert eine „deutsche Oper", so z.B. im Brief an C. Koßmaly v. 01.09.1842, In: Robert Schumanns Briefe, Neue Folge, Hrsg. v. F. Gustav Jansen, Zweite vermehrte und verbesserte Auflage, Leipzig: Breitkopf & Härtel, 1904, S. 220, Nr. 244. – Robert Schumann, „109. Deutsche Opern. I. »Adele de Foix«, In: Gesammelte Schriften über Musik und Musiker von Robert Schumann, Hrsg. v. Martin Kreisig, 2 Bde., Bd. 2, 5. Auflage, mit den durchgesehenen Nachträgen und Erläuterungen zur 4. Auflage und weiteren, Leipzig: Breitkopf & Härtel, 1914, S. 93 ff. – Der nationalistische Ton, welcher den Diskurs über die „romantische" Oper im 19. Jahrhundert beherrscht, ist Schumann allerdings fremd.

129 „Kritik. (3) C. Lobe, die Fürstin von Grenada oder der Zauberblick. Große Oper. – Partitur, Clavierauszug, Arrangements bei Schott's Söhnen in Mainz", In: *Neue Zeitschrift für Musik*, 2 (1835), S. 25.

130 „Kritik. (3) C. Lobe, die Fürstin von Grenada oder der Zauberblick. Große Oper. – Partitur, Clavierauszug, Arrangements bei Schott's Söhnen in Mainz", S. 26.

131 Jean Paul, Vorschule der Ästhetik, Hrsg. v. Norbert Miller, München: Hanser, 1974, S. 44.

132 Jean Paul, Vorschule der Ästhetik, S. 44.

133 Ludwig Tieck, „Symphonien", In: Wilhelm Heinrich Wackenroder, Sämtliche Werke und Briefe, Historisch-kritische Ausgabe, Hrsg. v. Silvio Vietta und Richard Littlejohns, 2 Bde., Bd. 1, Heidelberg: Carl Winter, 1991, S. 243, äußert sich in diesem Sinne über das Verhältnis der Vokal- und Instrumentalmusik. Erstere scheint ihm „immer nur eine bedingte Kunst zu seyn; sie ist und bleibt erhöhte Deklamation und Rede, jede menschliche Sprache, jeder Ausdruck der Empfindung sollte Musik in einem mindern Grade seyn."

134 E. T. A. Hoffmann, „Beethoven, C moll-Sinfonie", In: E. T. A. Hoffmann, Dichtungen und Schriften sowie Briefe und Tagebücher, Gesamtausgabe, Hrsg. v. Walther Harich, 15 Bde., Bd. 12: Die Schriften über Musik, Weimar: Lichtenstein, 1924, S. 128. – E. T.A. Hoffmann, Schriften zur Musik, Aufsätze und Rezensionen, Hrsg. v. Friedrich Schnapp, München: Winkler, o.J., S. 34.

135 E. T. A. Hoffmann, „Der Dichter und der Komponist", In: E. T. A. Hoffmann, Dichtungen und Schriften sowie Briefe und Tagebücher, Gesamtausgabe, Hrsg. v. Walther Harich, 15 Bde., Bd. 13: Die vier großen Gespräche und die kleinen Schriften über Literatur und Theater, Weimar: Lichtenstein, 1924, S. 107.

136 E. T. A. Hoffmann, „Der Opern-Almanach des Hrn. von Kotzebue", In: *Allgemeine musikalische Zeitung*, 16 (1814), Sp. 736 f. – E. T. A. Hoffmann, „Der Opernalmanach des Hrn. A. v. Kotzebue", In: E. T. A. Hoffmann, Dichtungen und Schriften sowie Briefe und Tagebücher, Gesamtausgabe, Hrsg. v. Walther Harich, 15 Bde., Bd. 13: Die vier großen Gespräche und die kleinen Schriften über Literatur und Theater, S. 527 f. – E. T. A. Hoffmann, Schriften zur Musik, Aufsätze und Rezensionen, Hrsg. v. Friedrich Schnapp, München: Winkler, o.J., S. 262 f. – S. Ernst Lichtenhahn, „Über einen Ausspruch Hoffmanns und über das Romantische in der Musik", In: Musik und Geschichte, Festschrift zum 60. Geburtstag von Leo Schrade, Köln, 1963, S. 178 ff. – S. Gerhard Allroggen, „Die Opern-Ästhetik E. T. A. Hoffmanns", In: Beiträge zur Geschichte der Oper, Hrsg. v. Heinz Becker, Regensburg: Bosse, 1969, S. 25 ff.

137 Exemplarisch darzustellen versucht habe ich die uneingeschränkte Bedeutung der Oper für die „romantische" Musikanschauung des frühen 19. Jahrhunderts in dem Aufsatz: Ulrich Tadday, „Christian August Heinrich Clodius' »Entwurf einer systematischen Poetik« von 1804 und die Anfänge einer Ästhetik der romantischen Oper", In: *Die Musikforschung*, 51 (1998) 1, S. 25–33.

138 Franz Christoph Horn, „Musikalische Fragmente", In: *Allgemeine musikalische Zeitung*, 4 (1802), Sp. 401 ff. – 848.

139 Christian August Heinrich Clodius, Entwurf einer systematischen Poetik, nebst Collectaneen zu ihrer Ausführung, Leipzig: Breitkopf & Härtel, 1804.

140 Christian Schreiber, „Ueber die Oper", In: *Der Freimüthige oder Ernst und Scherz*, 3 (1805), S. 77 f. und 85 f.

141 Friedrich Ast, System der Kunstlehre oder Lehr- und Handbuch der Ästhetik zu Vorlesungen und zum Privatgebrauche entworfen, Leipzig: Hinrichs, 1805, S. 115.

142 G. L. P. Sievers, Schauspieler-Studien, ein unentbehrliches Handbuch für öffentliche und Privat-Schauspieler so wie für sämmtliche Kunst-Freunde, Braunschweig: Verlag des literarischen Musäums, 1813.

143 Carl Dahlhaus, „»Geheimnisvolle Sprache eines fernen Geisterreichs«, Kirchenmusik und Oper in der Ästhetik E. T. A. Hoffmanns", In: Gedenkrede auf Gustav Fellerer, Köln: Universitätsverlag, 1984, S. 24. – Wiederabdruck in: Carl Dahlhaus, Klassische und romantische Musikästhetik, Laaber: Laaber, 1988, S. 112.

144 Carl Dahlhaus, Die Idee der absoluten Musik, 2. Auflage, Kassel: Bärenreiter, 1987, S. 67.

145 E. T. A. Hoffmann, „Friedrich Witt, 5. Symphonie", In: E. T. A. Hoffmann, Dichtungen und Schriften sowie Briefe und Tagebücher, Gesamtausgabe, Hrsg. v. Walther Harich, 15 Bde., Bd. 12: Die Schriften über Musik, Weimar: Lichtenstein, 1924, S. 111. – E. T. A. Hoffmann, Schriften zur Musik, Aufsätze und Rezensionen, Hrsg. v. Friedrich Schnapp, München: Winkler, o.J., S.19. – Zum Verhältnis von „absoluter Musik" und „romantischer Oper" s. die grundlegende Arbeit von Judith Rohr, E. T. A. Hoffmanns Theorie des musikalischen Dramas, Untersuchungen zum musikalischen Romantikbegriff im Umkreis der Leipziger Allgemeinen Musikalischen Zeitung, Baden-Baden: Koerner, 1985, S. 41: „Verfolgt man die Diskussionen über den Autonomiecharakter der Instrumentalmusik in der AMZ, so steht man der interessanten Tatsache gegenüber, dass diese sich weitgehend vor dem Hintergrund der Opernrezeption und -ästhetik abspielen, d.h. die Autonomie, oder gar die metaphysische Würde der Musik, wird an der Oper nachgewiesen."

146 S. Albrecht v. Massow, „Absolute Musik", In: Handwörterbuch der musikalischen Terminologie, Hrsg. v. Hans Heinrich Eggebrecht, Stuttgart: Steiner, 1994. – Die qualitative Instabilität der ideengeschichtlichen Konstruktion einer „Idee der absoluten Musik" ist quantitativ durch die relativ geringe Anzahl der Quellen bedingt, die von Carl Dahlhaus herangezogen und teilweise sehr einseitig interpretiert wurden.

147 Carl Dahlhaus, Die Idee der absoluten Musik, S. 66.

148 Carl Dahlhaus, Die Idee der absoluten Musik, S. 66.

149 Eduard Hanslick, Vom Musikalisch-Schönen, Ein Beitrag zur Revision der Ästhetik in der Tonkunst, Historisch-kritische Ausgabe, Hrsg. v. Dietmar Strauss, 2 Teile, Teil 1, Mainz [u.a.]: Schott, 1990, S. 75 ff.: „Frägt es sich nun, was mit diesem Tonmaterial ausgedrückt werden soll, so lautet die Antwort: **Musikalische Ideen**. Eine vollständig zur Erscheinung gebrachte musikalische Idee aber ist bereits selbstständiges Schöne, ist Selbstzweck und keineswegs erst wieder Mittel oder Material zur Darstellung von Gefühlen und Gedanken ... Tönend bewegte Formen sind einzig und allein Inhalt und Gegenstand der Mu-

sik ... Die Formen, welche sich aus Tönen bilden, sind nicht leere, sondern erfüllte, nicht bloße Linienbegrenzung eines Vacuums, sondern sich von innen heraus gestaltender Geist."

150 Carl Dahlhaus, Die Idee der absoluten Musik, 2. Auflage, Kassel: Bärenreiter, 1987, S. 74.
151 Carl Dahlhaus, Die Idee der absoluten Musik, S. 74.
152 Carl Dahlhaus, Die Idee der absoluten Musik, S. 75.
153 Hans Heinrich Eggebrecht, „Das Ausdrucks-Prinzip im musikalischen Sturm und Drang", In: *Deutsche Vierteljahrsschrift für Literaturwissenschaft und Geistesgeschichte*, 29 (1955) 3, S. 336 ff. – Ruth E. Müller, Erzählte Töne, Studien zur Musikästhetik im späten 18. Jahrhundert, Stuttgart: Steiner, 1989.
154 Johann Nikolaus Forkel, *Musikalisch Kritische Bibliothek* I, Gotha 1778, S. 66, Zit. n. Hans Heinrich Eggebrecht, „Das Ausdrucks-Prinzip im musikalischen Sturm und Drang", S. 336.
155 Diesen und den vorangehenden Hinweis verdanke ich dem Buch Christine Lubkolls, Mythos Musik, Poetische Entwürfe des Musikalischen in der Literatur um 1800, Freiburg i. B.: Rombach, 1995, S. 55, die Barbara Naumann, Musikalisches Ideen-Instrument, Das Musikalische in Poetik und Sprachtheorie der Frühromantik, Stuttgart: Metzler, 1990, S. 25, in diesem Sachverhalt korrigiert hat.
156 Johann Nikolaus Forkel, Allgemeine Geschichte der Musik, Bd. 1, Leipzig, 1788, S. 7, Zit. n. Christine Lubkoll, Mythos Musik, S. 55. – Zur Bedeutung Forkels für Wackenroder s. Barbara Naumann, Musikalisches Ideen-Instrument, S. 25 ff.
157 Wilhelm Heinse, Sämtliche Werke, Hrsg. v. Carl Schüddekopf, 10 Bde., Bd. 5: Hildegard von Hohenthal, Leipzig, 1903, S. 343. – Im Gegensatz zu Ruth E. Müller, Erzählte Töne, S. 121 u. 148, betont Christine Lubkoll, Mythos Musik, S. 102 f., Heinses Nähe zur „romantischen" Musikanschauung, wie ich meine zu Recht.
158 Wilhelm Heinrich Wackenroder, „Das merkwürdige musikalische Leben des Tonkünstlers Joseph Berglinger, In zwey Hauptstücken", In: Wilhelm Heinrich Wackenroder, Sämtliche Werke und Briefe, Historisch-kritische Ausgabe, Hrsg. v. Silvio Vietta und Richard Littlejohns, 2 Bde., Bd. 1, Heidelberg: Carl Winter, 1991, S. 140: „– Die Empfindung und der Sinn für Kunst sind aus der Mode gekommen und unanständig geworden; – bey einem Kunstwerk zu empfinden, wäre grade eben so fremd und lächerlich, als in einer Gesellschaft auf einmal in Versen und Reimen zu reden, wenn man sich sonst im ganzen Leben mit vernünftiger und gemein-verständlicher Prosa behilft. Und für diese Seelen arbeit' ich meinen Geist ab! Für diese erhitz' ich mich, es so zu machen, daß man dabey was soll empfinden können! Dies ist die hohe Bestimmung, wozu ich geboren zu seyn glaubte!
Und wenn mich einmal irgend einer, der eine Art von halber Empfindung hat, loben will, und kritisch rühmt, und mir kritische Fragen vorlegt, – so möcht' ich ihn immer bitten, daß er sich doch nicht so viel Mühe geben möchte, das Empfinden aus den Büchern zu lernen. Der Himmel weiß wie es ist, – wenn ich eben eine Musik, oder sonst irgend ein Kunstwerk, das mich entzückt, genossen habe, und mein ganzes Wesen voll davon ist, da möcht' ich mein Gefühl gern mit einem Striche auf eine Tafel hinmahlen, wenn's eine Farbe nur ausdrücken könnte. – Es ist mir nicht möglich mit künstlichen Worten zu rühmen, ich kann nichts kluges herausbringen. –"
159 Wilhelm Heinrich Wackenroder, „Die Wunder der Tonkunst", In: Wilhelm Heinrich Wackenroder, Sämtliche Werke und Briefe, 2 Bde., Bd. 1, S. 207 f.
160 S. Barbara Naumann, Musikalisches Ideen-Instrument, S. 76.
161 Ludwig Tieck, „Symphonien", In: Wilhelm Heinrich Wackenroder, Sämtliche Werke und Briefe, 2 Bde., Bd. 1, S. 244.

162 Ludwig Tieck, „Symphonien", In: Wilhelm Heinrich Wackenroder, Sämtliche Werke und Briefe, 2 Bde., Bd. 1, S. 243.
163 Ludwig Tieck, „Die Töne", In: Wilhelm Heinrich Wackenroder, Sämtliche Werke und Briefe, Historisch-kritische Ausgabe, Hrsg. v. Silvio Vietta und Richard Littlejohns, 2 Bde., Bd. 1, Heidelberg: Carl Winter, 1991, S. 234.
164 Novalis, Werke, Tagebücher und Briefe Friedrich Hardenbergs, 3 Bde., Bd. 2: Das philosophisch-theoretische Werk, Allgemeines Brouillon, Hrsg. v. Hans-Joachim Mähl, München und Wien: Hanser, 1978, S. 517, Nr. 245.
165 Leander Hotaki, Robert Schumanns Mottosammlung, Übertragung, Kommentar, Einführung, Freiburg i. Br.: Rombach, 1998, S. 501 f. – Leander Hotaki hat das Novaliszitat nicht nur im „Denk- und Dichtbüchlein", sondern auch in der *Neuen Zeitschrift für Musik* zweimal nachgewiesen, und zwar: „Aus Novalis", In: *Neue Zeitschrift für Musik*, 5 (1836), S. 189 und „Aphorismen über Musik und Kunstverwandtes", In: *Neue Zeitschrift für Musik*, 7 (1837), S. 35.
166 Robert Schumann, „Aus Meister Raros, Florestans und Eusebius' Denk- und Dichtbüchlein", In: Gesammelte Schriften über Musik und Musiker von Robert Schumann, Hrsg. v. Martin Kreisig, 2 Bde., Bd. 1, 5. Auflage, mit den durchgesehenen Nachträgen und Erläuterungen zur 4. Auflage und weiteren, Leipzig: Breitkopf & Härtel, 1914, S. 19.
167 Brief an Friedrich Ritzhaupt in Heidelberg v. 14.08.1832, In: Robert Schumanns Briefe, Neue Folge, Hrsg. v. F. Gustav Jansen, Zweite vermehrte und verbesserte Auflage, Leipzig: Breitkopf & Härtel, 1904, S. 37, Nr. 30.
168 Robert Schumann, „Aus Meister Raros, Florestans und Eusebius' Denk- und Dichtbüchlein", In: Gesammelte Schriften über Musik und Musiker von Robert Schumann, Hrsg. v. Martin Kreisig, 2 Bde., Bd. 1, S. 22.
169 Carl Dahlhaus, Die Idee der absoluten Musik, 2. Auflage, Kassel: Bärenreiter, 1987, S. 12 f.
170 Barbara Naumann, Musikalisches Ideen-Instrument, Das Musikalische in Poetik und Sprachtheorie der Frühromantik, Stuttgart: Metzler, 1990, S. 21.
171 Claude Lévi-Strauss, „Die Struktur der Mythen", In: Claude Lévi-Strauss, Strukturale Anthropologie, Bd. 1, Frankfurt a. M.: Suhrkamp, 1981, S. 226 ff.
172 Hans Blumenberg, Arbeit am Mythos, Frankfurt a. M.: Suhrkamp, 1979.
173 Christine Lubkoll, Mythos Musik, Poetische Entwürfe des Musikalischen in der Literatur um 1800, Freiburg i. B.: Rombach, 1995, S. 12 f.
174 Christine Lubkoll, Mythos Musik, S. 119.
175 Christine Lubkoll, Mythos Musik, S. 9.
176 Christine Lubkoll, Mythos Musik, S. 148.
177 Christine Lubkoll, Mythos Musik, S. 196.
178 Christine Lubkoll, Mythos Musik, S. 180.
179 Christine Lubkoll, Mythos Musik, S. 226.
180 Carl Dahlhaus, Die Idee der absoluten Musik, S. 8.
181 Carl Dahlhaus, Die Idee der absoluten Musik, S. 45.
182 Carl Dahlhaus, Die Idee der absoluten Musik, S. 68.
183 Carl Dahlhaus, Die Idee der absoluten Musik, S. 106: „Und man kann die kompositionstechnisch-ästhetischen Momente, die eine »Autonomisierung« der Instrumentalmusik möglich machten, unter den Begriff der »musikalischen Logik« – einem Begriff, der mit der Vorstellung vom »Sprachcharakter« der Musik eng verbunden ist – zusammenfassen."
184 Carl Dahlhaus, Die Idee der absoluten Musik, S. 109.

185 Carl Dahlhaus, Die Idee der absoluten Musik, 2. Auflage, Kassel: Bärenreiter, 1987, S. 110.
186 Carl Dahlhaus, Die Idee der absoluten Musik, S. 42.
187 Walter Wiora, „Die Musik im Weltbild der deutschen Romantik". In: Beiträge zur Musikanschauung des 19. Jahrhunderts, Hrsg. v. Walter Salmen, Regensburg: Bosse, 1965. S. 11–50.
188 Hans Heinrich Eggebrecht, Musikalisches Denken, Aufsätze zur Theorie und Ästhetik der Musik, Wilhelmshaven: Heinrichshofen, 1977, S. 151: „Eine Neubestimmung von Sache und Begriff des musikalischen Denkens als einer Instanz der Musik und ihrer Geschichte hätte – um jene Paradoxien aufzulösen und zu vermeiden – zuvörderst den Begriff der musikalischen Geschichtsautonomie erneut zu bedenken, in welchen die Überlegungen dieses Textes einmündeten. Und mir scheint, daß hierbei der informations- und kommunikationsgeschichtliche Ansatz erfolgreich sein könnte und die Fiktion einer musikalisch autonomen Geschichtslogik in das Folgerichtige der Kommunikationsprozesse aufzulösen sei."
189 Arno Forchert, Studien zum Musikverständnis im frühen 19. Jahrhundert, Voraussetzungen und Aspekte zeitgenössischer Deutung instrumentaler Musikwerke, (Habil. mschr.) Berlin (FU), 1966.
190 Constantin Floros, „Literarische Ideen in der Musik des 19. Jahrhunderts", In: *Hamburger Jahrbuch für Musikwissenschaft*, 2 (1977), S. 7–62.
191 Martin Geck, „Die widersprüchliche Botschaft der absoluten Musik: »Frei aber einsam«". In: Martin Geck, Von Beethoven bis Mahler, Die Musik des deutschen Idealismus, Stuttgart-Weimar: Metzler, 1993, S. 124 ff.
192 Albrecht von Massow, „Autonome Musik", In: Handwörterbuch der musikalischen Terminologie, Hrsg. v. Hans Heinrich Eggebrecht, Stuttgart: Steiner, 1994.
193 Carl Dahlhaus, Die Idee der absoluten Musik, S. 104.
194 Nicht zuletzt durch Friedrich Nietzsche, der Schumanns Musik sowohl für als auch gegen Wagner aus dem Geiste der Philosophie Schopenhauers kritisiert hat.
195 Manfred Frank, Einführung in die frühromantische Ästhetik, Vorlesungen, Frankfurt a. M.: Suhrkamp, 1989, S. 297.
196 Johann Theodor Mosewius, „Alexander Dreyschock", In: *Allgemeine musikalische Zeitung*, 41 (1839), Sp. 290. – S. Anmerkung 379 von Martin Kreisig, In: Gesammelte Schriften über Musik und Musiker von Robert Schumann, Hrsg. v. Martin Kreisig, 2 Bde., Bd. 2, 5. Auflage, mit den durchgesehenen Nachträgen und Erläuterungen zur 4. Auflage und weiteren, Leipzig: Breitkopf & Härtel, 1914, S. 425 f.
197 Karl Heinz Bohrer, Die Kritik der Romantik, Frankfurt a. M.: Suhrkamp, 1989.
198 Carl Dahlhaus, Die Idee der absoluten Musik, S. 23.
199 Carl Dahlhaus, Die Idee der absoluten Musik, S. 9.
200 Carl Dahlhaus, Die Idee der absoluten Musik, S. 60.
201 Heinz Paetzhold, „Schellings ästhetischer Absolutismus", In: Heinz Paetzhold, Ästhetik des deutschen Idealismus, Zur Idee ästhetischer Rationalität bei Baumgarten, Schelling, Hegel und Schopenhauer, Wiesbaden: Steiner, 1983, S. 119–173.
202 Jean Paul, Vorschule der Ästhetik, Hrsg. v. Norbert Miller, München: Hanser, 1974, S. 85.
203 Manfred Frank, Einführung in die frühromantische Ästhetik, S. 222 f.
204 Manfred Frank, Einführung in die frühromantische Ästhetik, S. 244: „Die epistemische Undarstellbarkeit des Absoluten findet ein Komplement in der ästhetischen Schau, die uns

das Absolute gibt, indem sie es uns *nicht* gibt, nämlich *nicht reflexiv* vermittelt, sondern *als das reflexiv Undarstellbare* selbst wieder darstellt."

205 Eberhard Ostermann, Das Fragment einer ästhetischen Idee, München: Fink, 1991.

206 Karl Konrad Polheim, Die Arabeske, Ansichten und Ideen aus Friedrich Schlegels Poetik, München, Paderborn, Wien: Schöningh, 1966. – Werner Busch, Die notwendige Aabeske, Wirklichkeitsaneignung und Stilisierung in der deutschen Kunst des 19. Jahrhunderts, Berlin: Mann, 1985.

207 S. Friedrich Schlegel, „Brief über den Roman, In: Friedrich Schlegel, Charakteristiken und Kritiken I (1796–1801), Hrsg. v. Hans Eichner, Kritische Friedrich-Schlegel-Ausgabe, Bd. 2, Erste Abteilung, Kritische Neuausgabe, München, Paderborn, Wien: Schöningh, Zürich: Thomas, 1967, S. 333: „Denn nach meiner Ansicht und nach meinem Sprachgebrauch ist eben das romantisch, was uns einen sentimentalen Stoff in einer fantastischen Form darstellt."

208 Carl Dahlhaus, Die Idee der absoluten Musik, 2. Auflage, Kassel: Bärenreiter, 1987, S. 69.

209 Carl Dahlhaus, Die Idee der absoluten Musik, S. 71 f.

210 Arthur Schopenhauer, Sämtliche Werke, Nach der ersten, von Julius Frauenstädt besorgten Gesamtausgabe neu bearbeitet und Hrsg. v. Arthur Hübscher, 7 Bde., Bd. 2: Die Welt als Wille und Vorstellung, Leipzig: Brockhaus, 1938, S. 310.

211 Wilhelm Heinrich Wackenroder, Brief an Ludwig Tieck v. 5. bis 12. Mai 1792, In: Wilhelm Heinrich Wackenroder, Sämtliche Werke und Briefe, Historisch-kritische Ausgabe, Hrsg. v. Silvio Vietta und Richard Littlejohns, 2 Bde., Bd. 2, Heidelberg: Carl Winter, 1991, S. 29.

212 Barbara Naumann, Musikalisches Ideen-Instrument, Das Musikalische in Poetik und Sprachtheorie der Frühromantik, Stuttgart: Metzler, 1990, S. 41: „»Aufmerksame Beobachtung«, ein analytisches Hören, das Wackenroders Kennerschaft und theoretischen Versiertheit im Umgang mit Musik dokumentiert, und ein Aufgehen im »Strom der Empfindungen« sollen in Wackenroders Idealfall der Musikrezeption keinen Widerspruch bilden. Dieser besteht vielmehr zum reflektierenden »Nach-Denken« der Musik, das zwar zu Resultaten in Form allgemeiner Ideen führt, aber das Moment des Genusses und der »Hingebung« der Seele bereits eingeschränkt hat."

213 Wilhelm Heinrich Wackenroder, „Das merkwürdige musikalische Leben des Tonkünstlers Joseph Berglinger, In zwey Hauptstücken", In: Wilhelm Heinrich Wackenroder, Sämtliche Werke und Briefe, 2 Bde., Bd. 1, S. 133 f.

214 Ludwig Tieck, „Symphonien", In: Wilhelm Heinrich Wackenroder, Sämtliche Werke und Briefe, 2 Bde., Bd. 1, S. 244.

215 Carl Dahlhaus, Die Idee der absoluten Musik, S. 67.

216 Carl Dahlhaus, Die Idee der absoluten Musik, S. 68.

217 Carl Dahlhaus, Die Idee der absoluten Musik, S. 128 f.

218 Constantin Floros, „Literarische Ideen in der Musik des 19. Jahrhunderts", In: *Hamburger Jahrbuch für Musikwissenschaft*, 2 (1977), S. 44 ff.

219 Constantin Floros, „Literarische Ideen in der Musik des 19. Jahrhunderts", S. 44.

220 Constantin Floros, „Literarische Ideen in der Musik des 19. Jahrhunderts", S. 45.

221 Constantin Floros, „Literarische Ideen in der Musik des 19. Jahrhunderts", S. 47.

222 Robert Schumann, „Sinfonie von H. Berlioz", In: Gesammelte Schriften über Musik und Musiker von Robert Schumann, Hrsg. v. Martin Kreisig, 2 Bde., Bd. 1, 5. Auflage, mit den durchgesehenen Nachträgen und Erläuterungen zur 4. Auflage und weiteren, Leipzig: Breitkopf & Härtel, 1914, S. 84 f.

223 Carl Dahlhaus, Die Idee der absoluten Musik, 2. Auflage, Kassel: Bärenreiter, 1987, S. 70.

224 Vgl. Peter Rummenhöller, Romantik in der Musik, Analysen, Portraits, Reflexionen, Kassel [u.a.]: Bärenreiter, dtv, 1989, S. 156 ff.

225 Johann Jacob Vogel, „Leipzigischen Chronicon", 1714, Zit. n. Wolfgang Hocquél, „Aus der Geschichte des Rosenthals", In: *Leipziger Blätter*, (1982) 1, S. 58.

226 Albert Schröder, „Das Rosental im 18. Jahrhundert", In: *Leipziger Jahrbuch*, (1942), S. 152: „So stieg das Rosental in der Gunst der Leipziger, obwohl ein Aufenthalt dort noch keineswegs ein reines Vergnügen bereitete, denn schon 1799 wird über den starken Geruch des Knoblauchs geklagt, der sich für empfindliche Nasen sehr störend bemerkbar machte. Auch die am Eingang des Rosentales gelegene Wachsleinwandfabrik verbreitete einen Geruch, der wenig mit frischer Waldluft zu tun hatte; immerhin war man geneigt, diese Störung noch eher in Kauf zu nehmen, da es sich um ein blühendes Unternehmen handelte, das gegen 600 Arbeiter beschäftigte."

227 Stadtarchiv Leipzig, „Plenarprotokoll des Ratskollegiums v. 8.2.1837", Tit. XV O (K) Nr. 55, Bd. 1, Bl. 91 f.

228 Robert Schumann, Tagebücher, Bd. II, 1836–1854, Hrsg. v. Gerd Nauhaus, Leipzig: Deutscher Verlag für Musik, 1987, Basel und Frankfurt a. M.: Stroemfeld/Roter Stern, o.J., S. 34.

229 „Bemerkungen zur Erklärung des Planes von Rudolph Siebeck", Stadtarchiv Leipzig, Signatur Ratsrißarchiv (Feudalismus) Nr. 855 / Akte, Titel XV O (K) Nr. 55, Bd. 1, Bl. 121 ff.: „Da der Zweck der Anlagen im Rosenthale wohl vorzüglich darin besteht, daß den Einwohnern Leipzigs dadurch eine freundliche Gelegenheit zur Bewegung so wie zum Genuß der freien, gesunden Lebenslust und zur Beförderung des geselligen Umganges im Schooße der schönen Natur dargeboten werden soll; so kann dieser, für Leipzigs Einwohner höchst wohltätige, und für Leipzigs anerkannten Ruhm einflußreiche Zweck vorzüglich dadurch erreicht werden, daß Wege, die zum Fahren und Reiten, so wie für Fußgänger jedes Alters dienen, angelegt werden.
Diese Wege sollen mit vielen Ruhebänken für Fußgänger versehen, angenehme, erheiternde, überraschende Aussichten auf umliegende Dörfer, Schlößer, Baumgruppen und andere Wege durch Unterbrechung der Bäume gewähren.
Dem ganzen das Ansehen eines Naturparks und den Wegen eine zweckmäßige Richtung zu geben, so wie überhaupt die vorhandenen Vortheile des gegenwärtigen Zustandes des Rosenthales zu benutzen, war ich besonders bemüht. Dazu gehört aber vorzüglich, daß die große Wiese mit dem Ganzen vereinigt wird. Dies geschieht indem durch Pflanzungen die ermüdende Einförmigkeit unterbrochen, und so viel ohne große Kosten // möglich, an verschiedenen Punkten, eine malerische Ansicht hervorgerufen wird. Dazu werden solche Baum- und Strauch-Arten angewendet, welche in diesem Boden gedeihen und die vorgezeichnete Wirkung, was die Große, Licht und Schatten betrifft, hervorbringen.
Um dem Charakter eines Naturparks ferner zu entsprechen, ist es auch nöthig die veraltete Form der geraden Linien des Waldsaumes der Wiese, so wie der Aussichten, bogenförmig zu unterbrechen. Dies wird theils durch Lichtung der Bäume, theils durch Anpflanzung erreicht, je nachdem die Linie vor oder hinter dem ursprünglichem Waldsaum ihre Richtung nimmt.
Um bei Verfolgung der Wege öfters durch intreßante Aussichten überrascht zu werden, und die Baummaßen auf eine angenehme Art zu unterbrechen, sind noch die Aussichten G und I angebracht.

Bei der Ausführung der Wege, erfordert aber die tiefe Lage des Rosenthals, so wie die Beschaffenheit des Bodens, daß diese über die ursprüngliche Grundfläche erhöht aufgeführt werden.
Da bei der Anlegung die Errichtung einer neuen Auberge zu wünschen ist, so habe ich ihr einen solchen Platz angewiesen (siehe O.) welcher den Ueber- // schwemmungen weniger ausgesetzt ist. Vom Hause aus bietet sich eine freie Aussicht über die Wiese nach Pfaffendorf etc. dar.
Ziemlich am Ende des Rosenthals habe ich mit P. einen einfachen, mit wenigen Kosten zu errichtenden Tempel angegeben, so daß 6 bis 8 Baumstämme ein hölzernes Dach mit Schindeln oder Stroh gedeckt, tragen. Bänke an den Säulen angebracht, bieten den Müden Erholung, und das Dach Schutz gegen Regen dar. Man genießt von diesem Standpunkt aus die Aussicht auf den Kuhturm.
Zu diesem Tempel führt der Fußweg T. nahe dem Flusse und endlich am Rande des Mühlholzes nach Gohlis. Dieser Weg bietet vorzüglich Kühlung und Schatten, er ist durch mehrere Aussichten unterbrochen und mit vielen Ruhebänken versehen. Ziemlich in derselben Richtung befindet sich ein Holzweg, der sich bei der Ausfürung dazu benutzen läßt.
Durch den Fußweg S. gelangt man zu der neuen Auberge O. und dem Tempel P. Sollte der Fahrweg jedoch nicht zur Ausführung kommen, so könnte dem breiten sich schon vorfindenden Holzweg die Richtung nach der Auberge O. gegeben werden. Der Fahrweg Q. nimmt seinen Anfang unterhalb Pfaffendorf über den Fluß, // geht so über die große Wiese, daß man die vorzüglichsten Aussichten genießen kann. Dazu kann der im wilden Rosenthal vorhandene Holzweg benutzt werden, welcher sich dann zur Ausfahrt bei Pfaffendorf, an der zu errichtenden Brücke wieder vereinigen muß.
Zur zweckmäßigen Verbindung der vorhergehenden Wege, sind die Seitenwege U. V. W. X. angebracht."

230 Von Carl Gustav Carus stammt auch das frühe Gemälde „Frühlingslandschaft im Rosental von Leipzig" (1814), das er in seinen Lebenserinnerungen zu seinen besten zählte; Carl Gustav Carus, Lebenserinnerungen und Denkwürdigkeiten, Nach der zweibändigen Originalausgabe von 1865/1866 neu herausgegeben von Elmar Jansen, Bd. 1, Weimar: Kiepenheuer, 1966, S. 141 f.: „Eine Szene aus dem Rosenthal im ersten noch blätterlosen Frühlingstreiben, sorgfältig zuvor nach der Natur gezeichnet und dann als Ölbild mit größter Sauberkeit ausgeführt, gehört zu dem Besten, was ich überhaupt gemalt und erinnert späterhin die Künstler vielleicht an manche alte saubere Bilder der niederländischen Schule." – Das dritte Ölgemälde, welches der „Flußlandschaft im Rosental bei Leipzig im Mondschein" (um 1838/1840) in der Komposition sehr ähnelt, trägt den Titel „Überschwemmung im Leipziger Rosenthal".

231 Carl Gustav Carus, Lebenserinnerungen und Denkwürdigkeiten, Bd. 2, S. 299.

232 Joachim Draheim, „Robert Schumann als Übersetzer", In: Robert Schumann und die Dichter, Ein Musiker als Leser, Katalog zur Ausstellung des Heinrich-Heine-Institutes in Verbindung mit dem Robert-Schumann-Haus in Zwickau und der Robert-Schumann-Forschungsstelle e.V. in Düsseldorf, Bearbeitet von Bernhard. R. Appel und Inge Hermstrüwer, Düsseldorf: Droste, 1991, S. 41 ff.

233 Robert Schumann, Brief an Clara Wieck v. 03.01.1838, In: Clara Schumann und Robert Schumann, Briefwechsel, Kritische Gesamtausgabe, Hrsg. v. Eva Weissweiler, III Bde., Bd. I: 1832–1838, Basel und Frankfurt a. M.: Stroemfeld/Roter Stern, 1984, S. 67.

234 Friedrich Schiller, „Hero und Leander" (1801), In: Schillers Werke, Nationalausgabe, Bd. 2, Teil 1: Gedichte in der Reihenfolge ihres Erscheinens 1799–1805 – der geplanten

Ausgabe letzter Hand (Prachtausgabe) aus dem Nachlaß (Text), Hrsg. v. Norbert Oellers, Weimar: Böhlaus Nachfolger, 1983, S. 259 u. 262.

[235] Eduard Hanslick, Vom Musikalisch-Schönen, Ein Beitrag zur Revision der Aesthetik der Tonkunst, Historisch-kritische Ausgabe, 2 Teile, Teil 1, Hrsg. v. Dietmar Strauss, Mainz [u.a.]: Schott, 1990, S. 54 ff.

[236] S. Anhang II, Noten, Robert Schumann, „In der Nacht", In: Phantasiestücke op 12.

[237] S. Anhang II, Noten, Robert Schumann, „Albumblätter II.", In: Bunte Blätter op. 99.

[238] S. Anhang II, Noten, Clara Schumann, „Am Strande", In: Sämtliche Lieder, Bd. 2.

[239] Barbara Meier, Robert Schumann, Reinbek bei Hamburg: Rowohlt, 1995, S. 81.

[240] Robert Schumann, Tagebücher, Bd. II, 1836–1854, Hrsg. v. Gerd Nauhaus, Leipzig: Deutscher Verlag für Musik, 1987, Basel und Frankfurt a. M.: Stroemfeld/Roter Stern, o.J., S. 107.

[241] Joachim Draheim, „Vorwort", In: Clara Schumann (1819–1896), Sämtliche Lieder für Singstimme und Klavier, Hrsg. v. Joachim Draheim und Brigitte Höft, 2 Bde., Bd. 2: Unveröffentlichte Lieder, Wiesbaden, Leipzig, Paris: Breitkopf & Härtel, 1992, S. 5.

[242] Robert Schumann, „Ferdinand Hiller", In: Gesammelte Schriften über Musik und Musiker von Robert Schumann, Hrsg. v. Martin Kreisig, 2 Bde., Bd. 1, 5. Auflage, mit den durchgesehenen Nachträgen und Erläuterungen zur 4. Auflage und weiteren, Leipzig: Breitkopf & Härtel, 1914, S. 44.

[243] Robert Schumann, „Ferdinand Hiller", In: Gesammelte Schriften über Musik und Musiker von Robert Schumann, Hrsg. v. Martin Kreisig, 2 Bde., Bd. 1, S. 44.

[244] Robert Schumann, „Ouvertüren für Orchester", In: Gesammelte Schriften über Musik und Musiker von Robert Schumann, Hrsg. v. Martin Kreisig, 2 Bde., Bd. 1, S. 422 f.

[245] Hans-Peter Fricker, Die musikkritischen Schriften Robert Schumanns, Versuch eines literaturwissenschaftlichen Zugangs, Bern, Frankfurt a. M., New York: Lang, 1983, S. 75.

[246] Hans-Peter Fricker, Die musikkritischen Schriften Robert Schumanns, S. 76 f.

5. Kapitel

Das Zeitalter beginnt die Romantik zu hassen

Die Kritik steht im Zentrum der „Romantik", die „Romantik" steht im Zentrum der Kritik! Auf den kritischen Seiten der „Romantik", der Rezeptionsästhetik auf der einen und der Rezeptionsgeschichte auf der anderen, wird kein Komponist des 19. Jahrhunderts häufiger erwähnt als Robert Schumann. Auf der rezeptionsästhetischen Seite steht der Name Schumann für die „poetische" Musikkritik der ersten Hälfte des 19. Jahrhunderts. Auf der rezeptionsgeschichtlichen Seite fällt der Name Schumann in die „Romantik"-Kritik der zweiten Hälfte des 19. Jahrhunderts. Auf beiden Seiten steht etliches geschrieben, was zum allgemeinen Verständnis der „romantischen" Musikanschauung des 19. Jahrhunderts von besonderer Bedeutung ist:

Die „romantische" Musikanschauung nicht nur Robert Schumanns ist eine zutiefst kritische. Schumanns Kritik gilt zunächst dem „Schneckengang der alten musikalischen Kritik",[1] deren desolaten Zustand er 1833 in dem Aufsatz „Der Davidsbündler" folgendermaßen beschreibt:

„Unsere italienischen Nächte währen fort. Der Himmelsstürmer Florestan ist seit einiger Zeit stiller denn je und scheint etwas im Sinne zu haben. Eusebius ließ aber neulich ein paar Worte fallen, die den Alten wieder in ihm weckten. Jener sagte nämlich nach Lesung einer Irisnummer: Er macht's aber zu arg. – Wie? Was? Eusebius, fuhr Florestan auf, Rellstab machte es zu arg? Soll denn diese verdammte deutsche Höflichkeit Jahrhunderte fortdauern? Während die literarischen Parteien sich offen gegenüberstehn und befehden, herrscht in der Kunstkritik ein Achselzucken, ein Zurückhalten, das weder begriffen noch genug getadelt werden kann. Warum die Talentlosen nicht geradezu zurückweisen? Warum die Flachen und Halbgesunden nicht aus den Schranken werfen samt den Anmaßenden? Warum nicht Warnungstafeln vor Werken, die da aufhören, wo die Kritik anfängt? Warum schreiben die Autoren nicht eine eigene Zeitung gegen die Kritiker und fordern sie auf, gröber zu sein gegen die Werke? Hat nur einer angefangen einzuschlagen und zu dezimieren, so seid ihr außer euch. Ist denn die Masse, mit der jener Ehrenfeste angreift, der Spott, der nur verwundert, nicht tötet, nicht noch gut genug für eine Klasse, die mit Stumpf und Stiel ausgerottet werden muß? Sind denn überhaupt edlere Tiere nicht leichter zu vertilgen als gemeine – ich bitte dich, Eusebius! Aber nun wird es einmal Zeit, aufzustehen gegen das Schutz- und Trutzbündnis, das die Gemeinheit mit dem Trotze geschlossen hat, ehe es über uns zusammenwächst und dem Jammer gar kein Ende abzusehen ist. Aber was meint ihr, Meister Raro?"[2]

Die Kritik vor allem an Gottfried Wilhelm Finks *Allgemeiner musikalischer Zeitung*, aber auch an Ludwig Rellstabs *Iris* und an Gottfried Webers *Cäcilia* führte 1834 folglich zur Gründung der *Neuen Zeitschrift für Musik*, die Schumann bis 1844 herausgab und redigierte.[3] Schumann implantierte dem musikästhetischen Diskurs ein kritisches Organ, um die Trivialität und Virtuosität eines Herz oder Hünten im Negativen sowie die Fantasie und Poesie eines Bennett oder Henselt im Positiven sanktionieren zu können. In seinen Kritiken besitzt der „Romantik"-Begriff die polarisierende Funktion, den Kunst- und Originalitätsanspruch einer „neuen" und „poetischen" Musik gegenüber einer „alten" oder „prosaischen" durchzusetzen. Dazu bedient sich Schumann auch des politischen Vokabulars der Französischen Revolution („phrygische Mützen") und des Vormärzes („juste milieu"), was zwei hinlänglich bekannte Beispiele [55, 58] belegen. So heißt es 1836 in der Kritik zu Kalliwodas „Ouvertüren":

> „Die Gegenwart wird durch ihre Parteien charakterisiert. Wie die politische kann man die musikalische in Liberale, Mittelmänner und Reaktionäre oder in Romantiker, Moderne und Klassiker teilen. Auf der Rechten sitzen die Alten, die Kontrapunktler, die Antichromatiker, auf der Linken die Jünglinge, die phrygischen Mützen, die Formenverächter, die Genialitätsfrechen, unter denen die Beethovener als Klasse hervorstechen. Im Juste-Milieu schwankt jung wie alt vermischt. In ihm sind die meisten Erzeugnisse des Tages begriffen, die Geschöpfe des Augenblicks, von ihm erzeugt und wieder vernichtet." [58]

Der „Romantik"-Begriff dient Schumann zwar dazu, den „Fortschritt" in der Musik zu bezeichnen, dennoch gebraucht er die Attribute „romantisch" oder „Romantiker" nicht unkritisch. Seine kritische Distanz gegenüber einem undifferenzierten „Romantik"-Begriff wird am deutlichsten 1837 in der Kritik zu Stephen Hellers „Impromptus für das Pianoforte" spürbar:

> „Ich bin des Wortes »Romantiker« von Herzen überdrüssig, obwohl ich es nicht zehnmal in meinem Leben ausgesprochen habe; und doch – wollte ich unsern jungen Seher kurz titulieren, so hieß' ich ihn einen, und welchen! Von jenem vagen, nihilistischen Unwesen aber, wohinter manche die Romantik suchen, ebenso wie von jenem groben hinklecksenden Materialismus, worin sich die französischen Neuromantiker gefallen, weiß unser Komponist, dem Himmel sei Dank, nichts ..." [70]

Diese Äußerung wurde häufig mißverstanden, weshalb sie eine etwas ausführlichere Erklärung verdient: Schumanns alias Florestans Erklärung, daß er des Wortes „Romantiker" von Herzen überdrüssig sei, obwohl er es nicht zehnmal in seinem Leben ausgesprochen habe, darf nicht wörtlich genommen werden. Schumann verkündet weder den freiwilligen Verzicht auf den Begriff, noch das vorzeitige Ende seiner „romantischen" Musikanschauung, sondern beklagt den inflationären Gebrauch des Begriffs durch eine Kritik, die für die Musik der „neuromantischen Schule" kein Verständnis hat oder zeigt. Die literaturkritische Inflation des „Romantik"-Begriffs begann bereits viel früher als die musikkritische. Bezüglich des Romans „Die unsichtbare Loge" riet Christian Otto seinem Freund Jean Paul schon 1792: „Jetzt fällt mir nur noch das ein, daß Du das Wörtchen: Romantisch, wohl von dem Titel weglassen mußt, weil es zu verbraucht und durch das Romanschreiber-Wesen schon in zu schlimmen Ruf gekommen ist."[4] Jean Paul ist auch derjenige Ästhetiker, welcher Schumann die Begriffe leiht, um einem falschen Verständnis von „romantischer" Musik vorzubeugen.

Wenn Schumann weder von „jenem vagen, nihilistischen Unwesen aber, wohinter manche die Romantik suchen", noch „von jenem groben hinkleksenden Materialismus, worin sich die französischen Neuromantiker gefallen", etwas wissen will, dann borgt er sich die Begriffe aus Jean Pauls „Vorschule der Ästhetik", die zwischen den „poetischen Nihilisten" einerseits und den „poetischen Materialisten" andererseits unterscheidet. Mit dem „vagen, nihilistischen Unwesen" wird wahrscheinlich Franz Liszt gemeint sein, den Schumann zwar als Pianisten, doch nicht als Komponisten schätzte.[5] Weniger moderat als die öffentliche Kritik in der *Neuen Zeitschrift für Musik* fällt das private Urteil Schumanns über Liszt aus, das durch drei Exzerpte der „Mottosammlung" dokumentiert ist:

„Zu Liszts Compositionen. S. [eite] 36.
Kommt vollends zur Schwäche der Lage die Schmeichelei des Wahns, u. kann der leere Jüngling seine angeborne Lyrik sich selber für eine höhere Romantik ausgeben, so wird er mit Versäumung aller Wirklichkeit – die eingeschränkte in ihm selber ausgenommen – sich immer weicher u. dünner ins gesetzlose Wüste verflattern u. wie die Atmosphäre wird er sich gerade in der höchsten Höhe ins kraft[-] und formlose Leeres [sic] verlieren."[6]

Zu Liszt.
Steh, du segelst umsonst; vor dir Unendlichkeit,
Steh du segelst umsonst – Pilger auch hinter mir!
Senke nieder
Adlergedank, dein Gefieder!
Kühne Segl[erin], Phantasie,
Wirf ein Muthloses Anker hie.[7]

„Wie ein Tollhaus von Tönen!
Und zwischendurch hör' ich vernehmbar
Lockende Harfenlaute,
Sehnsuchtswilden Gesang,
Seelenschmelzend u. seelenzerreißend
Und ich erkenne die Stimme."
(Liszt)[8]

Schumanns Nihilismus-Vorwurf, daß Liszts Kompositionen „mit Versäumung aller Wirklichkeit ... sich immer weicher u. dünner ins gesetzlose Wüste verflattern" – in die „Unendlichkeit" –, daß sie ein „Tollhaus von Tönen" seien, obwohl ihre schönen Stellen „zwischendurch" aufhorchen lassen, hängt insofern auch mit dem Materialismus-Vorwurf zusammen, den Schumann der „französischen Neuromantik" macht, als Liszt die „Ideen der Romantik der französischen Literatur, unter deren Koryphäen er lebte, in die Musik übertragen wollte" [85]:

„Brachte er [Liszt] es nun als Spieler auf eine erstaunliche Höhe, so war doch der Komponist zurückgeblieben, und hier wird immer ein Mißverhältnis entstehen, das sich auffallend auch bis in seine letzten Werke fortgerächt hat. Andre Erscheinungen stachelten den jungen Künstler noch auf andere Weise. Außerdem daß er von den Ideen der Romantik der französischen Literatur, unter deren Koryphäen er lebte, in die Musik übertragen wollte, ward er durch den plötzlich kommenden Paganini gereizt, auf seinem Instrumente noch weiter zu gehen und das Äußerste zu versuchen. So sehen wir ihn (z.B. in seinen »Apparitions«) in den trübsten

Phantasien herumgrübeln und bis zur Blasiertheit indifferent, während er sich andererseits wieder in den ausgelassensten Virtuosenkünsten erging, spottend und bis zur halben Tollheit verwegen." [85]

Schumanns Materialismus-Vorwurf gilt allerdings nicht Liszt, sondern Giacomo Meyerbeer, dessen Oper „Die Hugenotten" Schumann am 9. April und 13. August 1837 gesehen und am 5. September 1837 in der *Neuen Zeitschrift für Musik* verrissen hatte.[9] Von der Kritik an „jenem groben hinklecksenden Materialismus, worin sich die französischen Neuromantiker gefallen" [vgl. 57, 80, 85, 86, 92], blieb insgeheim auch Hector Berlioz nicht verschont. Durch Leander Hotakis Edition der „Mottosammlung" wissen wir von einem Exzerpt aus Edward George Lytton-Bulwers Roman „Alix", das Schumann im November 1838 Berlioz zugeschrieben hat:

„Berlioz.
Das Haupt eines Riesen auf d.[em] Rumpf eines Zwerges –
unpassende Glieder zusammen geholpert – in den
einzelnen Teilen herrlich u. schön – im
Ganzen eine scheußliche Verrenkung.
                        <u>Bulwer</u>."[10]

Von Schumanns Kritik an der „französischen Neuromantik" ausgenommen scheint einzig und allein Frederik Chopin. Wie Berlioz war Chopin „der allgemeinen Bildung der Gegenwart weit" vorausgeeilt [57], seine musikalischen Formen fand Schumann jedoch feiner und faßlicher, seinen musikalischen Geist ungleich „poetischer".

„Romantisch" sind Schumanns Musikkritiken nicht deshalb zu nennen, weil sie den „Romantik"-Begriff, trotz aller kritischen Vorbehalte gegenüber der „französischen Neuromantik", benutzen und positiv besetzen. „Romantisch" erscheinen Schumanns Musikkritiken wegen ihrer unausgesprochenen Nähe zum „Begriff der Kunstkritik in der deutschen Romantik", den Walter Benjamin 1919 post festum promovierte. Schumann hat seinen Begriff von Musikkritik mehr praktisch realisiert, als theoretisch reflektiert. Im „Denk- und Dichtbüchlein" hebt Schumann vom niederen Verständnis der Rezension ein höheres Verständnis von Kritik ab,[11] das in der Kritik zu Ferdinand Hillers „Etüden" zur Sprache kommt:

„Man hat den Herausgebern dieser Blätter den Vorwurf gemacht, daß sie die poetische Seite der Musik zum Schaden der wissenschaftlichen bearbeiten und ausbauen, daß sie junge Phantasten wären, die nicht einmal wüßten, daß man von griechischer und andrer Musik im Grunde nicht viel wisse u. dgl. Dieser Tadel enthält eben das, wodurch wir unser Blatt von anderen unterschieden wissen möchten. Wir wollen weiter nicht untersuchen, inwiefern durch die eine oder die andre Art die Kunst schneller gefördert werde, aber allerdings gestehen, daß wir die für die höchste Kritik halten, die durch sich selbst einen Eindruck hinterläßt, dem gleich, den das anregende Original hervorbringt. [Anmerkung: In diesem Sinne könnte Jean Paul zum Verständnis einer Beethovenschen Sinfonie oder Phantasie durch ein poetisches Gegenstück möglich mehr beitragen (selbst ohne nur von der Phantasie oder Sinfonie zu reden) als die Dutzend-Kunstrichtler, die Leitern an den Koloß legen und ihn gut nach Ellen messen.] Dies ist freilich leichter gesagt als getan und würde einen nur höhern Gegendichter verlangen."[12]

Von hier aus scheint es nur ein kleiner Schritt, um von Schumann zu Friedrich Schlegel – „Poesie kann nur durch Poesie kritisiert werden" – zu gelangen.[13] Zwischen der Kunstkritik der deutschen „Romantik", die wissenschaftlich zuerst von Walter Benjamin auf einen Begriff gebracht wurde, den zuletzt Winfried Menninghaus der „frühromantischen" Kunsttheorie tiefer zugrundelegte, und Schumanns „romantischer" Musikkritik gibt es gewisse Gemeinsamkeiten oder „poetische" Parallelen, die nicht von der Hand zu weisen sind: Daß die Kunst und ihre Kritik Stufen eines Reflexionsprozesses sind, ist ein „romantischer" Grundsatz, der für Schumann uneingeschränkte Gültigkeit besitzt. Schumanns bloße Behauptung: „Verheimliche der Kritik nichts! Allerdings ist alles Kunststreben approximativ, kein Kunstwerk durchaus unverbesserlich –",[14] ließe sich zwar durch beliebige Beispiele aus Schlegels oder Novalis' Fragmenten belegen. Doch eine mehr oder weniger willkürliche Auswahl von „Athenäums-" oder „Blütenstaubfragmenten" kann keinen philosophischen Tiefgang haben, wenn sie auf der historischen Oberfläche schwimmt. Vordergründige Vergleiche verdunkeln den philosophischen Hintergrund Schumanns mehr, als daß sie ihn erhellen. Wer das Eigene des Schumannschen Musik- und Kritikbegriffes nur im Fremden der „frühromantischen" Philosophie sucht, wird es nicht finden. Schumanns eigener Begriff von Musikkritik geht nicht völlig im „Begriff der Kunstkritik in der deutschen Romantik" auf.

Fraglich ist erstens, ob Schumann den Reflexionsprozeß von Kunst und Kritik als einen „unendlichen" gedacht hat. Die überlieferten Quellen deuten eher darauf hin, daß Schumann Jean Pauls (und Jacobis) Bedenken gegenüber einem Reflexionsnihilismus geteilt haben dürfte. In der „Mottosammlung" finden sich zwei Exzerpte, die diese Vermutung eher bestätigen als widerlegen. Im ersten Heft der „Mottosammlung" hielt Schumann die Anfangspassage der „Vorschule der Ästhetik" fest, die er mit einer eigenen Überschrift versah:

„1) Aesthetik.
Reproduzierende Kritik.
»Das Wesen der dichterischen Darstellung ist wie alles Leben
nur durch die zweite darzustellen. Sogar bloße Gleichniße
können oft mehr als Worterklärungen aussagen. –«"[15]

Mit der Überschrift „Reproduzierende Kritik" liefert uns Schumann zugleich eine Interpretation Jean Pauls, der im Anschluß an Aristoteles „das Wesen der Poesie in einer schönen (geistigen) Nachahmung der Natur bestehen lässet".[16] Der feine Unterschied zwischen Jean Pauls und Friedrich Schlegels Kritikbegriff läßt sich leicht verdeutlichen, wenn man Schumanns Überschrift verändert von „reproduzierende Kritik" in „produzierende Kritik": Erstere definiert die Kritik mimetisch, letztere poietisch. Während die mimetische Kritik das Kunstwerk analogisch repräsentiert, wird das Kunstwerk durch die poietische Kritik reflexiv produziert. Dieser Akt absoluter Selbstreflexion wird durch das Kunstwerk selbst eingeklagt, d.h. die poietische Kritik ist nicht als eine Reflexion *über* Kunst, sondern als Reflexion *in* der Kunst zu verstehen, die „unendlich" ist, weil die Kritik die fragmentarische Kunst nicht komplementiert, sondern potenziert.[17] Kritik im Schlegelschen Sinne ist also viel mehr als eine „ergänzende Kraft", die Schumann seinem Exzerpt aus Friedrich Ludwig Bührlens „Bemerkungen über Kunst" (1831) im Heft neun der „Mottosammlung" zuschreibt:

„Die ergänzende Kraft
Kraft der Kritik [am Rand]

»Zu jedem Werke der Kunst muß der Beschauer, der
Beurtheiler eine ergänzende Kraft und Thätigkeit
bringen. Wer ohne eine solche davor tritt, der
spricht beschränkt oder maliciös, je nachdem
es ihm an Geist oder Gemüth fehlt.«"[18]

Fraglich ist zweitens, ob die „drei Grundsätze der romantischen Theorie der Beurteilung von Kunstwerken", die Walter Benjamin herausgearbeitet hat, „das Prinzip von der Mittelbarkeit der Beurteilung, von der Unmöglichkeit einer positiven Wertskala und von der Unkritisierbarkeit des Schlechten" für Schumann Gültigkeit besitzen.[19] Das Prinzip der Mittelbarkeit der Beurteilung, Kritik dürfe nicht explizit an die Kunst herangetragen, sondern müsse implizit aus der Kunst herausgetragen werden, weil „der Wert des Werkes ... einzig und allein davon ab[hängt], ob es seine immanente Kritik überhaupt möglich macht oder nicht",[20] zieht das Prinzip von der Unmöglichkeit einer positiven Wertskala nach sich: „Ist ein Werk kritisierbar, so ist es ein Kunstwerk, andernfalls ist es keines –",[21] woraus wiederum das Prinzip von der Unkritisierbarkeit des Schlechten folgt: Kunst, die nicht kritisierbar ist, wird als Nicht-Kunst „annihiliert". Diesen „frühromantischen" Forderungen hat Schumann – darüber kann kein Zweifel bestehen – weder theoretisch noch praktisch entsprochen.

Die Unterscheidung der Kritik als „unendliche" Reflexion im Sinne Schlegels von der Kritik als „poetische" Reflexion im Sinne Schumanns wird durch eine „Romantik"-Forschung ermöglicht, die seit den letzten Jahrzehnten die Werke der „Romantiker" historisch-kritisch ediert. Editionen wie die „Kritische Friedrich-Schlegel-Ausgabe" schaffen die philologische Voraussetzung, um das philosophische Denken Schlegels verstehen zu können. Die vorhandene bzw. nicht vorhandene Möglichkeit eine unsystematische Philosophie systematisch erforschen zu können, erinnert an die Verständnisschwierigkeiten, welche die „Frühromantik" ihren Zeitgenossen bereitete. Die „Unverständlichkeit" einer philosophischen Ästhetik oder ästhetischen Philosophie, die sich in Fragmenten aussprach, hat die „Romantik" mit ins Zentrum der Kritik gerückt.

Die Kritik der „Romantik" begann 1799, als Friedrich und August Wilhelm Schlegel, Friedrich von Hardenberg, Ludwig Tieck und Friedrich Wilhelm Joseph Schelling zunächst von Berlin und dann von Jena aus ihre neuen „poetischen" Ideen verkündeten: 1798 bis 1800 erschien das „Athenäum", 1799 Friedrich Schlegels „Lucinde", von 1801 bis 1804 hielt August Wilhelm Schlegel seine Berliner „Vorlesungen über Literatur und schöne Kunst":

„Die Brüder Friedrich und August Wilhelm Schlegel führten damit das fort, was in den »Xenien« begonnen worden war, nämlich das literarische Mittelmaß aus seinem selbstgefälligen Schlummer zu reißen. Der Bruch mit der »Allgemeinen Literatur-Zeitung« war das Signal zur offenen Fehde. In geschlossener Phalanx rückten die Vertreter der romantischen Richtung vor, um ihre Ansprüche anzumelden: die Brüder Schlegel im »Athenäum«, Schelling und Steffens im »Journal für spekulative Physik«, August Wilhelm Schlegel und Ludwig Tieck im »Poetischen Journal«, Bernhardi im »Berlinischen Archiv der Zeit und ihres Geschmacks« und im »Kynosarges«, Werden und Schneider im »Apollon«, Hülsen in der »Mnemosyne«. In kurzer Zeit gelang es einer Generation junger Gelehrter, viele wichtige Lehrstühle an den deutschen Universitäten zu besetzen."[22]

Daß die kritische Reaktion auf die „Romantiker" so heftig ausfiel, lag nicht nur an ihren neuen „poetischen" Ideen, sondern auch an der vermeintlichen „Unverständlichkeit" ihrer Sprache, an den „mystischen Kunstwörtern, die der nicht versteht, der sie braucht, noch weniger der sie hört",[23] wie August von Kotzebue in der ersten Nummer des „Freimüthigen oder Scherz und Ernst" unmißverständlich zu verstehen gab.[24] Kotzebue, neben Garlieb Helwig Merkel einer der ärgsten „Romantik"-Kritiker, brachte bereits 1799 den „Hyperboreeischen Esel oder die heutige Bildung: Ein drastisches Drama, und philosophisches Lustspiel für Jünglinge in einem Akt" auf die Bühne, dessen Hauptcharakter Karl von Berg eine Karikatur Friedrich Schlegels darstellt:

„Dieser Karl fällt bereits durch seine nachlässige Kleidung auf, und mit seinen kurzgeschnittenen Haaren ähnelt er sehr Friedrich Schlegel, der seine Haare nach der neuesten Mode »römisch« kurz trug. Nach vollendetem Studium kehrt Karl in das Haus der Mutter zurück, wo ihn auch seine Braut erwartet. Er hat in Jena bei Fichte Wissenschaftslehre, bei Schlegel Ästhetik und bei Schiller Historie gehört. Doch die romantischen Lehren erscheinen dem Studenten den Kopf verdreht zu haben: er spricht nur noch in wörtlichen Zitaten aus den »Fragmenten« und der »Lucinde«. Alle, sein Vater, seine Mutter, seine Braut und zuletzt auch der hinzugekommene Fürst, sind fassungslos. Schließlich wird Karl ins Irrenhaus abgeführt. Die Moral: »Das ist also unsere heutige Bildung? Impertinente Anmaaßung, hochtrabender Unsinn, und gänzliche Nutzlosigkeit.«"[25]

Nachzulesen sind „Der Hyperporeeische Esel" und alle anderen Streitschriften der „romantischen" und „antiromantischen" Kritik, von August Wilhelm Schlegels „Ehrenpforte und Triumphbogen" bis hin zu Julius von Voß' „Der travestirte Nathan der Weise", in einem bibliophilen mit Titelkupfern, Karikaturen, Dokumenten und Kommentaren ausgestatteten Buch, das Rainer Schmitz unter dem Titel „Die ästhetische Prügeley" 1992 herausgegeben und mit einem ausführlichen Nachwort versehen hat.

Angelus Cerberus' Posse „Die ästhetische Prügeley oder der Freymüthige im Faustkampf mit den Eleganten" (1803) besaß für das zeitgenössische Publikum wie alle anderen Streitschriften für und wider die „Romantik" einen literarischen Unterhaltungswert, aber keinen philosophischen Erkenntniswert. Aus den literarischen Niederungen wurde die „Romantik"-Kritik erst durch Georg Wilhelm Friedrich Hegel geführt, – ohne die philosophische Höhe ihres Gegenstandes zu erreichen. Das philosophische Fundament der „Romantik"-Kritik legte Hegel 1807 in der „Phänomenologie des Geistes", auf dem die Rezension von „Solgers nachgelassenen Schriften und Briefwechsel" von 1828 und die 1835 veröffentlichten „Vorlesungen über die Ästhetik" aufbauen. Ausführlich dargestellt wurde „Hegels Kritik der Romantik" 1956 von Otto Pöggeler und 1989 von Karl Heinz Bohrer. Im Anschluß an Pöggeler und Bohrer läßt sich Hegels „Romantik"-Kritik auf drei Punkte konzentrieren: auf einen phänomenologischen, ethischen und geschichtsphilosophischen. Letzterer darf an dieser Stelle vernachlässigt werden, weil er im dritten Kapitel bereits ausführlich behandelt worden ist. Erstere müssen an dieser Stelle etwas sorgfältiger behandelt werden, um die Kritik an der „romantischen" Musikanschauung im 19. Jahrhundert in ihrer ganzen Oberflächlichkeit tiefer ergründen und verstehen zu können.

Den ersten Kritikpunkt faßt Hegel unter die Kategorie des „Subjektivismus", den Pöggeler als substanzlose, schlechte und unversöhnte Subjektivität analysiert hat:

„Den Romantikern aber wirft Hegel in verschieden starkem Maße vor, daß sie ihre Subjektivität nicht in dieses Ganze des Geistes aufgeben und aus ihm ergreifen, sondern den Subjektivismus auf die Spitze treiben. Dieser Subjektivismus verwirklicht sich nach Hegels Ansicht in dreifacher Weise. Einmal dadurch, daß sich die Subjektivität in ihrer Negativität, in der endlosen Verstandesreflektion und in der formellen, leeren Freiheit festsetzt und in der Ironie alles Objektive und Substantielle nur zum Spielball dieser sich selbst genießenden Subjektivität macht. Andererseits verwirklicht sich dieser Subjektivismus in einer schlechten Subjektivität, die ihre Freiheit, Spontaneität und helle Klarheit nicht ergreift, sondern in dem Drängen z.B. ihrer bloßen Gefühlshaftigkeit das Element der Allgemeinheit verschmäht. Die dritte Form dieses Subjektivismus findet Hegel in einer Subjektivität, die in einer eifernden Erbaulichkeit und schweifenden Sehnsucht über sich hinaus verlangt, aber gerade so in ihrer Unversöhntheit beharrt und nur zu einer schlechten Unendlichkeit kommt, nicht zur Verwirklichung eines konkreten Unendlichen im Endlichen."[26]

In der Einleitung zu den „Vorlesungen über die Ästhetik" kanzelt Hegel die „Ironie" Friedrich Schlegels vor allem als substanzlose Subjektivität ab:

„Die nächste Form dieser Negativität der Ironie ist nun einerseits *die Eitelkeit* alles Sachlichen, Sittlichen und in sich Gehaltvollen, die Nichtigkeit alles Objektiven und an und für sich Geltenden. Bleibt das Ich auf diesem Standpunkte stehen, so erscheint ihm alles nichtig und eitel, die eigene Subjektivität ausgenommen, die dadurch hohl und leer und die selber *eitle* wird."[27]

Hegels Kritik an der vermeintlichen Verabsolutierung der Subjektivität geht fehl, weil Friedrich Schlegel – diese Einsicht haben wir Walter Benjamin zu verdanken – die „mediale Form" der Ironie tendenziell „ich-frei" begründet hat.[28]

Schlegel hat die „romantische Ironie" nicht „ausschließlich von der Subjektivität des Künstlers aus gesehen, sondern gerade umgekehrt: von der Objektivität des Kunstwerks" her begründet.[29] Die „romantische Ironie" erschien Hegel hingegen als ästhetische Form einer schlechten Subjektivität, die zwar „das unmittelbare Wissen, das Gefühl, die Anschauung und die Vorstellung" von der Idee,[30] jedoch nicht die Idee in sich selber zu begreifen und im emphatischen Sinne des Wortes zu „verwirklichen" im Stande ist:

> „Dadurch kommt dann das Unglück und der Widerspruch hervor, daß das Subjekt einerseits wohl in die Wahrheit hinein will und nach Objektivität Verlangen trägt, aber sich andererseits dieser Einsamkeit und Zurückgezogenheit in sich nicht zu entschlagen, dieser unbefriedigten abstrakten Innigkeit nicht zu entwinden vermag und nun von der Sehnsüchtigkeit befallen wird, die wir ebenfalls aus der Fichteschen Philosophie haben hervorgehen sehen."[31]

Diese unversöhnte Subjektivität „läßt die krankhafte Schönseelischkeit und Sehnsüchtigkeit entstehen",[32] die Hegel in der „Phänomenologie des Geistes" „einer unglücklichen sogenannten *schönen* Seele" zugeschrieben hatte.[33] Ins Positive gewendet heißt es in den „Vorlesungen über die Ästhetik": „Denn eine wahrhaft schöne Seele handelt und ist wirklich. Jenes Sehnen aber ist nur das Gefühl der Nichtigkeit des leeren Subjekts, dem es an Kraft gebricht, dieser Eitelkeit entrinnen und mit substantiellem Inhalt sich erfüllen zu können."[34]

Den zweiten Kritikpunkt faßt Hegel unter die Kategorie des „Bösen", um – wie es Bohrer ausdrückt – „das normative Recht einer der Gesellschaft förderlichen Ethik gegen die jeweils aktuelle Kunst und ihre charakterschädigende Subversion zu sichern."[35] Das ästhetische Urteil, das Hegel gegen die „Romantik" fällt, erfährt in den „Vorlesungen über die Ästhetik" eine ethische Begründung:

> „Wenn nun bei diesen ganz leeren Formen, welche aus der Absolutheit des abstrakten Ich ihren Ursprung nehmen, stehengeblieben wird, so ist nichts *an und für sich* und in sich selbst wertvoll betrachtet, sondern nur als durch die Subjektivität des Ich hervorgebracht. Dann aber kann auch das Ich Herr und Meister über alles bleiben, und in keiner Sphäre der Sittlichkeit, Rechtlichkeit, des Menschlichen und Göttlichen, Profanen und Heiligen gibt es etwas, das nicht durch Ich erst zu setzen wäre und deshalb von Ich ebensosehr könnte zunichte gemacht werden."[36]

Hegel definiert Kunst in einem klassizistischen Sinne, wonach das Schöne (die Kunst) nur im Wahren (die Philosophie) und Guten (die Religion) erscheinen kann: „Das Böse jedoch", sagt Hegel, „ist im allgemeinen in sich kahl und gehaltlos, weil aus demselben nichts als selber nur Negatives, Zerstörung und Unglück herauskommt, während uns die echte Kunst den Anblick einer Harmonie in sich darbieten soll."[37] Moralisch verwerflich findet Hegel deshalb all diejenigen „neueren deutschen Produktionen", welche die „innere Schwäche der Empfindsamkeit" zeigen:[38] Goethes „Werther", Jacobis „Woldemar" und Kleists „Prinz von Homburg" werden beim Namen genannt:

> „Vorzüglich ist jedoch in neuester Zeit die innere haltlose Zerrissenheit, welche alle widrigsten Dissonanzen durchgeht, Mode geworden und hat einen Humor der Abscheulichkeit und eine

Fratzenhaftigkeit der Ironie zuwege gebracht, in der sich [Ernst] Theodor [Amadeus] Hoffmann z.B. wohlgefiel."[39]

Eine Kunst, in der das allgemeine Gute ironischerweise nicht mehr über das besondere Böse die Macht besitzt, ist also nicht nur ästhetisch, sondern auch ethisch schlecht: „Der Teufel für sich ist deshalb eine schlechte, ästhetisch unbrauchbare Figur; denn er ist nichts als Lüge in sich selbst und deshalb eine höchst prosaische Person."[40] Wenn also die spätere Kritik der „Romantik" im allgemeinen und die Kritik der „romantischen" Musikanschauung im besonderen Hegels „Subjektivismus"-Urteil wie ein Vorurteil übernimmt, dann darf nie vergessen werden, daß es sich dabei weniger um ein ästhetisches, als vielmehr um ein ethisches Verdikt handelt.

Hegel hatte die „Frühromantik" vor der Folie der Fichteschen Philosophie als subjektivistischen Reflexionsnihilismus verurteilt, die Junghegelianer haben das vernichtende Verdikt, die „Romantik" sei das Versäumnis aller „Wirklichkeit", vor der politischen Folie des Vormärz vollstreckt, – jedoch nicht ohne das Verfahren vorher noch einmal aufzunehmen, um der „Romantik" endgültig den Prozeß zu machen. Als Hauptvertreter der Anklage in zweiter Instanz traten nach Hegel die Junghegelianer Arnold Ruge (1802–1880) und Theodor Echtermeyer (1805–1844) auf, die 1838 die *Hallischen Jahrbücher für Deutsche Wissenschaft und Kunst*, das wichtigste Organ der junghegelianischen Kritik begründeten:

„Zuvor hatte Ruge eine Rundreise zu allen namhaften deutschen Universitäten unternommen und zahlreiche führende Gelehrte als Mitarbeiter gewonnen. Aber der politische Charakter der Zeitschrift, besonders solcher Beiträge wie derjenige Ruges »Über Gegenwart und Zukunft der Hauptmächte Europas« oder das berühmte, gemeinsam mit Echtermeyer verfaßte Manifest »Der Protestantismus und die Romantik«, blieb der allzeit wachen staatlichen Zensur nicht verborgen. Da die Herausgeber als echte Hegelianer in erster Linie auf Preußen setzten, d.h. durch ihre Kritik der preußischen Zustände dieses auf den Weg des politischen Fortschritts zu bringen suchten, sahen sie sich alsbald gezwungen, preußischen Boden zu verlassen. 1841 zog die Redaktion nach Dresden um, die Zeitschrift erschien nun unter dem Titel *Deutsche Jahrbücher für Wissenschaft und Kunst*, bis das Blatt 1843 auch von der sächsischen Zensur verboten wurde."[41]

In dem Manifest „Der Protestantismus und die Romantik", das in vier Fortsetzungen von Oktober 1839 bis März 1840 in den *Hallischen Jahrbüchern* veröffentlicht wurde, klagen Echtermeyer und Ruge nicht nur die zum Katholizismus konvertierte „romantische Schule" im besonderen, sondern die „Romantik" als Reaktion auf den „reformatorischen Proceß der Selbstbefreiung" im allgemeinen an:[42]

„Diesen ganzen Kreis der fixen Idee, des unfrei gewordenen Freiheitsprincips der Reformation, den Kreis, der die Idee, wie es ihm gemütlich ist in der Willkür des Subjects, theils als Gemüths-, theils als Reflexionsbewegung fixirt, und ihren objectiven, sowohl historischen, als wissenschaftlich methodischen und künstlerisch gesetzlichen Proceß nicht respectirt, – diesen ganzen Kreis also haben wir, nicht ohne Veranlassung seiner eigenen Koryphäen, die Romantik genannt."[43]

Der Protestantismus ist also das politische Prinzip, das mit der Hegelschen Philosophie gegen die vermeintlich fortschrittsfeindliche „romantische" Reaktion während der Metternichschen Restauration behauptet wird, oder anders herum gesagt, die „Romantik" ist das der „»Gegenwart« feindlich Gesonnene, dessen historischen Anspruch es als politische Gefahr zu vernichten gilt",[44] um es in den Worten Karl Heinz Bohrers auszudrücken:

„Was sich bei Hegel noch unter einer formal strukturierten Begrifflichkeit verbirgt, aber als Interesse schon deutlich geworden ist, das tritt in den *Hallischen Jahrbüchern* als politisches Interesse unverhüllter hervor: Literatur wird beurteilt nach ihrer Funktion für einen affirmativ gefaßten Begriff von »Wirklichkeit« und seiner Realisation im progressiv fortschreitend gedachten Gang der Geschichte."[45]

Echtermeyer und Ruge kritisieren die „Romantik" als einen politisch ideologischen Begriff des falschen – subjektivistischen – Bewußtseins: „Die Romantik ist also nirgends verfänglicher, als eben in der Politik mit ihren Reaktionen gegen den geschichtlichen Geist."[46] Diese gesellschaftspolitische Kritik der „Romantik" wurde von Ruge im Anschluß an Ludwig Feuerbach und Bruno Bauer religionskritisch radikalisiert, indem er in den *Deutschen Jahrbüchern für Wissenschaft und Kunst* von 1842 unter dem Pseudonym Dr. Dreigüm den Aufsatz „Die wahre Romantik und der falsche Protestantismus, ein Gegenmanifest" abdrucken ließ, um der „christlichen Welt ihr philosophisches Grab" schaufeln zu können.[47] Die „Romantik" versteht Ruge nun als eine ästhetisch-metaphysische Variable für die christliche(n) Religion(en) insgesamt, die die Menschheit auf das „Jenseits" vertröstet und den geschichtlichen Fortschritt der gesellschaftlichen Veränderung mit verhindert: „In der Qual der Erde allerdings wurzelt die Romantik und so wird man ein Volk um so romantischer und elegischer finden, je unseliger sein irdischer Zustand ist."[48] Hier spricht bereits der Revolutionär und Republikaner Ruge, der am 18. Mai 1848 mit Unterstützung der Breslauer Demokraten als Abgeordneter der Deutschen Nationalversammlung in die Frankfurter Paulskirche einzog.

Die „Romantik" blieb auch nach 1848/49 die erklärte Feindin der gescheiterten Revolutionäre: „Das so negative Verhältnis der politischen Intelligenz des Vormärz und Nachmärz zur Romantik war", wie Karl Heinz Bohrer feststellt,

„durch zwei Faktoren vor allem bestimmt: die Rolle, die Friedrich Schlegel und Friedrich von Gentz innerhalb der Metternichschen Restauration gespielt haben, sowie die Funktion, die die spätromantische Kunst für das apolitisch-gegenrevolutionäre Bürgertum und für die konservativen Regierungen der »Heiligen Allianz«, vornehmlich Preußens, besaß."[49]

Obwohl sich die Schlagwörter der „Romantik"-Kritik seit Hegel und den Junghegelianern nicht verändert haben – die „Romantik" ist nach wie vor der Inbegriff des „Subjektivismus" –, erhält die „Romantik"-Kritik nach 1848 eine neue Facette. Während Hegel die „Romantik", genauer gesagt die „Ironie", philosophisch kritisierte und die Junghegelianer die „Romantik" ideologie- und religionskritisch politisierten, bekommt die „Romantik"-Kritik nach 1848 eine kultur- und sozialkritische Note. Kulturkritisch, weil die Kritik der „Romantik" den „romantischen" Geist des Zeitalters mehr generalisiert als den „romantischen" Geist einzelner Kunstwerke zu konkretisieren. Sozialkritisch, weil die Kritik der „Romantik" sich einem „Realismus" verschreibt,[50] der die soziale „Wirklichkeit" weniger darstellen als bloßstellen will. So

„entwickeln *Die Grenzboten* in den Folgejahren unter ihren Schriftleitern Julian Schmidt und Gustav Freytag ein Programm realistischer Kunst, das den Gegebenheiten angesichts der gescheiterten Revolution Rechnung tragen soll: Eine von Realismus bestimmte Nationalliteratur hat dazu beigetragen, den Menschen die Augen für die Anforderungen der modernen bürgerlichen Gesellschaft zu öffnen. Dabei ist das Scheitern der Revolution von 1848/49 bereits verarbeitet: Nachdem mit »unerbittlichem Ernst die schönsten Illusionen zerschlagen« (...) worden sind, bleibt der Gesellschaft nur noch das Streben nach nationaler Einheit, liberaler Verfassung und einem leistungsstarken Wirtschaftssystem."[51]

Innerhalb der „Realismusdebatte", die in Frankreich von dem Romancier Champfleury und dem Maler Gustave Courbet ihren Ausgang nahm, repräsentiert die „Romantik" die alte Tradition der Restauration. Diese Rolle mußte die „Romantik" spielen, nicht weil sie ihr von der Kritik, sondern weil sie ihr von der Restauration aufgezwungen wurde, die jede offene politische Auseinandersetzung durch die Pressezensur unterdrückte. Die „Romantik" hatte also eine politische Stellvertreterfunktion inne, die die „realistische" Kritik gezwungenermaßen wahrnehmen mußte. Ohne diesen politischen Hintergrund blieben die Konturen der „Romantik"-Kritik nach 1848 unscharf und die Schärfen von Julian Schmidts Artikelserie über die „Charaktere der deutschen Restauration", die 1848 in den *Grenzboten* erschien, unverständlich. Schmidt knüpft in seiner Kritik ausdrücklich an die Junghegelianer an:

„Arnold Ruge in den Jahrbüchern und Gervinus in der Literaturgeschichte haben das große Verdienst, zuerst mit eben so viel Unerschrockenheit als Ausdauer dieses Unwesen aufgestört zu haben. Man hat seitdem die theoretische Seite dieser Richtung mit ihrer praktischen Bedeutung in Verhältniß gesetzt, und die Romantik ist ein Stichwort dieses Principienkampfes geworden."[52]

Den Doktrinär der „romantischen Schule" Friedrich Schlegel kritisiert Schmidt selbstverständlich zuerst, dessen „poetische Selbstüberschätzung", in der „alle Wirklichkeit zu einem Gedicht des Geistes herabgesetzt war."[53] Schmidts Kritik läßt an Deutlichkeit nichts zu wünschen übrig, wenn er zusammenfaßt: „Diese ganze ästhetisierende, dilettantische Reflexionspoesie ist der reinste Nihilismus."[54] Durch die Kritik kuriert werden müsse eine „Literatur, die nicht aus den gesunden Säften des Volkes hervorquoll, sondern wie ein fremder krankhafter Stoff dem Organismus erst eingeimpft wurde."[55] Denn

„die Orakel des umgekehrten Propheten, wenn auch in ihrer ersten Form vergessen, waren in das Fleisch und Blut übergegangen. Die Poesie der Restauration versificirte nach seinem Vorbilde und die Schmarotzerpflanze seiner politischen Doctrin überwucherte den gesunden Sinn des deutschen Staatslebens."[56]

Die Ideologisierung der „Romantik" durch ihre Kritik im allgemeinen hat – wie nicht anders zu erwarten ist – auch die Kritik der „romantischen" Musikanschauung im besonderen beeinflußt. Begonnen hat die Kritik der „romantischen" Musikanschauung mit Beethoven, genauer gesagt mit der Auseinandersetzung um das Spätwerk Beethovens.[57] Der späte Beethoven wurde sowohl von den Begründern der „neuromantischen Schule" als von ihren Kritikern als „Wendepunkt der classischen zur romantischen Periode" angesehen [31]. In dem 1840 veröffentlichten musikalischen Roman „Der Neuromantiker" behauptete Julius Becker [39]:

„Beethoven war der Begründer einer neuen Epoche der Musik. Unsere Mitgenossen bezeichnen sie mit dem Namen: »neuromantische Schule«. Sie ist eine Erscheinung, welche theils in dem Entwickelungs- und Bildungsgange der Kunst begründet liegt, theils von dem entschiedenen Einflusse der Zeit mit ihrem gewaltigen Geiste Zeugnis ablegt."[58]

Mit dem „Entwickelungs- und Bildungsgange der Kunst" meinte Becker die seit Beethoven zu beobachtende Ausdifferenzierung der Kunst und Musik zu einem funktionalen System, das sich selbstbezüglich organisiert.[59] Dieser von Niklas Luhmann beschriebene Ausdifferenzierungsprozeß rief die Kritiker Beethovens bereits auf den Plan, bevor der „Romantik"-Begriff diesbezüglich bedeutend wurde. Wolfgang Boetticher hat darauf aufmerksam gemacht, daß die Musikkritik der dreißiger Jahre des 19. Jahrhunderts das „Bizarre" bei Schumann noch so tadelt, wie sie es bereits bei Beethoven tat. Gottfried Weber warf Schumann 1834 in der *Cäcilia* vor: „Bizarrerien, à la Beethoven dem Publikum hingeworfene Gedankenspäne",[60] komponiert zu haben. Dieser konservativen Kritik verhalf Hegel dann zu einer Sprache,[61] die das „Neue" der Musik Beethovens oder Schumanns als „Subjektivismus", d.h. als „Romantik" verurteilte. Der Sprache Hegels wohl kaum mächtig, versuchte F. A. Gelbcke in dem Aufsatz „Classisch und Romantisch, Ein Beitrag zur Geschichtsschreibung der Musik unserer Zeit", der 1841 in der *Neuen Zeitschrift für Musik* erschien, einen „mystischen" Zusammenhang zwischen Beethoven und der „Romantik" herzustellen:

„Aus diesem Treiben politischer Kämpfe flüchtete sich der Künstler in sich selbst zurück, und verirret sich so, ..., leicht in das eine Extrem der Romantik (die, nochmals sei es gesagt, das eigentliche Wesen der Musik ist) in die Mystik. Dieses mystische Element nun aber, was bei Beethovens letzten Werken, als er namentlich durch das Unglück seiner Taubheit fast aus allem Zusammenhange mit der äußern Welt trat, beigemischt erscheint, macht ihn zum Anführer der so oft erwähnten modernen Schule, die sich eben auch dieses Elements bemächtigte, und es oft bis zum völlig Unklaren, Formlosen und Verworrenen vorherrschen ließ."[62]

Dabei hatte Wolfgang Robert Griepenkerl die Bedeutung Hegels für die Kritik der „romantischen" Musikanschauung in der Novelle „Das Musikfest oder die Beethovener" schon 1838 karikiert:

„Einige Tage vergingen unter dringenden Geschäften. Die Aufführung der beiden Symphonieen war mit vielen Schwierigkeiten verbunden. Siebert und Funk hatten ihren ganzen städtischen Einfluß geltend gemacht, diesen Plan zu stören; selbst die Frauen mischten sich drein, und schürten fleißig die angeregten Flammen. Der Redakteur des Rhinozeros hatte auf Funks Weinstube einen Aufsatz schmieden müssen, worin die Beethovensche Instrumentalmusik, insonderheit die neunte Symphonie, als leer und unverständig ausgeschrieen wurde. Der Philosoph Hegel, welcher nur die mit Poesie verbundene Musik gelten läßt, wurde als Gewährsmann angeführt. Siebert hatte diese wichtige Notiz aus Makulaturblättern geschöpft, die ihm dann und wann durch die Hände liefen. Dem Redakteur und Weinhändler gab er die Quelle nicht an, sondern sprach schlecht weg – von Hegel, und imponirte. Besagter Aufsatz wirkte indessen nichts …"⁶³

Daß die Kritik der „romantischen" Musikanschauung in der ersten Hälfte des 19. Jahrhunderts unter die Hegemonie Hegels fällt, steht außer Frage. Fraglich erscheint aber, wie vulgär Hegels Verdikt im musikästhetischen Diskurs des früheren 19. Jahrhunderts verwendet wurde. Fraglich erscheint auch, wie wirkungsmächtig sich der „subjektivistische" Vorbehalt gegenüber der „romantischen" Rezeptionsästhetik, die sich weniger aus der „Subjektivität" des Komponisten als aus der „Objektivität" der Komposition herleitet, bis auf den heutigen Tag erhalten hat. Fraglos wähnte sich der damalige Redakteur der Leipziger *Allgemeinen musikalischen Zeitung*, Gottfried Wilhelm Fink, noch auf der sicheren Seite der Hegelschen Philosophie, wenn er die Musik aufgrund „objektiver Erkenntnis" der „Vernunft" unterstellte. Fink schreibt in seinem Aufsatz „Die neu-romantische Schule" von 1838 nicht nur an die Adresse Chopins gerichtet:

„Steht ferner in der Kunst, wie anerkannt, das Gefühl über der Idee, so kann sie auch nicht so bestimmtes haben, als die Wissenschaft. Je mehr man nun das Gefühl in der Kunst obenan setzt, wie das jetzt in der Regel geschieht, desto mehr hat man Ursache, das Individuelle eines jeden zu schonen und gelten zu lassen, weil das Gefühl höchst verschieden ist und selbst das Entgegengesetzte in sich aufnehmen kann. Des Einen Wesen vermag etwas schön zu finden, was einem Andern hässlich erscheint. Ist nun das Gefühl das Höchste, so ist darüber gar nicht zu richten; Einer hat dann hierin so viel Recht, als der Andere. Wir glauben aber, dass das Gefühl auch in der Kunst durchaus nicht als das Höchste, nicht als die gesetzgebende Macht gelten darf; auch hier muss diese Macht in objektive Erkenntniss gesetzt werden, zu welcher sich freilich nicht Alle emporschwingen können. Wer es nicht kann, hat auch nicht zu richten. So wäre denn auch in der Kunst der Begriff das Höchste oder mindestens ein Gefühl, das zur Vernunft gekommen ist, mit Vernunft bewährt, beglaubigt, begründet werden kann."⁶⁴

Nicht weniger pauschal, aber viel polemischer wird Berlioz 1843 in der Kritik zum Leipziger Konzert, in dem u.a. die Ouvertüren „König Lear", die „Vehmrichter" und die „Sinfonie Fantastique" aufgeführt wurden, derselbe Vorwurf gemacht. Der „musikalische Höllenbreughel" Berlioz suche

„eine Freiheit seiner Kunst, die keine Schranken, keine Fesseln duldet, er mag die Gesetze von seinem Willen empfangen, vor seiner Phantasie, die von dem darzustellenden Bilde erfüllt und begeistert ist … Es ist eine Sittlichkeit in der Kunst, die von dem unbändigen Getriebe der Leidenschaft, wo dieser voller freier Wille und freies Walten gestattet ist, schmerzlich verletzt werden kann. Wir wenden uns von unzüchtigen Darstellungen in der Poesie und in anderen Künsten ab; auch die Musik hat ihr Unzüchtiges, das in diesem überschwenglichen Gefühlsegoismus besteht, das man scheuen sollte, das aber hier so oft ungescheut für schön gehalten und mit dem Sittlich-Schönen der Kunst auf gleiche Stufe, wohl auch höher gestellt wird, je ärger es wüthet und sich geberdet ... Was man die Ironie der Kunst genannt hat, die immer nur gegen das Ungültige, was sich Geltung zu verschaffen strebt, gerichtet sein kann, ist eben ihre Ruhe, ihre Schönheit selbst, womit sie das Nichtige vernichtet; die unschöne vernichtet nur sich selbst. In der Freiheit des Gefühls geht für die Kunst das Gefühl der Freiheit unter. Das Unbeschränkte wollen, führt hier zu dem Allerbeschränktesten, zu der engsten Subjektivität zurück. Die Willkür im Kunstwerk wird recht zum einzelnen abgesonderten Menschen, der verlassen wandelt, der seinen Willen für sich allein, nicht in der Vermittlung eines grossen Ganzen haben will."65

Selbstverständlich blieb auch Schumann der „Subjektivismus"-Vorwurf nicht erspart. In dem insgesamt wohlwollenden Artikel „Ueber Robert Schumann's Claviercompositionen" von 1844 kritisiert Carl Kossmaly:

„Die reichlichste Ausbeute von üppig wuchernden, höchst unerquicklichen Auswüchsen neuromantischer Hypergenialität liefert unstreitig die »Fantasie für Pianoforte«, *Liszt* zugeeignet. Das Excentrische, Willkührliche, das Unbestimmte und Zerflossene lässt sich kaum noch weiter treiben – die vor Allem so beliebte Ueberschwenglichkeit artet hier zuweilen in Schwulst und complette Unverständlichkeit aus, so wie das Streben nach Originalität hin und wieder in Ueberspanntheit und Unnatur sich verliert."66

Dagegen bescheinigt Kossmaly den „Kinderszenen" op. 15 eine „nur der objektiven Anschauung eigene geistige Geschmeidigkeit", die Schumanns früheren Klavierkompositionen fehle. Kossmalys Kritik konstruiert bereits eine Konstante der Schumann-Rezeption nicht nur des 19. Jahrhunderts, sondern auch des 20. Jahrhunderts: die Unterscheidung des Frühwerks vom Spätwerk, die in den Gegensatzpaaren „romantisch" versus „klassisch" oder „subjektiv" versus „objektiv" etc. ihren Ausdruck findet. Während Kossmaly lobt, daß Schumann „nach und nach an Einfachheit gewinnt und sich mehr und mehr zu geistiger Selbständigkeit durcharbeitet",67 teilt Hermann Hirschbach 1845 in der Kritik über das „Quartett" op. 47 für Pianoforte, Violine, Viola und Violoncello den Tadel, den Edvard Grieg noch fünfzig Jahre später erteilen wird:68

„– hat er doch neulich gar den Vorwurf hören müssen, er neige sich Mendelssohnscher Art zu, und nicht mit Unrecht ... Möge es Schumann nicht gehen, wie so Vielen, die in der Jugend voll fantastischen, liberalsten Sinns, sobald sie älter werden, die ärgsten Philister und Servilen werden. –"69

Ganz gegenteiliger Meinung war der Verfasser des zweiteiligen *Grenzboten* Aufsatzes über „Robert Schumann" von 1850, der Schumann zunächst die „starrste Negation des Wirklichen" vorwirft:

„Schumann gehört nicht unter die offenen, sogenannten fidelen Künstlernaturen. Für die Eindrücke der Außenwelt ziemlich unempfänglich, lebt er ein stilles, inneres Leben. Nur wenig die Erscheinungen beachtend, wie sie wirklich sind, gibt er dieselben in der Kunstproduktion auf die Weise wieder, wie er sie in seinem Inneren verarbeitet hat. Daher erscheint seine Weise oft als die starrste Negation des Wirklichen, und eben darum gebraucht er auch die Kunstmittel auf eine Art, die der praktische Mann oft als verfehlt und ungeschickt bezeichnen wird ...

Kein Wunder, daß er sich in romantische Schwärmereien stürzte, daß er als ächter Romantiker sich in seinen ersten Werken zu Formlosigkeiten hinreißen ließ, welche ihn lange Zeit hindurch als einen unklaren Kopf gelten machten."[70]

In der Kritik vollzieht Schumann „als ächter Romantiker" dann aber eine „realistische" Wende, wenn es weiter heißt, Schumann habe „das Panier der Romantik" verlassen:[71]

„Es ist deutlich wahrzunehmen, wie er sich immer mehr und mehr aus den romantischen Nebeln herausfindet. Jede neue Composition zeigt ungeheure Fortschritte, und ehe er noch sein 25stes Werk herausgegeben, konnte man schon mit Gewißheit voraussagen, daß er unter die besten Meister deutscher Tonkunst zu zählen sein würde."[72]

Schumann selber hat von diesen ästhetischen Dichotomien nichts gehalten. Seine Werke sollten nicht dem Diskurs dienen, sondern der Diskurs seinen Werken, die er gewürdigt wissen wollte. Im Brief vom 6. Februar 1854 an Richard Pohl stellt Schumann unmißverständlich klar, daß die Komplexität seiner Kompositionen sich nicht funktional auf ein Paar diskursive Dichotomien reduzieren lasse:

„Sie haben auch mich in ihrer Broschüre genannt und die Ouvertüre zu Hamlet mit grosser Theilnahme besprochen. Aber Sie haben auch an anderen Stellen über mich sich ausgelassen, daß ich glaube, Sie verstehen mich nicht … Sie sprechen von Mangel an Objektivität – haben Sie sich auch das überlegt? Meine vier Symphonien, sind sie eine wie die andere? oder meine Trios? oder meine Lieder? Ueberhaupt gibt es zweierlei Arten des Schaffens? Ein ob- und ein subjectives? War Beethoven ein objectiver? Ich will Ihnen sagen: das sind Geheimnisse, denen man nicht mit so elenden Worten bekennen kann …
Lieber Herr Hoplit! Der Humor ist die Hauptsache … Ich habe jetzt auch die ständige Genugthuung, bei der neuen Ausgabe meiner Schriften fast alles unverändert stehen lassen zu können … Suchen Sie's nicht in philosophischen Ausdrücken, nicht in spitzfindigen Unterscheidungen. Der Kerl mit freiem innigen Gemüth hat die Musik tiefer begriffen, als der scharfdenkende Kant."[73]

In seinem Aufsatz über „Robert Schumann", der 1855 in der *Neuen Zeitschrift für Musik* erschien, versuchte Franz Liszt das Problem Schumann nicht diesseits oder jenseits des „Romantischen" oder „Klassischen" zu lösen, sondern Schumanns Lösung als Widerspruch des „Romantischen" und „Klassischen" zu problematisieren:

„Dann erst wird es möglich werden zu entscheiden ob das was man den geheimen Gedanken Schumann's nennen möchte, nämlich die klassischen Formen mit Romantik zu durchdringen oder wenn man will, den romantischen Geist in klassische Kreise zu bannen, von ihm verwirklicht wurde oder überhaupt zu verwirklichen war, wobei ein Streit sich erneuern könnte welcher ehemals eine andere Kunst lebhaft entzweite, zu wissen ob man den Reiz des Unvorbereiteten, Wilden, Natürlichen wie er den englischen Parkanlagen eigen ist einem Garten verleihen könnte der zu gleicher Zeit die majestetische Symmetrie, die vornehmen Alleen nicht entbehren sollte, wie sie Le Nôtre entwarf …
Wie könnte man nun absprechen, daß Schumann mehr bemüht war seinen durchaus romantischen zwischen Freud und Leid schwebenden Sinn, seinen Hang zum Seltsamen und Phantastischen der in seinem Innern öfters dumpfe trübe Tonalitäten annahm, mit der klassischen

Form in Einklang zu bringen, statt zu suchen zu wagen, zu erobern, zu erfinden, während jene Form mit ihrer Klarheit und Regelmäßigkeit seinen eigenthümlichen Stimmungen sich entzog."[74]

Zu dem Zeitpunkt als Liszt seinen Aufsatz über Schumann veröffentlichte, hatte die Kritik der „romantischen" Musikanschauung ihren Höhepunkt überschritten. Diese Kritik kulminierte in einer Reihe von Grundsatzartikeln und Aufsätzen, die als 1848-Debatte in die Geschichte der „romantischen" Musikanschauung eingegangen sind. Es handelt sich um folgende fünf Aufsätze, die Ulrich Mahlert 1982 in seiner Dissertation „Fortschritt und Kunstlied, Späte Lieder Robert Schumanns im Licht der liedästhetischen Diskussion ab 1848" zum ersten Mal behandelt hat:[75]

1. August Kahlert „Ueber den Begriff von klassischer und romantischer Musik", In: *Allgemeine musikalische Zeitung*, 50 (1848), Sp. 289–295,
2. C. Kretschmann, „Romantik in der Musik", In: *Neue Zeitschrift für Musik*, 29 (1848), S. 1–6 und 9–11,
3. Julius Schäffer, „Romantik in der Musik", In: *Neue Zeitschrift für Musik*, 31 (1849), S. 77–80 und 85–88 sowie 32 (1850), S. 189–191 und 201–202,
4. Otto Lange, „Klassisch und Romantisch", In: *Neue Berliner Musikzeitung*, 4 (1850), S. 41–43,
5. Otto Lange, „Die Grenzen des Klassischen und Romantischen in der Musik", In: *Neue Berliner Musikzeitung*, 4 (1850), S. 113–115.

Kahlert, der 1840 zum a. o. Professor der Philosophie an die Universität Breslau berufen wurde, hatte sich bereits 1834 in der *Cäcilia* „Ueber die Bedeutung des Romantischen" zu Wort gemeldet und mit Bedauern festgestellt: „Das Zeitalter beginnt das Wesen der Romantik zu hassen, es verlangt das Leibliche, das Sinnliche."[76] Noch 1846 in seinem „System der Ästhetik" verheimlicht der Hegelianer Kahlert seine Sympathien für die „Romantik" nicht. Erst in dem Aufsatz „Ueber den Begriff klassischer und romantischer Musik", der im Mai 1848 in der *Allgemeinen Musikalischen Zeitung* erschien, verabschiedet sich Kahlert von der „romantischen Weltansicht", die durch den „politischen Ernst der Gegenwart ... zu Boden geschlagen" wurde. Am Anfang seines Aufsatzes nimmt Kahlert dem „Klassischen" die doppelte Bedeutung, indem er sie einerseits durch das Wort „antik" ersetzt und andererseits derjenigen Musik vorbehält, die in ihrer „Art oder Gattung vortrefflich, musterhaft ist."[77] Anschließend widerlegt er das Goethe-Wort: „Klassisch ist das Gesunde, romantisch das Kranke", durch den Einwand, daß „bei den Nachahmern der Antike sowohl der Romantik sich Gesundes und Krankes vorfand."[78] Nach dieser kritischen Klärung vorab bestimmt Kahlert die Bedeutung des „Romantischen" in der Musik am Beispiel Beethovens und in Abgrenzung zu Mozart, dessen „Einfachheit bewunderten Alle nicht minder, als seine Unergründlichkeit. Da erhob sich sein grosser Nachfolger, der einen neuen Weg einschlug, da machte die romantische Richtung auch in der Musik sich Platz, *Beethoven*."[79] Das „Romantische" in der Musik Beethovens wird nach Kahlert bezeichnet durch Originalität, Mystik und Humor. Während

Beethoven „selbst wo er willkürlich erschien ... das ewige Gesetz" ehrte, brachte „der Eintritt des, wie wir es nennen, geistreichen Elements in die Tonkunst ... den Bruch zwischen der unmittelbaren sinnlichen Natur und deren Verwendung zum Ausdrucke geistiger Vorstellungen, die nicht musikalisch waren, hervor."[80] Kahlerts Kritik richtet sich hier vor allem gegen Meyerbeer, den er Mendelssohn als zweiten Hauptvertreter der „romantischen" Richtung nach Beethoven gegenüberstellt. Für die Vertreter der sogenannten „neuromantischen Schule" hat Kahlert nur wenige Worte übrig, Schumanns Name fällt nur in einem Satz:

> „Die Romantik äusserte sich in noch vielen anderen schaffenden Talenten, wir nennen *Robert Schumann*, *Löwe*, die Franzosen *Berlioz* und *David*, die Virtuosen *Liszt*, *Paganini*, *Ernst* u.A. Der Bruch aber in der musikalischen Kunst ist unterdessen gewachsen. – Die Einen hier versinken in Träumerei, in ein stilles in sich gekehrtes Wesen, und streben aus der tiefsten Tiefe verborgene Schätze an's Tageslicht zu fördern, sie werden formlos, indem sie sich diesem ächt romantischen, mystischen Triebe überlassen; die Anderen dort verkitten kleine musikalische Einfälle durch leere Phrasen. Jene kann die Zuhörerwelt nicht fassen, Diese können ihren Einfällen keine Wirkung schaffen, weil sie sie nicht auszuführen wissen, wie man aus Anekdoten kein Drama, keine Erzählung zusammensetzen kann."[81]

Nun, bis zu dieser Stelle bewegt sich Kahlerts Kritik auf alten Bahnen. Neu ist – und hierin liegt die besondere Bedeutung des Aufsatzes – der gesellschaftspolitische Rückschluß, den Kahlert aus seiner Kritik an der „romantischen" Musikanschauung zieht:

> „Diese Formlosigkeit, dieses Streben nach Auflösung der in der Natur der Töne gegebenen Grenzen, ja die thatsächliche Aufhebung derselben hängt wohl mit den übrigen Vorgängen in dem Gebiete des Geistes, in der Geschichte der Menschheit zusammen. Eine gewisse krampfhafte Unruhe lässt sich überall wahrnehmen, also auch in der Musik."[82]

Zwar vertritt Kahlert die Meinung, daß „diese Formlosigkeit ... für die Zukunft mehr als ein starres Festhalten abgelebter Formen, als seelenlose Förmlichkeit" verheiße,[83] doch die Zeit der „Romantik" hält er – daran kann kein Zweifel bestehen – für abgelaufen:

> „Der politische Ernst der Gegenwart hat die romantische Weltansicht zu Boden geschlagen. Es ist nicht mehr Zeit, sich in Träume zu verlieren, denn Gesetz und Ordnung zur vollen Giltigkeit überall zu bringen, das ist die Losung, nachdem seit zehn Jahren Männer wie *Gervinus* und *Ruge* den Beweis geführt, dass die Romantik die politische Kraft der deutschen Nation gebrochen habe. Jetzt begreift jeder Zeitungsleser, dass Ordnung ohne Freiheit in Despotismus, und Freiheit ohne Ordnung Anarchie hervorbringt. Kunstwerke können bis zum todten Mechanismus oder zum Ausdrucke der Verrücktheit herabsinken, dies ist dasselbe ... Wenn das gesammte gesellschaftliche Leben der Menschen einen Aufschwung erreicht haben wird, dann läßt sich ein gesünderer Zustand des Gemüthes in dem Einzelnen erwarten, der auch der Kunst zu Gute kommen wird ..."[84]

Über den Verfasser des Aufsatzes „Romantik in der Musik", der Anfang Juli 1848 in der *Neuen Zeitschrift für Musik* erschien, erkundigte sich Robert Schumann beim Redakteur Franz Brendel am 3. [5.] Juli 1848 brieflich:

„Wer ist der Magdeburger, von dem ich in der letzten Nummer las? Franz ist darin ganz vortrefflich charakterisirt, wie er überhaupt viel Schönes und Gutes enthält. Nur bei Meyerbeer und Gade möchte ich Fragezeichen machen; jenem ist zu viel Ehre, diesem zu wenig geschehen. Wie dem sei, Kenntniß, eigene Anschauungskraft, wahrhaft warme Theilnahme an der Fragestellung unserer Kunst zeichnen den Verfasser jedenfalls aus. Wer ist er? –" [41]

Wir wissen zwar nur den Namen und die Berufsbezeichnung des Verfassers, doch wir dürfen davon ausgehen, daß C. Kretschmann, Oberlandsgerichts-Auscultator in Magdeburg, Hegelianer war. Mit Hegel philosophiert Kretschmann „phänomenologisch", wenn er schreibt, die Musik sei „als eine der großen Formen des Bewußtseins zu begreifen, in welche der Geist sein Wesen und seine Weltanschauung so lange niederlegt, bis er im reinen Denken sich in seiner Wahrheit erfaßt".[85] Da die Kunst und Musik „in der Sphäre der nur empfundenen, nichts sagenden, also auch nichts profanierenden Innerlichkeit" verbleiben, bedürfen sie der Kritik, deren Aufgabe es sei, „den geistigen Inhalt, der eine Kunstperiode erwachsen ließ, über die Unbestimmtheit und Unmittelbarkeit der Kunstform hinaus auf das der Kunst fremde Gebiet der Erkenntnis zu führen".[86] Nachdem Kretschmann seinen kritischen Anspruch in einem ersten Schritt gerechtfertigt hat, geht er zur Bestimmung der „musikalischen Romantik" in einem zweiten über. Dabei bedient er sich u.a. des Hegelschen Begriffes der „Schönseligkeit", um die Einseitigkeit der „romantischen" Musik zu bezeichnen:

„Die Thätigkeit des Gemüthes in der Kunst, welche also die noch visionäre, von keiner prosaischen Besonnenheit gebändigte Phantasie ist, ist eine doppelte: das männliche Pathos oder die Leidenschaft, und das weibliche oder die Sentimentalität oder Schönseligkeit. Die Leidenschaft ist der Sturm der ethischen Welt, die heftigere Anspannung des Gemüthes zur Ueberwindung der Welt, das Aus=sich=selbst=Heraustreten des Geistes – der Drang zur Allgemeinheit. Ihr gehört der Charakter und die Geschichte. Die Sentimentalität dagegen, das Leben im tiefsten Inneren ist zunächst selbstgenügsam. Ihre Beziehung zu Anderem will nicht Ueberwindung der Welt, sondern Selbstgenuß, allenfalls Bekehrung, allerhöchstens Ehrgeiz. Im Allgemeinen kann sie sich mit der Welt, wie sie ist, sehr wohl vertragen; sie liebt die Natur, denn – im Anschauen dieser schaut man eigentlich nur sich an, und genießt auch weiter nichts, als die Regungen des eignen trauten Herzens. Diese Gegensätze manifestiren sich in unserer Kunst auf das Entschiedenste, und die einseitig festgehaltene letztere Seite wird das ergeben, was wir als die romantische Musik bezeichnen."[87]

Musikgeschichtlich gesehen verhalte sich, so führt Kretschmann weiter aus, die „Leidenschaft" zur „Schönseligkeit" bei Haydn noch indifferent, während Mozart die „Leidenschaft" gegenüber der „Schönseligkeit" zum „Tragischen und Erhabenen, zum Pathos der Handlung" ausdifferenziere:[88]

„Beethoven überholte ihn. Mit dem Schwerte der Leidenschaft zog er gegen die träge Substantialität des Bewußtseins zu Felde. Die inneren selbständigen Forderungen des Individuums wurden zu ihrer Berechtigung den alten Gesetzen, Convenienzen und Regeln gegenüber erhoben. In ihnen sind die revolutionairen, aber wahrhaft allgemeinen Forderungen, nämlich die geistige Befreiung, gesetzt, und mit diesem Schritt war der Bruch des inneren Menschen in der Kunst geschehen – die Freiheit war erkannt, sie war und blieb aber nur Ideal. Die „Form", in der sich das vorgeschrittene Bewußtsein zur bekämpften Widerstand leistenden Wirklichkeit in ein Verhältnis setzte, wird der Humor, und zwar der Humor, welcher, in die allgemeine Unvollkommenheit und ihr Schicksal verwickelt, eben durch seinen unendlichen Schmerz über sie, sich darüber emporschwingt, gerade durch den Selbstverlust zu sich zurückgekehrt, und im Triumphe seiner Innerlichkeit der Welt voran der Sonne der Freiheit zufliegt."[89]

Kretschmann interpretiert die Musikgeschichte von Haydn bis Beethoven also im geschichtsphilosophischen Sinne Hegels als Gang des Geistes, der sich seiner selbst zwar zunehmend bewußt wird, doch noch nicht ganz zu sich selbst gekommen ist, d.h. der in die objektive Wirklichkeit freigesetzt werden will, aber der in der „subjektiven Innerlichkeit",[90] deren vornehmster Ausdruck die Musik ist, gefangen bleibt. Immerhin machte die „Romantik" mit Beethoven „einen Schritt, der ein Anfang zum Fortschritt genannt werden muß, ..., indem sie sich (...) des Humors bemächtigte, es ist der Schritt aus der gestaltenlosen Innerlichkeit heraus zur Gegenständlichkeit."[91] Allerdings sei der „Humor" im Spätwerk Beethovens bereits ein „gebrochener", weil es Beethoven letztendlich an der Kraft des Geistes gebreche, „in die Unendlichkeit des zweifelnden Geistes selbst zu gelangen".[92] Die „musikalische Romantik" nach Beethoven ist für Kretschmann also der Ausdruck „geistiger" Schwäche: „Es beginnt die romantische Musik. Der Geist, von übermenschlicher Arbeit erschöpft, beschloß sich in seine tiefste Innerlichkeit".[93]

Aufgrund der Voraussetzung, die Kretschmann mit Hegel, aber auch mit Ruge, den er „überhaupt nachzulesen bittet",[94] getroffen hat, kommt Kretschmann dann dazu, die Lyrik und das Lied als „romantische" Gattungen par excellence zu bestimmen. Die „potenzierte Innerlichkeit des Liedes" gilt Kretschmann als Ausdruck eines Subjektivismus,[95] den Hegel als substanzlos, schlecht und unversöhnt verworfen hatte. In dieser Hinsicht stehen

„F. Schubert, Löwe, Mendelssohn, Schumann, R. Franz voran. Hatte Beethoven die alten traditionellen Formen zertrümmert, und aus einem Guß nach eigenen Gesetzen eine große Neugestaltung vollendet, so wurde es Aufgabe dieser seiner Epigonen, jene Formen aufzuweichen, und das so willig gemachte Material zu schönem Detail, zur kleinen Arabeske zu verarbeiten."[96]

Über den von Schumann so hoch verehrten Schubert schreibt Kretschmann: „Flüchtig verbrausend, form- und gesetzlos wie seine Lieder, war sein Leben ... Seine Harmonieen sind die Wahrheit seiner Gedichte, verfallen aber auch dem gleichen Urtheilsspruche der Verfehltheit und Unzureichendheit mit diesen."[97]
Über Schumann selber äußert sich Kretschmann gemäßigter:

„Schumann war nur in einer Periode seines Lebens Liederkomponist, aber auch hier, wie immer, vielseitig. Mit jugendlicher Wärme vertiefte er sich in die potenzirte Innerlichkeit des Liedes, aber um diese Kunstform, wie wir unten zeigen werden, schließlich zu überwinden. Seine ersten Lieder tragen den deutlichen Stempel der Ursprünglichkeit, die letzteren laufen einerseits in Uebertreibung, andererseits in fadenartige Zierlichkeit aus (...)."[98]

Dieses gemäßigte Urteil erhält seine Begründung dadurch, daß die Entwicklung des Liederkomponisten Schumann zum Instrumentalkomponisten „zu einer höheren, der Classizität näheren Stufe" geführt habe.[99] Schumann habe

„sein Bestes nicht in der romantischen Willkür stecken gelassen, sondern Kraft genug behalten [hat], um sich weiter, zur Classicität hin, durchzuschlagen ... Das ihn Auszeichnende ist, daß er im Ueberspringen der alten Schranken nicht dabei blieb, für die absolute Willkührlichkeit die entsprechende Form zu suchen, sondern daran ging sich selbst neue Gesetze zu geben, und die Willkühr zu einer neuen Allgemeinheit hindurchzudrängen, die Art dieser Vermittlung ist freilich in dieser Periode wieder nur eine romantische ... Mit dem Moment, wo jener Schein einer Allgemeinheit Wirklichkeit gewinnt, wo jenes äußerliche Gesetz zu einem innerlichen wird, und sich von der reinen Willkürlichkeit mehr und mehr entbindet, schreitet Schumann zur polyphonen Composition, zur concertirenden Instrumentalmusik fort, und betritt, die hier bezeichnete Stufe des romantischen Humors verlassend, den Pfad zum Gipfel der Classizität."[100]

Obwohl Kretschmann glaubt, daß „auf dem Gebiete der orchestralen und dramatischen Musik ... dereinst der Prophet erstehet, mit dem die neue Welt auch in unsere Kunst hereinbricht",[101] wendet er sich nicht der Instrumentalmusik zu, sondern dem „romantischen" Drama, um sich einerseits gegen die vorherrschende Meinung auszusprechen, Carl Maria von Weber sei ein „Mitbegründer der romantischen Schule",[102] um sich andererseits der kritischen Meinung anzuschließen, Meyerbeer sei „gewiß ein Künstler, ein großes dramatisches Talent, aber seine Wirksamkeit in der Kunst ist ein grandioser Irrweg, eine totale Lüge. Seine Romantik treibt ihn zu einer Frechheit und Raffinertheit der Empfindung, wie sie nur eine Fr. Schlegel'sche Doctrin zum Gegenstück hat."[103] In einem letzten Schritt nimmt Kretschmann eine abschließende Bewertung der „Romantik" vor, die sich der politischen Kritik der Linkshegelianer anschließt:

„Die Romantik enthält eine Niederlage des Geistes; sie führt, einseitig festgehalten, zur Erschlaffung; ja sie selbst ist der Geist, der von der höchsten Spannung zur Schwachheit herabstieg, und in convulsivischer Krankhaftigkeit nur emporzuckt, um wieder zu erschlaffen ... Wir hoffen von Schumann viel, aber weitem nicht Alles, ja wir können uns nicht verhehlen, daß die Zeit der auf den objectiv vorhandenen Geist gerichteten Leidenschaft, die Zeit der Extremität politischer Parteien für die Kunstproduktion eine unangemessene, fast unmögliche ist. Dem Geiste der Revolution, dieser Ehrenrettung der Zeit, welcher wie ein segnendes Gewitter unter Blitz und Donner die Schwüle der Vergangenheit vor einem kühlen Hauch aus dem Lande der Freiheit weichen läßt, steht die radicale Kritik näher, als die Schöpfung einer neuen Kunst aus neuen Grundlagen."[104]

Im festen Glauben an den geistigen und gesellschaftlichen „Fortschritt", den Hegel philosophisch begründet, die Linkshegelianer politisch gefordert und die Revolution von 1848 wirklich verheißt – „Demokratisch soll die Kunst werden" –,[105] nimmt Kretschmann

„vielleicht auf lange Zeit von der Kunst Abschied, von der Romantik aber auf immer ... Die Romantik aber, aus deren heimlichen Schooße innerlichsten Lebens der neue Held erstanden sein wird, hat ihre Zeit schon jetzt erfüllt ... Der Fortschritt über sie wird ... nur darin, aber auch sicherlich bestehen, daß eine reichere Wirklichkeit auch eine reichere Idealwelt erreichen wird."[106]

Kretschmanns Kritik der „Romantik in der Musik" hat Ulrich Mahlert als Selbstkritik Schumanns ausgelegt:

„Schumann selbst stimmte der in diesem Aufsatz ausgeführten, für das von der Revolutionsbewegung geprägte Denken über Musik charakteristischen, Kritik an der zurückliegenden »romantischen« Epoche und ihrer öffentlichkeitsscheuen, introvertierten, esoterischen Musik ausdrücklich zu."[107]

Ob Schumanns Bemerkungen im Brief an Brendel tatsächlich beweisen, daß „sein Einverständnis mit den theoretischen Ausführungen des Aufsatzes ... uneingeschränkt zu gelten" scheinen,[108] möchte ich in Zweifel ziehen. Schumann schreibt, daß Kretschmanns Aufsatz „überhaupt viel Schönes und Gutes" enthalte [41], er schreibt nicht, daß in Kretschmanns Aufsatz überhaupt alles schön und gut sei. Außerdem erscheint das „Schöne und Gute" in Schumanns Schreiben im konkreten Kontext von Kretschmanns Komponistenkritik, die Schumann in puncto Meyerbeer und Gade „für korrekturbedürftig hält."[109] Abgesehen davon, daß er Kretschmann eine „eigene Anschauungskraft" bescheinigt, die dieser eigentlich nicht besitzt, sondern die er sich lediglich von Hegel und Ruge geliehen hat, hätte der späte Schumann seine frühe „romantische" Musikanschauung radikal revidieren, ja negieren müssen, um die theoretischen Ausführungen des Aufsatzes uneingeschränkt gelten lassen zu können. Dies erscheint sehr unwahrscheinlich, weil Schumann noch 1854 anläßlich der Redaktion seiner sämtlichen Schriften mehrfach betonte, daß er „in der langen Zeit, seit über zwanzig Jahren, von den damals ausgesprochenen Ansichten, fast gar nicht abgewichen" ist.[110] Noch 1854 wird der „Humor", die zentrale Kategorie der „romantischen" Musikanschauung, von Schumann als die „Hauptsache" bezeichnet.[111] Allerdings, darauf deuteten schon die zeitgenössischen Kritiken hin, relativierte der späte Schumann seine frühe „romantische" Musikanschauung. Neben Ulrich Mahlert und Reinhard Kapp[112] hat zuletzt Martin Geck darauf hingewiesen, daß „sich der späte Schumann realistischen Zeittendenzen geöffnet hat".[113] Die Romanzen und Balladen für gemischten Chor op. 67, 69, 75, 91, 145 und 146 dokumentieren das „realistische" Denken Schumanns ebenso wie die Orchesterballaden op. 116, 139, 140 und 143 oder das Oratorium „Luther", das ein „durchaus volksthümliches werden" sollte, „eines, das Bauer und Bürger verstände".[114] Dennoch erscheint es mir sinnvoller, nicht von einer „realistischen Wende", sondern von einem „romantischen Wandel" der Musikanschauung Schumanns zu sprechen. Die Rede von der „realistischen Wende" verwickelt die Musikanschauung des „frühen" und „späten" Schumann in Widersprüche. Die Rede vom „romantischen Wandel" dagegen verfolgt die Musikanschauung des „frühen" und „späten" Schumann in ihrer Entwicklung. Begreift man die „romantische" Musikanschauung Schumanns in ihrer Entwicklung, so kann man ihren „Wandel" wesentlich widerspruchsfreier verstehen. Am Begriff der „Wirklichkeit" läßt sich beispielsweise verdeutlichen, daß Schumanns Verständnis der zentralen Kategorie der „realistischen" Musikanschauung im weitesten Sinne nicht erst in den späten vierziger Jahren unter der Hegemonie Hegels entstanden ist, sondern schon in den späten zwanziger Jahren durch Jean Paul angelegt wurde, dessen „Vorschule der Ästhetik" zu den Gründungsurkunden des „poetischen Realismus" zählt. Jean Paul fordert zwar nicht die Nachahmung einer „prosaischen", doch einer „poetischen Wirklichkeit";[115] eine Forderung, die sowohl der frühe als auch der späte Schumann – wenn auch in „gewandelter" Weise – anerkannt und erfüllt hat.

Kretschmanns Kritik, die Schumanns Aufmerksamkeit erregte, wurde durch Julius Schäffers Aufsatz „Romantik in der Musik" 1849 und 1850 in der *Neuen Zeitschrift für Musik* widersprochen. Schäffers Antikritik besteht „in nichts anderem als darin, daß in jenem Aufsatze die Stimmung den Gedanken noch vor sich, hier dagegen sie denselben vielmehr hinter sich hat. Ich fasse die musikalische Stimmung als Product aus dem Gedanken."[116] Im Grunde genommen gilt Schäffers Kritik nicht Kretschmann, sondern Hegel, der die „romantische" Musik bestimmt als „die Kunst des Gemüts, welche sich unmittelbar an das Gemüt selber wendet" und nicht an den Gedanken.[117]

„Sie hat zwar", schreibt Hegel im dritten Teil seiner „Vorlesungen über die Ästhetik", „auch einen Inhalt, doch weder in dem Sinne der bildenden Künste noch der Poesie; denn was ihr abgeht, ist eben das objektive Sichausgestalten, sei es zu Formen äußerer Erscheinungen oder zur Objektivität von geistigen Anschauungen und Vorstellungen."[118]

Im Gegensatz dazu glaubt Schäffer, daß die Musik als Kunst des „Gemüths" oder der „Stimmung", wie Kretschmann sagt, geistiger Gedanke ist. Denn, so argumentiert Schäffer, „im gefühlten Gedanken, in dem bewußten Gefühl scheint erst die Idee des Absoluten, der Freiheit mit Notwendigkeit, klar und helle; in ihm erst haben wir einen für künstlerische Darstellung würdigen Gegenstand."[119] Der „Realist" Schäffer verkehrt Hegels philosophische Kritik der Kunst und Musik als dann in ihr Gegenteil, wenn er die Kunst gegen die Philosophie ausspielt:

„Doch – so epochemachend auch die Thaten der Philosophie sind – ihre Ideen schweben in einer abstracten Höhe, daß es den Massen unmöglich ist, sie zu begreifen. Die Massen sind nie philosophisch gewesen und werden es nie sein ... die Massen sind ja so sinnlich, daß sie nur auf sinnliche Weise in Bewegung gesetzt werden können ... Die Kunst ist Praxis der Philosophie und zwar erste Praxis. Weil nun aber die Philosophie die Popularität verschmäht; weil erst die Künstler eine dem Volke verständliche Sprache; weil das Volk über ihnen die Erzeuger der neuen Ideen entweder vergißt oder gar nicht kennen lernt: so erscheinen ihm in sofern die Künstler als Propheten einer neuen Geistesepoche, feiert es ihnen diejenigen, welche ihm die Götter machen, die es anbeten soll."[120]

Schäffers Versuch, den Geist der Musik gegenüber der Philosophie zurückzugewinnen, muß insofern mißlingen, als der Geist der Musik als reiner, sinnlicher Reflex der Philosophie erscheint, wesentlich also gar nicht vorhanden ist. Wenn der Geist aber nur in seiner sinnlichen Erscheinung für das Volk verständlich ist, dann fragt sich, warum Schäffer überhaupt noch für eine Kritik kämpft, die „den Inhalt der Musik begrifflich wiedergeben", d.h. philosophisch werden soll.[121] Trotz seiner Widersprüchlichkeit besitzt Schäffers Aufsatz für die Geschichte der „romantischen" Musikanschauung eine Bedeutung, weil er die philosophischen Implikationen ihrer Kritik in einer Weise zur Sprache bringt, wie sie in der musikalischen Fachpresse vor 1848 noch nicht gesprochen wurde. Schäffer setzt sich ja nicht nur mit Hegel kritisch auseinander, sondern auch oder vor allem mit Arnold Ruge, den er seitenweise zitiert. Schäffer bringt Auszüge aus dem ersten Band von Ruges „Sämmtlichen Werken" von 1847,[122] die so gut wie alle aus dem Manifest „Der Protestantismus und die Romantik" von 1839 stammen.[123] Macht man sich diese zeitliche Verzögerung bewußt, so kann man sagen: Die Kritik der „romantischen" Musikanschauung gehört im Revolutionsjahr 1848/49, also zur Zeit ihres Höhepunktes, längst ihrer eigenen Geschichte an.

Auf ungleich niedrigerem Niveau als die drei Aufsätze von Kahlert, Kretschmann und Schäffer bewegen sich die beiden Leitartikel „Klassisch und Romantisch" und „Die Grenzen des Klassischen und Romantischen in der Musik" von Otto Lange[124], die im Februar und April 1850 in der *Neuen Berliner Musikzeitung* erschienen. Langes „Romantik"-Kritik ist das Konglomerat eines konservativen Klassizisten, der den Gegensatz zwischen der „Natur" des „Klassischen" und der „Kultur" des „Romantischen" als Verfall der Moderne zu fassen versucht,

„denn in dem geschichtlichen Bildungsprozess alles geistigen Lebens offenbart sich stets das Krankhaft-Romantische als überreife Frucht, als Treibhausblüthe, die in sich keinen Keim zu neuen Kunstgestaltungen birgt, es sei denn, dass man diese Frucht als das betrachtet, was sie überhaupt nur sein kann, als düngendes Material, ein in Verwesung übergegangenes Leben."[125]

Auf der Grundlage der Dekadenztheorie bezeichnet Lange

„in der Musik alle diejenigen Schöpfungen als romantische ..., welche in Folge einer von dem Boden natürlicher Entwickelung sich entfernenden Cultur, die reinen, ewig geltenden Gesetze der Kunst über den Haufen stürzen, welche aus einer maasslosen, unbegrenzten Fantasie hervorgehen und in kühner Regellosigkeit das Recht ihrer Existenz zu besitzen glauben."[126]

Dieses Zitat ist diskursgeschichtlich gesehen insofern von Interesse, als es ein Plagiat ist. Als Vorlage wird Lange vermutlich der Artikel „Romantik und Romantisch" aus der „Encyclopädie der gesammten musikalischen Wissenschaften oder Universal-Lexicon der Tonkunst" von Gustav Schilling aus dem Jahr 1838 gedient haben. Dort steht geschrieben:

„Alles was bisher als Gesetz in der Kunst gegolten hat, will diese neuere französische Romantik über den Haufen stürzen, und in dem Maaßlosen und Unbegrenzten der Fantasie glaubt sie wahre Freiheit des Dichters zu sehen, und in kühner Regellosigkeit ihrer Gebilde eine höhere Regel des Geschmacks zu gründen".[127]

Es wäre aber auch möglich, daß Lange Schillings „Versuch einer Philosophie des Schönen in der Musik oder Ästhetik der Tonkunst" auch von 1838 benutzt hat, wo der gleiche Passus mit nur unwesentlichen kleinen Änderungen nachgelesen werden kann.[128] Die bei Lange aufgenommene Spur führt aber noch weiter über Schilling hinaus. Letzterer hat zum Verdruß seiner Kollegen und vor allen Dingen Schumanns selber gerne abgeschrieben, im vorliegenden Fall aus dem 1834 in der *Cäcilia* veröffentlichten Aufsatz „Ueber die Bedeutung des Romantischen" von August Kahlert,[129] der die 1848-Debatte in der *Allgemeinen musikalischen Zeitung* eröffnet hatte. So scheint sich der Kreis zu schließen, in dessen Mitte die Kritik der „romantischen" Musikanschauung steht.

Für die Kritik der „romantischen" Musikanschauung besteht die besondere Bedeutung der 1848-Debatte zum einen in der engen Koppelung des musikästhetischen Diskurses an den philosophischen. Kahlert, Kretschmann, Schäffer und Lange haben ihren Hegel gelesen und von Ruge gelernt, warum die „Romantik" für Restauration und Revolution verantwortlich zu machen ist. Zum anderen liegt die besondere Bedeutung der 1848-Debatte für die Kritik der „romantischen" Musikanschauung in der Manifestation ihrer ideologischen Latenz. Die ideologische Komponente der „Romantik"-Kritik wird allein durch das historische Datum der 1848-Debatte so sinnfällig wie noch nie zuvor. Durch die 1848-Debatte dürfte deutlich geworden sein, daß die ästhetische Kritik der „romantischen" Musikanschauung im Grunde genommen eine ideologische gewesen und geblieben ist, daß die Kritiker der „Romantik" nicht nur über Musik urteilten, sondern eine Weltanschauung verurteilten, die sich philosophischen Systemzwängen (Hegel) zu wenig und politischen Systemzwängen (Metternich) zu viel gefügt habe.

In der 1848-Debatte meldeten sich allerdings nur die Kritiker der „Romantik" zu Wort. Die „Romantiker" – deren Wortführer Robert Schumann selbst der „Romantik" nicht unkritisch gegenüberstand – hüllten sich in Schweigen. Während der 1848-Debatte erhob sich niemand aus ihren Reihen, um die „romantische" Musikanschauung gegen die heftigen Attacken der Kritik zu verteidigen. Obwohl die „Romantik" schon 1848 geschlagen schien, wurde sie auch nach 1848 weiter bekämpft, und zwar mit denselben Waffen wie vor der Revolution, wie ein flüchtiger Blick auf die Brahms- und Wagnerrezeption ersichtlich macht.

Daß der junge Johannes Brahms, 1853 der musikalischen Welt von Schumann höchst persönlich angekündigt als einer, „der den höchsten Ausdruck der Zeit in idealer Weise auszusprechen berufen" sei,[130] für die Kritiker der „Romantik" weniger auf „neuen Bahnen" als auf den alten Bahnen der „Schumannschen Schule" wandelte, wundert weiter nicht. Brahms' Opera 1 bis 10, die in den Jahren 1853 bis 1856 erschienen, wurden insgesamt zwar wohlwollend besprochen.[131] Dennoch zwängte die Kritik bereits den jungen Brahms in das „Romantik"-Klischee. Richard Pohl, der Anfang 1854 auf Schumanns Gegenkritik gestoßen war, veröffentlichte Ende 1855 unter dem Pseudonym „Hoplit" in der *Neuen Zeitschrift für Musik* einen längeren Aufsatz über „Johannes Brahms". Dort heißt es:

„Seine Arbeit wird dadurch ungleich, die Erfindung schwankend, sie erhält zuweilen den Anschein des Grillenhaften. Sie ist nicht stetig, weil nicht genug überlegt, und vor Allem fehlt ihr noch der Styl, der künstlerische Subjektivität zum objektiven Ausdruck gelangen läßt. Das »Hineingeheimnissen« der Romantiker in ihre Werke, das Räthselhafte in den Intentionen, die oft zu Visionen werden, besitzt nur dann eine überwältigende und überzeugende Gewalt, wenn es von einer künstlerischen Individualität getragen wird, die keinen Widerstand mehr duldet, die unter allen Umständen mit sich fortreißt, und dadurch zum Glaubenssatz auch für Andere, und nicht nur für den Schöpfer des eigenen Werkes wird."[132]

Wieder einmal ist es die „unumschränkte Subjektivität", die einem „Romantiker", in diesem Falle Brahms, vorgeworfen wird:

„Es ist keine Frage, daß unsere Zeit nervöser, pointirter ist, als irgend eine ihr vorhergehende Periode. Aber sie hat bei alledem einen Hang nach dem Reflectirten, der ein sehr glückliches Gegengewicht dazu bildet, weil er nach dem Objectiven hinlenkt, und so das Schaffen aus der Herrschaft der unumschränkten Subjectivität befreit. Das Betonen des Persönlichen, das Streben nach individuellster Auffassung, nach durchgreifenster Charakteristik, nach der größten Schärfe logisch zugespitzter Ausdrucksweise in der Kunst (sei es auch mehr auf die Spitze getrieben, als je zuvor) gewinnt durch den realistischen Zug, der das Leben unserer Zeit durchdringt, doch eine ganz andere Färbung, als in der Periode des Esprits und der Romantik. Man sucht den individuellen Gehalt nicht mehr in sich, sondern im Gegenstande auf, den man zu behandeln hat; man charakterisirt mithin in jeder Aufgabe nicht nur immer sich selbst, sondern betont das Charakteristische im Kunstobjekt."[133]

Pohl fällt über den „Romantiker" Johannes Brahms ein stereotypes Urteil, das in der Kritik über „Chopin's nachgelassene Werke", die ebenfalls 1855 in der *Neuen Zeitschrift für Musik* erschien, in einem schärferen Ton wiederkehrt:

„Friedrich Chopin gehört zu den Geistern, die nur ein kleines, ein sehr kleines Gebiet beherrschten ... Er blieb stets im Subjektivsten haften, das leider noch überdies nur zu häufig den Stempel des Krankhaften an sich trug, manchmal wohl auch als das Spiegelbild jener feinen, aber innerlichst korrupten Kreise, in denen er sich meistens bewegte, angesehen werden konnte".[134]

Spätestens zu diesem Zeitpunkt wird klar, daß es längst nicht mehr um die musikästhetische Konkretisierung einer philosophischen Kritik geht, sondern um den Polarisierungsprozeß zweier „Parteien", der „neuromantischen Schule" auf der einen und der „neudeutschen Schule" auf der anderen Seite, ein Polarisierungsprozeß, den man mit Gerhard Plumpe im Anschluß an Niklas Luhmann als fortschreitenden Ausdifferenzierungsprozeß beschreiben kann.[135] Hatte die „neuromantische Schule" um Schumann in den 30er Jahren für die „Zukunft" gegen das „Juste-milieu" und die „Klassiker" gekämpft, so kämpfte die „neudeutsche Schule" um Liszt und Wagner in den 50er und 60er Jahren für den „Fortschritt" nun gegen die „neuromantische Schule".

Dieser Ausdifferenzierungsprozeß des „Fortschritts" wurde in Adolf Bernhard Marx' Buch über „Die Musik des neunzehnten Jahrhunderts und ihre Pflege" 1855 quasi dokumentarisch festgehalten. In dem Kapitel über „Die Zukunft" erklärt Marx:

„Hiermit sind wir auf die andre Seite gewiesen, wo der Fortschritt sich zeigen soll – und allein zeigen kann: auf den Inhalt der Kompositionen. Eine neue Idee, eine neueröffnete Sphäre von Anschauungen: das wär' in der That Fortschritt, oder doch gehaltvolle Erweiterung des Kunstgebiets, gleichviel ob und wieweit sie in neuen Formen hervorträten. Und einen solchen Fortschritt hat man vielfältig mit dem Namen »Romantik« oder »romantische Schule« bezeichnet. Was versteht man darunter?
Vor allem: ist das, was in der Litteratur Romantik heisst und in Deutschland vor einem halben Jahrhundert – in Anregung der weit umfassendern goethe-schillerschen Schöpfungsperiode – an die Namen Tieck und Schlegel sich knüpfte, dann in Frankreich einen zum Theil burlesken Nachwuchs erlebte: ist das neu? des Namen Fortschritt, der Hoffnung auf eine Zukunft würdig?
… Diese Richtung ist wie gesagt nicht neu, aber niemals so verbreitet und vorherrschend gewesen. Nur wolle man sie nicht Fortschritt nennen und von ihr Zukunft für unsre Kunst hoffen; sie ist Auflösung der feste Gestalten zeugenden Kraft, sie ist in der That Flucht aus der Wirklichkeit, aber nicht Aufschwung zu festen hellgeschauten kühn und treu erfassten Idealen, zu einem höhern den Menschen reinigenden und kräftigenden Leben in der Idee, das wir das Urbild unsers wirklichen Lebens, als diese ideale und wahre Wirklichkeit (für den Geist) fassen; sie ist nicht dieser Aufschwung, die die Werke aller Künstler ächter Weihe – Beethovens wie Goethe's, Bachs wie Raphaels – bezeichnet, sondern Flucht und Scheu vor dem Wirklichen, das uns roh und gemein erscheint weil wir seinen wahren Gehalt zu fassen nicht Kraft und Muth haben. Nicht in dieser Romantik liegt die Hoffnung der Zukunft".[136]

Nach der Logik dieses dichotomen Diskurses, dürften Wagner oder Liszt nicht „romantisch" sein, wenn ihnen und nicht der „Romantik" die Zukunft gehören soll. Wagners Werk aber widerspricht dieser Dichotomisierung teilweise, nicht nur weil „Der Fliegende Holländer" (UA 1843), der „Tannhäuser" (UA 1845) und „Lohengrin" (UA 1850) „romantische" Opern heißen, sondern weil der „Ring" (UA 1876) als Gesamtkunstwerk eine „Neue Mythologie" verwirklichen will, die in der „Frühromantik" projektiert worden ist.[137] Wagner äußerte sich über die „Romantik" weit weniger, als man annehmen möchte. Dies liegt zum einen daran, daß Wagner die Kritik der „romantischen" Musikanschauung wohl nicht eigens wiederkäuen wollte; zum anderen daran, daß Wagner die diskursive Dichotomisierung seiner Werke, beim Wohlwollen aller Wagnerianer, als geistigen Reduktionismus ablehnte. In der „Mittheilung an meine Freunde" rechtfertigt Wagner sich:

„Der Richtung, in die ich mich mit der Konzeption des »fliegenden Holländers« schlug, gehören die beiden ihm folgenden dramatischen Dichtungen, »Tannhäuser« und »Lohengrin«, an. Mir ist der Vorwurf gemacht worden, daß ich mit diesen Arbeiten in die – wie man meint – durch Meyerbeer's »Robert der Teufel« überwundene und geschlossene, von mir mit meinem »Rienzi« bereits selbst verlassene, Richtung der »romantischen Oper« zurückgetreten sei. Für Die, welche mir diesen Vorwurf machen, ist die romantische Oper natürlich eher vorhanden, als die Opern, die nach einer konventionell klassizistischen Annahme »romantische« genannt werden. Ob ich von einer künstlerisch formellen Absicht aus auf die Konstruktion von »romantischen« Opern ausging, wird sich herausstellen, wenn ich die Entstehungsgeschichte jener drei Werke genau erzähle."[138]

Konkret auf den „Lohengrin" gewendet bedeutet dies:

> „Wem am Lohengrin nichts weiter begreiflich erscheint, als die Kategorie: Christlich-romantisch, der begreift eben nur eine zufällige Äußerlichkeit, nicht aber das Wesen seiner Erscheinung. Dieses Wesen, als das Wesen einer in Wahrheit neuen, noch nicht dagewesenen Erscheinung, begreift nur dasjenige Vermögen des Menschen, durch das ihm überhaupt erst jede Nahrung für den kategorisirenden Verstand zugeführt wird, und dieß ist das reine sinnliche Gefühlsvermögen. Nur das in seiner sinnlichen Erscheinung vollständig sich darstellende Kunstwerk führt den neuen Stoff aber jenem Gefühlsvermögen mit der nothwendigen Eindringlichkeit zu".[139]

Trotz dieses kategorischen Einwandes verwirft Wagner die „romantische" Oper als historische Erscheinung nicht. Schon in der frühen Schrift „Über deutsches Musikwesen" von 1840 wies Wagner der „romantischen" Oper vor allem Carl Maria von Webers ihren berechtigten historischen Ort zu:

> „In der Zeit, wo Beethoven's allgewaltiges Genie in seiner Instrumentalmusik das Reich der kühnsten Romantik erschloss, verbreitete sich ein lichtvoller Strahl aus diesem zauberhaften Gebiete auch über die deutsche Oper. Es war dies Weber, der der Bühnenmusik noch einmal ein schönes, warmes Leben einhauchte. In seinem populärsten Werke, dem »Freischützen«, berührte Weber abermals das Herz des deutschen Volkes. Das deutsche Märchen, die schauerliche Sage waren es, die hier den Dichter und Komponisten unmittelbar dem deutschen Volksleben nahe brachten; das seelenvolle, einfache Lied des Deutschen lag zugrunde, so daß das Ganze einer großen, rührenden Ballade glich, die, mit dem edelsten Schmucke der frischesten Romantik ausgestattet, das phantasievolle Gemütsleben der deutschen Nation auf das Charakteristischste besingt. Und wirklich hat sowohl Mozart's Zauberflöte, wie Weber's Freischütz nicht undeutlich bewiesen, daß in diesem Gebiete das deutsche musikalische Drama zu Hause, darüber hinaus ihm aber die Gränze gesteckt sei."[140]

Wagner hat an seinem Urteil über die historische Erscheinung der „romantischen" Oper in der programmatischen Schrift „Oper und Drama" von 1851 festgehalten, wenn er über Weber schreibt:

> „Was bei unseren dichtenden Romantikern sich als römisch-katholisch mystische Augenverdreherei und feudal-ritterliche Liebedienerei kundgab, äußerte sich in der Musik als heimisch innige, tief und weitathmig, in edler Anmuth erblühende Tonweise, – als Tonweise, die dem wirklichen, letzten Seelenhauche des verscheidenden naiven Volksgeistes abgelauscht war."[141]

Obwohl für Wagner außer Frage stand, daß die deutsche „romantische" Oper nach Weber und die französische „neuromantische" Oper Meyerbeers Fehlkonstruktionen seien,[142] historisch nicht trag- und ausbaufähig, wurden Wagners Opern selbst als „romantische" in Frage gestellt. Joachim Raff versuchte in der „Wagnerfrage" zu vermitteln: In seinem gleichnamigen Buch von 1854 bemüht er den Begriff des „Idealrealismus",[143] um die „subjektiven" und „objektiven" Anteile in Wagners Werk dialektisch begreifen zu können. Wagner klebe zwar noch „ein Rest unüberwundener Subjektivität an",[144] doch die Musik sei

> „eben wesentlich romantische Kunst und somit demselben Ideale verwandt als das Wunderbare. In der That ist es einer der größten Mißgriffe der Romantiker gewesen, den romantischen Stoff, der auf die Musik angewiesen war, in der Verstandessprache zu behandeln, und die pei-

nigende Ironie, welche in dem Bewußtsein eines unlösbaren ästhetischen Zwiespaltes dem Dichtervermögen der Romantiker erwachsen mußte, war eine wohlverdiente und noch zu leichte Strafe für sie."[145]

Wagner habe im „Fliegenden Holländer" bereits zum „romantischen" Stoffe gegriffen, den er im „Tannhäuser" beibehielt. Der „romantische" Stoff sei im „Lohengrin" zwar „geblieben, aber der Hintergrund ist als rein historisch gänzlich vereinfacht, während hingegen das Dämonische nicht in seiner bösen Einseitigkeit belassen, sondern durch den Gegensatz in seinem eigenen Bereich aufgehoben ist."[146] Nach Raff ist Wagners „Lohengrin"

„principiell die größtmögliche Erweiterung der Symphonie Beethovens's und Berlioz's. Wenn ich sage: Erweiterung, so kann ich hinzufügen: Begränzung und Erfüllung. Der Stoff ist subjectiv bestimmt und geformt wie bei jener Symphonie; die Motive des Pathos und der romantischen Dialektik sind vergegenständlicht; das Pathos selbst ist in Personen und Situationen verlegt, aber diese sind im Sinne des subjectiven Musikers typisch generalisirt. Die wirklichen Objecte der Schilderungen gelangen, wenn real, zur Erscheinung, werden im anderen Falle symphonisch dargestellt."[147]

Schumann dagegen, von Raff als „musikalischer Schelling" apostrophiert, verkörpere den eigentlichen „Romantiker". Schumanns Oper „Genoveva" und seine Musik zu Byrons „Manfred" machten deutlich,

„daß sein Standpunct als der einer gänzlichen Verinnerlichung hinter den Forderungen der Zeit stehe, welche aus dem Nebelthale einer kränkelnden und affectionsvollen Subjectivität nachgerade in das heitere Land jenes gesunden Idealrealismus zu gelangen strebt, der bis zu diesem Augenblicke von Berlioz an nachdrücklichsten angebahnt und von Wagner zum ersten Male künstlerisch dargelegt erscheint."[148]

Dies sahen die Kritiker Wagners freilich anders. Friedrich Meyer beispielsweise veröffentliche 1859, also in dem Jahr als Franz Brendel den Begriff „neudeutsche Schule" prägte, eine Schrift über „Richard Wagner und seine Stellung zur Vergangenheit und »Zukunft«", indem er versucht, Wagner „als den »Romantiker par excellence« zu überführen".[149] Meyer, dessen Ausführungen zur Geschichte der „romantischen" Musikanschauung bislang zu wenig Beachtung gefunden haben, findet den „Lohengrin"-Stoff „so romantisch, daß wir eigentlich gar keine Beziehung mehr zu ihm haben":[150]

„Indessen – ganz abgesehen von dieser Parallele – wenn der »Lohengrin« uns im Ernste als ein dramatischer Musterstoff hingestellt wird, wenn überhaupt in dem mit dem Wunder durchwebten Mythos nicht nur ein Stoff, sondern der eigentliche (d.h. der einzige) Stoff des Drama's liegen soll, so ist die Romantik auf eine Spitze getrieben, über die hinaus es gar nichts mehr giebt, und von welcher aus eine Steigerung unmöglich ist."[151]

Meyers Kritik kolportiert nicht einfach das Klischee vom „romantischen Subjektivismus". Sie historisiert und demaskiert die „Objektivität" des Wagnerischen „Mythos" als „romantischen":

„Alles, was uns hier in unserm Leben umgiebt, ist verschwunden; Staat, Religion, Gesellschaft. Wir befinden uns in dem transcendenten Himmel der Romantik; in ihm soll es eine neue Gesellschaft, eine neue Religion, und vor allem eine neue Kunst, geben. Im Wesentlichen ist es derselbe Himmel, den die Romantik unserer Literatur schon einmal eröffnete, vielleicht zum Theil noch mehr ausgeführt, aber sonst, ganz wie jener, nur zugänglich für die eigentlichen »Künstler«."[152]

Mit seiner Kritik an der von Wagner prophezeiten „künstlerischen Zukunft", „die man eher künstlerisches Jenseits nennen sollte",[153] widerspricht Meyer nicht nur ausdrücklich Franz Brendel, dem „Ideologen der musikalischen Fortschrittspartei",[154] sondern weist darüber hinaus auf die Kritik Friedrich Nietzsches, der den ästhetischen Kleinkrieg zwischen den Wagnerianern und Schumannianern zwar nicht befrieden, jedoch beenden sollte, nachdem Joseph Rubinstein in einem Aufsatz, den Richard Wagner „vortrefflich" fand,[155] 1879 in den *Bayreuther Blättern* „Über die Schumann'sche Musik" wie eine hungrige Hyäne hergefallen war:

„Schumann, welcher von seinen Anhängern als der musikalische Romantiker *par excellence* angesehen und so, den Klassikern gegenüber, gewissermaassen als Vertreter einer zwar durchaus andersartigen, in sich aber vielleicht eben so berechtigten, ja, als viel moderner, uns wohl noch näher angehenden Kunstrichtung hingestellt wird, hat bekanntlich unter Anderem auch eine erkleckliche Anzahl Symphonieen, Quartette, Trio's u. Aehnl. geschrieben, also ganz dieselben Formen behandelt, wie unsere allgemein so hochverehrten Klassiker. Da liegt denn wirklich die Frage nahe, was wir uns wohl eigentlich unter einer solchen »romantischen« Symphonie zu denken hätten, oder unter einem »romantischen« Quartett?? ... Fast möchte man es hier ein wenig mit dem Khalifen Omar I. halten, welcher die alexandrinische Bibliothek dem Feuer überantwortet haben soll, sagend, dass die in ihr enthaltenden Werke, falls sie mit dem Koran übereinstimmend wären, als *überflüssig*, im entgegengesetzten Falle aber gar als *schädlich* angesehen werden müssten ... wir schließen mit dem Wunsche, dass möglichst Viele und möglichst bald sich dem Umgange und dem Einflusse eines Autors entziehen möchten, welcher nach dem Ausgeführten nicht anders als schädigend und verbildend auf Geschmack und Gefühl wirken kann, welch' letztere uns rein und unverdorben zu erhalten gerade wir, die wir einer neuen Offenbarung des wahren Kunstgeistes entgegenhoffen, nicht besorgt genug sein können."[156]

Rubinsteins ebenso polemische wie peinliche Attacke kann wohl kaum als Höhepunkt der Schumannkritik angesehen werden. Dazu fehlt ihr der geistige Tiefgang, den man der Kritik Nietzsches ganz bestimmt nicht absprechen kann. Nietzsches Kritik der Schumannschen „Romantik" reicht bis in die Tiefen der europäischen Geistesgeschichte hinab, sie ist Teil seiner Kulturkritik des Idealismus bzw. Nihilismus des 19. Jahrhunderts:

„Diese ganze Musik der Romantik war überdies nicht vornehm genug, nicht Musik genug, um auch anderswo Recht zu behalten, als im Theater und vor der Menge; sie war von vornherein Musik zweiten Ranges, die unter wirklichen Musikern wenig in Betracht kam. Anders stand es mit Felix Mendelssohn, jenem halkyonischen Meister, der um seiner leichteren reineren beglückteren Seele willen schnell verehrt und ebenso schnell vergessen wurde: als der schöne Zwischenfall der deutschen Musik. Was aber Robert Schumann angeht, der es schwer nahm und von Anfang an auch schwer genommen worden ist – es ist der Letzte, der eine Schule gegründet hat –: gilt es heute unter uns nicht als ein Glück, als ein Aufathmen, als eine Befreiung, dass gerade diese Schumann'sche Romantik überwunden ist? Schumann, in die »sächsische Schweiz« seiner Seele flüchtend, halb Wertherisch, halb Jean-Paulisch geartet, gewiss nicht Beethovenisch! gewiss nicht Byronisch! – seine Manfred-Musik ist ein Missgriff und Missverständnis bis zum Unrechte –, Schumann mit seinem Geschmack, der im Grunde ein kleiner Geschmack war (nämlich ein gefährlicher, unter Deutschen doppelt gefährlicher Hang zur stillen Lyrik und Trunkenboldigkeit des Gefühls), beständig bei Seite gehend, sich scheu verziehend und zurückziehend, ein edler Zärtling, der in lauter anonymen Glück und Weh schwelgte, eine Art Mädchen und noli me tangerere von Anbeginn: dieser Schumann war bereits nur noch ein deutsches Ereigniss in der Musik, kein europäisches mehr, wie Beethoven es war, wie, in noch umfänglicherem Maasse, Mozart es gewesen ist, – mit ihm drohte der deutschen Musik ihre grösste Gefahr, die Stimme für die Seele Europa's zu verlieren und zu einer blossen Vaterländerei herabzusinken. –"[157]

Der frühere künstlerische „Subjektivismus" Schumanns wie der spätere politische „Nationalismus" Bismarcks gelten Nietzsche im „Achten Hauptstück: Völker und Vaterländer" seines Buches „Jenseits von Gut und Böse, Vorspiel einer Philosophie der Zukunft" von 1886 gleichsam als epochaler Ausdruck einer europäischen, insonderheit deutschen Kultur, die auf die Fragen der Moderne philosophische, künstlerische und politische Antworten gegeben habe und noch gebe, die in Wahrheit aber keine seien:

„Romantik bedeutete für Nietzsche diejenige Geistesströmung, die Illusionen, Schwierigkeiten und Grenzen der historischen Erfahrung des modernen Menschen erkannt und die geglaubt hat, all dem Lösungen entgegenhalten zu können, die mit den historischen Gegebenheiten der Zeit unvereinbar waren."[158]

Ganz gleich, ob Nietzsche letztendlich in der „Kultur verankert bleibt, die er zu bekämpfen versuchte" oder nicht,[159] führte er einen

„Kampf gegen die Romantik, in der christliche Ideale und Ideale Rousseaus zusammenkommen, zugleich aber mit einer Sehnsucht nach den alten Zeiten der priesterlich-aristokratischen Cultur, [nach] virtù, nach dem »starken Menschen« – etwas äußerst Hybrides; eine falsche und nachgemachte Art stärkeren Menschenthums, welches die extremen Zustände überhaupt schätzt und in ihnen das Symptom der Stärke sieht (Cultus der Leidenschaft) ... ein Nachmachen der expressivsten Formen, furore espressivo nicht aus der Fülle, sondern dem Mangel ...".[160]

So wird der späte Nietzsche auch nicht müde, diese vermeintliche Kultur der Stärke, als Kultur der Schwäche, der „Décadence" zu enttarnen. Im fünften Buch der „Fröhlichen Wissenschaft" von 1887 beantwortet Nietzsche die Frage nach der „Romantik" folgendermaßen:

„Was ist Romantik? Jede Kunst, jede Philosophie darf als Heil- und Hülfsmittel im Dienste des wachsenden, kämpfenden Lebens angesehn werden: sie setzen immer Leiden und Leidende voraus. Aber es giebt zweierlei Leidende, einmal die an der Ueberfülle des Lebens Leidenden, welche eine dionysische Kunst wollen und ebenso eine tragische Ansicht und Einsicht in das Leben, – und sodann die an der Verarmung des Lebens Leidenden, die Ruhe, Stille, glattes Meer, Erlösung von sich durch die Kunst und Erkenntniss suchen, oder aber den Rausch, den Krampf, die Betäubung, den Wahnsinn. Dem Doppel-Bedürfnisse der Letzteren entspricht alle Romantik in Künsten und Erkenntnissen, ihnen entsprach (und entspricht) ebenso Schopenhauer als Richard Wagner, um jene berühmtesten und ausdrücklichsten Romantiker zu nennen, welche damals von mir missverstanden wurden – übrigens nicht zu ihrem Nachtheile, wie man mir in aller Billigkeit zugestehn darf."[161]

Inbegriff dieser „Romantik" ist für Nietzsche die Musik des 19. Jahrhunderts, insbesondere diejenige Wagners. In einem Brief an den Literaturhistoriker Georg Brandes vom 27. März 1888 sinniert Nietzsche: „Ihre »deutsche Romantik« hat mich darüber nachdenken machen, wie diese ganze Bewegung eigentlich nur als Musik zum Ziel gekommen ist (Schumann, Mendelssohn, Weber, Wagner, Brahms): Als Litteratur blieb sie ein großes Versprechen. Die Franzosen waren glücklicher. –"[162] Wagner wurde von Nietzsche zum obersten Repräsentanten der „Romantik" erwählt, zum einen weil dieser am Ende des „Ringes", d.h. in der „Götterdämmerung" nur eine pessimistische Perspektive eröffne, nachdem der Held „Siegfried" die in ihn gesetzten Hoffnungen enttäuscht habe;[163] zum anderen weil dieser im „Parsifal" eine „Apostasie und Umkehr zu christlich-krankhaften und obskurantistischen Idealen" vollziehe,[164] die Nietzsche als „romantischen" Reaktionismus bekämpft: „Richard Wagner, scheinbar der Siegreichste, in Wahrheit ein morsch gewordener, verzweifelter décadent, sank plötzlich, hülflos und zerbrochen, vor dem christlichen Kreuze nieder ..."[165] Nietzsche, der kaum ein Klischee der überkommenen „Romantik"-Kritik ausließ,[166] kritisiert Wagner aber nicht als umgekehrten Propheten, sondern als hoffnungslosen Metaphysiker. Wagners Werke werden als „romantischer" Metaphysikersatz abgelehnt, weil Nietzsche an die Wiedergeburt des Lebens nur in der wirklichen Welt und nicht mehr in ihrer ästhetischen Gegenwelt glaubt. Deshalb brachte Nietzsche das alte Gebäude der Kunstmetaphysik zum Einsturz, unter dessen Dach die „Romantik" begraben liegt.

Anmerkungen zu Kapitel 5

1 Robert Schumann, „Zum neuen Jahr 1839", In: Gesammelte Schriften über Musik und Musiker von Robert Schumann, Hrsg. v. Martin Kreisig, 2 Bde., Bd. 1, 5. Auflage, mit den durchgesehenen Nachträgen und Erläuterungen zur 4. Auflage und weiteren, Leipzig: Breitkopf & Härtel, 1914, S. 383.

2 Robert Schumann, „Der Davidsbündler. Leipziger Musikleben. Erster Artikel", In: Gesammelte Schriften über Musik und Musiker von Robert Schumann, Hrsg. v. Martin Kreisig, 2 Bde., Bd. 2, S. 260 f.

3 Robert Schumann, Jugendbriefe, Nach den Originalen mitgetheilt von Clara Schumann, Leipzig: Breitkopf & Härtel, 1885, S. 240.

4 Brief Christian Ottos an Jean Paul v. 22.03.1792, In: Jean Pauls Briefwechsel mit seinem Freunde Christian Otto, 4 Bde., Bd. 1, Berlin: Reimer, 1829, S.113.

5 Leon B. Platinga, Schumann as critic, New Haven: Yale University Press, 1967, S. 214 ff. – Detlef Altenburg, „Robert Schumann und Franz Liszt, Die Idee der poetischen Musik im Spannungsfeld von deutscher und französischer Musikanschauung", In: Robert Schumann und die französische Romantik, Bericht über das 5. internationale Schumann-Symposium der Robert-Schumann-Gesellschaft am 9. und 10. Juli 1994 in Düsseldorf, Hrsg. v. Ute Bär, Mainz [Schott], 1994, S. 125–138.

6 Leander Hotaki, Robert Schumanns Mottosammlung, Übertragung, Kommentar, Einführung, Freiburg i. Br.: Rombach, 1998, S. 65 u. 143.

7 Leander Hotaki, Robert Schumanns Mottosammlung, S. 65 u. 137.

8 Leander Hotaki, Robert Schumanns Mottosammlung, S. 71 u. 249.

9 Klaus Wolfgang Niemöller, „Robert Schumann und Giacomo Meyerbeer, Zur rezeptionsästhetischen Antinomie von deutscher und französischer Romantik", In: Robert Schumann und die französische Romantik, S. 97–106.

10 Leander Hotaki, Robert Schumanns Mottosammlung, S. 72 u. 243.

11 Robert Schumann, „Aus Meister Raros, Florestans und Eusebius' Denk- und Dichtbüchlein", In: Gesammelte Schriften über Musik und Musiker von Robert Schumann, Hrsg. v. Martin Kreisig, 2 Bde., Bd. 1, 5. Auflage, mit den durchgesehenen Nachträgen und Erläuterungen zur 4. Auflage und weiteren, Leipzig: Breitkopf & Härtel, 1914, S. 19, 25 f., 32.

12 Robert Schumann, „Ferdinand Hiller", In: Gesammelte Schriften über Musik und Musiker von Robert Schumann, Hrsg. v. Martin Kreisig, 2 Bde., Bd. 1, S. 44.

13 Friedrich Schlegel, Charakteristiken und Kritiken I (1796–1801), Hrsg. v. Hans Eichner, Kritische Friedrich-Schlegel-Ausgabe, Bd. 2, Erste Abteilung, Kritische Neuausgabe, München, Paderborn, Wien: Schöningh, Zürich: Thomas, 1967, S. 162.

14 Robert Schumann, „Der Davidsbündler. Leipziger Musikleben. Erster Artikel", S. 267.

15 Leander Hotaki, Robert Schumanns Mottosammlung, S. 142.

16 Jean Paul, Vorschule der Ästhetik, Hrsg. v. Norbert Miller, München: Hanser, 1974, S. 30.

17 Winfried Menninghaus, Unendliche Verdoppelung, Die frühromantische Grundlegung der Kunsttheorie im Begriff absoluter Selbstreflexion, Frankfurt a. M.: Suhrkamp, 1987, S. 70: „Als Darstellung der Werke aus ihrem eigenen Bestand ist die Kritik nicht urteilende »Reflexion über ein Gebilde«, sondern bewußtseinssteigernde »Entfaltung der Reflexion«, die

im Werk selbst als ein eigenes Strukturprinzip vorliegt, in einem neuen Gebilde (...). Beide, Werk und Kritik, sind also »relative« Momente im selben Reflexionsmedium. Die Reflexion der Reflexion ist einerseits in sich zurückkehrende Begrenzung des Werkes gemäß seiner eigenen formalen Struktur, andererseits – und eben darin – ein Aus-sich-Herausgehen dieser selbstreflexiven Struktur in eine neue höhere Reflexionsstufe. Insofern ist Kritik nicht nur Rekonstruktion, sondern auch Weiterbildung des Werkes".

[18] Leander Hotaki, Robert Schumanns Mottosammlung, Übertragung, Kommentar, Einführung, Freiburg i. Br.: Rombach, 1998, S. 479.
[19] Walter Benjamin, Der Begriff der Kunstkritik in der deutschen Romantik, Hrsg. v. Hermann Schweppenhäuser, Frankfurt a. M.: Suhrkamp, 1973, S. 73.
[20] Walter Benjamin, Der Begriff der Kunstkritik in der deutschen Romantik, S. 73.
[21] Walter Benjamin, Der Begriff der Kunstkritik in der deutschen Romantik, S. 73.
[22] Rainer Schmitz (Hg.), Die ästhetische Prügeley, Streitschriften der antiromantischen Bewegung, Göttingen: Wallstein, 1992, S. 253.
[23] Zit. n. Rainer Schmitz (Hg.), Die ästhetische Prügeley, S. 259.
[24] Ulrich Tadday, „Der Freimüthige oder Scherz und Ernst", In: Ulrich Tadday, Die Anfänge des Musikfeuilletons, Der kommunikative Gebrauchswert musikalischer Bildung in Deutschland um 1800, Stuttgart und Weimar: Metzler, 1993, S. 74–80.
[25] Rainer Schmitz (Hg.), Die ästhetische Prügeley, S. 259.
[26] Otto Pöggeler, Hegels Kritik der Romantik, Bonn: Bouvier, 1956, S. 345.
[27] Georg Wilhelm Friedrich Hegel, Vorlesungen über die Ästhetik I, In: Georg Wilhelm Friedrich Hegel, Werke, 20 Bde., Bd. 13, Auf der Grundlage der Werke von 1832–1845 neu edierte Ausgabe, Hrsg. v. Eva Moldenhauer und Karl Markus Michel, Frankfurt a. M.: Suhrkamp, 1994, S. 96.
[28] Bernhard Lypp, Ästhetischer Absolutismus und politische Vernunft, Zum Widerstreit von Reflexion und Sittlichkeit im deutschen Idealismus, Frankfurt a. M.: Suhrkamp, 1972, S. 69.
[29] Karl Heinz Bohrer, Die Kritik der Romantik, Der Verdacht der Philosophie gegen die literarische Moderne, Frankfurt a. M.: Suhrkamp, 1989, S. 147.
[30] Otto Pöggeler, Hegels Kritik der Romantik, Bonn: Bouvier, 1956, S. 95.
[31] Georg Wilhelm Friedrich Hegel, Vorlesungen über die Ästhetik I, S. 96.
[32] Georg Wilhelm Friedrich Hegel, Vorlesungen über die Ästhetik I, S. 96.
[33] Georg Wilhelm Friedrich Hegel, Phänomenologie des Geistes, In: Georg Wilhelm Friedrich Hegel, Werke, 20 Bde., Bd. 3, Auf der Grundlage der Werke von 1832–1845 neu edierte Ausgabe, Hrsg. v. Eva Moldenhauer und Karl Markus Michel, Frankfurt a. M.: Suhrkamp, 1986, S. 484.
[34] Georg Wilhelm Friedrich Hegel, Vorlesungen über die Ästhetik I, S. 96.
[35] Karl Heinz Bohrer, Die Kritik der Romantik, S. 168.
[36] Georg Wilhelm Friedrich Hegel, Vorlesungen über die Ästhetik I, S. 93 f.
[37] Georg Wilhelm Friedrich Hegel, Vorlesungen über die Ästhetik I, S. 289.
[38] Georg Wilhelm Friedrich Hegel, Vorlesungen über die Ästhetik I, S. 313 ff.
[39] Georg Wilhelm Friedrich Hegel, Vorlesungen über die Ästhetik I, S. 289.
[40] Georg Wilhelm Friedrich Hegel, Vorlesungen über die Ästhetik I, S. 288 f.
[41] Peter Wende, „Arnold Ruge: Kavalleriegeneral der Hegelei", In: Die Achtundvierziger, Lebensbilder aus der deutschen Revolution 1848/49, Hrsg. v. Sabine Freitag, München: Beck, 1998, S. 26.

42 Theodor Echtermeyer und Arnold Ruge, „Der Protestantismus und die Romantik", In: *Hallische Jahrbücher für deutsche Wissenschaft und Kunst*, 2 (1839), Sp. 1961.
43 Theodor Echtermeyer und Arnold Ruge, „Der Protestantismus und die Romantik", Sp. 1962 f.
44 Karl Heinz Bohrer, Die Kritik der Romantik, Der Verdacht der Philosophie gegen die literarische Moderne, Frankfurt a. M.: Suhrkamp, 1989, S. 188.
45 Karl Heinz Bohrer, Die Kritik der Romantik, S. 191.
46 Theodor Echtermeyer und Arnold Ruge, „Der Protestantismus und die Romantik", In: *Hallische Jahrbücher für deutsche Wissenschaft und Kunst*, 4 (1840), Sp. 510.
47 Arnold Ruge [Pseud. Dr. Dreigüm], „Die wahre Romantik und der falsche Protestantismus, ein Gegenmanifest", In: *Deutsche Jahrbücher für Wissenschaft und Kunst*, 2 (1842), S. 682.
48 Arnold Ruge [Pseud. Dr. Dreigüm], „Die wahre Romantik und der falsche Protestantismus, ein Gegenmanifest", S. 682.
49 Karl Heinz Bohrer, Die Kritik der Romantik, S. 182.
50 Johannes Kleinstück, Die Erfindung der Realität, Studien zur Geschichte und Kritik des Realismus, Stuttgart: Klett-Kotta, 1980.
51 Martin Geck, „Realismus", In: Die Musik in Geschichte und Gegenwart, Allgemeine Enzyklopädie der Musik, Begründet von Friedrich Blume, Zweite, neubearbeitete Ausgabe hrsg. v. Ludwig Finscher, 21 Bde. in 2 Tle., Sachteil, Bd. 8, Kassel [u.a.]: Bärenreiter, Stuttgart und Weimar: Metzler, 1998, Sp. 91.
52 Julian Schmidt, „Charaktere der deutschen Restauration", In: *Die Grenzboten*, 8 (1848) 1, 348.
53 Julian Schmidt, „Charaktere der deutschen Restauration", S. 357.
54 Julian Schmidt, „Charaktere der deutschen Restauration", S. 369.
55 Julian Schmidt, „Charaktere der deutschen Restauration", S. 492.
56 Julian Schmidt, „Charaktere der deutschen Restauration", S. 498.
57 Arnold Schering, „Aus den Jugendjahren der musikalischen Neuromantik", In: *Jahrbuch der Musikbibliothek Peters*, 24 (1917), S. 49.
58 Julius Becker, Der Neuromantiker, Musikalischer Roman, 2 Bde., Bd. 1, Leipzig: Weber, 1840, S. III.
59 Niklas Luhmann, Die Kunst der Gesellschaft, Frankfurt a. M.: Suhrkamp, 1995.
60 Gottfried Weber, „Rezension", In: *Cäcilia*, 16 (1834), S. 94 ff.
61 Arno Forchert, „»Klassisch« und »romantisch« in der Musikliteratur des frühen 19. Jahrhunderts", In: *Die Musikforschung*, 31 (1978), S. 412.
62 F. A. Gelbcke, „Classisch und Romantisch, Ein Beitrag zur Geschichtsschreibung der Musik unserer Zeit", In: *Neue Zeitschrift für Musik*, 14 (1841), S. 192.
63 Wolfgang Robert Griepenkerl, Das Musikfest, oder die Beethovener, Novelle, Mit Einleitung und musikalischer Zugabe von G. Meyerbeer, 2. Auflage, Leipzig: Wigand, 1841, S. 86 f.
64 Gottfried Wilhelm Fink, „Die neu-romantische Schule", In: *Allgemeine musikalische Zeitung*, 40 (1838), Sp. 666.
65 [Anonymus], „Nachrichten", In: *Allgemeine musikalische Zeitung*, 46 (1843), Sp. 217 ff.
66 Carl Kossmaly, „Ueber Robert Schumann's Claviercompositionen", In: *Allgemeine musikalische Zeitung*, 47 (1844). Sp. 20.
67 Carl Kossmaly, „Ueber Robert Schumann's Claviercompositionen", Sp. 20.

68 Edvard Hagerup Grieg, „Schumann und Mendelssohn" (1894), Abgedruckt in: Komponisten über Musik, Hrsg. v. Sam Morgenstern, München, 1956, S. 273: „Es läßt sich jedoch nicht leugnen, daß es für Schumann besser gewesen wäre, wenn er weniger auf Mendelssohns Maximen gehört und mehr Wert auf die eigenen gelegt hätte … Er fürchtete sich vor sich selbst … So geschah es, daß er häufig Schutz in der Welt von Mendelssohns Ideen suchte."

69 Hermann Hirschbach, „Schumann (Rob.) op. 47.", In: „Musikalisch-kritisches Repertorium aller neuen Erscheinungen im Gebiete der Tonkunst", 2 (1845), S. 191 f.

70 Robert Schumann, In: *Die Grenzboten*, 10 (1850) 3, S. 490 f.

71 Robert Schumann, In: *Die Grenzboten*, S. 495.

72 Robert Schumann, In: *Die Grenzboten*, S. 492.

73 Robert Schumann Brief an Richard Pohl v. 06.02.1854, Zit. n. F. G. Jansen, „Ein unbekannter Brief von Robert Schumann", In: *Die Musik*, 5 (1905/1906) 4, S. 111.

74 Franz Liszt, „Robert Schumann", In: *Neue Zeitschrift für Musik*, 42 (1855), S. 136.

75 Ulrich Mahlert, „Kritik an der »romantischen« Musik und Bemühungen um »Fortschritt« in der musikalischen Publizistik um die Mitte des 19. Jahrhunderts", In: Ulrich Mahlert, Fortschritt und Kunstlied, Späte Lieder Robert Schumanns im Licht der liedästhetischen Diskussion ab 1848, München-Salzburg: Katzbichler, 1983, S. 8–29.

76 August Kahlert, „Ueber die Bedeutung des Romantischen", In: *Cäcilia, eine Zeitschrift für die musikalische Welt*, 16 (1834), S. 242.

77 August Kahlert, „Ueber den Begriff von klassischer und romantischer Musik", In: *Allgemeine musikalische Zeitung*, 50 (1848), Sp. 289.

78 August Kahlert, „Ueber den Begriff von klassischer und romantischer Musik", Sp. 290.

79 August Kahlert, „Ueber den Begriff von klassischer und romantischer Musik", Sp. 291.

80 August Kahlert, „Ueber den Begriff von klassischer und romantischer Musik", Sp. 292 f.

81 August Kahlert, „Ueber den Begriff von klassischer und romantischer Musik", Sp. 294.

82 August Kahlert, „Ueber den Begriff von klassischer und romantischer Musik", Sp. 294.

83 August Kahlert, „Ueber den Begriff von klassischer und romantischer Musik", Sp. 294.

84 August Kahlert, „Ueber den Begriff von klassischer und romantischer Musik", Sp. 295.

85 C. Kretschmann, „Romantik in der Musik", In: *Neue Zeitschrift für Musik*, 29 (1848), S. 1.

86 C. Kretschmann, „Romantik in der Musik", S. 2.

87 C. Kretschmann, „Romantik in der Musik", S. 2.

88 C. Kretschmann, „Romantik in der Musik", S. 2.

89 C. Kretschmann, „Romantik in der Musik", S. 2 f.

90 Georg Wilhelm Friedrich Hegel, Vorlesungen über die Ästhetik III, In: Georg Wilhelm Friedrich Hegel, Werke, 20 Bde., Bd. 15, Auf der Grundlage der Werke von 1832–1845 neu edierte Ausgabe, Hrsg. v. Eva Moldenhauer und Karl Markus Michel, Frankfurt a. M.: Suhrkamp, 1994, S. 149 und 214.

91 C. Kretschmann, „Romantik in der Musik", S. 5.

92 C. Kretschmann, „Romantik in der Musik", S. 3.

93 C. Kretschmann, „Romantik in der Musik", S. 3.

94 C. Kretschmann, „Romantik in der Musik", S. 3.

95 C. Kretschmann, „Romantik in der Musik", S. 4.

96 C. Kretschmann, „Romantik in der Musik", S. 4.

97 C. Kretschmann, „Romantik in der Musik", S. 4.

98 C. Kretschmann, „Romantik in der Musik", In: *Neue Zeitschrift für Musik*, 29 (1848), S. 4.
99 C. Kretschmann, „Romantik in der Musik", S. 9.
100 C. Kretschmann, „Romantik in der Musik", S. 5.
101 C. Kretschmann, „Romantik in der Musik", S. 10.
102 C. Kretschmann, „Romantik in der Musik", S. 9: „Vor allem wird Weber als Mitbegründer der romantischen Schule genannt. Wir können dem nicht unbedingt beipflichten. Weber hat das Drama, wie er es von Mozart überliefert empfing, einen guten Schritt weiter zu einer Stufe höherer Wahrhaftigkeit fortgerückt, an der, wie wir meinen, die weitere Entwicklung der Musik fortan anzuknüpfen hat. Diese That ist aber eine classische. Weber hat kernige, gesunde Gestalten zu seinen Charakteren; die romantische Seite am Stoffe seiner Handlung, welche wir nicht in Abrede stellen, mag immerhin unter unsere obigen Begriffsbestimmungen der Romantik fallen, sie ist, gegen jene gehalten, nur accessorisch."
103 C. Kretschmann, „Romantik in der Musik", S. 9.
104 C. Kretschmann, „Romantik in der Musik", S. 10.
105 C. Kretschmann, „Romantik in der Musik", S. 10.
106 C. Kretschmann, „Romantik in der Musik", S. 10.
107 Ulrich Mahlert, „Kritik an der »romantischen« Musik und Bemühungen um »Fortschritt« in der musikalischen Publizistik um die Mitte des 19. Jahrhunderts", In: Ulrich Mahlert, Fortschritt und Kunstlied, Späte Lieder Robert Schumanns im Licht der liedästhetischen Diskussion ab 1848, München-Salzburg: Katzbichler, 1983, S. 183.
108 Ulrich Mahlert, „Kritik an der »romantischen« Musik und Bemühungen um »Fortschritt« in der musikalischen Publizistik um die Mitte des 19. Jahrhunderts", S. 13.
109 Ulrich Mahlert, „Kritik an der »romantischen« Musik und Bemühungen um »Fortschritt« in der musikalischen Publizistik um die Mitte des 19. Jahrhunderts", S. 13.
110 Brief an Strackerjan v. 17.01.1854, In: Robert Schumanns Briefe, Neue Folge, Hrsg. v. F. Gustav Jansen, Zweite vermehrte und verbesserte Auflage, Leipzig: Breitkopf & Härtel, 1904, S. 390 f., Nr. 458. – S. Robert Schumann, „Einleitendes", In: Gesammelte Schriften über Musik und Musiker von Robert Schumann, Hrsg. v. Martin Kreisig, 2 Bde., Bd. 1, 5. Auflage, mit den durchgesehenen Nachträgen und Erläuterungen zur 4. Auflage und weiteren, Leipzig: Breitkopf & Härtel, 1914, S. 1. – S. Brief an Richard Pohl v. 06.02.1854, Zit. n. F. G. Jansen, „Ein unbekannter Brief von Robert Schumann", In: *Die Musik*, 5 (1905/1906) 4, S. 112: „Noch eins: ich habe, so lang ich öffentlich schrieb, es für meine heilige Pflicht gehalten, jedes Wort, das ich aussprach, auf das strengste zu prüfen. Ich habe jetzt auch die freudige Genugtuung, bei der neuen Ausgabe meiner Schriften fast alles unverändert stehen lassen zu können."
111 Brief an Richard Pohl v. 06.02.1854, S. 111.
112 Reinhard Kapp, Studien zum Spätwerk Robert Schumanns, Tutzing: Schneider, 1984.
113 Martin Geck, „Realismus", In: Die Musik in Geschichte und Gegenwart, Allgemeine Enzyklopädie der Musik, Begründet von Friedrich Blume, Zweite, neubearbeitete Ausgabe hrsg. v. Ludwig Finscher, 21 Bde. in 2 Tle., Sachteil, Bd. 8, Kassel [u.a.]: Bärenreiter, Stuttgart und Weimar: Metzler, 1998, Sp. 96.
114 Brief an Pohl v. 25.06.1851, In: Robert Schumanns Briefe, Neue Folge, S. 344, Nr. 390.
115 Jean Paul, Vorschule der Ästhetik, Hrsg. v. Norbert Miller, München: Hanser, 1974, S. 30 ff., 62 und 68.
116 Julius Schäffer, „Romantik in der Musik", In: *Neue Zeitschrift für Musik*, 31 (1849), S. 85.

117 Georg Wilhelm Friedrich Hegel, Vorlesungen über die Ästhetik III, In: Georg Wilhelm Friedrich Hegel, Werke, 20 Bde., Bd. 15, Auf der Grundlage der Werke von 1832–1845 neu edierte Ausgabe, Hrsg. v. Eva Moldenhauer und Karl Markus Michel, Frankfurt a. M.: Suhrkamp, 1994, S. 135.

118 Georg Wilhelm Friedrich Hegel, Vorlesungen über die Ästhetik III, S. 136.

119 Julius Schäffer, „Romantik in der Musik", In: *Neue Zeitschrift für Musik*, 31 (1849), S. 80.

120 Julius Schäffer, „Romantik in der Musik", S. 190 f.

121 Julius Schäffer, „Romantik in der Musik", S. 202: „Die Kritik ist wesentlich spekulativ und hat es darum mit Begriffen zu thun, soll den Inhalt der Musik wiedergeben. Die Musik bringt es aber gar nicht bis zu Begriffen, diese fallen vielmehr außerhalb derselben; eben darum aber, weil sie Grenze an Grenze mit ihr liegen, machen sie die Musik zu etwas Bestimmten, fixieren dieselbe dem denkenden, systematisch erkennenden Geiste."

122 Julius Schäffer, „Romantik in der Musik", S. 87 f.

123 Theodor Echtermeyer und Arnold Ruge, „Der Protestantismus und die Romantik", In: *Hallische Jahrbücher für deutsche Wissenschaft und Kunst*, 2 (1839), Sp. 2469 ff.

124 S. Deutsches Biographisches Archiv, Hrsg. v. Bernhard Fabian, Bearbeitet unter der Leitung von Willi Gorzny, München [u.a.]: Saur, 1982, Mikrofiche 737–291/292: Der 1815 geborene Lange studierte Philosophie und Theologie in Berlin und war dort anschließend als Seminarlehrer tätig. Neben seiner hauptberuflichen pädagogischen Tätigkeit gab er einige Liederhefte und Sonaten heraus und veröffentlichte die seinerzeit bekannte Schrift: „Die Musik als Unterrichtsgegenstand in Schulen neben den wissenschaftlichen Lehrzweigen, ein Beitrag zum Unterrichtswesen, Berlin: Plahnsche Buchhandlung, 1841". Ledebur gibt an, daß „seine freundschaftlichen Beziehungen zu L. Rellstab bewirkten, dass er Mitarbeiter der Vossischen Zeitung ward, und als solcher seit ungefähr 1834 die wissenschaftlichen und Kunst-, namentlich aber die musikalischen Artikel gemeinschaftlich mit Rellstab redigierte. Ebenso begründete er 1846 die von Bock herausgegebene *Neue Berliner musikalische Zeitung*, deren Redaktion er 12 Jahre lang leitete".

125 Otto Lange, „Die Grenzen des Klassischen und Romantischen in der Musik", In: *Neue Berliner Musikzeitung*, 4 (1850), S. 113.

126 Otto Lange, „Klassisch und Romantisch", In: *Neue Berliner Musikzeitung*, 4 (1850), S. 43.

127 Gustav Schilling, „Romantik und Romantisch", In: Encyclopädie der gesammten musikalischen Wissenschaften, oder Universal-Lexicon der Tonkunst, Hrsg. v. Gustav Schilling, 7 Bde., Bd. 6, Stuttgart: Köhler, 1838, S. 36.

128 Gustav Schilling, Versuch einer Philosophie des Schönen in der Musik oder Ästhetik der Tonkunst, Mainz: Schott, 1838, S. 275: „Alles was bisher als Regel und Gesetz in der musikalischen Kunst gegolten hat, will diese neuere französische Romantik über den Haufen werfen, und in dem Maaslosen und Unbegränzten der Fantasie glaubt sie wahre Freiheit des Dichters zu sehen, und in kühner Regellosigkeit ihrer Gebilde eine höhere Regel des Geschmacks zu begründen."

129 August Kahlert, „Ueber die Bedeutung des Romantischen", In: *Cäcilia, eine Zeitschrift für die musikalische Welt*, 16 (1834), S. 235–244. – Kahlert quittierte Schillings Plagiat(e) mit einer eher nachsichtig zu nennenden Rezension über den „Versuch einer Philosophie des Schönen in der Musik", In: *Neue Zeitschrift für Musik*, 10 (1839), S. 21–23. – Vgl. dagegen die deutliche „Warnung" von F. Hand, In: *Allgemeine Musikalische Zeitung*, 41 (1838), Sp. 807 f.

130 Robert Schumann, „Neue Bahnen", In: Gesammelte Schriften über Musik und Musiker von Robert Schumann, Hrsg. v. Martin Kreisig, 2 Bde., Bd. 2, 5. Auflage, mit den durch-

gesehenen Nachträgen und Erläuterungen zur 4. Auflage und weiteren, Leipzig: Breitkopf & Härtel, 1914, S. 301.

[131] Ute Siegmund-Schultze, Zur Geschichte der Brahms-Rezeption im deutschsprachigen Raum von 1853–1914, Maschr. Diss. (A). Halle/Saale, 1982, S. 12.

[132] Hoplit [Pseud. Richard Pohl], „Johannes Brahms", In: *Neue Zeitschrift für Musik*, 43 (1855), S. 263.

[133] Hoplit [Pseud. Richard Pohl], „Johannes Brahms", S. 264.

[134] [Anonymus], „Chopin's nachgelassene Werke", In: *Neue Zeitschrift für Musik*, 43 (1855), S. 198.

[135] Gerhard Plumpe, Ästhetische Kommunikation der Moderne, 2 Bde., Opladen: Westdeutscher Verlag, 1992. – Niklas Luhmann, Die Kunst der Gesellschaft, Frankfurt a. M.: Suhrkamp, 1995.

[136] Adolph Bernhard Marx, Die Musik des 19. Jahrhunderts und ihre Pflege, Methode der Musik, Leipzig: Breitkopf & Härtel, 1855, S. 153 ff.

[137] Helmut Buchholz, Mythos, Religion und Poesie im Schnittpunkt von Idealismus und Romantik um 1800, Frankfurt a. M.: Lang, 1990. – Manfred Frank, Der kommende Gott, Vorlesungen über die Neue Mythologie, Frankfurt a. M.: Suhrkamp, 1982. – Manfred Frank, Gott im Exil, Vorlesungen über die Neue Mythologie, Frankfurt a. M.: Suhrkamp, 1988. – Walburga Lösch, Der werdende Gott, Mythopoetische Theogonien in der romantischen Mythologie, Berlin, Freie Universität, Diss., 1995.

[138] Richard Wagner, Mittheilung an meine Freunde, In: Sämtliche Schriften und Dichtungen, 12 Bde., Bd. 4, Leipzig: Breitkopf & Härtel/Siegel, 1911, S. 264 f.

[139] Richard Wagner, Mittheilung an meine Freunde, S. 298.

[140] Richard Wagner, „Über deutsches Musikwesen", In: Sämtliche Schriften und Dichtungen, 12 Bde., Bd. 1, Leipzig: Breitkopf & Härtel/Siegel, 1911, S. 163 f.

[141] Richard Wagner, Oper und Drama, In: Sämtliche Schriften und Dichtungen, 12 Bde., Bd. 3, Leipzig: Breitkopf & Härtel/Siegel, S. 260.

[142] Richard Wagner, Oper und Drama, S. 276: „der Drang zum »Historischen« hat zur hysterischen Verrücktheit geführt, und diese Verrücktheit ist zu unserer Freude bei Licht besehen gar nichts anderes, als – wie nennen wir es gleich? – Neuromantik."

[143] Joachim Raff, Die Wagnerfrage, Kritisch beleuchtet, Erster Theil, Wagner's letzte künstlerische Kundgebung im »Lohengrin«, Braunschweig: Vieweg, 1854, S. 258.

[144] Joachim Raff, Die Wagnerfrage, S. 196.

[145] Joachim Raff, Die Wagnerfrage, S. 227.

[146] Joachim Raff, Die Wagnerfrage, S. 9 ff.

[147] Joachim Raff, Die Wagnerfrage, S. 270.

[148] Joachim Raff, Die Wagnerfrage, S. 272 f.

[149] Friedrich Meyer, Richard Wagner und seine Stellung zur Vergangenheit und »Zukunft«, Eine literär- und musikhistorische Studie, Thorn: Lambeck, 1859, S. IV.

[150] Friedrich Meyer, Richard Wagner und seine Stellung zur Vergangenheit und »Zukunft«, S. 38.

[151] Friedrich Meyer, Richard Wagner und seine Stellung zur Vergangenheit und »Zukunft«, S. 61.

[152] Friedrich Meyer, Richard Wagner und seine Stellung zur Vergangenheit und »Zukunft«, S. 64.

153 Friedrich Meyer, Richard Wagner und seine Stellung zur Vergangenheit und »Zukunft«, Eine literär- und musikhistorische Studie, Thorn: Lambeck, 1859, S. 65.
154 Carl Dahlhaus, Musikalischer Realismus, Zur Musikgeschichte des 19. Jahrhunderts, München: Piper, 1982, S. 42.
155 Cosima Wagner, Die Tagebücher, 2 Bde., Bd. 2: 1878–1883, Ediert und kommentiert von Martin Gregor-Dellin und Dietrich Mack, München und Zürich: Piper, 1977, S. 393.
156 Joseph Rubinstein, „Über die Schumann'sche Musik", In: *Bayreuther Blätter*, 2 (1879), S. 218 u. 229.
157 Friedrich Nietzsche, Jenseits von Gut und Böse, Vorspiel einer Philosophie der Zukunft, In: Friedrich Nietzsche, Sämtliche Werke, Kritische Studienausgabe, Hrsg. v. Giorgio Colli und Mazzino Montinari, 15 Bde., Bd. 5, 3. Auflage, München: dtv, 1993, S. 187 f.
158 Ingrid Hennemann Barale, „Subjektivität als Abgrund, Bemerkungen über Nietzsches Beziehung zu den frühromantischen Kunsttheorien", In: *Nietzsche-Studien, Internationales Jahrbuch für die Nietzsche-Forschung*, Hrsg. v. Ernst Behler [u.a.] Bd. 18, Berlin, New York: de Gruyter, 1989, S. 162.
159 Ingrid Hennemann Barale, „Subjektivität als Abgrund, Bemerkungen über Nietzsches Beziehung zu den frühromantischen Kunsttheorien", S. 159.
160 Friedrich Nietzsche, Nachgelassene Fragmente 1885–1887, In: Friedrich Nietzsche, Sämtliche Werke, Kritische Studienausgabe, Hrsg. v. Giorgio Colli und Mazzino Montinari, 15 Bde., Bd. 12, 2. Auflage, München: dtv, 1988, S. 454.
161 Friedrich Nietzsche, Die fröhliche Wissenschaft, In: Friedrich Nietzsche, Sämtliche Werke, Kritische Studienausgabe, Hrsg. v. Giorgio Colli und Mazzino Montinari, 15 Bde., Bd. 3, 2. Auflage, München: dtv, 1988, S. 620.
162 Friedrich Nietzsche, Brief an G. Brandes v. 27.3.1888, In: Nietzsche und Wagner, Stationen einer epochalen Begegnung, Hrsg. v. Dieter Borchmeyer und Jörg Salaquarda, 2 Bde., Bd. 2, Frankfurt a. M. und Leipzig: Insel, 1994, S. 969.
163 Friedrich Nietzsche, Der Fall Wagner, In: Friedrich Nietzsche, Sämtliche Werke, Kritische Studienausgabe, Hrsg. v. Giorgio Colli und Mazzino Montinari, 15 Bde., Bd. 6, 2. Auflage, München: dtv, 1988, S. 19 ff.
164 Friedrich Nietzsche, Nietzsche contra Wagner, In: Friedrich Nietzsche, Sämtliche Werke, Kritische Studienausgabe, Hrsg. v. Giorgio Colli und Mazzino Montinari, 15 Bde., Bd. 6, 2. Auflage, München: dtv, 1988, S. 430 f.
165 Friedrich Nietzsche, Nietzsche contra Wagner, S. 431 f.
166 Ernst Behler, „Nietzsche und die Frühromantische Schule", In: *Nietzsche-Studien, Internationales Jahrbuch für die Nietzsche-Forschung*, Hrsg. v. Ernst Behler [u.a.] Bd. 7, Berlin, New York: de Gruyter, 1979, S. 64–70.

6. Kapitel

Qual und Marter dieser musikalischen Übergangsperiode

Um die Problematik des musikgeschichtlichen Epochenbegriffs „Romantik" besser begreifen zu können, ist es hilfreich, sich zu vergegenwärtigen, wie bewußt bereits der junge Schumann von der historischen Bedeutung der „romantischen" Musik seit Beethoven gesprochen hat. 1834, etwa zur Zeit als er aus Wilhelm Christian Müllers „Aesthetisch-historischen Einleitungen in die Wissenschaft der Tonkunst" Daten zur Musikgeschichte exzerpierte,[1] kündigte Schumann Theodor Töpken eine musikhistorische Arbeit an, in der „die letzte Sinfonie von Beethoven (als Wendepunkt der classischen zur romantischen Periode)" beschrieben werden sollte [31]. Schumanns musikgeschichtliche Ansicht, Beethoven und Schubert hätten die Grundlage geschaffen für „eine neue noch nicht völlig entwickelte Schule, von der sich erwarten läßt, daß sie eine besondere Epoche in der Kunstgeschichte bezeichnen wird" [51], wurde von seinen Kritikern freilich nicht geteilt. Den einen galt die Musik im allgemeinen als „romantisch", weshalb die Musik seit Beethoven keine „romantische" Epoche im besonderen bilden konnte.[2] Wenn überhaupt von einer „romantischen" Epoche die Rede sein könne, dann geschichtsphilosophisch gesehen vom Mittelalter, das längst vergangen war. Schumann alias Florestan kommentierte diese Kritik im „Denk- und Dichtbüchlein" mit dem Aperçu, „Rezensenten ... Daß sich in der Musik, als romantisch an sich, eine besondere romantische Schule bilden könne, ist schwerlich zu glauben" [49]. Den anderen schien die Musik der Schumannschen Schule ästhetisch von so geringem Wert, daß sie die „Romantik" lediglich als „Durchgangsperiode" gelten ließen.[3] Schumann, der eine Weiterentwicklung der Musik nicht in Abrede stellte, reagierte auch auf diese Kritik, und zwar anläßlich des bereits in Kapitel vier erwähnten Artikels, den Johann Theodor Mosewius 1839 für die *Allgemeine musikalische Zeitung* verfaßt hatte,[4] die „Qual und Marter dieser musikalischen Übergangsperiode" beklagend, eine Formulierung, die Schumann in der Widerrede über „Die Teufelsromantiker" wörtlich auf- und angreift [79]. Von der „Romantik" als „Durchgangs- oder Übergangsperiode" nicht nur im historisch-kritischen, sondern auch im geschichtsphilosophischen Sinn hat vor allem Franz Brendel immer wieder geredet.[5] In der ersten Auflage seiner „Geschichte der Musik in Italien, Deutschland und Frankreich" von 1852 stellt Brendel fest:

„Eine wahrhafte Erfassung des Nationalen im höchsten Sinne, wie sie Beethoven prophetisch vorausnahm, kam noch zu früh, dafür war ein ausreichender Boden noch nicht vorhanden, und so sehen wir die vaterländischen Bestrebungen verschmolzen mit krankhafter Phantasterei, wir erblicken in dieser romantischen Schule auf musikalischem Gebiet einen erneuten Durchgangspunct, welcher unmittelbar der neuesten Zeit voran ging."[6]

Brendel begründet seine Beurteilung der „Romantik" auf der Grundlage der Hegelschen Geschichtsphilosophie und Ästhetik. Danach besteht für ihn

„das Wesen der Gegenwart auf dem Gebiet der Instrumentalmusik nach dem Vorgange Beethoven's in diesem Streben nach Bestimmtheit des Ausdrucks, diesem Uebergewicht eines poetischen Inhalts. Es ist ferner das Vorwalten phantastischen Humors, wie bei Berlioz und Schumann, phantastischer Tonmalerei, wie bei Mendelssohn, es ist endlich das Uebergewicht kleinerer Formen. Diese kleineren Formen entsprechen einer auf die Spitze gestellten Subjectivität, welche das Princip der Gegenwart ist."[7]

Die Rede von der „Romantik" als „Epoche einer krankhaft in sich zurückgezogenen Subjectivität" hat Brendel durch alle Auflagen seiner Musikgeschichte hindurch gehalten.[8] Unverändert blieb für Brendel der Boden der „Romantik"

„vorzugsweise das in sich zurückgezogene Gemüthsleben, die subjective Innerlichkeit. Jetzt ist eine Wendung nach Aussen hin eingetreten, man fängt an dies Reich des Inneren zu verlassen, Alles drängt nach Wirklichkeit, nach Gestaltung der äusseren Welt. Dafür nun ist Wagner's Kunstwerk der Zukunft der entsprechende Ausdruck; die Wirklichkeit, die Wagner für das Kunstwerk fordert, ist die jenem Drange nach Aussen entsprechende Erscheinung auf künstlerischem Gebiet."[9]

Ob die „Romantik" als Durchgangs- oder Höhepunkt der Musikgeschichte, als Epoche der Schumannschen Schule im engeren Sinne oder als Epoche Beethovens, Schumanns, Wagners und Brahms im weiteren Sinne angesehen wurde, hing nach der Jahrhundertmitte im wesentlichen von der Beantwortung der sogenannten „Wagnerfrage" ab. Wer Wagner im positiven oder negativen Sinne einen „Romantiker" nannte, weitete die „romantische" Epoche unweigerlich aus. Wider ihren Willen verlängerten „Wagnerianer" und „Neudeutsche" das Leben der totgesagten „Romantik", wenn sie Brahms als „Schumannianer" bekämpften usw. Die Rede von der „romantischen" Epoche im weiteren Sinne resultiert also aus der Dialektik ihrer Kritik. Die Musikgeschichten des späteren 19. Jahrhunderts haben die Epoche der „Romantik" und ihre Erweiterung nicht ohne kritische Vorbehalte zunächst nach dem Vorbild der „Romantischen Schule" Rudolf Hayms aus dem Jahr 1870 historisch verbucht, bis die Epoche der „Romantik" durch Wilhelm Dilthey und Ricarda Huch eine positive Umwertung erfuhr, die dann in der Musikgeschichtsschreibung um 1900 zu Buche schlug. Dieser Prozeß der Erweiterung und Umwertung soll im folgenden an einigen ausgewählten Beispielen nachvollzogen werden:

In den „Culturhistorischen Bildern aus dem Musikleben der Gegenwart" von 1860 schränkt August Wilhelm Ambros die „romantische" Epoche auf die Zeit von 1834 bis 1847 ein: „Diese Periode, nicht ganz passend als die der musikalischen Neu-Romantiker bezeichnet, war freilich nur kurz. Sie endet eigentlich schon 1847 mit dem Tode ihres vorzüglichsten Vertreters, Mendelssohn."[10] Diese Einschränkung scheint Ambros aus historischer Einsicht in die Vergangenheit Schumanns und aus kritischer Vorsicht gegenüber der Gegenwart Wagners vorgenommen zu haben. Durch diese Einschränkung wird die „romantische" Vergangenheit vor der „realistischen" Gegenwart in gewisser Weise geschützt:

„An Poesie und reinem Kunststreben kann sich diese Periode neben jede andere stellen, die Kunstgeschichte wird sie stets mit Ehren, ja mit einer gewissen Vorliebe nennen; denn edler Sinn, feine Bildung, dichterischer Zug und anmuthvolle Liebenswürdigkeit ist ihr Kennzeichen. Sie trat nirgends titanisch, nirgends gewaltsam zerstörend auf; ihre Kämpfe waren fliegende Pfeile des Sonnengottes, nicht massige Keulenschläge des Hercules. Schumann gehört in diese Kunstperiode so sehr, daß er sogar einen ihrer wesentlichen Faktoren bildet."[11]

In Julius Alslebens „Abriss der Geschichte der Musik" von 1862 erscheinen die Komponisten der Vergangenheit, Mendelssohn und Schumann, von den Komponisten der Gegenwart, Wagner und Liszt, zwar nicht mehr getrennt, doch werden sie auch nicht als Vertreter einer „romantischen" Epoche abgehandelt:

„Die dritte Hauptperiode umfasst den Zeitraum von 1750–1830 und ist die Periode der höchsten Vollendung der Kunst, welche die Namen Gluck, Haydn, Mozart, Beethoven glänzend bezeichnen. Die deutsche Musik führt jetzt unbestritten die Oberherrschaft. Von 1830 bis auf die neueste Zeit folgen endlich die Bestrebungen der letzten hervorragenden Meister, Meyerbeer, Mendelssohn, Schumann, Wagner, Liszt. –"[12]

Paul Frank hält den Begriff „Romantik" für einen „jener vielsagenden Ausdrücke, bei welchen sich alles Mögliche, nur nichts Bestimmtes denken läßt".[13] Dennoch verzichtet er in der „Geschichte der Tonkunst" von 1863 nicht auf denselben etwa wie Alsleben vor ihm, sondern faßt Ludwig Spohr, Carl Maria von Weber, Marschner unter die „romantische Schule", während er Mendelssohn und Schumann der „neuromantischen Richtung" zuordnet, die durch eine „überwiegende Subjectivität" charakterisiert werde.[14]

Eines der interessantesten Kapitel, die im zweiten Drittel des 19. Jahrhunderts über die „Romantik" geschrieben wurden, enthält Heinrich Adolf Köstlins „Geschichte der Musik" von 1875. Unter der Überschrift „Die critisch gerichteten Musiker" weiß Köstlin die „Romantik" als Reflexionsästhetik zu würdigen:

„Die Romantik erzeugte eine Critik, die sich nicht mehr mit der musikalisch-technischen Analyse des Kunstwerks begnügte, sondern in die poetische Stimmungswelt einzudringen strebte, welche das Kunstwerk erzeugt und in ihm Gestalt gewonnen hat. Dadurch wurde das musikalische Kunstwerk dem allgemeinen geistigen Verständnis näher gebracht und der geistige Gehalt der Tonkunst in den Bereich des allgemeinen Bewußtseins aufgenommen, so daß von nun an die Tonkunst ein lebensvolles Element des allgemeinen Geisteslebens bildet.
Der geistvollste und bedeutendste Vertreter dieser auf die geistige Durchdringung des musikalischen Kunstwerks gerichteten Romantik ist Robert Schumann, der neben Mendelssohn am meisten bestimmend auf unser heutiges Musikwesen eingewirkt hat. Wenn Mendelssohn die Musik zum Element der allgemeinen Bildung erhoben hat, so ist es das Verdienst der von Schu-

mann ausgehenden geistigen Critik, die Musik zum Gegenstand des Wissens, die Gedankenwelt der Tonkunst zum Element des allgemeinen Bewußtseins erhoben zuhaben."[15]

Heinrich Adolf Köstlin unterscheidet zwei „romantische Richtungen": die eine wird durch „Schumann und seine Schule" angegeben, die andere durch die „Neuromantiker" Berlioz, Félicien David und Franz Liszt, zu denen Köstlin auch Richard Wagner zählt:[16]

„Die Richtung, welche er, seinem Princip gemäß, folgen muß, ist die oben als die der Neuromantiker im engsten Sinne gezeichnete ...
Wagners Werke bezeichnen den stetigen Entwicklungsgang seines Ideals von der historischen Volksoper zur romantisch-nationalen, die sich von der romantischen Literaturoper unterscheidet, daß sie in der Romantik das substanzielle Volksbewußtsein zu ergreifen, den Genius der Nation zu gestalten strebt (...)."[17]

August Reissmanns „Romantik"-Artikel, der 1877 im achten Band des von Hermann Mendel begründeten „Musikalischen Conservations-Lexikons" erschien,[18] verdient „unter den Beiträgen, die sich um Einsicht in einen tieferen historischen Zusammenhang bemühten", insofern nicht die „besondere Beachtung", die ihm Martin Wehnert 1998 im MGG-Artikel „Romantik und romantisch" schlechterdings schenkte,[19] als die Behauptung, „der Kausalbezug, den der Autor [Reissmann] zwischen dem äquivok gebrauchten Begriff *Romantik* als Gesinnung (Rezeptionskategorie) und als Darstellungsweise (Produktionskategorie)" vornehme, „sich durch die historischen Sachverhalte in keiner Weise" bestätige,[20] nicht zutrifft. Reissmann, der das „Musikalische Conservations-Lexikon" nach Mendels Tod fortführte, faßte für seinen „Romantik"-Artikel frühere Veröffentlichungen, insbesondere das Kapitel „Aesthetik und Kritik" aus der „Allgemeinen Musiklehre" von 1864 und den Aufsatz „Die Romantik und die Tonkunst" aus der *Neuen Berliner Musikzeitung* von 1874, zusammen.[21] In späteren Veröffentlichungen, wie in der elften Vorlesung „Romantik" aus der „Leichtfasslichen Musikgeschichte" von 1881, griff Reissmann gerne auf den Artikel zurück.[22] Reissmann versuchte die Erweiterung des Epochenbegriffs „Romantik" zu fundieren, indem er den „romantischen" Komponisten von Beethoven bis Wagner eine reaktionäre Weltflucht vorwarf, die dem „Missverhältniss zwischen realem und idealem Leben" entsprungen sei:[23]

„Als dann Beethoven's Genius die Aesthetiker beschäftigte, da galt es, ihn von jenen beiden Meistern [Mozart und Haydn] zu unterscheiden; es wurden jene zu Klassikern erhoben und Beethoven wurde zum Romantiker ... Als dann aber Carl Maria von Weber und Schubert dem Kunstwerk wiederum einen neuen Inhalt zuführten, reihte man auch Beethoven den Klassikern ein und Weber und Schubert blieben die Romantiker. Einer Anzahl von Aesthetikern sind auch diese schon zu Klassikern geworden gegenüber von Mendelssohn und Schumann und wenn es wieder gilt, zwischen diesen beiden Meistern zu unterscheiden, so ist Mendelssohn der Klassiker und Robert Schumann der Romantiker. Im Gegensatz zu der älteren, durch Weber, dem sich Spohr und Marschner noch anschliessen, vertretenen romantischen Schule, bezeichnet man wohl auch Mendelssohn und Schumann als Neuromantiker, denen sich dann die sogenannte neudeutsche Schule selbst beizählt.

Es ist auf den ersten Blick einleuchtend, dass ein solches Classificiren wenig mehr ist, als ein Spiel mit Worten, das nothwendig zu grosser Verwirrung führen muss. Nur deshalb sind die Meister der Tonkunst nach Beethoven als Romantiker zu bezeichnen, weil sie die Romantik selbst zum Darstellungsobjekt für die künstlerische Schaffensthätigkeit machten, weil sie uns durch ihr Kunstwerk die geheimniss- und ereignissreiche Welt der Romantik entschleiern und darstellen."24

Ludwig Bußler vertrat in seiner „Geschichte der Musik" von 1882 zwar nicht die Auffassung Reissmanns, „dass dieser Einfluss der Romantik die Entwicklung der Tonkunst nothwendiger Weise schädigen und aufhalten muss",25 aber eine reduktionistische Auffassung von der „Romantik" als „die Vereinigung des Christenthums mit den Resten der Naturreligionen des Heidenthums zu einer eigenthümlich gemischten Weltanschauung in der Vorstellung des Mittalters."26 Bussler ist sich unsicher, ob Mendelssohn, Schumann, Schubert, Weber und Beethoven „Romantiker" seien. Er ist sich jedoch sicher, daß Wagner der „Romantiker" par excellence sei:

„Die Erörterung, wie weit man hiernach berechtigt ist, die genannten Meister als Romantiker zu bezeichnen, würde zu weit führen. Soviel ergiebt sich aus dem Mitgetheilten, daß zur Evidenz der Romantik die Vorstellung gehört, und daß nicht der Musiker, sondern der Dichterkomponist, dessen Phantasie, Vorstellung und Empfindung gleichermaßen und in eins verschmolzen beherrscht, hier die Palme verdient. Der Dichterkomponist der Romantik aber ist Wagner."27

Auch Hugo Riemann, der in der ersten Auflage des „Musik-Lexikons" von 1882 ästhetisch noch zu einer negativen Bewertung des „Romantischen" kam,28 spricht später in einem weiteren Sinn von der Epoche „Romantik". Nach Riemann gipfelt in Wagner

„nicht nur die romantische Oper, sondern die gesamte Romantik, da er alles, was dieselbe an neuen Einzelelementen gezeigt hat, das Schwelgen in der Sonderwirkung der Einzelharmonie und des Einzelrhythmus, die Ausbeutung der Klangfarben der Instrumente wie der Höhen- und Tiefenwirkung für die Charakteristik, die Versenkung in motivische Kleinarbeit, in umfassendster Weise zur Mitwirkung herangezogen und selbständig weiter ausgebaut hat."29

Paul Marsop vertritt dann in der kritisch-ästhetischen Studie über den „Einheitsgedanken in der deutschen Musik" von 1885 als einer der ersten die These, daß „die deutsche Musik eine einige, romantisch-klassische Kunst" sei.30 Von dem historistischen „Klassifikationsfieber" seines Jahrhunderts hält er wenig, vielmehr versucht er das „Romantische" und „Klassische" philosophisch als Wesenheiten der „absoluten Musik" zu begreifen.31 Das allgemeine „romantische Wesen des musikalischen Kunstwerks" erfährt nach Marsop besonders „durch die gleichmäßige Berücksichtigung des melodischen, harmonischen und rhythmischen Elementes" sowie durch das „Einheitliche, Uebersichtliche" der Form die Prägung des „Klassischen",32 die für die deutsche Musik typisch sei. Diese ahistorische Konstruktion des „Romantischen" ist historisch interessant, weil sie den ideologischen Hintergrund der „Idee der absoluten Musik" nicht verdunkelt,

207

sondern erhellt. Hinter der metaphysischen Maske der „Idee der absoluten Musik" gibt sich der Nationalismus nicht nur des 19. Jahrhunderts unverholen zu erkennen:

„Nein, aufrichten sollt Ihr Euch an dem erhebenden Gedanken, dass auch dort, wo nur mit Waffen des Genies gefochten wird, Deutschland die herrschende und führende Macht wurde: auf dem Gebiete nationaler Kunst. Weswegen ist denn unsere Musik so gewaltig herangewachsen, weswegen erzwingt sie sich heute gebieterisch allüberall Ehre und Einfluss, weswegen beugt sie Jeden durch ihre überwältigende Macht zu Boden, der sich mit chauvinistischer Grimasse gegen sie auflehnt? Weil sie aus nationaler Erde herausgewachsen und zu nationaler Kraft erstarkt ist."[33]

In seinem Vortrag über „Klassizität und Romantik in der deutschen Tonkunst" von 1892 unterteilte Ludwig Meinardus die „Romantik" in drei Perioden, „deren jede, von einer politisch-revolutionären Erschütterung angebahnt und besiegelt, in entsprechenden Phasen der romantischen Tonkunst versöhnend ausklang."[34] Die erste Periode, durch die französische Revolution von 1789 eingeleitet, wird durch Beethoven, Schubert und Weber repräsentiert. Die zweite Periode, durch die Julirevolution von 1830 bedingt, findet ihren vornehmsten Vertreter in Schumann. Die dritte Periode, durch die 1848-Revolution hervorgerufen, wurde in Wagner wirkungsmächtig: „Aus anverwandten Trieben zog Wagner die äussersten Konsequenzen aus dem Lehrbegriff der subjektivistischen Romantik Schumanns."[35]

Zusammenfassend kann man sagen, daß sich die Musikgeschichtsschreibung spätestens seit Ende des 19. bzw. Anfang des 20. Jahrhunderts auf einen Epochenbegriff verständigt hatte, der nicht mehr Schumann, auch nicht Brahms, sondern Wagner zum gekrönten Haupt der „Romantik" macht.[36] Die Basis für diesen Epochenbegriff im weiten und im positiven Sinn bildet aber nicht mehr die historistische Literaturgeschichtsschreibung von Hermann Hettner bis Rudolf Haym, sondern – teilweise in sich widersprüchlich – die Enthistorisierung und Aktualisierung der „Romantik" durch Wilhelm Dilthey und Ricarda Huch. Karl Heinz Bohrer würdigt Dilthey mit folgenden Worten:

„Das Entscheidende an Diltheys Ansichten ist, daß er das traditionell gewordene polemische Bild von der Romantik als einer reaktionären, bloß dem Überkommenen zugewandten, katholisierenden Clique auslöscht, indem er die frühromantische Epoche in einem wahlverwandtschaftlichen Sinne als geistesrevolutionäre Bewegung charakterisiert und als deren Manifest eben die *Athenäum-Fragmente* deutet."[37]

Das Verdienst Ricarda Huchs ist es, die „literarische und intellektuelle Bedeutung der Romantik in einem modernen Kontext" situiert zu haben.[38] So erscheint die erste musikgeschichtliche Monographie zur „Romantik" 1909 von Edgar Istel nicht nur ihrem Titel nach als „Gegenstück und Ergänzung der feinsinnigen Arbeit »Die Blütezeit der Romantik« von Ricarda Huch" aus dem Jahr 1899.[39] Sie trägt den Titel „Die Blütezeit der musikalischen Romantik in Deutschland" und steht am Anfang einer Reihe von musikgeschichtlichen und -ästhetischen Arbeiten zur „Romantik", die in der ersten Hälfte des 20. Jahrhunderts erschienen. Zu erwähnen wäre der noch ganz im Geiste des 19. Jahrhunderts geschriebene Aufsatz Willibald Nagels „Über das Romantische in der deutschen Musik" von 1906, Ernst Glöckners „Studien zur romantischen Psychologie der Musik, besonders mit Rücksicht auf die Schriften E. T. A. Hoffmanns" von 1909 und vor allem die erste, unvollendet gebliebene „Musikästhetik der Frühromantik" von Werner Hilbert aus dem Jahr 1911. Aus der Überzeugung heraus, daß die „romantische" Kunst „nur aus dem Wesen der romantischen Reflexion" verstanden werden kann,[40] gilt Hilberts Interesse „1. den eigentlichen Philosophen, soweit sie sich mit Musikästhetik befasst haben", „2. den Arbeiten der Musikschriftsteller bedeutenden Charakters, sowie den journalistischen, gelegentlich auch den brieflichen Auslassungen der Komponisten und Fachmusiker über ihre Kunst" und nicht zuletzt „3. den Dichtern und schöngeistigen Schriftstellern."[41] Hilberts „Musikästhetik der Frühromantik" befindet sich voll und ganz auf der Höhe des Forschungsstandes – was man von späteren Forschungen zur „romantischen" Musikanschauung nicht immer behaupten kann – wenn sie mit den überkommenen Vorstellungen von der irrationalen, „Romantik" bricht und ihre „subjektivistische" Kritik zu entkräften versucht:

„Es war vor allem das intensivere philosophische Studium, was die Romantiker über die Vertreter der Geniezeit emporhob ...
Es wohl nun endgültig die Zeit vorbei (durch die Arbeiten von Haym, Walzel, Ricarda Huch und Marie Joachimi), wo man die Romantiker zusammen mit den Stürmern und Drängern als die zügellosen Anhänger Rousseauscher Gefühlsphilosophie wertet."[42]

Wenn man so will, hat Hilbert die erste moderne Monographie über die „Musikästhetik der Frühromantik" geschrieben. Trotz ihres fortschrittlichen „Romantik"-Verständnis wurde sie von der Musikforschung nicht gebührend rezipiert, jedenfalls weniger zitiert als die beiden Aufsätze Arnold Scherings, „Aus den Jugendjahren der musikalischen Neuromantik" von 1917 und „Kritik des romantischen Musikbegriffs" von 1937,[43] die bis auf den heutigen Tag so gut wie in keiner Arbeit zum Thema fehlen. Die philosophische Rehabilitation der „Romantik" als Reflexionsästhetik, die durch Walter Benjamins Buch über „Den Begriff der Kunstkritik in der deutschen Romantik" von 1920 ausgesprochen wurde und sich bereits mittelbar in Hilberts „Musikästhetik der Frühromantik" ankündigt,[44] wurde von der Forschung „zur musikalischen Romantik", wie Gustav Beckings gleichnamiger Aufsatz von 1924 belegt,[45] nicht zur Kenntnis genommen. Schon aus diesem Grund erscheint Arnold Schmitz' Buch über „Das romantische Beethovenbild" von 1927 viel zu spät, denn es hinkt der „Romantik"-Forschung um Jahre hinterher. „Das romantische Beethovenbild", das Schmitz nach den brieflichen Skizzen Bettina von Arnims malte, bildet Beethoven „als genialisches Naturkind, als Revolutionär, als Zauberer und als Priester" ab.[46] Schmitz' Ansicht, „daß die romantische Auffassung den wirklichen Beethoven und seine geschichtliche Größe verfehlt hat und daß die Behauptung, die sich mit dieser Auffassung verbindet, Beethoven und seine Kunst gehöre zur Romantik, unhaltbar ist,"[47] richtet sich im Grunde genommen gegen die Mythisierung Beethovens, die er als „romantisch" kritisiert, genauer gesagt etikettiert. Schmitz' „romantisches Beethovenbild" ist aus heutiger Sicht so trivial, daß es unverständlich ist, wie Martin Wehnert noch 1998 im MGG-Artikel „Romantik und romantisch" folgendes Fehlurteil fällen konnte:

„A. Schmitz vermittelte bereits 1927 in *Das romantische Beethoven-Bild* (Bln./Bonn) durch umfassende Ergründung, aus welcher und wessen Sicht Beethoven als Romantiker erscheint und wie dieser selbst zu Sache und Begriff der Romantik stand, Erkenntnisse von grundsätzlicher Bedeutung für das Romantik-Problem. Schmitz' Resümee, *»in der romantischen Beethovenauffassung«* spiegele sich eine den Urteilenden selbst kennzeichnende philosophische Einstellung, die *»auf Beethovens geschichtliche Gestalt projiziert«* wird (S. 178), weist auf die generell gültige, hier mit Nachdruck vertretene Maxime hin: Im Wortfeld Romantik haben wir ihrem ›Gegenstand‹ nach eine rezeptionsästhetischen Kategorie vor uns. Jede Übertragung auf Gegenständliches jeglicher Art bleibt ein subjektiver Akt. Bezeichnender Weise werden von Schmitz als Träger eines romantischen Beethoven-Bildes ausschließlich Dichter, Historiker, Wissenschaftler benannt, nicht aber schöpferische Musiker (zum Sonderfall E. T. A. Hoffmann s. Kap. III.2.)."[48]

Hebt Schmitz doch selber zu Beginn seines Buches hervor, daß „das erste Bild, das den Anspruch erhebt, Beethovens menschliche und künstlerische Persönlichkeit in wesentlichen Zügen getroffen zu haben, ... hauptsächlich von Künstlerhänden geschaffen worden" ist und nicht „von wissenschaftlichen Biographen".[49] Deshalb trägt das erste Kapitel auch die Überschrift „Das Bild der Persönlichkeit Beethovens bei romantischen Schriftstellern und Musikern".[50] Dort schreibt Schmitz: „Mit den vier Figuren des Naturkindes, Revolutionärs, Zauberers, Priesters ist das romantische Bild der Persönlichkeit geschaffen. Sie begegnen uns zusammen oder vereinzelt sehr häufig bei romantischen Schriftstellern und Musikern, die sich über Beethoven geäußert haben."[51] Stellvertretend werden E. T. A. Hoffmann, Spohr, Schumann und Wagner genannt. Über Schumann heißt es dann weiter: „Während hier die Beethovenauffassung C. M. v. Webers und Mendelssohns weniger in Betracht kommt, finden wir bei Schumann die Figuren des genialischen Naturkindes, des Revolutionärs und Priesters."[52] Wenn Martin Wehnert beispielsweise Bodo Bischoffs Arbeit „Monument für Beethoven, die Entwicklung der Beethoven-Rezeption Robert Schumanns" von 1994 berücksichtigt hätte, dann hätte er nicht von einer „umfassenden Ergründung" durch Schmitz sprechen können, dessen Buch darüber hinaus „Erkenntnisse von grundsätzlicher Bedeutung für das Romantik-Problem" geliefert haben soll. Die Erkenntnis, die Wehnert aus Schmitz' Buch über das „romantische Beethovenbild" herausgelesen hat, besteht in der Übertragung des überkommenen Urteils, die „romantische" Musikanschauung sei „subjektiv", genauer gesagt „subjektivistisch", denn „objektive" Urteile wird wohl kaum ein Geisteswissenschaftler fällen wollen, geschweige denn begründen können. Der „Subjektivismus"-Vorwurf wird von Wehnert allerdings nicht gegenüber der Produktions-, sondern gegenüber der Rezeptionsästhetik erhoben. Dieses Verständnis von Rezeptionsästhetik hat mit der „romantischen" Reflexionsästhetik wenig zu tun, mehr mit ihrer Kritik.[53]

Unter Kritikern wie Historikern, welche die Erweiterung des Epochenbegriffs „Romantik" nach 1850 wesentlich zu verantworten hatten, scheint nach 1945 größtenteils Konsens darüber zu herrschen,[54] daß die „Romantik" „kein Epochenbegriff, sondern eine Weltanschauung" gewesen sei.[55] Friedrich Blume eröffnete den alten MGG-Artikel „Romantik" von 1963 mit folgendem Einwand:

„Die Wörter »romantisch« und »Romantik«, ursprünglich aus der Lit. des 18. Jh. stammend, gehören seit dem Beginn des 19. Jh. zum alltägl. Wortschatz der Musik, ohne jemals eine ganz fest umrissene Bedeutung angenommen zu haben. Auch in der Mg.-Schreibung haben sie sich fest eingebürgert, so vage ihr Gebrauch vom Anfang bis zur Gegenwart geblieben ist und so sehr zu bezweifeln ist, ob mit ihnen eigentlich ein Stil, eine Technik, ein Formenkanon oder nur eine künstlerische Anschauungsweise, eine geistige Haltung bezeichnet wird. Gewiß scheint, daß sie zur Abgrenzung einer geschichtlichen Epoche ungeeignet sind."[56]

Carl Dahlhaus spitzte die Kritik an einem übergreifenden Epochenbegriff „Romantik" im „Neuen Handbuch der Musikwissenschaft" 1980 noch zu:

„Mit dem Begriff der romantischen Musik oder der musikalischen Romantik verbindet sich in der Alltagssprache, also der ideengeschichtlich entscheidenden Sprache, eine Klischeevorstellung, über die man sich, so verzerrend sie ist, nicht schweigend hinwegsetzen kann, weil sie so tief eingewurzelt ist, daß sie nahezu unausrottbar erscheint: die Vorstellung, daß sich die musikalische Romantik, als geschlossene Epoche zwischen Klassik einerseits und der Neuen Musik des 20. Jahrhunderts andererseits, von der Klassik durch eine Tendenz zur Formauflösung und von der Neuen Musik durch ungebrochene Expressivität – eine Expressivität, die dann im Expressionismus in Abstraktion umgeschlagen sei – unterscheide. Der Gebrauch des Ausdrucks »Romantik« als Epochenbegriff und Sammelname, der von Schubert bis Mahler sämtliche bedeutenden – und sogar die unbedeutenden – Komponisten umfaßt, ist jedoch ein Mißgriff: Eine ideengeschichtliche Kategorie, die präzisiert werden müßte, um historiographisch nützlich zu sein, wird als grobes Etikett verschlissen, weil ein unentwickeltes historisches Bewußtsein sich gegen die Tatsache sträubt, daß das 19. Jahrhundert – wie fast jedes andere Zeitalter – in sich gespalten war, die Suche nach einem triftigen Namen also vergeblich bleibt."[57]

Sicherlich, der geschichtlich gewachsene Epochenbegriff „Romantik" ist – wie alle anderen Epochenbegriffe auch – semantisch mehrdeutig, so mehrdeutig, daß er durch den Historiker, der ihn gebraucht, „präzisiert werden müßte, um historisch nützlich zu sein", wie es Dahlhaus ausdrückt. Geschichtlich gewachsene Begriffe wie der Epochenbegriff „Romantik" lassen sich durch die Wissenschaft zwar heuristisch definieren, aber nicht eliminieren. Dieser pragmatische Widerstand des Epochenbegriffs „Romantik" wird bei aller Kritik an seiner semantischen Seite häufig übersehen. Übersehen wird häufig auch, daß Epochenbegriffe notwendig sind, um die Komplexität von Geschichte reduzieren und kommunizieren zu können. Schließlich sind auch Ersatzbegriffe wie „Metaphonie" und „Epiphonie" nicht vor Mißbrauch,[58] d.h. vor der Geschichte geschützt, sollten sie denn überhaupt diskutiert und akzeptiert werden.

Wie aus dem alten MGG-Artikel von 1963 weiter hervorgeht, ist es nicht nur der Epochenbegriff „Romantik" im besonderen, sondern der „Romantik"-Begriff im allgemeinen, der der Musikforschung vielfach „vage" erscheint: „so vage ihr Gebrauch vom Anfang bis zur Gegenwart geblieben ist und so sehr zu bezweifeln ist, ob mit ihnen eigentlich ein Stil, eine Technik, ein Formenkanon oder nur eine künstlerische Anschauungsweise, eine geistige Haltung bezeichnet wird",[59] gibt Blume zu bedenken. So lassen sich die Bücher, die über die „Romantik" in der Musik bzw. die Musik in der „Romantik" geschrieben wurden, auch lesen und verstehen als Bemühung, die Ambiguität des „Romantik"-Begriffs zu begrenzen, ein Bemühen, das Carl Dahlhaus dann für vergeblich hielt, wenn es dem Anspruch dient, die „Romantik" auf einen Begriff zusammenfassen zu wollen: »Der Anspruch, »die« Romantik in einen Begriff gefaßt zu haben, muß allerdings fallengelassen werden."[60] Auch Dahlhaus' Buch über die „Idee der absoluten Musik" erhebt diesen Anspruch nicht, doch zumindest jenen, daß „der Begriff der absoluten Musik die tragende Idee des klassisch-romantischen Zeitalters in der Musikästhetik gewesen sei."[61] Die These, daß die „Idee der absoluten Musik" das „Paradigma" der „romantischen" Musikästhetik des 19. Jahrhunderts gewesen sei, wurde von Dahlhaus nicht inauguriert. Rudolf Schäfke beispielsweise formulierte den gleichen Sachverhalt schon 1933 in der „Geschichte der Musikästhetik in Umrissen":

„Gerade die Musikanschauung besitzt ein entscheidendes Merkmal, eine zentrale Idee, die sie erst zur eigentlich romantischen macht. Das ist die Verankerung der Musik im unendlichen Universum jenseits aller begrenzten irdisch-menschlichen Affektwirklichkeit. Die echt romantische Musikauffassung ist von vornherein und besonders in ihrer Jugend- und Blütezeit wesentlich Metaphysik der Tonkunst."[62]

Die Lehrmeinung, „daß sich Romantisches vor allem in der »sprachlosen Musik« – der Instrumentalmusik – kundtut,"[63] ist so weit verbreitet, daß die „Idee der absoluten Musik" innerhalb der akademischen Musikwissenschaft nicht nur als „Paradigma" der „Romantik", sondern auch als „Paradigma" der „Romantik"-Forschung angesehen wird. Aufgrund der philosophischen und literaturwissenschaftlichen Forschungen, die in den letzten zehn bis fünfzehn Jahren unternommen wurden, kann die Lehrmeinung von der „absoluten Musik" als Inbegriff der „romantischen" Musikanschauung des 19. Jahrhunderts nicht mehr aufrecht gehalten werden. Sie ist überholt und muß revidiert werden zum einen, weil die „Idee der absoluten Musik" – wenn man überhaupt noch davon reden kann und will – dem „Idealismus" im allgemeinen wesentlich ist. Die „romantische" Musikanschauung ist zwar in gewisser Weise ein Teil der „idealistischen", diese Teile ergänzen sich aber nicht zu einem Ganzen. „Idealismus" und „Romantik" sind nicht einfach in eins zu setzen. Dies wird deutlich, wenn man nach den geschichtlichen, auch sprachgeschichtlichen Wurzeln der „absoluten Musik" gräbt, zum Beispiel in den Schriften des Kantianers Christian Friedrich Michaelis',[64] als einer „Idee", die die Musik als metaphysisches Medium zunächst verabsolutiert und dann formalisiert. Arno Forchert wies schon 1966 in der leider unveröffentlicht, doch lesenswert gebliebenen Habilitationsschrift „Studien zum Musikverständnis im frühen 19. Jahrhundert" darauf hin, daß um 1800 „tatsächlich allein das Dreigestirn Kant-Schiller-Schelling gleichsam autoritären Rang geniesst", während Hegel und Schopenhauer – möchte man hinzufügen – erst um 1830 an Einfluß auf die Musikästhetik gewinnen.[65] Die Namenskette „Kant-Schiller-Schelling-Hegel-Schopenhauer" steht für eine Philosophie, die die Musik im „idealistischen", jedoch nicht im „romantischen" Sinn auf die Idee des Absoluten bezogen hat. Entscheidend ist nämlich nicht, daß die Musik metaphysisch verstanden wurde, sondern wie sie metaphysisch verstanden wurde. Wer diesen Unterschied in einer „Idee der absoluten Musik" aufhebt, benötigt beispielsweise den Begriff des „Humors" nicht, ohne den die „romantische" Musikanschauung und Musik nicht nur Schumanns unverständlich bleibt, womit beileibe nicht behauptet werden soll, daß der „ganze" Schumann „romantisch" ist.

Ist die Lehrmeinung von der „Idee der absoluten Musik" als einer „romantischen" einerseits nicht mehr zu vertreten, weil sie ein viel zu weites und deshalb vordergründiges Verständnis der „romantischen" Musikanschauung hat, so ist sie andererseits zu revidieren, weil sie die „romantische" Musikanschauung und Musik formalistisch einengt. In Büchern über die „Romantik" in der Musik bleiben häufig ganze Gattungen wie die Oper oder die Programmusik ausgespart, weil diese nicht „absolut" oder „autonom" sind, d.h. nicht losgelöst von Texten, Funktionen und Affekten begriffen werden können.[66] Der Umkehrschluß, die Instrumentalmusik müsse losgelöst von Texten, Funktionen und Emotionen begriffen werden, ist aber nicht von „Romantikern", sondern von „idealistischen Formalisten" wie Eduard Hanslick gezogen worden,[67] worauf Albrecht von Massow im Artikel „Absolute Musik" des „Handwörterbuches der musikalischen Terminologie" noch einmal nachdrücklich hingewiesen hat.[68] Daß die „romantische" Musikanschauung wesentlich eine „poetische" Reflexionsästhetik war, welche musikalische „Kunstwerke" im idealistischen Sinn weder verabsolutierte noch formalisierte, sondern als Teil eines produktions- wie rezeptionsästhetischen Prozesses reflektierte, beschreibt dieses Buch letztendlich.

Anmerkungen zu Kapitel 6

1 Wilhelm Christian Müller, Aesthetisch-historische Einleitungen in die Wissenschaft der Tonkunst, Teil 1: Versuch einer Aesthetik der Tonkunst im Zusammenhange mit den übrigen schönen Künsten nach geschichtlicher Entwicklung, Teil 2: Uebersicht einer Chronologie der Tonkunst mit Andeutungen allgemeiner Civilisation und Kultur-Entwickelung, Leipzig: Breitkopf & Härtel, 1830. – Robert Schumann, Geschichte der Musik (nach Müllers Ästhetik), RSchH, Sig.: 4871 V, 1 – A3. – Bernhard Meissner, Geschichtsrezeption als Schaffenskorrelat, Studien zum Musikgeschichtsbild Robert Schumanns, Bern: Franke, 1985, S. 77 ff.

2 Z.B. Gustav Schilling, Geschichte der heutigen oder modernen Musik, In Ihrem Zusammenhange mit der allgemeinen Welt- und Völkergeschichte, Karlsruhe: Gross, 1841, S. 13.

3 F. A. Gelbcke, „Classisch und Romantisch", In: *Neue Zeitschrift für Musik*, 14 (1841), S. 205. – Die Rede von der „Durchgangsperiode" wurde lauter, als auch aus den Reihen der „Romantiker" Zweifel an der eigenen epochalen Bedeutung aufkamen, z.B. durch Hermann Hirschbach, „Musikzustände der Gegenwart", In: *Musikalisch-kritisches Repertorium aller neuen Erscheinungen im Gebiete der Tonkunst*, 1 (1844), S. 253: „Vor 10 bis 6 Jahren hatten die musikalischen Zeitbestrebungen wirklich eine so revolutionäire Miene angenommen, dass man sie eine Periode der Gährung nennen könnte; aber die hineinbrechende Verwässerung löschte das Feuer der Begeisterung aus, und jetzt herrscht ein solcher Friedenszustand in der deutschen Musik, alle unsere Componisten sind so fest in den alten, hergebrachten Gewohnheiten verfahren, ohne je über ihren Wert oder Unwerth nachgedacht zu haben, dass keine Kritik den seligen Schlaf zu stören vermag, und alle constitutionellen Fürsten sich so ruhige Stände wünschen können, wie unsere musikalischen Stände sind. Was ist aus der neuromantischen Schule geworden? – nichts: denn die Paar bunter Fetzen die von dieser Fahne noch zuweilen emporgehoben werden, zeigen eben recht die gänzliche Zerfallenheit der ehedem so kampflustig in die Kriegstrompete stossenden Partei. All' die muthigen Jünglinge sind nach und nach dahin und dorthin versprengt, und zu zahmen Philistern geworden. Man streckte sich gemächlich in den Grossvaterstuhl, nicht etwa wie Helden die nach dem Siege ausruhen, sondern wie ehrliche Spiessbürger, die gern in den Zeitungen lesen mögen, dass die halbe Welt sich die Köpfe abreisst, wenn es bei ihnen nur hübsch ruhig ist. Das ist nun einmal so der Lauf der Welt. Alles Ueberschwengliche schlägt leicht in's Gegentheil über. Höchst selten sind die Menschen, welche durch's ganze Leben fest dem, was sie einmal als Wahrheit erkannt haben, treu bleiben. –"

4 Johann Theodor Mosewius, „Alexander Dreyschock", In: *Allgemeine musikalische Zeitung*, 41 (1839), Sp. 290. –

5 Peter Ramroth, Robert Schumann und Richard Wagner im geschichtsphilosophischen Urteil von Franz Brendel, Frankfurt a. M. [u.a.]: Peter Lang, 1991.

6 Franz Brendel, Geschichte der Musik in Italien, Deutschland und Frankreich, Von den ersten christlichen Zeiten bis auf die Gegenwart, 22 Vorlesungen, Leipzig: Hinze, ¹1852, S. 436.

7 Franz Brendel, Geschichte der Musik in Italien, Deutschland und Frankreich, Von den ersten christlichen Zeiten bis auf die Gegenwart, S. 515.

8 Franz Brendel, Geschichte der Musik in Italien, Deutschland und Frankreich, Von den ersten christlichen Zeiten bis auf die Gegenwart, ²1855, S. 24, 171, 195.

9 Franz Brendel, Geschichte der Musik in Italien, Deutschland und Frankreich, Von den ersten christlichen Zeiten bis auf die Gegenwart, ²1855, S. 312.

10 August Wilhelm Ambros, Culturhistorische Bilder aus dem Musikleben der Gegenwart, Leipzig: Matthes, 1860, S. 53.
11 August Wilhelm Ambros, Culturhistorische Bilder aus dem Musikleben der Gegenwart, S. 131.
12 Julius Alsleben, Abriss der Geschichte der Musik für Musiker und Dilettanten, 12 Vorlesungen über die Entwickelung der heutigen Musik von ihren ersten Spuren bis auf Wagner und Liszt, Berlin, 1862, S. 7.
13 Paul Frank, Geschichte der Tonkunst, Ein Handbüchlein für Musiker und Musikfreunde, In übersichtlicher, leichtfaßlicher Darstellung, Leipzig: Merseburger, 1863, S. 202.
14 Paul Frank, Geschichte der Tonkunst, Ein Handbüchlein für Musiker und Musikfreunde, S. 243.
15 Heinrich Adolf Köstlin, Geschichte der Musik im Umriß für die Gebildeten aller Stände dargestellt, Tübingen: Laupp, 1875, S. 308.
16 Heinrich Adolf Köstlin, Geschichte der Musik im Umriß für die Gebildeten aller Stände dargestellt, S. 306–320 und 331–341.
17 Heinrich Adolf Köstlin, Geschichte der Musik im Umriß für die Gebildeten aller Stände dargestellt, S. 340 f.
18 „Romantik", In: Mendel-Reissmann, Musikalisches Conversations-Lexikon, Eine Encyklopädie der gesammten musikalischen Wissenschaften für gebildete aller Stände, 11 Bde., Bd. 8, Berlin, 1877, S. 396–401.
19 Martin Wehnert, „Romantik und romantisch", In: Die Musik in Geschichte und Gegenwart, Allgemeine Enzyklopädie der Musik begründet von Friedrich Blume, Zweite, neubearbeitete Auflage, Hrsg. v. Ludwig Finscher, Sachteil, 21 Bde., Bd. 8, Kassel und Stuttgart [u.a.]: Bärenreiter und Metzler, 1998, Sp. 474.
20 Martin Wehnert, „Romantik und romantisch", Sp. 474.
21 August Reissmann, Allgemeine Musiklehre, Für Lehranstalten und zum Selbstunterricht, Berlin: Weber, 1864, S.289–308. – August Reissmann, „Die Romantik und die Tonkunst", In: *Neue Berliner Musikzeitung*, 28 (1874), S. 313 ff. u. 321 ff.
22 August Reissmann, Leichtfassliche Musikgeschichte in zwölf Vorlesungen, gehalten im Conservatorium der Musik zu Berlin, Zweite Auflage, Berlin: Janke, 1881, S. 171–190.
23 „Romantik", In: Mendel-Reissmann, Musikalisches Conversations-Lexikon, S. 397 f.
24 „Romantik", In: Mendel-Reissmann, Musikalisches Conversations-Lexikon, S. 397.
25 „Romantik", In: Mendel-Reissmann, Musikalisches Conversations-Lexikon, S. 401.
26 Ludwig Bußler, Geschichte der Musik, 6 Vorträge über die fortschreitende Entwickelung der Musik in der Geschichte, Berlin: Habel, 1882, S. 163 ff.
27 Ludwig Bußler, Geschichte der Musik, S. 164 f.
28 „Romantisch", In: Musik-Lexikon, Theorie und Geschichte der Musik, die Tonkünstler alter und neuer Zeit mit Angabe ihrer Werke, nebst einer vollständigen Instrumentenkunde, Hrsg. v. Hugo Riemann, 1. Auflage, Leipzig: Bibliographisches Institut, 1882, S. 777 f.
29 Hugo Riemann, Handbuch der Musikgeschichte, 2 Bde., Bd. 2, Leipzig: Breitkopf und Härtel, 1913, S. 272. – Hugo Riemann, Kleines Handbuch der Musikgeschichte mit Periodisierung nach Stilprinzipien und Formen, Leipzig: Breitkopf & Härtel, 1908, S. 248.
30 Paul Marsop, Der Einheitsgedanke in der deutschen Musik, Eine kritisch-ästhetische Studie, Berlin: Barth, 1885, S. 40.
31 Paul Marsop, Der Einheitsgedanke in der deutschen Musik, S. 23, 40 und 48.
32 Paul Marsop, Der Einheitsgedanke in der deutschen Musik, S. 43 und 48.

33 Paul Marsop, Der Einheitsgedanke in der deutschen Musik, Eine kritisch-ästhetische Studie, Berlin: Barth, 1885, S. 51.

34 Ludwig Meinardus, „Klassizität und Romantik in der deutschen Tonkunst, Vortrag, gehalten am 2. November 1892 in öffentlicher Sitzung der Königlichen Akademie gemeinnütziger Wissenschaften zu Erfurt", In: *Jahrbücher der königlichen Akademie gemeinnütziger Wissenschaften zu Erfurt*, (1893), S. 306.

35 Ludwig Meinardus, „Klassizität und Romantik in der deutschen Tonkunst, S. 307.

36 Die Beispiele sind Legion aus der Musikforschung im allgemeinen wie der Wagner-Forschung im besonderen: 1904 widmet Guido Adler das zweite Kapitel seiner Vorlesungen über: Richard Wagner, Vorlesungen gehalten an der Universität zu Wien, Leipzig: Breitkopf & Härtel, S. 9, dem „Romantiker": „Unter den mannigfach verschlungenen Erscheinungen und Kunstschulen, welche innerhalb der großen Epoche der Renaissance hervortreten, steht Wagners Kunst von dem Zeitpunkte, da er seines wahren Wesens inne wird, von der Periode, seit der er – wie er sagt – aus seiner innern Anschauung schuf (das ist vom »Fliegenden Holländer«) auf dem Boden der Romantik." 1906 veröffentlichte Hans von Wolzogen eine Monographie über: E. T. A. Hoffmann und Richard Wagner, Harmonien und Parallelen, Berlin: Neelmeyer, die auf den Aufsatz aus den *Bayreuther Blättern* zurückgeht: E. T. A. Hoffmann, der deutsche Geisterseher, *Bayreuther Blätter*, 16–18 (1893–1895), den Wolzogen bereits in der Zeit vom Dezember 1885 bis März 1886 geschrieben hatte. 1916 erschien ein Buch Arthur Kießlings unter dem einschlägigen Titel: Richard Wagner und die Romantik. – In der achten Auflage von Bernhard Kothes „Abriss der allgemeinen Musikgeschichte", Hrsg. v. Rudolf Procházka, Leipzig: Leuckart, 1909, S. 247, heißt es: „Die Nachklassiker Schubert, Weber, Mendelssohn und Schumann, dann Chopin und Berlioz bilden Höhepunkte dieser mit reichbegabten Talenten gesegneten E p o c h e   d e r R o m a n t i k, die dann zur sog. neudeutschen (neuromantischen) Schule mit ihren Häuptern Liszt und Wagner, als vorläufig letzten Gipfel des tonkünstlerischen Schaffens führt." – Am Ende von Martin Ehrenhaus' Beitrag zur „Operndichtung der deutschen Romantik", Breslau: Hirt, 1911, S. 94, erscheint Richard Wagner als „der Vollender der Operndichtung der deutschen Romantik". – Auch in der nationalistischen, von „Stamm" und „Rasse" redenden Musikgeschichte Walter Niemanns, „Die Musik der Gegenwart", Berlin: Schuster & Loeffler, 1913, S. 3, ist Wagner die „höchste Erfüllung" der Romantik.

37 Karl Heinz Bohrer, Die Kritik der Romantik, Der Verdacht der Philosophie gegen die literarische Moderne, Frankfurt a. M.: Suhrkamp, 1989, S. 251.

38 Karl Heinz Bohrer, Die Kritik der Romantik, S. 278.

39 Edgar Istel, Die Blütezeit der musikalischen Romantik in Deutschland, Leipzig: Teubner, 1909.

40 Werner Hilbert, Die Musikaesthetik der Frühromantik, Fragment einer wissenschaftlichen Arbeit, Remscheid: Schmidt, 1911, S. 41.

41 Werner Hilbert, Die Musikaesthetik der Frühromantik, S. VIII f.

42 Werner Hilbert, Die Musikaesthetik der Frühromantik, S. 44.

43 Arnold Schering, „Aus den Jugendjahren der musikalischen Neuromantik", In: *Jahrbuch der Musikbibliothek Peters*, 24 (1917), S. 45–64. – Arnold Schering, „Kritik des romantischen Musikbegriffs", In: Jahrbuch der Musikbibliothek Peters, 44 (1937), S. 9–28.

44 Walter Benjamin, Der Begriff der Kunstkritik in der deutschen Romantik, Bern: Francke, 1920 (Neue Berner Abhandlungen zur Philosophie und ihrer Geschichte, Hrsg. v. Richard Herbertz, Fünftes Heft).

45 Gustav Becking: „Zur musikalischen Romantik", In: *Deutsche Vierteljahrsschrift für Literaturwissenschaft und Geistesgeschichte*, 2 (1924) 3, S. 581–615.
46 Arnold Schmitz, Das romantische Beethovenbild, Darstellung und Kritik, Berlin und Bonn: Dümmler, 1927, Nachdruck: Darmstadt: Wissenschaftliche Buchgesellschaft, 1978, S. 1.
47 Arnold Schmitz, Das romantische Beethovenbild, S. V.
48 Martin Wehnert, „Romantik und romantisch", In: Die Musik in Geschichte und Gegenwart, Allgemeine Enzyklopädie der Musik begründet von Friedrich Blume, Zweite, neubearbeitete Auflage, Hrsg. v. Ludwig Finscher, Sachteil, 21 Bde., Bd. 8, Kassel und Stuttgart [u.a.]: Bärenreiter und Metzler, 1998, Sp. 475 f.
49 Arnold Schmitz, Das romantische Beethovenbild, S. V.
50 Arnold Schmitz, Das romantische Beethovenbild, S. 1.
51 Arnold Schmitz, Das romantische Beethovenbild, S. 7.
52 Arnold Schmitz, Das romantische Beethovenbild, S. 9.
53 Martin Wehnerts MGG-Artikel „Romantik und romantisch" bleibt vor allem deshalb hinter dem eigenen kritischen Anspruch und dem derzeitigen Forschungsstand zur „Romantik" zurück, weil er die kritisch-reflexive und poetisch-phantastische Seite der „romantischen" Musikanschauung unterschlägt. Das fehlende philosophische Verständnis für die „Romantik" im allgemeinen und die „romantische" Musikanschauung im besonderen wird in Wehnerts Artikel z.B. durch die gänzliche Abwesenheit der zentralen ästhetischen Kategorie des „romantischen Humors" dokumentiert, über die Wehnert kein wesentliches Wort verliert.
54 S. Werner Braun, Das Problem der Epochengliederung in der Musik, Darmstadt: Wissenschaftliche Buchgesellschaft, 1977.
55 Peter Rummenhöller, Romantik in der Musik, Analysen, Portraits, Reflexionen, Kassel [u.a.]: Bärenreiter, dtv, 1989, S. 9.
56 Friedrich Blume, „Romantik", In: Die Musik in Geschichte und Gegenwart, Allgemeine Enzyklopädie der Musikwissenschaft, Hrsg. v. Friedrich Blume, 16 Bde., Bd. 11., Kassel: Bärenreiter, 1963. Sp. 785.
57 Carl Dahlhaus, Die Musik des 19. Jahrhunderts, Wiesbaden: Athenaion, Laaber: Laaber Akademische Verlagsanstalt, 1980, S.13.
58 Martin Wehnert, „Romantik und romantisch", Sp. 492 ff.
59 Friedrich Blume, „Romantik", Sp. 785.
60 Carl Dahlhaus, Die Musik des 19. Jahrhunderts, S. 21.
61 Carl Dahlhaus, Die Idee der absoluten Musik, 2. Auflage, Kassel: Bärenreiter, 1987, S. 8 f.
62 Rudolf Schäfke, Geschichte der Musikästhetik in Umrissen, Zweite Auflage mit einem Vorwort von Werner Korte, Tutzing: Schneider, 1964, S. 326.
63 Peter Rummenhöller, Romantik in der Musik, S. 10 f.
64 Christian Friedrich Michaelis, Ueber den Geist der Tonkunst mit Rücksicht auf Kants Kritik der ästhetischen Urteilskraft, Ein ästhetischer Versuch, 2 Bde., Leipzig: Schäfer, 1795 und 1800.
65 Arno Forchert, Studien zum Musikverständnis im frühen 19. Jahrhundert, Voraussetzungen und Aspekte zeitgenössischer Deutung instrumentaler Musikwerke, (Habil. mschr.) Berlin (FU), 1966.
66 S. Carl Dahlhaus, Die Idee der absoluten Musik, S. 68.

[67] Eduard Hanslick, Vom Musikalisch-Schönen, Ein Beitrag zur Revision der Aesthetik der Tonkunst, Historisch-kritische Ausgabe, 2 Tle., Teil 1, Hrsg. v. Dietmar Strauss, Mainz [u.a.]: Schott, 1990, S. 45, 52, 91.

[68] Albrecht v. Massow, „Absolute Musik", In: Handwörterbuch der musikalischen Terminologie, Hrsg. v. Hans Heinrich Eggebrecht, Stuttgart: Steiner, 1994, S. 5.

Anhang I

Schumanns Gebrauch der Worte „romantisch" und „Romantik"

Robert Schumann: Tagebücher. Bd. I. 1827–1838. Hrsg. v. Georg Eismann. Leipzig: Deutscher Verlag für Musik, 1971. Basel und Frankfurt a. M.: Stroemfeld/Roter Stern, o.J.

[1] „Sonntags d. 17ten May: ... – St. Lorch sehr romantisch – ...
Boppard sehr romantisch – große Biegung des Rheins – ich einsam auf dem Verdecke – Schloß Liebenek – die herrlichste Poesie von Rh.[ein] Braubach mit d. Marksburg – die untergehende Sonne u. der Mond hinter der Burg – Silber- und Goldwellen im Osten u. Westen – ..." (Tagebuch 2 – Reisenotizen: 1827–1829: Reise nach Heidelberg, 11.05.–28.05.1829. S. 48)

[2] „Die Schubertschen Variationen sind das vollendetste romantische Gemälde, ein vollkommener Tonroman – Töne sind höhere Worte.
... Die Schubertschen Variationen verhalten sich zum Wilhelm Meister, wie überhaupt (zum) Ton zum Wort; beyde sind aber das Non plus ultra der Romantik. Ton ist überhaupt componirtes Wort. Die Schubertschen Variationen sind überhaupt ein componirter Roman Göthe's, den er noch schreiben wollte." (Tagebuch 3 – Hottentottiana: 1828–1830: Notizen 29.05.–22.08.1828. S. 96)

[3] „Polonaisen von Schubert – lauter aufbrechende Gewitterstürme mit romantischen Regenbogen über feierlich-schlum[m]ernde Welten." (Tagebuch 3 – Hottentottiana: 1828–1830: Notizen 29.05.–22.08.1828. S. 119)

[4] „Donnerstag am 27sten Aug. – Um 5 Uhr aufgestanden – Sonnenaufgang mittelmäßig – Unbändige Kälte – die eingehüllten Engländerinnen – Kaffee – den Rigi heruntergescherzt – herrlich-romantischer Weg – das kalte Bad – Aussicht nach Waggis u. d. Vier-waldstättersee – ..." (Tagebuch 4 – Reisenotizen II: 1829/30: Reise in die Schweiz und nach Italien, 20.08.–20.10.1829. S. 249)

[5] „Die Polonaisen von Schubert höchste romantische Schwärmerey –" (Tagebuch 6 – Leipziger Lebensbuch I: 11.05.–23.08.1831. S. 333)

[6] „Achter Juny. Mittwoch.
... Wieck und Clara sind sehr romantische Figuren. Etwas Paganinisches müßte mit einfließen.
Von heute an will ich meinen Freunden schönere, passendere Namen geben. Ich tauf' Euch daher folgendermaßen: Wieck zum Meister Raro – Clara [Wieck] zur Cilia – Christel zur Charitas – Lühe zum Rentmeister Juvenal – Dorn zum Musikdirector – Semmel zum Justitiar Abrecher – Glock zur medicinischen alten Muse – Rent zum Studiosus Varinas – Rascher zum Student Fust – Probst zum alten Maestro – Flechsig zum Jüngling Echomein –
Sechs Einsylbige und fünf Zweysilbige Freunde!

Tretet denn näher u. betragt Euch schön romantisch!" (Tagebuch 6 – Leipziger Lebensbuch I: 11.05.–23.08.1831. S. 339)

[7] „Dorn und Wieck wollen im Concert [Gemeint ist das 1830 in Heidelberg begonnene und in Leipzig fortgesetzte, aber unvollendet gebliebene Klavierkonzert] einen Field'schen Charakter legen, der mir durchaus fremd ist. Ohne eine Idee des Vergleichs mich mit ihm einzulassen, meinte Florestan, so sind doch in deinem mehr Gestalten und redende Charaktere; auch Anordnung und Gestalt (Form) wären anders. Beym Himmel! könnt' ich erwidern, dies scheint mir wie das erste in meinem Styl geschrieben, der sich zum Romantischen neigt." (Tagebuch 6 – Leipziger Lebensbuch I: 11.05.–23.08.1831. S. 361)

Robert Schumann: Tagebücher. Bd. II 1836–1854. Hrsg. v. Gerd Nauhaus. Leipzig: Deutscher Verlag für Musik, 1987. Basel und Frankfurt a. M.: Stroemfeld/Roter Stern, o.J.

[8] (Clara): „July 1841 ... *Bastei* ... Amselgrund ... Der Wasserfall machte mir viel Vergnügen, später aber der beim Kuhstall noch mehr, denn er ist großartiger und noch romantischer gelegen. Hier blieben wir lange sitzen, indem ein Wasserfall vom Himmel herab kam, der freilich der großartigste war. Das hatte ich mir gewünscht, gerade in diesem Grunde – etwas Donner und Blitz hätte ich wohl auch noch gemocht. –" (Tagebuch 12 – Ehetagebuch I (Robert und Clara Schumann), 12.09.1840–08.07.1841. S. 172)

[9] (Clara): „Januar 1844 ... Die Reise nach Königsberg war den ersten Tag hindurch höchst langweilig, schlechte Gegend, lauter Sand, doch
d. 29ten Montags wurde sie etwas interessanter durch die Fahrt mit Sack und Pack über die Weichsel auf dem Eise, später durch die Ansicht von der Nogat aus auf Marienburg, daß sehr hübsch romantisch auf einer Höhe liegt." (Tagebuch 15 – Ehetagebuch III. 2. Teil: 25.01.–31.05.1844. S. 317)

[10] (Robert): „... Reise zum Beethovenfest ...
Sonntag d. 3ten August ... – das Schwarzburgische – romantisches Thal – Rudolstadt zwischen den Bäumen versteckt sehr lieblich ...
Montag d. 4ten August ... – Schwarzburg, schön romantisch, aber unheimlich – schön für den Mahler ..." (Tagebuch 17 – Reisenotizen VII: Bonn/Thüringen 1845. 31.07.–12.08.1845. S. 393)

[11] „Sehr gut erinnere ich mich einer Stelle in einer meiner Compositionen (1828), von der ich mir sagte, sie sei romantisch, wo (mir) ein vom der alten Musik(charakter) abweichender Geist sich mir eröffnete, ein neues poetisches Leben sich mir zu erschließen schien (es war das Trio eines Scherzo eines Clavierquartettes)." (Tagebuch 18 – 1. Teil: 09.03.–01.06.1846 und Anhang. S. 402)

Jugendbriefe von Robert Schumann. Nach Originalen mitgetheilt von Clara Schumann. Leipzig: Breitkopf und Härtel, 1885.

[12] „Nach diesem ziemlich prosaischen Abstecher, sieh' mich auf die Wasserdiligence steigen, um nach Coblenz zu fahren. Döring in Frankfurt hatte mir ein schönes Panorama des Rheins geschenkt, so daß ich mich im bloßen Kopfe, die Cigarre im Munde, das Panorama in den Händen und die Lorgnette vor den Augen auf dem Verdecke sitzend recht gut ausnahm. Kein Gott kann Dir die Gegenden mit ihren romantischen kühnen Vesten und Burgen beschreiben; drum spar' ich mir die Namen der Uferstädte

und Rheinschlösser, an denen ich schnell, wie im Traume vorüberflog." (Brief an die Mutter. Heidelberg, 25.05.1829. S. 54)

[13] „Einen schönen Genuß gewährte mir neulich die Lectüre von Eugen Aram von Bulwer, der den guten Brüdern goldne Berge bringen möchte. Da der Roman thatsächlich ist, so wird Dich Deine Scheu gegen alles Neuromantische nicht abhalten ihn kennen zu lernen." (Brief an die Mutter. Leipzig, 28.06.1833. S. 212)

Clara und Robert Schumann: Briefwechsel. Kritische Gesamtausgabe. Hrsg. v. Eva Weissweiler. III Bde., Bd. I. 1832–1838. Basel und Frankfurt a. M.: Stroemfeld/Roter Stern, 1984.

[14] (Robert): „– Liebe Clara, die letzte Seite Deines Briefes hat mich recht auf die Erde versetzt und ich möchte alle Spießbürger umarmen. Du hättest es aber auch romantischer ausdrücken können; jedes Wort wird mir schwer, das ich darauf antworten muß, während's sonst ganz anders war. Wie gesagt, Dein Vater führte Dir die Feder; die Kälte jener Zeilen hat etwas mörderisches und mich ganz niedergedrückt. Und nun auch, daß Du so gar wenig von meinem Ring hälst – seit gestern hab ich Deinen auch gar nicht lieb mehr u. trag ihn auch nicht mehr. Mir träumte, ich ging an einem tiefen Waßer vorbei, da fuhr mir's durch den Sinn und ich warf den Ring hinein – da hatte ich unendliche Sehnsucht, daß ich mich nachstürzte –" (39. An Clara Wieck. Leipzig, 28.11.1837. S. 48)

[15] (Robert): „Montag früh 6 Uhr ... Auch die Laidlaw ist dort [Paris]; sie schrieb mir aus Dorpat »Russia is not a place for romantic people« – und will deshalb im Sommer nach Leipzig kommen ..." (49. An Clara Wieck. Leipzig, 15.04.1838 [13.04.1838]. S. 144)

[16] (Robert): „Sonnabend am 21sten ... Von Krägen hab ich eben einen Brief – er schreibt mir viel Schönes über die Phantasiestücke und schwärmt ordentlich nach seiner Art darin – die »Nacht« wäre »groß und schön« schreibt er und sein Liebstes; mir beinahe auch. Später als ich fertig war, hab ich zu meiner Freude die Geschichte von »Hero und Leander« darin gefunden. Du kennst sie wohl. Leander schwimmt alle Nächte durch das Meer zu seiner Geliebten, die auf dem Leuchtthurm wartet, mit brennender Fackel ihm den Weg zeigt. Es ist eine alte schöne romantische Sage. Spiel ich die »Nacht« so kann ich dies Bild nicht vergessen – erst wie er sich in's Meer stürzt – sie ruft – er antwortet – er durch die Wellen glücklich an's Land – nun die Cantilene, wo sie sich in Armen haben – dann, wie er wieder fort muß, sich nicht trennen kann – bis die Nacht wieder alles in Dunkel einhüllt – Freilich denke ich mir da die Hero genau wie Dich und säßest Du auf einem Leuchtthurm, ich würde wohl auch schwimmen lernen noch. Sage mir doch, ob auch Dir dies Bild zur Musik paßt." (49. An Clara Wieck. Leipzig, 21.04.1838 [13.04.1838]. S. 154)

[17] (Robert): „Eine große Erscheinung ist diese Woche an mir vorübergegangen. Du wirst den Namen in der Ztschrift gelesen haben – Hirschbach. Er ist im Augenblick hier u. hat viel Faustisches, Schwarz-Künstlerisches. Vorgestern machten wir Quartette von ihm; im Satz mangelhaft, in der Erfindung, im Streben das *Ungeheurste*, was mir bis jetzt vorgekommen. In der Richtung einige Aehnlichkeit mit mir. Seelenzustände. Doch ist er viel leidenschaftlicher, /tragischer/ als ich. Die Formen *ganz neu*, eben so die Behandlung des Quartetts (Violinen). Einzelnes hat mich im Tiefsten gepackt. Die kleinen Fehler überhört man bei solcher ordentlich überstürzenden Phantasie ... Die

Quartetten sind Scenen aus Faust. Jetzt hast Du ein Bild. Dabei oft tiefste Romantik, bei aller Einfachheit u. rührender Wahrheit. Ich glaube, er ist Jude, aber der Kühnste und phantasiereichste; Mendelssohn ist ein Kind daneben." (65. An Clara Wieck. Leipzig, 13.07.1838. S. 201 f.)

[18] (Robert): „Ich bin heute so romantisch, komme mir ordentlich verklärt vor, als säß' ich auf dem Regenbogen, der eben am Himmel stand, und könnte alle kleinen Schmerzen und Kleinlichkeiten der Welt unter mir vorüberziehen sehen und laßen. Das sind schöne Tage, ganz von Deinem Bild erfüllt. Mit Dir träum' ich u. lebe da." (79. An Clara Wieck. Leipzig, Ende August 1838. S. 227)

[19] (Robert): „Auch komponirt hab' ich – ein Maulthiertreiber lied, sehr romantisch – zu hören – C Dur – Zweivierteltact." (80. An Clara Wieck. Leipzig, 31.08.1838. S. 229)

[20] (Clara): „Fink hat im vorigen Blatt einen wüthenden Aufsatz über die neuromantische Schule geschrieben." (97. An Robert Schumann. Leipzig, 21.10.1838 [08.10.1838]. S. 267)

[21] (Clara): „Vorgestern spielt ich bei David das *Fmoll* Quartett von Prinz Louis, das wirklich hübsch componirt ist und oft einen romantischen Anstrich bek[ö]ommt." (100. An Robert Schumann. Leipzig, 30.10.1838 [28.10.1838]. S. 280)

[22] (Robert): „Im August bist Du vielleicht noch in England. Ich komme, ich entführe Dich nach dem Dorf auf der Schottischen Gränze [Gretna Green], wo jedes Paar getraut wird, das sich liebt, und Dein Vater würde dadurch gewiß äußerst überrascht. Banck hat gar nicht so unrecht mit seinem Vorschlag. Hätte ich nur eine etwas Romantischere Braut! Aber Du bist ja zu legitim, und Du kömmst mir in Deiner Liebe zu Deinem V. manchmal etwas – (Ich [hücke] bücke mich schon) – etwas zu sentimental vor; Du liebst Deinen V. etwas zu sentimental, wollte ich sagen. – – – Ich bin eifersüchtig." (105. An Clara Wieck. Wien, 03.12.1838 [01.12.1838]. S. 308)

Clara und Robert Schumann: Briefwechsel. Kritische Gesamtausgabe. Hrsg. v. Eva Weissweiler. III Bde., Bd. II. 1839. Basel und Frankfurt a. M.: Stroemfeld/Roter Stern, 1987.

[23] (Robert): „Liebe Klara, eine Bemerkung erlaubst Du mir wohl: Du spielst oft denen, die noch gar *nichts von mir kennen*, den Carneval vor – wären dazu die Phantasiestücke nicht beßer? Im Carneval hebt immer ein Stück das andere auf, was nicht Alle vertragen können; in den Phantasiestücken kann man sich aber recht behaglich ausbreiten – doch thue nur wie Du willst! Ich denke mir manchmal, was Du als Mädchen selbst bist, achtest Du an der Musik vielleicht zu wenig, nähmlich das Trauliche, Einfach Liebenswürdige, Ungekünstelte. Du willst am liebsten Sturm und Blitz gleich und immer nur Alles neu und nie dagewesen. Es gibt auch alte und ewige Zustände und Stimmungen, die uns beherrschen. Das Romantische liegt aber nicht in den Figuren oder Formen; es wird ohnehin darin sein, ist der Komponist nur überhaupt ein Dichter. Am Clavier und mit einigen Kinderscenen wollte ich Dir dies Alles noch beßer beweisen." (119. An Clara Wieck. Wien, 26.01.1839 [24.01.1839]. S. 367 f.)

[24] (Robert): „....; doch bekömmt er [Mechetti] noch (die) Leichenphantasie, die ich aber »*Nachtstücke*« nennen will, u. dann einen »*Faschingsschwank aus Wien*, ein romantisches Schaustück« – ..." (144. An Clara Wieck. Prag, 07.04.1839. S. 474)

[25] (Clara): „Gestern hab ich Hellers Compositionen durchgespielt so wie Kalkbrenner neuesten Etuden. Heller hat zuweilen einen guten Gedanken, und hält er nicht lange

an, er verfällt gleich in die Langweiligkeit, und dann ist er aber auch unerträglich langweilig, oft scheint es mir auch als *wolle* er romantisch sein, und das hasse ich ganz schrecklich." (184. An Robert Schumann. Bougival, 27.06.1839. S. 597)

[26] (Clara): „Ich lieb die Park's eigentlich gar nicht, doch wer sollte Versailles nicht sehen! ich ging auch blos wegen der Wasser hin die sich ganz entzückend romantisch ausnehmen." (192. An Robert Schumann. Bougival, 10.07.1839. S. 633)

[27] (Clara): „Heute Vormittag waren wir zu Fuß in St. Germain. Das Schloß daselbst gefiel mir außerordentlich, und ist schon sehr alt; wenn man so hinauf sieht, da denkt man sich ein Burg Fräulein drinnen und wohl auch einen Geliebten, überhaupt d[a]ie alte Zeit kann man sich so gut vergegenwärtigen, was ich denn auch heute that, und [mich] ganz eigene Gefühle [befielen]/über mich kamen/ – die alte Zeit hat doch auch so viel Romantisches." (193. An Robert Schumann. Bougival, 12.07.1839. S. 638)

[28] (Robert): „Ich bin auch dabei, daß wir den Knoten durchhauen, überhaupt bei Allem, was Dir lieb und recht ist. Nämlich *bei der Trauung in Frankreich* ...Dein Vater zwingt uns zum Romantischen, und es soll ihm werden." (201. An Clara Wieck. Leipzig, 27.07.1838. S. 661)

[29] (Robert): „Eben fällt mir ein: willst Du, daß ich zu Dir in Deinen Gasthof in A. kommen soll, so schreib mir nur ein Wort und schick' es mir. Alles was Du willst! Du wirst mir doch nicht gar durch A. gehen, ohne mich gesehen zu haben? Im Fremdenbuch in A. schreib Dich als »Josephine Wieck aus Weimar« ein – der Vorsicht wegen! Ein wenig verstohlene Romantik lieb ich doch immer noch. –" (212. An Clara Wieck. Leipzig, 10.08.1839. S. 689)

[30] (Robert): „Weber ist Musiklehrer und heißt Ernst mit Vornamen. Du schreibst wohl vorher an ihn. Er ist ein Mord Romantiker, seinen Compositionen nach. –" (255. An Clara Wieck. Leipzig, 30.10.1839. S. 771)

Robert Schumanns Briefe. Neue Folge. Hrsg. v. F. Gustav Jansen. Zweite vermehrte und verbesserte Auflage. Leipzig: Breitkopf & Härtel, 1904.

[31] „– Die Davidsbündler geben nicht oft, aber leidliches: im Augenblick arbeiten Sie an größeren Skizzen, die sich genau (schon historisch) an einander reihen und aufeinander beziehen. – – Die letzte Sinfonie von Beethoven (als Wendepunkt der classischen zur romantischen Periode) – Franz Schubert – Mendelssohn – Chopin – Ich bin aber vorsichtig, fast ängstlich und werde noch ein paar Wochen zurückhalten." (45. An Dr. Töpken. Leipzig, 18.08.1834. S. 52)

[32] „Der Davidsbund ist nur ein geistiger romantischer, wie Sie längst gemerkt haben. Mozart war ein eben so großer Bündler, als es jetzt Berlioz ist, Sie es sind, ohne gerade durch Dipolm dazu ernannt zu sein. Florestan und Euseb ist meine Doppelnatur, die ich wie Raro gern zum Mann verschmelzen möchte. Das andere darüber steht in der Zeitung." (75. An Heinrich Dorn, Capellmeister in Riga. Leipzig, 14.09.1836. S. 78)

[33] „Die Zeit Ihres Aufenthaltes hier wird mir stets eine recht schöne Erinnerung bleiben, und daß dies wahr ist, was ich schreibe, werden Sie noch klarer in acht Phantasiestücken für Pianoforte finden, die bald erscheinen und Ihren Namen an der Stirne tragen. Um Erlaubnis einer Dedicace habe ich zwar nicht besonders angefragt; aber sie gehören Ihnen – und das ganze Rosenthal mit romantischem Zubehör steht in der Musik." (92. An Miß Anna Robena Laidlaw in Königsberg. Leipzig, 19.08.1837. S. 90)

[34] „Und nun noch eine [Bitte] – Clara Wieck wird im Augenblick wohl schon bei Ihnen sein. Sie werden Sie sehen, bewundern und lieben. Wollen Sie mich nicht so schnell wie möglich auf directem Wege durch die Post immer benachrichtigen, ob sie in Wien durchdringt als Romantikerin, wie sie und ihre Concerte aufgenommen werden – wahr und unparteiisch, daran liegt mir." (108. An Joseph Fischhof in Wien. Leipzig, 04.12.1837. S. 104)

[35] „Eben heute, als ich zufällig einen Bestellzeddel meiner sämmtlichen Claviercompositionen in die Hände bekam, worauf allein die Florestan-Eusebiusche Sonate [fis-Moll] fehlte, fiel mir ein, ob es nicht für Sie wie für mich vortheilhafter wäre, wenn Sie einen neuen Titel mit dem wahren Namen ohne romantischen Beisatz anfertigen ließen ..." (489. An Fr. Kistner. Leipzig, 07.02.1838. S. 423)

[36] „Möchte Ihnen die Verbindung, in die ich Ihr gütig überlassenes schönes Gedicht in den beifolgenden mus. Zulagen gebracht, keine ganz unerfreuliche scheinen. Namentlich hat mich auch Mendelssohns Lied [»das Waldschloß«] in seiner tiefromantischen Bedeutung und zarten Leichtigkeit ganz beglückt." (116. An L. Spohr. Leipzig, 09.02.1838. S. 111)

[37] „Ich bin im J. 1810 geboren; von meinen früheren Versuchen (ich fing schon im 7 ten Jahr an) hab' ich nichts herausgegeben; dann schrieb ich in folgender Ordnung: ... 1839. Blumenstück. – Humoreske. – Anfang eines Concertes, und eine große romantische Sonate.
Bei der letzteren bin ich soeben, und es zieht mich ans Clavier, sie zu vollenden." (150. An Simonin de Sire. Wien, 15.03.1839. S. 150)

[38] „Mozart und Haydn kannten Bach nur seiten- und stellenweise, und es ist gar nicht abzusehen, wie Bach, wenn sie ihn in seiner Größe gekannt, auf ihre Produktivität gewirkt haben würde. Das Tiefcombinatorische, Poetische und Humoristische der neueren Musik hat ihren Ursprung aber zumeist in Bach: Mendelssohn, Bennett, Chopin, Hiller, die gesammten sogenannten Romantiker (die Deutschen mein' ich immer) stehen in ihrer Musik Bach'en weit näher als Mozart, wie diese denn sämmtlich auch Bach auf das Gründlichste kennen, wie ich selbst im Grund tagtäglich vor diesem Hohen beichte, mich durch ihn zu reinigen und stärken trachte ... Bach'en ist meiner Ueberzeugung überhaupt nicht beizukommen; er ist incommensurabel." (186. An Keferstein. Leipzig, 31.01.1840. S. 177 f.)

[39] „Im Neuromantiker steckt viel guter Wille; aber die Composition ist freilich äußerst schwach ... sie können auch den 2ten Theil davon haben; auch das ganze Buch schickt ihnen der Verfasser wohl mit Vergnügen, wenn sie ihm vielleicht einige Zeilen in der Literaturzeitung gönnen wollten." (194. An Keferstein. Leipzig, 29.02.1840. S. 187)

[40] „So hat denn die Composition [Paradies und Peri] auf viele Einzelne wohl gewirkt – die Romantik, der orientalische Charakter war nicht ganz zu zerstören; im Ganzen ist sie aber nicht in ihrer Totalwirkung verstanden worden." (298. An Franz Brendel in Leipzig. Berlin, 20.02.1847. S. 266)

[41] „Wer ist der Magdeburger [C. Kretschmann, Oberlandesg.-Auscultator], von dem ich in der letzten Nummer las [»Romantik in der Musik«, *Neue Zeitschrift für Musik*, 29 (1848), S.1 ff. und S. 9 ff.]? Franz ist darin ganz trefflich charakterisirt, wie er überhaupt viel Schönes und Gutes enthält. Nur bei Meyerbeer und Gade möchte ich Fragezeichen machen; jenem ist zu viel Ehre, diesem zu wenig geschehen. Wie dem sei, Kenntniß, eigene Anschauungskraft, wahrhaft warme Theilnahme an der Fragestellung

unserer Kunst zeichnen den Verfasser jedenfalls aus. Wer ist er? –" (An Franz Brendel. Dresden, 03. [05.] 07. 1848. S. 286)

Robert Schumann. Musikalischer Nachlaß 3. Staatsbibliothek zu Berlin. Preußischer Kulturbesitz. Musikabteilung. Zuerst veröffentlicht von: Wolfgang Boetticher. Robert Schumann. Einführung in Persönlichkeit und Werk. Beiträge zur Erkenntniskritik der Musikgeschichte und Studien am Ausdrucksproblem des 19. Jahrhunderts. Berlin: Hahnefeld, 1941. S. 352.

[42] „Siehst du Truhn, so grüß ihn. Frag ihn wann er seinen Aufsatz über die Neu Romantischen anfangen will und ob er mir ihn dann nicht vor dem Druck mittheilen könnte, und ich ihm dann meine Bemerkungen anhängen wollte." (Brief an Clara Schumann. Leipzig, 10.01.1840)

[43] „Was spielen Sie den Amerikanern? Chopin? Romantisches?" (Brief [Einlage] an Clara Schumann. Leipzig, 16.02.1840)

[44] „Hier als schüchterne Belohnung für Deine zwei letzten Briefe etwas. Die Lieder sind meine ersten gedruckten, also kritisiere sie mir nicht zu stark. Wie ich sie componierte, war ich ganz in Dir. Du romantisches Mädchen verfolgst mich doch mit Deinen Augen überall hin, und ich denke mir oft, ohne solche Braut kann man auch keine solche Musik machen, womit ich aber Dich besonders loben will ... Und Lieder bald mehr. Des Hauptmanns Weib scheint mir recht frisch, auch romantisch." (Brief an Clara Schumann. Leipzig, 13.03.1840)

[45] „Der Eichendorf'sche Cyklus ist wohl mein aller Romantischstes und es steht viel von Dir darin, von meiner lieben theuren Braut." (Brief an Clara Schumann. Leipzig, 22.05.1840)

Gesammelte Schriften über Musik und Musiker von Robert Schumann. Hrsg. v. Martin Kreisig. 2 Bde., 5. Auflage, mit den durchgesehenen Nachträgen und Erläuterungen zur 4. Auflage und weiteren. Leipzig: Breitkopf & Härtel, 1914.

1834 und früher

[46] „Anders als die, die immer über Genialitätsfrechheit, Verachtung aller geachteten Formen, neuromantisches Rolandswüten schreien, finde ich [Florestan] in der neuen Musik eher etwas Gedrücktes, Schmerzhaftes, Halbwahres, das der alten freilich fremd war. Auch ich meine das, fuhr Raro fort, ich bin übrigens kein Anbeter des allzu Antiken;" (29. Der Davidsbündler. II. Bd. II. S. 269; erschien im Beiblatt „Zeitung für Reisen und Reisende" des *Kometen* am 7. und 14.12.1833 und 12.01.1834)

[47] „Später nahmen Karl Maria von Weber und einige Ausländer den Königsthron ein. Als aber auch diese abgetreten, verwirrten sich die Völker mehr und mehr und wenden und strecken sich nun in einem unbequemen klassisch-romantischen Halbschlaf. –" (3. Aus den kritischen Büchern der Davidsbündler. I. Studien für das Pianoforte von J. R. Hummel. Werk 125. 1. Bd. 1. S. 9)

[48] „So hoch ich Deine Gesinnung schätze, jeder Erscheinung ihre Stelle anzuweisen, so halt' ich Dich [Eusebius] doch für einen verkappten Romantiker – nur noch mit etlicher Namensscheu, welche die Zeit wegspülen wird." (3. Aus den kritischen Büchern

der Davidsbündler. I. Studien für das Pianoforte von J. R. Hummel. Werk 125. 2. Bd. 1. S. 10)

[49] „Rezensenten ... Daß sich in der Musik, als romantisch an sich, eine besondere romantische Schule bilden könne, ist schwerlich zu glauben. – Fl." (6. Aus Meister Raros, Florestans und Eusebius' Denk- und Dichtbüchlein. Bd. 1. S. 26)

[50] „Schon lange hatten sich in ihrem Schoße geheime Parteien gebildet; ja hatten sich nicht vor der Türe des Regimentsobertambours Fresser (eines offenen Romantikers) in der Walpurgisnacht ganze Gruppen blasender und streichender Anhänger gestellt, um mit ihrem Chef zum Hause des Oberbälgetreters Kniff (der als Oberhaupt der andern Partei zu betrachten) zu ziehen, selbigem die »Femrichter«-Ouvertüre u.a. Possen aufzuführen, während Kniff die zum »Kalif von Bagdad« anstimmen ließ zur Gegenwehr ... Lippe, der Lafont und Hunderte in Paris frisiert und zuletzt auf dem Schub von da in seine Heimat zurücktransportiert wurde, der durchtriebenste Windbeutel, der Fressers Tochter die Cour machte, während er beim Kniff versicherte: er wolle alle Fresserschen Romantiker sengen und brennen, wie sie's verdienten." (6. Aus Meister Raros, Florestans und Eusebius' Denk- und Dichtbüchlein. Der Stadt- und Kommunalmusiverein zu Kyritz. Lustige Begebenheit von Florestan. Bd. 1. S. 32 f.)

1835

[51] „Einen Zug der Beethovenschen Romantik, den man den provenzalischen nennen könnte, bildete Franz Schubert im eigensten Geist zur Virtuosität aus. Auf diese Basis stützt sich, ob bewußt oder unbewußt, eine neue noch nicht völlig entwickelte Schule, von der sich erwarten läßt, daß sie eine besondere Epoche in der Kunstgeschichte bezeichnen wird.
Ferdinand Hiller gehört zu ihren Jüngern, zu ihren merkwürdigsten Einzelheiten." (9. Ferdinand Hiller. I. Bd. 1. S. 42)

[52] „Sie [die Vorzüge] sind: Phantasie und Leidenschaft (nicht Schwärmerei und Begeisterung, wie etwa bei Chopin), beide in ein romantisches Clair-obscur eingehüllt, das sich vielleicht später zur Verklärung erheben wird; denn er hüte sich vor dem nächsten Schritt, über den hinaus Gnomen und Kobolde zu wirtschaften anfangen, und denke an die Ouvertüren zum »Sommernachtstraum« und zu den »Hebriden« (die sich etwa wie Shakespeare und Ossian zueinander verhalten), in welchen der romantische Geist in solchem Maße schwebt, daß man die materiellen Mittel, die Werkzeuge, welche er braucht, gänzlich vergißt. Dennoch bewegt sich Hiller im Abenteuerlichen und Feenhaften, wenn auch nicht so poetisch fein wie Mendelssohn, doch immer sehr glücklich, und die 2., 17., 22., 23. Studie gehören, wie zu den gelungenen in der ganzen Sammlung, zu dem Besten überhaupt, was seit der F-moll-Sonate von Beethoven und anderem von Franz Schubert, welche dieses Wunderreich zuerst erschlossen zu haben scheinen, geschrieben worden ist." (9. Ferdinand Hiller. II. Bd. 1. S. 45 f.)

[53] „Alles hätte ich ihr nachgesehen, falsche Quinten, unharmonische Querstände, kurz alles; denn es ist Musik in ihrem Wesen, die weiblichste, die man sich denken kann; ja sie wird sich zur Romantikerin hinaufbilden, wenn sie mit Klara Wieck zwei Amazonen in den funkelnden Reihen." (11. Aus den Büchern der Davidsbündler. Sonaten für Pianoforte. 1. Sonate in C-moll von Delphine Hill Handley. Bd. 1. S. 55)

[54] „Der Komponist gehört zu den Talenten, die, ohne irgend den Kampf und Haß der Parteien zu erregen, sich bei allen, Klassikern wie Romantikern, Kennern wie Laien, Achtung und Ansehn erworben haben: zu den gebildeten Konservativen, die wohl mit

voller Liebe am Alten hängen, aber auch Empfänglichkeit für neue Erscheinungen und Kraft zu eigenen Anschauungen besitzen." (16. Kritische Umschau. W. Taubert, An die Geliebte. Acht Minnelieder für das Pianoforte, W. 16. Bd. 1. S. 99)

[55] „Natürlich stellt der Psychometer Fragen wie folgende: ...
IV. Neigt sich selbiger [der Komponist] zu den
    1) Klassikern,
    2) Juste-Milieuisten,
    3) Romantikern?
... Beim ersten [K. Krägen, 3 Polonaises p. l. Pft. à 4 ms. Oe. 9.] der unten aufgeführten Werke antwortete auf I-d, auf II-a, IV schwankt zwischen 1 und 3. – ... Jetzt war die Maschine etwas ermattet. Als ich aber die Tänze [E. Güntz, Tänze für das Pft.] einlegte, geriet sie in sichtbare Unruhe. Es respondierte auf I-c, auf II-a, auf III-d. Auf IV sprach 3 stark an. Folgendes erfuhr ich: »...,– da er noch zu lernen habe, so möge ihm das Geständnis, daß Psychometer diese querspringenden poetischen Kobolde oft einem Dutzend gelehrten Mattaugen, Spitznasen vorziehe, ein aufmunterndes sein.«" (18. Der Psychometer. Bd. 1. S. 101–105)

[56] „Und fehlt dem Stücke zum Kunstwerk zarteres Kolorit und poetische Auffassung – ja es ist in der Form nur ein Konglomerat – so ersetzt die Phantasie vieles durch die Romantik des Ortes, aus dem uns so alte Jahrhunderte anreden." (20. Kürzeres und Rhapsodisches für Pianoforte. J. Benedict, Notre Dame de Paris. Rêverie. Oe. 20. Bd. 1. S. 110)

[57] „Schon das fünfte Konzert (C-dur) neigte sich teilweise in das Romantische, in den jüngsten erscheint, was noch zwischen alt und neu Schwankte, als völlig ausgebaut und befestigt. Die romantische Ader, die sich hier durchzieht, ist aber nicht eine, die, wie in Berlioz, Chopin u.a., der allgemeinen Bildung der Gegenwart weit vorauseilt, sondern eine mehr zurücklaufende, – Romantik des Altertums, wie sie uns kräftig in den gotischen Tempelwerken von Bach, Händel, Gluck anschaut. Hierin haben seine Schöpfungen in der Tat Ähnlichkeit mit manchen Mendelssohnschen, der freilich noch in erster Jugendrüstigkeit schreibt." (23. I. Moscheles. Konzert am 9. Okt. 1835. Bd. 1. S. 114)

1836

[58] „Die Gegenwart wird durch ihre Parteien charakterisiert. Wie die politische kann man die musikalische in Liberale, Mittelmänner und Reaktionäre oder in Romantiker, Moderne und Klassiker teilen. Auf der Rechten sitzen die Alten, die Kontrapunktler, die Antichromatiker, auf der Linken die Jünglinge, die phrygischen Mützen, die Formenverächter, die Genialitätsfrechen, unter denen die Beethovener als Klasse hervorstechen. Im Juste-Milieu schwankt jung wie alt vermischt. In ihm sind die meisten Erzeugnisse des Tages begriffen, die Geschöpfe des Augenblicks, von ihm erzeugt und wieder vernichtet.
Kalliwoda gehört zu den Mittelmännern, zu den Freundlichen, Klugen, zu Zeiten Gewöhnlichen." (30. Kritische Umschau. I. Ouvertüren. Erste Ouvertüre von J. W. Kalliwoda, W. 38. Zweite Ouvertüre von demselben, W. 44. Bd. 1. S. 144 f.)

[59] „Wir sehen nämlich im vorliegenden Konzert unverkennbar den Einfluß der jungen romantischen Welt, die Kalkbrennern aus der Schule lief, ihn selbst aber wie zweifelhaft an einem Kreuzweg, ob er auf der alten Bahn mit den erworbenen Kränzen weiterziehn oder auf der anderen neue erkämpfen solle. Dort lockt ihn das Bequeme und Gewohnte, hier der feurige Zuruf, den die Romantischen erfahren. Ganz seinem ver-

mittelnden Charakter gemäß wirft er sich aber nicht zu stark in die neue Sphäre, gleich als ob er erst das Publikum probieren wolle, was es dazu meine. Ist dieses nun wie wir, so muß es sich bekennen, daß ein ästhetisches Unglück daraus entstanden. Man denke sich den eleganten Kalkbrenner, die Pistole vor dem Kopf, wie er ein »con disperazione« in seine Klavierstimme schrieb – oder verzweiflungsvoll in der Nähe eines Abgrunds, wenn er drei Posaunen zum Adagio nimmt. Es geht nicht, es steht ihm nicht; er hat kein Talent zu romantischen Frechheit, und wenn er sich eine diabolische Maske vorbände, man würde ihn an den Glacéhandschuhen kennen, mit denen er sie hält." (30. Kritische Umschau. II. Konzerte für Pianoforte mit Orchester. F. Kalkbrenner, viertes Konzert mit Orchester. W. 127. Bd. 1. S. 156)

[60] „Allegro, E-dur, 6/8 Takt, Hörnerklänge von weitem, – wen zieht's dabei nicht gleich hinaus in die Ferne und tief hinein in die grünen Wälder! Wer Jägers Lust und Leben (wie etwa Hoffmann einzig genug in den »Teufelselixieren« malt) in der Musik kennen lernen will, findet's hier und von der Romantik nicht mehr als ein paar sehnsüchtige blaßblaue Streifen unten am Waldesfluß. Was Dunkleres aber über dem Andante schweben möchte, ist nicht etwa Schmerz über diese oder jene bürgerliche Begebenheit, sondern recht liebe allgemeine Wehmut, wie sie uns zur Dämmerung in das Herz einschleichen will." (30. Kritische Umschau. II. Konzerte für Pianoforte mit Orchester. W. Taubert, Konzert mit Begleitung des Orchesters. W. 18. Bd. 1. S. 158)

[61] „Wenn wir diese zwei [Perioden] romantisch nennen, so ist damit die zauberische dunkle Beleuchtung gemeint, die über ihnen lagert, und von der wir nicht wissen, ob sie von den Gegenständen selbst ausgeht oder von wo anders her. Einzelne Stellen, wo der romantische Lichtduft am stärksten hervordränge, mit Händen greifen kann man nicht; aber man fühlt überall, daß er da ist, namentlich im seltenen E-moll-Adagio des fünften Konzerts, das in einem beinahe kirchlichen Charakter gar mild zwischen den andern Sätzen steht, welche letztere mehr praktisch und feurig, und interessant, wo man hin[ein]greift. –
… Am meisten gefällt uns nach dem ersten Satz [des Sechstens Konzerts] das Andante in seiner antik-romantischen Weise, weniger das folgende Verbindungsstück, das die Gedanken aus dem ersten Satz etwas gezwungen wiederbringt." (30. Kritische Umschau. II. Konzerte für Pianoforte mit Orchester. I. Moscheles, fünftes Konzert mit Orchester. W. 87. Sechstes Konzert (Concert fantastique) mit Orchester. W. 90. Bd. 1. S. 162)

[62] „Wir kommen zu einer sehr freundlichen Komposition, einem (wie Wedel will) Gedreie von Ambrosius Thomas – ein Salontrio, bei dem man schon einmal lorgnettieren kann, ohne deshalb den Musikfaden gänzlich zu verlieren; weder schwer noch leicht, weder tief noch seicht, nicht klassisch, nicht romantisch, aber immer wohlklingend und im einzelnen sogar voll schöner Melodie, …" (30. Kritische Umschau. III. Trios. Bd. 1. S. 173)

[63] „Von romantischen Gießbächen hör' ich nichts, wohl aber von zierlichen Springbrunnen in verschnittenen Taxusalleen." (31. Aus den Büchern der Davidsbündler. I. Sechzehn neue Etüden. [16 nouvelles Etudes pour le Pianoforte composées et dédiées à Mr. A. A. Klengel, organiste à la cour de sa Majesté le Roi de Saxe, par son ami J. B. Cramer, membre de l'academie royale de Musique à Stockholm. Oeuv. 81] Bd. 1. S. 297)

[64] „Bei der Ausführung von Nr. 4 schwebte mir der Totenmarsch aus der heroischen Sinfonie von Beethoven vor. Man würde es vielleicht selbst finden. Der ganze Satz ist voll

Romantik." (32. Etüden für das Pianoforte. VI Études des Concert comp. d'apres des Caprices de Paganini par R. S. Oe. X. Bd. 1. S. 213)

[65] „Potter [24 Études. Oe. 19.] und Hiller [24 Études. Oe. 15] dürfen ihres romantischen Geistes wegen nicht übergangen werden, auch die zarte Szymanowska [12 Études] nicht und der freundliche K. Mayer [6 Études. Oe. 31]." (33. Die Pianoforteetüden, ihren Zwecken nach geordnet. Bd. 1. S. 215)

[66] „Jetzt zu einem komisch-originellen Stück von Hrn. Heinrich Elkamp, einer Variationsphantasie ohne Thema. Schlüssel ohne Bart, Rätsel ohne Auflösung, Paganini ohne Violine, ein Stück für sich, – eine Ruine, wenn man will, für die kein Kritiker Regeln aufstellen kann – beinahe nur Betrachtungen über die H-moll und D-dur-Tonleiter. Manchmal scheint zwar das irrsinnige Glöckchenrondo von Paganini, manchmal der Hexentanz aus Faust von Spohr durchzuklingen. Deutlich kömmt aber nichts zum Vorschein; die kleinen Flämmchen verlöschen vollends, stockfinster ist es ringsrum. Ermesse hiernach jeder, ob die Variationen nicht romantisch und interessant seien, und ziehe sich sein Teil heraus. Nie aber dachte ich lebhafter an jene Donauweibchenstücke, die man als Kind auf den Theatern mit so freudigen Schauern sieht, an jene Szenen, wo der neugierige Schildknappe gern hinter die Schliche seines Rittermannes kommen möchte und schon durchs Schlüsselloch alle romantischen Herrlichkeiten genießend von unsichtbaren Händen greulich zerbläut, auf die grüne Wiese zurückgeschickt wird, wo er wiederum hüten muß das Roß seines edlen Herrn. Wer dunkel komponiert, wird auch dunkle Rezensionen verstehen …
Und wenn nun der Vorhang über dem romantischen Spuk herabgefallen war und die bekannten Nachbarskinder überall vorguckten und man so sicher und fest dazwischen saß, so war's nur wenig von dem Wohlbehagen verschieden, das nach den obigen Variationen die des Herrn F. H. Chwatal in mir erweckten, …
Legte mir ein junger Komponist Variationen wie die von L. Farrenc vor, so würde ich ihn sehr darum loben … Kleine, saubere, scharfe Studien sind es, vielleicht noch unter den Augen des Lehrers vollführt, aber so sicher im Umriß, so verständig in der Ausführung, so fertig mit einem Worte, daß man sie liebgewinnen muß, um so mehr, als über sie ein ganz leiser romantischer Duft fortschwebt." (34. Variationen für Pianoforte. 2. Gang. H. Elkamp, Phantasie und Variat. Werk 15. – L. Farrenc, Variat. über ein russisches Thema. Werk 17. Bd. 1. S. 224 f.)

[67] „Zwischen die Parteien Herz und Chopin in Paris hat sich die einer romantisierenden Salonmusik eingeschlichen, in der sich auch Hr. Amadeus Mereaux, und mit Glück ergeht. Sie trägt ihren Paß zu deutlich an der Stirn, als daß man über sie im unklaren sein könnte; er heißt: »Von allem etwas wo möglich«" (35. Phantasien, Kapricen usw. für Pianoforte. Erster Zug. Amadeus Mereaux, Große Phantasie über ein Thema von Halévy. W. 42. Bd. 1. S. 231)

[68] „H. Czerny nimmt mit seinem Allegro agitato einen romantischen Anlauf. Nur wenige würden auf ihn als Komponisten dieses Stückes raten, in einen so grauen Inkognitorock geknöpft. Dringt auch manchmal der Alte plötzlich und mächtig durch, so kann einem doch die Veränderung, die in seinem Wesen vorgegangen zu sein scheint, kaum entgehen. Wie das enden wird, wer weiß es? Daß das Rondo hübsch und angenehm klingt, versteht sich." (36. Rondos für Pianoforte. K. Czerny, Großes Rondo. Werk 405. Bd. 1. S. 241)

1837

[69] „Noch eines. Es wurde neulich gefragt, ob Henselt nicht eine dem Prinzen Louis Ferdinand von Preußen verwandte Erscheinung wäre. Allerdings, aber sie fallen in umgekehrte Zeiten. Nimmt man von der Musik einen romantischen und klassischen Charakter an, so war Prinz Louis der Romantiker der klassischen Periode, während Henselt der Klassiker einer romantischen Zeit ist; und insofern berühren sie sich. Eusebius." (38. Museum. 1. Variationen für das Pianoforte von Adolph Henselt. Werk 1. S. 248)

[70] „Ich bin des Wortes »Romantiker« von Herzen überdrüssig, obwohl ich es nicht zehnmal in meinem Leben ausgesprochen habe; und doch – wollte ich unsern jungen Seher kurz titulieren, so hieß' ich ihn einen, und welchen! Von jenem vagen, nihilistischen Unwesen aber, wohinter manche die Romantik suchen, ebenso wie von jenem groben hinklecksenden Materialismus, worin sich die französischen Neuromantiker gefallen, weiß unser Komponist, dem Himmel sei Dank, nichts; im Gegenteil empfindet er meist natürlich, drückt sich klug und deutlich aus. Dennoch fühlt man aber noch etwas im Hintergrund stehen, beim Erfassen seiner Kompositionen, ein eigenes anziehendes Zwielicht, mehr morgenrötlich, das einen die übrigens festen Gestalten in einem fremdartigen Schein sehen läßt; man kann so etwas niemals durch Worte scharf bezeichnen, durch ein Bild schon eher, und so möchte ich jenen geistigen Schein den Ringen vergleichen, die man im Morgenschauer an gewissen Tagen um die Schattenbilder mancher Köpfe bemerken will. Im übrigen hat er gar nichts Übermenschliches als eine fühlende Seele in einem lebendigen Körper. Dabei führt er aber auch fein und sorgsam aus; seine Formen sind neu, phantastisch und frei; er hat keine Angst um das Fertigwerden, was immer ein Zeichen, daß viel da ist. Florestan." (38. Museum. 2. Drei Impromptus für das Pianoforte von Stephan Heller. Werk 7. Bd. 1. S. 249 f.)

[71] „Ordentliche Fugenmusterreiter täuschen sich indes, wenn sie in ihnen einige von ihren alten herrlichen Künsten angebracht glauben, etwa imitationes per augmentationem duplicem, triplem ect. oder cancricantes motu contrario ect. – ebenso aber auch die romantischen Überflieger, wenn sie ungeahnte Phönixvögel in ihnen zu finden hoffen, die sich hier losgerungen aus der Asche einer alten Form. Haben sie aber sonst Sinn für gesunde, natürliche Musik, so bekommen sie darin hinlänglich." (38. Museum. 4. Präludien und Fugen für das Pianoforte von Felix Mendelssohn-Bartholdy. Werk 35. Bd. 1. S. 253)

[72] „(Sie) »In der Tat, das Trio spricht mich sehr an, aber wie sehr à la Chopin!« – So hatte sie denn die romantische Schule zum zweitenmal bei den Haaren hergezogen, mich über solche zu erforschen. Mit aller Liebenswürdigkeit und Schlauheit verfuhr ich, vorteilhaftesten Eindruck für mich und künftige Werke aus dem Gespräche zu ziehen; ... Denke Dir aber, was ich von Euseb höre, der mich mit geheimnisvollem Wesen in eine Nische zieht und erzählt, an seinem Korb wäre ich schuld; der Vater Redakteur hätte Beda'n ausdrücklich verboten, mit mir (Florestan) zu tanzen, da ich ein Erzromantiker, ein Dreiviertel-Faust sei, vor dem sich zu hüten wie vor einer Lisztschen Komposition, – Beda uns aber wahrscheinlich unserer großen Ähnlichkeit wegen verwechselt und ihm den Korb gegeben, der eigentlich mir bestimmt, – daher das plötzliche Abtreten Bedas, die von de Knapp nach dem Willen des Vaters vom wahren Bestand der Sache unterrichtet worden usw." (39. Bericht an Jeanquirit in Augsburg über den letzten kunsthistorischen Ball beim Redakteur. Bd. 1. S. 257 und 260)

[73] „Scheint es doch, als hätten die sämtlichen fünf geschätzten Komponisten der großen Künstlerin, der sie mit der fünften der obigen Nummern [»Hommage à Clara Wiek.«

»Recueil pour le Pianoforte.«] ein Andenken gebracht, zu tief in das Auge gesehen, in so romantischer Weise ergehen sie sich; ja selbst zwei ehrenfeste Organisten schwankten einen Augenblick. Im Ernst, die Sammlung ist interessant. Gleich das erste Stück, eine Kaprice von E. Franck, fällt durch Kürze, Frische, Kraft und Einheit auf, während sich die Rhapsodie von A. Hesse unter dem romantischen Einfluß noch etwas verlegen benimmt, aber mit Talent aus der Schlinge zieht. Die Vision unsers geschätzten Dr. Kahlert bekenne ich nicht ganz zu verstehen, ja bekenne, daß ich sie erst Adagiosissimo spielte, als ich zu meinem Erstaunen Presto als Tempo fand: nun war es vollends dunkel um mich. Ein kleines Ungeheuer von Romantik hält man sicherlich unter den Händen ..." (47. Kompositionsschau. V. Phantasien, Kapricen usw. für Pianoforte. Erste Reihe. Bd. 1. S. 301)

1838

[74] „Schubert wird so immer der Liebling der ersteren [der Jugend] bleiben; er zeigt, was sie will, ein überströmendes Herz, kühne Gedanken, rasche Tat; erzählt ihr, was sie am meisten liebt, von romantischen Geschichten, Rittern, Mädchen und Abenteuern; auch Witz und Humor mischt er bei, aber nicht so viel, daß dadurch die weichere Grundstimmung getrübt würde ...
Vor zehn Jahren also würde ich diese zuletzt erschienen Werke ohne weiteres den schönsten der Welt beigezählt haben, und zu den Leistungen der Gegenwart gehalten sind sie mir das auch jetzt. Als Kompositionen von Schubert zähle ich sie aber nicht in die Klasse, wohin ich sein Quartett in D-moll für Streichinstrumente, sein Trio in Es-dur, viele seiner kleinen Gesangs- und Klavierstücke rechne ...
Keinem Musiker dürfte ein solches Werk [das Duo] fremd bleiben, und wenn sie manche Schöpfung der Gegenwart und vieles andere der Zukunft nicht verstehen, weil ihnen die Einsicht der Übergänge abgeht, so ist es ihre Schuld. Die neue sogenannte romantische Schule ist keineswegs aus der Luft herabgewachsen; es hat alles seinen guten Grund." (52. Franz Schuberts letzte Kompositionen. Großes Duo für das Pianoforte zu vier Händen, Werk 140 und F. Schuberts allerletzte Komposition: Drei große Sonaten für Pianoforte. Bd. 1. S. 328 ff.)

[75] „So ist er mir, sah ich ihn am Klavier, auch oft wie ein Troubadour erschienen, der die Gemüter besänftigt in wilder, durcheinander geworfener Zeit, sie an die Einfachheit und Sittichkeit früherer Jahrhunderte mahnt und zu neuen Taten ruft, und da stutzen wohl Mädchen und Jünglinge, wie er von Lied zu Lied weiter singt und kaum zu endigen weiß. Dabei vermag er aber auch den leidenschaftlicheren Naturen zu gefallen: seine Gesänge sind der innigsten Liebe und Hingebung voll; auch das Schicksal mag seine Hände nicht aus dem Spiel lassen und zwang ihn gleichsam zum Romantiker, sein ganzes Wesen ist in Liebe aufgegangen." (60. Etuden für Pianoforte. Adolph Henselt, zwölf Etuden. Werk 2. Bd. 1. S. 355)

[76] „Was man von der »Mondnacht am Seegestade« zu erwarten hat, sagt die Musik am besten. Die Tonart ist As-dur, und das Stück sieht sich schon romantisch an. Bennett hat in seinen Skizzen, in der mit »the Lake« überschriebenen, etwas sehr Ähnliches gegeben ...
Inzwischen hat der Komponist auch manche Mittel der neusten Schule nicht unversucht gelassen, wie denn auch von ihrer romantischen Färbung in seinen Gedanken hier und da durchschimmert. Ein vortrefflicher Künstler zeigt er sich hier wie dort." (60. Etüden für Pianoforte. Charakteristische Studien für das Pianoforte von I. Moscheles. Werk 95. Bd. 1. S. 362 f.)

1839

[77] „Mögen sich im Vordergrunde verschiedene Ansichten herumtummeln, die Erhebung deutschen Sinnes durch deutsche Kunst, geschah sie nun durch Hinweisung auf ältere große Musiker oder durch Bervorzugung jüngerer Talente [deren ausgezeichneteste man wohl auch Romantiker nennen hört] – jene Erhebung mag noch jetzt als das Ziel unserer Bestrebungen angesehen werden." (64. Zum neuen Jahr 1839. Bd. 1. S. 384 und [Bd. 2. S. 421])

[78] „In Moscheles haben wir das seltnere Beispiel eines Musikers, der, obschon in älteren Jahren und noch jetzt unabläßig mit dem Studium alter Meister beschäftigt, auch den Gang der neueren Erscheinungen beobachtet und von ihren Fortschritten benutzt hat. Wie er nun jene Einflüsse mit der ihm angeborenen Eigentümlichkeit beherrscht, so entsteht aus solcher Mischung von Altem, Neuem und Eigenem ein Werk, eben wie es das neuste Konzert ist, klar und scharf in den Formen, im Charakter dem Romantischen sich nähernd, und wiederum originell, wie man den Komponisten kennt." (65. Konzerte für Pianoforte. Klavierkonzert von I. Moscheles. Werk 93. Bd. 1. S. 386)

[79] „69. Die Teufelsromantiker.
Wo stecken nur die Teufelsromantiker? Der alte gute Musikdirektor Mosewius in Breslau erklärt sich plötzlich als ihren entschiedensten Gegner; auch die Allgem. Musik. Zeitung wittert deren immer. Wo stecken sie aber nur? Sind es vielleicht Mendelssohn, Chopin, Bennett, Hiller, Henselt, Taubert? Was haben die alten Herren gegen diese einzuwenden? Gelten ihnen Vanhal, Pleyel, oder Herz und Hünten mehr? Hat man aber jene und andere nicht gemeint, so drücke man sich doch deutlicher aus. Spricht man endlich gar von einer »Qual und Marter dieser musikalischen Übergangsperiode«, so gibt es Dankbare und Weitsichtige genug, die anderer Meinung. Man höre doch auf, alles durcheinander zu mengen und wegen dessen, was in den Kompositionen der deutsch-französischen Schule, wie in Berlioz, Liszt usw. tadelnswert erscheinen mag, das Streben der deutschen Komponisten zu verdächtigen. Behagt euch aber auch dieses nicht, so gebt uns doch selbst Werke, ihr alten Herren, – Werke, Werke!" (69. Die Teufelsromantiker. Bd. 1. S. 400)

[80] „Der Komponist gehört zu den Ultras der französischen Romantiker und kopiert Berlioz auf dem Pianoforte ... Was man schon in keinem französischen Wörterbuch findet, das Gemüt, fehlt auch den französischen Kompositionen, wie eben auch der vorliegenden." (71. Phantasien, Kapricen usw. für Pianoforte. Valentin Alkan, 6 charakteristische Stücke. Bd. 1. S. 405)

[81] „Die »romantischen Ideen« haben ein höheres Ziel. »Empfindungen nach einem Ball« – »Sympathetische Klänge« – und »Grüße an die Heimat« sind sie überschrieben. Eine leicht verbindende und abschließende Hand macht sich auch in ihnen bemerkbar, auch gute Kenntnis des Instruments. Romantisches ist aber wenig darin." (71. Phantasien, Kapricen usw. für Pianoforte. Heinrich Cramer. »Romantische Ideen«. Werk 10. Bd. 1. S. 405 f.)

[82] „Als einen sehr Verschiedenen zeigt sich derselbe Komponist in den drei Märschen und versucht Franz Schubertschen Flug; es hat aber Gefahr mit solchen Versuchen für den, der sonst nur auf breiter sicherer Mittelstraße zu gehen gewohnt. Mit einem Worte, es ist keine Natur in diesen Märschen, und es läßt sich vieles in der Welt nachmachen, nur nicht das Romantische. In den Quinten aber, wie S. 14, Syst. 3, such' er das Romantische nicht, das gerade im reinsten, feinsten Wohllaut besteht." (71. Phantasien, Kapricen usw. für Pianoforte. K. Schwenke. 3 Märsche zu 4 Händen. Bd. 1. S. 411)

[83] „Einer Reise durch die schottischen Hochlande, die W. Taubert vor einigen Jahren gemacht, verdanken wir denn auch obige Schilderungen [»Erinnerungen an Schottland«, acht Phantasien oder Phantasiestücke, Werk 30], und sind sie nicht an Ort und Stelle entstanden, so doch durch lebendiges Anschauen jener romantischen Gegenden treuer und malerischer geworden." (71. Phantasien, Kapricen usw. für Pianoforte. Bd. 1. S. 415)

[84] „Dichterisch ist es [»Die Waldnymphe«. Ouvertüre für großes Orchester zu vier Händen eingerichtet von W. St. B. Werk 20] wohl, eine Grundstimmung durch ein dieser verwandtes Einzelwesen zu bezeichnen, wie uns aus Mendelssohns »Melusine« die jahrtausendalte Romantik des Lebens unter dem Wasserspiegel auftauchen möchte; ... Andere Kränze sucht Berlioz, dieser wütende Bacchant, der Schrecken der Philister, ihnen ein zottiges Ungeheuer geltend mit gefräßigen Augen. Aber wo erblicken wir ihn heute? Am knisternden Kamin, in einem schottischen Herrenhause, unter Jägern, Hunden und lachenden Landfräuleins. Eine Ouvertüre zu – »Waverley« [Gr. Ouverture de »Waverley« etc. Oe. 1. Partition III.] liegt mir vor, zu jenem W. Scottischen Roman, in seiner reizenden Langweiligkeit, seiner romantischen Frische, seiner echt englischen Präge mir noch immer der liebste aller neueren Romane des Auslandes. Dazu nun schrieb Berlioz eine Musik." (72. Konzertouvertüren für Orchester. F. F. H. Verhulst. – W. Sterndale Bennett. – H. Berlioz. Bd. 1. S. 421 f.)

[85] „Brachte er [Liszt] es nun als Spieler auf eine erstaunliche Höhe, so war doch der Komponist zurückgeblieben, und hier wird immer ein Mißverhältnis entstehen, das sich auffallend auch bis in seine letzten Werke fortgerächt hat. Andre Erscheinungen stachelten den jungen Künstler noch auf andere Weise. Außerdem daß er von den Ideen der Romantik der französischen Literatur, unter deren Koryphäen er lebte, in die Musik übertragen wollte, ward er durch den plötzlich kommenden Paganini gereizt, auf seinem Instrumente noch weiter zu gehen und das Äußerste zu versuchen. So sehen wir ihn (z.B. in seinen »Apparitions«) in den trübsten Phantasien herumgrübeln und bis zur Blasiertheit indifferent, während er sich andererseits wieder in den ausgelassensten Virtuosenkünsten erging, spottend und bis zur halben Tollheit verwegen." (75. Etüden für das Pianoforte. F. Liszt 12 Etüden. Werk 1 und 12 große Etüden. Lfrg. 1 u. 2. Bd. 1. S. 439 f.)

[86] „Unter dem Knaben [Louis Lacombe] verstehe man aber keinen deutschen, sondern einen französischen, einen von jenen frühmutigen, wie man sie in Pariser Emeuten wohl manchmal Barrikaden errichten sieht, die in einer Anwandlung von Lebensüberdruß die Waffe wohl gegen sich selbst anlegten, – oder musikalisch deutlicher, ein Berlozianer, der auch das Seinige beitragen will zur französischen Romantik, mit viel Courage und einiger Phantasie begabt, ein lebhafter, interessanter, nie verlegener Bursche." (78. Sonaten für Pianoforte. Louis Lacombe, Phantastische Sonate. Werk 1. Bd. 1. S. 452)

[87] „So liegt sie nun fertig da, das geflügelte Kind einer seltenen Phantasie mit seinem klassisch-romantischen Doppelgesicht und der vorgehaltenen humoristischen Maske ... Im besten Sinne getrau' ich mir denn die Sonate zu erklären als ein Stück aus dem Leben des Komponisten selber, das er wissend oder unwissend in seine Kunst übersetzte, ein Stück mit so viel innerem Mondschein und Nachtigallzauber, wie es nur der Jugend zu schaffen möglich, in das wohl auch oft eine Jean Paulsche Satyrhand hineingreift, damit es sich nicht zu weit entferne vom gemeinen Lebensmarkt." (78. Sonaten für Pianoforte. Stephan Heller, Sonate. Werk 9. Bd. 1. S. 454)

1840

[88] „Oft, wenn ich es [Wien] von den Gebirgshöhen betrachtete, kam mir's im Sinn, wie nach jener fernen Alpenreihe wohl manchmal Beethovens Auge unstät hinübergeschweift, wie Mozart träumerisch oft den Lauf der Donau, die überall in Busch und Wald zu verschwimmen scheint, verfolgt haben mag und Vater Haydn wohl oft den Stephansturm sich beschaut, den Kopf schüttelnd über so schwindlige Höhe. Die Bilder der Donau, des Stephansturms und des fernen Alpengebirgs zusammengedrängt und mit einem leisen katholischen Weihrauchduft überzogen, und man hat eines von Wien, und steht nun vollends die reizende Landschaft lebendig vor uns, so werden wohl auch Saiten rege, die sonst nimmer in uns angeklungen haben würden. Bei der Sinfonie von Schubert, dem hellen, blühenden, romantischen Leben darin, taucht mir heute die Stadt deutlicher als je wieder auf, wird es mir wieder recht klar, wie gerade in dieser Umgebung solche Werke geboren werden können. Ich will nicht versuchen, der Sinfonie eine Folie zu geben, die verschiedenen Lebensalter wählen zu verschieden in ihren Text- und Bildunterlagen ... Aber daß die Außenwelt, wie sie heute strahlt, morgen dunkelt, oft hineingreift in das Innere des Dichters und Musikers, das wolle man nur auch glauben, und daß in dieser Sinfonie mehr als bloßer schöner Gesang, mehr als bloßes Leid und Freud, wie es die Musik schon hundertfältig ausgesprochen, verborgen liegt, ja daß sie uns in eine Region führt, wo wir vorher gewesen zu sein uns nirgends erinnern können, dies zuzugeben, höre man solche Sinfonie. Hier ist, außer meisterlicher musikalischer Technik der Komposition, noch Leben in allen Fasern, Kolorit bis in die feinste Abstufung, Bedeutung überall, schärfster Ausdruck des Einzelnen, und über das Ganze endlich eine Romantik ausgegossen, wie man sie schon anderswoher an Franz Schubert kennt. Und diese himmlische Länge der Sinfonie, wie ein dicker Roman in vier Bänden etwa von Jean Paul, der auch niemals endigen kann und aus den besten Gründen zwar, um auch den Leser hinterher nachschaffen zu lassen ...; man fühlt überall, der Komponist war seiner Geschichte Meister, und der Zusammenhang wird dir mit der Zeit wohl auch klar werden. Diesen Eindruck der Sicherheit gibt gleich die prunkhaft romantische Einleitung, obwohl hier noch alles geheimnisvoll verhüllt scheint." (80. Die C-dur-Sinfonie von Franz Schubert. Bd. 1. S. 462 ff.)

1841

[89] „Aber Chopin hat doch erreicht, was er wollte: er befindet sich im Kantorat, und wer kann wissen, ob nicht in derselben Behausung, vielleicht nach Jahren erst, einmal ein romantischerer Enkel geboren wird und aufwächst, die Sonate [b-Moll] abstäubt und spielt und für sich denkt: »Der Mann hatte doch so unrecht nicht.«"(95. Neue Sonaten für Pianoforte. Bd. 2. S. 13)

[90] „Mit einem Sohne Ehren-Cramers haben wir es hier wohl nicht zu tun; der würde den Stücken wohl gar das Imprimatur verweigert haben. Wir wüßten an ihnen kaum etwas hervorzuheben, als ihre zierlich leichte Gestaltung; was sich der Komponist im übrigen unter Romantik vorstellen mag, wissen die Götter." (N. 18. Aus: 98. Kürzere Stücke für Pianoforte. H. Cramer. »Le désir«, Pensée romantique. Oe. 14. Bd. 2. S. 237)

1842

[91] „Wer die späteren Arbeiten Beethovens kennt, wird anders sprechen. Der romantische Humor dieser namentlich hat auf den jungen Künstler gewirkt, und da er selbst ausgezeichneter Spieler und Kenner der Instrumente, für die er schrieb, war er wenigstens

von einer Seite vor gänzlichem Mißlingen oder Extravaganz gesichert. Niemand leugne vor allem dem Quartett das Streben nach schöner Form ab. Im ersten Satze erscheint sie ganz rein und fest, im zweiten in humoristischen Verhältnissen, doch keineswegs verzerrt. Das Adagio hat etwas blassere Umrisse. Der letzte Satz entspricht aber bis auf den etwas übereilten Rückgang dem ersteren an Schärfe und Regelmäßigkeit. Die Form ist also im Quartett das weniger Befremdende als das Geistige. Hier spricht ein anderer Mensch zu uns als die hundert gewöhnlichen, dies fühlt man gleich. Der Philister freilich wirft alles durcheinander; was ihm nicht klar, ist romantisch; was er versteht, flößt ihm Hoffnung einer wiederkehrenden Zopfzeit ein; dann muntert er auf ... Florestan." (103. Preisquartett von Julius Schapler. Bd. 2. S. 72)

[92] „Ersterer [Moscheles] hat in seiner »Romanesca« [Werk 104] eine Persiflage jener Pseudoromantik geliefert, die ihren eigentlichen Sitz in der großen Pariser Oper haben mag, von da auch in die Klaviermusik sich eingeschlichen, sogar über den Rhein bis zu uns vorgedrungen, – eine köstliche Persiflage, deren Sinn wohl hier und da nicht einmal verstanden wurde, so daß einige den Verfasser unter die Verrückten schieben mochten, die er gerade schildern wollte." (111. Pianofortemusik. Bd. 2. S. 106)

[93] „In 6 Etüden von A. von Kontski, die zum Teil wohl im wüstromantischen Paris entstanden sein mögen, gefällt uns ebendeshalb ein oft durchbrechender Zug von Solidität, die sich auch im Streben nach guter Form erfreulich äußert." (N. 21. Aus: 111. Pianofortemusik. Bd. 2. S. 252)

1843 und später

[94] „In einem französischen Blatte war vor kurzem zu lesen: »Ein junger dänischer Komponist macht jetzt in Deutschland Aufsehen, er heißt Gade, wandert, seine Violine auf dem Rücken, öfters von Kopenhagen nach Leipzig und sieht dabei aus wie der leibhaftige Mozart.« Der erste und letzte Satz sind vollkommen richtig, nur in den Mittelsatz hat sich etwas Romantik eingeschlichen." (124. Niels W. Gade. Bd. 2. S. 157)

Neue Zeitschrift für Musik. **Im Vereine mit mehreren Künstlern und Kunstfreunden herausgegeben unter Verantwortlichkeit von R. Schumann. 1834 ff. (Weder in den gesammelten Schriften noch in der Mottosammlung enthalten)**

[95] „Nichts ist seltner als die romantische Blume. Wenn die Griechen die schönen Künste eine Musik nannten: so ist die Romantik die Sphärenmusik. Sie fordert das Ganze eines Menschen und zwar in zärtester Bildung, die Blüthen der feinsten höchsten Zweige." (2. Jg., Nr. 7 v. 23. Januar 1835, S. 25. – Zit. n. Jean Paul, Vorschule der Ästhetik, 1. Teil, (- Reimers-Ausgabe. XLI/9. Lieferung, 1. Bd. Berlin, 1827.) S. 131)

Mottosammlung. RSchH, Sig.: 4871 VIII, 2 – A3. Leander Hotaki. Robert Schumanns Mottosammlung. Übertragung, Kommentar, Einführung. Freiburg: Rombach, 1998.

[96] „Zu Liszts Compositionen. S. [eite] 36.
Kommt vollends zur Schwäche der Lage die Schmeichelei des Wahns, u. kann der leere Jüngling seine angeborne Lyrik sich selber für eine höhere Romantik ausgeben, so wird er mit Versäumung aller Wirklichkeit – die eingeschränkte in ihm selber ausgenommen – sich immer weicher u. dünner ins gesetzlose Wüste verflattern u. wie die Atmosphäre wird er sich gerade in der höchsten Höhe ins kraft[-] und formlose Leere verlieren."

(Zit. n. Hotaki, S. 143. Zit. n. Jean Paul, Vorschule der Ästhetik, 1. Teil, (- Reimers-Ausgabe, XLI/9. Lieferung, 1. Bd. Berlin, 1827.) S. 36 f. Verwendet ohne Überschrift in NZfM, Nr. 28 v. 06. April 1838, S. 109)

[97]
```
                    Zeus Olympus
     „Judas                            Meles u.
              ← Hellenik
     Ischarioth   Romantik             Kritëys
                    Madonna.
```

Die Zeit schnitzt vielleicht noch andre Pfeile.
                                                    Goethe an Zelter. [Teil] 1. [Seite] 151."
(Zit. n. Hotaki, S. 363. Zit. n. Briefwechsel zwischen Goethe und Zelter in den Jahren 1796 bis 1832, Hrsg. v. Friedrich Wilhelm Reimers Tl. 1 (1796–1811), Berlin, S. 151 (Nr. 56))

[98] „Half nicht vielleicht der unbestimmte, romantische Charakter der Musik es mit erzeugen, daß gerade die nebeligen Niederlande viel früher große Komponisten bekamen, als das heitere, helle Italien, das lieber die Schärfe der Malerei erwählte, so wie aus demselben Grunde jene mehr in der unbestimmten Landschaft idealisirten u. die Welschen mehr in der bestimmten Menschengestalt."

(Zit. n. Hotaki, S. 460. Zit. n. Jean Paul, Vorschule der Ästhetik, 1. Teil, (- Reimers-Ausgabe, XLI/9. Lieferung, 1. Bd., Berlin, 1827.) S. 121. Verwendet in NZfM, Nr. 28 v. 07. April 1835, S. 111)

[99] „Definition des Romantischen [am rechten Rand der Seite] Das Romantische ist das Schöne ohne Begränzung, oder das schöne Unendliche, so wie es ein erhabenes giebt."

(Zit. n. Hotaki, S. 461. Zit. n. Jean Paul, Vorschule der Ästhetik, 1. Teil, (- Reimers-Ausgabe, XLI/9. Lieferung, 1. Bd. Berlin, 1827.) S. 114. Verwendet in NZfM, Nr. 7 v. 23. Januar 1835, S. 26 und Nr. 50 v. 21. Juni 1841, S. 199)

Robert Schumann. Prosa und Poesie. Deutsche Aufsätze 1826 und 1827. 2. Bände. (Archiv Schott Musik International)

[100] „Es ist ein Glük für ein Land (und das ist es), wenn es ein heiterer Himmel, gesundes Clima und romantische Gegenden umschließen, so kann man wohl Sachsen unter eines der glüklichsten Deutschlands zählen." (Schulaufsatz Nr. 1: „Betrachtungen von einer schönen Gegend um Zwickau geschrieben", Manuskript S. 5)

[101] „So sprach ich neulich, wenn es anders nicht zu gering-/fügig scheint, ein Beyspiel von mir selbst aufzustellen,/ mit einem aufgeklärten Manne über den Titan des / Jean Paul: er verwarf ihn ganz: ich brach vor Schreken / zusammen: er meinte: es wären eine Menge von / Widersprüchen in diesem Romane: er führte welche / an: der Gang der Geschichte wäre ganz unnatürlich: / die Ansichten zu verworren, die Bilder u. Vergleiche / häufig verfehlt, die Charactere nicht nach der Wirk-/lichkeit gezeichnet und mangelhaft durchgeführt. Ich zeigte / ihm sodann das herrliche Sujet, das wir im Ti-tan / finden, die allgemeine Tendenz, die Jean Paul so / einzig durchgeführt hätte: ich bewieß ihm, wie Albano / zur reinen Menschheit gebildet, wie er endlich zur / Einheit entgege<g>ngesetzter Bestimmung würde, in / so fern er zum Fürsten gebildet würde, zu welchem / Ziel er unbewußt gelangen soll: ich bewieß ihm, wie der

Schmerz, als das Element des romantischen / Schönen auf das tiefste empfunden u. unübertroffen / dargestellt sey, in so fern das Subject dennoch in sich / versöhnt bliebe u. ihn also durch die Macht seines / Gemüthes aufhebe: ich bewieß ihm weiter, wie die / Charaktere selbst die geringeren, auf die unüber-/trefflichste Weise durchgeführt seyen, der idealische [p.72] Albano, die schwärmerische Liane, die glühende Linda, d<ie>er / verabscheuungswürdige Roquairol: ich bewieß ihm endlich, / wie äußerst romantisch das Schiksal in den Personen des / Titan sey, indem sie das Verkehrte und Böse thun u. / hinterher die Schuld mit der Gewißheit wüßten, / die Collision der Umstände nicht haben wissen zu können, / so daß das Schiksal ihnen ferner die Nothwendigkeit / auferlegt, den eigenen Willen aufzuopfern, wo durch / (wie in Göthen's Wahlverwandtschaften) das Romantische / in seiner tiefsten Bedeutung enthüllt werde – doch ich / merke, daß ich mich zu sehr zu einer Abschweifung habe / hinreißen lassen – der aufgeklärte Mann sagte weiter / nichts, als: freylich,

das ist Geschmackssache. Ich muß / aufrichtig gestehen, daß mich niemals etwas mehr geschmerzt / hat, als diese entgegengesetzte Meinung in der Beur-/theilung über ästhetische Gegenstände, obgleich sich jener / dennoch ebenso sehr für die Wahrheit seiner ausge-/sprochnen Gedanken, als ich für die meinige <> überzeugt / hielt u. jeder verharrend bey seiner Meinung sich / zurükzog." (Schulaufsatz Nr. 11: „Warum erbittert uns Tadel in Sachen des Geshmakes mehr, als in andern Dingen?". Zit. n. Kristin R. M. Krahe: „Robert Schumanns Schulaufsatz: »Warum erbittert uns Tadel in Sachen des Geschmakes mehr, als in andern Dingen?«". In: Robert Schumann und die Dichter. Ein Musiker als Leser. Katalog zur Ausstellung des Heinrich-Heine-Instituts in Verbindung mit dem Robert-Schumann-Haus in Zwickau und der Robert-Schumann-Forschungsstelle e.V. in Düsseldorf bearbeitet von Bernhard R. Appel und Inge Hermsträuer. Düsseldorf: Droste, 1991. S. 36 f.)

Robert Schumann. Konzepte Leipziger Konzertbesprechungen [1833]. RSchH, Sig.: 4871 V, 4 – A3, Sigle: Notizen. In: Bodo Bischoff und Gerd Nauhaus: Robert Schumanns Leipziger Konzertnotizen von 1833. Faksimile Übertragung und Kommentar (Erstveröffentlichung). In: Schumann Studien 3/4. Hrsg. v. Gerd Nauhaus. Köln: Schewe, 1994. S. 55 f.

[102]   „Auf die neuen Concertini / bin ich wüthend; meistens ist's albernes Wischiwaschi – eine Einleitung (pathetische), / ein hüpfendes 2/4 Thema, Variatiönchen mit Triller, / ein Adagietto im <12/8, romantischen 12/8 u. ein alla polacca – / fertig." (S. 13, Zeile 33 u. S. 14, Zeile 1-4)

Robert Schumann. Aufzeichnungen über Mendelssohn. RSchH, Sig.: 4871 V, 3, 1 – 3. Mit Anmerkungen von Heinz-Klaus Metzger und Rainer Riehn. In: Musik-Konzepte. Die Reihe über Komponisten. Felix Mendelssohn Bartholdy. Hrsg v. Heinz-Klaus Metzger und Rainer Riehn. Heft 14/15. München: text + kritik, 1980. S. 112.

[103]   „Der romantische [?] Jean Paul" (Blatt 4)

Projektenbuch. RSchH, Sig.: 4871 VII C, 8 A – 3

[104]   „französische Romantiker (Victor Hugo) (gel. im Winter 40/41)" (ungezählte Blätter, S. 4 unten)

Anhang II

In der Nacht

*) Im Autograph u. in der Stichvorlage *Pedal*; fehlt im Erstdruck vielleicht nur versehentlich.   *) Autograph and engraver's copy indicate *Pedal*; omitted in first edition (perhaps by mistake).   *) *Pedal* dans l'autogr. et le modèle de gravure; manque peut-être par erreur dans 1ère éd.

*) Tempo I in der Stichvorlage ein Takt früher.
**) In den Quellen *ces* statt *des*; wohl versehentlich.

*) Tempo I one measure earlier in engraver's copy.
**) Sources give *cb* instead of *db*, probably by mistake.

*) Dans le modèle de grav., *Tempo I* une mes. avant.
**) Dans les sources *dob* au lieu de *réb*; probablement par erreur.

3 Am Strande

(Robert Burns; deutsche Übersetzung von Wilhelm Gerhard)

Primärliteratur

ABERT, Hermann: *Robert Schumann*. 3. neu berarb. u. verm. Aufl. Berlin: Schlesische Verlagsanstalt, 1917.

ADELUNG, Johann Christoph: *Grammatisch-kritisches Wörterbuch der Hochdeutschen Mundart mit beständiger Vergleichung der übrigen Mundarten, besonders des Oberdeutschen.* 4 Bde. 2. vermehrte und verbesserte Ausgabe. Leipzig: Breitkopf & Härtel, 1798.

ADLER, Guido: *Richard Wagner. Vorlesungen gehalten an der Universität Wien.* Leipzig, 1904.

ADLER, Guido: „Richard Wagner als Romantiker". In: *Allgemeine Musik-Zeitung. Wochenschrift für die Reform des Musiklebens der Gegenwart.* 32 (1905). S. 203–205.

ADLER, Guido: *Der Stil in der Musik.* Leipzig: Breitkopf & Härtel, 1911.

ADLER, Guido: *Gustav Mahler.* Wien, 1916.

ALGERMISSEN, J. A.: „Ästhetik des zeitlichen Gegenwartsbewußtseins oder rationale Takt- und Tonwissenschaft". In: *Allgemeine musikalische Zeitung.* 49 (1847). S. 121, 137, 153, 169.

ALSLEBEN, Julius: *Abriss der Geschichte der Musik für Musiker und Dilettanten. 12 Vorlesungen über die Entwickelung der heutigen Musik von ihren ersten Spuren bis auf Wagner und Liszt.* Berlin, 1862.

ALT, Theodor: *System der Künste, mit Rücksicht auf die Fragen der Vereinigung verschiedener Künste und des Baustils der Zukunft dargestellt.* Berlin, 1888.

ALTMÜLLER, Hans: *Deutsche Klassiker und Romantiker. Aufsätze.* Kassel: Hühn, 1892.

AMBROS, August Wilhelm: *Die Grenzen der Musik und Poesie. Eine Studie zur Aesthetik der Tonkunst.* Leipzig: Matthes, 1856.

AMBROS, August Wilhelm: *Culturhistorische Bilder aus dem Musikleben der Gegenwart.* Leipzig: Matthes, 1860.

AMBROS, August Wilhelm: *Bunte Blätter. Skizzen und Studien für Freunde der Musik und der bildenden Kunst.* 2 Bde. Leipzig: Leuckart, 1872–1874.

AMBROS, August Wilhelm: *Geschichte der Musik der Neuzeit in Studien und Kritiken.* Pressburg & Leipzig: Heckenast, 1882.

ANDERSCH, Johann Daniel: *Musikalisches Wörterbuch für Freunde und Schüler der Tonkunde.* Berlin, 1829.

APEL, Johann August: „Schön und Romantisch". In: Johann August Apel: *Cicaden.* 3 Bde. Bd. 1. Berlin: Kunst- und Industrie-Comptoir, 1810. S. 151–174.

APPEL, J. W.: *Die Ritter-, Räuber und Schauerromantik. Zur Geschichte der deutschen Unterhaltungsliteratur.* Leipzig, 1859. (Reprint: Leipzig, 1967)

ARNOLD, Yourij. v.: *Der Einfluss des Zeitgeistes auf die Entwickelung der Tonkunst.* Leipzig: Rhode, 1867.

AST, Friedrich G. A.: *System der Kunstlehre oder Lehr- und Handbuch der Ästhetik zu Vorlesungen und zum Privatgebrauch entworfen.* Leipzig: Hinrichs, 1805.

BAB, Julius: *Fortinbras oder Der Kampf des 19. Jahrhunderts mit dem Geiste der Romantik. Sechs Reden.* Berlin: Bondi, 1914.

BAGGE, Selmar: „Ueber den gegenwärtigen allgemeinen Stand der Tonkunst. II". In: *Deutsche Musik-Zeitung.* 1 (1860). S. 169–171.

BAGGE, Selmar: *Ueber musikalische Richtungen. Ein Vortrag gehalten bei Gelegenheit der festlichen Einweihung des neuen Musikschul-Gebäudes in Basel am 5. Nov. 1873.* Zürich: Hug, 1873.

BAGGE, Selmar: *Robert Schumann und seine Faust-Szenen.* Leipzig: Breitkopf & Härtel, 1879. (Sammlung musikalischer Vorträge; 4)

BAGGE, Selmar: *Das Musikalisch-Schöne. Vortrag.* Basel: Schweighauser, 1882.

BAGGE, Selmar: *Die Symphonie in ihrer historischen Entwickelung.* Leipzig: Breitkopf & Härtel, 1883. (Sammlung musikalischer Vorträge; 51)

BAGGE, Selmar: *Carl Maria von Weber. Vortrag.* Basel: Schweighauser, 1884.

BAGIER, Guido: *Herbart und die Musik mit besonderer Berücksichtigung der Beziehungen zur Aesthetik und Psychologie.* Langensalza: Beyer & Söhne, 1911.

BATKA, Richard: *Robert Schumann. Biographie.* Leizig: Reclam jun., 1892

BATKA, Richard: „Die moderne Oper". In: *Bericht der Lese- und Redehalle der deutschen Studenten in Prag.* 53 (1902). S. 3–22.

BATKA, Richard: *Kranz. Gesammelte Blätter über Musik.* Leipzig: Lauterbach & Kuhn, 1903.

BATKA, Richard: *Allgemeine Geschichte der Musik.* 2 Bde. Stuttgart: Grünninger, 1909 und 1911.

BATKA, Richard und Willibald NAGEL: *Geschichte der Musik des 19. Jahrhunderts.* Begonnen von Richard Batka fortgesetzt v. Willibald Nagel. Bd. 3. Stuttgart: Grünninger, 1917.

BAUMGARTEN, Alexander: *Aesthetica.* 2 Tle. Frankfurt a. d. Oder, 1750/1758.

BAUMSTARK, E.: *Ant. Friedr. Justus Thibaut. Blätter der Erinnerung für seine Verehrer und die Freunde der reinen Tonkunst.* Leipzig: Engelmann, 1841.

BAWR, Frau v.: *Geschichte der Musik für Freunde und Verehrer dieser Kunst.* Nach dem Französischen frei bearbeitet von August Lewald. Nürnberg: Haubenstricker, 1826.

BEAUQUIER, Charles: „Ueber die Instrumentalmusik. I". In: *Niederrheinische Musik-Zeitung für Kunstfreunde und Künstler.* 14 (1866). S. 27–30, 32–35, 41–43.

BECKER, Julius: *Der Neuromantiker. Musikalischer Roman.* 2 Bde. Leipzig: Weber, 1840.

BEHR, Otto: *Natur-Harmonie. Grundlagen zur vollkommenen Tonkunst.* Berlin: Schuster & Löffler, 1918.

BEKKER, Paul: *Das Musikdrama der Gegenwart. Studien und Charakteristiken.* Stuttgart: Strecker & Schröder, 1909.

BEKKER, Paul: *Franz Liszt.* Bielefeld: Velhagen & Klasing, 1912.

BEKKER, Paul: *Das deutsche Musikleben.* Berlin: Schuster und Loeffler, 1916.

BELLAIGUE, Camille: „Realismus und Idealismus in der Musik". In: *Allgemeine Musik-Zeitung.* 29 (1902). S. 541, 561, 579, 597, 613, 629.

BELLAIGUE, Camille: „Der »Esprit« in der Musik". In: *Allgemeine Musik-Zeitung.* 30 (1903). S. 447, 463, 479, 495, 511.

BERG, H.: *Die Lust an der Musik erklärt. Nebst einem Anhang: Die Lust an den Farben, den Formen und der köperlichen Schönheit.* Berlin, 1879.

BERLIOZ, Hector: *Gesammelte Schriften.* Deutsche Ausg. hrsg. v. Richard Pohl. 4 Bde. Leipzig: Heinze, 1864.

BERLIOZ, Hector: *Literarische Werke.* Erste Gesammtausgabe. Aus dem Französischen übersetzt v. Elly Ellès [u.a.]. 10 Bde. Leipzig: Breitkopf & Härtel, 1903–1912.

BIE, Oscar: *Romantik in Italien.* Berlin: Schwetschke & Sohn, 1908.

BILLROTH, Otto Gottlieb: *Billroth und Brahms im Briefwechesel*. Berlin und Wien: Urban & Schwarzenberg, 1935.

BISCHOFF, Ludwig: „Noch einmal, was wir wollen. II". In: *Niederrheinische Musik-Zeitung für Kunstfreunde und Künstler*. 1 (1853). S. 9 ff.

BISCHOFF, Ludwig: „Noch einmal, was wir wollen. III". In: *Niederrheinische Musik-Zeitung für Kunstfreunde und Künstler*. 1 (1853). S. 17 ff.

BISCHOFF, Ludwig: „Aesthetik der Musik. Von Dr. Friedrich Theodor Vischer". In: *Niederrheinische Musik-Zeitung für Kunstfreunde und Künstler*. 5 (1857). S. 257–261, 265-268, 273-278.

BISCHOFF, Ludwig: „Erstes Abonnements-Conzert in Bonn". In: *Niederrheinische Musik-Zeitung für Kunstfreunde und Künstler*. 5 (1857). S. 367.

BISCHOFF, Ludwig: „Ueber den Einfluss der Zeit und der Umstände auf die jetzige Musik". In: *Niederrheinische Musik-Zeitung für Kunstfreunde und Künstler*. 11 (1863). S. 353 ff.

BÖHME, E. E. H.: *Die Geschichte der Musik, zusammengefaßt und dargestellt in synchronistischen Tabellen unter Berücksichtigung der allgemeinen Welt- und Kulturgeschichte für Musiker und Musikfreunde, sowie zum Gebrauche in Musikschulen*. Leipzig: Breitkopf & Härtel, 1890.

BÖNELT, Luise: „»Undine«. Eine Oper der Romantik". In: *Die Musik Westfalens*. 2 (1996) 4. S. 26-34.

BOST, Louise: *Cäcilia. Betrachtungen über Kunst und Musik*. Würzburg: Stahel, 1839.

BOTSTIBER, Hugo: *Schumanns Musik zu Byrons Manfred*. Berlin: Seemann, 1901.

BOUTERWEK, Friedrich: *Ästhetik*. 2 Tle. Leipzig: Martini, 1806.

BRAHMS, Johannes: *Briefwechsel*. Hrsg. v. der Deutschen Brahms-Gesellschaft. Bde. I – XVI. Berlin, 1906 ff. Reprint der jeweils letzten Auflage. Tutzing: Schneider, 1974. Bde. XVII. ff. Neue Folge. Tutzing: Schneider, 1991 ff. Bde. I/II: mit H. und E. v. Herzogenberg. Hrsg. v. Max Kalbeck. Bd. I. 1906, ⁴1921. Bd. II. 1908, ⁴1921. – Bd. III: mit K. Reinthaler, M. Bruch, H. Deiters, F. Heimsoeth, K. Reinecke, E. Rudorff, B. und L. Scholz. Hrsg. v. Wilhelm Altmann. 1907/1908, ²1912. – Bd. IV: mit J. O. Grimm. Hrsg. v. Richard Barth. 1907/1908, ²1912. – Bde. V/VI: mit J. Joachim. Hrsg. v. Andreas Moser. Bd. V. 1908, ³1921. Bd. VI. 1908, ²1912. – Bd. VII: mit H. Levi, F. Gernsheim und den Familien Hecht und Fellinger. Hrsg. v. Leopold Schmidt. 1910. – Bd. VIII: an J. V. Widmann, E. und F. Vetter, A. Schubring. Hrsg. v. Max Kalbeck. 1915. – Bde. IX-XII: an P. J. Simrock und F. Simrock. Hrsg. v. Max Kalbeck. Bde. IX/X. 1917. Bde. XI/XII. 1919. – Bd. XIII: mit Th. W. Engelmann. Hrsg. v. Julius Röntgen. 1918. – Bd. XIV: mit Breitkopf & Härtel, B. Senff, J. Rieter-Biedermann, C. F. Peters, E. W. Fritzsch und R. Lienau. Hrsg. v. Wilhelm Altmann. 1921. – Bd. XV: mit F. Wüllner. Hrsg. v. Ernst Wolff. 1922. – Bd. XVI: mit Ph. Spitta und O. Dessoff. Hrsg. v. Carl Krebs. 1922. – Bd. XVII: mit Herzog Georg II. von Sachsen und H. Freifrau von Heldburg. Hrsg. v. Herta Müller und Renate Hofmann. 1991. – Bd. XVIII: mit J. Stockhausen. Hrsg. v. Renate Hofmann. 1993. – Bd. XIX: E. Fank. Hrsg. v. Robert Münster. 1995.

BRANDES, Georg: *Die Literatur des neunzehnten Jahrhunderts in ihren Hauptströmungen dargestellt*. Übersetzt und eingeleitet von Adolf Strodtmann. Bd. 2: *Die romantische Schule in Deutschland*. Bd. 5: *Die romantische Schule in Frankreich*. Leipzig: Veit & Comp., 1887 u. 1883.

BRANDES, Georg: *Ästhetische Studien*. Übersetzt von Alfred Forster. Charlottenburg: Barsdorf, 1900.

BRASCH, Georg: *Tonkunst und Wirklichkeit*. München: Zierfuss, 1918.

BREIDENSTEIN, Heinrich Karl: *Über das Schöne in der Musik. Abhandlung zur Erlangung der Doktorwürde an der Universität Gießen.* o.O., 1821.

BREITINGER, Heinrich: „Klassisch und Romantisch. Eine Wortstudie". In: *Gegenwart. Zeitschrift für Literatur, Wirtschaftsleben und Kunst.* 27 (1885). S. 70 f.

BREMER, Friedrich: *Handlexikon der Musik. Eine Encyclopädie der ganzen Tonkunst.* Leipzig: Reclam jun., 1883.

BRENDEL, Franz: *Grundzüge der Geschichte der Musik.* Leipzig: Hinze, 1848.

BRENDEL, Franz: *Die Musik der Gegenwart und die Gesamtkunst der Zukunft.* Leipzig: Hinze, 1854.

BRENDEL, Franz: *Franz Liszt als Symphoniker.* Leipzig: Merseburger, 1859.

BRENDEL, Franz: *Geschichte der Musik in Italien, Deutschland und Frankreich. Von den ersten christlichen Zeiten bis auf die Gegenwart. 22 Vorlesungen.* Leipzig: Hinze, [1]1852, Leipzig: Matthes, [2]1855, [3]1860, [4]1867, [5]1875, [6]1878/79, [7]1888, Leipzig: Schumann, [8]1903.

BRODBECK, Adolf: *Zeittafeln und Skizzen zur Geschichte der Musik, im Anschluss an Ludwig Stark's Vorträge am Stuttgarter Conservatorium entworfen.* Stuttgart: Sulze & Galler, 1883.

BRUCE, James: *Travels to discover the Source of the Nile in the Years 1768–1773.* Edinburgh, 1790.

BRÜCKMANN, Bruno: *Leitfaden zum Studium der Musikgeschichte für den Gebrauch beim Unterricht.* Leipzig: Hug, 1891.

BRUST, Fritz: *Die Aesthetik der Musik in neueren Kunsttheorien und das Problem ihrer Allgemeingültigkeit.* Dissertation. Straßburg: du Mont, 1911.

BRUYCK, Karl Debrois van: „Das absolut- und poetisch-Musikalische". In: *Neue Berliner Musikzeitung.* 12 (1858). S. 209 ff.

BÜCHNER, Anton: „Wackenroder und die Musik". In: *Die Musik. Illustrierte Halbmonatsschrift.* 11 (1911/1912). S. 323 ff.

BÜLOW, Hans von: *Briefe und Schriften.* Hrsg. v. Marie v. Bülow. 8 Bde. Leipzig: Breitkopf & Härtel, 1896–1908.

BÜLOW, Hans von: *Briefwechsel zwischen Liszt und Hans v. Bülow.* Hrsg. v. La Mara. Leipzig: Breitkopf & Härtel, 1898.

BUSBY, Thomas: *Allgemeine Geschichte der Musik, von den frühesten bis auf die gegenwärtigen Zeiten, nebst Biographien der berühmtesten musikalischen Componisten und Schriftsteller.* 2 Tle. Aus dem Englischen übersetzt von C. F. Michaelis. Leipzig: Baumgärtner, 1821 u. 1822.

BUSONI, Feruccio: *Entwurf einer neuen Aesthetik der Tonkunst.* Triest: Schmidl & Co., 1907.

BUSSLER, Ludwig: *Geschichte der Musik. 6 Vorträge über die fortschreitende Entwickelung der Musik in der Geschichte.* Berlin: Habel, 1882.

CALDER III., W. M. u. H. CANCIK u. B. KYTZLER (Hg.): *Otto Jahn (1813–1868). Ein Geisteswissenschaftler zwischen Klassizismus und Historismus.* Stuttgart: Steiner, 1991.

CAROVE, F. W: „Ansichten der Kunst des Deutschen Mittelalters". In: *Taschenbuch für Freunde altdeutscher Zeit und Kunst auf das Jahr 1816.* Köln: du Mont, 1816. S. 43–95.

CARRIERE, Moris: *Gesammelte Werke.* 14 Bde. Leipzig: Brockhaus, 1880–1894. Bde. 1–2: *Aesthetik. Die Idee des Schönen und Ihre Verwirklichung im Leben und in der Kunst.* Leipzig: Brockhaus, 1885. Bde. 4–9: *Die Kunst im Zusammenhange der Culturentwicklung und die Ideale der Menschheit.* Leipzig: Brockhaus, 1886.

CARUS, Carl Gustav: *Neun Briefe über Landschaftsmalerei. Geschrieben in den Jahren 1815 bis 1824.* Leipzig: Fleischer, 1835.

CARUS, Carl Gustav: *Paris und die Rheingegenden. Tagebuch einer Reise im Jahre 1835*. 2 Teile. Leipzig: Fleischer, 1836.

CARUS, Carl Gustav: *Lebenserinnerungen und Denkwürdigkeiten*. Nach der zweibändigen Originalausgabe von 1865/1866 neu herausgegeben von Elmar Jansen. 2 Bde. Weimar: Kiepenheuer, 1966.

CHOPIN, Fryderyk: *Briefe*. Hrsg. v. Krystyna Kobylanska. Übersetzt v. Caesar Rymarowicz. Berlin: Henschel, 1983.

CHRISTERN: „Die musikalische Epoche". In: *Neue Zeitschrift für Musik*. 14 (1841). S. 165 f.

CHRISTERN: *Franz Liszt. Nach seinem Leben u. Wirken aus authentischen Berichten dargestellt mit Portrait*. Hamburg und Leipzig: Schuberth & Comp., 1841.

„CLASSISCHES und Romantisches aus der Tonwelt". In: *Hamburgische Musik-Zeitung. Organ für die musikalische Welt*. 5 (1891/92). S. 185–186.

CLODIUS, Christian Heinrich August: *Entwurf zu einer systematischen Poëtik. Nebst Kollektaneen zu ihrer Ausführung*. 2 Tle. Leipzig, 1804.

COHN, Jonas: *Allgemeine Ästhetik*. Leipzig: Engelmann, 1901.

CROTCH, William: *Substance of several Courses of Lectures on Music. Read in the University of Oxford, and in the Metropolis*. London: Longmann, Rees, Orme, 1831.

CSILLAGH, Carl: *Aesthetik der Tonkunst in Verbindung mit einer ausführlichen Grammatik und Poetik der Musiksprache aus kosmischen, akustischen, ferner aus empirisch-psychologischen Grundsätzen entwickelt und in logischer Ordnung zusammengestellt*. 1ster Theil. Pressburg: Schreiber, 1854.

DAHL, J. K.: *Historisch-statistisches Panorama des Rheinstroms von Bingen bis Coblenz. Oder Beschreibung aller an und auf dem Rheine in dieser Strecke gelegenen Ritterburgen, Schlösser, Festungen und andern Merkwürdigkeiten. Nebst einem Anhange vom Johannisberge im Rheingau*. Heidelberg: Engelmann, 1820.

DAHMS, Walter: *Schumann*. Berlin: Schuster & Löffler, 1916.

DANINGER, Josef G.: *Sage und Märchen im Musikdrama. Eine aesthetische Untersuchung an der Sagen- und Märchenoper des 19. Jahrhunderts*. Prag: Hoffmann, 1916.

DANNREUTHER, Edward: *The romantic period. The Oxford history of music*. Bd. VI. Oxford, 1905.

DAS: „Schumanniana Nr. 11. Die Schumann'sche Schule. Schumann und Brahms. Brahms' vierhändige Schumann-Variationen". In: *Leipziger Allgemeine musikalische Zeitung*. 3 (1868). S. 41–51.

DAVID, E.: *Les Mendelssohn-Bartholdy et R. Schumann*. Leipzig: Brockhaus, 1887.

DEBAY, Victor und Paul Locard: „Le grand romantique, Berlioz". In: *Encyclopédie de la musique et dictionnaire du Conservatoire*. Première partie. Histoire de la musique: France, Belgique, Angleterre. Paris: Delagrave, 1912 (1914). S. 1687–1697.

DECSEY, Ernst: *Hugo Wolf*. 4 Bde. Berlin: Schuster & Loeffler, 1903–1906. Bd. 1: *Hugo Wolfs Leben*. 1860–1887. Berlin: Schuster & Loeffler, 1903. Bd. 2: *Hugo Wolfs Schaffen*. 1883–1891. Berlin: Schuster & Loeffler, 1904. Bd. 3: *Der Künstler und die Welt*. 1892–1895. Berlin: Schuster & Loeffler, 1904. Bd. 4: *Höhe und Ende*. 1896–1903. Berlin: Schuster & Loeffler, 1906.

DELKESKAMP, Friedrich Wilhelm: *Panorama des Rheins und seiner nächsten Umgebungen von Mainz bis Cöln. Nach der Natur aufgenommen und gestochen von F. W. Delkeskamp*. Frankfurt a. M.: Friedrich Wilmans, 1825. – *Der Begleiter auf der Reise von Mainz bis Köln. Ein nöthiger*

Anhang zum Panorama des Rheins und seinen nächsten Umgebungen. Frankfurt a. M.: Friedrich Wilmans, 1825.

DELKESKAMP, Friedrich Wilhelm: *104 Ansichten des Rheins von Mainz bis Cöln.* Frankfurt a. M. 1829.

DESSOIR, Max: *Aesthetik und allgemeine Kunstwissenschaft. In Grundzügen dargestellt.* Stuttgart: Enke, 1906.

DEVRIENT, Eduard: *Meine Erinnerungen an Felix Mendelssohn-Bartholdy und seine Briefe an mich.* Leipzig: Weber, 1869.

DILTHEY, Wilhelm v.: „Ueber die drei Epochen der modernen Aesthetik und ihre heutige Aufgabe". In: *Deutsche Rundschau.* 18 (1891) 11. S. 200–236.

DINGER, Hugo: *Das Prinzip der Entwickelung als Grundprinzip einer Weltanschauung.* Jena: Kämpfe, 1896.

DINGER, Hugo: *Richard Wagners geistige Entwicklung. Versuch einer Darstellung der Weltanschauung Richard Wagners mit Rücksichtnahme auf deren Verhältnis zu den philosophischen Richtungen der Junghegelianer und Arthur Schopenhauers. Bd. 1: Die Weltanschauung Richard Wagners in den Grundzügen ihrer Entwicklung.* Leipzig: Fritzsch, 1892.

DITTMAR, Kurt: *Die Bedeutung Richard Wagners für unsere Kultur. Vortrag.* Sondershausen: Stolberg, 1913.

DOMMER, Arrey v.: *Handbuch der Musikgeschichte von den ersten Anfängen bis zum Tode Beethoven's in gemeinfasslicher Darstellung.* Leipzig: Grunow, 1868.

DORN, Heinrich: *Aus meinem Leben. Musikalische Erinnerungen und Abhandlungen.* Auch unter dem Titel: Streifzüge im Gebiete der Tonkunst. Berlin: Liebel, o.J.

DRAESEKE, Felix: *Schriften 1855–1861.* Hrsg. v. Martella Gutiérrez-Denhoff und Helmut Loos. Bad Honnef: Schröder, 1987. (Veröffentlichungen der Internationalen Draeseke-Gesellschaft. Schriften; 1)

DRAESEKE, Felix: *Die Konfusion in der Musik. Felix Draesekes Kampfschrift von 1906 und ihre Folgen.* Hrsg. v. Susanne Shigihara. Bonn: Schröder, 1990. (Veröffentlichungen der Internationalen Draeseke-Gesellschaft. Schriften; 4)

DREHER, Eugen: *Die Physiologie der Tonkunst.* Halle a. S.: Pfeffer, 1889.

DREHER, Eugen: *Grundzüge der Aesthetik der musikalischen Harmonie, auf psycho-physiologischer Grundlage. Eine Vorlesung.* Bielefeld: Helmich, 1894.

DRÖNEWOLF, O.: „Über das Verhältnis der Musik zu den anderen Künsten". In: *Neue Zeitschrift für Musik.* 63 (1867). S. 17, 29, 39.

DURUTTE, Camille: *Esthétique Musicale. Technie ou Lois Générales Du Système Harmonique.* Paris-Metz, 1855.

E. R.: „Schumann und die Schumannianer". In: *Leipziger Allgemeine musikalische Zeitung.* 1 (1866). S. 285–287.

EBERHARD, Johann August: *Handbuch der Aesthetik für gebildete Leser aus allen Ständen in Briefen.* 4 Tle. 2. Tl. Halle: Hemmerde und Schwetschke, 1803.

ECHTERMEYER, Theodor und Arnold RUGE: „Der Protestantismus und die Romantik. Zur Verständigung über die Zeit und ihre Gegensätze. Ein Manifest". In: *Hallische Jahrbücher für deutsche Wissenschaft und Kunst.* 2 (1839). Nr. 245–251, 265–271, 301–310. Sp. 1953–2004, 2113–2164 und 2401–2480. 3 (1840). Nr. 53–64. Sp. 416–512.

EHLERT, Louis: *Robert Schumann and his school: an essay; translated from the German by Helen D. Tretbar.* New York: Tretbar, 1884.

EHRENHAUS, Martin: *Die Operndichtung der deutschen Romantik. Ein Beitrag zur Geschichte der deutschen Oper.* Breslau: Nischkowsky, 1911. (Breslauer Beiträge zur Literaturgeschichte; 29)

EHRENHAUS, Martin: „Die Bedeutung der deutschen Romantik für das moderne Musikdrama". In: *Die Musik. Illustrierte Halbmonatsschrift.* 12 (1912/1913). S. 259–270.

EHRLICH, Heinrich: „Classischer und romantischer Zopf". In: *Neue Berliner Musikzeitung.* 22 (1868). S. 347 f.

EHRLICH, Heinrich: *Die Musik-Aesthetik in ihrer Entwickelung von Kant bis auf die Gegenwart.* Leipzig, 1882.

EICHENDORFF, Joseph von: *Geschichte der poetischen Literatur Deutschlands.* Hrsg. v. Wolfram Mauser. Regensburg: Habbel, [¹1857] 1970. (Historisch-Kritische Ausgabe; IX.)

EICHHORN, Hermann: *Zur Geschichte der Instrumentalmusik.* Leipzig: Breitkopf & Härtel, 1885.

EINSTEIN, Alfred: *Geschichte der Musik.* Leipzig: Teubner, 1917/1918.

ELKUSS, Siegbert: „Zur Beurteilung der Romantik und zur Kritik ihrer Forschung". In: *Historische Bibliothek.* Hrsg. v. der Redaktion der Historischen Zeitschrift. München und Berlin: Oldenbourg, 1918.

ELTERLEIN, Ernst. v.: *Beethoven's Sinfonien nach ihrem idealen Gehalt, mit besonderer Rücksicht auf Haydn, Mozart und die neueren Sinfoniker.* 2te, gänzlich umgearbeitete und vermehrte Aufl. Dresden: Brauer, 1858.

ENGEL, Gustav: „Poesie und Musik". In: *Neue Berliner Musikzeitung.* 4 (1850). S. 321–323 u. 329–331.

ENGEL, Gustav: „Ueber Idealismus und Realismus in der Musik". In: *Deutsche Musik-Zeitung.* 1 (1860). S. 305–308.

ENGEL, Gustav: *Aesthetik der Tonkunst.* Berlin: Hertz, 1884.

ENGEL, Gustav: „Der Begriff der Form in der Kunst und in der Tonkunst insbesondere". In: *Vierteljahrsschrift für Musikwissenschaft.* 2 (1886). S. 181–233.

ENGEL, Johann Jakob: *Ueber die musikalische Malerei.* Berlin: Voß, 1780.

ENGEL, Max: *Musik und Moral.* Leipzig: Siegismund & Volkening, 1911. (Pädagogische Studien; 194)

ERDMANN, J. E.: *Versuch einer wissenschaftlichen Darstellung der Geschichte der neueren Philosophie.* Bd. III. Teil 1: *Die Entwicklung der deutschen Spekulation seit Kant.* Leipzig, 1848.

ERLER, Hermann: *Robert Schumanns Leben. Aus seinen Briefen geschildert.* 2 Bde. Berlin: Ries & Erler, 1887.

EVANS, Edwin: *Historical, descriptive and analytical Account of the entire Works of Johannes Brahms.* London: Reeves, 1912.

F.: „I. Freie Aufsätze. Ueber das Verhältnis der Form zum Inhalte in der neueren Musik". In: *Berliner Allgemeine musikalische Zeitung.* 3 (1826). S. 333–334.

FABER: „Rationalismus und Romantik". In: *Deutsche Vierteljahrsschrift.* (1856). S. 80–124.

FAY, Amy: *Musikstudien in Deutschland. Aus Briefen in die Heimath.* Mit Erlaubnis der Verf. in's Deutsche übertragen. Berlin: Oppenheim, 1882.

FECHNER, Gustav Theodor: *Vorschule der Ästhetik.* 2 Bde. 2. Aufl. Leipzig: Breitkopf & Härtel, 1897/98.

FERNOW, Karl Ludwig: „Über die Landschaftsmalerei". In: *Römische Studien.* 2 Bde. Bd. 2. Zürich, 1806.

FÉTIS, F. J.: *La Musique mise á la portée de tout le monde, exposé surcinct de tout ce qui est nécessesaire pour juger de cet art, et pour en parler sans l'avoir eladié. Dernière édition augmentée de plusieurs chapitres et suivie d'un dictionnaire de termes de Musique et d'un bibliographie de la Musique.* Brüssel, 1838.

FICKER, Franz: *Ästhetik oder Lehre vom Schönen der Kunst in ihrem ganzen Umfange.* Wien, 1830.

FINCK, Heinrich T.: *Chopin and other musical Essays.* London: Fisher Unwin, 1889.

FINCK, Henry T.: *Edvard Grieg.* In deutscher Übertragung hrsg., mit einem Vorwort, vielen Zusätzen und einem Nachtrag versehen v. Arthur Laser. Stuttgart: Grünninger, 1908.

FINK, Gottfried, Wilhelm: Zur neuesten Geschichte der Verbreitung der Musik in Deutschland. In: *Allgemeine musikalische Zeitung.* 35 (1833). Sp. 609 ff.

FINK, Gottfried, Wilhelm: „Über den Reiz des Häßlichen auch in der Musik". In: *Allgemeine musikalische Zeitung.* 38 (1836). Sp. 3 ff.

FINK, Gottfried, Wilhelm: „Die neu-romantische Schule". In *Allgemeine musikalische Zeitung.* 40 (1838). Sp. 665 ff.

FINK, Gottfried, Wilhelm: *Der neumusikalische Lehrjammer, oder Beleuchtung der Schrift: Die alte Musiklehre im Streit mit unserer Zeit. Zur Wegräumung »rumpeliger Vorurtheile« und aus Achtung gegen die »heilige Anlage der Jugend«. Allen Kennern und Freunden der Tonkunst gewidmet.* Leipzig: Mayer & Wigand, 1842.

FISCHER, J. M.: *Die Grundbegriffe der Tonkunst in ihrem natürlichen Zusammenhange, nebst einer geschichtlichen Entwicklung derselben. Ein Handbuch für alle Freunde der Tonkunst.* Hof: Grau, 1836.

FLOCH, Siegfried: *Die Oper seit Richard Wagner. Eine historisch-kritische Studie.* Köln: Fulde, 1904.

FRANK, Paul: *Geschichte der Tonkunst. Ein Handbüchlein für Musiker und Musikfreunde. In übersichtlicher, leichtfaßlicher Darstellung.* Leipzig: Merseburger, 1863.

FRANKE, Hermann: *Handbuch der Musik. Für Musiker und Musikfreunde, Musiklehrende, ect.* Glogau: Flemming, 1867.

FRIEDLÄNDER, Ludwig: *Ueber die Entstehung und Entwickelung des Gefühls für das Romantische in der Natur.* Leipzig: Hirzel, 1873.

FRIEDLÄNDER, Max: *Beiträge zur Biographie Franz Schuberts.* Inaugural-Dissertation. Berlin: Haack, 1889.

FROEHLICH, F. J.: *Beiträge zur Geschichte der Musik der älteren und neueren Zeit, auf musikalische Documente gegründet.* 2 Bde. Würzburg: Stahel, 1868 u. 1874.

FRÖHLICH, Joseph: „Joseph Haydn. Biographisch-ästhetische Skizze". In: *Allgemeine Encyclopädie der Wissenschaften und Künste.* Hrsg. v. J. S. Ersch und J. G. Gruber. Bd. II. Teil 3. Leipzig, 1828. Neu hrsg. v. Adolf Sandberger. Regensburg: Bosse, 1936.

FUCHS, Carl: *Ungleiche Verwandte unter den Neudeutschen. Ein kritischer Essai zu Wilhelm Tappert's Buch »Musikalische Studien«.* Berlin: Kiessling, 1868.

FUCHS, Richard: *Musikgeschichte. Kurzgefasstes Handbuch zum Selbststudium sowie zur Grundlage für musikgeschichtliche Vorträge in Konservatorien, Seminaren und Musikschulen.* 2., verm. u. verb. Aufl. Breslau: Hainauer, 1909.

G. W.: „Die Davidsbündler. Ein verloren geglaubter Aufsatz Robert Schumanns". In: *Die Grenzboten. Zeitschrift für Politik und Literatur.* 48 (1899). S. 23–39.

GASSNER, Ferdinand Simon: *Universal-Lexicon der Tonkunst.* Neue Handausgabe in 1 Bd. Mit Zugrundelegung des größeren Werkes neu bearbeitet, ergänzt und theilweise vermehrt. Mit F. Mendelssohn's Portrait. Stuttgart: Köhler, 1847/48.

GATHY, August. „Die Phantastik der Zeit". In: *Neue Zeitschrift für Musik.* 28 (1848). S. 209–212.

GATHY, August: *Musikalisches Conservations-Lexicon. Encyklopädie der gesamten Musik-Wissenschaft für Künstler, Kunstfreunde und Gebildete, unter Mitwirkung von Ortlepp, J. Schmitt, Meyer, Zöllner u.a.* 2te Aufl. Hamburg: Niemeyer, 1840.

GATHY, August: *Neues musikalisches Taschen-Fremdwörter-Buch, enthaltend die in der Musik am häufigsten vorkommenden Kunstausdrücke, Zeichen usw.* Hamburg: Niemeyer, 1844.

GAUTIER, Théophile: *Histoire d romantisme. Suivie de, Notices romantiques, et d'une étude sur la poésie française.* 2e ed. Paris: Charpentier, 1874.

GEBESCHUS, J.: *Geschichte der Musik von den ältesten vorchristlichen Zeiten bis auf die Gegenwart. Mit ausführlichen Geschichtstabellen.* Berlin: Schultze, 1895.

GEIBEL, Emanuel: *Auf Felix Mendelssohn-Bartholdys's Tod.* Hamburg: Perthes-Besser u. Mauke, 1847.

GEIGER, Benno: *Noten am Rande der Kunst, in Novalis Schriften.* Leipzig: Kahnt, 1901. (Sammlung musikwissenschaftlicher Abhandlungen; 1)

GELBCKE, F. A.: „Classisch und Romantisch. Ein Beitrag zur Geschichtsschreibung der Musik unserer Zeit". In: *Neue Zeitschrift für Musik.* 14 (1841). S. 187 ff., 191 f., 195 f., 99 f., 203 ff.

GERVINUS, Georg Gottfried: *Händel und Shakespeare. Zur Ästhetik der Tonkunst.* Leipzig: Engelmann, 1868.

GIETMANN, Gerhard: *Musik-Aesthetik. Mit 6 Abbildungen und vielen kürzern Musikproben.* Freiburg i. B.: Herder, 1900.

GIRSCHNER, Otto: *Repetitorium der Musikgeschichte. Das Wichtigste aus der Musikgeschichte aller Kulturvölker in Fragen und Antworten. Für Unterricht und Selbststudium.* Köln: Tonger, 1915.

GLASENAPP, Carl Fr.: *Wagner-Encyclopädie. Haupterscheinungen der Kunst- und Kulturgeschichte im Lichte der Anschauung Richard Wagners. In wörtlichen Anführungen aus seinen Schriften dargestellt.* 2 Bde. Leipzig: Fritzsch, 1891.

GLEICH, Ferdinand: *Charakterbilder aus der neueren Geschichte der Tonkunst.* 2 Bde. Leipzig: Merseburger, 1863.

GLÖCKNER, Ernst: *Studien zur romantischen Psychologie der Musik, besonders mit Rücksicht auf die Schriften E. T. A. Hoffmanns.* München: Steinicke, 1909.

GOLDSCHMIDT, Harry: *Die Musikästhetik des 18. Jahrhunderts und ihre Beziehungen zu seinem Kunstschaffen.* Zürich und Leipzig: Rascher, 1915.

GOLLMICK, Carl: *Kritische Terminologie für Musiker und Musikfreunde nebst einem alphabetisch geordneten und kurz angedeuteten Inhalts-Register.* Frankfurt a. M.: Lauten, 1833.

GOLLMICK, Carl: *Handlexicon der Tonkunst.* Offenbach: André, 1857.

GÖRRES, Jacob Joseph: *Aphorismen über die Kunst.* Koblenz, 1804.

GOETHE, Johann Wolfgang von: *Werke*. Hrsg. v. Erich Trunz [u.a.]. 14 Bde. 9. Auflage. München: Beck, 1981.

GOTTHELF, F.: *Das Wesen der Musik*. Bonn: Cohen, 1893.

GOTTSCHALD, Ernst: *Robert Schumann's zweite Symphonie*. Leipzig: Whistling, 1850.

GÖTZINGER, Wilhelm Leberecht: *Geschichte und Beschreibung des Chursächsischen Amts Hohnstein mit Lohmen, insbesondere der unter dieses Amt gehörigen Stadt Sebnitz, von M. Wilhelm Leberecht Götzinger, des Predigtamts Kandidat*. Freyberg: Carl Craz, 1786.

GRAF, Max: *Deutsche Musik im 19. Jahrhundert*. Berlin: Cronbach, 1898.

GRÄDENER, Carl G. P.: *Gesammelte Aufsätze über Kunst, vorzugsweise Musik*. Hamburg: Pohle, 1872.

GREGOR, Josef: „Die deutsche Romantik aus den Beziehungen von Musik und Dichtung. W. H. Wackendroder". In: *Sammelbände der Internationalen Musik-Gesellschaft*. 10 (1908/1909). S. 505–532.

GRELL, Eduard: *Aufsätze und Gutachten über Musik*. Nach seinem Tode hrsg. v. Heinrich Bellermann. Berlin: Springer, 1887.

GRIEPENKERL, K. F.: *Lehrbuch der Aesthetik*. 2 Teile. Braunschweig: Vieweg, 1826.

GRIEPENKERL, Wolfgang Robert: *Das Musikfest, oder die Beethovener. Novelle. Mit Einleitung und musikalischer Zugabe von G. Meyerbeer*. 2. Auflage. Leipzig: Wigand, 1841.

GRIEPENKERL, Wolfgang Robert: *Ritter Berlioz in Braunschweig. Zur Charakteristik dieses Tondichters*. Braunschweig: Leibrock, 1843.

GRIEPENKERL, Wolfgang Robert: *Die Oper der Gegenwart. Vortrag zur ersten Tonkünstler-Versammlung in Leipzig am 14. August 1847*. Leipzig: Hinrichs, 1847.

GRIEPENKERL, Wolfgang Robert: *Novellen*. Braunschweig: Graff & Müller, 1868.

GRILLPARZER, Franz: „Über den Gebrauch des Ausdrucks „romantisch" in der neueren Kunstkritik". In: *Prosaschriften II: Aufsätze über Literatur, Musik und Theater. Musikalien*. Wien: Schroll & Co., 1925.

GROSHEIM, Georg Christoph: *Fragmente aus der Geschichte der Musik*. Mainz: Schott & Söhne, 1832.

GROSHEIM, Georg Christoph: *Versuch einer ästhetischen Darstellung mehrer Werke dramatischer Tonmeister älterer und neuerer Zeit*. Mainz: Schott & Söhne, 1834.

GROSSE, Julius: *Ueber die Bedeutung der modernen Romantik mit Rücksicht auf die bildende Kunst. Eine Studie*. Berlin: Schindler, 1854.

GRUNSKY, Karl: *Musikaesthetik*. Leipzig: Göschen, 1907. (Sammlung Göschen; 344)

GRUNSKY, Karl: *Musikgeschichte des 17. Jahrhunderts*. Berlin: Vereinigung wissenschaftlicher Verleger, 1913.

GRUNSKY, Karl: *Musikgeschichte des 18. Jahrhunderts*. Berlin: Vereinigung wissenschaftlicher Verleger, 1914.

GRUNSKY, Karl: *Musikgeschichte des 19. Jahrhunderts*. 2 Tle. Teil I. Leipzig: Göschen, 1902. (Sammlung Göschen; 164 u. 165)

GUMPRECHT, Otto: *Musikalische Charakterbilder*. Leipzig: A. Gumprecht, 1869.

HADOW, Sir William Henry: *Studies in modern music*. 2 Volumes. Volume 1: *Music and musical criticism; a discourse on method. Hector Berlioz and the French romantic movement. Robert Schumann an the romantic movement in Germany. Richard Wagner and the reform of the opera*.

Volume 2: *Outlines of musical form. Frederick Chopin. Antonin Dvorak. Johannes Brahms.* V. 1 is 2 ed. V. 2 is 5 ed. London: Seeley, 1895–1904.

HAGEN, Theodor: *Civilisation und Musik.* Leipzig: Jurany, 1846.

HAGEDORN, Christian Ludwig v.: *Betrachtungen über die Mahlerey.* 2 Bde. Bd. 1. Leipzig, 1762.

HALM, August: *Von zwei Kulturen der Musik.* München: Müller, 1913.

HAND, Ferdinand: *Ästhetik der Tonkunst.* 2 Tle. 1. Teil. Leipzig: Hohenhausen, 1837. 2. Teil. Jena: Hohenhausen, 1841. 2 Auflage. 2 Tle. Leipzig: Eisenach, 1847.

HANSLICK, Eduard. Vom Musikalisch-Schönen. Ein Beitrag zur Revision der Aesthetik der Tonkunst. Historisch-kritische Ausgabe. 2 Tle. Hrsg. v. Dietmar Strauss. Mainz [u.a.]: Schott, 1990.

HARRYS, Georg: *Paganini in seinem Reisewagen und Zimmer, in seinen redseligen Stunden, in gesellschaftlichen Zirkeln und seinen Concerten. Aus dem Reisejournale.* Braunschweig: Vieweg, 1830.

HARTMANN, E. v.: „Zur Ästhetik der Tonkunst. (Kant, Schelling, Hegel, Vischer, Schopenhauer, Hanslick, Lazarus, Engel, Hausegger)" In: *Deutsche Rundschau.* 46 (1886). S. 72–94.

HAUPTMANN, Moritz: *Briefe an Ludwig Spohr und Andere.* Hrsg. v. Ferdinand Hiller. Neue Folge der Hauptmannschen Briefe. Leipzig: Breitkopf & Härtel, 1876.

HAUSEGGER, Friedrich v.: *Die Musik als Ausdruck.* Wien: Konegen, 1885.

HAUSEGGER, Friedrich v.: *Gedanken eines Schauenden. Gesammelte Aufsätze.* Hrsg. v. Siegmund v. Hausegger. München: Bruckmann, 1903.

HAUSEGGER, Friedrich v.: *Frühe Schriften und Essays.* Hrsg. v. Rudolf Flotzinger. Graz, 1986. (Grazer musikwissenschaftliche Arbeiten; 7)

HAUSEGGER, Siegmund von: „Sind klassisch und modern Gegensätze?". In: *Die Musik. Illustrierte Halbmonatsschrift.* 7 (1907/1908) 11. S. 299–309.

HAUSER, Johann Bernhard: *Versuch über das Schöne in der Musik nebst Jahresbericht über das königliche katholische Gymnasiumzu Erfurt.* Erfurt: Ueckermann, 1834.

HAWEIS, Mr.: *Die Tonkunst und ihre Meister. Ästhetisches, Biographisches und Instrumentales.* Mit einem Anhang: Musik in England. Nach dem englischen Original Music and Morals. Deutsch von Workhard. Redaktionell bearbeitet und eingeleitet von A. Moszkowski. 2. Auflage. Berlin: Klemann, 1885.

HEGEL, Georg Wilhelm Friedrich: *Die Vernunft in der Geschichte.* Hrsg. v. Johannes Hoffmeister. 5. Auflage, Hamburg: Meiner, 1955.

HEGEL, Georg Wilhelm Friedrich: *Vorlesungen über die Ästhetik I–III. Werke.* 20 Bde. Bd. 13–15. Auf der Grundlage der Werke von 1832–1845 neu edierte Ausgabe. Hrsg. v. Eva Moldenhauer und Karl Markus Michel. Frankfurt a. M.: Suhrkamp, 1994–1996.

HEHEMANN, M.: *Max Reger. Eine Studie über moderne Musik.* München: Piper & Co., 1911.

HEINE, Heinrich: „Die Romantik". In: Heinrich Heine. Säkulärausgabe. *Werke, Briefwechsel, Lebenszeugnisse.* 27 Bde. Bd. 4. *Tragödien – Frühe Prosa. 1820–1831.* Bearbeitet v. Karl Wolfgang Becker. Hrsg. v. den Nationalen Forschungs- und Gedenkstätten der klassischen deutschen Literatur in Weimar und dem Centre National de la Recherche Scientifique in Paris. Berlin: Akademie-Verlag und Paris: Editions du CNRS, 1981. S. 195–197.

HEINE, Heinrich: *Die romantische Schule.* In: Heinrich Heine. Säkulärausgabe. *Werke, Briefwechsel, Lebenszeugnisse.* 27 Bde. Bd. 8: *Über Deutschland 1833–1836. Aufsätze über Kunst und*

Philosophie. Berarbeitet v. Renate Francke. Hrsg. v. den Nationalen Forschungs- und Gedenkstätten der klassischen deutschen Literatur in Weimar und dem Centre National de la Recherche Scientifique in Paris. Berlin: Akademie-Verlag und Paris: Editions du CNRS, 1972. S. 1–124.

HEINEMANN, Ernst: *Richard Wagner und das Ende der Musik*. 2. Aufl. Leipzig: Thomas Komm.-Geschäft, 1913.

HEINEMANN, Ernst: *Über das Verhältnis der Poesie zur Musik und die Möglichkeit des Gesamtkunstwerks*. Berlin, 1913.

HEINSE, Wilhelm: *Sämtliche Werke*. Hrsg. v. Carl Schmüddekopf. 10 Bde. Bd. 8. Abt. 1–3: Aus Düsseldorf. Von der italienischen Reise etc. Leipzig: Insel, 1924/25.

HEINSE, Wilhelm: *Dialogen, musikalische, oder philosophische Unterredungen über den Kunstgeschmack in der Musik. Ein Nachlass von W. Heinse*. Leipzig: Wienbrack, 1805.

HELLER, Stephen: *Lettres d'un musicien romantique à Paris*. Hrsg. v. Jean-Jaques Eigeldinger. Paris: Flammarion, 1981.

HELM, Theodor: *Beethovens Streichquartette. Versuch einer technischen Analyse dieser Werke im Zusammenhange mit ihrem geistigen Gehalt*. Leipzig: Fritzsch, 1885.

HENNIG, Carl Rafael: *Zur Verständigung. Ein Beitrag zur Wagner-Sache*. Leipzig: Reinboth, 1894.

HENNIG, Carl Rafael: *Die Aesthetik der Tonkunst*. Leipzig: Barth, 1896.

HENNIG, Carl Rafael: *Einführung in das Wesen der Musik*. Leipzig: Teubner, 1906.

HERDER, Johann Gottfried: *Werke*. Hrsg. v. Karl-Gustav Gerold. 2 Bde. München, Hanser, 1953.

HERDER, Johann Gottfried: *Sämtliche Werke*. Hrsg. v. Bernhard Suphan. 33 Bde. Nachdruck der Ausgabe Berlin 1891. Hildesheim: Olms, 1967.

HERVEY, Arthur: *French music in the XIXth century*. London: Grant Richards, 1903.

HESSE J. Ed.: *Vorschule der musikalischen Aesthetik oder Wegweiser in das Wesen der Musik. Ein Handbüchlein für Musiklehrer, Musikschüler und Freunde der Musik, enth. kurze einleitende Aufsätze über Musik überhaupt, so wie Erklärungen der gebräuchl. Tonstücke und Kunstwörter*. Halberstadt: Frantz, 1850.

HETTNER, Hermann: *Die romantische Schule in ihrem Zusammenhange mit Goethe und Schiller*. Braunschweig, 1850. In: Hermann Hettner: Schriften zur Literatur. (Zusammenstellung und Textrevision von Jürgen Jahn.) Berlin: Aufbau-Verl., 1959.

HEUSS, Alfred: *Erläuterungen zu Franz Liszts Sinfonien und Sinfonischen Dichtungen*. Leipzig: Breitkopf & Härtel, 1912.

HILBERT, Werner: *Die Musikaesthetik der Frühromantik. Fragment einer wissenschaftlichen Arbeit*. Remscheid: Schmidt, 1911.

HILLER, Ferdinand: *Aus dem Tonleben unserer Zeit. Gelegentliches*. 2 Tle. Leipzig: Mendelssohn, 1868.

HILLER, Ferdinand: *Ludwig van Beethoven. Gelegentliche Aufsätze*. Leipzig: Leuckart, 1871.

HILLER, Ferdinand: *Felix Mendelssohn-Bartholdy. Briefe und Erinnerungen*. Köln: Du Mont-Schauberg, 1874.

HILLER, Ferdinand: *Musikalisches und Persönliches*. Leipzig: Breitkopf & Härtel, 1876.

HILLER, Ferdinand: *Briefe an eine Ungenannte*. Köln: Du Mont-Schauberg, 1877.

HIRSCHFELD, Christian Cajus Lorenz: *Theorie der Gartenkunst*. 5 Bde. Leipzig, 1779–1785.

HIRSCHFELD, Robert: *Das kritische Verfahren Eduard Hanslicks*. Wien: Löwit, 1885.

HOFFMANN, E. T. A.: *Dichtungen und Schriften sowie Briefe und Tagebücher.* Gesamtausgabe. Hrsg. v. Walther Harich. 15. Bde. Weimar: Lichtenstein, 1924.

HOFFMANN, E. T. A.: *Die Elexiere des Teufels. Poetische Werke.* 12. Bde. Bd. 2. Berlin: de Gruyter, 1958.

HOFFMANN, E. T. A.: *Schriften zur Musik, Aufsätze und Rezensionen.* Hrsg. v. Friedrich Schnapp. München: Winkler, o.J.

HOHENEMSER, Richard: „Ueber Komik und Humor in der Musik". In: *Jahrbuch der Musikbibliothek Peters.* 29 (1917). S. 65–83.

HOHENEMSER, Richard: *Welche Einflüsse hatte die Wiederbelebung der älteren Musik im 19. Jahrhundert auf die deutschen Komponisten.* Leipzig: Breitkopf & Härtel, 1892.

HORN, Franz Christoph: „Musikalische Fragmente". In: *Allgemeine musikalische Zeitung.* 4 (1802). Sp. 401 ff. – 848.

HORSTIG, Carl Gottlob: „Die Macht des Schönen in der Tonkunst". In: *Cäcilia.* 8 (1828). S. 149–156.

HOSTINSKY, Ottokar: *Das Musikalisch-Schöne und das Gesammtkunstwerk vom Standpuncte der formalen Aesthetik.* Eine Studie. Leipzig: Breitkopf & Härtel, 1877.

HOSTINSKY, Ottokar: *Herbarts Ästhetik in ihren grundlegenden Teilen quellenmäßig dargestellt und erläutert.* Hamburg und Leipzig: Breitkopf & Härtel, 1891.

HUBER, Victor Aimé: *Die neuromantische Poesie in Frankreich und ihr Verhältnis zur geistigen Entwicklung des französischen Volks.* Leipzig: Brockhaus, 1833.

HUCH, Ricarda: *Die Blütezeit der Romantik.* Leipzig: Haessel, 1899.

HÜFFER, Franz: *Die Poesie in der Musik.* Aus dem Englischen übertragen v. E. G. Autorisierte deutsche Ausgabe. Mit einer Vorrede d. Verfassers. Leipzig: Leuckart, 1875.

HUNEKER, James: *Chopin. Der Mensch, der Künstler.* München: Müller, 1914.

HURD, Richard: *Letters on Chivalry and Romance.* London, 1759.

ISTEL, Edgar: *Die Blütezeit der musikalischen Romantik in Deutschland.* Leipzig: Teubner, 1909. (Natur und Geisteswelt. Bd. 239)

ISTEL, Edgar: *Das Kunstwerk Richard Wagners.* 2. verb. Aufl. Leipzig: Teubner, 1918.

JACOBI, Friedrich Heinrich: *Werke.* Hrsg. v. Friedrich Roth und Friedrich Koeppen. 6 Bde. Darmstadt: Wissenschaftliche Buchgesellschaft, 1968. (Repr. d. Ausg. v. 1812–1825)

JACOBI, Martin: *Felix Mendelssohn-Bartholdy.* Bielefeld: Velhagen & Klasing, 1915.

JEAN PAULS *Briefwechsel mit seinem Freunde Christian Otto.* 4 Bde. Berlin: Reimer, 1829.

JAHN, Otto: *Gesammelte Aufsätze über Musik.* Leipzig: Breitkopf & Härtel, 1866.

JÄHNS, Friedrich Wilhelm: *Carl Maria von Weber in seinen Werken.* Berlin: Schlesinger, 1871.

JÄHNS, Friedrich Wilhelm: *Carl Maria von Weber. Eine Lebensskizze nach authentischen Quellen mit einem bisher unbekannten Bildnisse Weber's in Photolith.* Leipzig: Grunow, 1873. Nachdruck Leipzig: VEB Deutscher Verlag für Musik, 1986.

JANSEN, F. Gustav: „Robert Schumanns schriftstellerische Thätigkeit. Nebst neuen Mitteilungen zu seinem Leben". In: *Die Grenzboten. Zeitschrift für Politik und Literatur.* 50 (1891). S. 322–336 u. 361–372.

JANSEN, F. Gustav: *Die Davidsbündler. Aus Robert Schumann's Sturm und Drang Periode. Ein Beitrag zur Biographie R. Schumann's nebst ungedruckten Briefen, Aufsätzen und Portraitskizzen aus seinem Freundeskreise.* Leipzig: Breitkopf und Härtel, 1883.

JANSEN, F. Gustav: „Robert Schumann und Stephen Heller". In: *Neue Musikzeitung.* 15 (1894). S. 259 f.

JANSEN, F. Gustav: „Ein unbekannter Brief von Robert Schumann". In: *Die Musik.* 5 (1905/1906) 4. S. 110–112.

JANSEN, F. Gustav (Hg.): *Robert Schumanns Briefe.* Neue Folge. 2. Auflage, 1904.

JEITTELES, Ignaz: *Ästhetisches Lexikon. Ein alphabetisches Handbuch zur Theorie der Philosophie des Schönen und der schönen Künste. Nebst einer Erklärung der Kunstausdrücke aller ästhetischen Zweige, als Poesie, Poetik, Rhetorik, Musik, Plastik, Graphik, Architektur, Malerei, Theater.* 2 Bde. Wien: Gerold, 1839. Reprint: Hildesheim: Olms, 1978.

JOËL, Carl: *Nietzsche und die Romantik.* Jena und Leipzig: Diederichs, 1905.

JOËL, Carl: *Der Ursprung der Naturphilosophie aus dem Geiste der Mystik. Mit Anhang: Archaische Romantik.* Jena: Diederichs, 1906.

JOSS, Victor: *Friedrich Wieck und sein Verhältnis zu Robert Schumann.* Dresden: Damm, 1900.

KAHLERT, August: *Blätter aus der Brieftasche eines Musikers.* Breslau: Förster, 1832.

KAHLERT, August: „Ueber die Bedeutung des Romantischen". In: *Cäcilia, eine Zeitschrift für die musikalische Welt.* 16 (1834). S. 235.

KAHLERT, August: *Tonleben, Novellen und vermischte Aufsätze.* Breslau: Aderholz, 1838.

KAHLERT, August: „Gegenwart und Zukunft der Tonkunst". In: *Die Jahreszeiten. Frühling-Sommer, 1838.* Leipzig, 1839. S. 230–260.

KAHLERT, August: *System der Aesthetik.* Leipzig: Breitkopf & Härtel, 1846.

KAHLERT, August: „Ueber das Musikalisch-Häßliche". In: *Deutsche Musik-Zeitung.* 2 (1861). S. 217–219.

KAHNT, Gustav: *Bilder-Atlas zur Musikgeschichte v. Bach bis Strauss.* Berlin: Schuster & Löffler, 1912.

KAISER, Georg: *Beiträge zur einer Charakteristik C. M. v. Webers als Musikschriftsteller.* Berlin: Schuster & Löffler, 1910.

KALBECK, Max: *Johannes Brahms.* 3 Bde. Berlin: Deutsche Brahms-Gesellschaft, 1908–1910.

KAPP, Julius: *Richard Wagner und Franz Liszt. Eine Freundschaft.* Berlin: Schuster & Löffler, 1908.

KAPP, Julius: *Franz Liszt. Eine Biographie.* Berlin: Schuster & Löffler, 1909.

KAPP, Julius: *Richard Wagner. Eine Biographie.* Berlin: Schuster & Löffler, 1910.

KAPP, Julius: *Berlioz. Eine Biographie.* Berlin: Schuster & Löffler, 1917.

KAPP, Julius: *Das Dreigestirn. Berlioz, Liszt, Wagner.* Berlin: Schuster & Löffler, 1919.

KASSNER, Rudolf: *Die Moral der Musik. Aus den Briefen an einen Musiker.* Bremen: Schweers & Haake, 1911.

KASTNER, Emerich (Hg.): *Ludwig van Beethovens sämtliche Briefe.* Tutzing: Schneider, 1975.

KAUFFMANN, Emil: *Entwicklungsgang der Tonkunst von der Mitte des vorigen Jahrhunderts bis zur Gegenwart, in ihren Hauptvertretern dargestellt.* Tübingen: Laupp, 1884.

KELLER, Otto: *Geschichte der Musik.* Leipzig: Friesenhahn, 1894. (Illustrierte Bibliothek der Kunst- und Kulturgeschichte; 4)

KELLER, Otto: *Peter Tschaikowsky. Ein Lebensbild.* Leipzig: Breitkopf & Härtel, 1914.

KEPPNER, F. J. A.: *Kurze Geschichte der musikalischen Ideen.* Freiburg i. B.: Wagner, 1856.

KERST, Friedrich: *Schumann-Brevier.* Berlin: Schuster & Loeffler, 1905.

KEUSSLER, Gerhard v.: *Die Grenzen der Ästhetik.* Leipzig: Seemann, 1902.

KIESEWETTER, Rafael Georg von: *Geschichte der europäisch-abendländischen oder unserer heutigen Musik. Darstellung ihres Ursprungs, ihres Wachsthumes und ihrer stufenweisen Entwickelung; von dem ersten Jahrhundert des Christenthums bis auf unsere Zeit. Für jeden Freund der Tonkunst.* Leipzig: Breitkopf & Härtel, 1834.

KIESSLING, Arthur: *Der Geist des Romantischen im Denken und Schaffen Richard Wagners.* Leipzig: Xenien-Verlag, 1915.

KIESSLING, Arthur: *Richard Wagner und die Romantik.* Leipzig: Xenien-Verlag, 1916.

KIND, Friedrich: *Freischütz-Buch. Der Freischütz. Volksoper in 3 Aufzügen. Ausgabe letzter Hand, mit 37 Originalbriefen von C. M. v. Weber, einer biographischen Novelle, Gedichten und anderen Beilagen.* Leipzig: Goeschen, 1843.

KIRCHER, Erwin: *Philosophie der Romantik.* Aus dem Nachlaß hrsg. v. Margaret Susman u. Dr. Heinrich Simon. Jena: Diederichs, 1906.

KLAUWELL, Otto: *Geschichte der Programmusik von ihren Anfängen bis zur Gegenwart.* Leipzig: Breitkopf & Härtel, 1910.

KLAUWELL, Otto: *Musikalische Bekenntnisse. Aphoristische Bemerkungen zur Tonkunst.* 2., durchgesehe Auflage der „Musikalischen Gesichtspunkte". Leipzig: Gerhard, 1892.

KLEEMANN, Hans: *Beiträge zur Aesthetik und Geschichte der Loeweschen Ballade.* Halle a. S.: Niemeyer, 1913.

KLUGEN, A. v.: *Die Absage an die Romantik in der Zeit nach den Weltkriegen.* Berlin, 1919.

KNETSCH, Berth: *Die Grundlagen für das Verständnis des musikalischen Kunstwerkes.* Berlin: Hillger, 1911. (Bücher des Wissens; 151)

KOCH, Christoph Heinrich: *Kurzgefaßtes Handwörterbuch der Musik für praktische Tonkünstler und für Dilettanten.* Leipzig: Hartknoch, 1807. Reprint: Hildesheim: Olms, 1981.

KÖHLER, Louis: „Johannes Brahms". In: *Neue Berliner Musikzeitung.* 33 (1879). S. 393 f.

KÖHLER, Louis: *Johannes Brahms und seine Stellung in der Musikgeschichte.* Hannover: Simon, 1880.

KOLLER, Oswald: *Klopstock-Studien 1. Klopstock als musikalischer Ästhetiker. 2. Klopstocks Beziehungen zu den Musikern seiner Zeit.* Kremsier in Mähren, 1889.

KOMORZYNSKI, Egon v.: „Schumann und die Romantik". In: *Neue Musikzeitung.* 27 (1906). S. 407 f.

KÖPKE, Rudolf: *Ludwig Tieck. Erinnerungen aus dem Leben des Dichters nach dessen mündlichen und schriftlichen Mittheilungen.* 2 Bde. Leipzig: Brockhaus, 1855.

KÖRNER, Theodor: *Die Reise nach Schandau. Eine Erzählung in Briefen.* o.O., 1810.

KOSSMALY, Carl: „Ueber Robert Schumann's Claviercompositionen". In: *Allgemeine musikalische Zeitung.* 47 (1844). Sp. 1–5, 17–21 u. 33–37.

KOSSMALY, Carl: *Ueber die Anwendung des Programms zur Erklärung musikalischer Compositionen. Ein Vortrag.* Stettin: Cartellieri, 1859.

KÖSTLIN, Heinrich Adolf: *Geschichte der Musik im Umriß für die Gebildeten aller Stände dargestellt.* Tübingen: Laupp, 1875.

KÖSTLIN, Heinrich Adolf: *C. M. v. Weber – Fr. Silcher.* Stuttgart: Engelhorn, 1877.

KÖSTLIN, Heinrich Adolf: *Die Tonkunst: Einführung in die Ästhetik der Musik.* Stuttgart: Engelhorn, 1879.

KÖSTLIN, Heinrich Adolf: *Die deutsche Tonkunst.* Leipzig: Bibliographisches Institut, 1908.

KÖSTLIN, Karl: *Ästhetik.* 2 Bde. Tübingen: Laupp, 1863 und 1869.

KÖSTLIN, Karl: *Prolegomena zur Ästhetik. Psychologische Grundlegung.* Tübingen: Laupp, 1889.

KOTHE, Bernhard: *Abriss der Musikgeschichte.* Leipzig: Leuckart, 1877.

KRAUSE, Carl Christian Friedrich: *Darstellungen aus der Geschichte der Musik nebst vorbereitenden Lehren aus der Theorie der Musik.* Göttingen: Dietrichsche Buchhandlung, 1827.

KRAUSSOLD, Lorenz: *Die Musik in ihrer kulturhistorischen Entwickelung und Bedeutung von den ältesten Zeiten bis auf Richard Wagner. Drei Vorträge.* Bayreuth: Grau, 1876.

KREBS, Carl: *Schaffen und Nachschaffen in der Musik. Rede.* Berlin: Mittler & Sohn, 1902.

KREISIG, Martin (Hg.): *Gesammelte Schriften über Musik und Musiker von Robert Schumann.* 2 Bde. Leipzig, 1914.

KREISSLE, Heinrich. v. Hellborn: *Franz Schubert.* Wien: Gerold, 1865.

KRETZSCHMAR, Hermann: „Robert Schumann als Aesthetiker". In: *Jahrbuch der Musikbibliothek Peters.* 13 (1906). S. 49–73.

KRETZSCHMAR, Hermann: *Gesammelte Aufsätze über Musik u. anderes aus den »Grenzboten«.* Leipzig: Breitkopf & Härtel, 1910.

KRETZSCHMAR, Hermann: *Gesammelte Aufsätze über Musik u. anderes aus den Jahrbüchern der Musikbibliothek Peters.* Leipzig: Breitkopf & Härtel, 1911.

KRETZSCHMAR, Hermann: *Einführung in die Musikgeschichte.* Leipzig: Breitkopf & Härtel, 1920. (Kleine Handbücher der Musikgeschichte nach Gattungen; 7)

KRETZSCHMER, Franz Johann Karl Andreas: *Ideen zu einer Theorie der Musik.* Stralsund, 1833.

KREUZHAGE, Eduard: *Ueber Programm-Musik.* Münster: Coppenrath, 1868.

KRÜGER, Eduard: *Beiträge für Leben und Wissenschaft der Tonkunst.* Leipzig: Breitkopf & Härtel, 1847.

KRÜGER, Eduard: „Eindruck und Ausdruck". In: *Allgemeine musikalische Zeitung.* 50 (1848). Sp. 817.

KRÜGER, Eduard: „Sonderliche Gedanken über die letzten Zeiten". In: *Niederrheinische Musik-Zeitung für Kunstfreunde und Künstler.* 3 (1855). S. 105–108,115–117.

KRÜGER, Eduard: „Betrachtungen zu Schumann's Faust und Manfred". In: *Niederrheinische Musik-Zeitung für Kunstfreunde und Künstler.* 10 (1862). S. 377–380, 385–391, 393–398.

KRÜGER, Eduard: „Robert Schumann". [Rezension August Reissmann. Robert Schumann, sein Leben und seine Werke. Berlin: Guttenberg, 1865] In: *Niederrheinische Musik-Zeitung für Kunstfreunde und Künstler.* 13 (1865). S. 289–293.

KRÜGER, Eduard: *System der Tonkunst.* Leipzig, 1866. Reprint: Hildesheim: Olms, 1993.

KRÜGER, Eduard: *Musikalische Briefe aus der neuesten Zeit.* Münster: Russel, 1870.

KÜHN, Alfred: „Über die Grenzen zwischen Musik und Poesie". In: *Neue Zeitschrift für Musik.* 90 (1894). S. 165, 177, 189, 213, 221, 289, 309, 317, 473, 485, 497, 509.

KULLAK, Adolph: *Das Musikalisch-Schöne. Ein Beitrag zur Aesthetik der Tonkunst.* Leipzig, 1858.

KULLAK, Franz: *Der Vortrag in der Musik am Ende des 19. Jahrhunderts.* Leipzig: Leuckart, 1898.

KURTH, Ernst: *Romantische Harmonik und ihre Krise in Wagners »Tristan«.* Bern und Leipzig, 1920.

LA LAURENCIE, Lionel comte de: „Le romantisme de Berlioz devant le public de son temps". In: Lionel comte de la Laurencie. *Le goût musical en France.* Paris: Joanin, 1905. S. 293–320.

LA MARA [Pseud. Marie Lipsius]: *Klassisches und Romantisches aus der Tonwelt.* Leipzig: Breitkopf & Härtel, 1892.

LA MARA [Pseud. Marie Lipsius]: *Musikalische Studienköpfe.* 2 Bde. Leipzig: Weißbach, 1868.

LANGE, Gustav: *Musikgeschichtliches.* Berlin: Gaertners, 1900.

LANGE, J. P.: *Wie definirt man Musik? Eine Kultur- und Kunstfrage behandelt.* Bonn: Hochgürtel, 1882.

LANGE, Konrad: *Über den Zweck der Kunst. Akademische Festrede.* Stuttgart, 1911.

LANGE, Otto: „Klassisch und Romantisch". In: *Neue Berliner Musikzeitung.* 4 (1850). S. 41–43.

LANGE, Otto: „Die Grenzen des Klassischen und Romantischen in der Musik". In: *Neue Berliner Musikzeitung.* 4 (1850). S. 113–115.

LANGE, Otto: „Musik-Literatur. Dr. Eduard Hanslick, Vom Musikalisch Schönen etc". In: *Neue Berliner Musikzeitung.* 9 (1855). S. 331.

LANGHANS, Wilhelm: *Die Musikgeschichte in zwölf Vorlesungen.* Leipzig: Leuckart, 1878.

LANGHANS, Wilhelm: *Geschichte der Musik des 17., 18. und 19. Jahrhunderts in chronologischem Anschlusse an die Musikgeschichte von A. W. Ambros.* 2 Bde. Leipzig: Leuckart, 1882 und 1887.

LAURENCIN, Graf, F. P.: *Das Paradies und die Peri, Dichtung aus Lalla Rookh von Th. Moore.* In: *Musik gesetzt v. Robert Schumann.* Leipzig: Matthes, 1859.

LAURENCIN, Graf, F. P.: *Dr. Eduard Hanslick's Lehre vom Musikalisch-Schönen. Eine Abwehr.* Leipzig: Matthes, 1859.

LAURENCIN, Graf, F. P.: *Die Harmonik der Neuzeit. Gekrönte Preisschrift.* Leipzig: Kahnt, 1861.

LAUTIER, G. A.: *Praktisch-theoretisches System des Grundbasses der Musik und Philosophie, als 1e Abth. eines Grundrisses des Systems der Tonwissenschaft.* Berlin: Duncker & Humblot, 1827.

LAZARUS, M.: *Das Leben der Seele in Monographien über seine Erscheinungen und Gesetze.* 3. Auflage. 3 Bde. Bd.1 und 3. Berlin: Dümmler, 1883 und 1897.

LEDHUI, Ad. und BERTINI, H.: *Encyclopédie pitoresque de la Musique, contenant l'histoire de la Musique ancienne et moderne, la description et la figure des instruments les plus curieux, la biographie et le portraite des artistes et d'hommes de lettres, sous la direction etc.* Paris, 1833–1834.

LEHMANN, Rudolf: *Erinnerungen eines Künstlers.* Berlin: Hofmann, 1896.

LEICHTENTRITT, Hugo: *Geschichte der Musik.* Leipzig: Hillger, 1905.

LEICHTENTRITT, Hugo: *Ferrucio Busoni.* Leipzig: Breitkopf & Härtel, 1916.

LENZ, Eduard: *Rede über das Wesen und die höhere Bedeutung der Musik. Gehalten im Conzertsaale zu Gebweiler, den 29. May 1843.* Mühlhausen: Rissler, 1843.

LENZ, Wilhelm von: *Beethoven. Eine Kunststudie.* 5 Tle. Hamburg: Hoffmann und Campe, 1860.

LEWALD, Fanny: *Prinz Louis-Ferdinand. Roman.* 3 Bde. Breslau, 1849.

LEXIKON *der Musik, oder Erklärung der in der Musik gebräuchlichen Ausdrücke.* Weissenfels: Sues, 1844.

LIND, P. v.: *Moderner Geschmack und moderne Musik. Eine Gegenwartsstudie.* Leipzig und Zürich: Hug, 1891.

LINDNER, Ernst Otto: *Zur Tonkunst. Abhandlungen.* Berlin: Guttentag, 1864.

LIPPS, Theodor: *Psychologische Studien.* Heidelberg: Weiss, 1885.

LIPPS, Theodor: *Von der Form der ästhetischen Apperception.* Halle: Niemeyer, 1902.

LIPPS, Theodor: *Ästhetik. Psychologie des Schönen und der Kunst.* 2 Tle. 1. Tl. *Grundlegung der Ästhetik.* 2. Tl. *Die ästhetische Betrachtung und die bildende Kunst.* Hamburg: Voss, 1903 und 1906.

LISZT, Franz: „Friedrich Chopin. Von F. Liszt. VI". In: *Rheinische Musik-Zeitung für Kunstfreunde und Künstler.* 2. (1851). S. 473–476.

LISZT, Franz: „Robert Schumann". In: *Neue Zeitschrift für Musik.* 42 (1855). S. 133–137, 145–153, 157–165.

LISZT, Franz: *Gesammelte Schriften.* Hrsg. v. Lina Ramann. Übers. v. La Mara/Lina Ramann. 6 Bde. Leipzig: Breitkopf & Härtel, 1880–1883. Reprint. Olms: Hildesheim, 1978.

LISZT, Franz: *Tagebuch. 1827.* 2 Bde. Hrsg. im Auftrag der Stadt Bayreuth v. Detlev Altenburg und Rainer Kleinertz. Rastatt: Moewing, 1986.

LISZT, Franz und Richard WAGNER: *Briefwechsel.* Hrsg. u. eingeleitet v. Hanjy Kesting. Frankfurt a. M.: Insel, 1988.

LISZT, Franz: *Sämtliche Schriften.* Bd. 4: „*Lohengrin" und Tanhäuser von Richard Wagner.* Hrsg. v. Rainer Kleinertz und Gerhard J. Winkler. Wiesbaden: Breitkopf & Härtel, 1989.

LISZT, Franz: *Sämtliche Schriften.* Bd. 5. *Dramaturgische Blätter.* Kommentiert von Detlef Altenburg u.a. Hrsg. v. Dorothea Redepenning und Britta Schilling. Wiesbaden: Breitkopf & Härtel, 1989.

LITZMANN, Berthold (Hg.): *Clara Schumann/Johannes Brahms. Briefe aus den Jahren 1853–1896.* 2 Bde. Leipzig: Breitkopf & Härtel, 1927.

LOBE, J. Christian: „Das Gehaltvolle in der Musik, an Beispielen erläutert". In: *Allgemeine musikalische Zeitung.* 48 (1846). Sp. 465, 537, 681 ff. und 49 (1847). Sp. 369, 385, 417, 441 ff.

LOBE, J. Christian: *Musikalische Briefe.* Leipzig: Breitkopf & Härtel, 1852.

LOBE, J. Christian: *Consonanzen und Dissonanzen. Gesammelte Schriften aus älterer und neuerer Zeit.* Leipzig: Baumgärtner, 1869.

LÖBMANN, Hugo und Karl GAST: *Ueberblick über die Musikgeschichte und die musikalische Formenlehre für Musikschulen und höhere Lehranstalten.* Berlin: Trowitzsch & Sohn, 1913.

LOMMATZSCH, Bernhard Heinrich Karl: *Die Wissenschaft des Ideals oder die Lehre vom Schönen.* Berlin: Reimer, 1835.

LORTZING, Albert: *Sämtliche Briefe.* Historisch-kritische Ausgabe. Hrsg. v. Irmlind Capelle. Kassel [u.a.]: Bärenreiter, 1995. (Detmold-Paderborner Beiträge zur Musikwissenschaft; 4)

LOTZE, Hermann: „Über den Begriff der Schönheit". In: *Göttinger Studien.* Göttingen: Vandenhoeck und Ruprecht, 1845. S. 67–125.

LOTZE, Hermann: *Über Bedingungen der Kunstschönheit.* Göttingen: Vandenhoeck und Ruprecht, 1847.

LOTZE, Hermann: *Geschichte der Ästhetik in Deutschland*. München: Cotta, 1868. Reprint. New York: Johnson, 1965.

LOTZE, Hermann: *Grundzüge der Ästhetik. Diktate aus den Vorlesungen*. Leipzig: Hirzel, 1884.

LOUIS, Rudolf: *Der Widerspruch in der Musik. Bausteine zu einer Aesthetik der Tonkunst auf realdialektischer Grundlage*. Leipzig: Breitkopf & Härtel, 1893.

LOUIS, Rudolf: „Zur Musikästhetik". In: *Allgemeine Musik-Zeitung*. 24 (1897). S. 6 f., 23 ff., 35 f., 49 f., 209 f., 230 f. 243 f. 257 f., 269 f., 322 ff., 357 f., 369 ff., 383 f.

LOUIS, Rudolf: *Die deutsche Musik der Gegenwart*. 2. Auflage. München und Leipzig, 1909.

LÖWE, Carl: *Selbstbiographie*. Berlin: Müller, 1870.

LUBOSCH, W.: „Zur Ästhetik der symphonischen Dichtung". In: *Die Musik*. 2 (1902). S. 243, 330 ff.

LUDWIG, August: *Die Musik der Zukunft?! »Euphónion« Ein Weckruf an alle Freunde der Tonkunst*. Leipzig: Deutscher Liederverlag, 1913.

LUDWIG, Emil: *Wagner oder die Entzauberten*. Berlin: Lehmann, 1913.

LYSER, Johann Peter: „Robert Schumann und die romantische Schule in Leipzig. Aus dem Tagebuche eines alten Thomas-Schülers". In: *Der Humorist*. 2 (1838). S. 682 f.

LYSER, Johann Peter: *Giacomo Meyerbeer. Sein Streben, sein Wirken und seine Gegner. Für Freunde der Tonkunst*. Dresden: Wagnersche Buchhandlung, 1838.

LYSER, Johann Peter: *General-Uebersicht der Geschichte der Musik in Europa, namentlich in Bezug auf Deutschland, seit dem Jahr 1791 bis zum Schlusse des Jahres 1855*. Hamburg: Trupp, 1856.

MAHLER, Gustav: *Briefe*. Hrsg. v. Herta Blaukopf. Wien und Hamburg: Zsolnay, 1982.

MAHLER, Gustav: *Unbekannte Briefe*. Hrsg. v. Herta Blaukopf. Wien und Hamburg: Zsolnay, 1983.

MAHLER, Gustav: *Ein Glück ohne Ruh'. Die Briefe Gustav Mahlers an Alma*. Erste Gesamtausgabe. Hrsg. v. Henry-Louis de La Grange und Günther Weiß. Berlin: Siedler, 1995.

MAINZER, Joseph: *Musical Athenaeum or nature and art, music and musicians in Germany, France, Italy, and other parts of Europe*. London, 1842.

MANDERSCHEID, Paul: *Abriss der Musikgeschichte für höhere Schulen u. Lehrerbildungsanstalten*. Düsseldorf: Schwann, 1910.

MARCUS, Hugo: *Musikästhetische Probleme auf vergleichend-ästhetischer Grundlage, nebst Bemerkungen über die grossen Figuren in der Musikgeschichte*. Berlin: Concordia, 1906.

MARSOP, Paul: *Der Einheitsgedanke in der deutschen Musik. Eine kritisch-ästhetische Studie*. Berlin: Barth, 1885.

MARSOP, Paul: *Neudeutsche Kapellmeister-Musik. Eine zeitgemässe Betrachtung*. Berlin: Barth, 1885.

MARSOP, Paul: *Studienblätter eines Musikers. 2. Reihe. Neue Kämpfe*. München: Müller, 1913.

MARX, Adolph Bernhard: *Über Malerei in der Tonkunst. Ein Maigruß an die Kunstphilosophen*. Berlin, 1828.

MARX, Adolph Bernhard: „Eine Betrachtung über den heutigen Zustand der deutschen Oper, angeknüpft an Nurmahal von Spontini und Oberon von Weber". In: *Cäcilia*. 7 (1828). S. 135–182.

Marx, Adolph Bernhard: „2. Freie Aufsätze. Uebersicht der verschiedenen wesentlichen Gattungen des musikalischen Dramas". In: *Berliner Allgemeine musikalische Zeitung*. 5 (1828). S. 195–197, 203–206.

Marx, Adolph Bernhard: „Heinrich Marschner und seine Leistungen für die Oper". In: *Berliner Allgemeine musikalische Zeitung*. 7 (1830). S. 321–323.

Marx, Adolph Bernhard: *Allgemeine Musiklehre. Ein Hülfsbuch für Lehrer und Lernende in jedem Zweige musikalischer Unterweisung*. Leipzig: Breitkopf & Härtel, 1839.

Marx, Adolph Bernhard: *Die alte Musiklehre im Streit mit unserer Zeit*. Leipzig: Breitkopf & Härtel, 1841.

Marx, Adolph Bernhard: *Die Musik des 19. Jahrhunderts und ihre Pflege. Methode der Musik*. Leipzig: Breitkopf & Härtel, 1855.

Marx, Adolph Bernhard: *Ludwig v. Beethoven. Leben und Schaffen*. 2 Tle. 2., völlig umgearb., verm. und verb. Aufl. Berlin: Janke, 1863.

Marx, Adolph Bernhard: *Erinnerungen. Aus meinem Leben*. 2 Bde. Berlin: Jahnke, 1865.

Marx, Adolph Bernhard: *Das Ideal und die Gegenwart*. Jena: Costenoble, 1867.

Mason, Daniel Gregory: *The romantic composers*. London: Macmillan, 1906.

Mason, Daniel Gregory: *Great modern composers: biographical sections by Mary L. Mason*. New York: Gray, 1916.

Matthew, James E.: *A popular history of music*. London: Grevel and Co., 1888.

Maurice, Thomas: *The History of Hindostan*. London, 1795 und 1798.

May, Florence: *Johannes Brahms*. Aus dem Englischen übersetzt v. Ludmilla Kirschbaum. Leipzig: Breitkopf & Härtdel, 1911.

Mayrhofer, Robert: „Klassik und Romantik in der Musik". In: *Bayreuther Blätter*. 33 (1910). S. 59–64.

Mayrhofer, Robert: *Zur Theorie des Schönen. Neue Formulierungen. I. Grundprinzipien. II. Die Künste und ihre Verbindungen. III. Schlußfolgerungen für die moderne Kunst (R. Strauß)*. Leipzig: Esseger, 1911.

Meichsner, A. v.: *Friedrich Wieck und seine beiden Töchter Clara Schumann, geb. Wieck, und Marie Wieck. Biographische Notizen über dieselben nebst ungedruckten Briefen v. H. v. Bülow, Czerny, Rob. Schumann, Carl Maria v. Weber usw. Ein Familiendenkmal*. Leipzig: Matthes, 1875.

Meinardus, Ludwig: *Kulturgeschichtliche Briefe über deutsche Tonkunst. 12 Briefe*. Oldenburg: Schulze, 1872.

Meinardus, Ludwig: *Die deutsche Tonkunst. Eine kulturgeschichtliche Charakterskizze ihres Entwicklungsganges im 18. und 19. Jahrhundert. Für gebildete Leserkreise*. Leipzig: Böhme, 1888.

Meinardus, Ludwig: „Klassizität und Romantik in der deutschen Tonkunst. Vortrag, gehalten am 2. November 1892 in öffentlicher Sitzung der Königlichen Akademie gemeinnütziger Wissenschaften zu Erfurt". In: *Jahrbücher der königlichen Akademie gemeinnütziger Wissenschaften zu Erfurt*. (1893). S. 281–311.

Mendel, Hermann: *Giacomo Meyerbeer. Sein Leben und seine Werke*. Berlin: Lesser, 1869.

Mendelssohn Bartholdy, Felix: *Briefe aus den Jahren 1830 bis 1847*. Hrsg. v. Paul Mendelssohn Bartholdy. 2 Bde. Bd. 1: Reisebriefe aus den Jahren 1830 bis 1832. Bd. 2: *Briefe aus den Jahren 1833–1847*. Sechste Auflage. Leipzig: Mendelssohn, 1864.

Mendelssohn Bartholdy, Felix: *Briefe*. Hrsg. v. Rudolf Elvers. Frankfurt a. M.: Fischer, 1984.

Mensel, J. G.: *Leitfaden zur Geschichte der Gelehrsamkeit*. Leipzig, 1800.

MERIAN, Hans: *Die sogenannten »Jungdeutschen« in unserer zeitgenössischen Litteratur. Ein Vortrag, gehalten am 20. Febr. 1888 in Leipzig.* Leipzig: Werther, 1888.
MERIAN, Hans: *Geschichte der Musik im 19. Jahrhundert.* Leipzig: Seemann Nachf., 1900–1902.
MERIAN, Hans: *Illustrierte Geschichte der Musik von der Renaissance bis auf die Gegenwart.* 3. erw. Aufl. Leipzig: Spamer, 1914.
MEUMANN, Ernst: *System der Ästhetik.* Leipzig, 1914.
MEY, Curt: *Die Musik als tönende Weltidee. Versuch einer Metaphysik der Musik.* 1. Teil: *Die metaphysischen Urgesetze der Melodik.* Leipzig: Seemann Nachf., 1901.
MEY, Curt: „Die Begriffe subjektiv und objektiv in der Musikaesthetik". In: *Neue Zeitschrift für Musik.* 100 (1904). S. 323 ff.
MEYER, Friedrich: *Richard Wagner und seine Stellung zur Vergangenheit und »Zukunft«. Eine literär- und musik-historische Studie.* Thorn: Lambeck, 1859.
MEYERBEER, Jacob: *Briefwechsel und Tagebücher.* Hrsg. v. Heinz Becker. Berlin: de Gruyter, 1960 ff.
MICHAELIS, Christian Friedrich: *Ueber den Geist der Tonkunst mit Rücksicht auf Kants Kritik der ästhetischen Urteilskraft. Ein ästhetischer Versuch.* 2 Bde. Leipzig: Schäfer, 1795 und 1800.
MILTIZ, C. B. v.: „Was heisst klassisch in der Musik?". In: *Allgemeine musikalische Zeitung.* 37 (1835). Sp. 838–843.
MISCH, Ludwig: *Johannes Brahms.* Bielefeld: Velhagen & Klasing, 1913.
MOOS, Paul: „Eduard Hartmann gegen Eduard Hanslick". In: *Allgemeine Musik-Zeitung. Wochenschrift für die Reform des Musiklebens der Gegenwart.* 21 (1894). S. 395 f., 418 ff. u. 437 f.
MOOS, Paul: „Friedrich Nietzsche als Wagnerianer". In: *Allgemeine Musik-Zeitung. Wochenschrift für die Reform des Musiklebens der Gegenwart.* 22 (1895). S. 499, 517 u. 533.
MOOS, Paul: „Friedrich Nietzsche als Antiwagnerianer". In: *Allgemeine Musik-Zeitung. Wochenschrift für die Reform des Musiklebens der Gegenwart.* 22 (1895). S. 623 u. 637.
MOOS, Paul: *Moderne Musikästhetik in Deutschland. Historisch-kritische Uebersicht.* Leipzig: Seemann Nachfolger, 1902.
MOOS, Paul: *Richard Wagner als Aesthetiker. Versuch einer kritischen Darstellung.* Berlin: Schuster & Löffler, 1906.
MOOS, Paul: „E. T. A. Hoffmann als Musikästhetiker". In: *Die Musik. Illustrierte Halbmonatsschrift.* 6 (1906/1907). S. 67–84.
MOOS, Paul: „Über den gegenwärtigen Stand der Musikästhetik". In: *Kongreß für Ästhetik und allgemeine Kunstwissenschaft. Berlin 7.–9. Oktober 1913. Bericht hrsg. v. Ortsausschuß.* Stuttgart. 1914. S. 416–429.
MOSEL, J. F.: *Versuch einer Aesthetik des dramatischen Tonsatzes.* Mit einer Einleitung und Erläuterungen neu hrsg. v. Eugen Schmitz. Berlin: Lewy, 1910.
MTHS., M.: „Ueber das Romantische in der Kunst und im Leben. In Beziehung der Franzosen von diesem Gegenstande". In: *Zeitung für die elegante Welt.* 16 (1816). Sp. 1417 ff. und 1427 ff.
MÜLLER, Adam: *Von der Idee der Schöneit. In Vorlesungen.* Berlin, 1809.
MÜLLER, Georg: *Kurzer Abriss einer Geschichte der Tonkunst, als Einleitung in die Elemente der Musikwissenschaft.* Bern: Jenni Sohn, 1834.
MÜLLER, Wilhelm Christian: *Aesthetisch-historische Einleitungen in die Wissenschaft der Tonkunst.* Teil 1: *Versuch einer Aesthetik der Tonkunst im Zusammenhange mit den übrigen schönen Kün-*

sten nach geschichtlicher Entwicklung. Teil 2: Uebersicht einer Chronologie der Tonkunst mit Andeutungen allgemeiner Civilisation und Kultur-Entwickelung. Leipzig: Breitkopf & Härtel, 1830.

MÜLLER-FRAUREUTH, Carl: *Die Ritter- und Räuberromane*. Halle, 1894. Reprint: Hildesheim: Olms, 1965.

MÜLLER-FREIENFELS, Richard: *Psychologe der Kunst*. 2 Bde. Leipzig-Berlin, 1912.

MUND, H.: *Kurzgefaßte Musikgeschichte für angehende Künstler, Seminaristen, Lehrer und Musikfreunde*. Paderborn: Junfermann, 1889.

MUNDT, Theodor: „Musik und Philosophie. Zeitgemäße Betrachtungen". In: *Blätter für literarische Unterhaltung*. 7 (1832). S. 1025 ff., 1029 ff.

MUNDT, Theodor: *Ästhetik. Die Idee der Schönheit und des Kunstwerks im Lichte unserer Zeit*. Berlin, 1845.

MUSIKALISCHES *Taschenwörter-Buch, enthaltend: eine kurze Erklärung von 1500 in der Musik vorkommenden und auf Musik Bezug habenden Kunstausdrücke*. Chemnitz: Häcker, 1846.

MUSIKALISCHES *Taschenwörterbuch. Erklärung aller in der Musik vorkommenden Kunstwörter*. Steyr: Gilhofer, 1857.

MÚSIOL, Robert: *Katechismus der Musikgeschichte*. Leipzig: Weber, 1877.

MÚSIOL, Robert: *Conservations-Lexikon der Tonkunst*. Stuttgart: Grüninger, 1888.

MÚSIOL, Robert: *Grundriss der Musikgeschichte*. 3. stark verm Aufl. vollständig neu bearb. von Richard Hofmann. Leipzig: Weber, 1905.

NAGEL, Willibald: „Ueber das Romantische in der Deutschen Musik". In: *Jahrbuch der Musikbibliothek Peters*. 12 (1906). 39–50.

NAGEL, Willibald: *Ueber den Begriff des Hässlichen in der Musik. Ein Versuch*. Langensalza: Beyer & Söhne, 1914.

NAUENBURG, G.: „Skizzen zu einem haltbaren System der musikalischen Aesthetik". In: *Allgemeine musikalische Zeitung*. 34 (1832). Sp. 113, 153.

NAUMANN, Emil: *Die Tonkunst in der Culturgeschichte*. Bd.1: *Die Tonkunst in ihren Beziehungen zu den Formen und Entwicklungsgesetzen alles Geisteslebens*. Berlin: Behr, 1869.

NAUMANN, Emil: *Deutsche Tondichter von Sebastian Bach bis auf die Gegenwart*. 2. Aufl. Berlin, 1875.

NAUMANN, Emil: *Zukunftsmusik und die Musik der Zukunft. Ein Vortrag, geh. am 6. Jan. 1877 im wissenschaftlichen Verein zu Berlin*. Berlin: Habel, 1877.

NAUMANN, Emil: *Illustrierte Musikgeschichte. Die Entwicklung der Tonkunst aus den frühesten Anfängen bis auf die Gegenwart*. Spemann, 1880–1885.

NEISSER, Arthur: *Gustav Mahler*. Leipzig: Reclam jun., 1918.

NEITZEL, Otto: *Beethoven's Symphonien nach ihrem Stimmungsgehalt erläutert*. Köln: Tonger, 1891.

NEITZEL, Otto: *Der Führer durch die Oper des Theaters der Gegenwart, Text, Musik und Scene erläuternd*. Bd. 1. Zweite Abteilung: *Deutsche Opern*. Leipzig: Liebeskind, 1890.

NEITZEL, Otto und Ludwig RIEMANN: *Musikästhetische Betrachtungen. Erläuterungen des Inhalts klassischer und moderner Kompositionen des Phonola- und Dea-Künstlerrollen-Repertoirs*. 3. Aufl. Hrsg. v. Ludwig Hupfeld. Leipzig: Breitkopf & Härtel, 1909.

NEUMANN, W.: *Die Componisten der neueren Zeit*. Teil 1–45. Kassel, 1854–1857.

NIECKS, Friedrich: *Friedrich Chopin als Mensch und als Musiker*. 2 Bde. Aus dem Englischen übertragen von Wilhelm Langhans. Leipzig: Leuckart, 1890.

NIEMANN, Walter: *Die Musik der Gegenwart und der letzten Vergangenheit bis zu den Romantikern, Klassizisten und Neudeutschen*. 5. bis 8. reich verm. u. sorgfältig durchges. Aufl. Berlin: Schuster & Löffler, 1913.

NIEMANN, Walter: *Die Musik seit Richard Wagner*. Berlin und Leipzig, 1913.

NIETZSCHE, Friedrich: *Sämtliche Werke*. Kritische Studienausgabe. 15 Bde. Hrsg. v. Giorgio Colli und Mazzino Montinari. München: dtv und Berlin/New York: de Gruyter, 1980.

NIGGLI, A.: *Robert Schumann. Sein Leben und seine Werke. Vortrag*. Basel: Schweighauser, 1879.

NITZSCHE, Louise: „Zur Würdigung der so genannten Zukunftsmusik". In: *Niederrheinische Musik-Zeitung für Kunstfreunde und Künstler*. 5 (1857). S. 301–303.

NOHL, Ludwig: *Der Geist der Tonkunst*. Frankfurt a. M.: Sauerländer, 1861.

NOHL, Ludwig: *Beethoven, Liszt, Wagner. Ein Bild der Kunstbewegung unseres Jahrhunderts*. Wien, 1874.

NOHL, Ludwig: *Musik und Musikgeschichte. Ansprache zur Eröffnung seiner Lehrtätigkeit an der grossherzogl. polytechn. Schule zu Karlsruhe am 17. November 1875 gehalten*. Karlsruhe: Müller, 1876.

NOHL, Ludwig: *Das moderne Musikdrama. Für gebildete Laien*. Teschen: Prochaska, 1884.

NOHL, Ludwig: *Allgemeine Musikgeschichte populär dargestellt*. Leipzig: Reclam, 1885.

NOUFFLARD, G.: *Hector Berlioz et le mouvement de l'art contemporain*. Paris: Fischbacher, 1885.

NOUFFLARD, G.: *La symphonie fantastique de Hector Berlioz*. Paris: Fischbacher, 1885.

ORTLEPP, Ernst: *Beethoven. Eine phantastische Charakteristik*. Leipzig: Hartknoch, 1836.

ORTLEPP, Ernst: *Großes Instrumental- und Vokal-Concert. Eine musikalische Anthologie*. 10 Bändchen. Stuttgart: Köhler, 1841.

ORTLEPP, Ernst: *Gesammelte Werke*. 3 Bde. Winthertur: Hegner, 1845/46.

ORTLEPP, Ernst: *Leben, Abenteuer und Meinungen des deutschen Michel*. Gesammelte Werke. Bd. 3. Winterthur, 1846.

OTTO, Louise: *Die Mission der Kunst mit besonderer Rücksicht auf die Gegenwart*. Leipzig: Matthes, 1861.

PASTOR, Willy: *Die Geburt der Musik. Eine Kulturstudie*. Leipzig: Eckardt, 1910.

PAUL, Jean: *Werke in drei Bänden*. Hrsg. v. Norbert Miller. Mit einem Nachwort v. Walter Höllerer. München: Hanser, 1969.

PAUL, Jean: *Vorschule der Ästhetik. Kleine Nachschule zur Vorschule der Ästhetik*. Hrsg. u. kommentiert v. Norbert Miller. Nachwort v. Walter Höllerer. Studienausausgabe. München: Hanser, 1974.

PEMBAUR, Joseph: *Von der Poesie des Klavierspiels*. München: Wunderhorn Verlag, 1911.

PENKERT, Anton: „Die musikalische Formung von Witz und Humor". In: *Kongress für Ästhetik und allgemeine Kunstwissenschaft. Berlin 7.–9. Oktober 1913. Bericht*. Hrsg. v. Ortsausschuß. Stuttgart, 1914. S. 482–489.

PETERSON, F.: *Das Musikfest, ein romantisches Epos in achtzeiligen Stanzen und sechs Gesängen*. Marienwerder: Baumann, 1840.

PETRICH, Hermann: *Drei Kapitel vom romantischen Stil. Ein Beitrag zur Charakteristik der Romantischen Schule, ihrer Sprache und Dichtung, mit vorwiegender Rücksicht auf Ludwig Tieck.* Leipzig; 1878. Reprint: Osnabrück: Zeller, 1964.

PFITZNER, Hans: *Futuristengefahr. Bei Gelegenheit v. Busonis Aesthetik.* Leipzig-München: Süddeutsche Monatshefte, 1917.

PFITZNER, Hans: *Die neue Ästhetik der musikalischen Impotenz.* München, 1920.

PFORDTEN, Hermann v.: *Musikalische Essays.* München: Beck, 1897.

PFORDTEN, Hermann v.: *Musikalische Essays. Neue Folge.* München: Beck, 1899.

PFORDTEN, Hermann v.: *Deutsche Musik, auf geschichtlicher und nationaler Grundlage dargestellt.* Leipzig: Quelle & Meyer, 1917.

POHL, Karl Ferdinand: „W. H. Riehl als Musikhistoriker". In: *Neue Zeitschrift für Musik.* 38 (1853). S. 157–159.

POHL, Karl Ferdinand: „Johannes Brahms". In: *Neue Zeitschrift für Musik.* 43 (1855). S. 253–255, 261–264.

POHL, Richard: *Das Karlsruher Musikfest im October 1853.* Leipzig: Hinze, 1853.

POHL, Richard: „Erinnerungen an Robert Schumann". In: *Deutsche Revue. Über das gesamte nationale Leben der Gegenwart.* 3 (1878). S. 169–317.

POHL, Richard: *Gesammelte Schriften über Musik und Musiker.* 3 Bde. Leipzig: Schlicke, 1883.

POHL, Richard: *Die Höhenzüge der musikalischen Entwickelung. In sechs Vorlesungen dargestellt.* Leipzig: Elischer, 1888.

POPP, W.: *Geschichte der Musik. Biographien, Portraits und Proben aus den Werken der berühmtesten Tondichter des 18. und 19. Jahrhunderts.* Theil 1: Die Klassiker. Theil 2: Die Romantiker. Langensalza: Schulbuchhandlung, o.J.

POSGARU [Pseud. Carl Adolph Suckow]: *Byron's Manfred. Einleitung, Übersetzung und Anmerkungen: Ein Beitrag zur Kritik der gegenwärtigen deutschen Kunst und Poesie.* Breslau, 1839.

PREISS, Hermann G.: *Grundriß der Geschichte der Musik. Zum Gebrauch bei Vorlesungen.* Leipzig: Linke, 1884.

PROCHÁZKA, Rudolf: *B. Kothe's Abriss der allgemeinen Musikgeschichte.* 8., umgearbeitete Auflage. Leipzig: Leuckart, 1909.

PROCHÁZKA, Rudolf: *Das romantische Musik-Prag. Charakterbilder.* Saaz: Erben, 1914.

PROSNIZ, Adolf: *Compendium der Musikgeschichte. Für Schulen und Konservatorien.* 3 Bde. Bd. 3: 1750–1830. Neue Geschichte. Wien: Hölder, 1915.

PROVO, Hermann: *Die Musik als Sprache. Musikalische Betrachtungen.* Leipzig: Verlag für Literatur, Kunst und Musik, 1906.

PRÜFER, Arthur: *Die gegenwärtigen Aufgaben der Musikgeschichte. Vortrag gehalten in Leipzig am 29. April 1895.* Leipzig: Fock, 1896.

PRÜFER, Arthur: *Die Feen. Romantische Oper v. Richard Wagner. Literar.-musikalische Einführungen.* Leipzig: Wild, 1912.

PRYBYSZEWSKI, Stanislaw: *Zur Psychologie des Individuums.* I: Chopin und Nietzsche. Berlin: Fontane & Co., 1892.

PUDOR, Heinrich: *Das Heroentum in der deutschen Musik.* 2te. Aufl. Dresden: Damm, 1891.

PUDOR, Heinrich: *Die alten und die neuen Wege in der Musik nebst einem Vorwort.* Dresden: Damm, 1892.

RAFF, Joachim: *Die Wagnerfrage. Kritisch beleuchtet.* I: *Wagners letzte künstlerische Kundgebung im Lohengrin.* Braunschweig: Vieweg und Sohn, 1854.

RAMANN, Lina: *Aus der Gegenwart. Aufsätze über Musik. Für Musikfreunde.* Nürnberg: Schmid, 1868.

RASSMANN, Friedrich: *Pantheon der Tonkünstler, oder Gallerie aller bekannten Tonsetzer, Virtuosen etc.* Quedlinburg: Basse, 1831.

REDENBACHER, Else: *François Frédéric Chopin. Biographie.* Leipzig: Reclam jun., 1911.

REICHARDT, Johann Friedrich: *Briefe, die Musik betreffend. Berichte, Rezensionen, Essays.* Leipzig: Reclam, 1976.

REIMANN, Heinrich: *Robert Schumanns Leben und Werke.* Leipzig: Peters, 1887.

REIMANN, Heinrich: „Robert Schumann und die Romantiker in der deutschen Litteratur". In: *Allgemeine Musik-Zeitung. Wochenblatt für die Reform des Musiklebens der Gegenwart.* 15 (1888). S. 3 f., 47 f., 66 ff.

REIMANN, Heinrich: *Frederich Niecks, Frederick Chopin as a man and musician.* In two volumes. London & New York: Novello, Ewer & Co. 1888.

REIMANN, Heinrich: „Physiologie und Musikästhetik". In: *Allgemeine Musikzeitung.* 17 (1890). S. 165 ff., 181 f., 191 f., 203 f., 215 f., 225 ff.

REISSMANN, August: *Von Bach bis Wagner. Zur Geschichte der Musik.* Berlin: Guttentag, 1861.

REISSMANN, August: *Allgemeine Musiklehre. Für Lehranstalten und zum Selbstunterricht.* Berlin: Weber, 1864.

REISSMANN, August: *Allgemeine Geschichte der Musik.* 3 Bde. Leipzig: Fues, 1864.

REISSMANN, August: *Grundriß der Musikgeschichte.* München, 1865.

REISSMANN, August: *Robert Schumann. Sein Leben und seine Werke.* Berlin: Guttentag, 1865.

REISSMANN, August: *Felix Mendelssohn-Bartholdy. Sein Leben und seine Werke.* Berlin: Guttentag, 1867.

REISSMANN, August: *Robert Schumann. Sein Leben und seine Werke.* Zweite, verbesserte Auflage. Berlin: Guttentag, 1871.

REISSMANN, August: *Franz Schubert. Sein Leben und seine Werke.* Berlin: Guttentag, 1873.

REISSMANN, August: „Die Romantik und die Tonkunst". In: *Neue Berliner Musikzeitung.* 28 (1874). S. 313 ff. u. 321 ff.

REISSMANN, August: *Form und Inhalt des musikalischen Kunstwerks.* Leipzig: Breitkopf & Härtel, 1879.

REISSMANN, August: *Zur Aesthetik der Tonkunst.* Berlin: Müller, 1879.

REISSMANN, August: *Illustrierte Geschichte der deutschen Musik.* Leipzig: Fues, 1881.

REISSMANN, August: *Leichtfassliche Musikgeschichte in zwölf Vorlesungen, gehalten im Conservatorium der Musik zu Berlin.* Zweite Auflage. Berlin: Janke, 1881.

REISSMANN, August: *Carl Maria v. Weber. Sein Leben und seine Werke.* Berlin: Oppenheim, 1882.

REISSMANN, August: *Ueber Fortschritt in der Musik. Zeitbewegende Fragen.* Leipzig: Wolf, 1883.

REISSMANN, August: *Die Oper in ihrer kunst- und kulturhistorischen Bedeutung dargestellt.* Stuttgart: Bonz & Co., 1885.

REISSMANN, August: *Brennende Fragen auf dem Gebiete der Tonkunst.* Wiesbaden: Bechthold & Co., 1889.

REISSMANN, August: *Der Naturalismus in der Kunst. Eine kritische Studie.* Hamburg: Verlagsanstalt und Druckerei A.G., 1891.

REISSMANN, August: *Die Kunst und die Gesellschaft. Eine kritische Studie.* Hamburg: Verlagsanstalt und Druckerei A.G., 1892.

REISSMANN, August: *Dichtkunst und Tonkunst in ihrem Verhältniss zu einander.* Leipzig: Vom Ende, 1897.

REISSMANN, August: *Was wird aus unserer deutschen Musik? Ein Mahnwort an der Wende des Jahrhunderts für Alle, die es angeht.* Berlin: Driesner, 1897.

RELLSTAB, Ludwig: *Empfindsame Reisen. Nebst einem Anhang von Reise-Berichten, -Skizzen, -Episteln, -Satiren, -Elegien, -Jeremiaden u.s.w. aus den Jahren 1832 und 1835.* 2. Bde. Leipzig: Brockhaus, 1836.

RELLSTAB, Ludwig: „Ueber den Zustand der Musik in Deutschland". In: *In dem deutschen Taschenbuch auf das Jahr 1838.* Hrsg. v. C. Büchner. Berlin: Duncker & Humblot, 1837. S. 133–213.

RELLSTAB, Ludwig: *Franz Liszt. Beurteilungen, Berichte, Lebensskizze.* Berlin: Trautwein, 1842.

RELLSTAB, Ludwig: *Die Gestaltung der Oper seit Mozart.* Sondershausen: Neuse, 1859.

RENNEL, James: *Memoir of a map of Hindoostan, or the Mogul's empire.* London, 1788

REUSS, Eduard: *Franz Liszt. Ein Lebensbild. Mit Portrait.* Dresden und Leipzig: Reißner, 1898.

Der RHEIN *von den Quellen in der Schweiz bis zur Mündung in die Nordsee. Historisch-Topographischer Reise-Atlas mit Plänen und Vignetten.* Zweibrücken, 1842. Reprint: München, 1976.

RICHARD, August: *Ueber musikalische Kultur.* Altenburg: Bonde, 1909.

RICHTER, Carl August (Hg.): *Andenken an die Sächsische Schweiz in 24 neuen Ansichten.* Dresden, 1820.

RICHTER, Ludwig: *Die Sächsische Schweiz in Bildern. Heft 1: Die Bastei in 5 Ansichten von Adrian Ludwig Richter.* Dresden, 1823.

RICHTER, Ludwig: *Überblick der Sächsischen Schweiz.* Dresden und Leipzig, 1834.

RICHTER, Ludwig: *7 Blätter mit XIX Ansichten der Sächsischen Schweiz.* Dresden, 1834.

RICHTER, Ludwig: *Lebenserinnerungen eines deutschen Malers. Selbstbiographie nebst Tagebuchniederschriften und Briefen.* Hrsg. v. Heinrich Richter. 12. Auflage. Frankfurt a. M.: Alt, 1905.

RIEHL, Wilhelm Heinrich: *Musikalische Charakterköpfe: Ein kunstgeschichtliches Skizzenbuch.* Stuttgart und Tübingen: Cotta, 1853.

RIEHL, Wilhelm, Heinrich: „Die moderne Oper". In: *Die Gegenwart. Eine enzyklopädische Darstellung der neuesten zeitgeschichte für alle Stände.* 4 (1854). S. 555–576.

RIEHL, Wilhelm, Heinrich: *Freie Vorträge. Zweite Sammlung.* Stuttgart: Cotta, 1885.

RIEHL, Wilhelm, Heinrich: *Kulturgeschichtliche Charakterköpfe. Aus der Erinnerung gezeichnet.* 3. Auflage. Stuttgart: Cotta, 1899.

RIEMANN, Hugo: *Musik-Lexikon. Theorie und Geschichte der Musik, die Tonkünstler alter und neuer Zeit mit Angabe ihrer Werke, nebst einer vollständigen Instrumentenkunde.* 1. Auflage. Leipzig: Bibliographisches Institut, 1882. 8. vollständig umgearbeitete Auflage. Berlin: Hesse, 1916.

RIEMANN, Hugo: *Der Ausdruck in der Musik.* Breitkopf & Härtel, 1883.

RIEMANN, Hugo (Hg.): *Musik-Taschenbuch.* 4. Aufl. Leipzig: Steingräber, 1888.

RIEMANN, Hugo: *Grundlinien der Musikästhetik (Wie hören wir Musik).* Leipzig, 1890.

RIEMANN, Hugo: *Gesammelte Aufsätze zur Ästhetik, Theorie und Geschichte der Musik.* 3 Bde. Frankfurt und Leipzig, 1895, 1900 u. 1901.

RIEMANN, Hugo: *Die Elemente der musikalischen Ästhetik.* Berlin und Stuttgart: Spemann, 1900.

RIEMANN, Hugo: *Geschichte der Musik seit Beethoven (1800–1900)*. Berlin und Stuttgart: Spemann, 1901.

RIEMANN, Hugo: *Kleines Handbuch der Musikgeschichte mit Periodisierung nach Stilprinzipien und Formen*. Leipzig: Breitkopf & Härtel, 1908.

RIEMANN, Hugo: *Handbuch der Musikgeschichte*. 2 Bde. Leipzig: Breitkopf und Härtel, 1913.

RIEMANN, Hugo: *Ludwig van Beethovens sämtliche Klavier-Solo-Sonaten. Aesthetische und formaltechnische Analyse mit historischen Notizen*. Teil 1: Sonate I–XIII. Berlin: Hesse, 1918.

RIESER, Ferdinand: *Des Knaben Wunderhorn und seine Quellen. Ein Beitrag zur Geschichte des deutschen Volksliedes in der Romantik*. Dortmund, 1908. Reprint: Hildesheim: Olms, 1983.

RIETSCH, Heinrich: *Die Tonkunst in der zweiten Hälfte des neunzehnten Jahrhunderts. Ein Beitrag zur Geschichte der musikalischen Technik*. Leipzig: Breitkopf & Härtel, 1900.

RITOÓK, Emma von II.: „Das Häßliche in der Kunst". In: *Zeitschrift für Ästhetik und allgemeine Kunstwissenschaft*. 11 (1916). S. 4–27.

RITTER, A.: „*Eine Vorlesung über Programm-Musik von C. Kossmaly*" beleuchtet. Stettin: Cartellieri, 1859.

RITTER, Hermann: *Repetitorium der Musikgeschichte, nach Epochen übersichtlich dargelegt, nebst einem Verzeichnisse der hauptsächlisten wissenschaftlichen Musikliteratur*. Würzburg: Stuber, 1880.

RITTER, Hermann: *Die Aesthetik der Tonkunst in ihren wichtigsten Grundzügen*. Würzburg: Stahel, 1886.

RITTER, Hermann: *Studien und Skizzen aus Musik- und Kulturgeschichte, sowie Musikästhetik*. 2. Aufl. Dresden: Damm, 1892.

RITTER, Hermann: *Allgemeine illustrierte Encyclopädie der Musikgeschichte*. 6 Bde. Bd. 5. Leipzig: Schmitz, 1901/1902.

ROCHLITZ, Friedrich: *Für Freunde der Tonkunst. Bildnisse, Betrachtungen, Vermischtes*. 3 Bde. Leipzig: Cnobloch, 1824 u. 1825.

RÖSCH, Friedrich: *Musik-ästhetische Streitfragen. Streiflichter und Schlagschatten zu den ausgewählten Schriften v. Hans von Bülow. Ein kritischer Waffengang*. Leipzig: Hofmeister, 1897.

„ROMANTIK und Romantisch". In: *Encylopädie der gesammten musikalischen Wissenschaften, oder Universal-Lexikon der Tonkunst*. Hrsg. v. Gustav Schilling. 7 Bde. Bd. 6. Stuttgart: Köhler, 1835–1838. S. 34–37.

„ROMANTIK, Romantische Oper". In: *Musikalisches Conservations-Lexicon. Encyklopädie der gesamten Musik-Wissenschaft für Künstler, Kunstfreunde und Gebildete*. Hrsg. v. August Gathy unter Mitwirkung von Ortlepp, J. Schmitt, Meyer, Zöllner [u.a.]. 2te Aufl. Hamburg: Niemeyer, 1840. S. 382.

„ROMANTIK, Romantisch". In: *Universallexikon der Tonkunst*. Hrsg. v. Julius Schladebach. Dresden: Schäfer, 1856. S. 367.

„ROMANTIK, Romantisch". In: *Neues Universal-Lexikon der Tonkunst. Für Künstler, Kunstfreunde und alle Gebildeten*. Unter Mitwirkung der Herren Fr. Liszt, H. Marschner, C. G. Reissiger, L. Spohr etc. Hrsg. v. E. Bernsdorf. 3 Bde. Bd. 3. Offenbach: André, 1856–61. S. 366 f.

„ROMANTIK". In: *Kleines Handlexikon der Tonkunst für alle Diejenigen, welche sich mit der Musik gründlich beschäftigen wollen, insbesondere für Deutschlands Lehrer-Seminarien, Organisten, Cantoren etc. 1. Bd: Erklärung der hauptsächlichen musikalischen Fremdwörter, Kunstausdrücke und Abbreviaturen*. Hrsg. v. A. W. Gottschalg. Erfurt und Leipzig: Körner, 1863. S. 84.

„ROMANTIK". In: *Handlexikon der Tonkunst. Mit vielen in den Text gedruckten Notenbeispielen.* Hrsg. v. Friedrich Grassler. Langensalza: Schulbuchhandlung von Greßler, 1867. S. 255.

„ROMANTIK". In: *Mendel-Reissmann. Musikalisches Conversations-Lexikon. Eine Encyklopädie der gesammten musikalischen Wissenschaften für gebildete aller Stände.* 11 Bde. Bd. 8. Berlin, 1877. S. 396–401.

„ROMANTIK". In: *Handlexikon der Tonkunst.* 2 Bde. Bd. 2. Hrsg. v. Oskar Paul. Leipzig: Schmidt, 1873. S. 354.

„ROMANTIK". In: *Handlexikon der Tonkunst.* Hrsg. v. August Reissmann. Berlin: Oppenheim: 1882. S. 445 f.

„ROMANTIK". In: *Deutsches Wörterbuch von Jacob Grimm und Wilhelm Grimm.* 17 Bde. Bd. 8. Leipzig: Hirzel, 1893. Sp. 1155.

„ROMANTIK". In: *Das Neue Musiklexikon.* Hrsg. v. A. Eaglefield-Hull. Nach dem Dictionary of modern music and musicians. Übersetzt und bearbeitet von Alfred Einstein. Berlin: Hesse, 1926. S. 538.

„ROMANTISCH". In: *Ästhetisches Lexikon. Ein alphabetisches Handbuch zur Theorie der Philosophie des Schönen und der schönen Künste. Nebst einer Erklärung der Kunstausdrücke aller ästhetischen Zweige, als Poesie, Poetik, Rhetorik, Musik, Plastik, Graphik, Architektur, Malerei, Theater.* Hrsg. v. Ignaz Jeitteles. 2 Bde. Bd. 2. Wien: Gerold, 1839 S. 267 ff. Reprint: Hildesheim: Olms, 1978.

„ROMANTISCH". In: *Musik-Lexikon. Theorie und Geschichte der Musik, die Tonkünstler alter und neuer Zeit mit Angabe ihrer Werke, nebst einer vollständigen Instrumentenkunde.* Hrsg. v. Hugo Riemann. 1. Auflage. Leipzig: Bibliographisches Institut, 1882. S. 777 f.

„ROMANTISCH". In: *Wagner-Lexikon. Hauptbegriffe der Kunst- und Weltanschauung Richard Wagner's, in wörtlichen Anführungen aus seinen Schriften zusammengestellt von Karl Friedrich Glasenapp und Heinrich von Stein.* Stuttgart: Cotta, 1883.

„ROMANTISCH". In: *Deutsches Wörterbuch von Jacob Grimm und Wilhelm Grimm.* 17 Bde. Bd. 8. Leipzig: Hirzel, 1893. Sp. 1155–1157.

„ROMANTISCH". In: *Musik-Lexikon. Theorie und Geschichte der Musik, die Tonkünstler alter und neuer Zeit mit Angabe ihrer Werke, nebst einer vollständigen Instrumentenkunde.* Hrsg. v. Hugo Riemann. 8. vollständig umgearbeitete Auflage. Berlin: Hesse, 1916. S. 941 f.

ROSENKRANZ, Karl: *Ästhetik des Häßlichen.* Faksimile-Nachdruck der Ausgabe Königsberg: Bornträger, 1853. Hrsg. v. Walther Gose und Walter Sachs. Stuttgart-Bad Cannstadt: Frommann, 1968.

ROSSBACH, J. v.: „Robert Schumann und die Romantiker". In: *Neue Musikzeitung.* 15 (1894). S. 261 f.

RUGE, Arnold [Pseud. Dr. Dreigüm]: „Die wahre Romantik und der falsche Protestantismus, ein Gegenmanifest". In: *Deutsche Jahrbücher für Wissenschaft und Kunst.* 5 (1842). S. 169 ff., S. 673–682.

RUGE, Arnold: „Geschichte der neuesten Poesie und Philosophie seit Lessing, oder unsere Classiker und Romantiker". In: *Sämtliche Werke.* Bd. 1. 2. Auflage. Mannheim: Grohe, 1847. S. 324 ff.

RUNGE, Philipp Otto: *Schriften, Fragmente, Briefe.* Unter Zugrundelegung der von Daniel Runge herausgegebenen hinterlassenen Schriften besorgt von Ernst Forsthoff. Berlin: Vorwerk, 1938.

S.: „Das Wesen und die vorbildliche Bedeutung der »klassischen Musik«". In: *Allgemeine musikalische Zeitung.* 1 (1863). Sp. 77–81, 93–97.

S.: „Die »romantische« Musik, psychologisch-historisch betrachtet. Eine Skizze". In: *Allgemeine musikalische Zeitung.* 1 (1863). Sp. 164–171.

SCHAEFFER, Carl: *Die Bedeutung des Musikalischen und Akustischen in E. T. A. Hoffmanns literarischem Schaffen.* Marburg, 1909.

SCHASLER, Max: „Die Ironie in der Musik". In: *Neue Zeitschrift für Musik.* 37 (1881). S. 385, 397, 405.

SCHASLER, Max: *Ueber dramatische Kunst und das Kunstwerk der Zukunft. Ein Beitrag zur Aesthetik der Musik. 2 Abth. Die moderne Oper und Richard Wagners Musikdrama.* Berlin: Habel, 1883.

SCHELLING, Friedrich Wilhelm Joseph: *Ausgewählte Werke.* Hrsg. v. Karl Friedrich August Schelling. 8 Bde. Unveränd. reprograf. Nachdruck der Ausgabe Stuttgart und Augsburg: Cotta, 1858 und 1859. Darmstadt: Wissenschaftliche Buchgesellschaft, 1966 ff.

SCHERING, Arnold: „Die Musikaesthetik der deutschen Aufklärung". In: *Zeitschrift der Internationalen Musikgesellschaft.* 8 (1907). S. 263–271, 316–322.

SCHERING, Arnold: *Studien zur Musikgeschichte.* Leipzig: Kahnt Nachf., 1914.

SCHERING, Arnold: „Aus den Jugendjahren der musikalischen Neuromantik". In: *Jahrbuch der Musikbibliothek Peters.* Leipzig: Peters, 1917. S. 45–63.

SCHERING, Arnold: *Deutsche Musikgeschichte im Umriß.* Leipzig: Siegel, 1917.

SCHERING, Arnold: *Handbuch der Musikgeschichte bis zum Ausgang des 18. Jahrhunderts.* Auf der Grundlage des gleichnamigen Werks v. Arrey v. Dommer als dessen 3. Aufl. bearb. Leipzig: Breitkopf & Härtel, 1917.

SCHERING, Arnold: *Tabellen zur Musikgeschichte. Ein Hilfsbuch beim Studium der Musikgeschichte.* 2. verb. u. verm. Aufl. Leipzig: Breitkopf & Härtel, 1917.

SCHILLER, Friedrich: *Schillers Werke.* Nationalausgabe. Hrsg. v. Julius Petersen. 69 Bde. Weimar: Böhlaus, 1943 ff.

SCHILLING, Gustav: *Versuch einer Philosophie des Schönen in der Musik oder Aesthetik der Tonkunst. Zugleich ein Supplement zu allen grösseren musikalischen Theorien, und ein Hand- und Lesebuch für die Gebildeten aus allen Ständen, zur Förderung eines guten Geschmacks in musikalischen Dingen.* Mainz: Schott, 1838.

SCHILLING, Gustav: *Der musikalische Sprachmeister, oder Erklärung sämmtlicher in der Musik vorkommenden Kunstausdrücke.* Tübingen: Osiander, 1840.

SCHILLING, Gustav: *Geschichte der heutigen oder modernen Musik. In ihrem Zusammenhange mit der allgemeinen Welt- und Völkergeschichte.* Karlsruhe: Groos, 1841.

SCHILLING, Gustav: *Das musikalische Europa.* Speyer, 1842.

SCHILLING, Gustav: *Franz Liszt. Sein Leben und Wirken, aus nächster Beschreibung dargestellt. Mit Liszt's Portrait, einem Facsimile seiner Handschrift und mehreren documentarischen Beilagen.* Stuttgart: Stoppani, 1844.

SCHILLING, Gustav: *Musikalisches Konservationslexikon.* 2. Bde. Augsburg, 1844.

SCHILLING, Gustav: *Für Freunde der Tonkunst. Kleine Schriften vermischten Inhalts.* Kitzingen: Köpplinger, 1846.

SCHILLING, Gustav: *Die schöne Kunst der Töne, oder heutige Musikkunst zur Orientierung über ihr gesammtes inneres und äusseres Wesen*. 1ster oder historischer Theil. 2ter theoretisch-praktischer Theil. Stuttgart: Verlags-Bureau, 1847.

SCHILLING, Gustav: *Beiträge zur Geschichte und Kritik des Materialismus*. Leipzig: Pernitzsch, 1867.

SCHIMMELBUSCH, E. W.: *Im Geiste Richard Wagners. Studien und Kritiken zur Ethik und Aesthetik deutscher Gegenwart*. Würzburg: Ballhorn & Cramer, 1893.

SCHLADEBACH, Julius: *Universallexikon der Tonkunst*. Dresden: Schäfer, 1855.

SCHLEGEL, August Wilhelm: „II. Die Gemählde. Gespräch.". In: *Athenaeum. Eine Zeitschrift von August Wilhelm Schlegel und Friedrich Schlegel*. Bd. 2, Stk. 1. Berlin, 1799. S. 39–151.

SCHLEGEL, August Wilhelm: *Kritische Schriften und Briefe*. Hrsg. v. Edgar Lohner. 6 Bde. Stuttgart: Kohlhammer, 1962–1967.

SCHLEGEL, August Wilhelm: *Kritische Ausgabe der Vorlesungen*. Hrsg. v. Ernst Behler. Bd. 1: *Vorlesungen über Ästhetik (1798–1803)*. Paderborn [u.a.]: Schöningh, 1989. Bd. 2: *Vorlesungen über schöne Literatur (1802–1804)*. Paderborn [u.a.]: Schöningh, 1997.

SCHLEGEL, Friedrich: *Kritische Friedrich-Schlegel-Ausgabe*. Hrsg. v. Ernst Behler [u.a.]. München, Paderborn, Wien: Schöningh und Zürich: Thomas, 1958 ff.

SCHLEGEL, Johann. H.: *Ueber den Begriff des Romantischen. Beilage zum Jahresbericht des Grossherzoglichen Gymnasiums für das Schuljahr 1877/1878*. Wertheim a. M., 1878.

SCHLETTERER, Hans Michael: *Zur Geschichte der dramatischen Musik und Poesie in Deutschland*. Augsburg: Schlosser, 1863.

SCHLETTERER, Hans Michael: „Friedrich Chopin". In: *Die Grenzboten. Zeitschrift für Politik und Literatur*. 36 (1877). S. 401–411.

SCHLETTERER, H. M.: *Studien zur Geschichte der französischen Musik*. Berlin: Hettler, 1887.

SCHLÜTER, Joseph: *Allgemeine Geschichte der Musik in übersichtlicher Darstellung*. Leipzig: Engelmann, 1863.

SCHMIDT, Leopold: *Geschichte der Musik im 19. Jahrhundert*. Berlin: Schneider & Co., 1901/1902.

SCHMIDT, Leopold: *Meister der Tonkunst im 19. Jahrhundert. Biographische Skizzen*. Berlin: Bard, 1908.

SCHMITZ, Eugen: *Musikästhetik*. Leipzig: Breitkopf & Härtel, 1915.

SCHNEIDER, Paul: *Ueber das Darstellungsvermögen der Musik. Eine Untersuchung an der Hand von Prof. Ed. Hanslick's Buch »Vom Musikalisch-Schönen«*. Oppeln und Leipzig: Franck, 1892.

SCHNYDER, Otto: *Grundzüge einer Philosophie der Musik*. Frauenfeld: Huber & Co, 1915.

SCHOBER, Franz: *Briefe über Liszts Aufenthalt in Ungarn*. Berlin, 1843.

SCHOPENHAUER, Arthur: *Sämtliche Werke*. Nach der ersten, von Julius Frauenstädt besorgten Gesamtausgabe neu bearbeitet und hrsg. v. Arthur Hübscher. 7 Bde. Bd. 2: *Die Welt als Wille und Vorstellung*. Leipzig: Brockhaus, 1938:

SCHOTTKY, Julius Max: *Paganini's Leben und Treiben als Künstler und Mensch; mit unparteiischer Berücksichtung der Meinung seiner Anhänger und Gegener*. Prag: Clave, 1830.

SCHRATTENHOLZ, Josef: *Robert Schumann als Schriftsteller. Sprüche aus seinen Schriften über Musik und Musiker gesammelt und mit einer Vorrede versehen*. Leipzig: Breitkopf & Härtel, 1880.

SCHRECKENBERGER, Wilhelm: *Kurzgefasste Geschichte der Musikkunst und Standpunkt derselben gegenüber der modernen Zeit*. München: Franz, 1880.

SCHREIBER, Christian: „Ueber die Oper". In: *Der Freimüthige oder Ernst und Scherz*. 3 (1805). S. 77 f. und 85 f.

SCHREIBER, Christian: „Beyträge zu einer Ästhetik der Musik". In: *Allgemeine musikalische Zeitung*. 8 (1806). Sp. 339 f.

SCHUBART, Chr. F. D.: *Ideen zu einer Aesthetik der Tonkunst*. Hrsg. v. Ludwig Schubart. Stuttgart: Scheible, 1806.

SCHUBERTH, Julius: *Musikalisches Fremdwörterbuch zum Gebrauch für Tonkünstler und Musikfreunde*. Hamburg: Schuberth & Co., 1843.

SCHUBERTH, Julius: *Musikalisches Handbüchein für Künstler und Kunstfreunde. Eine Miniatur-Encyclopädie, enth. das Nothwendigste aus der Musikwissenschaft, Erklärung aller Fremdwörter, biographische Skizzen über die ausgezeichnetesten Tonkünster ect*. 4te verb. Aufl. Hamburg: Schuberth u. Co., 1852.

SCHUCHT, Johannes: „Die Sentimentalität in den Tondichtungen der Neuzeit". In: *Neue Berliner Musikzeitung*. 11 (1857). S. 249 ff., 257 ff., 265 ff.

SCHUCHT, Johannes: *Meyerbeer's Leben und Bildungsgang, seine Stellung als Opernkomponist im Vergleich zu den Tondichtern der Neuzeit. Nebst noch ungedruckten Briefen Meyerbeer's*. Leipzig, Matthes, 1869.

SCHUCHT, Johannes: *Wegweiser in die Tonkunst. Lexikon für Künstler und Kunstfreunde*. Leipzig: Matthes, 1869.

SCHUCHT, Johannes: „Die Tonkunst in der zweiten Hälfte des 19. Jahrhunderts". In: *Neue Zeitschrift für Musik*. 57 (1890). S. 1 f.

SCHUMANN, Clara und Robert Schumann: *Briefwechsel*. Kritische Gesamtausgabe. Hrsg. v. Eva Weissweiler. III Bde. Bd. I: 1832–1838. Basel und Frankfurt a. M.: Stroemfeld/Roter Stern, 1984.

SCHUMANN, Clara und Robert Schumann: *Briefwechsel*. Kritische Gesamtausgabe. Hrsg. v. Eva Weissweiler. III Bde. Bd. II: 1839. Basel und Frankfurt a. M.: Stroemfeld/Roter Stern, 1987.

SCHUMANN, Robert: *Jugendbriefe von Robert Schumann*: Nach Originalen mithgetheilt von Clara Schumann. Leipzig: Breitkopf und Härtel, 1885.

SCHUMANN, Robert: *Robert Schumanns Briefe. Neue Folge*. Hrsg. v. F. Gustav Jansen. Zweite vermehrte und verbesserte Auflage. Leipzig: Breitkopf & Härtel, 1904.

SCHUMANN, Robert: *Gesammelte Schriften über Musik und Musiker von Robert Schumann*. Hrsg. v. Martin Kreisig. 2 Bde. 5. Auflage, mit den durchgesehenen Nachträgen und Erläuterungen zur 4. Auflage und weiteren. Leipzig: Breitkopf & Härtel, 1914.

SCHUMANN, Robert: *Gesammelte Schriften über Musik und Musiker*. 2 Bde. Hrsg. v. Gerd Nauhaus. Reprint der Ausgabe Leipzig 1854. Wiesbaden: Breitkopf & Härtel, 1985.

SCHUMANN, Robert: *Tagebücher*. Bd. I: 1827–1838. Hrsg. v. Georg Eismann. Leipzig: Deutscher Verlag für Musik, 1971. Basel und Frankfurt a. M.: Stroemfeld/Roter Stern, o.J.

SCHUMANN, Robert: *Tagebücher*. Bd. II: 1836–1854. Hrsg. v. Gerd Nauhaus. Leipzig: Deutscher Verlag für Musik, 1987. Basel und Frankfurt a. M.: Stroemfeld/Roter Stern, o.J.

SCHUMANN, Robert: *Tagebücher*. Bd. III: *Haushaltbücher*. Teil I 1837–1847. Hrsg. v. Gerd Nauhaus. Leipzig: Deutscher Verlag für Musik, 1982. Basel und Frankfurt a. M.: Stroemfeld/Roter Stern, o.J.

SCHUMANN, Robert: *Tagebücher*. Bd. III: *Haushaltbücher*. Teil II 1847–1856. Hrsg. v. Gerd Nauhaus. Leipzig: Deutscher Verlag für Musik, 1982. Basel und Frankfurt a. M.: Stroemfeld/Roter Stern, o.J.

SCHUMANN, Robert: *Aufzeichnungen über Mendelssohn*. RSchH, Sig.: 4871 V, 3, 1 – 3. Mit Anmerkungen von Heinz-Klaus Metzger und Rainer Riehn. In: Musik-Konzepte. Die Reihe über Komponisten. Felix Mendelssohn Bartholdy. Hrsg v. Heinz-Klaus Metzger und Rainer Riehn. Heft 14/15. München: text + kritik, 1980. S. 112 ff.

SCHUMANN, Robert: *Konzepte Leipziger Konzertbesprechungen [1833]*. RSchH, Sig.: 4871 V, 4 – A3, Sigle: Notizen. In: Bodo Bischoff und Gerd Nauhaus: Robert Schumanns Leipziger Konzertnotizen von 1833 Faksimile Übertragung und Kommentar (Erstveröffentlichung). In: Schumann Studien 3/4. Hrsg. v. Gerd Nauhaus. Köln: Schewe, 1994. S. 55 f.

SCHUMANN, Robert: *Abschrift des Katalogs von Schumanns musikalischer Bibliothek*. RSchH, Sig.: 5678 – A3C.

SCHUMANN, Robert: *Briefverzeichnis*. RSchH, Sig.: 4871/VII C, 10–A3.

SCHUMANN, Robert: *Geschichte der Musik (nach Müllers Ästhetik)*. RSchH, Sig.: 4871 V, 1–A3.

SCHUMANN, Robert: *Mottosammlung*. RSchH, Sig.: 4871 VIII, 2–A3.

SCHUMANN, Robert: *Projektenbuch*. RSchH, Sig.: 4871 VII C, 8–A3.

SCHUMANN, Robert: *Zeitungsstimmen*. 6 Bde. RSchH, Sig.: 2067–2072–C3/A4.

SCHUMANN, Robert: *Musikalischer Nachlaß 3*. Staatsbibliothek zu Berlin. Preußischer Kulturbesitz. Musikabteilung.

SCHÜTZ, Rudolf: *Stephen Heller*. Ein Künstlerleben. Leipzig: Breitkopf & Härtel, 1911.

SCHÜTZE, St.: „Über Gefühl und Ausdruck in der Musik". In: *Cäcilia*. 12 (1830). S. 237.

SCHÜZ, Alfred: *Die Geheimnisse der Tonkunst*. Stuttgart: Metzler, 1891

SCHWARTZ, Rudolf: *Die Musik des 19. Jahrhunderts. Ein historischer Ueberblick*. Leipzig: Senff, 1900.

SCUDO, Paul: „De l'influence du mouvement romantique sur l'art musical et du rôle qu'a voulu jouer M. H. Berlioz". In: *Critique et littérature musicales*. Paris: Hachette, 1856. S. 21–74.

SEGNITZ, Eugen: „Die Musik in der romantischen Weltanschauung". In: *Allgemeine Musik-Zeitung. Wochenschrift für die Reform des Musiklebens der Gegenwart*. 33 (1906). S. 5 f., 23–26, 43–45.

SEIDEL: „2. Freie Aufsätze. Bausteine zu einem Lehrgebäude der musikalischen Aesthetik. (Schluss)". In: *Berliner Allgemeine musikalische Zeitung*. 5 (1828). S. 147 ff.

SEIDEL, Karl: *Charinomos*. Beiträge zur Teorie und Geschichte der schönen Künste. 2 Bde. Magdeburg: Rubach, 1825 und 1828.

SEIDL, Arthur: *Vom Musikalisch-Erhabenen. Prolegommena zur Aesthetik der Tonkunst*. Leipzig: Kahnt, 1887.

SEIDL, Arthur: „Zur Ästhetik der Tonkunst". In: *Musikalisches Wochenblatt*. 19 (1889). S. 505 ff.

SEIDL, Arthur: „Robert Schumann und die Neudeutschen". In: Arthur Seidel. *Wagneriana. Angewandte Ästhetik*. 3 Bde. Bd. 2: *Von Palestrina zu Wagner. Bekenntnisse eines musikalischen »Wagnerianers«*. Berlin: Schuster & Löffler, 1901. S. 218–280.

SEIDL, Arthur: *Moderner Geist in der deutschen Tonkunst. Gedanken eines Kulturpsychologen zur Wende des Jahrhunderts*. Hildburghausen: Gadow & Sohn, 1913.

SETACCIOLI, Giacomo: *Debussy. Eine kritisch-ästhetische Studie*. Autorisierte Uebersetzung nach der 2. Aufl. des Italienischen v. Friedrich Spiro. Leipzig: Breitkopf & Härtel, 1911.

SEYDEL, Martin: *Arthur Schopenhauers Metaphysik der Musik. Ein kritischer Versuch*. Leipzig: Breitkopf & Härtel, 1895.

SIEBECK, Hermann: *Das Wesen der ästhetischen Anschauung. Psychologische Untersuchungen zur Theorie des Schönen und der Kunst.* Berlin: Dümmler, 1875.
SIEBECK, Hermann: *Ueber musikalische Einfühlung.* Leipzig: Voigtländer, 1906.
SITTARD, Josef: *Zur Einführung in die Aesthetik und Geschichte der Musik. Zwei Vorträge.* Stuttgart: Zumsteeg, 1885.
SITTARD, Josef: „Die Musik im Lichte der Illusions-Ästhetik". In: *Die Musik.* 2 (1902/1903). S. 243–255.
SOBOLEWSKY, Eduard I. F.: „Das Romantische". In: *Neue Zeitschrift für Musik.* 8 (1838). S. 110.
SOBOLEWSKI, Eduard: *Das Geheimniss der neuesten Schule der Musik.* Leipzig: Wiedemann, 1859.
SPECHT, Richard: *Gustav Mahler.* Berlin: Schuster & Löffler, 1913.
SPEMANN'S *goldenes Buch der Musik: Eine Hauskunde für Jedermann.* Hrsg. v. Karl Grunsky [u.a.]. Berlin und Stuttgart: Spemann, 1900.
SPIRO, Friedrich: *Geschichte der Musik.* Leipzig: Teubner, 1907.
SPITTA, Philipp: *Ein Lebensbild Robert Schumann's.* Leipzig: Breitkopf und Härtel, 1882.
SPITTA, Philipp: „Über Robert Schumann's Schriften". In: *Deutsche Rundschau.* 19 (1892). S. 382–392.
SPITTA, Philipp: *Musikgeschichtliche Aufsätze.* Berlin: Paetel, 1894.
SPRANGER, Eduard: *Beethoven und die Musik als Weltanschauungsausdruck.* Leipzig: Eckardt, 1909.
SPRÜNGLI, Th. A.: *Kurzer Abriss der Musikgeschichte.* Köln: Tonger, 1914.
STADE, F.: *Vom Musikalisch-Schönen. Mit Bezug auf E. Hanslick's gleichnam. Schrift.* Leipzig, 1871.
STAFFORD, Cooke: *A history of music.* Edimbourg, 1830. Übersetzung: *Geschichte der Musik aller Nationen nach Fétis und Staffort. Mit Benutzung der besten deutschen Hilfsmittel von mehreren Musikfreunden.* Weimar: Voigt, 1835.
STEFAN, Paul: *Gustav Mahler. Eine Studie über Persönlichkeit und Werk.* München: Piper & Co., 1910.
STEIN, Gabriel [Pseud. Friedrich August Gottlieb Schumann] (Hg.): *Die changeante Mappe. Enthaltend antike und moderne Zeichnungen.* Teil 1. Berlin und Leipzig: Nicolai, 1796.
STEIN, Karl Heinrich v.: *Die Enstehung der neueren Ästhetik.* Stuttgart: Cotta, 1886. Reprint: Hildesheim: Olms, 1964.
STEIN, K. [Pseud. für Gustav Adolph Keferstein]: „Versuch über das Komische in der Musik". In: *Cäcilia.* 15 (1833). S. 221 ff.
STEINERT, Ludwig: *Kurzgefasste Musikgeschichte von den ältesten Zeiten bis zur Gegenwart nebst Beiträgen zur Theorie der Musik. Zum Unterrichtsgebrauch in Seminarien und Musikschulen, sowie für Musiker und Dilettanen bearbeitet.* Halle: Schroedel, 1899.
STEINITZER, Max: *Ueber die psychologischen Wirkungen der musikalischen Formen.* München: Literar.-artist. Anstalt, 1885.
STEPHANI, Hermann: *Das Erhabene insonderheit in der Tonkunst und das Problem der Form im Musikalisch-Schönen und Erhabenen.* Berlin: Seemann, 1903.
STEUER, Max: *Musikalisches Conservations-Lexikon. Ein Handbuch der Tonkunst, hrsg. zum Gebrauch für Musiker und Musikfreunde.* Berlin: Schlesinger, 1881.
STEUER, Max: *Was muß man von der Musikgeschichte wissen? Allgemeinverständlich dargestellt.* Berlin: Steinitz, 1900.
STEUER, Max: *Zur Musik. Geschichtliches, Aesthetisches und Kritisches.* Leipzig: Senff, 1903.
STIEGLITZ, Olga: *Einführung in die Musikästhetik.* Stuttgart und Berlin: Cotta, 1912.

STÖCKER, Helene: „Zur Kunstanschauung des XVIII. Jahrhunderts. Von Winkelmann bis Wackenroder". In: »Palaestra«. Hrsg. v. Alois Brandl und Erich Schmidt. Berlin: Mayer und Müller, 1904. S. 1–122.

STOLZ, Jakob: *Allgemeine Geschichte der Musik*. Graz: Wagner, 1894.

STÖPEL, Friedrich: *Grundzüge der Geschichte der modernen Musik. Nach den besten Quellen bearbeitet. Nebst einem Vorwort von Gottfried Weber*. Berlin, 1821.

STORCH, L.: *Streit zwischen der alten und neuen Musik etc*. Breslau: Weinhold, 1826.

STORCK, Karl: *Geschichte der Musik*. Stuttgart: Muth, 1904.

STRANSKY, Sigmund: *Zur Metaphysik in der Musik*. Wien. Diss. 1885.

STRANSKY, Sigmund: *Versuch der Entwicklung einer allgemeinen Ästhetik auf Schopenhauerischer Grundlage*. Wien: Löwit, 1886.

STRAUSS, M.: *Inhalt und Ausdrucksmittel in der Musik. Eine musikaesthetische Skizze*. Berlin-Groß-Lichterfelde: Vieweg, 1908.

SÜDENHORST, H. v.: *Die Aufgabe und die Mittel der Musik. Aesthetisch-kritische Studie*. Graz: Kienreich, 1868.

SVOBODA, Adalbert: *Illustrierte Musik-Geschichte*. 2 Bde. Stuttgart: Grünninger, 1892.

SZCZEPANSKI, Gustav von: *Der romantische Schwindel in der deutschen Mythologie und auf der Opernbühne*. 4 Teile. Elberfeld: Bädeker, 1885 und 1886.

SZIRMAI, Roland: *Hugo Wolfs Kritiken*. Leipzig: Rózsavölgyi & Co., 1913.

TAPPERT, Wilhelm: *Musikalische Studien*. Berlin: Guttentag, 1868.

TAPPERT, Wilhelm: „Über Programmusik". In: *Neue Zeitschrift für Musik* 64 (1868). S. 341, 349, 357.

TIECK, Ludwig: *Franz Sternbalds Wanderungen. Eine altdeutsche Geschichte*. Studienausgabe. Hrsg. v. Alfred Anger. Stuttgart: Reclam, 1966.

TIECK, Ludwig: *Schriften. Phantasus*. Hrsg. v. Manfred Frank. 12 Bde. Bd. 6. Frankfurt a. M.: Deutscher Klassiker Verlag, 1985. (Bibliothek deutscher Klassiker; 2)

THIBAUT, Anton Friedrich: *Ueber die Reinheit der Tonkunst*. Heidelberg, 1824 (Titelblatt 1825).

THOMAS-SAN-GALLI, Wolfgang A.: *Musikalische Essays*. Halle: Hendel, 1909.

THOMAS-SAN-GALLI, Wolfgang A.: *Johannes Brahms*. München: Piper & Co., 1912.

TIESSEN, Heinz: „Zur Kunstästhetik unserer Zeit. II. Grundfragen in der Aesthetik der Programmusik". In: *Neue Musikzeitung*. 35 (1914). S. 145–150.

TOTTMANN, Albert: *Kurzgefasster Abriss der Musikgeschichte von der ältesten Zeit bis auf die Gegenwart*. 2 Bde. Leipzig: Lenz, 1883/1884.

UHLIG, Theodor: *Musikalische Schriften*. Hrsg. v. L. Frankenstein. Regensburg, 1913.

UNIVERSAL-LEXICON *der Tonkunst, für Künster und Kunstfreunde und alle Gebildeten*. Hrsg. v. J. Schladebach, fortges. v. E. Bernsdorf. Offenbach: André, 1855.

URBAN, Erich: *Tabellen der Musikgeschichte. Für Hochschulen und Universitäten*. Berlin: Habel, 1900.

VISCHER, Friedrich Theodor: *Ästhetik oder Wissenschaft des Schönen. Zum Gebrauche für Vorlesungen*. 3 Bde. Stuttgart: Mäcken, 1846–1857.

VISCHER, Friedrich Theodor: *Ästhetik oder Wissenschaft des Schönen. Zum Gebrauche für Vorlesungen*. 3. Bd: *Die Kunstlehre*. 2. Abschnitt: *Die Künste*. 4. und 5. Heft: *Die Musik. – Die Dichtkunst*. Stuttgart: Mäcken, 1857. (XXII und S. 775–1474).

VISCHER, Friedrich Theodor: *Ästhetik oder Wissenschaft des Schönen. Zum Gebrauche für Vorlesungen. Vollständiges Inhaltsverzeichnis, Namen- und Sachregister.* Stuttgart: Mäcken, 1858.

VISCHER, Friedrich Theodor: *Das Symbol. Philosophische Aufsätze, Eduard Zeller gewidmet.* Leipzig, 1887.

VOGEL, Bernhard: *Robert Schumanns Klaviertonpoesie. Ein Führer durch seine sämtlichen Klavierkompositionen mit biographischem Abriss.* Leipzig: Hesse, 1887.

VOGEL, Moritz: *Geschichte der Musik von den ersten Anfängen christlicher Musik herab bis auf die Gegenwart. Mit besonderer Berücksichtigung der deutschen Musik, speziell des deutschen Volksliedes kurz und leicht fasslich dargestellt.* Leipzig: Hug & Co., 1901.

VOLBACH, Fritz: *Beethoven. Die Zeit des Klassizismus.* München: Kirchheim, 1905.

VOLBACH, Fritz: *Die deutsche Musik im neunzehnten Jahrhundert. Nach den Grundlagen ihrer Entwickelung und ihren Haupterscheinungen dargestellt.* Kempten und München: Kösel, 1909.

VOLKELT, Johannes: *Das Unbewusste und der Pessimismus. Studien zur modernen Geistesbewegung.* Berlin: Henschel, 1873.

VOLKELT, Johannes: *Die Traum-Phantasie.* Stuttgart: Meyer & Zeller, 1875.

VOLKELT, Johannes: *System der Ästhetik.* 3 Bde. München: Beck, 1905, 1909, 1914.

WACKENRODER, Wilhelm Heinrich: *Sämtliche Werke und Briefe.* Historisch-kritische Ausgabe. Hrsg. v. Silvio Vietta und Richard Littlejohns. 2 Bde. Heidelberg, 1991.

WAGNER, Cosima: *Die Tagebücher.* Hrsg. v. Martin Gregor-Dellin und Dietrich Mack. 2 Bde. München und Zürich: Piper, 1977.

WAGNER, Richard: *Gesammelte Schriften und Briefe.* Hrsg. v. Julius Kapp. 14 Bde. Leipzig: Hesse und Becker, 1914.

WAGNER-LEXIKON. *Hauptbegriffe der Kunst- und Weltanschauung Richard Wagner's, in wörtlichen Anführungen aus seinen Schriften zusammengestellt von Karl Friedrich Glasenapp und Heinrich von Stein.* Stuttgart: Cotta, 1883.

WALDAPFEL, Otto: *Über das Idealschöne in der Musik und die Mittel zu dessen künstlerischer Wiedergabe.* Nebst Anhang, Übersetzung resp. Auszug der Schriften eines griechischen Musikers (Pseudo-Euklid) und Metrikers (Hephästion) enthaltend. Dresden: Petzold, 1892.

WALDERSEE, Paul: *Robert Schumanns Manfred.* Leipzig: Breitkopf & Härtel, 1879–1882. (Sammlung musikalischer Vorträge; 13)

WALLASCHEK, Richard: *Aesthetik der Tonkunst.* Stuttgart: Kohlhammer, 1886.

WALLASCHEK, Richard: *Psychologie und Pathologie der Vorstellung. Beiträge zur Grundlegung der Aesthetik.* Leipzig, 1905.

WALLNER, L.: *Johannes Brahms. Notice biographique et critique.* Brüssel: Schott Frères, 1909.

WALZEL, Oskar: *Richard Wagner in seiner Zeit und nach seiner Zeit. Eine Jahrhundert-Betrachtung.* München: Müller & Rentsch, 1913.

WANECK: „Über die musikalische Darstellung des Unheimlichen". In: *Kartell-Zeitung. Offizielles Organ des Sondershauser Verbandes Deutscher Studentengesangvereine. Hanover.* 28 (1911). S. 13.

WANGEMANN, Otto: *Grundriß der Musikgeschichte, von den ersten Anfängen bis zur neuesten Zeit.* Magdeburg: Heinrichshofen, 1878.

WASIELEWSKI, Josef Wilhelm v.: *Aus siebzig Jahren. Lebenserinnerungen*. Stuttgart: Deutsche Verlags-Anstalt, 1897.

WASIELEWSKI, Josef Wilhelm v.: *Robert Schumann. Eine Biographie*. Dresden, 1858.

WAUER, Wilhelm: „Poetische Idee und Kunstwerk". In: *Deutsche Musik-Zeitung*. 1 (1860). S. 153–156.

WEBER, Carl Julius: *Dymocritos oder hinterlassende Papiere eines lachenden Philosophen*. 12. Bde. Stuttgart, 1832–1840.

WEBER, Gottfried: „Teutschland im ersten Viertel des neuen Jahrhunderts. Betrachtungen eines Musikfreundes". In: *Cäcilia*. 4 (1826). S. 98–112.

WEBER, Max Maria v.: *Karl Maria von Weber. Ein Lebensbild*. Bd. 3. Leipzig: Keil, 1866.

WEINGARTNER, Felix: *Akkorde. Gesammelte Aufsätze*. Leipzig: Breitkopf & Härtel, 1912.

WEISSE, Christian Hermann: *System der Aesthetik als Wissenschaft von der Lehre der Schönheit*. 3 Bde. Leipzig: Hartmann, 1830.

WELLMER, August: *Musikalische Skizzen und Studien. Ein Beitrag zur Kultur- und Musikgeschichte*. Hildburghausen: Gradow & Sohn, 1885.

WEND, Julius: „Berlioz und die moderne Symphonie". In: *Allgemeine Wiener Musik-Zeitung*. 6 (1846). S. 157 f., 161 f. u. 169 f.

WENDT, Amadeus: „Gedanken über die neuere Tonkunst, und van Beethovens Musik, namentlich dessen Fidelio". In: *Allgemeine musikalische Zeitung*. 17 (1815). Sp. 345 ff.

WENDT Amadeus: *Rossini's Leben und Treiben, vorzüglich nach Stendhals Nachrichten geschildert und mit Urtheilen der Zeitgenossen begleitet*. Leipzig: Voss, 1824.

WENDT, Amadeus: „Ausdruck in der Musik". In: *Cäcilia*. 4 (1826). S. 173.

WENDT, Amadeus: *Ueber die Hauptperioden der schönen Kunst oder die Kunst im Laufe der Weltgeschichte dargestellt*. Leipzig: Barth, 1831.

WENDT, Amadeus: *Ueber den gegenwärtigen Zustand der Musik, besonders in Deutschland und wie er geworden. Eine beurteilende Schilderung von etc.* Göttingen: Dieterich, 1836.

WEWELER, August: *Ave musica! Das Wesen der Tonkunst und die modernen Bestrebungen. Ein musikalischer Feldzug*. Leipzig: Körner, 1909.

WICHMANN, Hermann: *Gesammelte Aufsätze*. 3 Bde. Berlin: Ries & Erler, 1884–1891.

WICKENHAGEN, Ernst: *Geschichte der Kunst mit einem Anhang über die Musikgeschichte*. 13. verb. u. verm. Aufl. durchgesehen v. Uhde-Bernays. Esslingen: Neff, 1912.

WIECK, Marie: *Aus dem Kreise Wieck-Schumann*. 2. verm. u. verb. Aufl. Dresden: Zahn & Jentsch, 1914.

WIELAND, Cristoph Martin: „Versuch über das Singspiel und dahin einschlagende Gegenstände. Geschrieben im Jahre 1775". In: *Cristoph Martin Wielands sämmtliche Werke*. 36 Bde. Bd. 34. Leipzig: Göschen, 1857. S. 71–106.

WIENBARG, Ludolf: *Ästhetische Feldzüge. Dem jungen Deutschland gewidmet*. Hrsg. v. W. Dietze. Berlin und Weimar, Aufbau-Verlag, [Hamburg: Hoffmann & Campe, 1834] 1964.

WINTZER, Elisabeth. *Prinz Louis v. Preussen als Mensch und Musiker*. Leipzig: Breitkopf & Härtel, 1915.

WITTIG, C.: „Vom Witz in der Musik". In: *Die Musik*. 2 (1903). S. 186–192.

WOLF, Alfred: „Zur Ästhetik der Programmusik". In: *Neue Musikzeitung*. 35 (1914). S. 65–68.

WOLF, Hugo: *Musikalische Kritiken.* Hrsg. v. Richard Batka u. Heinrich Werner. Leipzig: Breitkopf & Härtel, 1911.
WOLF, William: *Gesammelte musikästhetische Aufsätze.* Stuttgart: Grünninger, 1894.
WOLF, William: *Musik-Aesthetik in kurzer und gemeinfasslicher Darstellung.* Mit zahlreichen Notenbeispielen. Stuttgart: Grünninger, 1896.
WOLZOGEN, Ernst, v.: *Ansichten und Aussichten. Ein Erntebuch. Gesammelte Studien über Musik, Literatur und Theater.* Berlin: Fontane, 1908.
WOLZOGEN, Hans v.: *E. T. A. Hoffmann und Richard Wagner. Harmonien und Parallelen.* Berlin: Neelmeyer, 1906.
WOLZOGEN, Hans v.: *Musikalisch-dramatische Paralellen. Beiträge zur Erkenntnis von der Musik als Ausdruck.* Leipzig: Breitkopf & Härtel, 1906.
WORRINGER, Wilhelm: *Abstraktion und Einfühlung. Ein Beitrag zur Stilpsychologie.* 3. um einen Anhang verm. Auflage. München, 1911.
WUTHMANN, Ludwig: *Abriss der Musikgeschichte.* Hannover: Gebr. Jänecke, 1904.

ZEISING, Adolf: *Ästhetische Forschungen.* Frankfurt a. M.: Meidinger, 1855.
ZIMMERMANN, Robert: *Allgemeine Ästhetik als Formwissenschaft.* Wien, 1865.

[ANONYMUS]: „Art. V. Über Reinheit der Tonkunst". In: *Wiener Jahrbücher der Literatur.* 35 (1826). S. 170–180.
[ANONYMUS]: „Das musikalisch-Komische". In: *Allgemeine musikalische Zeitung.* 29 (1827). Sp. 329 ff.
[ANONYMUS]: „Nachrichten". In: *Allgemeine musikalische Zeitung".* 46 (1843). Sp. 217–221.
[ANONYMUS]: „Chopin's nachgelassene Werke". In: *Neue Zeitschrift für Musik.* 43 (1855). S. 198–200.
[ANONYMUS]: „Wiener Federstriche zur Charakterisierung des gegenwärtigen Standes der Tonkunst in einigen ihrer renommirtesten Vertreter". In: *Niederrheinische Musik-Zeitung für Kunstfreunde und Künstler.* 5 (1857). S. 321–325.
[ANONYMUS]: „Fortschritt in der Musik". In: *Rheinische Musik-Zeitung für Kunstfreunde und Künstler.* 10 (1859). S. 233–235.
[ANONYMUS]: „Ueber den poetischen Gehalt der Musik". In: *Rheinische Musik-Zeitung für Kunstfreunde und Künstler.* 10 (1859). S. 351–353 u. 367–370.
[ANONYMUS]: „Wagner und Liszt, Gegensätze". In: *Niederrheinische Musik-Zeitung für Kunstfreunde und Künstler.* 7 (1859). S. 193–196.
[ANONYMUS]: „Variationen über ein Thema von Robert Schumann für Pianoforte zu vier Händen componiert von Johannes Brahms, op. 23". In: *Signale für die musikalische Welt.* 22 (1864). S. 472 f.
[ANONYMUS]: „Messe für vierstimmigen Chor mit Begleitung des Orchesters von Robert Schumann, op. 147". In: *Signale für die musikalische Welt.* 23 (1865). S. 69.

Sekundärliteratur

ABEGG, Werner: *Musikästhetik und Musikkritik bei Eduard Hanslick*. Regensburg: Bosse, 1974. (Studien zur Musikgeschichte des 19. Jahrhunderts; 44)

ABEGG, Werner: *Programmusik im Unterricht*. Regensburg: Bosse, 1989.

ABERT, Anna Amalie: „Die deutsche romantische Oper". In: Anna Amalie Abert: *Geschichte der Oper*. Kassel: Bärenreiter und Stuttgart-Weimar: Metzler, 1994. S. 250–262.

ABRAHAM, Gerald (Hg.): *Romanticism (1830–1890)*. Oxford: University Press, 1990. (The New Oxford History of Music; 9)

ADLER, Guido: *Methode der Musikgeschichte*. Leipzig: Breitkopf & Härtel, 1919.

ADLER, Guido: *Handbuch der Musikgeschichte*. 2 Bde. Frankfurt: Frankfurter Verlagsanstalt, 1924.

ADLER, Guido: *Festschrift. Studien zur Musikgeschichte*. Wien: Universal-Edition, 1930.

AGUADO, María Isabel Peña: *Ästhetik des Erhabenen. Burke, Kant, Adorno, Lyotard*. Wien: Passagen, 1994.

ALAIN, Olivier: „Schumann und die französische Romantik". In: *Sammelbände der Robert-Schumann-Gesellschaft*. I/1961. Leipzig: VEB Deutscher Verlag für Musik, 1961. S. 47–63.

ALLROGGEN, Gerhard: „Die Opern-Ästhetik E. T. A. Hoffmanns". In: *Beiträge zur Geschichte der Oper*. Hrsg. v. Heinz Becker. Regensburg: Bosse, 1969. S. 25–34.

ALTENBURG, Detlef: „Vom poetisch Schönen. Franz Liszts Auseinandersetzung mit der Musikästhetik Eduard Hanslicks". In: *Ars musica Musica scientia. Festschrift Heinrich Hüschen zum fünfundsechzigsten Geburtstag a. 2. März 1980*. Hrsg. v. Detlef Altenburg. Köln: Gitarre & Laute, 1980. S. 1–9.

ALTENBURG, Detlef: „Die Schriften von Franz Liszt. Bemerkungen zu einem zentralen Problem der Liszt-Forschung". In: *Festschrift Arno Forchert zum 60. Geburtstag am 29. Dezember 1985*. Hrsg. v. Gerhard Allroggen und Detlef Altenburg. Kassel [u.a.]: Bärenreiter, 1986. S. 42–51.

ALTENBURG, Detlef: „Robert Schumann und Franz Liszt. Die Idee der poetischen Musik im Spannungsfeld von deutscher und französischer Musikanschauung". In: *Robert Schumann und die französische Romantik. Bericht über das 5. internationale Schumann-Symposium der Robert-Schumann-Gesellschaft am 9. und 10. Juli 1994 in Düsseldorf*. Hrsg. v. Ute Bär. Mainz [Schott], 1994. S. 125–138. (Schumann Forschungen; 6)

ALTHOFF, Gerd (Hg.): *Die Deutschen und ihr Mittelalter. Themen und Funktionen moderner Geschichtsbilder vom Mittelalter*. Darmstadt: Wissenschaftliche Buchgesellschaft, 1992.

ANGER, Alfred: „Wackenroder". In: *Lessing Yearbook*. 19 (1987). S. 336–338.

APPEL, Bernhard: „Schumanns Davidsbund. Geistes- und sozialgeschichtliche Voraussetzungen einer romantischen Idee". In: *Archiv für Musikwissenschaft*. 38 (1981). 1–23.

APPEL, Bernhard: *R. Schumanns Humoreske für Klavier op. 20. Zum musikalischen Humor in der ersten Hälfte des 19. Jahrhunderts unter besonderer Berücksichtigung des Formproblems*. Phil. Diss. Saarbrücken, 1981.

APPEL, Bernhard: „Robert Schumann und der provençalische Ton". In: *Schumanns Werke – Text und Interpretation. 16 Studien*. Hrsg. v. der Robert-Schumann-Gesellschaft Düsseldorf durch Akio Mayeda und Klaus Wolfgang Niemöller. Main [u.a.]: Schott, 1987. S. 165–178.

APPEL, Bernhard R.: „Robert Schumann und die Malerei". In: *Schumann und die Düsseldorfer Malerschule. Ausstellung vom 1.–19. Juni 1988 im David-Hansemann-Haus, Poststraße*

5, Düsseldorf, im Rahmen des 3. Schumann-Festes. Hrsg. v. Robert-Schumann-Gesellschaft e.V. unter Mitarbeit des Stadtmuseums Düsseldorf. Düsseldorf, 1988. S. 7-27.

APPEL, Bernhard: „»Mehr Malerei als Ausdruck der Empfindung« – Illustrierende und illustrierte Musik im Düsseldorf des 19. Jahrhunderts". In: *Akademie und Musik. Erscheinungsweisen und Wirkungen des Akademiegedankens in Kultur- und Musikgeschichte. Institutionen, Veranstaltungen, Schriften. Festschrift für Werner Braun zum 65. Geburtstag; zugleich Bericht über das Symposium »Akademiegedanke in der Geschichte der Musik und angrenzender Fächer« (Saarbrücken, 1991).* Hrsg. v. Wolf Frobenius. Saarbrücken: Saarbrücker Druck und Verlag, 1993. S. 255-268. (Saabrücker Studien zur Musikwissenschaft; NF; 7)

APPEL, Bernhard: „Robert Schumann und der provençalische Ton". In: *Schumanns Werke – Text und Interpretation. 16 Studien.* Hrsg. v. der Robert-Schumann-Gesellschaft Düsseldorf durch Akio Mayeda und Klaus Wolfgang Niemöller. Main [u.a.]: Schott, 1987. S. 165-178.

ARENDT, Dieter (Hg.): *Der Nihilismus als Phänomen der Geistesgeschichte.* Darmstadt: Wissenschaftliche Buchgesellschaft, 1974.

ARENDT, Dieter: „Der Nihilismus – Ursprung und Geschichte im Spiegel der Forschungs-Literatur seit 1945. Ein Forschungs-Bericht". In: *Deutsche Vierteljahrsschrift für Literaturwissenschaft und Geistesgeschichte.* 43 (1969) 2/3. S. 346-369, S. 544-566.

ARENDT, Dieter: *Der »poetische Nihilismus« in der Romantik. Studien zum Verhältnis von Dichtung und Wirklichkeit in der Frühromantik.* 2 Bde. Tübingen, 1972. (Studien zur deutschen Literatur; 29)

ATLAS, Alan W. (Hg): *Music in the classic period. Essays in honor of Barry S. Brook.* New York: Pendragon Press, 1985.

BACHMANN, Walter: „Adrian Zingg, der Maler und Entdecker der sächsischer Landschaft". In: *Denkmalpflege, Heimatschutz, Naturschutz.* (1936). S. 8-21.

BAGIER, Guido: „Hans Pfitzner als romantischer Musiker der Gegenwart". In: *Deutsche Romantik. Ein Heft gedrängter Überschau.* Hrsg. v. Rudolf Rößler. Augsburg-Stuttgart: Filser, 1923. S. 19-23.

BALDENSPERGER, Fernand: „»Romantique« – ses analogues et équivalents". In: *Harvard Studies and Notes in Philology and Literature.* 14 (1937). S. 13-105.

BALKE, Friedrich: „Simulation und Dekonstruktion im romantischen Totaldiskurs". In: *KultuRRevolution.* 12 (1986). S. 22-25.

BÄNSCH, Dieter: *Zur Modernität der Romantik.* Stuttgart: Metzler, 1977.

BÄR, Ute (Hg.): *Robert Schumann und die französische Romantik. Bericht über das 5. Internationale Schumann-Symposium der Robert-Schumann-Gesellschaft am 9. und 10. Juli 1994 in Düsseldorf.* Mainz [u.a.]: Schott, 1997.

BARALE, Ingrid Hennemann: „Subjektivität als Abgrund. Bemerkungen über Nietzsches Beziehung zu den frühromantischen Kunsttheorien". In: *Nietzsche-Studien.* 18 (1989). S. 158-181.

BAUER, Elisabeth Eleonore: „Beethoven – unser musikalischer Jean Paul. Anmerkungen zu einer Analogie". In: *Beethoven. Analecta Varia.* München: Edition Text und Kritik, 1987. S. 83-105. (Musikkonzepte; 56).

BAUER, Elisabeth Eleonore: *Wie Beethoven auf den Sockel kam. Die Entstehung eines musikalischen Mythos.* Stuttgart: Metzler, 1992.

BAUMGARTNER, Alfred: *Musik der Romantik.* Salzburg: Kieseltel, 1983.

BECK, Hermann: „E. T. A. Hoffmann und R. Schumann". In: *Methoden der Werkanalyse in Musikgeschichte und Gegenwart.* Hrsg. v. Hermann Beck Wilhelmshaven: Heinrichshofen, 1974. S. 56–70. (Taschenbücher zur Musikwissenschaft; 9)

BECKER, Max: „Studie zu Tieck und Wackenroder". In: *Musik und Gesellschaft.* 34 (1984). S. 72–77.

BECKER, Max: *Narkotikum und Utopie. Musik-Konzepte in Empfindsamkeit und Romantik.* Kassel [u.a.]: Bärenreiter, 1996.

BECKING, Gustav: „Zur musikalischen Romantik". In: *Deutsche Vierteljahrsschrift für Literaturwissenschaft und Geistesgeschichte.* 2 (1924) 3. S. 581–615.

BECKING, Gustav: „Klassik und Romantik". In: *Kongress-Bericht-Leipzig 1925.* Leipzig, 1926. S. 292–296.

BEHLER, Diana: „Carl Gustav Carus: Briefe über Landschaftsmalerei und die frühromantische Theorie". In: *Athenäum. Jahrbuch für Romantik.* 3 (1993). S. 107–139.

BEHLER, Ernst: „Nietzsche und die Frühromantische Schule". In: *Nietzsche-Studien. Internationales Jahrbuch für die Nietzsche-Forschung.* Hrsg. v. Ernst Behler [u.a.]. Bd. 7. Berlin, New York: de Gruyter, 1979. S. 59–87.

BEHLER, Ernst: „Gesellschaftskritische Motive in der romantischen Zuwendung zum Mittelalter". In: *Das Weiterleben des Mittelalters in der deutschen Literatur.* Hrsg. v. James F. Poag und Gerhild Scholz-Williams. Königsstein/Ts.: Athenäum, 1983. S. 47–60.

BEHLER, Ernst und Jochen HÖRISCH: *Die Aktualität der Frühromantik.* Paderborn [u.a.]: Schöningh, 1987.

BEHLER, Ernst: *Studien zur Romantik und idealistischen Philosophie.* Paderborn: Schöningh, 1988.

BEHLER, Ernst: *»Unendliche Perfektibilität«. Europäische Romantik und Französische Revolution.* Paderborn: Schöningh, 1989.

BELGARDT, Raimund: *Romantische Poesie. Begriff und Bedeutung bei Friedrich Schlegel.* The Hague und Paris: Mouton, 1969.

BENJAMIN, Walter: *Der Begriff der Kunstkritik in der deutschen Romantik.* Frankfurt a. M., 1973.

BENTGENS, Wilfried Johannes: *An der Grenze des Fruchtlandes. Musik und Malerei im Vorfeld der Moderne.* Zülpich: Prisca, 1997.

BENZ, E.: „Franz Xaver von Baader und der abendländische Nihilismus". In: *Archiv für Philosophie.* 3 (1949). S. 29–52.

BERMBACH, Udo: *Der Wahn des Gesamtkunstwerks. Richard Wagners politisch-ästhetische Utopie.* Frankfurt a. M.: Fischer, 1994.

BESSELER, Heinrich: *Aufsätze zur Musikästhetik und Musikgeschichte.* Hrsg. v. Peter Gülke. Leipzig: Reclam, 1978.

BILLETER, Bernhard: „Die Musik in Hegels Ästhetik". In: *Die Musikforschung.* 26 (1973). S. 295–310.

BISCHOFF, Bodo: *Monument für Beethoven. Die Entwicklung der Beethoven-Rezeption Robert Schumanns.* Köln-Rheinkassel: Dohr, 1994.

BLOH, Fritz v.: *Harmonische und melodische Bewegungen in der Musik. Barock, Klassik, Romantik.* Wolfenbüttel: Möseler, 1982.

BLUME, Friedrich: „Die Musik von 1830 bis 1914". In: *Musica.* 16 (1962). S. 283–291.

BLUME, Friedrich: „Romantik". In: *Die Musik in Geschichte und Gegenwart. Allgemeine Enzyklopädie der Musikwissenschaft.* Hrsg. v. Friedrich Blume. 16 Bde. Bd. 11. Kassel: Bärenreiter, 1963. Sp. 785–845.

BOCKHOLDT, Rudolf: „Die idée fixe der Phantastischen Symphonie". In: *Archiv für Musikwissenschaft*. 30 (1973). S. 191–207.

BOCKMAIER, Claus: *Entfesselte Natur in der Musik des achtzehnten Jahrhunderts*. Tutzing: Schneider, 1992.

BOETTICHER, Wolfgang: *Robert Schumann. Einführung in Persönlichkeit und Werk. Beiträge zur Erkenntniskritik der Musikgeschichte und Studien am Ausdrucksproblem des neunzehnten Jahrhunderts*. Berlin: Hahnefeld, 1941.

BOETTICHER, Wolfgang: *Einführung in die musikalische Romantik*. Wilhelmshaven: Heinrichshofen, 1983. (Taschenbücher zur Musikwissenschaft; 89)

BOETTICHER, Wolfgang: „Das ungeschriebene Oratorium »Luther« von Robert Schumann und sein Textdichter Richard Pohl". In: *Beiträge zur Geschichte des Oratoriums seit Händel. Festschrift Günther Massenkeil zum 60. Geburtstag*. Hrsg. v. Rainer Cadenbach und Helmut Loos. Bonn: Voggenreiter, 1986. S. 297–307.

BÖHME, Lothar: *Die Landschaft in den Werken Hölderlins und Jean Pauls*. Leipzig. Deichert, 1908.

BOHN, Volker (Hg.): *Romantik, Literatur und Philosophie*. Frankfurt a. M.: Suhrkamp, 1987.

BOHRER, Karl Heinz (Hg.): *Mythos und Moderne. Begriff und Bild einer Rekonstruktion*. Frankfurt a. M.: 1983.

BOHRER, Karl Heinz: *Der romantische Brief. Die Entstehung ästhetischer Subjektivität*. München [u.a.]: Hanser, 1987.

BOHRER, Karl Heinz: „Die Modernität der Romantik. Zur Tradition ihrer Verhinderung". In: *Merkur*. 42 (1988). S. 177–197.

BOHRER, Karl Heinz: *Die Kritik der Romantik. Der Verdacht der Philosophie gegen die literarische Moderne*. Frankfurt a. M.: Suhrkamp, 1989.

BOLLACHER, Martin: *Wackenroder und die Kunstauffassung der frühen Romantik*. Darmstadt: Wissenschaftliche Buchgesellschaft, 1983.

BOLTEN, Jürgen: *Friedrich Schiller. Poesie, Reflexion und gesellschaftliche Selbstdeutung*. München: Fink, 1985.

BONDS, Mark Evan: „Idealism and the Aethetics of Instrumental Music at the Turn of the Nineteenth Century". In: *Journal of the American Musicological Society*. 50 (1997) 2-3. S. 387–420.

BONSIEPEN, Wolfgang: *Der Begriff der Negativität in den Jenaer Schriften Hegels*. Bonn: Bouvier, 1977.

BORMANN, Alexander von: „»Der Töne Licht. Zum frühromantischen Programm der Wortmusik«". In: *Die Aktualität der Frühromantik*. Hrsg. v. Ernst Behler und Jochen Hörisch. Paderborn: Schöningh, 1987. S. 85–95.

BÖRSCH-SUPAN, Helmut und Karl Wilhelm JÄHNING: *Caspar David Friedrich – Gemälde, Druckgrafik und bildmäßige Zeichnungen.* München: Prestel, 1973.

BOSCHOT, Adolf: *Das romantische Leben Hector Berlioz*. (L'histoire d'un romantique, übersetzt von Fritz Bondi). Zürich und Leipzig: Füssli, 1933.

BRACHT, Hans-Joachim: „Schumanns »Papillons« und die Ästhetik der Frühromantik". In: *Archiv für Musikwissenschaft*. 50 (1993) 1. S. 71–84.

BRANDSTETTER, Gabriele und Norbert: „Phantastik in der Musik". In: *Phantastik in Literatur und Kunst*. Hrsg. v. Christian W. Thomsen und Jens Malte Fischer. Darmstadt: Wissenschaftliche Buchgesellschaft, 1980. S. 514–530.

BRAUN, Werner: *Das Problem der Epochengliederung in der Musik*. Darmstadt: Wissenschaftliche Buchgesellschaft, 1977.

BRAUN, Werner: „Romantische Klavierchoräle". In: *Geistliche Musik. Studien zu ihrer Geschichte und Funktion im 18. und 19. Jahrhundert*. Hrsg. v. Peter Petersen. Laaber: Laaber, 1985. S. 119–142. (Hamburger Jahrbuch für Musikwissenschaft; 8)

BRAY, R.: *Chronologie du Romantisme (1804–1830)*. Paris, 1932.

BRINKER-GABLER, Gisela: „Wissenschaftlich-poetische Mittelalterrezeption in der Romantik". In: *Romantik. Ein literaturwissenschaftliches Studienbuch*. Hrsg. v. Ernst Ribbat. Königstein/Ts.: Athenäum, 1979. S. 80–97.

BRINKMANN, Reinhold: „Wirkungen Beethovens in der Kammermusik". In: *Beiträge zu Beethovens Kammermusik. Symposion Bonn 1984*. Hrsg. v. Sieghard Brandenburg und Helmut Loos. München: Henle, 1987. S. 79–110.

BRINKMANN, Richard (Hg.): *Romantik in Deutschland. Ein interdisziplinäres Symposium*. Stuttgart: Metzler, 1978. (Sonderband der Deutschen Vierteljahrsschrift für Literaturwissenschaft und Geistesgeschichte; 1978)

BRUCKNER Symposion: *Bruckner und die Musik der Romantik im Rahmen des Internationalen Brucknerfestes Linz 1987 16.–20. September 1987. Bericht*. Hrsg. v. Anton Bruckner Institut Linz. Linz und Graz: Akademische Druck- und Verlagsanstalt, 1989.

BRZOSKA, Matthias: „Das »Anscheinende« der »Willkür«. E. T. A. Hoffmanns Es-Dur-Symphonie und seine Beethoven Deutung". In: *Musiktheorie*. 3 (1988). S. 141–155.

BUCHHOLZ, Helmut: *Mythos, Religion und Poesie im Schnittpunkt von Idealismus und Romantik um 1800*. Frankfurt a. M.: Lang, 1990.

BÜCKEN, Ernst: *Die Musik des 19. Jahrhunderts bis zur Moderne*. Potsdam: Athenaion, 1929. (Handbuch der Musikwissenschaft; 6)

BÜCKEN, Ernst: „Romantik und Realismus (Zur Periodisierung der »romantischen« Epoche)". In: *Festschrift Arnold Schering zum sechzigsten Geburtstag*. Hrsg. v. Helmuth Osthoff. Berlin, 1937. S. 46–50.

BÜRGER, Peter: *Zur Kritik der idealistischen Ästhetik*. Frankfurt a. M.: Suhrkamp, 1983.

BUSCH, Werner: *Die notwendige Arabeske. Wirklichkeitsaneignung und Stilisierung in der deutschen Kunst des 19. Jahrhunderts*. Berlin: Mann, 1985.

CALDER III., W. M. u. H. CANCIK u. B. KYTZLER (Hg.): *Otto Jahn (1813–1868). Ein Geisteswissenschaftler zwischen Klassizismus und Historismus*. Stuttgart: Steiner, 1991.

CHARLTON, D. G. (Hg.): *The french romantics*. Cambridge: Cambridge University Press, 1984.

CLASEN, Herbert: *Heinrich Heines Romantikkritik. Tradition-Produktion-Rezeption*. Hamburg: Hoffmann und Campe, Heinrich-Heine-Verlag, 1979.

DAHLHAUS, Carl: „Klassizität, Romantik, Modernität. Zur Philosophie der Musikgeschichte im 19. Jahrhundert". In: *Die Ausbreitung des Historismus über die Musik. Aufsätze und Diskussionen*. Hrsg. v. Walter Wiora. Regensburg: Bosse, 1969. S. 261–276.

DAHLHAUS, Carl: „Plädoyer für eine romantische Kategorie – Der Begriff des Kunstwerks in der neuesten Musik". In: *Neue Zeitschrift für Musik*. 130 (1969) 1. Wiederabgedruckt in: Carl Dahlhaus (Hg.). *Schönberg und andere. Gesammelte Aufsätze*. Mainz: Schott, 1978. S. 270–278.

DAHLHAUS, Carl: „»Musikdrama« und »Romantische Oper«". In: Carl Dahlhaus. *Wagners Konzeption des muskalischen Dramas*. Regensburg: Bosse, 1971. S. 47 ff.

DAHLHAUS, Carl: „Romantische Musikästhetik und Wiener Klassik". In: *Archiv für Musikwissenschaft*. 29 (1972) 3. S. 167–181.

DAHLHAUS, Carl: „Neuromantik". In: *Handwörterbuch der musikalischen Terminologie*. Hrsg. v. Hans Heinrich Eggebrecht. Stuttgart: Steiner, 1973.

DAHLHAUS, Carl: „Neuromantik". In: Carl Dahlhaus. *Zwischen Romantik und Moderne. Vier Studien zur Musikgeschichte des späten 19. Jahrhunderts*. München: Katzbichler, 1974. S. 5–21. (Berliner Musikwissenschaftliche Arbeiten; 7)

DAHLHAUS, Carl: *Die Idee der absoluten Musik*. 1. Auflage. Kassel: Bärenreiter, 1978. 2. Auflage, Kassel: Bärenreiter, 1987.

DAHLHAUS, Carl: „Zur Entstehung der romantischen Bach-Deutung". In: *Bach-Jahrbuch*. 64 (1978). S. 192–210.

DAHLHAUS, Carl: „Musik und Romantik". In: *Musik, Edition, Interpretation. Gedenkschrift Günter Henle*. Hrsg. v. Martin Bente. München: Henle, 1980. S. 133–141.

DAHLHAUS, Carl: „Kategorien der romantischen Musikauffassungen". In: *Wissenschaftliche Zeitschrift der Humboldt-Universität zu Berlin*. 29 (1980) 1. S. 59 ff.

DAHLHAUS, Carl: *Die Musik des 19. Jahrhunderts*. Wiesbaden: Athenaion, Laaber: Laaber Akademische Verlagsanstalt, 1980. (Neues Handbuch der Musikwissenschaft; 6)

DAHLHAUS, Carl: „Musikkritik als Geschichtsphilosophie". In: Carl Dahlhaus. *Die Musik des 19. Jahrhunderts*. Wiesbaden: Athenaion, Laaber: Laaber, 1980, S. 208 ff. (Neues Handbuch der Musikwissenschaft; Bd. 6)

DAHLHAUS, Carl: „E. T. A. Hoffmanns Beethoven-Kritik und die Ästhetik des Erhabenen". In: *Archiv für Musikwissenschaft*. 38 (1981) 2. S. 79–92.

DAHLHAUS, Carl: *Musikalischer Realismus. Zur Musikgeschichte des 19. Jahrhunderts*. München: Piper, 1982.

DAHLHAUS, Carl: „»Geheimnisvolle Sprache eines fernen Geisterreichs«. Kirchenmusik und Oper in der Ästhetik E. T. A. Hoffmanns". In: *Gedenkrede auf Gustav Fellerer*. Köln: Universitätsverlag, 1984. S. 23–35. (Kölner Universitätsreden; 63)

DAHLHAUS, Carl: „Musik und Aufklärung". In: *Die Musik des 18. Jahrhunderts*. Hrsg. v. Carl Dahlhaus. Laaber: Laaber, 1985. S. 8. (Neues Handbuch der Musikwissenschaft; 5)

DAHLHAUS, Carl: „Romantik und Vorromantik". In: *Die Musik des 18. Jahrhunderts*. Hrsg. v. Carl Dahlhaus. Laaber: Laaber, 1985. S. 62 ff. (Neues Handbuch der Musikwissenschaft; 5)

DAHLHAUS, Carl: „Studien zur romantischen Musikästhetik". In: *Archiv für Musikwissenschaft*. 42 (1985) 3. S. 157–165.

DAHLHAUS, Carl: „Wagner, Meyerbeer und der Fortschritt". In: *Festschrift Rudolf Elvers. Zum 60. Geburtstag*. Hrsg. v. Ernst Herttuch und Hans Schneider. Tutzing: Schneider, 1985. S. 103–116.

DAHLHAUS, Carl: *Ludwig van Beethoven und seine Zeit*. Laaber: Laaber, 1987.

DAHLHAUS, Carl: „Epochen und Epochenbewußtsein in der Musikgeschichte". In: *Epochenschwelle und Epochenbewußtsein*. Hrsg. v. Reinhart Herzog und Reinhart Kosellek. München: Fink, 1987. S. 81–96.

DAHLHAUS, Carl: *Klassische und romantische Musikästhetik*. Laber: Laaber, 1988.

DAHMS, Walter: *Schumann*. Berlin: Schuster & Löffler, 1916.

DAHMS, Walther: *Die Offenbarung der Musik. Eine Apotheose Friedrich Nietzsches*. München: Verlag der Nietzsche-Gesellschaft/Musarion, 1922.

DAINAT, Holger: *Abaelino, Rinaldini und Konsorten. Zur Geschichte der Räuberromane in Deutschland*. Tübingen: Niemeyer, 1996.

DÄLLENBACH, Lucien (Hg.): *Fragment und Totalität*. Frankfurt a. M.: Suhrkamp, 1984.

DANUSER, Hermann und Friedrich KRUMMACHER (Hgg.): *Rezeptionsästhetik und Rezeptionsgeschichte in der Musikwissenschaft.* Laaber: Laaber, 1991. (Publikationen der Hochschule für Musik und Theater Hannover; 3)

DANUSER, Hermann (Hg.): *Das musikalische Kunstwerk. Geschichte, Ästhetik, Theorie. Festschrift Carl Dahlhaus zum 60. Geburtstag.* Laaber: Laaber, 1988.

DAVERIO, John: „Reading Schumann by way of Jean Paul and his Contemporaries". In: *College Music Symposium.* 30 (1990). S. 28–45.

DAVERIO, John: *Nineteenth-Century Music an the German Romantic Ideology.* New York: Schirmer Books, 1993.

DÉCULTOT, Elisabeth: „Das Frühromantische Thema der musikalischen Landschaft bei Philipp Otto Runge und Ludwig Tieck". In: *Athenäum. Jahrbuch für Romantik.* 5 (1995). S. 213–234.

DETERMANN, Robert: *Begriff und Ästhetik der »Neudeutschen Schule«. Ein Beitrag zur Musikgeschichte des 19. Jahrhunderts.* Baden-Baden, 1989. (Sammlung musikwissenschaftlicher Abhandlungen; 81)

DIETEL, Gerhard: *»Eine neue poetische Zeit«. Musikanschauung und stilistische Tendenzen im Klavierwerk Robert Schumanns.* Kassel [u.a.]: Bärenreiter, 1989.

DILL, Heinz J.: „Romantic Irony in the Works of Robert Schumann". In: *The Musical Quarterly.* 73 (1989). S. 172–195.

DISCHNER, Gisela: *Ursprünge der Rheinromantik in Engand. Zur Geschichte der romantischen Ästhetik.* Frankfurt a. M.: Klostermann, 1972. (Studien zur Philosophie und Literatur des neunzehnten Jahrhunderts; 17)

DOBAT, Klaus Dieter: *Musik als romantische Illusion. Eine Untersuchung zur Bedeutung der Musikvorstellung E. T. A. Hoffmanns für sein literarisches Werk.* Tübingen: Niemeyer, 1984. (Studien zur deutschen Literatur; 77)

DUESBERG, Peter: *Idylle und Freiheit. Ein Entwicklungsmodell der frühromantischen Landschaft in Wechselwirkung von äußerer und innrer Natur.* Frankfurt: Lang, 1996.

ECKARDT, Hans: *Die Musikanschauung der französischen Romantik.* Kassel: Bärenreiter, 1935. (Heidelberger Studien zur Musikwissenschaft; 3)

EGGEBRECHT, Hans Heinrich: „Das Ausdrucks-Prinzip im musikalischen Sturm und Drang". In: *Deutsche Vierteljahrsschrift für Literaturwissenschaft und Geistesgeschichte.* 29 (1955) 3. S. 323–349.

EGGEBRECHT, Hans Heinrich: *Zur Geschichte der Beethoven-Rezeption. Beethoven 1970.* Wiesbaden: Steiner, 1972. (Abhandlungen der Geistes- und Sozialwissenschaftlichen Klasse; 1972/3)

EGGEBRECHT, Hans Heinrich: *Musikalisches Denken. Aufsätze zur Theorie und Ästhetik der Musik.* Wilhelmshaven: Heinrichshofen, 1977. (Taschenbücher zur Musikwissenschaft; 46)

EGGEBRECHT, Hans Heinrich: *Sinn und Gehalt. Aufsätze zur musikalischen Analyse.* Wilhelmshaven: Heinrichshofen, 1985. (Taschenbücher zur Musikwissenschaft; 58)

EGGEBRECHT, Hans Heinrich: *Musik im Abendland. Prozesse und Stationen vom Mittelalter bis zur Gegenwart.* München [u.a.]: Piper, 1991.

EGGEBRECHT, Hans Heinrich: *Die Musik und das Schöne.* München [u.a.]: Piper, 1997.

EICHNER, Hans (Hg.): *»Romantic« and its Cognates. The European History of a word.* Manchester: Manchester University Press, 1972.

EICHNER, Hans (Hg.): *Friedrich Schlegel. Über Goethes Meister. Gespräch über die Poesie.* Paderborn [u.a.]: Schöningh, 1985.

EINSTEIN, Alfred: *Music in the Romantic Era*. New York: Norton, 1948. Deutsch: *Die Romantik in der Musik*. München: Lichtenstein, 1950.

EISMANN, Georg: *Robert Schumann. Ein Quellenwerk über sein Leben und Schaffen*. 2 Bde. Leipzig: Breitkopf & Härtel, 1956.

ELLIS, John: *Joseph Berglinger in Perspective. A contribution to the understanding of the problematical modern artist in Wackenroder/Tieck's Herzensergießungen eines kunstliebenden Klosterbruders'*. Bern [u.a.]: Lang, 1985. (European University studies: Ser. 1, German language and literature; 851)

ENGEL, Hans: „Die Grenzen der romantischen Epoche und der Fall Mendelssohn". In: *Festschrift Otto Erich Deutsch. Zum 80. Geburtstag am 5. September 1963*. Hrsg. v. Walter Gerstenberg, Jan LaRue und Wolfgang Rehm. Kassel [u.a.]: Bärenreiter, 1963. S. 259–272.

ERNY, Richard: „»Lyrische Sprachmusikalität als ästhetisches Problem der Vorromantik«". In: *Literatur und Musik. Ein Handbuch zur Theorie und Praxis eines komparatistischen Grenzgebietes*. Hrsg. v. Steven Paul Scher. Berlin, 1984. S. 180–208.

FABER, Richard: „Kritik der Romantik. Zur Differenzierung eines Begriffs". In: *Der Deutschunterricht. Beiträge zu seiner Praxis und wissenschaftlichen Grundlegung*. 39 (1987) 1. S. 26–42.

FÄHNRICH, Hermann: *Schillers Musikalität und Musikauffassung*. Hildesheim: Gerstenberg, 1977.

FALKE, Gustav-H. H.: *Johannes Brahms. Wiegenlieder meiner Schmerzen – Philosophie des musikalischen Realismus*. Berlin: Lukas, 1997.

FALKENBERG, Hans Geert: *Strukturen des Nihilismus im Frühwerk Ludwig Tiecks*. Phil. Diss. Mschrft. Göttingen, 1956.

FAMBACH, Oskar: „»Zum Briefwechsel Wilhelm Heinrich Wackenroders mit Ludwig Tieck«". In: *Jahrbuch des freien deutschen Hochstifts*. (1968). S. 257–282.

FEDERHOFER, Hellmut: „Der Manierismus-Begriff in der Musikgeschichte". In: *Archiv für Begriffsgeschichte*. 17 (1973). S. 206–220.

FELLERER, Karl Gustav: *Romantik und Akademismus*. Regensburg: Bosse, 1987. (Studien zur Musik des 19. Jahrhunderts; 3)

FINSCHER, Ludwig: „Zum Begriff der Klassik in der Musik". In: *Deutsches Jahrbuch der Musikwissenschaft*. 11 (1966/1967). S. 9–34.

FISCHER, Ernst: *Ursprung und Wesen der Romantik. Aus dem Nachlaß*. Frankfurt a. M.: Sendler, 1986.

FLÖRKE, Lutz: *Der Tod der Romantik*. Microfiche Reproduktion der Diss. Hannover, 1984.

FLOROS, Constantin: *Gustav Mahler*. Wiesbaden: Breitkopf und Härtel, 1977.

FLOROS, Constantin (Hg.): *Zur Musikgeschichte des 19. Jahrhunderts*. Hamburg: Wagner, 1977.

FLOROS, Constantin: „Literarische Ideen in der Musik des 19. Jahrhunderts". In: *Hamburger Jahrbuch für Musikwissenschaft*. 2 (1977). S. 7–62.

FLOROS, Constantin: „Über Brahms' Stellung in seiner Zeit". In: *Brahms und seine Zeit. Symposion Hamburg 1983*. Laaber: Laaber, 1984. S. 9–20. (Hamburger Jahrbuch für Musikwissenschaft; 7)

FLOROS, Constantin: *Carl Maria von Weber. Grundsätzliches über sein Schaffen*. München, 1986.

FLOROS, Constantin: *Johannes Brahms. »frei aber einsam«, ein Leben für eine poetische Musik*. Zürich: Arche, 1997.

FORCHERT, Arno: „»Klassisch« und »Romantisch« in der Musikliteratur des frühen 19. Jahrhunderts". In: *Die Musikforschung*. 31 (1978). S. 405–425.

FORCHERT, Arno: *Studien zum Musikverständnis im frühen 19. Jahrhundert. Voraussetzungen und Aspekte zeitgenössischer Deutung instrumentaler Musikwerke.* (Habil. mschr.) Berlin (FU), 1966.

FORCHERT, Arno: „Vom »Ausdruck der Empfindung« in der Musik". In: *Das musikalische Kunstwerk. Geschichte, Ästhetik, Theorie. Festschrift Carl Dahlhaus zum 60. Geburtstag.* Hrsg. v. Hermann Danuser [u.a.]. Laaber: Laaber, 1988. S. 39–50.

FRANK, Manfred: *Das Problem »Zeit« in der deutschen Romantik. Zeitbewußtsein und Bewußtsein von Zeitlichkeit in der frühromantischen Philosophie und in Tiecks Dichtung.* München: Winkler, 1972.

FRANK, Manfred: *Der kommende Gott. Vorlesungen über die Neue Mythologie.* Frankfurt a. M.: Suhrkamp, 1982.

FRANK, Manfred: „»Intellektuale Anschauung«. Drei Stellungnahmen zu einem Deutungsversuch von Selbstbewußtsein: Kant, Fichte, Hölderlin/Novalis". In: *Die Aktualität der Frühromantik.* Hrsg. v. Ernst Behler und Jochen Hörisch, Paderborn [u.a.], 1987. S. 96–126.

FRANK, Manfred: *Gott im Exil. Vorlesungen über die Neue Mythologie.* Frankfurt a. M.: Suhrkamp, 1988.

FRANK, Manfred: *Einführung in die frühromantische Ästhetik. Vorlesungen.* Frankfurt a. M.: Suhrkamp, 1989.

FRANK, Manfred: „Philosophische Grundlagen der Frühromantik". In: *Athenäum. Jahrbuch für Romantik.* 4 (1994). S. 37–130.

FRANK, Manfred: *»Unendliche Annäherung«. Die Anfänge der philosophischen Frühromantik.* Frankfurt a. M.: Suhrkamp, 1997.

FRANKE, Rainer: *Richard Wagners Züricher Kunstschriften. Politische und ästhetische Entwürfe auf seinem Weg zum »Ring des Nibelungen«.* Hamburg: Wagner, 1983. (Hamburger Beiträge zur Musikwissenschaft; 26)

FREITAG, Sabine (Hg.): *Die Achtundvierziger. Lebensbilder aus der deutschen Revolution 1848/49.* München: Beck, 1998.

FREITAG, Werner D.: *Der Entwicklungsbegriff in der Musikgeschichtsschreibung. Darstellung und Abgrenzung musikhistorischer Epochen.* Wilhelmshaven: Heinrichshofen, 1979. (Taschenbücher zur Musikwissenschaft; 30)

FRICKER, Hans-Peter: *Die musikkritischen Schriften Robert Schumanns. Versuch eines literaturwissenschaftlichen Zugangs.* Bern, Frankfurt a. M., New York: Lang, 1983.

FRIED, Jochen: *Die Symbolik des Realen. Über alte und neue Mythologie in der Frühromantik.* München: Fink, 1985.

FUBINI, Enrico: *Geschichte der Musikästhetik. Von der Antike bis zur Gegenwart.* Aus dem Italienischen von Sabina Kienlechner. Stuttgart, Weimar: Metzler, 1997.

FUCHS, Mechthild: *»So pocht das Schicksal an die Pforte«. Untersuchungen und Vorschläge zur Rezeption sinfonischer Musik des 19. Jahrhunderts.* München, Salzburg, 1986. (Freiburger Schriften zur Musikwissenschaft; 18)

GÄRTNER, Hannelore: *Malerei der deutschen Frühromantik.* Leipzig: Seemann, 1987.

GAIER, Ulrich: „Kritik des Epochenbegriffs »Romantik«". In: *Der Deutschunterricht. Beiträge zu seiner Praxis und wissenschaftlichen Grundlegung.* 39 (1987) 1. S. 43–57.

GARMANN, Gerburg: *Die Traumlandschaften Ludwig Tiecks. Traumreise und Individuationsprozeß aus romantischer Perspektive.* Opladen: Westdeutscher Verlag, 1989.

GECK, Martin: „E. T. A. Hoffmanns Anschauungen über Kirchenmusik". In: *Beiträge zur Geschichte der Musikanschauung im 19. Jahrhundert.* Hrsg. v. Walter Salmen. Regensburg: Bosse, 1965. S. 61–72.

GECK, Martin und Peter Schleuning: *»Geschrieben auf Bonaparte«. Beethovens »Eroica«. Revolution, Reaktion, Rezeption.* Reinbek bei Hamburg: Rowohlt, 1989.

GECK, Martin: *Von Beethoven bis Mahler. Die Musik des deutschen Idealismus.* Stuttgart-Weimar: Metzler, 1993.

GECK, Martin: „Humor und Melancholie als kategoriale Bestimmungen der »absoluten« Musik". In: *Studien zur Musikgeschichte. Eine Festschrift für Ludwig Finscher.* Hrsg. v. Annegrit Laubenthal unter Mitarbeit v. Kara Kusan-Windweh. Kassel: Bärenreiter, 1995. S. 309–316.

GECK, Martin: *Ludwig van Beethoven.* Reinbek bei Hamburg: Rowohlt, 1996.

GECK, Martin: „Idealismus". In: *Die Musik in Geschichte und Gegenwart. Allgemeine Enzyklopädie der Musik.* Begründet von Friedrich Blume. Zweite, neubearbeitete Ausgabe hrsg. v. Ludwig Finscher. 21 Bde. in 2 Tle. Sachteil. Bd. 4. Kassel [u.a.]: Bärenreiter, Stuttgart und Weimar: Metzler, 1996. Sp. 509 f.

GECK, Martin: „Realismus". In: *Die Musik in Geschichte und Gegenwart. Allgemeine Enzyklopädie der Musik.* Begründet von Friedrich Blume. Zweite, neubearbeitete Ausgabe hrsg. v. Ludwig Finscher. 21 Bde. in 2 Tle. Sachteil. Bd. 8. Kassel [u.a.]: Bärenreiter, Stuttgart und Weimar: Metzler, 1998, Sp. 91–99.

GENSCHOREK, Wolfgang: *Carl Gustav Carus. Arzt, Künstler, Naturforscher.* Frankfurt a. M.: Wötzel, 1989.

GETHMANN-SIEFERT, Annemarie: „Hegels These vom Ende der Kunst und der »Klassizismus« der Ästhetik". In: *Hegel-Studien.* 19 (1984). S. 205–258.

GIESE, Arnim: *Die Phantasie bei Ludwig Tieck – ihre Bedeutung für den Menschen und sein Werk.* Hamburg, 1973.

GIESELER, Walter: „Schumanns frühe Klavierwerke im Spiegel der literarischen Romantik". In: *Robert Schumann: Universalgeist der Romantik. Beiträge zu seiner Persönlichkeit und seinem Werk.* Hrsg. v. Julius Alf und Joseph A. Kruse. Düsseldorf: Droste, 1981. S. 62–87. – Wiederabdruck in: Walter Gieseler (Hg.): *Musik im Kopf.* Regensburg: Bosse, 1993. S. 101–119.

GOSLICH, Siegfried: *Die deutsche romantische Oper.* Tutzing: Schneider, 1975.

GREY, Thomas S.: „Tableaux vivants: Landscape, History, Painting, and the Visual Imagination in Mendelssohn's Orchestral Music". In: *19th-Century Music.* XX/1 (Summer 1997). S. 38–76.

GRIMM, Hartmut: „Philosophische Aspekte frühromantischer Musikanschauung". In: *Musik und Gesellschaft.* 34 (1984). S. 68–72.

GRIMM, Reinhold: „Zur Vorgeschichte des Begriffs »Neuromantik«". In: *Das Nachleben der Romantik in der modernen deutschen Literatur.* Hrsg. v. Wolfgang Paullsen. Heidelberg: Stiehm, 1969. S. 32–50.

GRIMMINGER, Rolf: *Die Ordnung, das Chaos und die Kunst. Für eine neue Dialektik der Aufklärung.* Frankfurt a. M.: Suhrkamp, 1986.

GRUBER, Gernot: „Robert Schumann. Fantasie op. 17, 1. Satz. Versuch einer Interpretation". In: *Musicologica Austriaca.* 4 (1984). S.101–130.

GUICHARD, L.: *La musique et les lettres au temps du Romantisme.* Paris, 1955.

GURLITT, Willibald: „Robert Schumann und die Romantik in der Musik". In: *Robert Schumann – Universalgeist der Romantik. Beiträge zu seiner Persönlichkeit und zu seinem Werk.* Hrsg. v. Julius Alf und Joseph A. Kruse. Düsseldorf, 1981. S. 9–27.

GUT, Serge: *Aspects du lied romantique allemand.* Paris: Actes Sud, 1994.

HABERLAND, Irene: „Auf der Suche nach der pittoresken Schönheit. Englische Künstler am Rhein im 19. Jahrhundert". In: K. Honnef und K. Weschenfelder und I. Haberland. *»Vom Zauber des Rheins ergriffen ...«.* München: Klinkhardt & Biermann, 1992. S. 41–58.

HÄNGGI, Christoph E.: *G. L. P. Sievers (1775–1830) und seine Schriften. Eine Geschichte der romantischen Musikästhetik.* Bern [u.a.]: Lang, 1993. (Europäische Hochschulschriften: Reihe 36, Musikwissenschaft; 92)

HARMS, Susanne: *Clemens Brentano und die Landschaft der Romantik, mit besonderer Berücksichtigung seiner Beziehung zur romantischen Malerei.* Würzburg, 1932.

HARTLEY, Keith (Hg): *The romantic Spirit in German Art 1790–1990.* Stuttgart: Oktagon, 1994.

HARTMANN, Nicolai: *Die Philosophie des deutschen Idealismus.* 2. Auflage. Berlin: de Gruyter, 1960.

HARTUNG, Günter: *Johann Friedrich Reichardt (1752–1814) als Schriftsteller und Publizist.* Halle, 1964.

HASCHEN, Reinhard: *Franz Liszt oder die Überwindung der Romantik durch das Experiment.* Frankfurt a. M.: Äthenäum, 1989.

HASLINGER, Josef: *Die Ästhetik des Novalis.* Königstein/Ts.: Hein, 1981.

HEIMSOETH, Heinz: „Hegels Philosophie der Musik". In: *Hegel-Studien.* 2 (1963). S. 161–201.

HENNEBERG, Gudrun: *Idee und Begriff des musikalischen Kunstwerks im Spiegel des deutschsprachigen Schrifttums der ersten Hälfte des 19. Jahrhunderts.* Tutzing: Schneider, 1983. (Mainzer Studien zur Musikwissenschaft; 17)

HENNEMANN BARALE, Ingrid: „Subjektivität als Abgrund. Bemerkungen über Nietzsches Beziehung zu den frühromantischen Kunsttheorien". In: *Nietzsche-Studien. Internationales Jahrbuch für die Nietzsche-Forschung.* Hrsg. v. Ernst Behler [u.a.]. Bd. 18. Berlin, New York: de Gruyter, 1989. S. 158–181.

HEPOKOSKI, James: „The Dahlhaus Project and its extra-musicological sources". In: *19th-Century Music.* 14 (1991) 3. S. 221–246.

HERTRICH, Elmar: *Joseph Berglinger. Eine Studie zu Wackenroders Musiker-Dichtung.* Berlin: de Gruyter, 1969.

HERZOG, Reinhart und Reinhart KOSELLECK (Hg.): *Epochenschwelle und Epochenbewußtsein.* München: Fink, 1987.

HILLEBRAND, Bruno: *Ästhetik des Nihilismus. Von der Romantik zum Modernismus.* Stuttgart: Metzler, 1991.

HILLER, Dietmar: „Schumanns Romantikauffassung und die Rolle der musikalischen Gattungen". In: *Robert-Schumann-Tage 1984. 9. Wissenschaftliche Arbeitstagung zu Fragen der Schumann-Forschung in Zwickau.* Hrsg. v. Rat des Bezirkes Karl-Marx-Stadt. Abteilung Kultur, o.O. und o.J., S. 8–16.

HINRICHSEN, Hans-Joachim: „»Romantische Harmonik« und »Klassisches Sonatenprinzip«. Zum harmonischen Funktionswandel der Sonatenexposition im 19. Jahrhundert". In: *Archiv für Musikwissenschaft.* 50 (1993) 3. S. 217–231.

HINZ, Sigrid: *Caspar David Friedrich in Briefen und Bekenntnissen.* Berlin: Henschel, 1968.

HOCH, Larl Ludwig: *Caspar David Friedrich in der Sächsischen Schweiz. Skizzen, Motive, Bilder.* Dresden und Basel: Verlag der Kunst, 1995.

HOECKNER, Berthold: „Schumann and Romantic Distance". In: *Journal of the American Musicological Society*. 50 (1997) 1. S. 55–132.

HOCQUÉL, Wolfgang: „Aus der Geschichte des Rosenthals". In: *Leipziger Blätter*. (1982) 1. S. 58 ff.

HOF, Walter: „Stufen des Nihilismus. Nihilistische Stömungen in der deutschen Literatur von Sturm und Drang bis zur Gegenwart". In: *Germanisch-romanische Monatschrift*. Neue Folge 13 (1963). S. 397–423.

HOFFMEISTER, Gerhart: *Goethe und die europäische Romantik*. München: Francke, 1984.

HOFFMEISTER, Gerhart: *Deutsche und europäische Romantik*. 2. Auflage. Stuttgart: Metzler, 1990.

HOLDENER, Ephrem: *Jean Paul und die Frühromantik. Potenzierung und Parodie in den »Flegeljahren«*. Zürich und Paris: Thesis-Verlag, 1993.

HOMANN, Karl: „Zum Begriff »Subjektivität« bis 1802". In: *Archiv für Begriffsgeschichte*. 11 (1967). S. 184–205.

HOMEYER, Helmut: *Grundbegriffe der Musikanschauung Robert Schumanns. Ihr Wesen, ihre Bedeutung und Funktion in seinem literarischen Gesamtwerk*. Phil. Diss. Münster, 1956. (Mschr.)

HONNEF, K. und K. WESCHENFELDER und I. HABERLAND: *»Vom Zauber des Rheins ergriffen ...«*. München: Klinkhardt & Biermann, 1992.

HORTON, Gudrun S.: *Die Entstehung des Mittelalterbildes in der deutschen Frühromantik. Wackenroder, Tieck, Novalis und die Brüder Schlegel*. Diss. Washington, 1973.

HORSTMANN, Angelika: „Die Rezeption der Werke op. 1 bis 10 von Johannes Brahms zwischen 1853 und 1860". In: *Brahms und seine Zeit. Symposon Hamburg 1983*. Laaber: Laaber, 1984. S. 33–44. (Hamburger Jahrbuch für Musikwissenschaft; 7)

HOSLER, Bellmay: *Changing Aethetics Views of Instrumental Music in 18th-Century Germany*. Ann Arbor, Michigan: UMI Research Press, 1995

HOTAKI, Leander: *Robert Schumanns Mottosammlung. Übertragung, Kommentar, Einführung*. Freiburg i. Br.: Rombach, 1998.

HOY-DRAHEIM, Susanne: „Robert Schumann und E. T. A. Hoffmann". In: *Schumann und seine Dichter. Bericht über das 4. Internationale Schumann-Symposion am 13. und 14. Juni 1991 im Rahmen des 4. Schumann-Festes, Düsseldorf.* Hrsg. v. Matthias Wendt. Mainz [u.a.]: Schott, 1993. S. 61–70.

HURAY, Peter le und James DAY: *Music and aethetics in the eighteenth and early nineteenth centuries*. Cambridge: Cambridge University Press, 1981.

HUSMANN, Heinrich: „Die Stellung der Romantik in der Weltgeschichte der Musik". In: *Chopin-Kongress-Bericht*. Warschau, 1960. S. 53–62.

IMMERWAHR, Raymond: „»Romantic« and its Cognates in England, France and Germany before 1790". In: *»Romantic«. The History of a Word*. Hrsg. v. Hans Eichner. Toronto: University Press, o.J.

IMMERWAHR, Raymond: „The Word »Romantisch« and its History". In: *The Romantic Period in Germany*. Hrsg. v. Siegbert Prawer. London: Schocken Bocken, 1970. S. 34–63.

JAUSS, Hans Robert: *Ästhetische Normen und geschichtliche Reflexion in der »Querelle des Anciens et des Modernes«*. München: Eidos, 1973.

JOST, Peter: *Robert Schumanns »Waldszenen« op. 82. Zum Thema »Wald« in der romantischen Klaviermusik*. Saarbrücken: Saabrücker Druckerei und Verlag, 1989. (Saarbrücker Studien zur Musikwissenschaft; NF 3)

JOST, Peter: „Brahms und die romantische Ironie. Zu den »Romanzen aus L. Tieck's »Magelone« op. 33". In: *Archiv für Musikwissenschaft*. 47 (1990). S. 27–61.

JOST, Walter: *Von Ludwig Tieck zu E. T. A. Hoffmann. Studien zur Entwicklungsgeschichte des romantischen Subjektivismus.* Darmstadt, [Frankfurt a. M., 1921] 1969.

KAHNT, Rose: *Die Bedeutung der bildenen Kunst und der Musik bei W. H. Wackenroder.* Marburg: Elwert, 1969.

KAINZ, Friedrich: „Klassik und Romantik". In: *Deutsche Wortgeschichte.* Hrsg. v. Friedrich Maurer und Heinz Rupp. 2. Bd. 3. Auflage. Berlin, New York: de Gruyter, 1974. S. 245–492. (Grundriss der Germanischen Philologie; 17,2)

KAISER, Hartmut: „Mozarts Don Giovanni und E. T. A. Hoffmanns Don Juan. Ein Beitrag zum Verständnis des »Fantasiestücks«". In: *Mitteilungen der E. T. A. Hoffmann-Gesellschaft.* 21 (1975). S. 6–26.

KAPP, Julius: *Das Dreigestirn. Berlioz, Liszt, Wagner.* Berlin: Schuster & Loeffler, 1919.

KAPP, Reinhard: *Studien zum Spätwerk Robert Schumanns.* Tutzing: Schneider, 1984.

KAUFMANN, Paul: „Defining Romanticism. A Survey and a Program". In: *Modern Language Notes.* 40. (1925) 4. S.193–204.

KEHM, Peter: *Die »Neue Zeitschrift für Musik« unter Robert Schumanns Redaktion 1834–1844.* Diss. München, 1943.

KEIL, Werner: „Die Entdeckung Palestrinas in der Romantik". In: *Romantik und Renaissance. Die Rezeption der italienischen Renaissance in der deutschen Romantik.* Hrsg. v. Silvio Vietta. Stuttgart und Weimar: Metzler, 1994. S. 241–252.

KEMPER, Dirk: „Wackenroder-Forschung 1981–1991. Ein kritischer Überblick". In: *Zeitschrift für deutsche Philologie.* Sonderheft »Romantik«. 112 (1993). S. 2–50.

KIER, Herfrid: *Raphael Georg Kiesewetter (1773–1850). Wegbereiter des Historismus.* Regensburg: Bosse, 1968. (Studien zur Musikgeschichte des 19. Jahrhunderts; 13)

KILIAN, Gerald: *Studien zur Louis Spohr.* Karlsruhe: Wahl, 1985.

KINDERMANN, Jürgen: „Romantische Aspekte in E. T. A. Hoffmanns Musikanschauung". In: *Beiträge zur Musikanschauung des 19. Jahrhunderts.* Hrsg. v. Walter Salmen. Regensburg: Bosse, 1965. S. 51–59.

KIRCHMEYER, Helmut: *Situationsgeschichte der Musikkritik und des musikalischen Pressewesens in Deutschland dargestellt vom Ausgange des 18. bis zum Beginn des 20. Jahrhunderts.* VI Teile. Regensburg: Bosse, 1967 ff. (Studien zur Musikgeschichte des 19. Jahrhunderts; 7)

KIRCHMEYER, Helmut: *Robert Schumanns Düsseldorfer Brahms-Aufsatz Neue Bahnen und die Ausbreitung der Wagnerschen Opern bis 1856. Psychogramm eines »letzten« Artikels.* Berlin: Akademie Verlag, 1993. (Abhandlungen der Sächsischen Akademie der Wissenschaften zu Leipzig, Philologisch-Historische Klasse; Bd. 73, H. 6)

KLAWON, Dieter: *Geschichtsphilosophische Ansätze in der Frühromantik.* Diss. (maschr.) Frankfurt a. M., 1977.

KLEIN, Hans-Dieter: „Die Philosophie des Idealismus und die Neudeutschen". In: *Bruckner-Symposion. »Bruckner, Wagner und die Neudeutschen in Österreich« im Rahmen des Internationalen Brucknerfestes Linz 1984. Bericht.* Hrsg. v. Othmar Wessely. Graz: Akademische Druck und Verlagsanstalt, 1986. S. 185–187.

KLEIN, Jürgen: *Anfänge der englischen Romantik 1740–1780. Heidelberger Vorlesungen. Festgabe für Kurt Otten zum 60. Geburtstag am 2. März 1986.* Heidelberg: Winter, 1986.

KLEINSTÜCK, Johannes: *Der Gott, der uns entweicht. Baudelaire und die Romantik.* Stuttgart: Klett-Cotta, 1992.

KLEINSTÜCK, Johannes: *Die Erfindung der Realität. Studien zur Geschichte und Kritik des Realismus.* Stuttgart: Klett-Cotta, 1980.

KLINGER, Cornelia: *Flucht-Trost-Revolte. Die Moderne und ihre ästhetischen Gegenwelten.* München-Wien: Hanser, 1995.

KLUCKHOHN, Paul: *Das Ideengut der deutschen Romantik.* Halle/Saale: Niemeyer, 1941.

KLUGE, Andreas: „Hector Berlioz. Die Launen einer Rezeptionsgeschichte. Berlioz in den Schlagzeilen". In: *Musik & Theater.* 14 (1994) 3. S. 25–28.

KLUGEN, A. v.: *Die Absage an die Romantik in der Zeit nach den Weltkriegen.* Berlin: Junker und Dünnhaupt, 1919.

KNEIF, Tibor: „Die Idee der Natur in der Musikgeschichte". In: *Archiv für Musikwissenschaft.* 28 (1971) 4. S. 302–314.

KNEPLER, Georg: „Die Bestimmung des Begriffs »Romantik«". In: *Chopin-Kongress-Bericht.* Warschau, 1960. S. 691–695.

KNEPLER, Georg: *Musikgeschichte des 19. Jahrhunderts.* Berlin: Henschel, 1961.

KNEPLER, Georg: „Aspekte des Romantikbegriffs". In: *Wissenschaftliche Zeitschrift der Humboldt-Universität zu Berlin.* 29 (1980) 1. S. 57 f.

KOHLHASE, Hans: *Die Kammermusik Robert Schumanns. Stilistische Untersuchungen.* 3 Bde. Hamburg: Wagner, 1979. (Hamburger Beiträge zur Musikwissenschaft; 19)

KÖHLER, Karl-Heinz: „Spätklassiker oder Frühromantiker. Zum 175. Geburtstag von Felix Mendelssohn Bartholdy". In: *Musik und Gesellschaft.* 34 (1984). S. 81–83.

KÖHLER, Rita: *Poetischer Text und Kunstbegriff bei W. H. Wackenroder. Eine Untersuchung zu den »Herzensergießungen eines kunstliebenden Klosterbruders« und den »Phantasien über die Kunst«.* Frankfurt [u.a.]: Lang, 1990. (Bochumer Schriften zur deutschen Literatur; 13)

KÖPKE, Wulf: „Jean Pauls Begriff des Kunstwerks im Kontext der zeitgnössischen Ästhetik". In: *Revolution und Autonomie. Deutsche Autonomieästhetik im Zeitalter der Französischen Revolution. Ein Symposium.* Hrsg. v. Wolfgang Wittkowski. Tübingen: Niemeyer, 1990. S. 143–156.

KOHLSCHMIDT, Werner: „Der junge Tieck und Wackenroder". In: *Die deutsche Romantik. Poetik, Formen und Motive.* Hrsg. v. Hans Steffen. Göttingen: Vandenhoeck & Ruprecht, 1978.

KOHLSCHMIDT, Werner: „Der Wortschatz der Innerlichkeit bei Novalis". In: Werner Kohlschmidt. *Form und Innerlichkeit. Beiträge zur Geschichte und Wirkung der deutschen Klassik und Romantik.* München: Lehnen, 1955. S. 120–156.

KOHLSCHMIDT, Werner: „Nihilismus der Romantik". In: Werner Kohlschmidt. *Form und Innerlichkeit. Beiträge zur Geschichte und Wirkung der deutschen Klassik und Romantik.* München: Lehnen, 1955. S. 157–176.

KOOPMANN, Helmut: „Schiller und das Ende der aufgeklärten Geschichtsphilosophie". In: *Schiller heute.* Hrsg. v. Hans-Jörg Knobloch und Helmut Koopmann. Tübingen: Stauffenburg, 1996. S. 11 ff.

KOPPER, Joachim: *Das transzendentale Denken des deutschen Idealismus.* Darmstadt: Wissenschaftliche Buchgesellschaft, 1989.

KORFF, Hermann August: *Geist der Goethezeit.* 5 Bde. Zweite Auflage. Leipzig: Koehler & Amelung, 1956.

KOSELLEK, Reinhart: „»Die Geschichte« als Geschichtsphilosophie". In: *Geschichtliche Grundbegriffe. Historisches Lexikon zur politisch-sozialen Sprache in Deutschland.* Hrsg. v. Otto Brunner, Werner Conze und Reinhart Kosellek. 7 Bde. Bd. 2. Stuttgart: Klett, 1975. S. 658 ff.

KOSELLEK, Reinhart: „Die Herausbildung des modernen Geschichtsbegriffs". In: *Geschichtliche Grundbegriffe. Historisches Lexikon zur politisch-sozialen Sprache in Deutschland*. Hrsg. v. Otto Brunner, Werner Conze und Reinhart Kosellek. 8 Bde. Bd. 2. Stuttgart: Klett, 1975. S. 647 ff.

KOSELLEK, Reinhart: „Moderne Sozialgeschichte und historische Zeiten". In: *Theorie der modernen Geschichtsschreibung*. Hrsg. v. Pietro Rossi. Frankfurt a. M.: Suhrkamp, 1987. S. 173–190.

KOZIELEK, Gerhard: „Ideologische Aspekte der Mittelalter-Rezeption zu Beginn des 19. Jahrhunderts". In: *Mittelalter-Rezeption. Ein Symposion*. Hrsg. v. Peter Wapnewski. Stuttgart: Metzler, 1986. S. 119–132.

KÖTZ, Hans: *Der Einfluß Jean Pauls auf Robert Schumann*. Weimar: Böhlau, 1933.

KRAUSS, Werner: *Perspektiven und Probleme. Zur Französischen und deutschen Aufklärung und andere Aufsätze*. Berlin: Luchterhand, 1965.

KREMER, Detlef: *Prosa der Romantik*. Stuttgart und Weimar: Metzler, 1997.

KRETZSCHMAR, Hermann: *Einführung in die Musikgeschichte*. Leipzig: Breitkopf & Härtel, 1920. (Kleine Handbücher der Musikgeschichte nach Gattungen; 7)

KROLL, Erwin: „Das Romantische in der deutschen Musik". In: *Deutsche Romantik. Ein Heft gedrängter Überschau*. Hrsg. v. Rudolf Rößler. Augsburg-Stuttgart: Filser, 1923. S. 14–18.

KRÖNER, Wolfram: *Die französische Romantik*. Darmstadt, 1975.

KROPFINGER, Klaus: „Der musikalische Strukturbegriff bei E. T. A. Hoffmann". In: *Bericht über den Internationalen Musikwissenschaftlichen Kongress Bonn 1970*. Hrsg. v. Carl Dahlhaus [u.a.]. Kassel: Bärenreiter, 1972. S. 480–482.

KROPFINGER, Klaus: „Musikalische Hermeneutik als Funktion der Form-Inhalt-Problematik". In: *Beiträge zur musikalischen Hermeneutik*. Hrsg. v. Carl Dahlhaus. Regensburg: Bosse, 1975. S. 73–80.

KROPFINGER, Klaus: *Wagner und Beethoven, Untersuchungen zur Beethoven-Rezeption Richard Wagners*. Regensburg: Bosse, 1975.

KROPFINGER, Klaus: „Klassik-Rezeption in Berlin (1800–1830)". In: *Studien zur Musikgeschichte Berlins im frühen 19. Jahrhundert*. Hrsg. v. Carl Dahlhaus. Regensburg: Bosse, 1980. S. 301–380.

KROPFINGER, Klaus: „Wagner und Brahms". In: *Musica*. 37 (1983). S. 11–17.

KROPFINGER, Klaus: „Wagners Musikbegriff und Nietzsches »Geist der Musik«". In: *Nietzsche-Studien. Internationales Jahrbuch für die Nietzsche-Forschung*. 14 (1985). S. 1–12.

KROSS, Siegfried: „Brahms – der unromantische Romantiker". In: *Brahms-Studien*. 1 (1974). S. 25–43.

KROSS, Siegfried (Hg.): *Briefe und Notizen Robert und Clara Schumanns*. Bonn: Bouvier, 1978.

KRUMMACHER, Friedhelm: „Klassizismus als musikgeschichtliches Problem". In: *Report of the Eleventh Congress Copenhagen 1972. Copenhagen 20.–25. August 1972*. International Musicological Society ed. by H. Glahn, S. Streusen, P. Roym. Copenhagen: Hausen, 1974. S. 518 ff.

KRUMMACHER, Friedhelm: *Mendelssohn – der Komponist. Studien zur Kammermusik für Streicher*. München: Fink, 1978.

KRUMMACHER, Friedhelm (Hg.): *Brahms-Analysen. Referate der Kieler Tagung 1983*. Kassel: Bärenreiter, 1984. (Kieler Schriften zur Musikwissenschaft; 28)

KRUMMACHER, Friedhelm (Hg.): *Weber – jenseits des »Freischütz. Referate des Eutiner Symposions 1986 anläßlich des 200. Geburtstages von Carl Maria von Weber*. Kassel: Bärenreiter, 1989. (Kieler Schriften zur Musikwissenschaft; 32)

KRUSE, Joseph A.: „Robert Schumann als Dichter". In: *Robert Schumann. Universalgeist der Romantik. Beiträge zu seiner Perönlichkeit und seinem Werk.* Hrsg. v. Julius Alf und Joseph A. Kruse. Düsseldorf: Droste, 1981, S. 40–61.

KUHLMANN, Andreas: *Romantische Musikästhetik. Ein Rekonstruktionsversuch.* Bielfeld, 1989.

KULENKAMPFF, Jens: „Musik bei Kant und Hegel". In: *Hegel-Studien.* 22 (1987). S. 143–163.

KÜMMEL, Werner Friedrich: *Geschichte und Musikgeschichte: Die Musik der Neuzeit in Geschichtschreibung und Geschichtsauffassung des deutschen Kulturbereichs von der Aufklärung bis zu J. G. Droysen und Jacob Burckhardt:* Marburg, 1967.

KUNZE, Stefan: (Hg.): *Ludwig van Beethoven: Die Werke im Spiegel seiner Zeit: Gesammelte Konzertberichte und Rezensionen bis 1830:* Laaber: Laaber, 1987.

KUNZE, Stefan: „Die Musik in der romantischen Kunsttheorie": In: Stefan Kunze. *Der Kunstbegriff Richard Wagners: Voraussetzungen und Folgerungen.* Regensburg: Bosse, 1983. S. 103 ff.

KURTH, Ernst: *Romantische Harmonik und ihre Krise in Wagner's »Tristan«:* Berlin: Hesse, 1923.

KUZNIAR, Alice: „The Vanishing Canvas: Notes on German Romantic Landscape Aethetics". In: *German Studies Review.* 11 (1988). S. 359–376.

LANGER, Norbert: *Das Problem der Romantik bei Nietzsche.* Münster, 1929.

LEIDER, Kurt: *Philosophen des spekulativen Idealismus.* Lübeck: Scheffler, 1974.

LICHTENHAHN, Ernst: *Die Bedeutung des Dichterischen im Werk Robert Schumanns.* Basel, 1974.

LICHTENHAHN, Ernst: „Bemerkungen zum »poetisierenden« Verfahren der romantischen Beethovendeutung". In: *Beethoven '77. Beiträge der Beethoven-Woche 1977 veranstaltet von der Musik-Akademie Basel.* Hrsg. v. Friedhelm Döhl. Zürich: Amadeus, 1979. S. 105–114.

LICHTENHAHN, Ernst: „Über einen Ausspruch Hoffmanns und über das Romantische in der Musik". In: *Musik und Geschichte. Leo Schrade zum 60. Geburtstag.* Köln, 1963. S. 178–198.

LIPPELT, Thomas: *Studien zum Wortgebrauch in den Romanen der deutschen Frühromantik. Vergleichende Wortfeld-Untersuchungen zu Wilhelm Heinrich Wackenroders »Herzensergießungen eines kunstliebenden Klosterbruders«, Ludwig Tiecks »Franz Sternbalds Wanderungen«, Friedrich Schlegels »Lucinde«, Novalis' »Heinrich von Ofterdingen« und Dorothea Veits »Florentin«.* Phil. Diss. München, 1976.

LOCKE, A.: *Music and the romantic movement in France.* Londres, 1920.

LÖSCH, Walburga: *Der werdende Gott. Mythopoetische Theogonien in der romantischen Mythologie.* Berlin, Freie Universität, Diss., 1995.

LOHMEIER, Dieter (Hg.): *Carl Maria von Weber. Werk und Wirkung im 19. Jahrhundert.* Kiel, 1986.

LONGYEAR, Rey Morgan: *Nineteenth-Century Romanticism in Music.* Englewood Cliffs/New Jersy: Prentice-Hall, 1969.

LÖWITH, Karl: *Von Hegel zu Nietzsche. Der revolutionäre Bruch im Denken des neunzehnten Jahrhunderts. Marx und Kierkegaard.* 4. Auflage. Stuttgart: Kohlhammer, 1958.

LUBKOLL, Christine: *Mythos Musik. Poetische Entwürfe des Musikalischen in der Literatur um 1800.* Freiburg i. B.: Rombach, 1995. (Rombach Wissenschaft; Reihe Litterae; 32)

LUHMANN, Niklas: *Die Kunst der Gesellschaft.* Frankfurt a. M.: Suhrkamp, 1995.

LYPP, Bernhard: *Ästhetischer Absolutismus und politische Vernunft. Zum Widerstreit von Reflexion und Sittlichkeit im deutschen Idealismus.* Frankfurt a. M.: Suhrkamp, 1972.

MANDT, Heinrich: *Die Entwicklung des Romantischen in der Instrumentalmusik Felix Mendelssohn Bartholdys.* Diss. Univ. Köln, 1927.

MARCUSE, Ludwig: „Reaktionäre und progressive Romantik". In: Helmut Prang. *Begriffsbestimmung der Romantik.* Darmstadt: Wissenschaftliche Buchgesellschaft, 1968. S. 377–385.

MARIX-SPIRE, Th.: *Les romantiques et la musique.* Paris, 1954.

MASSOW, Albrecht v.: „Absolute Musik". In: *Handwörterbuch der musikalischen Terminologie.* Hrsg. v. Hans Heinrich Eggebrecht. Stuttgart: Steiner, 1994.

MASSOW, Albrecht v.: „Autonome Musik". In: *Handwörterbuch der musikalischen Terminologie.* Hrsg. v. Hans Heinrich Eggebrecht. Stuttgart: Steiner, 1994.

MATHY, Dietrich: *Poesie und Chaos. Zur anarchistischen Komponente der frühromantischen Ästhetik.* München: Weixler, 1984.

MATTENKLOTT, Gert: „»Zu End ewiges Wissen!« Richard Wagners Ästhetik der Überbietung im Zeichen der Commune". In: *Athenäum. Jahrbuch für Romantik.* 3 (1993). S. 141–150.

MAYER, Günter: „Hegel und die Musik". In: *Beiträge zur Musikwissenschaft.* 13 (1971). S. 152–173.

MEHNER, Klaus: „Frühe romantische Musikauffassungen". In: *Wissenschaftliche Zeitschrift der Humboldt-Universität zu Berlin.* 29 (1980) 1. S. 47–55.

MEIER, Barbara: *Robert Schumann.* Reinbek bei Hamburg: Rowohlt, 1995.

MEIER, Bernhard: „Zur Musikhistoriographie des 19. Jahrhunderts". In: *Die Ausbreitung des Historismus über die Musik.* Hrsg v. Walter Wiora. Regensburg: Bosse, 1969. S. 169–206. (Studien zur Musikgeschichte des 19. Jahrhunderts; 14)

MEISSNER, Bernhard: *Geschichtsrezeption als Schaffenskorrelat. Studien zum Musikgeschichtsbild Robert Schumanns.* Bern: Franke, 1985. (Neue Heidelberger Studien zur Musikwissenschaft; Bd. 11)

MELLERS, Wilfrid: *Musik und Gesellschaft.* 2 Bde. Bd. 2: *Die Romantik und das 20. Jahrhundert.* Frankfurt a. M. und Hamburg: Fischer, 1965. (Fischer Bücherei; 674). (Music and society. Vol. II. The Romantik and the Twentieth Century. London: Barrie and Rockliff, 1957. Übersetzt von Thomas M. Höpfner).

MENNINGHAUS, Winfried: *Unendliche Verdoppelung. Die frühromantische Grundlegung der Kunsttheorie im Begriff absoluter Selbstreflexion.* Frankfurt a. M.: Suhrkamp, 1987.

MICHELSEN, Peter: „Die »Aufbewahrung der Gefühle«. Zur Musikauffassung Wilhelm Heinrich Wackenroders". In: *Das musikalische Kunstwerk. Geschichte, Ästhetik, Theorie. Festschrift Carl Dahlhaus zum 60. Geburtstag.* Hrsg. v. H. Danuser [u.a.]. Laaber: Laaber, 1988. S. 51–66.

MINTZ, Donald: „Mendelssohn and Romanticism". In: *Studies in Romanticism.* 3 (1964). S. 216–224.

MOOS, Paul: *Die deutsche Ästhetik der Gegenwart. Versuch einer kritischen Darstellung mit besonderer Rücksicht der Musikästhetik.* Berlin: Schuster & Loeffler, 1920.

MORAAL, Christine: „Romantische Ironie in Robert Schumanns »Nachtstücken«, op. 23". In: *Archiv für Musikwissenschaft.* 54 (1997) 1. S. 69–83.

MORGENSTERN, Sam (Hg.): *Komponisten über Musik.* München: Langen-Mueller, 1959.

MOTTE-HABER, Helga de la (Hg.): *Das Triviale in Literatur, Musik und bildender Kunst.* Frankfurt a. M.: Klostermann, 1972. (Studien zur Philosophie und Literatur des 19. Jahrhunderts; 18)

MOTTE-HABER, Helga de la: *Musik und bildende Kunst. Von der Tonmalerei zur Klangskulptur.* Laaber: Laaber, 1990.

MOTTE-HABER, Helga de la: *Handbuch der Musikpsychologie.* 2. ergänzte Auflage unter Mitarbeit von Reinhard Kopiez und Günther Rötter. Laaber: Laaber, 1996.

MÜHL, Beate: *Romantiktradition und früher Realismus. Zum Verhältnis von Gattungspoetik und literarischer Praxis in der Restaurationsepoche (Tieck-Immermann)*. Frankfurt a. M. und Bern: Lang, 1983.

MÜLLER, Gerhard: „Romantische Tendenzen in heutiger Musik". In: *Musik und Gesellschaft*. 34 (1984). S. 63–68.

MÜLLER, Gerhard: „Verlust der klassischen Utopie. Zum Realismus-Problem in der Musik des 19. und 20. Jahrhunderts". In: *Musik und Gesellschaft*. 34 (1984). S. 573–577.

MÜLLER, Gerhard: „Kunst-Genuß-Arbeit. Zum Realismus-Problem in der Musik des 19. und 20. Jahrhunderts". In: *Musik und Gesellschaft*. 34 (1984). S. 658–662.

MÜLLER, Günther: „Prolegomena für anstehende Untersuchungen im Hinblick auf das Romantische und Poetische in Robert Schumanns Anschauungen und Schriften". In: *2. Schumann-Tage des Bezirkes Karl-Marx-Stadt 1977. 2. Wissenschaftliche Arbeitstagung zu Fragen der Schumann-Forschung*. O.O. u. J., S. 5–17.

MÜLLER-BLATTAU, Josef: *Die absolute Musik*. Berlin, 1938.

MÜLLER-KERSTEN, Ursula: *Stephen Heller, ein Klaviermeister der Romantik. Biographische und stilkritische Studien*. Frankfurt a. M. [u.a.]: Lang, 1986.

MÜLLER-SIEVERS, Helmut: „»... wie es keine Trennung gibt«. Zur Vorgeschichte der romantischen Musikauffassung". In: *Athenäum. Jahrbuch für Romantik*. 2 (1992). S. 33–54.

MÜNCH, Stephan: „»Fantasiestücke in Kreislers Manier« Robert Schumanns »Kreisleriana« op. 16 und die Musikanschauung E. T. A. Hoffmanns". In: *Die Musikforschung*. 45 (1992) 3. S. 255–275.

MUNTE, Frank: *Verzeichnis des deutschsprachigen Schrifttums über Robert Schumann 1856–1970. Anhang Schrifttum über Clara Schumann*. Hamburg: Wagner, 1972.

MUSIOL, Karol: „August Kahlert und Beethoven. Ein Beitrag zur Ästhetik und Musikkritik der ersten Hälfte des 19. Jahrhunderts". In: *Bericht über den Internationalen Musikwissenschaftlichen Kongress Bonn 1970*. Hrsg. v. Carl Dahlhaus [u.a.]. Kassel: Bärenreiter, 1972. S. 517–519.

La MUSIQUE *en France à l'epoque romantique 1830–1870*. Paris, 1991.

NAHREBECKY, Roman: *Wackenroder, Tieck, E. T. A. Hoffmann, Bettina v. Arnim. Ihre Beziehung zur Musik und zum musikalischen Erlebnis*. Bonn: Bouvier, 1979.

NAUMANN, Barbara: *»Musikalisches Ideen-Instrument«. Das Musikalische in Poetik und Sprachtheorie der Frühromantik*. Stuttgart: Metzler, 1990.

NAUMANN, Barbara (Hg.): *Die Sehnsucht der Sprache nach der Musik. Texte zur musikalischen Poetik um 1800*. Stuttgart-Weimar: Metzler, 1994.

NAUMANN, Dietrich: *Literaturtheorie und Geschichtsphilosophie. Teil 1: Aufklärung, Romantik, Idealismus*. Stuttgart: Metzler, 1979.

NEDDERMEYER, Uwe: *Das Mittelalterbild in der deutschen Historiographie vom 15. bis zum 18. Jahrhundert. Geschichtsgliederung und Epochenverständnis in der frühen Neuzeit*. Köln: Böhlau, 1988.

NEIDHARDT, Hans Joachim: *Die Malerei der Romantik in Dresden*. 2. Aufl. Leipzig: Seemann, 1981.

NEIDHARDT, Hans Joachim: *Ludwig Richter*. Leipzig: Seemann, 1991.

NEUMANN, Michael: „Wackenroder". In: *Literaturwissenschaftliches Jahrbuch*. 27 (1986). S. 347–355.

NEWCOMB, Anthony: „Schumann an the Late Eighteenth-Century Narrative Strategies". In: *19th Century Music*. 11 (1987/88). S. 164–174.

NEWMAN, William S.: „Programmists vs. Absolutists further thoughts about an overworked »Dichotomy«". In: *Convention in eighteenth- and nineteenth-century music. Essays in honor of Leonard G. Ratner.* Edited by W. J. Allenbrook, J. M. Levy and W. P. Mahrt. Stuyvesant, New York, 1992. S. 517–535.

NEWMANN, Ernest: *Berlioz, romantic and classic.* Writings by Ernest Newman, selected and edited by Peter Heyworth. London: Gollancz, 1972.

NIEMÖLLER, Klaus Wolfgang: „Poesie und Klang in der deutschen Romantik. Franz Schubert, Felix Mendelssohn Bartholdy, Robert Schumann". In: *Die Welt der Symphonie.* Hrsg. v. Ursula von Rauchhaupt. Braunschweig, 1972. S. 145–164.

NIEMÖLLER, Klaus Wolfgang: „Robert Schumann und Giacomo Meyerbeer. Zur rezeptionsästhetischen Antinomie von deutscher und französischer Romantik. In: *Robert Schumann und die französische Romantik. Bericht über das 5. internationale Schumann-Symposium der Robert-Schumann-Gesellschaft am 9. und 10. Juli 1994 in Düsseldorf.* Hrsg. v. Ute Bär. Mainz [Schott], 1994. S. 97–106.

NINCK, Martin Hermann: *Schumann und die Romantik in der Musik.* Heidelberg: Kampmann, 1929.

NOHL, Walter: *Die Romantiker der deutschen Musik.* Köln: Tonger, 1922. (Tongers Musikbücherei; 20/22)

NOWAK, Adolf: „Die Musik als »romantische Kunst«". In: Adolf Nowak. *Hegels Musikästhetik.* Regensburg: Bosse, 1971. S. 189–210.

NOWAK, Kurt: *Schleiermacher und die Frühromantik. Eine literaturgeschichtliche Studie zum romantischen Religionsverständnis und Menschenbild am Ende des 18. Jahrhunderts.* Weimar: Böhlau, 1986.

OELMÜLLER, Willi: „Das Problem des Ästhetischen bei Friedrich Theodor Vischer". In: *Jahrbuch der deutschen Schillergesellschaft.* 2 (1958). S. 237–265.

OELMÜLLER, Willi: *Fr. Th. Vischer und das Problem der nachhegelschen Ästhetik.* Stuttgart, 1959.

OSTERMANN, Eberhard: *Das Fragment einer ästhetischen Idee.* München: Fink, 1991.

OTTO, Frauke: *Robert Schumann als Jean Paul-Leser.* Frankfurt a. M.: Haag + Herchen, 1984.

OWEN, Theodore Chauncey: *The Uses and Meaning of the Word »Romantik« in England, 1650–1800.* University of Chicago, 1956.

PAETZHOLD, Heinz: *Ästhetik des deutschen Idealismus. Zur Idee ästhetischer Rationalität bei Baumgarten, Schelling, Hegel und Schopenhauer.* Wiesbaden: Steiner, 1983.

PALÉZIEUX, Nikolaus de: *Die Lehre vom Ausdruck in der englischen Musikästhetik des 18. Jahrhunderts.* Hamburg: Wagner, 1981. (Hamburger Beiträge zur Musikwissenschaft; 23).

PENKERT, Anton: „Die musikalische Formung von Witz und Humor". In: *Kongress für Ästhetik und allgemeine Kunstwissenschaft. Berlin 7.–9. Oktober 1913. Bericht.* Hrsg. v. Ortsausschuß. Stuttgart, 1914. S. 482–489.

PENNING, Dieter: „Die Ordnung der Unordnung. Eine Bilanz zur Theorie der Phantastik". In: *Phantastik in Literatur und Kunst.* Hrsg. v. Christian W. Thomsen und Jens Malte Fischer. Darmstadt: Wissenschaftliche Buchgesellschaft, 1980. S. 34–51.

PETERSEN, Julius: *Die Wesensbestimmung der deutschen Romantik.* Leipzig: Quelle & Meyer, 1926.

PIKULIK, Lothar: *Frühromantik. Epoche-Werke-Wirkung.* München: Beck, 1992. (Arbeitsbücher zur Literaturgeschichte)

PISCHNER, Hans: „Die Bewegung des Jungen Deutschland und die Musikanschauungen in Deutschland zwischen 1830 und 1849". In: *Wissenschaftliche Zeitschrift der Humboldt-Universität zu Berlin.* 29 (1980) 1. S. 83–85.

PLATINGA, Leon B.: *Schumann as critic.* New Haven: Yale University Press, 1967.

PLATINGA, Leon: *Romantic Music. A History of Musical Style in Nineteenth-Century Europe.* New York-London: Norton & Comp.,1984.

PLUMPE, Gerhard: *Ästhetische Kommunikation der Moderne.* 2 Bde. Opladen: Westdeutscher Verlag, 1992.

PLUMPE, Gerhard: *Epochen moderner Literatur. Ein systemtheoretischer Entwurf.* Opladen: Westdeutscher Verlag, 1995.

PÖGGELER, Otto: *Hegels Kritik der Romantik.* Bonn: Bouvier, 1956. (Abhandlungen zur Philosophie, Psychologie und Pädagogik; 4)

PÖGGELER, Otto: „Hegel und die Anfänge der Nihilismus-Diskussion". In: *Man and world.* 3 (1970). S. 163–199.

PÖGGELER, Otto: „Nihilist und »Nihilismus«". In: *Archiv für Begriffsgeschichte.* 19 (1975). S. 197–210.

POLHEIM, Karl Konrad: *Die Arabeske. Ansichten und Ideen aus Friedrich Schlegels Poetik.* München, Paderborn, Wien: Schöningh, 1966.

POLLEY, Rainer: *Anton Friedrich Justus Thibaut (AD 1772–1840) in seinen Selbstzeugnissen und Briefen.* 3 Tle. Frankfurt a. M.: Lang, 1982. (Rechtshistorische Reihe; 13)

PRANG, Helmut: *Begriffsbestimmung der Romantik.* Darmstadt: Wissenschaftliche Buchgesellschaft, 1968.

PRAUSE, Marianne: *Das Elbsandsteingebirge und die Dresdner Landschaft als Bildmotiv.* Dipl.-Arbeit. Leipzig, 1954.

PRAUSE, Marianne: *Carl Gustav Carus. Leben und Werk.* Berlin: Deutscher Verlag für Kunstwissenschaft, 1968.

PRAZ, Mario: *Liebe, Tod und Teufel. Die schwarze Romantik.* 4. Auflage. München: dtv, 1981.

PREISENDANZ, Wolfgang: „Humor". In: *Historisches Wörterbuch der Philosophie.* Hrsg. v. Joachim Ritter. Bd. 3. Darmstadt: Wissenschaftliche Buchgesellschaft, 1974. Sp. 1232–1234.

PREISENDANZ, Wolfgang: *Humor als dichterische Einbildungskraft. Studien zur Erzählkunst des poetischen Realismus.* 2. Auflage. München: Fink, 1976. (Theorie und Geschichte der Literatur und der schönen Künste; 1)

PRITZKULEIT, Sabine: *Die Wiederentdeckung des Ritters durch den Bürger. Chivalry in englischen Geschichtswerken und Romanen. 1770–1830.* Trier: Wiss. Verl., 1991.

RAMROTH, Peter: *Robert Schumann und Richard Wagner im geschichtsphilosophischen Urteil von Franz Brendel.* Frankfurt a. M. [u.a.]: Peter Lang, 1991. (Europäische Hochschulschriften; 36, 68)

RAPP, Friedrich: *Fortschritt. Entwicklung und Sinngehalt einer philosophischen Idee.* Darmstadt: Wissenschaftliche Buchgesellschaft, 1992.

RATNER, Leonhard G: *Romantic Music. Sound and Syntax.* New York: Schirmer, 1992.

REHDER, Helmut: *Die Philosophie der unendlichen Landschaft. Ein Beitrag zur Geschichte der romantischen Weltanschauung.* Halle/Saale: Niemeyer, 1932. (Deutsche Vierteljahrsschrift für Literaturwissenschaft und Geistesgeschichte. Buchreihe; 19)

REIMER, Erich: „Repertoirebildung und Kanonisierung. Zur Vorgeschichte des Klassikbegriffs (1800–1835)". In: *Archiv für Musikwissenschaft.* 43 (1986) 4. S. 241–260.

REMAK, Henry H. H.: „West european Romanticism". In: *Comparative Literature. Method and Perspective*. Ed. by Newton P. Stallknecht und Horst Frenz. London and Amsterdam: Feffer & Simons, 1971. S. 275–311.

RICHARDS, Annette: *Fantasy and Fantasia. A Theory of the Musical Pictoresque*. Ann Arbor: UMI, 1995.

Ludwig RICHTER *und sein Kreis. Ausstellung zum 100. Todestag im Albertinum zu Dresden, März bis Juni 1984. Staatliche Kunstsammlungen Dresden*. Gemäldegalerie Neue Meister, Kupferstich-Kabinett. Königstein im Taunus: Langewiesche, 1984.

RIENÄCKER, Gerd: „Menschenwelt im Geisterreich. Zum Realitätsbezug der »Romantischen Oper«". In: *Musik und Gesellschaft*. 34 (1984). S. 78–80.

RIETHMÜLLER, Albrecht: „Programmusik in der Ästhetik des 19. Jahrhunderts". In: *Programmusik. Analytische Untersuchungen und didaktische Empfehlungen für den Musikunterricht in der Sekundarstufe*. Hrsg. v. Albrecht Goebel. Mainz: Schott, 1992. S. 9–29.

ROESELING, Kaspar: *Beiträge zur Untersuchung der Grundhaltung romantischer Melodik*. Diss. Univ. Köln 1928. Oberkassel bei Bonn, 1928.

ROHR, Judith: *E. T. A. Hoffmanns Theorie des musikalischen Dramas. Untersuchungen zum musikalischen Romantikbegriff im Umkreis der Leipziger Allgemeinen Musikalischen Zeitung*. Baden-Baden: Koerner, 1985. (Sammlung musikwissenschaftlicher Abhandlungen; 71)

ROSEN, Charles: *The Romantic Generation*. Cambridge, Massachusetts: Harvard University Press, 1995.

ROSELLI, John: *Music & Musicians in Nineteenth-Century Italy*. London: Batsford, 1991.

RÖSSLER, Rudolf (Hg): *Deutsche Romantik*. Augsburg-Stuttgart: Filser, 1923.

RÜDIGER, Wolfgang: *Musik und Wirklichkeit bei E. T. A. Hoffmann. Zur Entstehung einer Musikanschauung der Romantik*. Pfaffenweiler: Centaurus, 1989.

RUMMENHÖLLER, Peter: *Der Dichter spricht. Robert Schumann als Musikschriftsteller*. Köln: Gitarre & Laute, 1980.

RUMMENHÖLLER, Peter: *Romantik in der Musik. Analysen, Portraits, Reflexionen*. Kassel [u.a.]: Bärenreiter, dtv, 1989.

RUMMENHÖLLER, Peter: „Romantik und Gesamtkunstwerk". In: *Beiträge zur Musikanschauung im 19. Jahrhundert*. Hrsg. v. Walter Salmen. Regensburg: Bosse, 1965. (Studien zur Musikgeschichte des 19. Jahrhunderts; 1)

RUMMENHÖLLER, Peter: „Zum Begriff des musikalischen Klassizismus". In: *Beiträge zur Theorie der Künste im 19. Jahrhundert*. Bd. 2. Hrsg. v. Helmut Koopmann und J. Adolf Schmoll gen. Eisenwerth. Frankfurt: Klostermann, 1972. (Studien zur Philosophie und Literatur des neunzehnten Jahrhunderts; 12/2)

SAUDER, Gerhard: „Empfindsamkeit und Frühromantik". In: *Die literarische Frühromantik*. Hrsg. v. Silvio Vietta. Göttingen: Vandenhoeck und Ruprecht, 1983. S. 85–111.

SAUER, Willi u. Ulrich STRAUCH u. Wolfgang KOOTZ (Hg.): *Am schönen Rhein. Romantisches Tal zwischen Mainz und Koblenz*. Heidelberg: von König, 1991.

SCHANZE, Helmut (Hg.): *Romantik-Handbuch*. Stuttgart: Kröner, 1994.

SCHANZE, Helmut: „Realismus und Romantikkritik im 19. Jahrhundert". In: *Romantik-Handbuch*. Hrsg. v. Helmut Schanze. Stuttgart: Kröner, 1994. S. 165–176.

SCHENK, Hans Georg: *Geist der europäischen Romantik. Ein kulturhistorischer Versuch*. Frankfurt a. M.: Minerva, 1970.

SCHER, Steven Paul: „»O Wort, Du Wort, das mir fehlt!« Der Realismusbegriff in der Musik". In: *Literatur und Musik. Ein Handbuch zur Theorie und Praxis eines komparatistischen Grenzgebietes*. Hrsg. v. Steven Paul Scher. Berlin: Schmidt, 1984. S. 84–99.

SCHERING, Arnold: „Aus den Jugendjahren der musikalischen Neuromantik". In: *Jahrbuch der Musikbibliothek Peters*. 24 (1917). S. 45–64.

SCHERING, Arnold: „Kritik des romantischen Musikbegriffs". In: *Jahrbuch der Musikbibliothek Peters*. 44 (1937). S. 9–28.

SCHIEDERMAIR, Ludwig: *Einführung in das Studium der Musikgeschichte. Leitsätze, Quellen, Zusammenstellungen und Ratschläge für akademische Vorlesungen*. 2. Auflage. Bonn und Leipzig: Schroeder, 1924.

SCHLEUNING, Peter: *Die Sprache der Natur. Natur in der Musik des 18. Jahrhunderts*. Stuttgart und Weimar: Metzler, 1997.

SCHMID, Manfred Hermann: *Musik als Abbild. Studien zum Werk von Weber, Schumann und Wagner*. Tutzing: Schneider, 1981.

SCHMIDT, Christian Martin: „Die zweite romantische Aneignung. Text und Musik in Gustav Mahlers Wunderhornliedern". In: *Athenäum. Jahrbuch für Romantik*. 2 (1992). S.179–188.

SCHMIDT, Christian Martin: *Johannes Brahms und seine Zeit*. Laaber: Laaber, 1983.

SCHMIDT, Jochen: *Die Geschichte des Genie-Gedankens in der deutschen Literatur, Philosophie und Politik 1750–1945*. 2 Bde. Bd. 1: *Von der Aufklärung bis zum Idealismus*. Darmstadt: Wissenschaftliche Buchgesellschaft, 1985.

SCHMIDT, Thomas Christian: *Die ästhetischen Grundlagen der Instrumentalmusik Felix Mendelssohn Bartholdys*. Stuttgart: M und P Verlag für Wissenschaft und Forschung, 1996.

SCHMITT, Carl: *Politische Romantik*. Berlin: Duncker und Humblot, [¹1919] 1991.

SCHMITZ, Arnold: „Anfänge der Ästhetik Robert Schumanns". In: *Zeitschrift für Musikwissenschaft*. 2 (1920). S. 111–118.

SCHMITZ, Arnold: „Die ästhetischen Anschauungen R. Schumanns in ihren Beziehungen zur romantischen Literatur". In: *Zeitschrift für Musikwissenschaft*. 3 (1920). S. 111–118.

SCHMITZ, Arnold: *Das romantische Beethovenbild. Darstellung und Kritik*. Berlin und Bonn: Dümmler, 1927. Nachdruck: Darmstadt: Wissenschaftliche Buchgesellschaft, 1978.

SCHNAUS, Peter: *E. T. A. Hoffmann als Beethoven-Rezensent der AMZ*. München-Salzburg: Katzbichler, 1977. (Freiburger Schriften zur Musikwissenschaft; 8)

SCHNAUS, Peter: „Musik und Romantik". In: *Musik & Bildung*. 25 (1993) 4. S. 5–9.

SCHÖNFELDER, Gerd: „Romantische Musikauffassungen und romantische Musik". In: *Wissenschaftliche Zeitschrift der Humboldt-Universität zu Berlin*. 29 (1980) 1. S. 79–81.

SCHOPPE, Martin: *Schumann im Spiegel der Tagesliteratur* (ein Beitrag zur Erforschung der Schumann-Rezeption zwischen 1830 und 1956). Phil. Diss. (A). Halle, 1968.

SCHORMANN, B.: *Das Problem des Nihilismus beim jungen Tieck*. Diss. Göttingen, 1948.

SCHRADE, Hubert: „Die romantische Idee von der Landschaft als höchster Gegenstand christlicher Kunst". In: *Neue Heidelberger Jahrbücher*. Neue Folge. (1931). S. 1–94.

SCHREIBER, W.: *Jean Paul und die Musik*. Phil. Diss. Braunschweig: Appelhans, 1929.

SCHRÖDER, Albert: „Das Rosental im 18. Jahrhundert". In: *Leipziger Jahrbuch*. (1942). S. 150–155.

SCHULZ, Gerhard: *Romantik. Geschichte und Begriff*. München: Beck, 1996.

Robert SCHUMANN *und die Dichter. Ein Musiker als Leser*. Katalog zur Ausstellung des Heinrich-Heine-Instituts in Verbindung mit dem Robert-Schumann-Haus in Zwickau und der Robert-Schumann-Forschungstelle e.V. in Düsseldorf bearbeitet von Bernhard R. Appel und Inge Hermstrüwer. Düsseldorf: Droste, 1991.

SCHUMANN *and his world*. Hrsg. v. R. Larry Todd. Princeton: Princeton University Press, 1994.

SCHÜNEMANN, Georg: „Jean Pauls Gedanken zur Musik". In: *Zeitschrift für Musikwissenschaft*. 16 (1934). S. 385–404.
SCHWEIKERT, Uwe: *Jean Paul*. Stuttgart: Metzler, 1970.
SCHWEIKERT, Uwe: *Jean Pauls »Komet«. Selbstparodie der Kunst*. Stuttgart: Metzler, 1971.
SCHWERING, Markus: „Romantische Geschichtsauffassung – Mittelalterbild und Europagedanke". In: *Romantik-Handbuch*. Hrsg. v. Helmut Schanze. Stuttgart: Kröner, 1994. S. 541–555.
SEATON, Douglas: „The romantic Mendelssohn. The composition of »Die erste Walpurgisnacht«". In: *Musical Quarterly*. 68 (1982). S. 398–410.
SEIDEL, Wilhelm: *Werk und Werkbegriff in der Musikgeschichte*. Darmstadt: Wissenschaftliche Buchgesellschaft, 1987.
SEIDEL, Wilhelm: „Zwischen Immanuel Kant und der musikalischen Klassik. Die Ästhetik des musikalischen Kunstwerks um 1800". In: *Das musikalische Kunstwerk. Geschichte, Ästhetik, Theorie. Festschrift Carl Dahlhaus zum 60. Geburtstag*. Hrsg. v. H. Danuser, H. de la Motte-Haber, S. Leopold und N. Miller. Laaber: Laaber, 1988. S. 67–84.
SEIDEL, Wilhelm: „Absolute Musik und Kunstreligion um 1800". In: *Musik und Religion*. Hrsg. v. Helga de la Motte. Laaber: Laaber, 1995. S. 89–114.
SEIDL, Arthur: *Moderner Geist in der deutschen Tonkunst. Gedanken eines Kulturpsychologen um des Jahrhunderts Wende 1899/1900*. 2. Auflage. Regensburg: Bosse, 1920.
SEIFERT, Wolfgang: *Christian Gottfried Körner. Ein Musikästhetiker der deutschen Klassik*. Regensburg: Bosse, 1960. (Forschungsbeiträge zur Musikwissenschaft; 9)
SEMRAU, Arno: *Studien zur Typologie und zur Poetik der Oper in der ersten Hälfte des 19. Jahrhunderts*. Regensburg: Bosse, 1993. (Kölner Beiträge zur Musikforschung; 178)
SERAUKY, Walter: *Die musikalische Nachahmungsästhetik im Zeitraum von 1700–1850*. Münster: Helios, 1929.
SETZER, Matthias: *Wirklichkeitsentgrenzung und musikalische Poetologie. Untersuchungen zum Werk E. T. A. Hoffmanns*. Frankfurt a. M.: R. G. Fischer, 1988. (Literatur und Kommunikation; 7)
SEYFARTH, Winfried: *Musikhistorische Untersuchungen zu Schumanns vokalsinfonischen Werken »Das Paradies und die Peri«, »Szenen aus Goethes Faust«, »Manfred« und »Der Rose Pilgerfahrt«. Ein Beitrag zur kritisch-schöpferischen Erbeaneignung*. Diss. (A). Zwickau, 1979.
SIEGMUND-SCHULTZE, Ute: *Zur Geschichte der Brahms-Rezeption im deutschsprachigen Raum von 1853–1914*. Maschr. Diss. (A). Halle/Saale, 1982.
SIEMANN, Wolfram: *Die deutsche Revolution von 1848/49*. Frankfurt a. M.: Suhrkamp, 1985.
SIEMANN, Wolfram: *Gesellschaft im Aufbruch. Deutschland 1849–1871*. Frankfurt a. M.: Suhrkamp, 1990.
SMITH, Logan Pearsall: *Words and Idioms*. London: Constable, 1925.
SOMMERHAGE, Claus: *Romantische Aporien. Zur Kontinuität des Romantischen bei Novalis, Eichendorff, Hofmannsthal und Handke*. Paderborn [u.a.]: Schöningh, 1993.
SPONHEUER, Bernd: *Musik als Kunst und Nicht-Kunst. Untersuchung zur Dichotomie von »hoher« und »niederer« Musik im musikästhetischen Denken zwischen Kant und Hanslick*. Kassel: Bärenreiter, 1987. (Kieler Schriften zur Musikwissenschaft; 30)
SPONHEUER, Bernd: „Zur ästhetischen Dichotomie als Denkform in der ersten Hälfte des 19. Jahrhunderts. Eine historische Skizze am Beispiel Schumanns, Brendels und Hanslicks". In: *Archiv für Musikwissenschaft*. 37 (1980) 1. S. 1–31.
STAIGER, Emil: „Deutsche Romantik in Dichtung und Musik (1947)". In: Emil Staiger. *Musik und Dichtung*. Zürich und Freiburg: Atlantis, 1959. S. 61–85.

STEINWACHS, Burkhart: *Epochenbewusstsein und Kunsterfahrung. Studien zur geschichtsphilosophischen Ästhetik an der Wende vom 18. zum 19. Jahrhundert in Frankreich und Deutschland.* München: Fink, 1986.
STELLMACHER, Wolfgang: *Auseinandersetzung mit Shakespeare. Texte zur deutschen Shakespeare-Aufnahme 1790–1830.* Berlin: Akademie-Verlag, 1895.
STEPHENSON, Kurt: *Romantik in der Tonkunst.* Köln: Volk, 1961. (Das Musikwerk; 21)
STOLL, Albrecht D.: *Figur und Affekt. Zur höfischen Musik und zur bürgerlichen Musiktheorie der Epoche Richelieu.* Tutzing: Schneider, 2. Auflage. 1981.
STRICH, Fritz: *Deutsche Klassik und Romantik oder Vollendung und Unendlichkeit. Ein Vergleich.* 3. Auflage. München: Beck, 1928.
STUMPF, Heike: *»... wollet mit jetzt durch die phantastisch verschlungenen Kreuzgänge folgen!«. Metaphorisches Sprechen in der Musikkritik der ersten Hälfte des 19. Jahrhunderts.* Frankfurt a. M.: Lang, 1996. (Bonner Schriften zur Musikwissenschaft; 2)
SZONDI, Peter: *Poetik und Geschichtsphilosophie I. Antike und Moderne in der Ästhetik der Goethezeit. Hegels Lehre von der Dichtung.* Hrsg. v. Senat Met und Hans-Hagen Hildebrandt. Frankfurt a. M.: Suhrkamp, 1974.
SZONDI, Peter: *Poetik und Geschichtsphilosophie II. Von der normativen zur spekulativen Gattungspoetik. Schellings Gattungspoetik.* Hrsg. v. Wolfgang Fietkau. Frankfurt a. M.: Suhrkamp, 1974.

TADDAY, Ulrich: *Die Anfänge des Musikfeuilletons. Der kommunikative Gebrauchswert musikalischer Bildung in Deutschland um 1800.* Stuttgart und Weimar: Metzler, 1993.
TADDAY, Ulrich: „Musikkritik". In: *Die Musik in Geschichte und Gegenwart. Allgemeine Enzyklopädie der Musik.* Begründet von Friedrich Blume. Zweite, neubearbeitete Ausgabe hrsg. v. Ludwig Finscher. 21 Bde. in 2 Tle. Sachteil. Bd. 6. Kassel und Stuttgart [u.a.]: Bärenreiter und Metzler, 1997. Sp. 1362–1389.
TADDAY, Ulrich: „Systemtheorie und Musik. Luhmanns Variante der Autonomieästhetik". In: *Musik & Ästhetik.* 1 (1997) 1/2. S. 13–34.
TADDAY, Ulrich: „Christian August Heinrich Clodius' »Entwurf einer systematischen Poetik« von 1804 und die Anfänge einer Ästhetik der romantischen Oper". In: *Die Musikforschung.* 51 (1998). S. 25–33.
TATLOCK, Lynne: „Der zweischichtige Gehalt zweier mittelalterlicher Romane des Willibald Alexis". In: *Das Weiterleben des Mittelalters in der deutschen Literatur.* Hrsg. v. James F. Poag und Gerhild Scholz-Williams. Königstein/Ts.: Athenäum, 1983. S. 106–121.
TAYLOR, Charles: *Hegel.* London: Cambridge University Press, 1975.
THEWALT, Patrick: *Die Leiden der Kapellmeister. Zur Umwertung von Musik und Künstlertum durch W. H. Wackenroder und E. T. A. Hoffmann.* Bern [u.a.]: Lang, 1990.
THIEME, Ulrich: *Die Affektenlehre im philosophischen und musikalischen Denken des Barock. Vorgeschichte, Ästhetik, Phyiologie.* Celle: Moeck, 1984.
TÜMMERS, Horst-J.: *Rheinromantik. Romantik und Reisen am Rhein.* Köln, 1968.

ULLMANN, Richard u. Helene GOTTHARD: *Geschichte des Begriffs »Romantisch« in Deutschland. Vom ersten Aufkommen des Wortes bis ins dritte Jahrzehnt des neunzehnten Jahrhunderts.* Berlin, 1927. (Germanische Studien; 50). Reprint: Nendeln/Liechtenstein, 1967.
ULSHÖFER, Robert: „Wilhelm Heinrich Wackenroder. Das merkwürdige musikalische Leben des Tonkünstlers Joseph Berglinger. Polarität als Bauprinzip der Dichtung". In: *Der Deutschunterricht. Beiträge zu seiner Praxis und wissenschaftlichen Grundlegung.* 39 (1987) 1. S. 58–73.

UNVERRICHT, Hubert: *Hörbare Vorbilder in der Instrumentalmusik bis 1750. Untersuchungen zur Vorgeschichte der Programmusik.* Univ. Diss. Berlin, 1954.

VALENTIN, Erich: „Ein Vergessener: Theodor Hagen. Zur Musikgeschichte des 19. Jahrhunderts". In: *Festschrift Hans Engel.* Hrsg. v. Horst Heussner. Kassel [u.a.]: Bärenreiter, 1964. S. 428–432.

VALENTIN, Erich: „Über den Begriffswandel des »Romantischen«. Marginalien zu Schumanns Klaviermusik". In: *Musica.* 14 (1969). S. 340–344.

VICO, Giambattista: *Die neue Wissenschaft über die gemeinschaftliche Natur der Völker.* Nach der Ausgabe von 1744. Übersetzt und eingeleitet von E. Auerbach. Berlin und Leipzig, 1925.

VIERTEL, Matthias S.: *Die Instrumentalmusik Carl Maria von Webers. Ästhetische Voraussetzungen und struktureller Befund.* Frankfurt a. M.: Lang, 1986. (Europäische Hochschulschriften: 36; 20)

VIERTEL, Matthias S.: „Zur Wirkungsgeschichte des »Freischütz« im 19. Jahrhundert". In: *Carl Maria von Weber. Werk und Wirkung im 19. Jahrhundert. Ausstellung der Schleswig-Holsteinischen Landesbibliothek.* Kiel, 1986. S. 51–62.

VIETTA, Silvio und Dirk KEMPER: *Wilhelm Heinrich Wackenroder im Spiegel der Quellenforschung und Editionsgeschichte. Katalog zur Ausstellung der Universitätsbibliothek Hildesheim vom 28. April bis 28. Mai 1993.* Lamspringe: Quensen, 1993.

VIETTA, Silvio (Hg.): *Romantik und Renaissance. Die Rezeption der italienischen Renaissance in der deutschen Romantik.* Stuttgart und Weimar: Metzler, 1994.

VOGEL, Martin: *Apolinisch und Dionysisch. Geschichte eines genialen Irrtums.* Regensburg: Bosse, 1966. (Studien zur Musikgeschichte des 19. Jahrhunderts; 6)

VOGLER, Rudolf: *Die Musikzeitschrift »Signale für die musikalische Welt« 1843–1900.* Regensburg: Bosse, 1975. (Kölner Beiträge zur Musikforschung; 31)

VOSS, Egon: *Richard Wagner und die Instrumentalmusik. Wagners symphonischer Ehrgeiz.* Wilhelmshaven: Heinrichshofen, 1977. (Taschenbücher zur Musikwissenschaft; 12)

VOSS, Jürgen: *Das Mittelalterbild im historischen Denken Frankreichs, Untersuchungen zur Geschichte des Mittelalterbegriffs und der Mittelalterbewertung von der zweiten Hälfte des 16. Jahrhunderts bis zur Mitte des 19. Jahrhunderts.* München, 1972. (Veröffentlichungen des Historischen Institutes der Universität Mannheim; Bd. 3).

WAGNER, Günther: *Die Klavierabende um die Mitte des 19. Jahrhunderts.* München und Salzburg: Katzbichler, 1975. (Berliner musikwissenschaftliche Arbeiten; 9)

WALTER, Michael: „Musikkritik und Kanonisierung. Über Ernst Theodor Amadeus Hoffmanns Rezension der Fünften Symphonie Beethovens". In: *Musiktheorie.* 12 (1997) 3. S. 255–265.

WEIHRAUCH, Franz-Josef: *Geschichte der Rheinreise 1770–1860. Politik, Kultur, Ästhetik und Wahrnehmung im historischen Prozeß.* Darmstadt, 1989.

WEHNERT, Martin: „Romantik und romantisch". In: *Die Musik in Geschichte und Gegenwart. Allgemeine Enzyklopädie der Musik begründet von Friedrich Blume.* Zweite, neubearbeitete Auflage. Hrsg. v. Ludwig Finscher. 21 Bde. Bd. 8. Kassel und Stuttgart [u.a.]: Bärenreiter und Metzler, 1998. Sp. 464–507.

WELLEK, René: *Konfrontationen. Vergleichende Studien zur Romantik.* Frankfurt a. M.: Suhrkamp, 1964.

WELLEK, René: „Der Begriff der Romantik in der Literaturgeschichte. 1. Das Wort »romantisch« und von ihm abgeleitete Bezeichnungen. 2. Die Einheit der europäischen Romantik. (3.) Noch einmal. Die Romantik". In: René Wellek. *Grundbegriffe der Literaturkritik*. Stuttgart [u.a.]: Kohlhammer, 1965. S. 95–160.

WELLEK, René: „Der Realismusbegriff in der Literaturwissenschaft". In: René Wellek. *Grundbegriffe der Literaturkritik*. Stuttgart [u.a.]: Kohlhammer, 1965. S. 161–181.

WELLENBERGER, Georg: *Der Unernst des Unendlichen. Die Poetologie der Romantik und ihre Umsetzung durch E. T. A. Hoffmann*. Marburg: Hitzeroth, 1986.

WENDE, PETER: „Arnold Ruge: Kavalleriegeneral der Hegelei". In: Die Achtundvierziger. Lebensbilder aus der deutschen Revolution 1848/49. Hrsg. v. Sabine Freitag. München: Beck, 1998. S. 23–32.

WIORA, Walter (Hg.): *Die Ausbreitung des Historismus über die Musik*. Regensburg: Bosse, 1969. (Studien zur Musikgeschichte des 19. Jahrhunderts; 14)

WIORA, Walter: „Die Musik im Weltbild der deutschen Romantik". In: *Beiträge zur Musikanschauung des 19. Jahrhunderts*. Hrsg v. Walter Salmen. Regensburg: Bosse, 1965. S. 11–50.

WHITTALL, Arnold: *Romantic music. A concise history from Schubert to Sibelius*. London: Thames and Hudson, 1987.

WOLFF, Ernst Georg: *Grundlagen der autonomen Musikästhetik*. Baden-Baden: Koerner, [1933] 1976. (Collection d'Etudes Musicologiques/Sammlung musikwissenschaftlicher Abhandlungen; 15/27)

ZENCK, Martin: „Zum Begriff des Klassischen in der Musik". In: *Archiv für Musikwissenschaft*. 39 (1982) 4. S. 271–292.

ZENCK, Martin: *Die Bach-Rezeption des späten Beethoven. Zum Verhältnis von Musikhistoriographie und Rezeptionsgeschichtsschreibung der »Klassik«*. Stuttgart: Steiner, 1986. (Beihefte zum Archiv für Musikwissenschaft; 24)

ZOLTAI, Dénes: „»Beliebig phantasieren«. Ein Beitrag zur Ästhetik des romantischen Musikerromans". In: *Wissenschaftliche Zeitschrift der Humboldt-Universität zu Berlin*. 29 (1980) 1. S. 75–77.

ZOLTAI, Dénes: „Zur Musikauffassung der Gebrüder Schlegel". In: *Wissenschaftliche Zeitschrift der Humboldt-Universität zu Berlin*. 29 (1980) 1. S. 61.

Abbildungsverzeichnis

Abb. 1: James Baker PYNE: „Ansicht von Boppard am Rhein" (1858). Öl auf Leinwand, 41,4 x 51,3 cm. Manchester, City Art Galleries. Inv. Nr. 1917.159. In: K. Honnef und K. Weschenfelder und I. Haberland: »Vom Zauber des Rheins ergriffen ...«. München: Klinkhardt & Biermann, 1992. S. 79 (Kat. Nr. 172).

Abb. 2: Friedrich Wilhelm DELKESKAMP: „Panorama des Rheins" (1825). Abschnitt Mainz bis Koblenz eingegrenzt auf die Strecke von der Ruine Rheinstein bis Braubach mit der Marksburg. Hessische Landesbibliothek Wiesbaden. Fotografie/©: Studio Besier, Luisenstraße 41, 65185 Wiesbaden.

Abb. 3: Friedrich Wilhelm DELKESKAMP: „Braubach und die Marxburg". In: *Ansichten des Rheins* (1829). Hessische Landesbibliothek Wiesbaden. Fotografie/©: Studio Besier, Luisenstraße 41, 65185 Wiesbaden.

Abb. 4: Friedrich Wilhelm DELKESKAMP: „Boppard Stromabwärts". In: *Ansichten des Rheins* (1829). Hessische Landesbibliothek Wiesbaden. Fotografie/©: Studio Besier, Luisenstraße 41, 65185 Wiesbaden.

Abb. 5: Robert SCHUMANNS Gebrauch der Worte „romantisch" und „Romantik" im Kontext musikalischer Gattungen.

Abb. 6: Rudolph SIEBECK: „Plan zur Umgestaltung des Leipziger Rosenthals" (1835). Stadtarchiv Leipzig, Signatur Ratsrißarchiv (Feudalismus) Nr. 855.

Abb. 7: Carl Gustav CARUS: „Flußlandschaft im Rosenthal bei Leipzig im Mondschein" (um 1838/1840). Öl auf Leinwand, 79,5 x 105 cm, unbezeichnet. Hamburg Kunsthalle. Inv. Nr. 2692. Provinienz: Sammlung Oberreg. Baurat Rietschel, Dresden. Fotografie/©: Elke Walford, Fotowerkstatt Hamburger Kunsthalle, An der Kunsthalle, 20099 Hamburg.

Notenverzeichnis

1.) Robert SCHUMANN: „In der Nacht". In: *Phantasiestücke op. 12*. Nach der Eigenschrift, einer Abschrift und der Originalausgabe hrsg. v. Wolfgang Boetticher. München: Henle, 1986. S. 16–23.

2.) Robert SCHUMANN: „Albumblätter, II.". In: *Bunte Bätter op. 99*. Nach der Originalausgabe hrsg. v. Wolfgang Boetticher. München: Henle, 1978. S. 8 f.

3.) Clara SCHUMANN: „Am Strande". In: *Sämtliche Lieder für Singstimme und Klavier*. 2 Bde., Bd. 2: *Unveröffentlichte Lieder*. Hrsg. v. Joachim Draheim und Brigitte Höft. Wiesbaden, Leipzig, Paris: Breitkopf & Härtel, 1992. S. 17–23.

Register

Adelung, Johann Christoph	14
Alexis, Willibald	25
Alsleben, Julius	205
Ambros, August Wilhelm	204–205
Appel, Bernhard R.	34, 84, 105, 110, 113–115
Arnim, Achim von	30
Arnim, Bettina von	209
Ast, Friedrich	61, 122
Auber, Daniel François	75
Bach, Carl Philipp Emanuell	124
Bach, Johann Sebastian	32, 49, 53, 81–82, 115, 189, 224, 227
Banck, Carl	222
Bauer, Bruno	173
Bauer, Elisabeth Eleonore	114
Baumgarten, Alexander Gottlieb	58
Bayly, Thomas	2
Becker, Julius	175
Becking, Gustav	209
Beethoven, Ludwig van	1–2, 13, 24, 30, 32, 38, 53, 72–74, 77–78, 81–83, 111, 114–117, 121, 143, 164, 166, 175–176, 178–182, 189, 190–191, 193, 203–210, 223, 226, 228, 234
Behler, Ernst	3, 54, 58
Bendemann, Eduard	34
Benedict, Julius	49
Benjamin, Walter	35, 166–168, 170, 209
Bennett, William Sterndale	115, 130, 164, 224, 232
Berlioz, Hector	75, 79–80, 82, 112, 118, 128, 130, 135–136, 143, 166, 176, 180, 191, 204, 206, 223, 227, 232, 233

323

Bernsdorf, Eduard	77
Bischoff, Bodo	83
Blume, Friedrich	211–212
Blumenberg, Hans	126
Boetticher, Wolfgang	104, 175
Bohrer, Karl Heinz	3, 54, 170, 173, 208
Bouterwek, Friedrich	61
Brahms, Johannes	54, 103, 187–188, 194, 204
Brandes, Georg	194
Brendel, Franz	39, 54, 84, 120, 180, 184, 191–192, 203–204
Brentano, Clemens	30, 127
Bruce, James	14
Bührlen, Friedrich Ludwig	168
Bulwer–Lytton, Edward George	27, 166, 221
Burke, Edmund	15
Burns, Robert	142
Bußler, Ludwig	207
Byron, Lord George Gordon	5, 27, 104, 112, 191, 193
Carissimi, Giacomo	84
Carus, Carl Gustav	32, 139
Carus, Victor	140
Cervantes Saavedra, Miguel de	8
Chamber, William	16
Champfleury	174
Chateaubriand, François Réne Vicomte de	17
Chopin, Frédéric	52, 75, 80, 82, 103, 115, 130, 166, 176, 188, 223–224, 226–227, 229, 230, 232, 234
Chwatal, F. H.	5, 229
Clodius, Christian August Heinrich	122
Courbet, Gustave	174
Czerny, Carl	229

Dahlhaus, Carl	1, 2, 40, 118, 122–124, 127–132, 134–136, 211–212
David, Félicien	180, 206, 222
Defoe, Daniel	14
Delkeskamp, Friedrich Wilhelm	27–29
Dilthey, Wilhelm	204, 208
Dolci, Carlo	116
Döring, Georg Christian Wilhelm Asmus	26–27, 220
Dorn, Heinrich	113, 117, 219, 220
Eberhard, Johann August	23
Echtermeyer, Theodor	172
Edler, Arnfried	112
Eggebrecht, Hans Heinrich	52, 54, 124
Eichendorff, Joseph Freiherr von	120, 225
Eichner, Hans	3
Einstein, Alfred	49
Elkamp, Heinrich	5, 229
Engel, Johann Jokob	24
Ernst, Heinrich Wilhelm	180
Farrenc, L.	229
Fernow, Karl Ludwig	25
Fétis, François-Joseph	49
Feuerbach, Ludwig	173
Fichte, Johann Gottlieb	59, 104, 109, 112, 169, 171–172
Field, John	220
Ficker, Franz	113
Fink, Gottfried Wilhelm	80, 163, 176, 222
Flechsig, Emil	102, 117
Floros, Constantin	128, 135
Fontenelle, Bernard le Bovier de	57

Forchert, Arno	128, 213
Forkel, Johann Nikolaus	124
Franck, Eduard	231
Frank, Manfred	3, 54, 105, 111, 116, 129, 131
Frank, Paul	205
Franz, Robert	181–182, 224
Freytag, Gustav	174
Fricker, Hans–Peter	143
Friedrich, Caspar David	32–33
Gade, Niels	181, 184, 224, 235
Gathy, August	76–77
Geck, Martin	128, 184
Gelbcke, F. August	76, 107, 175
Gentz, Friedrich von	173
Gerstenberg, Heinrich Wilhelm	17
Gervinus, Georg Gottfried	180
Gessner, Conrad	31
Gessner, Salomon	31
Glöckner, Ernst	209
Gluck, Christoph Willibald	49, 81, 205, 227
Goethe, Johann Wolfgang	7, 22–23, 60, 101, 104, 111, 129, 171, 179, 189, 219
Görres, Joseph	127
Götte, Wilhelm	112
Gotthard, Helene	3
Götzinger, Wilhelm Leberecht	31
Grabbe, Christian Dietrich	112
Grieg, Edvard	177
Griepenkerl, Wolfgang Robert	175
Grillparzer, Franz	140, 142
Güntz, Emil Christian	227

Hagedorn, Christian Ludwig von	25
Halévy, Jaques François Fromental Elias	75
Hand, Ferdinand	82, 104, 113
Händel, Georg Friedrich	49, 53, 81, 227
Hänggi, Christoph E.	1, 122
Hanslick, Eduard	40, 124, 129, 141, 213
Hardenberg, Georg Friedrich Philipp von	s. Novalis
Haydn, Joseph	24, 38, 73, 84, 115, 181–182, 205, 224, 234
Haym, Rudolf	129, 204, 208–209
Heely, Joseph	16
Hegel, Georg Wilhelm Friedrich	54–55, 61–70, 82, 104–105, 112, 129, 131, 170–173, 175–176, 179, 181–187, 204, 213
Heidegger, Martin	8
Heine, Heinrich	104, 112–113
Heinse, Wilhelm	2, 17, 22, 124
Heller, Stephen	35, 39, 108, 115, 164, 222
Henselt, Adolph	130, 164, 230, 232
Herder, Johann Gottfried	17, 22, 58, 84, 118, 129
Hérold, Louis Joseph Ferdinand	13
Herz, Henri	130, 164, 229, 232
Hettner, Hermann	208
Hilbert, Werner	209
Hiller, Ferdinand	34, 39, 79, 80, 115, 121, 130, 166, 224, 226, 229, 232
Hirschbach, Hermann	177, 221
Hirschfeld, Christian Cajus Lorenz	16–17
Hoffmann, Ernst Theodor Amadeus	1, 17, 20, 40, 50, 71–74, 76, 103, 111, 115–118, 121–123, 127, 129–130, 134, 172, 210, 228
Hölderlin, Friedrich	131
Homer	104
Horn, Franz Christoph	25, 71, 122
Hotaki, Leander	84, 104, 166

Hotho, Heinrich Gustav	61
Hübner, Julius	34
Huch, Ricarda	204, 208–209
Hugo, Viktor	112, 237
Hünten, Franz	130, 164, 232
Hurd, Richard	58
Immerwahr, Raymond	3, 6, 117
Istel, Edgar	208
Jacobi, Friedrich Heinrich	22, 82, 104–106, 109, 112, 167, 171
Joachimi, Marie	209
Jommelli, Niccolò	2
Kahlert, August	73–74, 82, 104, 179–180, 186–187, 231
Kalkbrenner, Friedrich Wilhelm	222, 227–228
Kalliwoda, Johann Wenzel	164, 227
Kant, Immanuel	15, 59, 70, 104–105, 178, 212–213
Kapp, Reinhard	184
Keferstein, G. A.	53
Keil, Werner	50
Kierkegaard, Sören	129
Kiesewetter, Raphael Georg	49, 83, 84
Kleist, Heinrich von	127, 171
Knecht, Justin Heinrich	24
Knorr, Julius	103
Koch, Heinrich Christoph	23, 25
Kontski, A. von	235
Körner, Theodor	31
Kossmaly, Carl	177
Köstlin, Heinrich Adolf	205–206

Kotzebue, August von	122, 169
Krägen, Carl	140, 221, 227
Krauss, Werner	50
Kretschmann, C.	179, 181–187
Krug, Wilhelm Traugott	82
Krüger, Eduard	82, 104
Kruse, Joseph A.	103
Kummer, Friedrich Gotthelf	32
Laidlaw, Anna Robena	136–137, 221
Lange, Otto	179, 186–187
Lévi–Strauss, Claude	126
Liszt, Franz	52–53, 75, 79–80, 102, 107–108, 130, 165–166, 178–180, 189, 205–206, 230, 232–233, 235
Lobe, Christian J.	107, 120–121
Lorenz, Oswald	80
Lorrain, Claude	15
Löwe, Karl	74, 180, 182
Lubkoll, Christine	126–127, 136
Luhmann, Niklas	175, 188
Lyser, Johann Peter	79
Mahler, Gustav	2, 211
Mahlert, Ulrich	179, 184
Marcuse, Ludwig	55
Marschner, Heinrich	78–79, 205–206
Marsop, Paul	207
Marx, Adolph Bernhard	13, 104, 188
Massow, Albrecht von	213
Maurice, Thomas	14
Mayer, Carl	229
Meier, Barbara	142

Meinardus, Ludwig	208
Meissner, Bernhard	82–83
Mendel, Hermann	206
Mendelssohn, Moses	105
Mendelssohn–Bartholdy, Felix	34, 50, 52, 67, 74, 78, 103, 115, 121, 130, 134, 177, 180, 182, 192, 194, 204–207, 210, 223–224, 226–227, 232–233
Menninghaus, Winfried	35, 167
Mereaux, Amadeus	229
Merkel, Garlieb Helwig	169
Metternich, Fürst Clemens	173
Meyer, Friedrich	191–192
Meyerbeer, Giacomo	74–75, 108, 166, 180–181, 183–184, 189–190, 205, 224
Michaelis, Christian Friedrich	70, 72, 212
Montalvos, Garci Rodríguez de	7
Moritz, Karl Philipp	129, 134
Moscheles, Ignaz	81, 111, 232
Mosewius, Johann Theodor	129–130, 203, 232
Mozart, Wolfgang Amadeus	34, 38, 73, 83–84, 115, 118, 121, 179, 181, 190, 193, 205, 223–224, 234–235
Müller, Wilhelm Christian	83, 203
Mundt, Theodor	116
Musaios	140
Nagel, Willibald	209
Naumann, Barbara	126, 136
Naumann, Johann Christoph	137
Neddermeyer, Uwe	51
Nicolai, Friedrich	118
Nietzsche, Friedrich	70, 192–194
Novalis	17, 23, 50, 55, 84, 105–107, 109, 111–112, 116–117, 125–126, 167, 169

Ortlepp, Ernst	73, 115
Otto, Christian	164
Ovid	140
Paganini, Niccolò	165, 180, 219, 229, 233
Palestrina, Giovanni Perluìgi da	49, 69, 74, 84
Paul, Jean	13, 17, 20, 22–25, 35–38, 60–61, 76, 81, 101–104, 106–114, 116–117, 120, 122, 130–131, 134, 143, 164–167, 185, 236–237
Perrault, Charles	57
Pistocchi, Francesco Antonio Mamiliano	140
Platon	104
Pleyel, Camille	130, 232
Plumpe, Gerhard	188
Pöggeler, Otto	170
Pohl, Richard	53–54, 178, 187–188
Potter, Philip Cipriani Hambly	229
Poussin, Gaspard	15
Poussin, Nicolaus	15
Prang, Helmut	3
Raff, Joachim	190–191
Raphael	34, 189
Rassmann, Friedrich	106
Reichardt, Johann Friedrich	18, 115, 123, 134
Reissmann, August	206–207
Rellstab, Ludwig	163
Rembrandt	36
Rennel, James	14
Richter, Adrian Ludwig	33–34
Richter, Carl August	33
Richter, Heinrich	33

Richter, Johann Paul Friedrich	s. Paul, Jean
Riemann, Hugo	78–79, 207
Ritzhaupt, Friedrich	126
Rosa, Salvator	15
Rossini, Gioacchino Antonio	83
Rousseau, Jean Jacques	193, 209
Rubinstein, Joseph	192
Rückert, Friedrich	104
Ruge, Arnold	172, 174, 180, 182, 184, 186
Ruisdael, Jacob van	15
Rummenhöller, Peter	49, 52, 54
Scarlatti, Alessandro	84
Schadow, Wilhelm	34
Schäffer, Julius	179, 185–187
Schäfke, Rudolf	212
Schapler, Julius	115
Schelling, Friedrich Wilhelm Joseph	60, 68, 70, 72, 104–105, 130–131, 169, 213
Schering, Arnold	209
Schiller, Friedrich	15, 22, 25, 58–59, 129, 140–141, 169, 189, 213
Schilling, Gustav	74–76, 186–187
Schladebach, Julius	77
Schlegel, August Wilhelm	1, 6, 15–17, 22, 25, 51, 56–57, 59–60, 65, 72, 104, 106, 169
Schlegel, Caroline	15
Schlegel, Friedrich	1, 7–8, 17, 30, 34–39, 55, 58–59, 65, 82, 104, 106, 109–112, 116–117, 167–171, 173–174, 183, 189
Schleiermacher, Friedrich Ernst Daniel	129
Schmidt, Julian	174
Schmitt, Carl	55
Schmitz, Arnold	209–210

Schmitz, Rainer	169
Scholze, Ernst	116
Schopenhauer, Arthur	40, 104, 106, 118, 129, 132, 194, 213
Schorn, Ludwig	33
Schreiber, Christian	71–72, 122
Schubert, Franz	5, 8, 13, 38–39, 49, 78–82, 111, 115–117, 121, 182, 206–208, 211, 219, 223, 226, 231–232, 234
Schumann, Clara	25, 31–34, 80, 103, 114, 117, 136–137, 140–142, 219
Schumann, Friedrich August Gottlieb	5, 7, 102
Schuncke, Ludwig	103
Scott, Walter	5
Seyfried, Ignaz Xaver Ritter von	107
Shakespeare, William	8, 72, 104, 121, 136, 226
Siebeck, Rudolph	137, 139
Sievers, Georg Ludwig Peter	1, 71, 122
Sire, Simonin de	113
Sobolewski, I. F. E.	107–108
Solger, Karl Wilhelm Ferdinand	68, 106, 117, 170
Spinoza, Baruch	105–106
Spohr, Ludwig	74, 79, 107, 116–117, 205–206, 210, 229
Steinwachs, Burkart	51
Strackerjan, Paul Friedrich August	53
Straßburg, Gottfried von	7
Szymanowska, Maria Agata	229
Tallis, Thomas	49
Taubert, Wilhelm	20, 130, 232–233
Thibaut, Anton Friedrich Justus	25
Thomas, Ambrosius	228
Tieck, Ludwig	1, 17–20, 22, 25, 37, 40, 51, 106, 109, 111–112, 116–118, 123–126, 129, 132,–134, 136, 169, 189

Töpken, Theodor	203
Troyes, Chrétien de	7
Truhn, Friedrich Hieronymus	225
Turgot, Anne Robert Jacques	58
Turner, William	140
Ullmann, Richard	3
Vanhal, Jan Krtitel	130, 232
Vico, Giambattista	58
Vieta, Silvio	50
Vischer, Friedrich Theodor	58
Vivaldi, Antonio Lucio	24
Vogel, Johann Jacob	137
Voltaire, François-Marie	58
Voss, Jürgen	51
Voß, Julius	169
Wächter, Leonhard	7
Wackenroder, Wilhelm Heinrich	1, 17–19, 40, 51–52, 106, 118, 123–124, 126–127, 129, 132, 134
Wagner, Richard	32, 34, 53–54, 70, 78–79, 189–192, 194, 204–206, 208, 210
Walpole, Horace	15
Walzel, Oskar	209
Warton, Thomas	58
Weber, Carl Julius	113
Weber, Carl Maria von	32, 74, 78–79, 121, 183, 190, 194, 205–208, 210, 225
Weber, Ernst	223
Weber, Gottfried	163, 175
Wehnert, Martin	206, 210

Weisse, Christian Hermann	67, 70, 129
Wendt, Amadeus	67–70
Whatley, Thomas	16–17
Wieck, Clara	s. Schumann, Clara
Wieck, Friedrich	103, 117, 141, 219, 220
Wieland, Christoph Martin	17, 58, 118
Winterfeld, Carl von	49
Wiora, Walter	51, 128
Wordsworth, William	17
Young, Arthur	15
Zelter, Carl Friedrich	24
Zingg, Adrian	31, 33

MIX
Papier aus verantwortungsvollen Quellen
Paper from responsible sources
FSC® C105338

If you have any concerns about our products,
you can contact us on
ProductSafety@springernature.com

In case Publisher is established outside the EU,
the EU authorized representative is:
**Springer Nature Customer Service Center GmbH
Europaplatz 3, 69115 Heidelberg, Germany**

Printed by Libri Plureos GmbH
in Hamburg, Germany